경제예측론

이종원

도서출판 해남

머 리 말

본서는 저자가 그간 계량경제학분야에 관한 일련의 교재를 발간해 왔던 작업을 마무리한다는 관점에서 작성된 것이다. 즉, 『경제·경영통계학』(1986, 1998, 2003), 『계량경제학』(1994), 『SAS를 이용한 경제통계분석』(1994, 1996, 1998, 2004), 『RATS를 이용한 계량경제분석』(1995, 2000, 2005), 그리고 『한국경제의 거시계량분석』(1991)에 이어 남은 한 분야인 경제예측에 관한 교재를 발간함으로써 계량경제관련 분야에 대한 핵심 교재시리즈를 완결하고자 한 것이다.

경제학과 같은 사회과학분야 학문이 오늘날과 같이 실용적으로 활용될 수 있었던 것은 바로 계량경제학분야의 눈부신 발전에 힘입은 바 크다. 특히, 계량경제분석 내용 중 경제예측분야는 가장 현실적인 사회적 욕구를 충족시킬 수 있는 핵심적 분석내용이 되어 왔다. 그러나 경제예측의 이와 같은 광범위한 필요성에도 불구하고 막상 경제예측은 일부 전문가들에 의한 전유물로만 여겨져 왔다. 이러한 현상은 경제예측에 관한 논리가 매우 복잡하고 기술적인 측면이 강한 데 연유한 바 크다 할 수 있다. 본서는 바로 이러한 어려움을 다소나마 해소하기 위해 기획된 것으로 다음과 같은 점에 주안점을 두어 작성되었다.

첫째, 경제예측에 관한 주요 기법은 가능한 한 모두 소개하려고 노력하였다. 단, 고도의 논리적 설명을 요하는 고급예측기법들은 일정 수준의 배경을 가진 독자들이 이해할 수 있는 수준으로 핵심적인 내용만을 간략하게 제시하였다.

둘째, 경제예측에 관한 기초이론이라 하더라도 이를 이론적 측면에서 접근할 경우 결코 쉬운 내용이 될 수는 없을 뿐만 아니라, 경제예측이란 궁극적으로 실용적 활용방안을 숙지하는 데 초점을 맞출 필요가 있어 가능한 한 이론적 접근방안을 지양하였다.

셋째, 경제예측에 관한 현실적 감각과 분석능력을 키워 주기 위해 본서에서 소개한 모든 예측기법을 활용하되 한국의 실제 자료를 이용하여 예측을 수행하는 과정을 단계별로 예시하였다.

넷째, 본서에서의 모든 실증분석은 RATS 프로그램을 이용하여 수행하였으며, 구체적인 분석을 수행하는 데 필요한 프로그램은 다음과 같은 체제로 작성하여 도서출판 해남의 홈페이지(www.hpub.co.kr)에 올려 놓았다.

> CH○○EX○○;PRG; 제○○장에 나타난 □□번째 예제 풀이를 위한 RATS 프로그램

다섯째, 경제예측에 관한 기법 중 상대적으로 다루기 쉽고, 또한 기초적인 내용에 관한 것들은 제1편에 소개하였고, 난이도가 높은 고급기법들은 제2편에 소개하였다. 물론 기초편의 내용이라 하더라도 일정 수준의 경제통계학 및 계량경제학 배경을 가진 독자를 대상으로 쓰여졌기 때문에 자세한 설명이나 논리적 증명 등을 생략한 채 작성된 것임을 밝혀 둔다. 학부의 고학년 교과목으로서 경제예측론이 개설된 경우 제1편의 내용만으로 한 학기 강의가 될 수 있도록 노력하였다.

본서를 작성함에 있어 여러 참고문헌 및 자료를 활용하였으며, 특히 Spyros Makridakis 외 2인이 저술한 *Forecasting: Methods and Applications*, 3rd ed.(Wiley, 1998), James H. Stock과 Mark W. Watson이 저술한 *Introduction to Econometrics*(Addison Wesley, 2003), Walter Enders가 저술한 *Applied Econometric Time Series*, 2nd ed.(Wiley, 2004), 그리고 Jeffrey M. Wooldridge가 저술한 *Introductory Econometrics: A Modern Approach*, 3rd ed.(Thomson, 2005) 등을 많이 참조하였다.

한편, 제11장에 소개한 한국의 거시계량모형분석 내용은 저자와 청주대학교의 김성태 교수, 그리고 성균관대학교의 김인무 교수와 함께 개발한 SUM'95모형의 분석내용을 전재한 것이다. 동 모형은 다소 오래된 시기를 대상으로 분석된 것이기는 하지만 1996년 한국경제학회와 내외경제신문사가 공동으로 주최한 한국의 GNP와 종합주가지수 예측 경연에서 대상을 수상한 내용을 그대로 소개하기 위해 원형대로 싣게 되었다.

저자가 본서를 출판하기까지 많은 시간이 소요되었다. 이 과정에서

여러 사람들로부터 많은 격려와 도움을 받게 되었다. 우선 출판의 기회를 주고 저자 못지 않은 정성과 열정으로 편집 및 출판과정을 도맡아 준 도서출판 해남의 노현철 사장께 감사를 드린다. 한편, 본서의 집필과정에서 많은 조언을 베풀어 주고 자문에 응해 주신 University of Alabama의 이준수 교수, 성균관대학교의 김인무 교수에게 진심으로 고마운 마음을 전하고 싶다. 또한 본서의 주요 예제를 만드는 데 귀중한 의견과 시간을 할애해 주었을 뿐만 아니라 실증분석을 위한 프로그램 작성에 결정적인 도움을 제공해 준 한국직업능력개발원의 이상돈 박사와 한국은행의 김기호 박사께 심심한 감사를 보낸다. 그리고 바쁜 일정에도 불구하고 최종원고 준비과정에서 세심한 배려 속에 교정을 도맡아 준 과학기술정책연구원의 손수정 박사에게도 고마움을 전하고 싶다. 끝으로 본서의 초기원고의 준비 및 작성에서부터 시작하여 각종 예제 작성 및 교정에 이르는 전체 과정을 저자 이상의 관심과 애정을 가지고 도맡아 처리해 준 성균관대학교 경제학과의 대학원생 이혜진 양에게 이 지면을 빌어 사의를 표하며, 아울러 막바지 교정과정에서 수고해 준 한상우 군에게도 노고를 치하하고자 한다.

2006년 1월

이종원 씀

차 례

제 1 편 경제예측론의 기초

제 1 장

서 장

제 2 장

예측을 위한 기초통계분석

제 3 장

변동요인 분해법에 의한 시계열예측

제 4 장

단순회귀분석모형에 의한 예측

제 5 장

다중회귀분석모형에 의한 예측

제 6 장

연립방정식모형에 의한 예측

제 7 장

ARIMA모형을 이용한 예측: Box-Jenkins방법

제 2 편 고급경제예측방법

제 8 장

고급시계열 예측모형 I

제 9 장

고급시계열 예측모형 II

제10장

기타 주요 예측모형

제11장

거시계량경제모형에 의한 예측: SUM95모형을 중심으로

경제예측론의 기초

서 장

1. 경제예측이란?
2. 누가 왜 예측을?: 예측의 필요성
3. 예측은 어떻게?: 예측방법
4. 예측의 기본 절차

1 경제예측이란?

한 개인이나 기업 그리고 정부 등 각종 경제주체들은 그들의 일상생활 및 업무를 영위하는 과정에서 끊임없이 모종의 의사결정을 내리게 된다. 이러한 의사결정을 합리적으로 도모하기 위해서는 과거의 일이나 현재 상황에 대한 적절한 이해가 필요하다. 뿐만 아니라 이러한 상황에 대한 인식 내지 분석에 근거하여 장래에 도래할 경제적 상황에 대하여 추론하는 일은 합리적 경제행위의 필수적 과정이 된다.

이러한 과정에서처럼 미래에 도래할 주요 경제여건에 대한 체계적 추론을 도모하는 일을 경제예측이라 할 수 있다. 일반적으로 경제학자들은 신뢰할 만한 예측을 수행하기 위해 경제이론이나 가설 또는 직관을 수리적으로 모형화한 다음, 이러한 모형들의 현실타당성 내지 직관적 당위성을 적절한 통계적 검정과정을 통해 확인하며, 이처럼 검증된 분석결과를 토대로 예측을 수행하게 된다.

2 누가 왜 예측을?: 예측의 필요성

중앙 및 지방정부와 공공기관의 공직자는 물론 기업의 고위직 관리자 그리고 개별 소비자들은 다양한 이유로 미래에 대한 경제예측을 요구한다. 이러한 수요에 대응하여 한국은행과 KDI 등의 공공단체나 기업연구소들은 많은 인력과 예산을 할애해 가며 예측을 수행하여 공급하게 된다. 경제주체들이 경제예측을 필요로 하는 공통적인 사유는 다양한 의사결정과정에서 경제예측이 필수적이기 때문이다.

예컨대, 현재의 경기침체는 극복할 수 있는가? 있다면 언제쯤 가능할 것인가 하는 문제는 정책입안자는 물론 신규 투자결정을 앞둔 기업가들이 경제예측에 대해 지대한 관심을 갖게 하는 좋은 이유가 될 것이다. 또한 주식가격이나 부동산가격의 장래 추이는 개별 가계의 매우 중요한 관심사가 될 것이다. 정부관료나 기업의 고위경영자 그리고 일반소비자들이 투자나 저축 등에 관한 장래 계획을 수립함에 있어 신뢰할 수 있는 예측을 확인하는 것은 매우 중요하고도 유용한 과정임에 틀림이 없다.

일반적으로 이러한 예측은 ① 특정 사건의 발생 여부(event outcome)(예컨대, 외환위기), ② 특정 사건의 발생시기(event timing) 예고, ③ 발생시기의 구체적 강도 등에 관한 예상의견을 도출해 내는 방식으로 수행된다.

또한 이러한 예측을 수행하는 기본적 방법은 과거 및 현재까지의 제반 정보를 체계적으로 분석한 다음 미래에도 이러한 특성이 지속될 것이라는 가정(assumption of continuity)하에 예상되는 결과를 산출·제시하는 것이다.

이러한 과정은 마치 고객의 사주(생년월일)나 과거 행적(교육배경과 경력 그리고 가정형편 등) 그리고 인상착의 등을 근거로 점을 보는 것과 흡사하다. 따라서 예측은 항상 결과적으로 실제 도래할 미래와 상당히 다를 수 있으며, 따라서 예측에 근거한 의사결정은 큰 손실을 초래할 수도 있는 위험을 내포하고 있다.

그러나 현대의 경제예측은 사주나 관상(물론 그것을 무시하는 것은 아니지만)보다는 훨씬 합리적인 논리와 분석방법에 근거하여 작성되므로 신뢰할 만한 경제예측 결과를 바탕으로 각종 의사결정행위를 수행하는 일은 이제 일상사가 되고 있다.

3 예측은 어떻게?: 예측방법

예측방법을 구분해야 할 절대적 기준이나 필요성이 있는 것은 아니다. 그러나 상황과 목표에 따라 예측하는 방안을 구분해 보는 것은 예측하는 내용이나 형태의 다양한 측면을 이해할 수 있다는 장점이 있다.

3.1. 단기·중기·장기예측

우선 예측을 수행하고자 하는 대상시기의 길이에 따라 ① 단기, ② 중기, ③ 장기예측으로 구분할 수 있다. 단, 어느 정도의 기간을 단기 또는 장기로 볼 수 있는지에 대한 절대적 기준은 없다. 그러나 일기예보와 같이 1일을 대상으로 삼거나 1~2달 내지 1~2분기까지를 대상으로 하는 예측의 경우 보통 단기로 볼 수 있다. 물론 주식이나 환율가격 같은 경우에는 하루에도 수도 없이 큰 변화가 발생하므로 이러한 상황에서의 단기란 시간단위로 이해될 수도 있을 것이다.

그런데 일반적으로 예측이란 예측오차를 수반하는 것이며, 과거 행태의 특성이 미래에도 지속될 것이라는 논리하에 예측을 수행하는 것이므로 현재로부터 먼 장래에 대한 예측, 즉 제반 여건이나 행태가 과거와 달라질 가능성이 큰 시기에 대한 장기예측은 예측오차가 커질 수밖에 없다. 그러나 당면한 전략을 결정하기 위한 단기예측과는 달리 일반적으로 조직의 구조개편 등을 위한 예측은 장기예측적인 특성을 갖게 된다.

3.2. 사건발생 여부, 사건도래시기, 시계열예측

예측할 내용을 중심으로 볼 때, 예측은 특정한 사건이 도래할지에 대한 예측(event outcome forecasts), 특정 사건이 도래할 시기에 대한 예측(event timing forecasts), 그리고 미래 시기에 대한 일련의 시계열자료를 구체적인 수치로 제시하는 예측(time series forecasts)으로 구분되기도 한다.

대통령선거에서 어느 특정 후보가 당선될 수 있을지에 대한 예상이나 새로 개발한 상품의 성공가능성 등에 대한 예측은 특정 사건의 발생여부에 관한 추론의 성격을 가질 것이다. 반면, 작금의 경기침체는 언제 또 다시 개선될 것인지, 또는 암의 궁극적인 치료약은 언제쯤 개발될 수 있는지, 그리고 중국이 언제 또 다시 자국통화의 평가절상을 시도할 것인지 등에 관한 추론을 한다면 이는 특정 사건의 도래시기에 대한 예측이 될 것이다. 그러나 물론 대다수의 예측은 시계열자료의 장래 실현치가 얼마나 될 것인가에 대한 구체적 수치를 제시하는 내용으로 구성되는데, 이를 시계열예측이라 칭한다.

3.3. 양적 예측과 질적 예측

한편, 예측과정은 그것이 양적인 것에 치중하는가, 또는 질적인 것에 치중하는가에 따라 구분되기도 한다.

(1) 양적 예측

충분한 양적 정보화 자료가 활용가능할 때 우리는 주로 양적 예측을 수행한다. 양적 예측은, 첫째 과거에 대한 정보가 수집가능하고, 둘째 그 정보가 수량적 자료형태로 존재하며, 셋째 과거의 주요 행태가 미래에도 도래할 것이라고 가정(assumption of continuity)할 수 있어야 실행가능하다.

그런데 이러한 양적 예측은 분석대상이 되는 변수와 과거 변화해 온 패턴이 미래에도 지속될 것이라는 단순한 논리하에, 그 장래 값을 예측하는 시계열예측(time series forecasts)과 인과관계적 함수관계에 근거하되 설명변수값을 이용하여 종속변수값을 예측하는(예컨대, 광고비 규모를 가지고 매상고를 예측) 인과관계적 예측방안으로 구분되기도 한다.

후자의 경우 보통은 예측하고자 하는 변수와 이에 가장 큰 영향을 미칠 것으로 이해되는 설명변수와의 관계를 실증분석이 가능한 구체적 함수형태로 표현한, 이른바 계량경제모형을 설정한 다음 회귀분석(regression analysis)을 통하여 예측을 수행하게 된다.[1] 특히, 각종 정책효과를 예상해 보거나 서로 다른 정책들의 시행성과를 비교·분석하는 경우 등에는 이 방법의 활용이 필수적이다.

한편, 예측하고자 하는 변수의 과거 관측치가 변화하여 온 특징적 패턴만을 파악하여 그 변수의 장래 값을 예상해 내는 이른바 시계열예측방안은, 해당 변수에 어떤 변수들이 영향을 미치는가 등에 관한 경제적 논리는 도외시한 채 이루어진다. 이러한 이유로 인해 경제이론에 기반도 두지 않는, 따라서 논리성이 부족한 예측방안이라는 비판을 받기도 하였다. 그러나 인과관계적 함수관계에 근거하는 정통 계량경제모형은 그 모형이 복잡해질수록 예측오차가 증폭될 수 있는 위험을 안고 있다. 따라서 경제논리는 일단 접어 두고 당면한 전략의 신속한 결정을 위해 상대적으로 활용이 간편한 시계열예측방안이 자주 사용되고 있다.[2]

한편, 최근에는 상기 두 예측방법이 갖는 장·단점을 상호 보완하여 활용하는 복합예측모형의 사용이 일반화되고 있다.[3] 이 때의 예측은 설

1) 자세한 내용은 제1편 제4, 5장 및 제6장 참조.
2) 자세한 것은 제1편 제7장 참조.

명변수의 영향력은 물론 시계열자료의 과거 변화추이를 동시에 활용하여 예측을 수행하게 된다.

(2) 질적 예측

양적 자료가 없거나 충분하지 못하지만 활용할 수 있는 질적 정보가 존재할 때 이른바 질적 예측을 수행할 수 있다. 이러한 유형의 예측은 주로 과거로부터 누적된 지식과 판단에 의존하게 되는데, 특히 전문적 훈련과 교육을 받은 사람들의 견해 등이 많이 참작된다.

이 방법은 구체적 수치를 제시하는 것이 아니며, 따라서 당장 시급한 전략수립에 신뢰할 만한 참고자료를 제공할 수도 없는 것으로, 본질적으로는 주된 양적 예측을 보완하는 기능을 발휘하는 경우가 많다. 또한 이러한 특성상 질적 예측은 중·장기 예측의 성격을 주로 갖고 있다.

이러한 질적 예측 중 자주 활용되는 방안 가운데 하나로 '델파이예측법(the Delphi method)'을 들 수 있다. 이 방법은 1963년 Rand Corporation에 의해 처음 제시된 것으로 전문가들의 평가를 활용한다. 그런데 이들 전문가들을 직접 마주치게 하거나 한꺼번에 모이도록 해서 설문조사를 하는 대신, 구성원들이 각자의 독자적인 의견을 개진할 수 있도록 분리접근하는 방식을 쓰고 있다. 일단 각자의 견해가 왜곡되지 않고 창조적으로 제시되면 이들의 답변서를 모아 그 내용을 구성원들에게 공개한다. 그런 다음 배부된 구성원들의 답변내용을 참고하여 각자 자신의 대답을 수정하거나 다른 구성원을 설득시킬 수 있는 기회를 제공한다. 이러한 과정은 모든 견해가 잘 관측·활용되었다고 볼 수 있을 때까지 통상적으로는 서너 번 반복된다. 이러한 과정을 통해 전문가집단의 의견을 일치된 관점으로 합일시켜 나가는 방법이다.

4 예측의 기본 절차

예측이란 불확실한 미래에 대하여 과거의 경험을 참고하여 추론하는

3) 제2편 제8장 참조.

것이며, 따라서 기본적으로 과거 자료와 정보에서 도출된 행태나 특성들이 미래에도 지속될 것이라는 가정하에 예측이 수행된다는 사실은 전술한 바와 같다.

예측의 대종을 이루고 있는 양적 예측 중 시계열자료 예측을 중심으로 예측이 수행되는 과정은 다음과 같이 다섯 단계로 구분하여 이해할 수 있다.

4.1. 제1단계—과제의 설정

예측의 첫 단계는 과연 주 관심이 되는 사안의 핵심이 무엇인가를 정확히 파악하여 이에 적절히 대응할 수 있는 예측의 과제를 구체적으로 설정하는 일이 될 것이다. 이 과정에서 누가 어떤 내용의 예측을 필요로 하며, 또 그 결과가 어떻게 활용될 것인가에 대해 분석자의 충분한 이해가 선행되어야 할 것이다.

4.2. 제2단계—자료 및 정보의 수집

일단 예측과제가 구체적으로 정립되면, 이에 필요한 자료와 정보를 수집하게 된다. 질적 예측의 경우에는 과거로부터 누적되어 온 판단내용과 핵심 전문가들의 견해 등에 관한 정보가 중점적으로 수집될 것이다. 한편, 예측의 대종을 이루고 있는 양적 예측의 경우에는 각종 수량적 자료가 주축이 될 것이다. 수량적 자료는 횡단면자료(cross-section data)와 시계열자료(time series data)로 구분되는데, 전자는 어느 한 시점에서 서로 다른 다수의 분석대상물에 대한 관측치를 수집해 놓은 것을 이른다. 예컨대, 2005년도에 서울시에 거주하는 세대별 연간 수입자료들을 들 수 있다. 그러나 정작 예측의 대상이 되는 자료는 후자, 즉 시계열자료들로서 분석대상의 관측치를 오랫동안 관측하여 정리해 놓은 것이라 할 수 있다. 결국 (양적)예측은 이러한 시계열자료의 과거 관측치를 수집하여 장래 실현될 값들을 예상해 내는 과정이 주류를 이루게 될 것이다.

4.3. 제3단계—예비탐색적 분석

일단 자료수집이 완료되면 본격적인 분석을 수행하기에 앞서 자료를 요약·정리(예컨대, 도수분포표 등의 형태를 취한 다음 이를 각종 도표의 형태(기둥그림표, 도수다각형, 원반도표 그리고 산포도나 상관도표 등)로 제시)하거나 자료집단의 특성치를 산출하여 제시함으로써(예컨대, 평균, 분산 등) 분석대상이 되는 자료집단의 특성에 관한 기초통계분석을 수행한다. 이렇게 도표나 특성치 형태로 정리·요약하여 제시하는 통계분석을 기술통계(descriptive statistics)라 한다

한편, 관측된 시계열자료가 어떤 뚜렷한 추세선(trend)이나 경기변동(business cycle) 또는 계절변동(seasonality)의 징후를 보이고 있는지를 이른바 전통적 시계열분석(time series analysis by decomposition)에 의해 파악하는 과정이 선행되기도 한다.[4)]

이상과 같은 예비적 통계분석이 수행되면 우리는 변수 간에 유의할 만한 인과관계(causal relationship)가 존재하는지, 또는 개별 변수들이 유의할 만한 체계적 변동(추세나 순환변동)을 보여 왔는지, 그리고 어느 특정 시기에 극단적 관측치(outliers)를 기록할 만한 외부충격이나 정책변화 또는 구조조정이 발생하였는지 등에 관한 조감적인 감각을 가질 수 있게 되는 것이다.

4.4. 제4단계—분석모형의 선택

앞서의 기초통계분석은 유용한 정보를 제공하지만 그 자체만을 가지고 예측을 수행할 수는 없다. 보다 본격적인 예측과정은 수집·정리한 자료에 내재된 행태적 특성이나 인과관계적 함수관계의 내용 또는 일정 기간별로 반복되는 순환변동의 특성 등을 체계적으로 파악하여 제시할 수 있는 다양한 예측모형을 설정하여 활용하게 된다. 이들 중 주요한 분석모형들로는 제3장에서 소개할 평활법, 제4장과 제5장 및 제6장에서 소개할 회귀분석모형, 그리고 제7장에서 소개할 Box-Jenkins의 ARIMA모형 등이 있다. 그 밖에도 고도의 기술적 고려가 필요한 모형들이 개발되어 활용되

4) 자세한 내용은 제3장 참조.

기도 하는데, 본서에서는 이들을 모아 제2편에서 간략히 소개하였다.

4.5. 제5단계—예측치의 도출 및 활용

일단 관측된 자료집단의 특성을 대변할 수 있는 예측모형이 성립되면 적절한 통계분석절차를 통해 모형(의 계수들)을 추정하게 된다. 이렇게 추정된 결과식은 관측된 자료의 특성을 최대한 잘 대변하고 있는지의 여부를 평가받게 되는데, 이를 역사적 의태분석(historical simulation)이라 한다.[5] 추정식의 적합도(goodness of fit)가 높게 나타나고 역사적 자료를 잘 대변하는 것으로 확인이 되면, 이 추정식에 근거하여 비로소 예측을 수행하게 된다.

그런데 예측과정은 엄밀히 말하면 통상 두 단계로 이루어진다. 보통 분석모형을 예측할 때 가능한 한 최근까지의 자료를 다 활용하지만, 추정할 모형의 예측력을 점검해 보기 위해 현재로부터 가장 가까운 과거 한 두 시기 정도의 관측치를 유보해 둔다. 예컨대, 2006년 현재의 예측모형을 추정할 때, 2004년까지의 관측치만을 이용하고 2005년 관측치는 남겨두는 것이다. 추정된 분석모형이 과거 관측치를 잘 대변할 만큼 적합도가 높은 것으로 나타나더라도 이는 추정식이 과거 행태의 특성을 잘 잡아내준다는 것뿐이므로 반드시 높은 예측력을 보장하고 있다고 볼 수는 없다. 따라서 본격적인 그리고 순수한 의미의 사전적 예측(a priori forecast)을 수행하기에 앞서 2004년까지의 자료를 이용하여 추정된 결과식에 근거하여 2005년도에 대한 예측치를 구해 보고, 그것이 이미 관측된 2005년 관측자료와 얼마나 가까운지를 확인해 보는 과정을 거치게 된다. 방법론상으로는 예측이지만 이미 관측된 과거 시계열자료에 대한 예측이므로 사후적 예측(ex-post forecast)이라 부르는 것이다.

역사적 의태분석상에서 그리고 사후적 예측에서 높은 적합도가 확인되면 비로소 순수한 미래에 대한 사전적 예측을 수행하는 것이다. 물론 이러한 사전적 예측은 예측대상 시기였던 미래가 도래하여 해당 변수값이 관측되는 때에 이르러 그 예측력이 평가될 수 있게 된다.

분석가들은 일반적으로 이러한 과정을 되풀이하면서 보다 정확도가 높은 예측결과를 도출할 수 있는 모형으로 발전시켜 나가는 것이다.

---

5) 자세한 내용은 제6장 참조.

2

예측을 위한 기초통계분석

1. 자료의 종류와 수집방안
2. 기술통계분석
3. 추측통계분석
4. 예측결과의 평가지표 Ⅰ
5. 예측결과의 평가지표 Ⅱ

예측을 수행하는 구체적 방법을 이해하려면 최소한의 통계학적 기초가 있어야 한다. 본서는 일단 기초통계학에 대한 어느 정도의 지식을 가지고 있는 독자들을 대상으로 작성된 것이어서 통계이론에 관한 전반적인 소개는 생략하였다. 그러나 예측에 주로 활용되는 기본 개념이나 분석도구들을 별도로 모아 제시해 둘 필요가 있어 본 장을 구성하게 되었다.

1 자료의 종류와 수집방안

1.1. 자료의 수집

예측의 성패는 신뢰할 수 있는 자료의 수집에서 시작된다. 문제는 과연 어떻게 하면 양질의 자료를 수집할 수 있는가 하는 점이다. 다행히도 주요 경제변수들에 관해서는 정부 및 주요 기관에 의해 조사된 자료가 존재하므로 이를 활용하면 될 것이다. 센서스자료 또한 매우 유용한 정보를 제공해 주고 있다. 그러나 상당히 많은 경우에 경제예측가들은 스스로 서베이과정을 통해 자료를 직접 수집하게 된다. 이렇게 수집된 자료는 정부 및 유관기관이 집계한 자료에 비해 질적 완성도가 낮으며, 따라서 조사방법 및 과정에 내재한 여러 제약으로 인해 신뢰성이 떨어질 수밖에 없다. 다음으로 고려할 사항은 과연 어떻게 이러한 과정에서 발생하는 오류를 최소화하는가 하는 것이 된다. 이러한 문제에 가장 합리적으로 대처할 수 있는 방법론을 '표본계획론' 또는 '표본추출법'이라 하는데, 대표적인 것으로 단순무작위 표본추출(simple random sampling: SRS), 체계적 표본추출(systematic sampling), 군집표본추출(cluster sampling), 그리고 계층별 표본추출(stratified simple random sampling: SSRS) 등이 있다. 이들 모두는 확률이론에 근거하므로 신뢰도가 높은 표본추출방법이라 할 수 있다. 그러나 일반적으로는 무작위추출법(SRS)이 광범위하게 활용되고 있다. 이는 분석대상 집단(이를 모집단(population)이라 함)에 속해 있는 각 구성인자가 표본(sample)에 포함될 가능성이 동일하게 유지될 수 있는 여건하에서 표본을 추출하여 관측하는 방법이다. 한편, 이른바 할당추출(quota sampling) 또는 편의추출(convenience sampling or chunk sampling)이라 불리는 표본추출방법이 있는데, 이들은 객관적 확률에 근거하지 않고 있는 비확률적 표본추출법에 해당되며, 이 경우 오차의 크기는 상대적으로 커지게 된다.[1)]

1.2. 자료의 유형

수집한 자료가 분석대상의 어떤 특성에 대한 것인가에 따라 다음과 같이 구분되기도 한다.

- 수량적 자료(numerical data)
  - 이산적 자료(discrete data)
  - 연속적 자료(continuous data)
- 범주적 자료(categorical data)

예컨대, 시험점수나 소득수준과 같이 숫자로 표시되는 수량적 자료와 성별, 업종 등으로 구분될 수 있는 범주적 자료로 구분될 수 있다. 또한 수량적 자료는 관측치가 인구수처럼 정수로만 표시될 수 있는 경우(이산적 자료)와 몸무게나 신장처럼 측정치가 소수점 이하 자리까지 표시되는 경우(연속적 자료)로 나눌 수 있다.

한편, 자료를 관측하는 방법에 따라 시계열자료와 횡단면자료로 구분되기도 한다.

- 시계열자료(time series data)
- 횡단면자료(cross-sectional data)

분석대상에 대해 과거부터 현재까지 이르는 일련의 관측자료를 정리해 놓은 것을 시계열자료라 일컬으며, 월간 매상고, 주식가격, 이자율, 소득 등에 관한 자료가 이에 속한다. 이러한 자료는 일정(동일)한 간격(예컨대, 일별, 월별, 분기별, 연도별)을 두고 반복적으로 관측되며, 이는 미래에도 지속될 것으로 가정한다. 반면, 어느 특정한 시점(같은 시기)에 다수의 분석대상에 대해 관측된 자료를 횡단면자료라 함은 전술한 바와 같다.

1) 자세한 내용은 이종원(2004), 제6장 참조.

그림 2-1 통계학의 제 유형

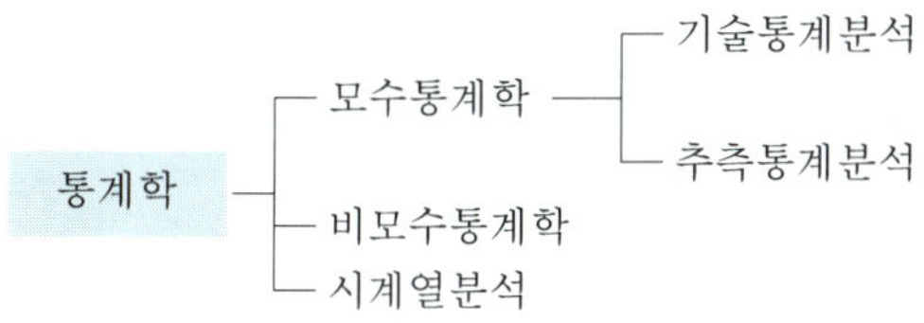

2 기술통계분석

관심 또는 연구의 대상이 되는 집단(이를 모집단이라 함)에 관한 자료를 수집·정리·분석하기 위한 과학적 방법, 그리고 추출된 표본의 특성치(이를 통계량이라 함)에 근거하여 모집단의 특성치(이를 모수라 함)를 추론하는 체계적 방법을 통계학(statistics)이라 정의한다. 이러한 통계학의 정의 중 일부분, 즉 자료의 수집 및 정리 그리고 분석하는 영역의 통계학을 기술통계학(descriptive statistics)이라 일컫는다. 그리고 모집단에서 적절한 표본추출방법에 근거하여 추출된 표본의 관측자료에 근거하여 모집단 전체의 특성에 대해 추론하는 영역의 통계학을 추측통계학(inferential statistics)이라 부르는데, 현대적 통계분석 그리고 예측에 주로 활용되는 방법론에 해당된다.

한편, 이러한 구분을 정확히 적용하기 부적절한 통계분석영역이 있다. 이들 중 주요한 것으로는 모수(평균, 분산 같은 모집단의 특성치)가 정의될 수 없는 제한된 자료만으로 통계적 추론을 수행하는 비모수통계학(nonparametric statistics)과 단지 시계열자료의 행태적 특성분석을 위주로 하는 시계열분석(time series analysis) 등이 바로 이에 속한다.

2.1. 자료의 정리 및 요약

수집된 자료는 우선 통상적으로 도수분포표 형식으로 요약·정리되는 것이 일반적 관행이다.

그림 2-2 기술통계학의 구성

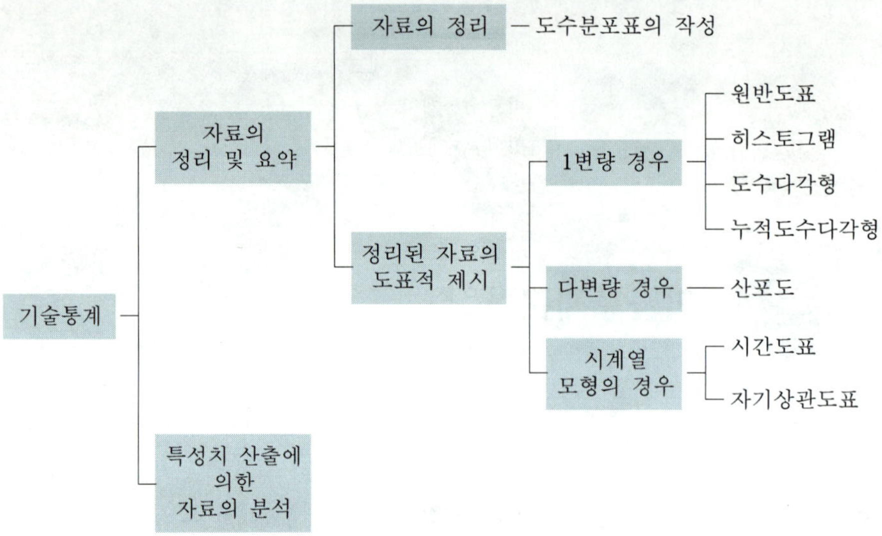

2.2. 요약된 자료의 도표적 표현

일단 수집된 자료가 적절히 정리·요약되면 정리된 자료집단의 특성을 시각적으로 쉽게 파악할 수 있도록 다양한 도표형태로 제시하게 된다. 1변량분석의 경우에는 원반도표, 기둥그림표, 도수다각형 등이 주로 활용된다. 한편, 다변량분석(두 변수 이상 간의 함수관계에 분석의 초점이 맞추어지는 경우)과 관련하여서는 산포도(scatter plot), 그리고 시계열분석모형과 관련하여서는 시간도표(time plot)와 산포도(scatter plot), 그리고 (자기)상관도표(auto-correlogram) 등이 주로 활용된다. 본 절에서는 두 도표에 관해서만 간략히 소개하고, 나머지는 통계학 전문도서를 참고하기 바란다.[2)]

(1) 시간도표

수집된 시계열자료의 특성을 시각적으로 파악하기 용이하도록 도표의 형태로 작성하는 방안 중 가장 기본적인 것으로 시간도표를 들 수 있

2) 이종원(2004), 제1장 참조.

그림 2-3 연도별 추이

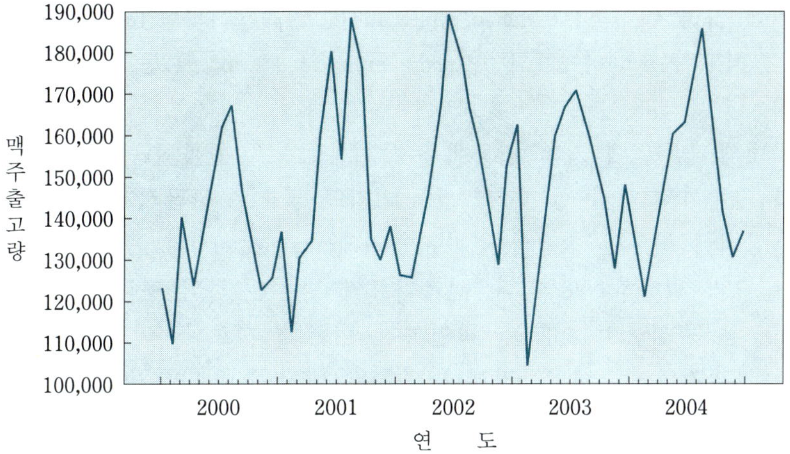

자료: 대한주류공업협회(2000~2004년).

다. 이 도표는 관측된 자료를 시간대별로 표시한 다음 이것을 연결한 그림이다.

〈그림 2-3〉은 맥주출고량에 관한 시계열자료를 시간도표방식으로 제시한 것으로, 이러한 도표를 활용할 경우 관측치의 변화유형 및 극단적 관측치 등이 쉽게 파악될 수 있다. 예컨대, 시간도표는 시간의 경과에 따라 형성되는 장기적 추세는 물론 계절변동의 특징이나 기타 체계적 변동(예컨대, 순환경기변동의 존재 여부 등)을 밝혀 준다. 한 변수의 관측치가 시간이 경과함에 따라 나타나는 특징은 다음 네 가지 측면에서 고찰할 필요가 있다.

첫째, 자료가 오랜 시간대에 걸쳐 장기적으로 상승 또는 하강하는 추세(trend)가 나타나는지를 살펴보게 된다. 대다수 주요 경제시계열들은 대체로 장기적 추세를 갖고 있다.

둘째, 자료가 계절적 요인에 따라 주기적으로 변동하는 이른바 계절변동(seasonal variation)이 있는지, 또 얼마나 명백하게 나타나는지 확인할 필요가 있다.

셋째, 1년 이하의 일정한 주기를 갖고 변화를 보이는 계절적 변동과는 달리 1년 이상의 주기를 갖되 주기의 길이가 정확히 일정하지도 않은 변동량을 총칭하여 순환변동(cyclical variation)이라 칭하는데, 평균적 주기의 크기에 따라 키친파동(Kitchen cycle, 40개월), 쥬글러파동(Juglar cycle, 9~10년) 그리고 콘트라티에프파동(Kondratiev cycle, 50~60년) 등으로 분류되기도 한다.

넷째, 앞서 세 가지 변동내용은 기본적으로 반복되는 주기의 크기에 따라 구분한 것이라 할 수 있는데, 이와는 별도로 고급시계열분석에 의한 예측단계에 이르면 수평적 변화유형(horizontal pattern)의 존재 여부를 파악할 필요가 발생하기도 한다. 관측자료가 변동은 하되 평균값을 중심으로 상하운동을 하는지 여부를 확인하여 이른바 자료의 '안정성(stationarity)' 여부를 판정하기도 한다. 자세한 내용은 제7장에서 다루기로 한다.

(2) 산 포 도

앞서의 예제는 한 변수를 시간대별로 관측하여 정리한 시계열자료의 관측치들이 시간의 경과에 따라 변화하는 특징을 파악하기 위한 시간도표의 활용방안이라 할 수 있다.

그림 2-4 원유가격과 소비자물가자료를 이용한 산포도

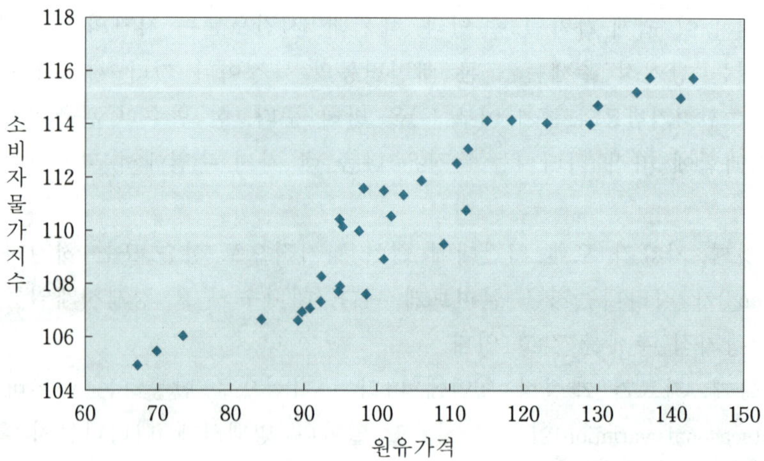

자료: 한국은행(2000~2004년).

한편, 두 변수(이상)에 대한 시계열자료를 수집하여 두 변수 간의 인과관계적 특징을 파악하여 예측을 수행하고자 할 때, 일단은 같은 시점에서의 두 변수 관측치들로 정의되는 관측점들로 구성되는 이른바 산포도(scatter plot)를 작성하게 된다. 〈그림 2-4〉에서처럼 이렇게 작성된 산포도는 두 변수 간에 함수관계가 있는지, 또 그 관계가 얼마나 강한지, 그리고 어떤 함수적 연관성(예컨대, 선형 또는 비선형관계)을 갖고 있는지 등을 확인할 수 있는 유용한 분석도구가 될 것이다.

2.3. 요약된 자료의 특성 파악

앞 절에서 살펴본 바와 같이, 관측된 자료를 도표형식으로 요약·제시하는 것은 자료집단의 특성을 개략적으로 파악하는 데 큰 도움을 줄 것이다. 그러나 도표만으로는 관측치의 특성을 종합적으로 대변할 수 있는 지표적 성격을 제시할 수 없다. 이러한 필요성에 부응할 수 있는 종합지표 또는 특성치가 광범위하게 개발되어 활용되고 있는데 그 주요 내용은 〈그림 2-5〉와 같다.

(1) 1변량 통계분석상의 주요 특성치

1변량의 관측치를 대상으로 분석하는 통계학의 경우 대상집단의 특성을 나타내는 특성치(이를 모수, parameter라 함)는 〈그림 2-5〉에서처럼 네 가지로 구분될 수 있다. 즉, 자료집단의 특성을 대표할 수 있는 대표치와 관측치들이 산포되어 있는 정도(degree of dispersion or variability)를 나타내는 산포도, 그리고 관측치들이 얼마나 일정 값을 중심으로 밀집되어 있는지 또는 분포상태가 어느 한 쪽으로 치우쳐 있는 정도가 심한지를 나타내 주는 첨도(kurtosis)와 왜도(skewness)로 나누어진다.

1) 대 표 치

대표치(central location or tendency)에는 산술평균(arithmetic mean), 중앙치(median), 최빈치(mode) 등이 있다.

최빈치란 관측된 자료 중 가장 여러 번 측정된 값, 즉 빈도수가 큰 수치를 나타낸다. 중앙치란 관측치를 크기순서에 따라 배열할 경우 제일

그림 2-5 특성치 산출에 의한 자료의 분석

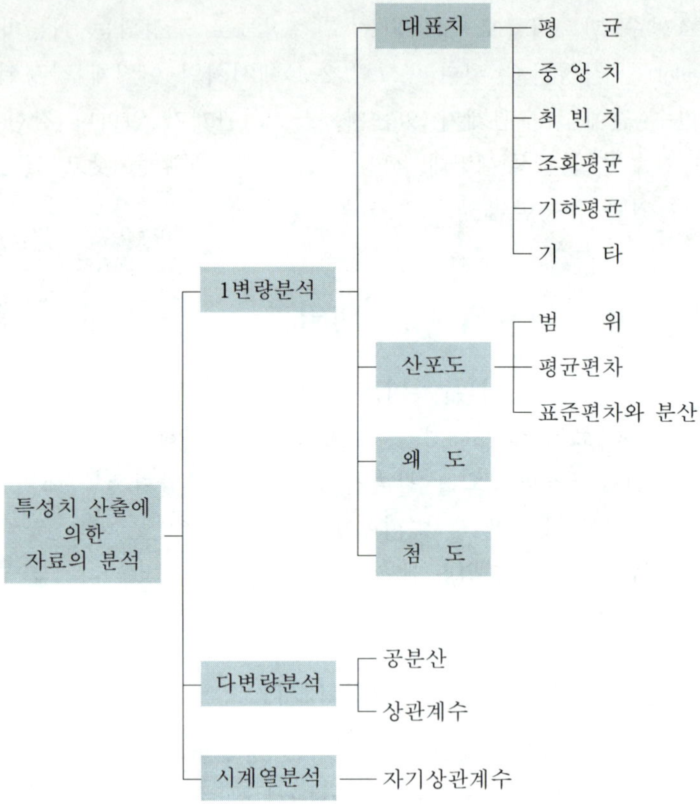

가운데 위치하는 값을 이른다. 두 개념이 모두 관측자료집단을 대표할 수 있는 특성을 갖고 있음을 쉽게 알 수 있다.

그러나 대표치 중 가장 정밀도가 높은 개념은 평균이라 할 수 있으며, 따라서 대표치 개념 중 가장 빈번하게 쓰인다. 관측치의 총수를 N, 그리고 자료집단에 속한 N개의 개별 관측치를 변수 $X_i(i=1, 2, \cdots\cdots, N)$라 할 때, 평균은 이 모든 관측치를 전부 더한 값($\sum_{i=1}^{N} X_i$)을 관측치의 총수(N)로 나눈 값으로 정의된다.

• 평균

모평균

$$\mu=\frac{X_1+X_2+\cdots\cdots+X_N}{N}=\frac{1}{N}\sum_{i=1}^{N}X_i \tag{2-1}$$

표본평균

$$\bar{X}=\frac{X_1+X_2+\cdots\cdots+X_n}{n}=\frac{1}{n}\sum_{i=1}^{n}X_i \tag{2-2}$$

식 (2-1)은 모집단 전체를 대상으로 한 평균, 즉 모평균의 정의식에 해당되며 'μ'(뮤라고 읽음)라는 기호로 표기한다.

N개의 관측치로 구성된 모집단으로부터 합리적 절차에 따라(예컨대, 무작위 추출에 의해) 크기 n규모의 표본을 뽑았을 때, 그 표본의 평균, 즉 표본평균은 식 (2-2)와 같이 정의된다.

이와 같이 정의되는 '평균(mean)' 개념은 단순히 위치상의 대표치인 중앙치나 빈도수상의 대표치인 최빈치와는 달리 자료에 나타난 모든 정보(개별 관측치 자체와 총관측치수)를 활용하여 정의되므로 가장 대표성이 강한 특성치라 할 수 있다.[3)]

2) 산포도

대표치란 문자 그대로 관측된 자료의 중심적 위치를 대변하는 데 불과하다. 즉, 자료의 특성 중 일부만을 나타내는 데 그친 것이다. 이러한 대표치가 갖는 특성을 결정적으로 보완할 수 있는 개념이 바로 산포도(degree of dispersion or measure of spread)이다. 자료가 어느 정도 분산되어 분포되어 있는지를 계측해 주는 분석틀이다. 본 절에서는 산포도 중 상대적으로 중요한 평균편차와 분산 그리고 표준편차에 대해서만 간략히 정리해 둔다.

3) 바람직한 통계량, 즉 표본의 특성치가 가져야 할 특성으로 불편성(unbiasedness), 효율성(efficiency) 그리고 충족성(sufficiency) 등을 들 수 있는데, 표본평균(sample mean)만이 이 특성을 모두 가진다. 자세한 것은 이종원(2004), 제6장 참조.

• 평균편차

모평균편차

$$\text{population MAD} = \frac{1}{N}\sum_{i=1}^{N}|X_i - \mu| \tag{2-3}$$

표본평균편차

$$\text{sample MAD} = \frac{1}{n}\sum_{i=1}^{n}|X_i - \overline{X}| \tag{2-4}$$

• 분산

모분산

$$\sigma^2 = \frac{1}{N}\sum_{i=1}^{N}(X_i - \mu)^2 \tag{2-5}$$

표본분산

$$s^2 = \frac{1}{n-1}\sum_{i=1}^{n}(X_i - \overline{X})^2 \tag{2-6}$$

• 표준편차

모표준편차

$$\sigma = \sqrt{\frac{1}{N}\sum_{i=1}^{N}(X_i - \mu)^2} \tag{2-7}$$

표본표준편차

$$s = \sqrt{\frac{1}{n-1}\sum_{i=1}^{n}(X_i - \overline{X})^2} \tag{2-8}$$

직관적으로 제일 먼저 생각해 낼 수 있는 개념은 평균값으로부터 떨어져 있는 거리를 나타내는 편차의 값들을 모두 합하여 총도수를 나누어 정의할 수 있는 '평균편차(mean of the absolute deviation: MAD)' 개념이 될 것이다.

그러나 이러한 편차값들의 합은 자동적으로 '0'이 된다. 평균값이 모든 관측치의 중심이 되기 때문이다. 이러한 문제점을 해결하기 위해 편차의 절대값들의 평균을 대신 활용하게 되는데, 이를 평균편차 또는 평균절대편차라 한다. 그렇지만 이 개념은 절대치 부호가 있어 수학적으로 작업하기 어려움 등의 문제가 있어 별로 활용되지 않고 있다.

편차값의 합이 자동으로 '0'이 되는 것을 해소하는 또 하나의 방안으로 고안된 것이 편차를 제곱한 값들의 평균으로 정의되는 분산(variance) 개념이다. 한편, 제곱한 값들로 정의되는 문제를 해소하기 위해 일단 분산을 산출한 후 이 값의 평방근을 구하여 원래 측정단위로 환원한 개념을 창출하여 동시에 사용하고 있다. 이를 표준편차(standard deviation)라 하는데, 산포도를 가늠하는 대표적 특성치로 활용하며, 모집단에서는 'σ'(시그마라 읽음), 그리고 표본에서는 's'로 표기한다.

이와 관련하여 추가적인 설명을 요하는 한두 가지 사항을 정리해 둔다.

우선 분산 개념은 경우에 따라 위험수준을 대변하는 변동폭(편차)의 크기를 계측해 주며, 이러한 편차값들을 제곱하여 활용하게 된다. 결과적으로 편차값의 절대치의 합이 같다 하더라도 모든 편차들이 작은 수준에 머무는 경우보다, 대부분의 편차가 '0'에 가깝더라도 몇몇의 편차가 매우 큰 값을 가지는 경우 오히려 분산값이 커지게 된다. 이러한 특성으로 인해 분산 개념은 위험수준(risk)을 나타내는 지표로서 특히 유용성이 크다. 경제이론은 인간들이 '위험회피(risk aversion)'를 하는 것을 합리적 행위라고 보고 있다. 따라서 같은 수준의 평균값(예컨대, 동일한 평균수익률)을 갖는 투자계획들이 있을 때 가능하면 위험수준(변동폭)이 낮은 경우를 선택할 것이며, 이러한 상황에서 분산이나 표준편차값은 의사결정에 귀중한 정보를 제공하게 된다.

그런데 표본과 관련하여 분산이나 표준편차를 정의할 때(s^2과 s) 모집단의 경우(σ^2과 σ)와는 달리 편차를 제곱한 값들은 총도수(n)보다 하나 작은 수로 나누어 정의한다는 점에 유의할 필요가 있다. 이 때 '$(n-1)$'을 자유도(degrees of freedom)라 한다. 특성치를 정의하는 과정에서 모수(이 경우에는 모평균 'μ')를 알 수 없어 대신 표본통계량(이 경우에는 표본평균 '$\bar{X}$')을 활용하여 편차를 도출하면 자유도를 한 개 잃게 된다.[4] 이 상황에서 중요한 점은 편차자승의 합을 총도수 대신 바로 이렇게 도출한 자유도로 나누어야만 결과적으로 도출된 특성치가 불편성(unbiasedness)을 갖게 된다는 점이다.

(2) 다변량 통계분석상의 주요 특성치

두 개 이상의 변수 간 인과관계를 중심으로 예측을 수행하고자 할 경우 1차적으로 분석해야 할 특성치들 중 가장 중요한 개념으로 바로 공분산(covariance)과 상관계수(correlation coefficient)를 들 수 있다.

• 공분산

모공분산

$$\sigma_{XY}=\frac{1}{N}\sum_{i=1}^{N}(X_i-\mu_X)(Y_i-\mu_Y) \tag{2-9}$$

표본공분산

$$s_{XY}=\frac{1}{n-1}\sum_{i=1}^{n}(X_i-\bar{X})(Y_i-\bar{Y}) \tag{2-10}$$

4) 예컨대, 표본크기가 2인 두 개의 관측치 X_1과 X_2가 있을 때, 모평균 μ를 알 수 없어 표본평균(예컨대, $\bar{X}=5$)값을 기준치로 삼아 표본분산(s^2)을 산출한다고 가정하자. 이 경우 관측치의 수는 '2'로서 일단 X_1값은 10, 9, 8…… 처럼 자유롭게 표현할 수 있으나, 표본평균이 '5'라는 조건($\bar{X}=5$)을 유지하려면 X_2값을 자유롭게 표현할 수가 없다. X_1값과 $\bar{X}$값이 설정되면 X_2값은 자동적으로 결정되기 때문이다.

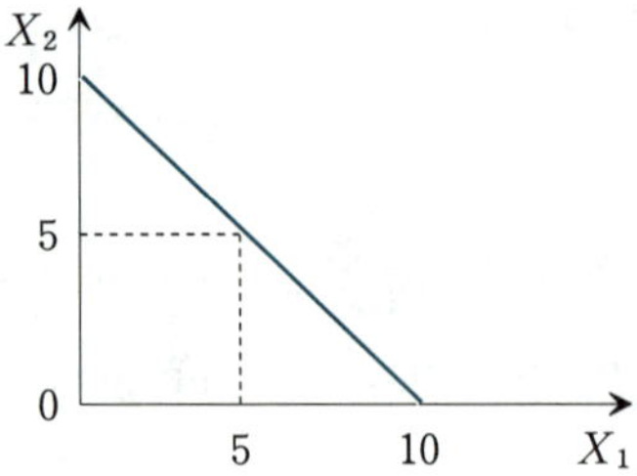

이는 일반적으로 표본분산을 산출함에 있어 X_1이나 X_2, 또는 $\bar{X}$ 등 임의의 어느 한 값을 기준으로 삼을 경우 실제 변동가능한 값의 수가 $(n-1)$이 된다는 논리에 근거한 설명이다. 동일한 논리를 확대해석하자면, 예컨대 표본에서의 특성치를 정의함에 있어 모수값을 알지 못하여 표본통계량들을 대신 활용할 경우 대신 투입한 표본통계량들의 수만큼 자유도를 잃게 되는 것으로 이해할 수 있다.

• 상관계수

모상관계수

$$\rho_{XY}=\frac{\sigma_{XY}}{\sigma_X \cdot \sigma_Y}=\frac{\frac{1}{N}\sum_{i=1}^{N}(X_i-\mu_X)(Y_i-\mu_Y)}{\sqrt{\frac{1}{N}\sum_{i=1}^{N}(X_i-\mu_X)^2}\sqrt{\frac{1}{N}\sum_{i=1}^{N}(Y_i-\mu_Y)^2}}$$

$$=E\left[\left(\frac{X-\mu_X}{\sigma_X}\right)\left(\frac{Y-\mu_Y}{\sigma_Y}\right)\right] \quad (2\text{-}11)$$

표본상관계수

$$r_{XY}=\frac{s_{XY}}{s_X \cdot s_Y}=\frac{\frac{1}{n-1}\sum_{i=1}^{n}(X_i-\bar{X})(Y_i-\bar{Y})}{\sqrt{\frac{1}{n-1}\sum_{i=1}^{n}(X_i-\bar{X})^2}\sqrt{\frac{1}{n-1}\sum_{i=1}^{n}(Y_i-\bar{Y})^2}}$$

$$=\frac{\sum x_i \cdot y_i}{\sqrt{\sum x_i^2}\sqrt{\sum y_i^2}} \quad (\text{단, } x_i=X_i-\bar{X},\ y_i=Y_i-\bar{Y})$$

$$=\frac{1}{n-1}\sum\left(\frac{X_i-\bar{X}}{s_X}\right)\left(\frac{Y_i-\bar{Y}}{s_Y}\right) \quad (2\text{-}12)$$

이들은 변량 간 관계의 특성과 강도를 나타내 주기 위해 설정된 개념이다. 즉, 분산은 평균으로부터의 편차값들을 제곱하여 합한 다음 총도수로 나눈 일종의 편차자승값의 평균의 성격을 갖는다. 반면, 공분산은 X와 Y 두 변량값들이 각각의 평균(μ_X와 μ_Y)으로부터 괴리된 정도를 나타내는 편차값들을 서로 곱하여 합한 다음 총도수(N)로 나누어 정의하고 있다. 따라서 한 변량의 관측치가 평균보다 클수록, 즉 편차가 클수록 다른 변량의 편차도 크다면 공분산값은 커지게 된다. 즉, 두 변량의 관측치 간의 연관성이 높을수록 공분산값이 커지는 것이며, 따라서 두 변량 간의 인과관계의 강도가 높은 것으로 평가할 수 있다. 단, 표본공분산(s_{XY})을 정의하는 경우에는 총도수(n) 대신 전술한 바 있는 자유도를 이용하여야 한다는 점에 유의할 필요가 있다(식 (2-10) 참조).

그런데 이상과 같이 정의된 공분산(식 (2-9)와 식 (2-10))값은 두 변량의 관측단위가 커질수록(예컨대, 100만, 10억 등) 자동적으로 커지는 문제가 있다. 따라서 서로 다른 단위로 측정한 자료를 이용하여 공분산들을 산출한 경우 단지 이들 값을 서로 대비시킴으로써 변량 간 강도의 크기를 판정할 수는 없게 된다. 이러한 문제점을 해소하기 위해 고안된 개념이 상관계수이다.

상관계수는 공분산값을 해당 변량들의 표준편차값들로 나눈 값으로 정의된다(식 (2-11)과 식 (2-12)). 여기에서도 표본의 경우는 자유도($n-1$)를 활용하여 표본상관계수를 정의하고 있다.

여하튼 이처럼 공분산값을 표준편차값들로 나눌 경우 측정단위로 인해 발생하는 문제점이 해소된다. 이와 같이 정의된 상관계수값들은 그 절대치가 최소 '0'에서부터 최고 '1' 사이에 머무르는 특성을 갖기 때문이다.[5)]

$$-1 \leq \rho \leq 1 \text{ 또는 } 0 \leq |\rho| \leq 1$$
$$-1 \leq r \leq 1 \text{ 또는 } 0 \leq |r| \leq 1$$

표 2-1 주요 기초통계량 산출

통 계 량	정 의	값
평 균	$\frac{1}{n}\sum_{i=1}^{n} X_i$	$\bar{X}=105.5778$
평균편차	$\frac{1}{n}\sum_{i=1}^{n} \lvert X_i-\bar{X}\rvert$	MAD=15.82963
분 산	$\frac{1}{n-1}\sum_{i=1}^{n}(X_i-\bar{X})^2$	$s^2=399.1435$
표준편차	$\sqrt{\frac{1}{n-1}\sum_{i=1}^{n}(X_i-\bar{X})^2}$	$s=19.97858$
공 분 산	$\frac{1}{n-1}\sum_{i=1}^{n}(X_i-\bar{X})(Y_i-\bar{Y})$	$s_{XY}=60.99$
상관계수	$\frac{1}{n-1}\Sigma\left(\frac{X_i-\bar{X}}{s_X}\right)\left(\frac{Y_i-\bar{Y}}{s_Y}\right)$	$r_{XY}=0.939$

주: X: 원유가격지수, Y: 소비자물가지수(2000년 기준).
자료: 한국은행, 2001년 1월~2004년 12월.

5) 자세한 내용은 이종원(2004), 제2장과 제11장 참조.

이러한 상관계수값은 '+' 또는 '−' 부호를 갖는데, 전자는 두 변량의 변화방향이 같을 경우이고, 후자는 두 변량의 변화가 역방향으로 나타나는 경우가 될 것이다. 물론 상관계수값이 ±1에 가까울수록 두 변량 간의 함수관계는 밀접한 것으로 해석된다. 단, 이 경우의 함수관계란 1차 함수의 강도를 나타낸다는 점에 유념할 필요가 있다.[6)]

〈그림 2-4〉에서 활용한 원유가격과 소비자물가지수를 이용하여 지금까지 소개한 주요 기초통계량을 산출하여 보면 〈표 2-1〉과 같다.

(3) 시계열분석모형에서의 주요 특성치

1변량의 시계열자료의 분석과 관련한 주요 특성치(예컨대, 평균과 분산)는 이미 앞서 살펴본 바 있다. 그런데 1변량 경우라도 관측치가 시간 결과에 따라 변화하는 시계열자료를 분석할 경우에는 시간을 또 다른 하나의 변량으로 인식할 수 있다. 마치 해당 변량 외에 시간이라는 변량 또 하나가 추가된 것처럼 상황을 설정하는 것이다. 물론 그렇다고 변량과 시간 자체와의 공분산이나 상관계수를 산출하는 것은 아니다. 대신 변량의 관측치에 대해 자신의 과거 관측치들을 서로 다른 변량처럼 취급하여 상관계수를 산정한다. 결국 자신과 자신의 과거 관측치와의 상관관계를 계측하는 분석도구가 되므로, 이를 각각 자기공분산과 자기상관이라 부르며 다음과 같이 정의한다.

• 자기공분산

$$C_k=\frac{1}{n}\sum_{t=k+1}^{n}(Y_t-\bar{Y})(Y_{t-k}-\bar{Y}) \qquad (2\text{-}13)$$

6) 이종원(2004), 제11장 참조. 단, 여기서 한 가지 유념할 사항은 상관계수란 단지 1차 함수관계의 밀접도만을 계측해 준다는 점이다. 따라서 두 변량이 정확히 2차 함수나 로그함수관계에 있다 하더라도(예컨대, $Y=X^2$ 또는 $\log X$) 상관계수가 1이 되지는 않는다. 또 한 가지 중요한 사실은 상관계수가 1차 함수관계의 강도만을 대변하도록 정의된 것이므로 두 변량의 관측단위에 영향을 안 받는다는 사실이다. 따라서 다음 관계가 성립된다.

$$\begin{aligned}\mathrm{Corr}(X,\ Y)&=\mathrm{Corr}(aX,\ Y)\\&=\mathrm{Corr}(X,\ bY)\\&=\mathrm{Corr}(aX,\ bY)\end{aligned}$$

• 자기상관계수

$$\gamma_k = \frac{\sum_{t=k+1}^{n} (Y_t - \overline{Y})(Y_{t-k} - \overline{Y})}{\sum_{t=1}^{n} (Y_t - \overline{Y})^2} \tag{2-14}$$

이변량분석의 경우에는 공분산이나 자기상관계수가 두 변량 종속변수와 설명변수 간에 존재하는 1차 함수관계의 강도를 계측해 주기 위해 정의된 반면, 자기공분산과 자기상관은 1변량의 서로 다른 시기의 관측치들 간의 함수관계를 계측하기 위한 분석도구로 개발된 것이다. 즉, 식 (2-13)과 식 (2-14)는 'Y'라는 변량의 t기 관측치(Y_t)와 t기로부터 k기 앞선 과거 관측치(Y_{t-k})와의 상관관계를 나타내는 정의식이다. 즉, $k=1$이면 Y_t와 Y_{t-1}, $k=2$이면 Y_t와 Y_{t-2}, 그리고 $k=n$이면 Y_t와 Y_{t-n}을 연관시켜 가며 자기상관관계를 산출하도록 장치된 것이다. 이처럼 기준시기 값(Y_t)과 k차 시차를 둔 과거시기 값(Y_{t-k})을 비교하는 과정은 시차크기를 바꾸어 가며(즉, $k=1$부터 $k=n$까지) 여러 번 반복되는데, 그 과정에서 'n' 개의 자기공분산과 자기상관값이 산출되므로 이를 단일값을 갖는 '지수' 개념과 구분하기 위해 '함수'라는 개념을 부여한다. 즉, C_k와 γ_k는 각각 자기공분산함수와 자기상관함수(autocorrelation function: ACF)라 부른다.[7)]

다음은 2000년에서 2004년 사이 맥주출고량과 식 (2-14)를 이용하여 시차 1부터 15까지의 자기상관함수값을 계산한 결과이다.

$\gamma_1=0.6004$, $\gamma_2=0.2379$, $\gamma_3=0.0145$,
$\gamma_4=-0.2980$, $\gamma_5=-0.4986$, $\gamma_6=-0.5878$,
$\gamma_7=-0.4686$, $\gamma_8=-0.2729$, $\gamma_9=0.0102$,
$\gamma_{10}=0.2993$, $\gamma_{11}=0.5516$, $\gamma_{12}=0.7481$,
$\gamma_{13}=0.5604$, $\gamma_{14}=0.1908$, $\gamma_{15}=-0.0761$

상기의 자기상관값들을 일별해 볼 때, γ_6과 γ_{12}가 여타 γ_k보다 큰 절

7) 자기상관함수 γ_k는 ACF(k)라 표기하기도 하며, 다음과 같은 수학적 의미를 아울러 갖는다.

$$\text{ACF}(k)=\text{Corr}(Y_t,\ Y_{t-k}) \text{ 또는 } \text{Corr}(Y_t,\ Y_{t+k})$$

그림 2-6 맥주출고량 자료를 이용한 자기상관도표

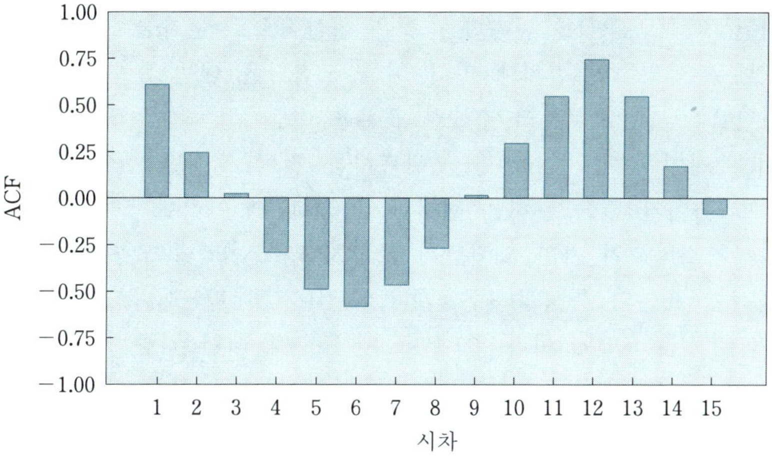

대치를 갖고 있는데(단, γ_6은 '−', γ_{12}는 '+'값을 가짐), 이는 이 자료가 계절적 변동요인을 갖고 있음을 잘 나타내 주고 있는 예가 될 것이다. 즉, 변동주기는 12개월마다 정점(peaks)을 반복하는 형태라 볼 수 있으며, 저점(troughs)은 정점과 6개월씩 시차를 가지며 나타나는 것으로 보인다.

그런데 이처럼 단순히 n개의 ACF값들을 산출하여 상호 비교하는 대신, 〈그림 2-6〉과 같이 이들을 시차(lags) 크기에 따라 그림의 형태로 표현하여 자기상관관계를 보다 확실하게 구체적으로 표현한 그림을 우리는 (자기)상관도표(correlogram)라 한다. 이와 같이 정의된 ACF도표는 특히 시계열분석모형을 통해 효율적인 예측을 수행하는 데 매우 훌륭한 분석도구가 된다(제7장 참조).

3 추측통계분석

기술통계학이란 단순히 분석대상 집단을 관측한 자료를 요약·정리하여 그림의 형태로 표현하거나 특성치를 산출하여 그 특징을 조직적으로 파악하는 것으로 통계분석의 기초단계에 해당된다.

이러한 기술통계분석을 수행함에 있어 일반적으로 관심의 대상이 되는 집단 전체(모집단)를 관측하는 일은 현실적으로 불가능하다. 따라서 우리는 매우 합리적인 절차에 따라 이들 모집단을 대변할 수 있도록 소규모 집단을 모집단으로부터 추출한 표본을 대신 관측하게 된다. 문제는 과연 이와 같이 선정된 표본만을 관측하는 것이 모집단 전체를 관측하는 것과 별 차이가 없는가 하는 점이다. 가능한 한 이러한 절차에서 발생할 오류를 최소화시켜 가며 모집단의 특성치(모수, 예컨대 모평균이나 모분산)를 대신할 표본의 특성치(표본통계량, 예컨대 표본평균이나 표본분산) 산출과정을 추정(estimation)이라 한다. 또한 모수에 대한 각종 주장(이를 통계적 가설(statistical hypothesis)이라 함)의 진위 여부를 표본정보에 근거하여 확인하는 과정을 밟기도 하는데, 이를 통계적 가설검정(statistical test)이라 한다.

이상과 같은 추정과 검정이 바로 추측통계학의 핵심 내용이 되며, 이러한 과정이 바로 예측을 수행하기 앞서 우리가 거쳐야 할 필수적인 선결과제가 될 것이다. 그런데 이러한 추측통계학의 주요 분석방안을 본 장에서 별도로 상세하게 설명하는 일은 부적절하므로 이후 예측에 대한 다양한 방법론을 설명할 때 함께 서술하기로 한다.

4 예측결과의 평가지표 I

일단 본격적인 예측을 위한 전단계, 즉 예측에 사용할 계량경제모형을 관측된 자료를 이용하여 추정하고 그 추정결과가 통계적으로 유의할 만한 결과인지를 검정하는 과정을 밟게 된다. 추정된 결과에 대한 통계적 유의성 및 적합도 검정이 의미 있는 것으로 밝혀지면 이 분석모형을 현실타당성이 있는 것으로 평가하게 되며, 비로소 그 결과에 근거하여 예측을 수행한다.

그러나 추정된 분석모형이 과거 관측된 자료상에서는 설득력이 있는 설명력을 갖춘 것으로 평가되더라도 그것이 반드시 예측을 정확하게 해

준다는 보장은 없다. 따라서 일단 예측이 이루어지면 그 예측이 얼마나 정확한지 여부를 평가해 볼 필요가 있다. 이하에서는 이러한 과정에서 활용되는 주요 분석틀을 간략히 소개하고자 한다.

예측오차(forecast error)란 t기의 실제 관측치(Y_t)와 t기에 대한 예측치(F_t) 간의 차이라 할 수 있다.

• 예측오차

$$e_t = Y_t - F_t \tag{2-15}$$

그런데 통상 t기에 대한 예측(F_t)은 Y_1, Y_2, ……, Y_{t-1}까지의 관측치를 활용하여 산출된다. 이러한 식의 예측을 1단계식 예측(one-step forecast)이라 한다. 과거의 관측치들을 가지고 바로 1기 앞선 시점에 대한 예측치를 도출하기 때문이다. 따라서 이 때 발생하는 오차는 1단계식 예측오차(one-step forecast error)가 된다. 그리고 이 경우의 오차는 Y_t를 제외한 최근까지의 모든 관측자료를 활용하여 산출한 예측치(F_t)와 실제 관측치(Y_t)의 차이가 될 것임이 자명하다.

그런데 이러한 예측을 'n'기간에 걸쳐 'n'번 수행할 경우 우리는 'n'개의 예측오차값을 산출할 수 있게 된다. 이러한 상황에서 예측의 정확도를 평가하기 위해 제일 먼저 그리고 간단하게 정의하여 활용할 수 있는 방안으로 예측오차의 평균 개념을 들 수 있다.

• 평균오차

$$\text{ME} = \frac{1}{n}\sum_{t=1}^{n} e_t \tag{2-16}$$

• 평균절대오차

$$\text{MAE} = \frac{1}{n}\sum_{t=1}^{n} |e_t| \tag{2-17}$$

• 평균평방오차

$$\text{MSE}=\frac{1}{n}\sum_{t=1}^{n}e_t^2 \tag{2-18}$$

그런데 단순히 각 시기에 대한 예측오차를 구하여 그 평균을 구하면 평균오차(mean error: ME)값은 아주 작은 수가 될 가능성이 높다. 왜냐하면, '+'오차들과 '−'오차들의 상당 부분이 서로 상쇄되어 버리기 때문이다. 따라서 평균오차는 전형적인 예측오차의 크기를 가늠하기에는 부적절하다는 문제가 있다. 평균오차값은 단지 과도 또는 과소예측이 체계적으로 발생하였는지, 즉 이른바 예측편의(forecast bias) 발생 여부를 판정할 수 있는 정보제공에 머무를 것이기 때문이다.

이러한 평균오차 개념의 한계성을 극복하기 위해 도출한 개념이 평균절대오차(mean absolute error: MAE)이다. 예측오차값들의 절대값을 구한 후 그 평균을 구하여 활용하는 방안이다. 이 개념은 초심자들이 쉽게 이해할 수 있다는 장점은 있으나 각종 수학적 처리가 곤란하다는 문제가 있다. 따라서 예측오차값을 제곱한 값들을 평균하여 정의한 평균평방오차(mean squared error: MSE)의 개념을 보다 광범위하게 사용하고 있다. 이러한 논리는 제2절에서 평균편차 대신에 분산이나 표준편차를 산포도의 중심지표로 활용하고 있다는 논리와 일맥상통하는 것이다.

평균평방오차 개념의 정립으로서 평균오차나 평균절대오차가 갖는 한계성은 일단 해소된 셈이다. 그러나 서로 다른 두 자료집단에 대해 실시된 예측작업에서 산출된 평균평방오차값들을 서로 비교하여 보다 낮은 평균평방오차값을 갖는 예측모형을 보다 예측력이 높은 모형으로 판정할 수는 없다는 문제가 남는다. 평균평방오차값은 관측치의 측정단위에 따라 커지거나 작아지기 때문이다. 이러한 문제점을 해소하기 위한 다음 단계의 분석장치로 다음과 같은 여러 개념이 창출되었다.

• 상대오차 또는 백분율오차

$$\text{PE}_t=\left(\frac{Y_t-F_t}{Y_t}\right)\times 100 \tag{2-19}$$

• 평균백분율오차

$$\text{MPE} = \frac{1}{n}\sum_{t=1}^{n}\text{PE}_t \qquad (2\text{-}20)$$

• 평균절대백분율오차

$$\text{MAPE} = \frac{1}{n}\sum_{t=1}^{n}|\text{PE}_t| \qquad (2\text{-}21)$$

• 평균자승백분율오차의 평방근

$$\text{RMSPE} = \sqrt{\frac{1}{n}\sum_{t=1}^{n}\text{PE}_t^2} \qquad (2\text{-}22)$$

측정단위의 차이로 인한 영향력을 배제하는 가장 손쉬운 방법은 상대예측오차 개념을 설정하는 것이다. 통상적으로는 백분율 개념을 활용하는 상대오차(percentage error: PE) 개념이 이에 해당된다(식 (2-19) 참조).

그런데 백분율오차를 활용하는 경우에도 평균 개념을 도입할 필요가 있다. 우선, 오차율들을 모두 합한 다음 총도수를 나누어 정의되는 평균백분율오차(mean percentage error: MPE, 식 (2-20) 참조) 개념을 생각할 수 있다. 그러나 오차율값들 또한 '+' 또는 '−'값이 혼합되어 산출될 것이며 따라서 MPE값도 매우 작은 값이 나올 가능성이 높게 되므로 예측력을 평가하기에 부적절한 측면이 있다. 이러한 문제는 백분율오차값들의 절대치를 이용한 평균 개념인 평균절대백분율오차(mean absolute percentage error: MAPE, 식 (2-21) 참조)를 이용함으로써 해소될 수 있다.

물론 이상과 같은 문제를 다른 차원에서 해소하되 수학적 처리가 용이한 별도의 분석지표를 도출할 수도 있다. 이것이 바로 평균자승백분율오차의 평방근(root mean squared percentage error: RMSPE) 개념이다. 여기서 RMSPE는 백분율오차를 제곱한 값들의 평균을 구한 다음 평방근값을 산출하여 정의된 개념이다. 물론 이 개념이 앞서의 개념보다 논리적 우월성을 가짐은 불문가지이다(식 (2-22) 참조).

5 예측결과의 평가지표 Ⅱ

앞서 소개한 '예측력평가지표'는 사실상 추정된 모형이 실제 관측된 자료들을 얼마나 잘 대변하는지를 평가해 주는 기능을 담당하는 적합도 검정에 불과하다. 즉, 추정된 결과식을 이용하여 시기별 예상관측치를 도출한 다음 실제 관측치와 얼마나 가까운지 정도를 계측해 주는 분석틀이기 때문이다. 따라서 이러한 평가지표값이 좋다고 해서 반드시 훌륭한 예측력이 보장될 수는 없다.

특히, 예측모형을 추정하는 과정에서 분석가들은 일반적으로 추정식의 적합도를 높이기 위해, 즉 낮은 MSE나 RMSPE값을 가져다 줄 수 있는 지나치게 복잡한 모형(sophisticated model)을 설정하는 경향이 있다. 인과관계를 잘 확인시켜 줌과 동시에 이론에 충실한 함수형태 대신, 논리적 근거가 희박하더라도 고차함수나 다항식을 이용하여 적합도를 최대한 높이려는 충동을 버리지 못하기 때문이다. 또한 앞서 소개한 여러 예측결과 평가지표들은 서로 다른 예측모형을 활용하여 예측을 수행할 경우 각 모형 간 예측력의 우수성을 상호 비교하기 곤란한 측면이 있다. 따라서 이러한 한계성을 극복할 수 있는 평가지표가 개발되어 사용되고 있는데, 그 대표적인 검정방안이 Theil의 U통계량(Theil's U-statistic)이다.

그런데 U통계량의 이해를 돕기 위해 우선은 이른바 단순예측법(naive forecast: NF)에 대한 설명이 필요할 것 같아 그 내용을 요약해 보았다.

■ • 단순예측법

단순예측이란 다양한 예측모형이나 방법들의 실질적 예측력 내지는 이들 예측모형의 활용을 통해 얻을 수 있는 혜택수준을 비교할 수 있도록 그 비교의 기준으로서 활용하기 위해 설정한 가장 원시적인, 그리고 가상적인 예측이라 이해하면 좋을 것이다.

이러한 단순예측은 현재 관측치를 미래에 대한 최선의 예측이라고 보는 시각에 기초한 예측방식으로 정의될 수 있으며, 독자적 예측방안으로서의 가치부여보다는 단순예측에 비해 보다 논리성이 강한 예측방법들이 얼마나 더 정확한 예측을 할 수 있는지를 비교하기 위한 대상의 기능에 주안점을 두고 있다.

그런데 이러한 단순예측은 크게 보면 다음과 같이 네 가지 정도로 구분해 볼 수 있다.

1. 가장 단순한 모형

현재 관측치를 미래 예측치로 활용하는 방식으로

$$F_{t+1}=X_t \tag{2-23}$$

여기서, F_{t+1}: t기에 실행한 $t+1$기에 대한 예측

와 같이 정의된다. 따라서 이 때 예측오차는

$$e_{t+1}=(X_{t+1}-F_{t+1}) \tag{2-24}$$

이 될 것이다.

2. 상승추세가 존재할 경우

시간경과에 따라 관측치가 계속 증가(또는 감소)하는 경우 상기식 (2-23)과 같은 '가장 단순한 예측모형'은 항상 실제 값보다 낮은 (또는 높은) 오차를 발생시킨다. 이러한 문제는 현재와 과거 관측치의 차이(변화량)를 추가적으로 고려하여 단순예측을 수행함으로써 대응할 수 있다. 즉,

$$F_{t+1}=X_t+(X_t-X_{t-1}) \tag{2-25}$$

경우에 따라서는 변화량(X_t-X_{t-1}) 대신, 변화율을 고려하기도 한다. 즉,

$$F_{t+1}=X_t\cdot\frac{X_t}{X_{t-1}} \tag{2-26}$$

와 같은 모형을 활용한다.

3. 계절변동이 존재할 경우

분기별 자료에 강한 계절변동요인이 존재한다면 전년도의 같은 분기 값으로 다음 분기에 대한 예측을 수행하는 방안이 활용될 수 있다. 즉,

$$F_{t+1}=X_{t-3} \tag{2-27}$$

4. 종합적 단순예측모형

이상에서 살펴본 추세변동이나 계절변동이 유의할 만큼 뚜렷한 경우에는 이 두 가지를 모두 고려할 수 있는 다음과 같은 예측모형으로 전환시킬 필요가 있다.

$$F_{t+1}=X_{t-3}+\frac{(X_t-X_{t-1})+\cdots\cdots+(X_{t-3}-X_{t-4})}{4} \tag{2-28}$$

■

이제 이러한 단순예측내용과 실제 관측치를 비교하여 일단 MAE나 MAPE를 산출한다. 그런 다음 특정 예측모형의 (사전적)예측력 또는 역사적 실현치에 대한 적합도 판정을 위해 산출하였던 MAE나 MAPE와 대비시켜 본다. 이 때 후자(특정 예측모형 활용)의 경우가 단순예측 수행시보다 MAE나 MAPE 기준으로 볼 때 얼마나 더 정확한 예측을 할 수 있는 방법인가를 평가할 수 있게 된다.

그런데 단순예측을 예측력 비교의 기준으로 활용하되 기준으로서의 활용가치를 높이기 위해, 예컨대 해당 자료가 계절변동에 영향을 받는다는 것이 확실한 경우에는 일단 계절변동요인을 제거한 시계열자료를 창출해 낸 다음 단순예측치와 실제 관측치를 비교한다. 그런 연후에 단순예측(이를 계절조정된 단순예측치라 함: NFSA)의 예측력과 특정 예측모형의 예측력을 그들의 MAE나 MAPE값을 산출·대비시킴으로써 예측력의 우수성이나 기여도를 평가하게 된다. 물론 NFSA가 NF보다 비교기준이 될 예측치를 보다 의미 있게 제공해 주는 것이라 볼 수 있다.

그런데 앞서의 예측력 평가방안은 모든 예측오차값들을 동일하게 취급, 즉 가중치를 일정하게 부여한다는 특성을 갖는다. 여러 차례 강조된 바 있듯이 합리적 경제행위를 가정할 경우, 오차 또는 위험부담이 클수록

가중치를 크게 부여하는(예컨대, 오차를 제곱한 값을 고려하는) 방식으로 평가기준을 삼은 다음 '단순예측'과 비교하는 것이 보다 합당한 예측력 평가방안이 될 것이라 볼 수 있다. 바로 이러한 관점을 고려하여 예측력을 비교·평가하기 위해 개발한 개념이 Theil의 U 통계량이다.

• Theil의 U 통계량

$$U=\sqrt{\frac{\sum_{t=1}^{n-1}(\mathrm{FPE}_{t+1}-\mathrm{APE}_{t+1})^2}{\sum_{t=1}^{n-1}(\mathrm{APE}_{t+1})^2}} \tag{2-29}$$

여기서, $FPE_{t+1}=\frac{F_{t+1}-Y_t}{Y_t}$: 상대적 예측오차(forecast relative change)

$APE_{t+1}=\frac{Y_{t+1}-Y_t}{Y_t}$: 상대적 실질오차(actual relative change)

이제 FPE_{t+1}과 APE_{t+1}을 식 (2-23)에 대체시켜 넣으면 U 통계량은 다음과 같아진다.

$$U=\sqrt{\frac{\Sigma\left(\frac{F_{t+1}-Y_t-Y_{t+1}+Y_t}{Y_t}\right)^2}{\Sigma\left(\frac{Y_{t+1}-Y_t}{Y_t}\right)^2}}$$

$$=\sqrt{\frac{\Sigma\left(\frac{F_{t+1}-Y_{t+1}}{Y_t}\right)^2}{\Sigma\left(\frac{Y_{t+1}-Y_t}{Y_t}\right)^2}} \tag{2-30}$$

그런데 위 식의 분자는 식 (2-21)에서 정의된 MAPE$\left(=1/n\sum_{t=1}^{n}|PE_t| =\frac{1}{n}\Sigma\left(\left|\frac{Y_t-F_t}{Y_t}\right|\times 100\right)\right.$와 비슷한 의미를 가지는 것으로 볼 수 있다. 또한 위 식의 분모는 분자에서 F_{t+1}을 Y_t로 대체한 것과 같아지는데, 이는 '단순예측'에 대한 MAPE와 비슷한 의미를 담고 있다. 결국 U 통계량은 두 가지 측면에서의 예측력 평가지표적 속성을 갖는다고 볼 수 있다.

이러한 특성을 갖는 U 통계량은 FPE_{t+1}과 APE_{t+1}이 똑같을 때 0이 된다(예컨대, 예측오차가 '0'이 될 경우가 이에 해당한다). 그리고 $FPE_{t+1}=0$

이 되면 U통계량의 값은 '1'이 될 것이다. 따라서 U값의 크기에 따라 다음과 같은 의미를 부여할 수 있다.

• U값과 예측력

· $U=1$: '단순예측'방법이 특정 예측모형과 예측력이 동일함.
· $U<1$: 특정 예측모형이 '단순예측'보다 예측력이 우월함.
· $U>1$: 특정 예측모형이 '단순예측'보다도 예측력이 떨어져 예측모형으로의 가치가 전혀 없음.

〈표 2-2〉는 2000년부터 2004년까지의 맥주출고량 자료를 이용하여 예측결과와 이에 대한 평가지표들을 작성해 본 결과이다. 단, 예측치는 2000년부터 2003년까지 월별 자료의 평균을 구하여 산출하였고, 관측치는 2004년의 값을 이용하였다.

표 2-2 각종 예측평가지표

시점 (t)	관측치 (Y_t)	예측치 (F_t)	오차 ($Y_t - F_t$)	절대오차 ($\|Y_t - F_t\|$)	오차자승 $(Y_t - F_t)^2$	평균백분율오차 $\left[\left(\frac{Y_t - F_t}{Y_t}\right) \times 100\right]$	평균절대백분율오차 $\left(\left\|\frac{Y_t - F_t}{Y_t}\right\| \times 100\right)$	분자값 $\left[\left(\frac{F_{t+1} - Y_{t+1}}{Y_t}\right)^2\right]$	분모값 $\left[\left(\frac{Y_{t+1} - Y_t}{Y_t}\right)^2\right]$
1	133,612	137,176	−3,564	3,564	12,702,096	−2.7	2.7	0.0035	0.0096
2	120,522	112,569	7,953	7,953	63,250,209	6.6	6.6	0.0003	0.0138
3	134,669	132,645	2,024	2,024.25	4,097,588	1.5	1.5	0.0058	0.0108
4	148,673	138,413	10,260	10,259.75	1.05E+08	6.9	6.9	0.0006	0.0061
5	160,307	156,716	3,591	3,590.75	12,893,486	2.2	2.2	0.0035	0.0002
6	162,312	171,859	−9,547	9,547.25	91,149,983	−5.9	5.9	0.001	0.0036
7	172,040	167,001	5,040	5,039.5	25,396,560	2.9	2.9	0.0069	0.0065
8	185,866	171,528	14,338	14,337.75	2.06E+08	7.7	7.7	0.0008	0.014
9	163,878	158,689	5,189	5,189.25	26,928,316	3.2	3.2	0	0.0217
10	139,764	139,082	682	681.75	464,783.1	0.5	0.5	0.0007	0.0044
11	130,462	126,784	3,678	3,678	13,527,684	2.8	2.8	0.0007	0.0028
12	137,340	140,850	−3,510	3,510.25	12,321,855	−2.6	2.6	0	1
합계			36,133	36,132.5	1.31E+09	23.3	45.5	0.0238	1.0935

$$\text{ME} = \frac{36{,}133}{12} = 3{,}011$$

$$\text{MAE} = \frac{36{,}132.5}{12} = 3{,}011.042$$

$$\text{MSE} = \frac{1{,}310{,}000{,}000}{12} = 108{,}796{,}463$$

$$\text{MPE} = \frac{23.3}{12} = 1.9\%$$

$$\text{MAPE} = \frac{45.5}{12} = 3.8\%$$

$$\text{Theil의 U통계량} = \sqrt{\frac{0.0238}{1.093}} = 0.1475$$

3

변동요인 분해법에 의한 시계열예측

1. 변동요인 분해의 기본 원칙
2. 이동평균 개념을 이용한 변동요인 분해
3. 지수평활법에 의한 예측
4. 각종 평활법에 의한 예측방안의 비교평가

앞서 두 개의 장에 걸쳐 시계열자료에 대한 예측에 필요한 주요 통계분석도구에 대하여 간략히 살펴보았다. 본 장에서부터는 구체적인 예측방안에 대하여 다각적으로 살펴볼 것이다.

시계열자료에 대한 예측을 수행하는 데 있어 직관적으로 가장 먼저 구상할 수 있는 접근방안은 시계열자료상에 내재된 특정 변화유형의 유무를 확인하여 활용하는 방안이라 할 수 있다. 만일 시계열자료에서 우발적 요인(randomness)을 제거하여 도출한 자료들이 상호 분리가능한 유형의 변화가 결합되어 있는 것으로 판단될 경우, 일단 이 자료를 변화요인별 유형으로 분해할 수 있을 것이다. 이러한 시계열자료의 변동요인별 분해과정은 시계열자료의 변화행태를 이해하는 데 큰 도움이 될 뿐 아니라 궁극적으로 시계열예측의 정확성을 높이는 데 매우 유용한 과정이 될 것이다.

경제현상에 대한 시계열자료들은 통상 두 가지 변동요인에 의해 분해될 수 있다. 즉, 추세 및 순환변동(trend-cycle factor)과 계절변동(seasonal factor)이 바로 그것이다. 계절적 요인이란 1년 이내의 일정한 주기를 갖는 변동으로 기후변화나 명절의 내용(설날, 추석, 성탄절 등) 등에 따라 차별적으로 관측되는 현상을 의미한다. 추세-순환변동은 1년 이상을 주기로 갖는 장기적 변동요인을 말하며, 통상적으로 그 주기는 일정하지 못한 특성이 있다. 저자에 따라 추세와 순환(경기)변동을 구분하여 처리하기도 한다. 그러나 두 가지를 명확히 구분하기 쉽지 않을 뿐 아니라 인위적인 구분이란 비판을 피할 수도 없다. 예컨대, 약 9～10년 만에 반복되는 쥬글러파동이나 50～60년의 주기를 갖는 콘트라티에프파동의 내용을 (장기)추세와 구분하기는 곤란하기 때문이다(물론 약 40개월의 주기를 갖는 키친파동의 경우는 구분할 수 있을 것이다).

일단 위와 같이 두 가지 요인의 변화유형에 따라 시계열을 분해할 경우 두 요인의 특징적 변화유형에 의해 설명될 수 있는 부분과 실제 시계열자료 간에는 다소의 괴리가 발생한다. 이는 그 특성을 규명할 수 없는 우발적 변동내용으로, 불규칙변동, '오차' 또는 '잔차' 등으로 불린다.

자료(data)＝유형(pattern)＋오차(error)

그러나 시계열자료의 분해방식과 관련하여 확실한 이론적 기반을 제기하기는 어렵다. 그럼에도 불구하고 본 장에서 소개할 전통적인 시계열 분해방안은 실용적인 차원에서 자주 활용되며, 예측에 있어 상당 수준의 성공을 거두기도 한다. 20세기에 들어서면서 창안된 이러한 분해방식은 시계열자료의 예측에 관한 한 가장 오래된, 원시적인 그리고 전통적인 예측방법이라 할 수 있다.

1 변동요인 분해의 기본 원칙

1.1. 분해모형

변동요인을 분해하는 데에는 기본적으로 두 가지 모형이 활용된다.

• 분해모형

$$Y_t = f(S_t, T_t, E_t) \quad (3\text{-}1)$$

여기서, Y_t: 시계열자료
S_t: 계절변동요소
T_t: 추세-순환변동요소
E_t: 불규칙변동요소

즉, 시계열자료(Y_t)가 계절변동요인과 추세변동요인 그리고 불규칙변동요인으로 구성되어 있다고 볼 때, 구체적으로 이들 요인과 어떤 함수관계가 있는지는 변동요인 분해방식에 따라 달라지며, 가법모형과 승법모형 두 가지로 대변된다.

가법모형(additive decomposition model)이란 시계열자료가 변동요인별 변화내용을 전부 합한 값으로 구성된다고 보는 것이다. 즉,

• 가법모형

$$Y_t = S_t + T_t + E_t \quad (3\text{-}2)$$

한편, 승법모형(multiplicative decomposition model)은 시계열자료가 세 가지 변동요인을 곱한 값과 같아지는 것으로 보는 것이다. 즉,

• 승법모형

$$Y_t = S_t \times T_t \times E_t \tag{3-3}$$

계절변동이 시계열자료 값의 크기(level)에 따라 변하지 않는다면 가법모형을 활용하는 것이 적절한 것이다. 그러나 계절변동폭이 시계열자료의 크기와 더불어 증가 또는 감소할 경우, 즉 계절변동이 추세변동 크기에 연관되어 있을 때에는 승법모형을 활용해야 한다. 일반적으로 대다수 시계열자료의 계절변동은 시계열자료의 크기에 연관되고 있어 승법모형이 자주 쓰이고 있다.

그런데 승법모형은 식 (3-3)의 양변에 대수값을 취하면 가법모형의 형태로 전환될 수 있음에 유념할 필요가 있다. 즉, $Y_t = S_t \times T_t \times E_t$에 log를 취해

• 승법모형의 가법모형화

$$\log Y_t = \log S_t + \log T_t + \log E_t \tag{3-4}$$

와 같이 전환할 수 있다.[1)]

1.2. 분해도표

〈그림 3-1〉은 자료의 순환변동, 계절변동, 그리고 불규칙변동의 추정치를 분해된 도표형식으로 표현한 것이다. 이러한 형식의 그림을 분해도

1) 많은 유럽 주가의 시계열자료에서는 장기 여름휴가기간인 8월의 경우 관측치들이 크게 낮아지는 경향을 보이고 있는데, 이처럼 특정한 달(또는 분기)의 관측치가 여타 기간에 비해 매우 크거나 작은 값을 가질 경우에 다음과 같은 분해모형이 쓰이기도 한다.

$$Y_t = T_t(S_t + E_t - 1) \tag{3-5}$$

이를 준가법모형(pseudo-additive decomposition)이라 한다.

이러한 모형은 한 달 또는 한 분기 관측치가 다른 달들이나 분기들에 비해 매우 크거나 작을 때 유용하게 활용될 수 있다(자세한 내용은 Baxter(1994) 참조).

그림 3-1 실업률자료를 이용하여 그린 분해도표

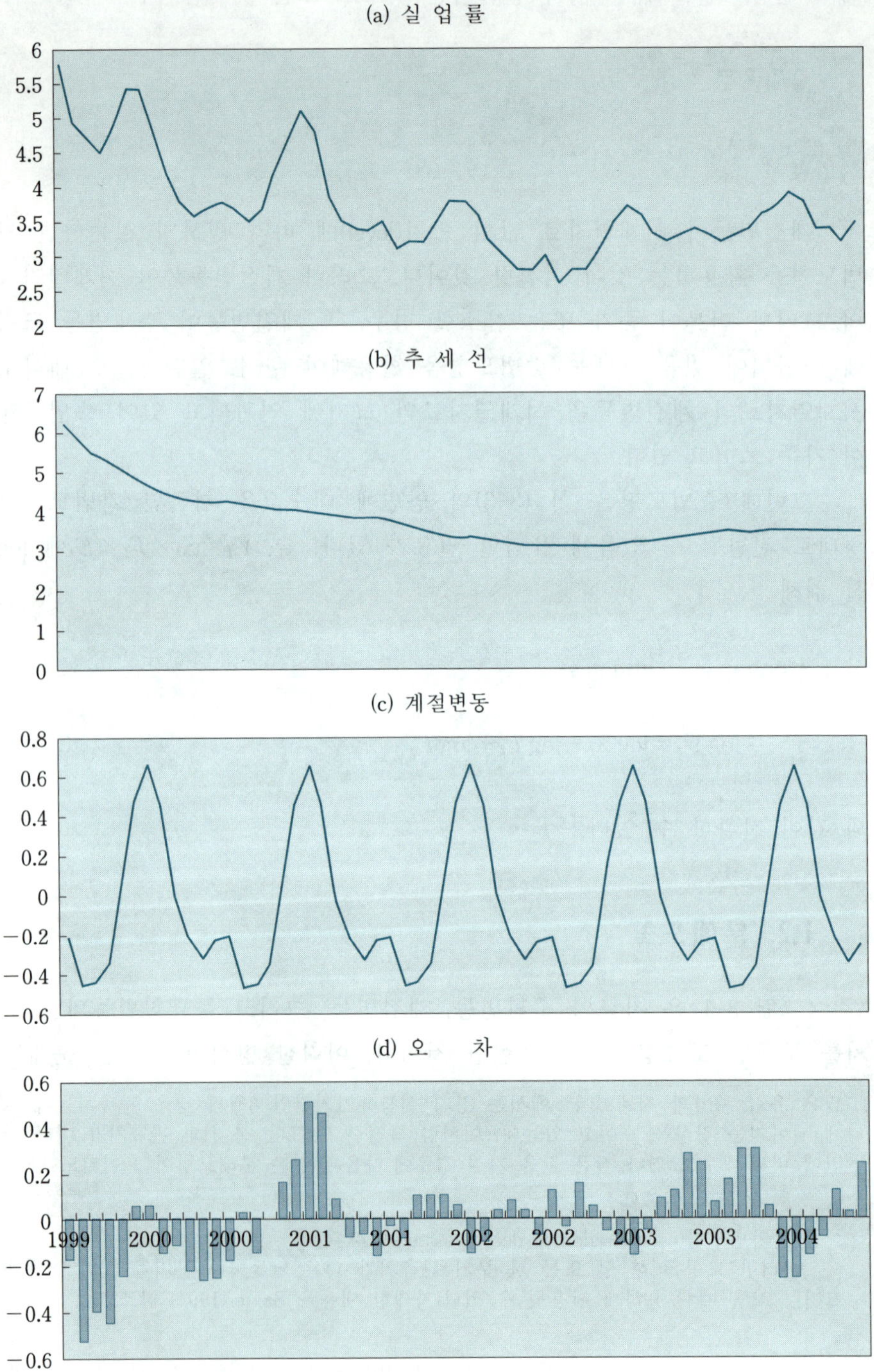

자료: 한국은행(2000～2004년).

표(decomposition plot)라 한다.[2] 위의 예는 요인별 변동을 합치면 원래 관측자료가 되는 가법모형을 이용하여 변동요인별로 분해할 경우의 요인별 변화패턴의 특징을 시각적으로 쉽게 파악할 수 있도록 표현한 경우라 할 수 있다.[3]

그런데 상기 예에서 계절적 변동원인은 시간경과에 상관없이 상당히 일정한 변화유형을 보여 주고 있음을 알 수 있다. 또한 이처럼 구분처리된, 즉 분해된 시계열자료의 그림(sub-series plot)을 통하여 변동요인별 변화의 특성을 보다 면밀히 분석할 수 있다.

1.3. 계절조정

변동요인별 분해방식은 시계열의 예측은 물론 계절조정된 시계열자료를 도출하는 데에도 유용하게 활용될 수 있다. 즉, 일단 계절변동요인이 구분·도출될 경우 원자료에서 이 요인을 제거하여 계절변동이 제거된 자료(seasonally adjusted data)를 산출해 볼 수 있다. 많은 경제시계열자료는 이렇게 도출된 계절조정된 자료형식으로 제공된다. 만약 이러한 조정과정을 거치지 않을 경우, 예컨대 졸업생들이 집단적으로 배출되는 2월의 실업률은 부당하게 크게 나타날 것이기 때문이다.

2) Cleveland and Terpenning(1992) 참조.

3) 〈그림 3-1〉은 STL 분해도표(제2절 제6항 참조)방식을 이용하여 그린 것으로 대략적인 절차를 소개하면 다음과 같다.

우선 주어진 자료의 시간도표를 그려보고 가법적 모형이 적용될 수 있는지 확인한다. 승법적 모형이 적절할 경우에는 log를 취하여 가법모형으로 전환시킨다.

- 내부루프과정(〈그림 3-1〉의 '계절변동' 그림 참조)
  - -추세변동이 제거된 자료를 구하기 위해 centered 12MA를 실시한다.
  - -$Y_t - T_t$: centered12MA값을 이용하여 추세변동이 제거된 자료를 구한다.
  - -계절변동은 계절지수를 이용하여 구한다. 즉, 각 월에 대해 추세가 제거된 자료를 모은 다음 월별 평균값을 계산하여 월별 계절지수를 도출한다.
- 외부루프과정(〈그림 3-1〉의 '오차' 그림 참조)
  - -오차항을 계산한다: $E_t = Y_t - T_t - S_t$
  - -주어진 자료에 극단적 관측치가 존재할 경우 적절한 가중치를 준다.

2 이동평균 개념을 이용한 변동요인 분해

앞서의 과정에서처럼 일단 계절변동요인이 제거되면 원자료에서 이를 제거한 자료에는 추세 및 순환변동요인과 불규칙변동요인만 남게 된다. 이처럼 도출된 자료의 이동평균을 구할 경우 우리는 불규칙변동을 상당 부분 제거할 수 있으며, 또 그렇게 함으로써 추세요인을 도출할 수 있다. 이동평균을 구하는 과정은 일반적으로 과거 관측치들의 변동폭을 대폭 줄여 평활한 값을 제공해 주기 때문이다. 이동평균(moving average: MA)을 구하는 방법에는 단순이동평균(simple MA), 이중이동평균(double MA), 그리고 가중이동평균(weighted MA) 등이 있으며, 이들의 궁극적 목표는 물론 추세-순환도표를 도출하는 데 있다.

2.1. 단순이동평균이용법

단순이동평균(simple MA) 중 가장 간편한 것은 3차 이동평균(MA of order 3 or 3MA)으로, 중심시기 관측치 대신 그 값과 바로 전·후 시기 관측값을 더한 다음 3으로 나눈 값으로 정의한다.

• 3차 이동평균

$$T_t=\frac{1}{3}(Y_{t-1}+Y_t+Y_{t+1}) \tag{3-6}$$

결과적으로 도출된 값은 불규칙변동(E_t)이 상당 부분 제거된 추세-순환변동량(T_t)의 특성을 갖게 된다. 이러한 방식으로 기준시점을 변동시켜 가며 3MA를 도출하는 과정은 가장 오랜 관측치를 하나 버리고 가장 새로운 관측치 하나씩을 추가시켜 가며 진행된다. 이 때 이동평균 산출을 위해 활용한 관측치수가 증가할수록, 예컨대 3MA 대신 5MA, 7MA 개념을 활용하면 점점 더 평활(smooth)한 추세변동분이 도출된다(〈그림 3-2〉 참조).

그림 3-2 섬유산업 상용근로자 임금을 이용한 3MA와 5MA

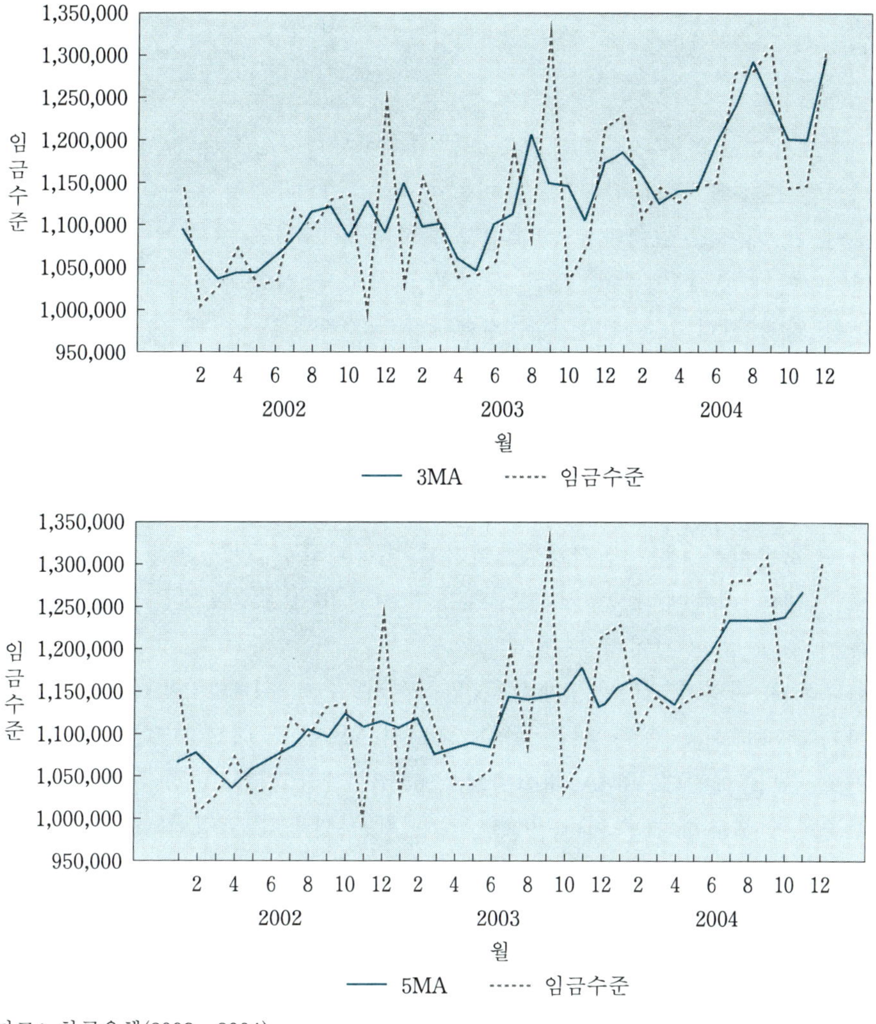

자료: 한국은행(2002～2004).

이동평균의 중심 관측시기로부터 대칭된 전·후 관측치들의 수를 반기간수(half-width)라 하고 'm'이라 표기하기로 한다. 예컨대, 5MA 경우의 반기간수는 $m=2$가 된다. 따라서 전 기간수(k)가 홀수일 경우, 반기간수(m)는 $m=(k-1)/2$가 되며, 이 때 kMA는 다음과 같이 정의된다.

• k차 이동평균

$$kMA = \frac{1}{k} \sum_{j=-m}^{m} Y_{t+j} \tag{3-7}$$

그리고 k의 수가 커질수록, 즉 고차이동평균일수록 보다 평활한 추세치를 도출해 주게 될 것임은 전술한 바와 같다(〈그림 3-2〉 참조). 따라서 보다 긴 기간을 고려하는 이동평균을 도출하고 싶은 욕구가 발생할 것이다. 그러나 보다 차수를 높여 갈수록 이동평균 산출과정에서 더 많은 정보를 잃게 된다(최초 관측치 'm'개와 최후 관측치 'm'개만큼). 또한 이동평균의 지나친 고차화는 추세-순환변동을 지나치게 평활화할 가능성이 높아지므로, 특히 변동주기가 상대적으로 낮은 순환-변동요인을 부당하게 제거할 수도 있다는 문제가 있다.

또한 초기 m기간에 대한 정보손실은 참을 만하나 최후 m시기에 대한 정보손실은 매우 심각하다. 여기서 이동평균 개념의 활용이 궁극적으로 미래의 예측에 있는 것이므로 가장 최근의 정보 'm'개를 잃는다는 것은 매우 심각한 것이기 때문이다.

물론 이상과 같은 문제점을 완화시켜 주기 위해 처음과 제일 나중 시기에 대해서는 보다 낮은 차수(order)의 MA값을 대신 산출하여 대체하기도 한다. 예컨대, 9MA 대신 7MA, 5MA, 그리고 3MA 등을 순차적으로 산출하여 활용하는 것이다. 이를 최초·최종 관측치 조정법(endpoint adjustment)이라 한다.

2.2. 짝수차수이동평균법

앞서 소개한 이동평균 산출공식은 포함시킬 관측치수가 짝수일 경우 어려움이 생긴다. 예컨대, 4MA일 경우 어느 관측치를 중심으로 할 것인가 결정하기 곤란하다. 두 번째나 세 번째 어느 것도 중앙치가 될 수 없기 때문이다. 이러한 어려움을 해결하기 위해 결론은 가상적으로 2.5번째 관측치와 3.5번째 관측치를 다음과 같이 정의하여 그 값들을 산출한 다음 그렇게 산출된 두 값의 평균을 4MA값으로 간주하는 것이다.

• 2×4MA

$$T_{2.5}=\frac{(Y_1+Y_2+Y_3+Y_4)}{4} \tag{3-8}$$

$$T_{3.5}=\frac{(Y_2+Y_3+Y_4+Y_5)}{4} \tag{3-9}$$

$$T''_3=\frac{(T_{2.5}+T_{3.5})}{2} \tag{3-10}$$

식 (3-10)과 같이 두 개의 이동평균(4MA들)값들의 평균으로 정의된 '짝수차수의 이동평균'을 '2×4MA'와 같이 표기하며, '중심이동평균(centered MA)'이라 부른다. 그런데 이처럼 정의된 중심이동평균은 일종의 '가중이동평균(weighted MA)'이 된다. 왜냐하면,

• 2×4MA의 다른 표현: 가중5차 MA

$$\begin{aligned} T''_3&=\frac{(T_{2.5}+T_{3.5})}{2} \\ &=\frac{1}{2}\left(\frac{Y_1+Y_2+Y_3+Y_4}{4}+\frac{Y_2+Y_3+Y_4+Y_5}{4}\right) \\ &=\frac{(Y_1+2Y_2+2Y_3+2Y_4+Y_5)}{8} \end{aligned} \tag{3-11}$$

가 되기 때문이다. 즉, 처음과 마지막 관측치에는 1/8이라는 가중치가 부여되나, 나머지 관측치들에는 1/4만큼의 가중치가 배정된 결과와 같아지기 때문이다. 따라서 중심이동평균 2×4MA는 차수가 5인 가중이동평균(a weighted MA of order 5)이 된다.

이상에서 살펴본 2×4MA는 분기별 자료에 적용될 경우 분기별 계절변동을 제거시키는 데 유용하게 활용될 수 있다. 즉, 2×4MA 산출을 통해 추세-순환변동을 추론할 수 있게 된다. 이동평균이 산출되는 과정에서 계절변동요인이 사라지게 되기 때문이다. 물론 2×8MA나 2×12MA도 같은 목적을 위해 활용될 수 있다. 이 때 도출될 이동평균은 2×4MA보다 더 평활화된 값들로 구성될 것이다.

표 3-1 섬유산업의 상용근로자 임금을 이용한 짝수차수 이동평균법[4]

월	임금수준	4MA	2×4MA
1	1,145,639	–	–
2	1,002,573	1,073,277.25	–
3	1,026,960	1,077,432.25	1,075,354.75
4	1,072,025	1,061,799.25	1,069,615.75
5	1,026,603	1,032,040.25	1,046,919.75
6	1,033,329	1,039,729.25	1,035,884.75
7	1,118,351	1,062,577	1,051,153.125
8	1,095,691	1,068,493.5	1,065,535.25
9	1,131,038	1,094,602.25	1,081,547.875
10	1,136,105	1,120,296.25	1,107,449.25
11	988,837	1,087,917.75	1,104,107
12	1,257,103	1,128,270.75	1,108,094.25
1	1,022,453	1,101,124.5	1,114,697.625
2	1,164,013	1,108,101.5	1,104,613

자료: 한국은행(2002～2004).

그림 3-3 섬유산업 상용근로자 임금을 이용한 2×4MA

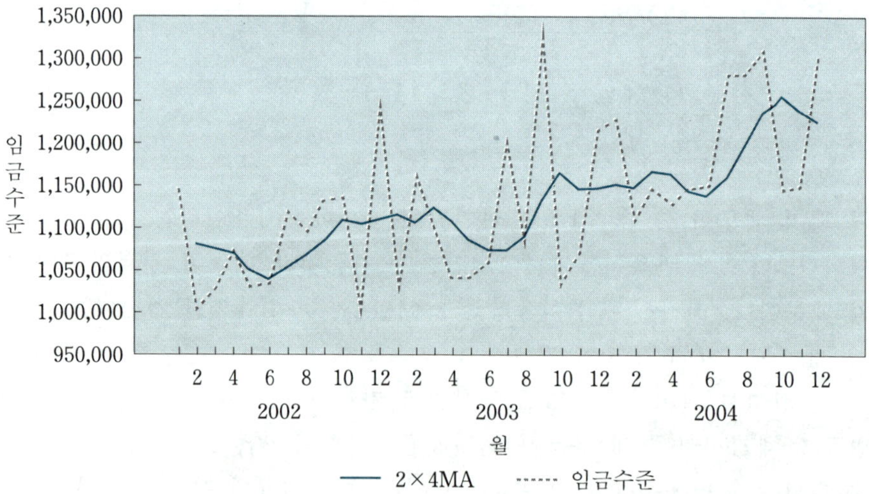

4) 2×4MA는 네 번째 컬럼의 이웃한 두 개 4MA값의 평균으로 계산되었다. 예컨대, $T_{2.5}$= 1,073,277.25, $T_{3.5}$=1,077,432.25, T''_3=1,075,354.75의 값을 가진다.

일반적으로 $2 \times k$MA는 $(k+1)$차수를 갖는 MA가 되며, 이 때 각 관측치는 $1/k$의 가중치를 갖되 최초 및 최후 관측치만은 $1/2k$의 가중치가 부여된다. 예컨대, 2×12MA는 다음과 같다.

$$2 \times 12\text{MA} = \frac{1}{12}[0.5,\ 1,\ 1,\ \cdots\cdots,\ 1,\ 0.5]$$

그림 3-4 섬유산업의 상용근로자 임금을 이용한 7MA 및 2×12MA

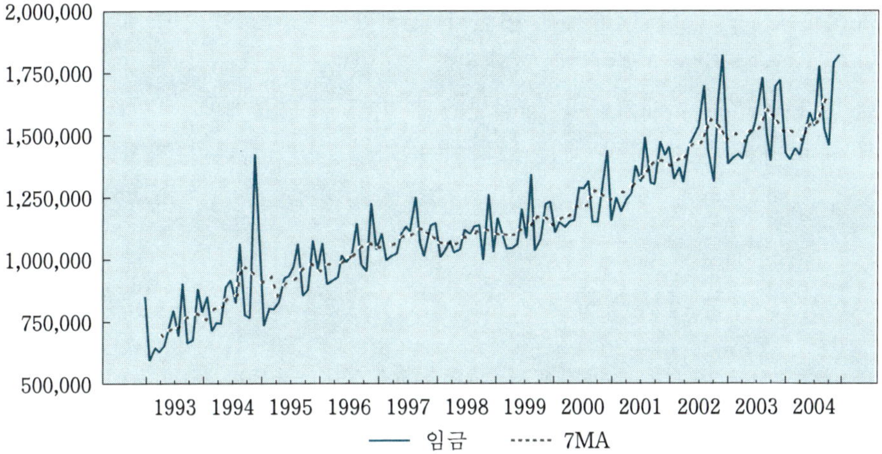

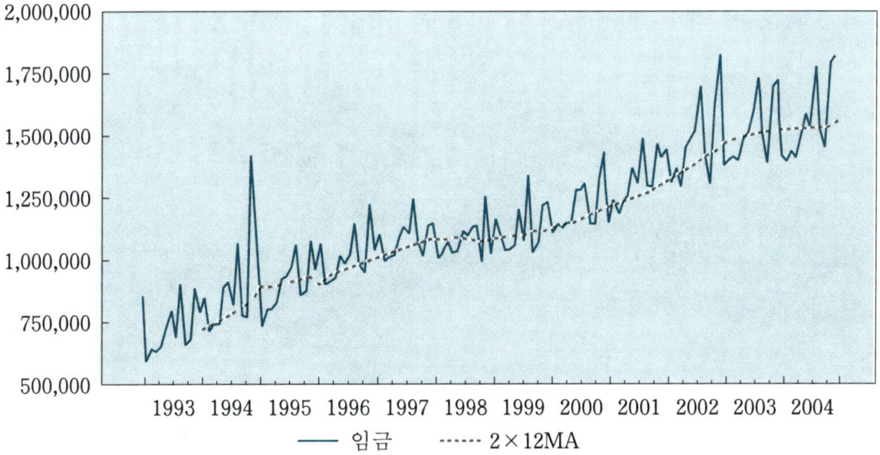

자료: 한국은행(1993～2005).

그리고 월간 자료를 이용할 경우 2×12MA는 분기별 계절변동은 물론 월별 계절변동까지를 제거해 줌으로써 추세-순환변동을 추정할 수 있게 해 줄 것이다. 그러나 7MA 등과 같은 이동평균을 활용할 경우에는 계절변동에 의해 오염되는 결과가 초래된다(MA contaminated by seasonal variation). 〈그림 3-4〉에서 2×12MA는 매우 평활한 변화추세를 보여 주고 있는 반면, 7MA는 계절변동이 제거되지 않아 추세선이 계절변동에 의해 상당한 영향을 받고 있음을 잘 보여 주고 있다.

그런데 중심이동평균 활용시에도 초기 및 말기 관측구간에 대한 값이 산출될 수 없다는 문제가 여전히 존재한다. 물론 이 경우에도 차수가 낮은 이동평균을 구하여 대신 활용할 수 있다. 그러나 그 과정에서 도출될 이동평균은 미세하나마 계절변동에 따른 오염문제에 직면하게 된다. 물론 이러한 '오염'의 문제는 그다지 심각한 것은 아니며 적절한 절차를 통해 회피할 수도 있다.

2.3. 이중이동평균

중심이동평균 산출과정에서 우리는 이동평균값들을 이용하여 재차 이동평균을 도출하는 예를 살펴보았는데, 이처럼 두 단계에 걸쳐 이동평균값을 도출한 값을 이중이동평균(double MA)이라 한다. 예컨대, 3×3MA는 3차 MA값 세 개를 이용하여 다시 3차 MA값을 구한 결과라 할 수 있다.

• 이중이동평균

$$T_2=\frac{(Y_1+Y_2+Y_3)}{3} \tag{3-12}$$

$$T_3=\frac{(Y_2+Y_3+Y_4)}{3} \tag{3-13}$$

$$T_4=\frac{(T_3+T_4+T_5)}{3} \tag{3-14}$$

$$T_3''=\frac{(T_2+T_3+T_4)}{3}=\frac{(Y_1+2Y_2+3Y_3+2Y_4+Y_5)}{9} \tag{3-15}$$

이 때 최종적으로 각 관측치에 부여되는 가중치들은 식 (3-15)와 같이 0.1111, 0.2222, 0.3333, 0.2222, 그리고 0.1111이 됨을 알 수 있다.

2.4. 가중이동평균

k차(또는 k점) 가중이동평균(weighted k-point MA)의 일반적 정의식은 다음과 같다.

• 가중이동평균

$$T_t = \sum_{j=-m}^{m} a_j Y_{t+j} \qquad (3\text{-}16)$$

여기서, $m = \frac{(k-1)}{2}$: 반기간수

만일 식 (3-16)에서 모든 a_j 값이 $1/k$로 일정하다면, 식 (3-16)은 단순k점 이동평균(simple k-point MA)이 될 것이다.

그런데 가중이동평균이 제대로 기능하려면, 가중치의 합이 '1'이 되어야 하며, 가중치들은 좌우대칭(symmetric)을 이루어야 한다는(즉, $a_j = a_{-j}$가 되어야 한다) 사실에 유념할 필요가 있다.

한편, 단순이동평균의 경우 매번 제일 첫 관측치를 빼고 마지막 관측치를 더해 가며 산출되므로, 이들 양쪽 끝 시기의 관측치들에 의해 이동평균값이 상당히 영향을 받게 된다(특히, 이들 값이 극단적 관측치(outlier)일 경우 더욱 그렇다). 그러나 가중이동평균은 일반적으로 중심으로부터 먼 시기에 상대적으로 작은 가중치를 부여하므로 산출될 가중이동평균값은 별로 큰 영향을 받지 않는다. 결과적으로 가중이동평균은 상대적으로 더욱 평활한 추세·순환변동치를 도출해 주게 된다.

가중이동평균 중 자주 이용되는 것으로는 스펜서(Spencer)와 헨더슨(Henderson)이 제기한 것이 특기할 만하다.

- 스펜서의 5×4×4MA
  이 때 다섯 점의 가중치는 $a_0=1$, $a_1=a_{-1}=3/4$, $a_2=a_{-2}=-3/4$
- 스펜서의 21차 가중이동평균
- 헨더슨의 5차, 7차, 9차, 13차 그리고 23차 가중이동평균이 있다.

이 중 스펜서의 5×4×4MA는 결과적으로는 15차 가중이동평균과 같아지는데, 이 때의 가중치는 다음과 같다.

−0.009,	−0.019,	−0.016,	0.009,	0.066,
0.144,	0.209,	0.231,	0.209,	0.144,
0.066,	0.009,	−0.016,	−0.019,	−0.009

한편, 헨더슨의 가중이동평균은 미국의 Census Bureau에서 주로 활용되고 있다. 이러한 가중이동평균 개념들의 가중치는 자의적으로 설정된 것이 아니라 여러 차례의 반복사항을 통해 분석목적에 가장 잘 부합되는 결과를 이용하여 수렴된 것들이다.

여하튼 이러한 가중치의 선정은 통상 적절한 '가중치함수(weight function)'를 통해 이루어진다. 아래의 19점 가중이동평균의 가중치함수는 좌우대칭성과 합이 '1'이 되는(즉, $a_j=a_{-j}$) 조건을 만족시키도록 고안된 가중치함수이다.

$$Q(j,\ m)=\begin{cases}\left(1-\left(\dfrac{j}{m}\right)^2\right)^2, & -m<j<m \text{ 경우}\\ 0 & \text{, 기타 경우}\end{cases}$$

여기서, $a_j=\dfrac{Q(j,\ m)}{\sum_{i=-m}^{m} Q(i,\ m)}$

$$\sum a_j=1$$

그리고 19점 가중이동평균의 경우 가중치는

$$a_j=\frac{\left(\dfrac{1-j^2}{81}\right)^2}{29{,}545}$$

와 같아진다.

그런데 관측자료가 상승하는 추세를 보일 경우에 이러한 가중이동평균법을 적용하면 최종 관측시기의 추세치가 과소추정되는 경향이 생긴다는 문제가 생긴다. 따라서 중심에서 먼 관측기에 대한 가중치가 줄어들면서 발생하는 이러한 왜곡(bias)현상은 별도의 방식을 통해 시정될 필요가 있다.

2.5. 가중최소자승법에 의한 평활법

앞서 살펴본 가중이동평균법은 뚜렷한 추세나 순환변동 패턴이 있을 경우에 왜곡된 추세값을 도출하는 문제점이 있음을 확인한 바 있다. 이러한 한계점을 해소할 수 있는 방안의 하나로 가중최소자승법을 들 수 있다.

최소자승법은 제4장과 제5장에서 소개할 통계적 기법으로 한 변수값의 예측을 그 변수(이를 종속변수라 함)에 가장 영향력이 큰 변수들(이를 설명변수 또는 독립변수라 함)과의 인과관계로 파악하는 방식으로 접근하는 대표적 분석방안이다. 자세한 내용은 추후에 설명하기로 하고, 여기에서는 단지 최소자승법의 기본 아이디어만을 활용하고자 한다.

최소자승법은 간단히 말해서 추정된 값과 실제 관측된 값과의 차이, 즉 추정오차값을 제곱한 값들의 합을 최소화시킬 수 있도록 추정치를 산정하는 방법이다. 앞서의 이동평균 개념은 기본적으로 추세 및 순환변동을 나타내는 곡선을 도출해 내기 위한 분석기법이라 할 수 있다. 반면, 최소자승법을 활용할 경우에는 관측점들을 가장 잘 대변할 직선을 도출하여 추세선으로 삼게 된다. 예컨대, 추세선이 시간에 1차 함수적으로 연관되어 있다고 보면($T_t = a + bt$, 단 t는 시간) 이러한 방식으로 도출된 $\hat{T}_t = \hat{a} + \hat{b}t$과 실제 관측치 간의 차이, 즉 오차($e_t$)는

• 추정오차

$$e_t = Y_t - \hat{T}_t = Y_t - \hat{a} - \hat{b}t \tag{3-17}$$

과 같다. 그러면 이 오차를 제곱한 값의 합은

• 오차자승합

$$\sum_{t=1}^{n}(Y-\hat{a}-\hat{b}t)^2 \qquad (3\text{-}18)$$

이 되는데, 이를 최소화시키는 $\hat{a}$과 $\hat{b}$값을 구하여 추세의 추정선으로 간주하는 것이 최소자승법인 것이다.

그런데 상기와 같은 최소자승법(least squares method)은 다소 변형시켜 적용할 수도 있는데, 예컨대 각 관측점을 중심으로 전·후 일정 시기에 대하여 가중치를(먼 시기일수록 가중치가 작도록) 부여한 후 가중된 오차자승합을 최소화하는 것이다.

• 가중오차자승합

$$\sum_{j=-m}^{m} a_j(Y_{t+j}-\hat{a}-\hat{b}(t+j))^2 \qquad (3\text{-}19)$$

이 때 가중치를 부여하는 방식은 가중이동평균을 구할 때와 유사하다(단, 가중치가 좌우대칭을 이루도록 함). 식 (3-19)와 같은 식을 이용하여 가중오차자승합을 최소화시키는 작업을 중심 관측치들을 이동시켜 가며 $\hat{a}$와 $\hat{b}$값을 추정하면 여러 개의 직선들이 도출될 것인데, 이들을 연결하면 추세·순환변동선에 대한 추정선이 나타날 것이다. 중요한 점은 이 때 도출되는 추정선은 초기 및 최종 관측시기에 나타나는 왜곡현상이 가중이동평균 활용시보다 훨씬 완화된다는 사실이다. 이러한 가중최소자승법을 '지역적 회귀분석(local regression)'방법이라고 부르기도 한다. 그런데 이상에서 소개한 (가중)최소자승법은 오차를 제곱한 값들의 합을 대상으로 추정선을 도출하므로 한두 개의 관측치가 극단적으로 크거나 작을 경우 큰 영향을 미치게 된다는 문제가 있다. 이러한 영향을 완화 내지 해소하기 위해 일단 지역적 회귀분석(local regression)을 실시한 후 도출된 오차($e_t=Y_t-\hat{T}_t$)가 매우 큰 시기에 대한 가중치를 상당히 줄여 다시 한 번 가중최소자승법에 의한 회귀분석을 수행한다. 이러한 단계를 한두 차례 거치면 더 이상 극단적 관측치로 인한 과도한 영향을 걱정할 필요가 없게 된다. 이처럼 극단적 관측치로 인한 영향력으로부터 상당량 방어할 수 있는 '지역적 선형 평활화(local linear smoothing)' 방식이 Cleveland와 Devlin(1988), 그리고 Grosse(1988) 등에 의해 개발되었는데, 이는 '유역화' 또는 '퇴적화(loess)'라 한다.[5)]

2.6. 변동요인 분해방법의 주요 예: X-12-ARIMA와 STL 분해방식

(1) X-12-ARIMA방법

미국의 Bureau of the Census에서 개발한 Census Ⅱ method는 미국은 물론 세계적으로 광범위하게 쓰이고 있다. 특히, 1967년에 개발된 X-11, 1988년에 개발된 X-11-ARIMA가 1997년에는 X-12-ARIMA로 개편되어 현재에 이르고 있다. 이들은 모두 기본적으로 '분해방식(decomposition methodology)'에 의존하는데, 단지 보다 적절히 계절조정효과를 거두기 위한 개선이 이루어져 온 것뿐이다.

X-12-ARIMA는 기본적으로 12단계 과정을 거쳐 생성되는데, 실제로는 여러 차례에 걸쳐 변동요인 분해작업을 수행하며, 또 그 과정에서 분해결과가 적절하였는지 여부에 대한 검증작업도 거친다.

이러한 과정의 상당 부분은 '가중이동평균'을 이용한 관측자료의 분해작업이다. 따라서 X-12-ARIMA 또한 양측 끝 시기의 자료손실문제가 야기되며, 이를 완화하기 위해 보다 차수가 낮은(기간이 짧은) 가중이동평균(end-filters라고도 함)을 이용하기도 한다. 그러나 X-12-ARIMA는 제7장에서 다루게 될 시계열분석방법(ARIMA time series model approach) 또는 제8장에서 다루게 될 ARIMA유형의 오차를 가진 회귀분석모형(regression model with ARIMA errors)을 이용하여 이들 전체 관측기간 이전과 이후 시기에 대한 추정치들을 창출해 낸 다음 이들까지를 포함하여 당초 계획하였던 가중이동평균값을 산출하기도 한다.

그런데 대부분의 시계열자료가 상승(또는 하강)하는 경향이 있고, 따라서 관측치의 절대값 크기에 따라 계절변동폭도 달라지기 때문에,[6)] Census

5) 자세한 내용은 Makridakis *et al.*(1998), pp. 104~106 참조.

6) X-12-ARIMA모형을 이용한 Census Ⅱ 분해방식의 보다 상세한 내용은 Makridakis *et al.*

Ⅱ 분해방식은 기본적으로 승법모형을 활용하고 있다.

또한 X-12-ARIMA모형을 활용하되 시계열자료에 큰 영향을 미칠 변수, 예컨대 '교역일자 조정(trading day adjustments)', '극단적 관측치(outliers)', '공휴일(holiday factors)', 그리고 '일부 관측치가 빠진 경우(missing observations)' 등을 별도 고려함으로써 정밀도가 높은 분석을 수행하고 있다.

(2) STL 분해방법

Census Ⅱ방법의 대안의 하나로 1990년 클리블랜드 연구팀에 의해 STL 분해방식이 제시되었다. 이는 '유역화'(loess)에 기반을 둔 일종의 계절 및 추세변동 분해방식(a seasonal-trend decomposition procedure based on loess)이라 할 수 있다. 즉, STL분해는 일련의 loess smoother를 적용하는 과정으로 구성되어 있다. 이 방식이 여타 접근법에 비해 갖는 장점은 분기별과 월별 변동 이외의 계절변동을 분해하는 데 유리하다는 점이다. 또한 '1'보다 큰 계절변동도 분석해 낼 수 있으며, 일부 결측치가 존재하는 시계열자료도 분해할 수 있다는 장점이 있다.

현재 STL 분해방식은 오직 '가법모형'만을 활용하고 있어, '승법모형'을 분석하기 위해서는 우선 원자료에 log값을 취하는 자료의 함수전환과정을 거쳐 가법모형으로 전환한다.

이 방법은 1차적으로 추세 및 계절변동요인을 일단 업데이트(update)시킨다(이를 내부루프(inner loop)라 함). 그런 연후에 다음 단계(외부루프(outer loop)라 함)에서 극단적 관측치(outliers)의 존재 여부를 확인한다. 일단 극단적 관측치의 존재가 확인되면 여기에 조정된 가중치를 부여하고 이어서 내부루프과정을 진행한다. 보통은 이러한 방식으로 10～20회의 외부루프과정을 거쳐 분해과정이 완료된다.

이러한 STL 분해방식은 아직 X-12-ARIMA에 비해 덜 발전된 수준에 머물고 있어 차후 개선할 여지가 상대적으로 많다.[7)]

(1998), ch. 3 참조.

7) 자세한 내용은 Makridakis *et al.*(1998), ch. 3 참조.

2.7. 변동요인의 분해와 예측

이상에서 예측에 활용될 수 있는 다양한 분해방식에 대해 살펴보았는데, 이들은 모두 각 변동요인을 요인별로 분해시켜 그 변화유형을 구체적으로 확인한 연후에 이들을 재결합함으로써 시계열자료의 미래 예측치를 추정하기 위해 창출된 개념들이다.

이러한 방법들은 한 변수의 변화에 영향을 미칠 수 있는 본질적인 인과관계를 무시한 채 단지 변동주기를 중심으로 반복되는 변동패턴만으로 예측을 수행하는 것이라 볼 수 있다. 따라서 경제이론 측면에서 볼 때 논리성이 부족한 예측방법이라 할 수 있으므로, 그 예측력이 그다지 높지 못할 수밖에 없다. 그러나 이러한 한계성을 극복할 수 있는 현대적 시계열분석방안이 최근에 급속히 발전적으로 자리잡게 되었다(제7장 참조). 따라서 분해방식에 의한 예측이란 예측방법론의 기초적 논리를 제공하는 수준에서 그 활용가치를 평가하는 것이 적절할 것이다.

3 지수평활법에 의한 예측

만일 시계열자료가 확률오차(random error or noise)에 의존하는 안정적 시계열(stationary time series)이라면 이러한 자료의 평균은 미래 예측의 지표로 사용되는 데 유용할 것이다. 그러나 자료의 추세나 계절변동요인이 존재할 경우 단순평균값만 가지고 미래예측을 제대로 할 수 없게 된다. 이러한 상황에 대응하기 위해 고안된 방법이 평활법(smoothing method)이다.

평활법의 가장 원시적 형태는 평균평활법(averaging methods)이라 할 수 있다. 우선 관측치 전체의 평균(mean)값을 활용하는 방안이 있으나 위에서 언급한 바와 같이 추세변동 등이 있을 때 적절한 예측법이 될 수 없다. 따라서 현재로부터 일정 시기 이전까지의 관측치들만을 이용하는 이동평균(moving averages)을 대신 활용하기도 한다. 어쨌든, 평균 개념을 이용하는 방법은 기본적으로는 활용할 각 관측치에 같은 가중치를 주는 것이라 할 수 있으며 정확도 높은 예측을 기대하기는 어렵다. 이러한 이유로 인해 보다 정교한 예측을 위해서는 과거 관측치를 고려하되 현재로부터 먼 시기일수록 기하급수적으로 감소하는 가중치를 부여하는 방안이 강구되었다. 이러한 방법을 지수평활법(exponential smoothing)이라 한다. 그런데 사실 이 방법은 일종의 가중평균(단, 과거일수록 가중치가 급격하게 줄어들도록 고안됨)을 이용하는 것이어서 반드시 평활화(smoothing) 작업이라고 보기는 어렵고, 오히려 추세·순환변동 추청기법에 가깝다고 볼 수 있다. 따라서 '지수평활법'이란 용어 자체는 다소 잘못 지어진 명칭(misnomer)이지만 관행상 그대로 쓰고자 한다.

이상과 같은 지수평활법도 추세변동과 계절변동이 강하게 나타날 경우에는 보다 정교한 모형으로 전환될 수 있을 것이다. 우선 이러한 부류에 속하는 지수평활법은 특정한 모수들(parameters)이 정의되어야 하며, 그 값들은 0과 1 사이의 값을 갖도록 설정되어야 한다. 가장 간단한 지수평활법은 이른바 단일지수로 단 하나의 모수만 존재하는 경우이다. 이 때 그 모수값이 동일한지, 아니면 시간경과에 따라 변화하는지에 따라 단일균등모수모형과 적응적 모수모형으로 구분된다. 전자를 단순히 단일지수평활법(single exponenetial smoothing: SES), 그리고 후자를 적응적 변화율 단일지수평활법(adaptive response rate single exponential smoothing: ARRSES)이라 한다.

한편, '홀트'는 두 개의 서로 다른 모수를 활용하여 추세가 존재하는 시계열을 평활화시키는 방법을 제시하였고, '홀트'와 '윈터스'는 3개의 모수를 활용하여 추세와 계절변동이 동시에 존재하는 시계열자료의 평활화

표 3-2 **페겔의 분류방법에 의한 패턴**

	1 (계절요인 없음)	2 (가법적 계절요인)	3 (승법적 계절요인)
A (추세 없음)	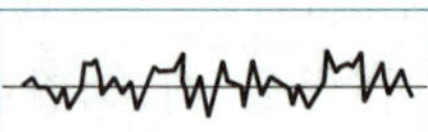	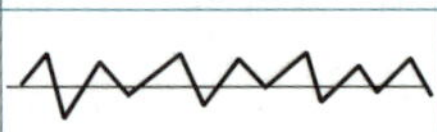	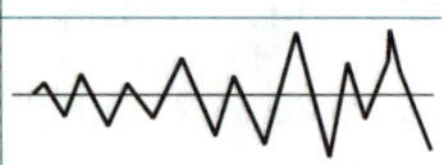
B (가법적 추세)	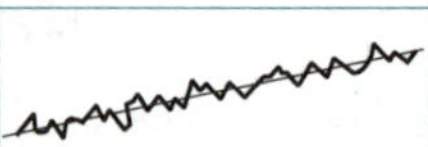	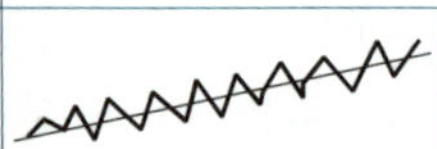	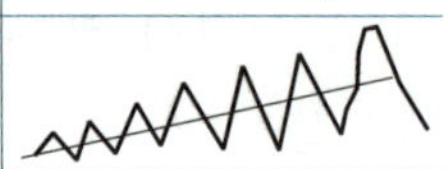
C (승법적 추세)	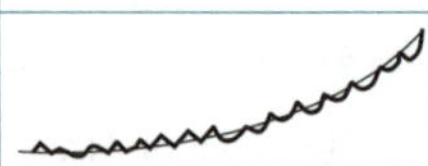	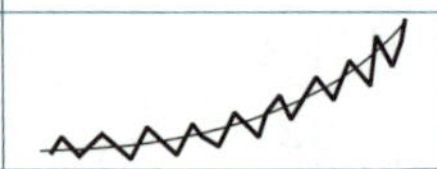	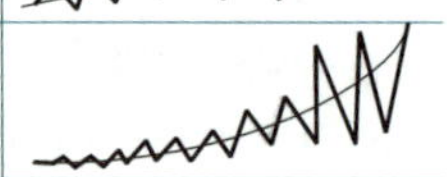

그림 3-5 평활법의 제 유형

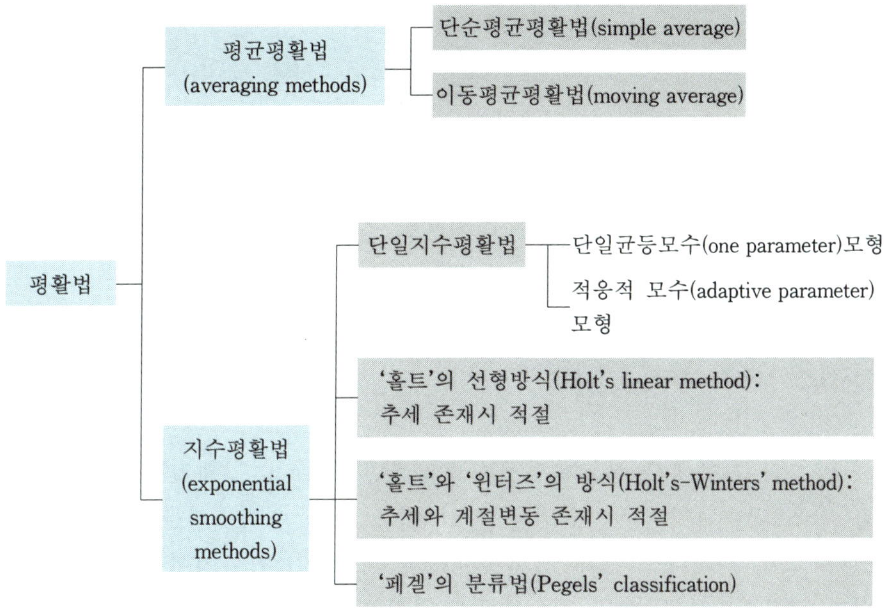

방안을 제시하였다. 이들과는 별도로 페겔(Pegel)은 시계열자료의 추세와 계절변동이 가법적 또는 승법적으로 결합되어 있는지에 따라 지수평활화 방안을 달리할 것을 제안하였다(〈표 3-2〉 참조).

지금까지 소개한 평활법을 요약·정리하면 〈그림 3-5〉와 같다.

3.1. 평균평활법

과거의 역사적 자료를 평활화하는 방식은 여러 가지 있을 수 있다. 본 항에서는 그 중 가장 기본적인 두 가지 방안, 즉 평균(mean)과 단순이동평균(simple moving averages)을 이용하는 방법에 대하여 살펴보기로 한다.

(1) 평균활용법

과거 관측치를 이용하여 미래 예측을 수행하는 가장 간단한 방법으로 단순평균활용법을 들 수 있다.

$$F_{t+1}=\frac{1}{t}\sum_{i=1}^{t}Y_i \tag{3-20}$$

이는 단지 모든 과거의 관측치들의 평균을 구하여 $(t+1)$기에 대한 예측치로 제공하는 방법이다. 그리고 일단 $(t+1)$기가 도래하여 Y_{t+1}이 관측되면 이 값까지를 포함하여 새로운 평균을 산출한 다음 $(t+2)$기에 대한 예측치로 삼게 된다.

$$F_{t+2}=\frac{1}{t+1}\sum_{i=1}^{t+1}Y_i \tag{3-21}$$

〈그림 3-5〉에서 볼 수 있듯이 case A, 즉 추세나 계절변동효과가 없을 경우 단순하지만 이 방법은 그런 대로 좋은 예측결과를 제공할 수도 있다. 그러나 대다수 경제 시계열자료는 안정적이 아니어서 단순평균값에 의한 평활화만으로 좋은 예측성과를 얻기는 어렵다.

여기서 특기할 만한 사항은 식 (3-22)에서 처럼 새로운 시기에 대한 예측은 가장 최근 예측치와 관측치만 있다면 산출이 가능하다는 점이다.

$$F_{t+2}=\frac{t\cdot F_{t+1}+Y_{t+1}}{t+1} \tag{3-22}$$

(2) 이동평균활용법

일정 수의 관측치를 이용하여 평균을 구하되 가장 오래된 관측치를 빼고 가장 최근 관측치를 넣어 가면서 평균값을 계속해서 산출한 다음 이를 예측치로 활용하기도 한다. 결국 이 과정은 이동평균값들을 산출함으로써 일정 구간 과거의 관측치를 평활화함과 동시에 예측치로서 활용하는 분석과정이라 할 수 있는데, 이를 '이동평균 평활화를 통한 예측법'이라 한다.

차수가 k인 이동평균예측치(moving average forecast of order k)는 다음과 같이 정의된다.

$$F_{t+1}=\frac{1}{k}\sum_{i=t-k+1}^{t}Y_i$$

여기서 주의할 점은 앞 절에서 추세변동량을 추정하기 위해 사용하였던 이동평균활용법과 본 절에서 미래 예측을 위해 활용하고자 하는 이동평균활용법이 어떻게 다른가를 확인해야 한다는 점이다.

전자의 경우에는 기준시점의 추세치를 구하기 위해 매 기준시점마다 전·후 관측치를 동일한 수만큼 활용하여 이동평균을 구함으로써 평활화된 추세치를 도출하였다. 그러나 후자의 경우에는 현재시점으로부터 일정 기간만큼 과거시기까지의 관측치들을 이용하여 이동평균을 구함으로써 미래값을 예측한다는 점에서 활용상의 차이가 있다. 이 두 이동평균 개념을 구분하기 위해 전자를 kMA(MA smoother of order k), 그리고 후자를 MA(k)(MA forecast of order k)와 같이 표기하기로 한다.

MA(k)를 이용한 $(t+1)$기와 $(t+2)$기에 대한 예측치를 정의하면 다음과 같다.

$$F_{t+1}=\frac{Y_t+Y_{t-1}+\cdots\cdots+Y_{t-k+1}}{k}$$

$$F_{t+2}=\frac{Y_{t+1}+Y_t+\cdots\cdots+Y_{t-k+2}}{k}$$

$$=F_{t+1}+\frac{1}{k}(Y_{t+1}-Y_{t-k+1})$$

MA(k)를 이용하는 예측법은 과거 관측치 모두를 이용하는 단순평균에 비해 몇몇의 최근 시기 관측치만을 이용하게 되며, 때문에 보다 정확한 예측력을 갖게 된다. 한편, MA(k) 활용시에도 차수(k)가 높은 MA를 이용하여 예측에 활용할수록 평활도가 높아지며, 일반적으로 예측력도 개선되는 특징이 있다(〈그림 3-6〉 참조).

그러나 MA(k)를 이용한 예측은 자주 이용되지는 않는다. 그 이유는 다음에 소개할 지수평활법에 비해 예측력이 떨어지기 때문이다. 더구나 추세 및 계절변동이 극심할 경우에는 예측력이 급감하게 되는 한계성을 갖고 있다.

표 3-3 실업률자료를 이용한 MA 예측치

월	실업률	MA(3) 예측치	MA(5) 예측치
1	3.5	−	−
2	3.7	−	−
3	3.6	−	−
4	3.3	3.6	−
5	3.2	3.5	−
6	3.3	3.4	3.5
7	3.4	3.3	3.4
8	3.3	3.3	3.4
9	3.2	3.3	3.3
10	3.3	3.3	3.3
11	3.4	3.3	3.3
12		3.3	3.3
분석대상 기간		4∼11	6∼11
ME		−0.03	0.01
MAE		0.17	0.12
MAPE		5.23	3.62
MSE		0.04	0.02
Theil의 U 통계량		1.63	1.29

자료: 한국은행(2003).

그림 3-6 실업률자료를 활용한 MA방법의 예측

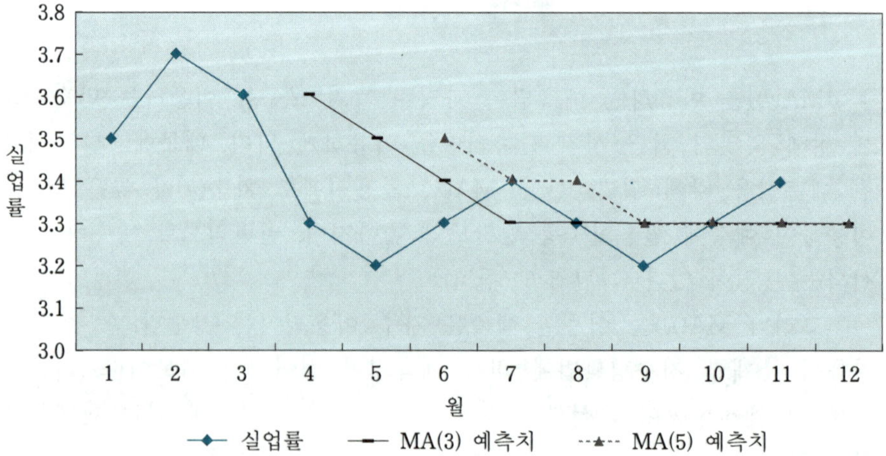

3.2. 지수평활법 활용방안

앞서 살펴본 이동평균활용법의 경우는 단지 최근 k기간 관측치의 단순평균으로 미래값을 예측하였다. 즉, k개의 관측치에 같은 가중치를 부여하였다. 따라서 상승(또는 하강)추세가 뚜렷할 경우 예측력이 떨어질 수 밖에 없었다.

한편, 만일 최근에 가까운 관측치일수록 큰 가중치를 부여하고, 먼 과거에 이를수록 작은 가중치를 부여하는 가중이동평균(weighted MA) 개념을 이용하여 예측능력은 향상될 수 있을 것이다. 이 때 가중치를 부여하는 방식을 설정함에 있어 먼 과거 관측치일수록 가중치가 기하급수적으로 감소하도록 설정하는 방안을 지수적 감소 가중치방법(exponential smoothing methods)이라 한다.

또한 지수평활법은 추세나 계절변동 내용까지를 고려하여 예측치를 산출하고 있는데, 그 중 대표적인 네 가지 유형의 활용방안을 살펴보자.

(1) 단일지수평활화 I(single exponential smoothing: SES)

가장 간단한 지수평활법은 과거 예측치(F_t)를 기준으로 하되 과거 예측오차(Y_t-F_t)를 일부 감안하여 새로운 예측치를 설정하는 방식이라 할 수 있다.

$$F_{t+1}=F_t+\alpha(Y_t-F_t) \tag{3-23}$$

여기서, $0<\alpha<1$

즉, 식 (3-23)에서처럼 새로운 예측은 과거 예측치에다 과거 예측오차를 고려한 조정치(adjustment)를 합한 것으로 결정된다. 이 때 조정계수 α값이 '1'에 가까우면 과거 오차를 상당히 중시하여 새 예측에 활용할 것이고, '0'에 가까울수록 과거 오차 배려의 비중을 점차 낮추는 것으로 이해할 수 있다. 따라서 α값이 0에 접근할수록 새로운 예측은 유의할 만한 조정 없이 과거 예측에 가까운 값으로 산출된다는 의미가 된다. 만일 이러한 지수평활법을 통해 과거 예측오차를 여러 번 시정해 가면 더 이상 유의할 만한 예측오차가 발생하지 않는(즉, $\alpha=0$에 접근함) 균형예측치가

표 3-4 종합주가지수 거래액자료를 이용한 SES 예측치

일	기간	거래액 (억 원)	지수평활화된 관측치		
			$\alpha=0.1$	$\alpha=0.5$	$\alpha=0.9$
1	1	27,439	—	—	—
4	2	27,038	27,439	27,439	27,439
5	3	28,013	27,398.9	27,238.5	27,078.1
6	4	32,134	27,460.31	27,625.75	27,919.51
7	5	30,468	27,927.68	29,879.875	31,712.55
8	6	28,124	28,181.71	30,173.9375	30,592.46
11	7	35,192	28,175.94	29,148.96875	28,370.85
12	8	37,589	28,877.55	32,170.48438	34,509.88
13	9	30,660	29,748.69	34,879.74219	37,281.09
14	10	37,810	29,839.82	32,769.87109	31,322.11
15	11	31,326	30,636.84	35,289.93555	37,161.21

Model with TREND=None, SEASONAL=None
Estimated coefficients: alpha=0.340752[8)]

분석대상 기간 2~11

ME MAE MAPE	 3,358.49 11.71	 1.157,633,300.71 10.56	 3,810.78 11.91
MSE	21,878,154.65	15,043,355.08	20,242,927.32
Theil의 U 통계량	1.15	0.77	0.84

자료: 한국은행, 2004년 7~8월 종합주가지수거래액(억 원).

도출될 수 있음에 주목할 필요가 있다.

한편, 식 (3-23)은 아래와 같은 표현식으로 전환될 수 있다.

$$F_{t+1}=\alpha Y_t+(1-\alpha)F_t \tag{3-24}$$

이 식이 의미하는 바는 새로운 예측(F_{t+1})은 과거 예측치(F_t)와 과거 실현치의 가중평균이 된다는 것인데, 통상 이 식으로 지수평활법을 정의한다.

이제 이 식을 확대시켜 보면

8) RATS 프로그램상에서는 α값을 따로 지정해 주지 않고 'estimated'라는 옵션을 사용함으로써 MSE를 최소화시키는 α값을 구할 수 있다.

$$F_{t+1}=\alpha Y_t+(1-\alpha)[\alpha Y_{t-1}+(1-\alpha)F_{t-1}]$$
$$\cdots\cdots$$
$$=\alpha Y_t+\alpha(1-\alpha)Y_{t-1}+\alpha(1-\alpha)^2Y_{t-2}$$
$$+\alpha(1-\alpha)^3Y_{t-3}+\cdots\cdots+\alpha(1-\alpha)^{t-1}Y_1$$
$$+(1-\alpha)^tF_1 \qquad (3\text{-}25)$$

과 같아진다 식 (3-25)에 따르면, 결국 F_{t+1}이란 모든 과거 관측치의 가중이동평균(weighted MA of all past observations)으로 정의될 수 있음을 알 수 있다. 그리고 이 과정에서 할당되는 가중치는 과거로 갈수록 기하급수적으로 감소하는데(특히, α값이 클수록 가중됨), 물론 그 합은 '1'에 접근한다. 그런데 이상과 같은 단일지수평활법(SES)을 실제로 활용할 때 다음 관계가 성립된다.

$$F_2=\alpha Y_1+(1-\alpha)F_1$$

첫 번째 예측치(F_1)를 모르므로 통상 첫 번째 관측치(Y_1) 또는 처음으로부터 네·다섯 번째 관측치의 평균을 최초 예측치(initialization)로 삼아 예측을 수행한다.

한편, 식 (3-25)의 마지막 항($(1-\alpha)^tF_1$)의 측면에서 볼 때 F_1에 부여된 최초 값의 예측에 미치는 영향은 아주 작을 수밖에 없다. 그렇더라도 α값이 작을수록 최초 부여값(F_1)의 영향력은 상대적으로 커진다.[9] 반면 관측된 자료의 크기(t)가 클수록 F_1에 부여한 가중치는 작아질 수밖에 없다.

이와 같은 의미를 부여할 수 있는 α값은 통상적으로 일종의 모의분석을 통해 MSE 또는 MAPE를 최소화시킬 수 있도록 선정한다는 사실을 기억해 둘 필요가 있다.

〈그림 3-7〉은 2004년 7, 8월 주가지수 거래액자료를 이용하여 단일지수평활화 기법을 적용하여 본 결과이다.

9) 반대로 α값이 커질수록 최초 부여값의 영향력은 점차 작아지며, $\alpha=1$이 되면 SES 예측은 단순예측(naive forecast: NF1)과 같아진다.

그림 3-7 종합주가지수 거래액자료를 활용한 SES방법의 예측

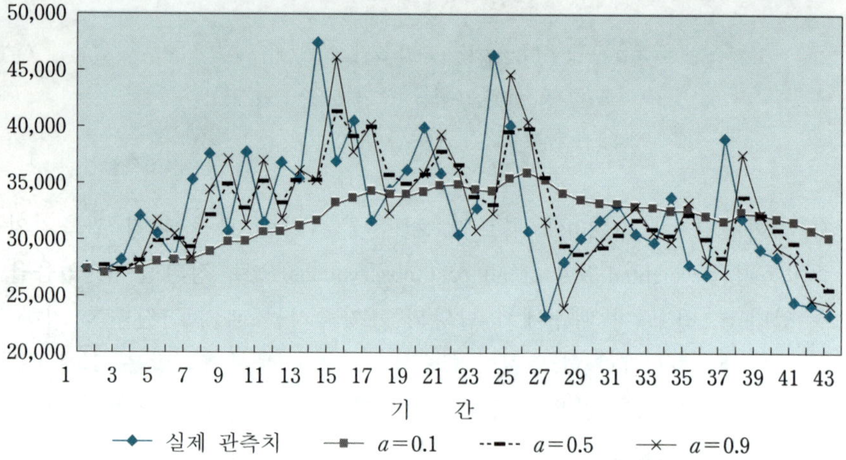

(2) 단일지수평활화 Ⅱ(an adaptive response rate SES approach: ARRSES)

MSE나 MAPE값을 이용하여 α값을 설정할 때 앞 항에서는 α값을 하나의 고정된 값으로 보았다. 그러나 자료의 변동패턴이 변화하는 일반적 상황에서는 α값이 계속 조정될 수 있도록 규정하는 것이 더욱 정당할 것이다. 즉, α 대신 α_t를 이용하여 SES를 정의하고, α_t는 지속적으로 자료변동 특성에 따라 적응해 나가는 특성치(parameter)로 간주하는 것이다. 이러한 방식을 ARRSES라 부른다.

$$F_{t+1}=\alpha_t Y_t+(1-\alpha_t)F_t \quad (3\text{-}26)$$

$$\text{여기서, } \alpha_{t+1}=\left|\frac{A_t}{M_t}\right| \quad (3\text{-}27)$$

$$A_t=\beta E_t+(1-\beta)A_{t-1} \quad (3\text{-}28)$$

$$M_t=\beta|E_t|+(1-\beta)M_{t-1} \quad (3\text{-}29)$$

$$E_t=Y_t-F_t \quad (3\text{-}30)$$

여기서 A_t는 평활화된 예측오차 개념으로 A_{t-1}과 마지막 예측오차(E_t) 간의 가중평균으로 정의되고 있다. 그리고 M_t는 예측오차의 절대치를 가중

평균 개념으로 평활화시킨 것이다.

이러한 ARRSES모형을 활용할 경우 최초 값 부여과정은 조금 더 복잡해질 수밖에 없다.[10] 그러나 α_t는 상기 식 (3-27)에 의거 α_t값을 체계적으로 그리고 자동적으로 전환시켜 가며 관측자료의 변화내용에 적응시켜 나간다. 이 방법은 최적 α값을 선정하여 활용하는 단순지수평활법(SES)에 비해 예측력이 다소 떨어질 수도 있을 것이지만 극심한 오류발생 위험을 회피할 수 있다는 장점이 있다. 또한 ARRSES는 완전히 자동적으로 작동되므로 추세나 계절변동이 없는 한 편리하게 그리고 큰 위험 없이 활용할 수 있는 실용적 방안이라 할 수 있다.

(3) 홀트의 선형방법

홀트(Holt, 1957)는 추세가 있는 자료의 예측을 효율적으로 수행할 수 있는 선형지수평활법(linear exponential smoothing)을 고안하여 제시한 바 있다. 홀트의 모형은 평활화를 위한 두 개의 상수, α와 β(각각 0과 1 사이의 값을 가짐)를 이용하여 다음과 같은 3개의 방정식으로 구성된다.

$$L_t = \alpha Y_t + (1-\alpha)(L_{t-1} + b_{t-1}) \tag{3-31}$$

$$b_t = \beta(L_t - L_{t-1}) + (1-\beta)b_{t-1} \tag{3-32}$$

$$F_{t+m} = L_t + b_t m \tag{3-33}$$

여기서, L_t: 't'기의 시계열자료 추정치

b_t: 't'의 시계열자료 기울기(slope)의 추정치

따라서 L_t는 바로 전기의 평활화된 추정치(L_{t-1})에 전기의 추세치(b_{t-1})를 더한 값을 고려하여 작성된다. 이러한 홀트의 방법은 추세변동이 존재할 경우 MSE나 MAPE를 기준으로 최적화된 α와 β값을 이용하여 작성된 SES모형보다 더 정확한 예측치를 제공해 주는 것으로 평가되고 있다.

이 방법은 가끔 이중지수평활법(double exponential smoothing)이라 부르는데, 특히 $\alpha=\beta$의 경우 브라운의 이중지수평활법(Brown's double exponential smoothing)과 같아진다. 전항에서 사용한 자료를 가지고 홀트의 선형방법에 의한 예측치를 계산해 보았더니 〈표 3-5〉 및 〈그림 3-8〉과 같았다.[11]

10) 자세한 내용은 Makridakis *et al.*(1998), pp. 155～158 참조.

표 3-5 실업률자료를 이용한 홀트의 선형방법에 의한 예측치

월	실업률	홀트의 선형방법에 의한 예측치	오 차
1	5.4	–	0
2	5.4	5.409881	0.022809
3	4.8	4.545999	−0.58632
4	4.2	4.052027	−0.34157
5	3.8	3.688414	−0.25758
6	3.6	3.55634	−0.10078
7	3.7	3.755756	0.128704
8	3.8	3.814162	0.03269
9	3.7	3.645909	−0.12486
10	3.5	3.430747	−0.15986
11	3.7	3.808925	0.251434

분석대상 기간 2～11

Model with TREND=Exponential, SEASONAL=None
Estimated coefficients: $\alpha=1.433214$, $\beta=-0.021768$

ME	0.04918
MAE	0.08693
MAPE	2.18926
MSE	0.01238
Theil의 U 통계량	0.34819

자료: 한국은행(2000. 1～2004. 12).

그림 3-8 실업률자료를 활용한 홀트의 선형방법에 의한 예측

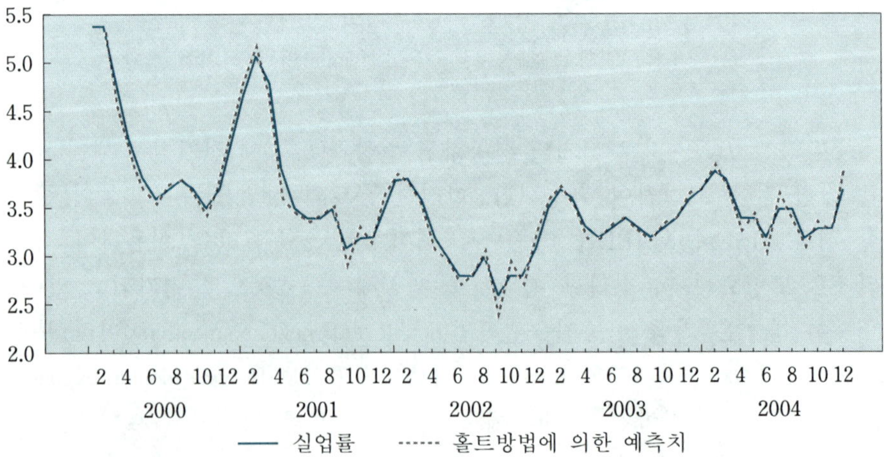

(4) Holt-Winters방법

홀트의 방법은 계절변동까지를 고려할 수 있는 모형으로 확대되었다. 홀트와 윈터스모형은 관측치수준(level), 추세(trend), 그리고 계절변동(seasonality)을 동시에 고려할 수 있도록 3개의 평활방정식을 고안하여 활용하고 있다. 그런데 이 방법은 다시 계절변동을 가법적으로 보는지 승법적으로 파악하는지에 따라 두 가지로 구분된다.

• 승법계절변동의 경우

수준(Level): $L_t=\alpha\cdot\frac{Y_t}{S_{t-s}}+(1-\alpha)(L_{t-1}+b_{t-1})$ (3-34)

추세(Trend): $b_t=\beta(L_t-L_{t-1})+(1-\beta)b_{t-1}$ (3-35)

계절(Seasonal): $S_t=\gamma\cdot\frac{Y_t}{L_t}+(1-\gamma)S_{t-s}$ (3-36)

예측(Forecast): $F_{t+m}=(L_t+b_tm)S_{t-s+m}$ (3-37)

여기서, s: 계절변동주기(월 또는 분기 수)

L_t: 시계열 관측치

b_t: 추세요인

S_t: 계절요인

F_{t+m}: 'm'기 후 시기에 대한 예측

• 가법모형

수준(Level): $L_t=\alpha(Y_t-S_{t-s})+(1-\alpha)(L_{t-1}+b_{t-1})$ (3-38)

추세(Trend): $b_t=\beta(L_t-L_{t-1})+(1-\beta)b_{t-1}$ (3-39)

계절(Seasonal): $S_t=\gamma(Y_t-L_t)+(1-\gamma)S_{t-s}$ (3-40)

예측(Forecast): $F_{t+m}=L_t+b_tm+S_{t-s+m}$ (3-41)

---

11) 홀트의 선형방법들은 기본적인 아이디어는 동일하나 변형된 여러 형태로 활용된다. 위의 계산결과는 RATS 프로그램 내에 내장된 함수를 이용한 결과로서 이러한 유형의 분석에 해당된다. 단, RATS 프로그램에서는 β값이 gamma로 표현되어 있다. '단일지수평활화 I'에서처럼 RATS 프로그램상에서는 'estimated'라는 옵션을 추가하여 MSE를 최소화하는 α와 β값을 구할 수 있다.

표 3-6 실업률자료를 이용한 홀트-윈터스의 선형방법에 의한 예측치

월	실업률	홀트-윈터스의 선형방법에 의한 예측치	계절요인	오 차
1	5.4	4.595337	1.175104	0
2	5.4	4.530375	1.212	−0.18533
3	4.8	4.397605	1.134388	−0.38488
4	4.2	4.282305	1.001783	−0.18356
5	3.8	4.143457	0.940997	−0.202
6	3.6	4.014013	0.911133	−0.11694
7	3.7	3.915295	0.944718	0.002346
8	3.8	3.857151	0.969425	0.124042
9	3.7	3.893203	0.905742	0.354615
10	3.5	3.849457	0.907433	0.014031
11	3.7	3.865617	0.93275	0.192538

분석대상 기간 2～11

Model with TREND＝Exponential, SEASONAL＝Multiplicative
Estimated coefficients: $\alpha=1.003931$, $\beta=-0.018258$, $\gamma=6.663962$[12)]

ME	0.04342
MAE	0.44919
MAPE	10.68249
MSE	0.26721
Theil의 U통계량	1.48997

한편, 계절요인을 가법적으로 파악하는 가법모형은 위와 같이 정립될 수 있다. 앞서의 승법모형과의 유일한 차이는 세 번째 방정식이다. 계절변동지수를 곱하거나 나누는 대신 추세요인 등에 더하는 방식이 채택된 것이다. 물론 이 모형은 승법모형에 비해 활용빈도가 매우 낮다. 현실적 시계열자료 변동내용과 특성상 괴리가 발생하기 때문이다. 앞서 예제를 이 방법으로 예측한 결과는 〈그림 3-9〉와 같다.[13)]

12) 위 분석결과표에는 MSE를 가장 최소화하는 α, β, γ값이 산출되어 제시되었다. γ값은 계절조정을 위해 쓰이는 가중치로서 RATS상에는 'delta'값으로 표시된다. 이 밖에도 RATS 프로그램의 option에서 'trend'와 'seasonal'에 대한 옵션을 'select'로 조정해주면 'trend: none, linear, exponential' 그리고 'seasonal: none, additive, multiplicative'에 대한 sum of squares값이 산출되고, 이를 최소화시키는 최적모형도 자동적으로 계산된다.

13) 이들 방법의 초기화 문제는 생략한다(Makridakis, 1998 참조 바람).

[그림 3-9 실업률자료를 활용한 홀트-윈터스의 선형방법에 의한 예측]

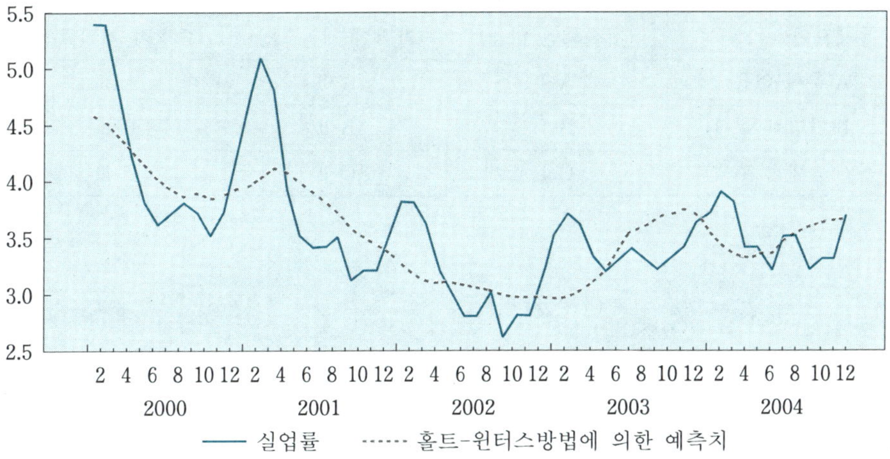

(5) 페겔의 분류

페겔은 추세요인과 계절변동요인의 존재 여부 및 유형(가법적 또는 승법적)의 다양한 결합형태를 총 아홉 가지로 분류하여 접근하였다(〈표 3-2〉 및 〈표 3-7〉 참조). 이들 아홉 가지 경우를 총괄적으로 대변할 수 있는 모형은 다음과 같이 설정될 수 있다.

$$L_t = \alpha P_t + (1-\alpha) Q_t \tag{3-42}$$

$$b_t = \beta R_t + (1-\beta) b_{t-1} \tag{3-43}$$

$$S_t = \gamma T_t + (1-\gamma) S_{t-s} \tag{3-44}$$

단, P, Q, R, T 상기 구분표 중 어느 경우에 해당하는가에 따라 달라지게 된다.

사실 A-I은 SES방법, B-I은 홀트의 방법, B-II는 가법적 홀트-윈터스방법, 그리고 B-III는 승법적 홀트-윈터스방법에 해당된다. 한편, C-III의 경우는 추세와 계절요인이 모두 승법적이므로 모형은 다음과 같이 구체화될 것이다.

표 3-7 페겔의 분류에 따른 추세 및 계절변동요인

추세요인 \ 계절요인	I (계절요인 없음)	II (가법적 계절요인)	III (승법적 계절요인)
A(추세 없음)	A-I	A-II	A-III
B(가법적 추세)	B-I	B-II	B-III
C(승법적 추세)	C-I	C-II	C-III

$$L_t = \alpha \frac{Y_t}{S_{t-s}} + (1-\alpha) L_t b_{t-1} \tag{3-45}$$

$$b_t = \beta \frac{L_t}{L_{t-1}} + (1-\beta) b_{t-1} \tag{3-46}$$

$$S_t = \gamma \frac{Y_t}{L_t} + (1-\gamma) S_{t-s} \tag{3-47}$$

그리고 'm'기 이후 시기에 대한 예측은

$$F_{t+m} = L_t b_t^m S_{t+m-s}$$

와 같아진다.

4 각종 평활법에 의한 예측방안의 비교평가

결국 지금까지 약 11가지 평활에 의한 예측방법들, 즉 평균과 이동평균, 그리고 페겔의 분류체계로 요약된 9가지 평활법에 관해 살펴본 셈이다. Makridakis 등은 모의분석을 통해 MSE와 MAPE 그리고 Theil의 U 검정통계량 값들을 산출하여 비교함으로써 각 방법론 간의 우월성을 평가한 바 있다.

물론 단순평균활용법이나 SES 그리고 단순이동평균활용법이 상대적으로 열등한 것으로 나타났다. 그들이 시도한 모의분석에서는 승법적 홀트-윈터스모형이 최상의 결과를 보여 줄 것으로 평가되었다. 그러나 분석 대상 자료의 특성(추세 및 계절요인의 존재 여부 및 상호연관성)에 따라 예측력 평가는 달라질 수도 있는 것이므로 사전적으로 모형설정시 주의를 기울일 필요가 있다.

단순회귀분석모형에 의한 예측

1. 회귀분석의 의의
2. 단순회귀모형과 최소자승법에 의한 추정
3. 추정결과에 대한 평가
4. 표본회귀선에 의한 예측
5. 실증분석시 주요 고려사항

[보론] MLE 추정과 LR 및 Wald 그리고 LM검정 간의 관계

1 회귀분석의 의의

제3장에서 소개한 변동요인 분해법(decomposition method)이나 평활법(smoothing method)은 분석대상 변수의 시계열 관측자료상에 내재한 변화유형의 특성을 파악하여 이를 예측에 활용하는 방법에 속한다. 따라서 예측에 필요한 자료는 단지 해당 변수의 관측치 자체만으로 충분하다.

한편, 특정 변수의 미래값을 예측함에 있어 해당 변수에 가장 큰 영향력을 미치는 다른 변수값을 이용하는 방안이 있다. 이를 회귀분석방법(regression analysis)이라 한다. 이 방법의 특징은 두 변량 간의 관계를 인과관계적(casual relationship) 함수형태로 파악하는 데 있다. 이러한 회귀분석에서는 분석대상 변수를 종속변수(dependent variable), 그리고 이 종속변수의 변화를 유발시키는 변수를 설명변수(explanatory variable) 또는 독립변수(independent variable)라 한다.

변동요인 분해법이나 평활법은 단지 분석대상 변수의 과거 관측치들의 변화유형상 특징만으로 미래값을 예측하므로 여타 변수와의 인과관계는 전혀 고려하지 않는다. 이는 마치 점장이가 과거의 행적으로 인해 손님 얼굴에 나타난 인상(고생으로 인한 초라한 모습이나 짙은 주름살 등)에 근거하여 앞일을 예언하는 행위와 유사한 측면이 있다. 따라서 당사자가 그간 받아 온 교육이나 훈련, 원만한 인간관계, 적극적인 자기개선 노력 등 당사자의 미래 여건에 중요한 영향력을 미칠 수 있는 요인들을 구체적으로 고려하지 못하는 접근이라는 한계성을 갖는다. 즉, 한 인간의 미래에 가장 큰 영향을 미칠 수 있는 핵심적 요인들을 무시함으로써 사회과학적 인과성에 근거하는 논리의 제공이라는 이론적 기반이 철저히 배제되고 있기 때문이다.

아무리 예측결과가 단기적으로 좋은 것으로 나타나더라도 이는 이론의 뒷받침이 없어 논리적 설득력이 약할 뿐만 아니라 보다 장기적인 예측에 있어 좋은 성과를 가져오기도 어렵다. 이상과 같은 문제점을 해소할 수 있는 대표적 예측방안이 바로 변수 간의 인과관계에 근거하여 관심이 되는 변수의 미래값을 예측하는 회귀분석방법이라 할 수 있다.

2 단순회귀모형과 최소자승법에 의한 추정

회귀분석모형은 관심대상이 되는 변수(종속변수)에 주요한 영향력을 미치는 변수의 수를 한 개로 설정할 수도 있고, 또 여러 개를 선택할 수도 있다. 설명변수(또는 독립변수)의 수가 하나인 경우의 회귀분석모형은 단순회귀모형(simple regression model), 그리고 설명변수의 수가 둘 이상인 경우를 다중회귀모형(multiple regression model)이라 한다. 전자는 본 장에서, 그리고 후자는 다음 장에서 소개하기로 한다.

경우에 따라 분석대상이 되는 변수의 수도 여러 개이고, 각 대상변수에 영향을 미치는 변수의 수도 여럿일 뿐만 아니라, 분석대상 변수 간에도 직·간접적인 인과관계가 성립될 경우도 있다. 이러한 경우에는 여러 개의 회귀방정식을 동시에 설정하여 분석에 활용하게 되는데, 이를 연립방정식체계(simultaneous equation system)라 한다. 그 핵심적인 내용은 제6장에서 간략히 소개하고자 한다.

그런데 이상과 같은 회귀분석은 본질적으로 인과관계에 관한 분석이고, 따라서 원인(cause)을 제공하는 독립변수의 변화가 먼저 발생하면 일정 시간이 경과된 후 그 영향(effect)이 종속변수에 미치게 되는 것으로 이해한다. 따라서 두 변수 간의 관계를 일정 시차를 두고 영향력이 미치게 되는 과정으로 파악하자면 일정 기간에 걸쳐 관측된 자료, 즉 시계열자료(time series data)를 주로 활용하게 된다. 예컨대, 어느 한 특정 소비자의 시간이 경과함에 따라 소득이 점차 증가할 때 소비지출행위에 미치는 효과분석을 수행하고자 하는 경우를 들 수 있다.

반면, 어느 한 특정 시기에 여러 소비자의 소득수준과 지출규모를 동시에 조사한 자료를 이용하여 이들 집단의 소비행태를 분석하는 경우를 생각할 수 있다. 경제이론이 시사하는 바에 따르면, 소득이 많은 사람이 소비규모도 클 것이라고 예상할 수 있다. 이 때 이와 같은 행태분석을 수행하는 경우에 활용될 자료는 횡단면자료(cross-sectional data)가 된다. 이 경우에는 어느 한 사람의 소비행태가 시간경과에 따른 소득변화에 따라 어떤 영향을 받게 되는지를 분석하는 것이 아니라, 어느 동일한 한 시점에서 볼 때 소득이 큰 사람들일수록 소비도 커지는지를 확인하는 과정이 된다.

시차가 고려된 상황이 아니고, 관측대상자 또한 하나로 선정된 경우도 아니지만 여전히 인과관계분석은 유효한 경우라 할 수 있다. 물론 이와 같이 횡단면자료를 이용하여 회귀분석을 수행하는 경우는 지금까지 상대적으로 많지 않았다. 그러나 보다 많은 대상에 대한 동시적 자료수집이 수월해지고, 이를 이용하여 분석할 수 있는 컴퓨터의 연산능력이 급상승하면서 이른바 횡단면자료에 근거한 회귀분석사례는 빠른 속도로 증가하고 있다.

2.1. 단순선형회귀모형

논의의 단순화를 위해 본 절에서는 설명변수가 하나인 단순회귀모형 중 종속변수와의 인과관계가 선형함수로 정의되는 단순선형회귀모형(simple linear regression model: SLRM)에 한정하여 설명하고자 한다. 비선형함수관계는 대부분 간단한 함수전환을 통해 선형모형으로 전환될 수 있기 때문이다. 이 때 종속변수를 Y, 설명변수를 X로 표기한다면, 단순선형회귀모형은 다음과 같이 정의된다.

• 단순선형회귀모형

$$Y_i = \alpha + \beta X_i + \varepsilon_i \qquad (4\text{-}1)$$

종속변수 (Y_i) 설명변수 (X_i)

확정적 부문 ($\alpha + \beta X_i$) 확률적 오차부문 (ε_i)

피설명변수인 종속변수 Y는 결과변수(effect variable)라고도 하고, 설명변수는 원인변수(cause variable)라고도 한다.

확정적인 Y가 X의 1차 함수형태만으로 설명될 수 없는 부분(ε_i)을 확률오차라 한다. 통상적으로 이 확정적 부분은 경제이론이나 가설 또는 직관에 의해 설정되며, 이 때 인과관계의 방향은 설명변수에서 종속변수 방향으로 일방통행하는 것으로 정의된다. 실제 두 변수 X와 Y의 관측치들이 항상 이러한 논리에 근거하여 설정된 1차 함수관계와 정확히 일치할 수는 없다. 그 이유는 다음과 같은 사유에 주로 근거한다.

첫째, 전혀 설명이 불가능한 우발적 요인(random errors)

둘째, 측정상의 오류(measurement errors)

셋째, 설명력 있는 여타 설명변수가 고려되지 않은 점(omission of relevant-variables)

넷째, 변수 간의 실제관계가 1차 함수가 아닌 점(non-linear relationship) 등에 연유한다.

식 (4-1)에서 확정적 부문은 단지 경제이론이나 가설에 의해 설정된 함수관계에 불과하므로 모든 현실적 관측자료가 이처럼 설정된 절편이 α이고 기울기가 β인 1차 함수관계와 정확히 일치할 수는 없는 것이다. 확정적 부문은 단지 주어진 X값과 대응하여 나타날 수 있는 Y값들의 평균값, 즉

• 단순선형회귀선

$$E[Y|X]=\alpha+\beta X \qquad (4\text{-}2)$$

와 같은 의미를 가지며, 이처럼 설정된 이론적 관계를 모회귀선(population regression line)이라 한다. 그리고 확률적 오차항까지를 포함시킴으로써 두 변수의 관측치를 실제로 대입시킬 때 항등관계가 성립하도록 정의된 식 (4-1)을 모회귀모형(population regression model)이라 한다.

문제는 과연 이러한 논리적 함수관계가 현실적으로 성립될 수 있는지, 그리하여 설명변수 X값에 의해 종속변수 Y값을 제대로 예측할 수 있는지 하는 점이다.

2.2. 최소자승법에 의한 추정

경제이론이나 가설에 의해 설정된 함수관계가 현실타당성이 있는지

그림 4-1 산포도와 표본회귀모형

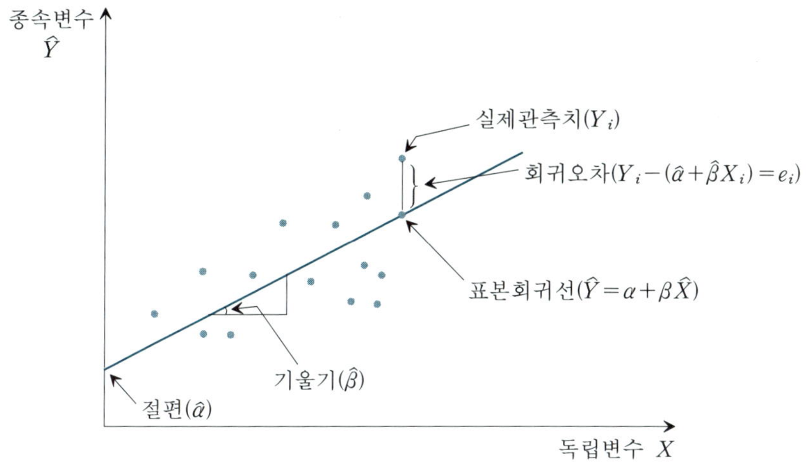

여부를 가장 손쉽게 확인하는 방안은 실제 관측치들 간의 변화유형이 과연 설정된 논리적 함수관계를 잘 반영해 주고 있는지를 확인하는 것이라 할 수 있다.

예컨대, 표본관측치들이 〈그림 4-1〉과 같이 나타났다면, 일단 여기에 나타난 관측치들을 가장 잘 대변할 수 있는 가상적인 선형함수를 도출하여 이를 경제이론이 시사한 함수관계(식 (4-2))에 대한 추정선으로 간주하게 된다.

이처럼 도출된 추정선을 표본회귀선(sample regression line)이라 하며 다음과 같이 정의된다.

• **표본회귀선**

$$\hat{Y}_i = \hat{\alpha} + \hat{\beta}X_i \qquad (4\text{-}3)$$

이 때 결과적으로 나타나는 실제관측치들(Y_i)과 표본회귀선($\hat{Y}_i$) 간의 차이는 오차 또는 회귀오차(regression error)라 한다.

• 회귀오차

$$e_i = Y_i + \hat{Y}_i$$
$$= Y_i - (\hat{\alpha} + \hat{\beta} X_i) \quad (4\text{-}4)$$

이 때 e_i값들이 매우 작다면 이는 대다수 관측치들이 표본회귀선($\hat{Y}_i$)에 가까이 분포되어 있음을 뜻한다. 결국 실제관측치들은 일정한 함수관계로 추정된 함수관계 유형(pattern)과 그 '유형'만으로 설명이 안 되는 '오차(error)'의 합으로 나타낼 수 있다.

• 표본회귀모형

$$Y_i = \underbrace{\hat{\alpha} + \hat{\beta} X_i}_{} + \underbrace{e_i}_{}$$
$$= \text{유형} + \text{오차} \quad (4\text{-}5)$$

이제 남은 문제는 과연 어떻게 표본회귀선을 도출하면 '오차(e_i)'들의 합을 최소화할 수 있는가 하는 점이다. 그런데 단지 오차의 합($\sum e_i$)을 최소화하는 방법은 유일한 해(solution)를 보장할 수 없다. 또한 표본회귀선이 관측치 전체를 가장 공평하게 대변하도록 도출되는 한 $\sum e_i$는 항상 '0'이 된다는 문제가 있다. 따라서 오차의 절대치들을 구하여 그 합을 최소화하는 방안이 활용되기도 한다(Min$\sum|e_i|$). 그러나 이 방법은 수학적 처리가 어려울 뿐만 아니라 '최소절대치 합'이라는 조건이 최상의 결과를 보장할 수도 없다는 문제가 남는다.[1)]

이상과 같은 문제점을 모두 해소시킬 수 있는 방안으로 오차를 제곱한 값들의 합을 최소화시키는 표본회귀선을 도출하는 방안이 활용되고 있는데, 이를 최소자승법(least squares method)이라 한다.

• 최소자승법

$$\text{Min}\sum e_i^2 = \sum (Y_i - \hat{Y}_i)^2$$
$$= \sum (Y_i - \hat{\alpha} - \hat{\beta} X_i)^2 \quad (4\text{-}6)$$

1) 이종원(1994), 제6장 참조.

이는 오차자승합(sum of squared error: SSE)을 최소화시키는 추정법이란 뜻으로, 식 (4-6)의 값을 최소화시킬 수 있도록 $\hat{\alpha}$과 $\hat{\beta}$을 구한 것이 된다. 그리고 그렇게 함으로써 표본회귀선($\hat{Y}_i = \hat{\alpha} + \hat{\beta} X_i$)을 도출하게 되는 것이다.

이상과 같이 정의된 최소자승법에 의해 도출된 추정량($\hat{\alpha}$, $\hat{\beta}$)을 최소자승추정량(least square estimator: LSE)이라 하는데, LSE들은 추정량들이 가져야 할 바람직한 특성을 모두 향유하고 있다.[2)]

또한 LSE는 위험(risk)의 정도를 나타내는 오차를 제곱한 값들을 기준으로 추정함으로써 보다 큰 위험일수록 벌칙(penalty)을 크게 부여하고 있다. 이는 위험회피행위가(risk averter)를 합리적 경제주체로 보는 경제논리에도 잘 부합되는 기준이라 할 수 있다. 이는 제2장에서 관측치들의 산포도(degree of dispersion)를 계측할 대표적 특성치를 모색할 때 평균편차(mean deviation: $(1/N)\sum|X_i - \mu|$) 대신 표준편차(standard deviation: $\sqrt{\{\sum(X_i-\mu)^2\}/N}$)를 주로 활용하는 것을 제안하였던 것과 같은 사유라 할 수 있다.

여하튼 이상과 같은 사유로 채택한 최소자승법에 의해 추정된 통계량, 즉 최소자승추정량(LSE)의 결과만을 소개하면 다음과 같다.[3)]

• 최소자승추정량

$$\hat{\beta} = \frac{\sum(X_i - \bar{X})(Y_i - \bar{Y})}{\sum(X_i - \bar{X})^2} = \frac{\sum x_i y_i}{\sum x_i^2} \tag{4-7}$$

여기서, $x_i = X_i - \bar{X}$

$y_i = Y_i - \bar{Y}$

$$\hat{\alpha} = \bar{Y} - \hat{\beta}\bar{X} \tag{4-8}$$

---

2) 최소자승추정량은 불편성(unbiasedness), 효율성(efficiency)은 물론 관측치와의 선형관계성(linearity) 등의 특성을 갖는데, 이를 통칭하여 최량선형불편추정량(best linear unbiased estimator: BLUE)이라 한다.

3) 자세한 내용은 이종원(2004), 제6장 등 참조.

예제 4-1

광고비를 이용한 매출액 추정

다음은 모회사 광고비와 이에 대응하는 매상고에 관한 자료를 이용하여 아래와 같은 회귀방정식을 설정한 다음 최소자승추정치들을 산출한 결과이다. 〈표 4-1〉에서 변수 Y_i는 매상고, 그리고 변수 X_i는 광고비 지출액을 각각 나타낸다.

표 4-1 월별 광고비와 매출액

매상고 (Y_i)	광고비 (X_i)	Y_iX_i	Y_i^2	X_i^2	$y_i = Y_i - \bar{Y}$	$x_i = X_i - \bar{X}$	x_iy_i	y_i^2	x_i^2	$\hat{Y}_i = \hat{\alpha} + \hat{\beta}X_i$
1,000	5	5,000	1,000,000	25	−540	−22.5	12,150	291,600	506.25	1,081.8
1,300	20	26,000	1,690,000	400	−240	−7.5	1,800	57,600	56.25	1,387.2
1,900	40	76,000	3,610,000	1,600	360	12.5	4,500	129,600	156.25	1,794.4
1,500	30	45,000	2,250,000	900	−40	2.5	−100	1,600	6.25	1,590.8
1,400	15	21,000	1,960,000	225	−140	−12.5	1,750	19,600	156.25	1,285.4
1,800	45	81,000	3,240,000	2,025	260	17.5	4,550	67,600	306.25	1,896.2
1,600	25	40,000	2,560,000	625	60	−2.5	−150	3,600	6.25	1,489
2,000	50	100,000	4,000,000	2,500	460	22.5	10,350	211,600	506.25	1,998
1,700	35	59,500	2,890,000	1,225	160	7.5	1,200	25,600	56.25	1,692.6
1,200	10	12,000	1,440,000	100	−340	−17.5	5,950	115,600	306.25	1,183.6
합계 15,400	275	465,500	24,640,000	9,625	0	0	42,000	924,000	2,062.5	

이 경우 일반적인 경제적 논리로 보아 Y_i가 종속변수, 그리고 X_i가 독립변수 역할을 담당할 것으로 볼 수 있다. 따라서 우리가 추정할 회귀곡선은

$$Y_i = \alpha + \beta X_i$$

가 되며, α와 β의 최소자승추정치는 다음과 같이 산출된다.

$$\hat{\beta} = \frac{\sum x_i y_i}{\sum x_i^2} = \frac{42{,}000}{2{,}062.5} = 20.36$$

$$\hat{\alpha} = \bar{Y} - \hat{\beta}\bar{X} = \frac{15{,}400}{10} - 20.36\left(\frac{275}{10}\right) = 980$$

따라서

$$\hat{Y}_i = 980 + 20.36 X_i$$

가 된다. 이는 광고비 지출과 매상고가 양의 선형함수관계를 갖고 있음을 시사한다.

2.3. 회귀계수와 상관계수

여기서 잠시 최소자승법에 의해 도출된 최소자승추정량(LSE)과 제2장에서 소개한 상관계수와의 연관성을 살펴볼 필요가 있다.[4)]

$$\hat{\beta}=\frac{\sum(X_i-\bar{X})(Y_i-\bar{Y})}{\sum(X_i-\bar{X})^2}=\frac{\sum x_i y_i}{\sum x_i^2}=\frac{\mathrm{Cov}(X,\ Y)}{\mathrm{Var}(X)}=\frac{S_{XY}}{S_X^2} \quad (4\text{-}9)$$

$$r_{XY}=\frac{\sum x_i y_i}{\sqrt{\sum x_i^2}\sqrt{\sum y_i^2}}=\frac{S_{XY}}{S_X \cdot S_Y} \quad (4\text{-}10)$$

일단 식 (4-9)를 식 (4-10)으로 나누면 다음 결과를 얻을 수 있다.

$$\frac{\hat{\beta}}{r_{XY}}=\frac{S_{XY}/S_X^2}{S_{XY}/S_X \cdot S_Y}=\frac{\sum xy/\sum x^2}{\sum xy/\sqrt{\sum x^2}\sqrt{\sum y^2}}$$

$$=\frac{\sqrt{\sum y^2}}{\sqrt{\sum x^2}}=\frac{\sqrt{\sum y^2/(n-1)}}{\sqrt{\sum x^2/(n-1)}}=\frac{S_Y}{S_X}$$

$$\therefore \hat{\beta}=r_{XY}\cdot\frac{S_Y}{S_X} \quad (4\text{-}11)$$

식 (4-11)이 의미하는 바는 다음과 같다.

첫째, r_{XY}값이 0이면 $\hat{\beta}$값이 0이며, 그 역도 성립한다는 사실이다.

둘째, $\hat{\beta}$과 r_{XY}는 같은 부호를 갖는다는 사실이다. s_X와 s_Y는 표본의 표준편차이므로 항상 '+'값을 가지며, '0'이 되지도 않기 때문이다.

4) 전술한 바 있듯이, 식 (4-10)과 같이 정의되는 표본상관계수는 표본관측치의 수가 적을 때는 매우 불안정하여 적어도 표본크기가 30개 이상이 되도록 설계할 필요가 있다. 또한 수학적 정의상 한두 개의 극단적 관측치(outliers)가 있을 때 상관계수값은 심하게 왜곡되는데, 이를 '킹콩효과(King Kong effect)'라 한다. 그리고 상관계수는 선형관계의 밀접도만을 계측해 주므로 고차함수나 로그함수 등의 관계가 밀접할 경우에는 이를 반영해 줄 수 없다는 사실을 유념할 필요가 있다.

셋째, 표본회귀선의 기울기($\hat{\beta}$)는 상관계수(r)값에다 두 변수의 표준편차 간의 비율(s_Y/s_X)을 곱한 값과 같아진다는 사실이다. 이와 같은 관계는 회귀계수($\hat{\beta}$)와 관련한 다각적 이해와 분석을 수행하는 데 매우 유용하다.

3 추정결과에 대한 평가

앞 절에서 소개한 최소자승추정량은 이른바 BLUE(best linear unbiased estimator)라고 불리는데, 바람직한 추정량이 가져야 할 주요 특성을 모두 향유하고 있다.[5]

그렇다면 표본관측치를 이용하여 이처럼 더 이상 좋을 수 없는 추정방법을 적용만 하면 그 결과는 항상 바람직한 성과를 보장하는가? 즉, 1차 함수로 파악된 두 변수 간의 인과관계가 현실타당성이 있다는 결론을 입증해 줄 수 있는가 하는 의문이 생긴다. 물론 최소자승법이 요술지팡이처럼 한 번 적용만으로 우리가 희망하였던 결과를 자동적으로 보장하는 것은 아니다. 따라서 우리는 추정결과가 과연 제기된 논리의 현실성을 입증해 줄 수 있는지를 별도방안을 통해 확인해 보아야 한다. 이러한 과정을 추정에 대한 평가 또는 추정치에 대한 검정이라 한다.

〈그림 4-2〉는 서로 다른 세 가지 관측치 집단에 대해 최소자승법을 적용하여 표본회귀선을 도출한 결과를 보여 주고 있다. 시각적인 확인만으로도 우리는 (a) 경우의 관측결과들이 경제이론이 시사하는 선형함수관계에 상당히 부합되는 상황을 보여 주고 있는 반면, (b)의 경우에는 두 변수 간의 1차 함수관계의 존재 자체를 의문을 갖게 하고 있음을 알 수 있다. 이러한 경우를 추정결과의 적합도가 높다 또는 낮다라고 표현한다. 대다수 관측치들이 표본회귀선상에 밀집되어 있을수록 적합도는 높아진다. 그런데 (c)의 경우에는 거의 모든 관측치가 일직선상에 모여 있지만 적합도가 높다고 할 수는 없다. 추정선이 거의 수평을 이루고 있어 X값이 아무리 변해도 Y값에는 하등의 영향을 미치지 못하기 때문이다. 여기

5) 물론 이러한 결과는 이른바 다섯 가지 기본 가정이 충족될 때 보장되는 것이며, 본 장 제6절에서 보다 상세히 살펴볼 것이다.

그림 4-2 관측치의 형태와 표본회귀선

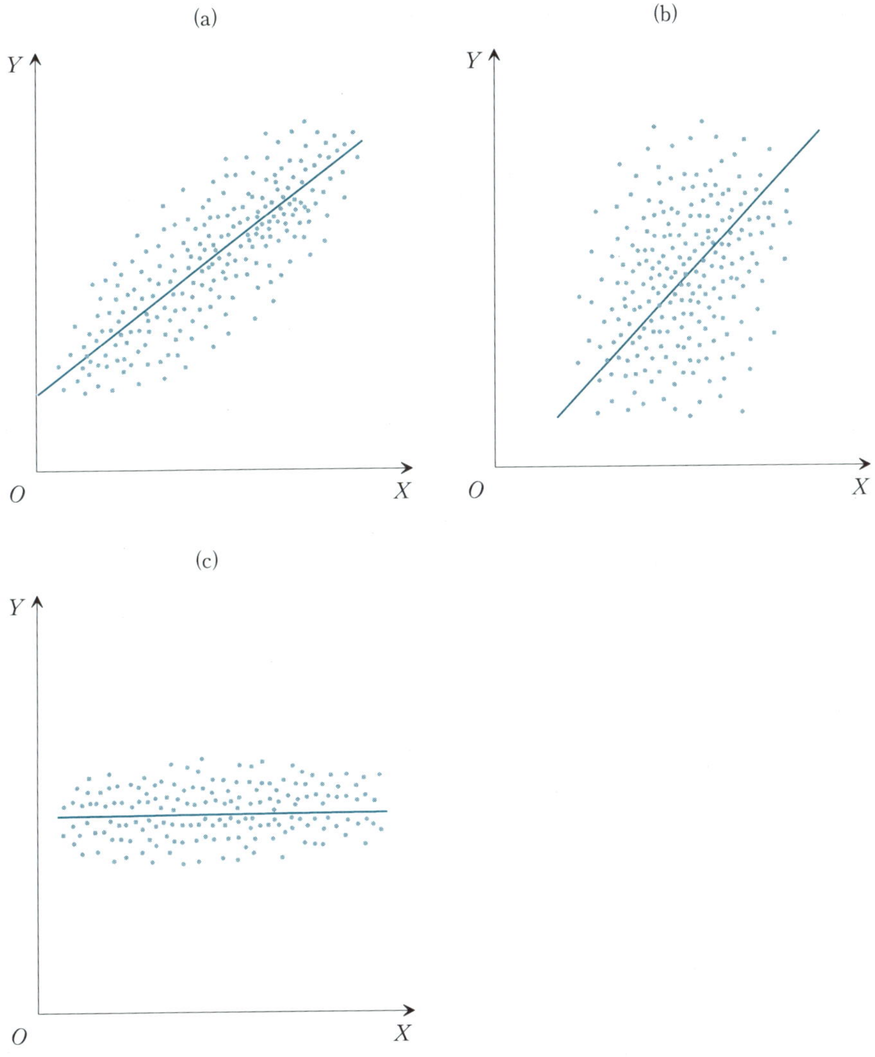

서 적합도라 함은 Y와 X 간에 설정된 1차 함수관계의 현실타당성을 뜻하는 것임에 유의할 필요가 있다. 여하튼 이상과 같은 제반 상황을 고려해 볼 때, 경제이론이나 가설의 현실성 여부는 관측된 자료들이 설정된 함수관계에 얼마나 밀접하게 분포되어 있는지를 확인하는 과정과 X의

변동이 Y값에 유의할 만한 영향을 미치고 있는지를 검증하는 과정으로 요약될 수 있다. 전자를 적합도검정(goodness of fit test), 그리고 후자를 유의성 검정(significance test)이라 한다.

3.1. 적합도검정

(1) 표준추정오차에 의한 적합도검정: 절대평가

관측치들이 설정된 1차 함수 관계선에 얼마나 근접해 있는지를 가장 손쉽게 계측할 수 있는 분석도구로 표준추정오차(standard error of the estimate: s_e)를 들 수 있다.

• 표준추정오차

$$s_e=\sqrt{\frac{\sum e_i^2}{n-2}}=\sqrt{\frac{\sum(Y_i-\hat{Y}_i)^2}{n-2}}=\sqrt{\frac{\sum(Y_i-\hat{\alpha}-\hat{\beta}X_i)^2}{n-2}} \qquad (4\text{-}12)$$

여기서 $n-2$는 자유도(degrees of freedom)이며, 모수인 α, β값 대신 그 추정량인 $\hat{\alpha}$, $\hat{\beta}$을 이용하였기 때문에 자유도를 '2'만큼 잃은 것이다.

식 (4-12)와 같이 정의된 s_e는 표준편차와 유사하나 표본평균($\bar{Y}$)으로부터의 편차 대신 추정된 표본회귀선($\hat{Y}$)으로부터의 괴리도를 계측하고 있어 이를 표준추정오차 또는 표준회귀오차라 부른다.

만일 표본회귀선으로부터의 산포도(degree of dispersion), 즉 회귀오차들의 분포가 정규분포를 따를 것으로 볼 수 있다면 표본회귀선($\hat{Y}=\hat{\alpha}+\hat{\beta}X$)으로부터 아래위로 표준추정오차 크기만큼 벌려 설정한 구간 내에 전체 관측치의 약 68.26%가 속할 것이고, 이를 s_e의 2배, 3배씩으로 구간폭을 넓히면 설정된 구간 내에 전체 관측치의 약 95.44%, 99.74%가 귀속된다는 의미를 갖는다.[6)]

이상과 같은 특성을 갖는 s_e값은 그 절대치가 작을수록 대다수 관측치가 표본회귀선을 중심으로 밀집되어 있는 현상을 나타낼 것이므로 바로 s_e값을 이용하여 적합도를 판정할 수 있게 된다.

한편, s_e값을 이용한 적합도 판정은 매우 간편하고 또 그 의미를 쉽

6) 자세한 것은 이종원(1994), 제7장 참조.

게 파악할 수 있는 반면, 서로 다른 자료집단에 대해 실시한 추정결과들의 적합도를 서로 비교하기 곤란하다는 문제점이 있다. 식 (4-12)에서 볼 수 있듯이, s_e값은 두 변수 X와 Y의 측정단위에 따라 달라질 것이기 때문이다. 따라서 이러한 한계성을 극복할 수 있는 별도의 적합도 검정방안이 고안되었는데, 이를 결정계수(coefficient of determination)라 칭한다.

(2) 결정계수에 의한 적합도검정: 상대평가

결정계수란 관측치들이 얼마나 추정된 표본회귀선에 밀접하게 연관되어 있는지를 상호 비교가 가능한 객관적 지표로 개발된 것이다.

〈그림 4-3〉에서 하나의 임의의 실제관측치 A가 평균(C)으로부터 떨어져 있는 거리, 즉 편차($\overline{AC}$)는 관측점에서 표본회귀선까지의 거리($\overline{AB}$)와 표본회귀선에서 평균까지의 거리($\overline{BC}$)로 구분될 수 있음을 알 수 있다.

$$AC = AB + BC$$

또는

$$(Y_i - \bar{Y}) = (Y_i - \hat{Y}_i) + (\hat{Y}_i - \bar{Y}) \qquad (4\text{-}13)$$

그림 4-3 편차·오차 및 결정계수

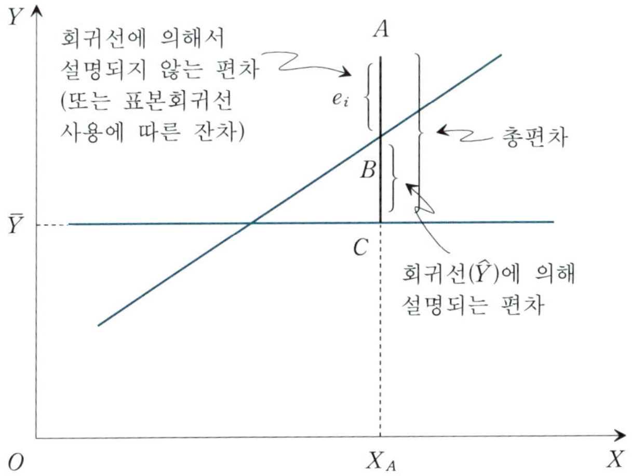

이제 모든 관측점에 식 (4-13)과 같은 관계를 적용하면

$$\sum(Y_i-\bar{Y})=\sum(Y_i-\hat{Y}_i)+\sum(\hat{Y}_i-\bar{Y}) \tag{4-14}$$

가 되며, 양변을 제곱하면 다음 결과를 얻는다.

$$\begin{aligned}\sum(Y_i-\bar{Y})^2&=\sum[(Y_i-\hat{Y}_i)+(\hat{Y}_i-\bar{Y})]^2\\&=\sum(Y_i-\hat{Y}_i)^2+\sum(\hat{Y}_i-\bar{Y})^2+2\sum(Y_i-\hat{Y}_i)(\hat{Y}_i-\bar{Y}) \qquad (4\text{-}15)\\ \therefore\ \sum(Y_i-\bar{Y})^2&=\sum(Y_i-\hat{Y}_i)^2+\sum(\hat{Y}_i-\bar{Y})^2 \qquad (4\text{-}16)\end{aligned}$$

식 (4-15)의 마지막 항이 '0'이 되므로 결국 식 (4-16)과 같은 관계가 성립됨을 알 수 있다. 여기서 식 (4-16)의 각 항을 SST, SSE, SSR라 부르는데, 이는 각각 'sum of squared total variation', 'sum of squared error', 그리고 'sum of squared regression'의 준말이며, '편차자승의 총합', '오차자승의 총합' 그리고 '회귀선과의 차이 자승합'의 의미를 갖는다. 이를 간단히 '총변동', '잔차변동' 및 '회귀변동'이라 칭하기도 한다.

이제 식 (4-16)을 각각 총변동(SST)으로 나누어 보면,

$$\frac{\text{SST}}{\text{SST}}=\frac{\text{SSE}}{\text{SST}}+\frac{\text{SSR}}{\text{SST}}=1 \tag{4-17}$$

이 되는데, 이 중 SSR/SST를 결정계수(coefficient of determination)라 칭하며, 통상 R^2으로 표기한다. 한편, SSE/SST는 잔차계수(coefficient of alienation)라 불리나 자주 사용되지는 않는다.

식 (4-17)을 개편하면 다음과 같이 표현된다.

• 결정계수: 표본회귀선의 적합도 검정통계량

$$R^2=\frac{\text{SSR}}{\text{SST}}=\frac{\text{SST}}{\text{SST}}-\frac{\text{SSE}}{\text{SST}}=1-(1-R^2) \tag{4-18}$$

이상과 같이 정의되는 결정계수는 Y 변수의 총변동량 중 X 변수에

의해 설명되는 비중을 뜻하며, 또 총편차 중 표본회귀선에 의해 설명된 편차의 비중을 뜻하기도 한다. 즉, 총변동량 중 표본회귀선에 의해 설명될 수 있는 비중을 결정계수(R^2)로 볼 수 있고, 설명되지 못한 나머지 부분은 확률적 오차 변동분으로 이해할 수 있다.[7)]

한편, R^2값은 Y와 $\hat{Y}$ 간의 상관계수의 제곱과 같아지는 수학적 특성이 있다.[8)] 즉,

• 상관계수와 R^2

$$r_{Y\hat{Y}}^2=\left(\frac{\sum(\hat{Y}_i-\overline{Y})(Y_i-\overline{Y})}{\sqrt{\sum(Y_i-\overline{Y})^2}\sqrt{\sum(\hat{Y}_i-\overline{Y})^2}}\right)^2$$
$$=\left(\frac{(\sum(\hat{Y}_i-\overline{Y})\{(Y_i-\hat{Y}_i)+(\hat{Y}_i-\overline{Y})\}}{\sqrt{\sum(Y_i-\overline{Y})^2}\sqrt{\sum(\hat{Y}_i-\overline{Y})^2}}\right)^2$$
$$=\left(\frac{\sum(\hat{Y}_i-\overline{Y})^2+\sum(\hat{Y}_i-\overline{Y})(Y_i-\hat{Y}_i)}{\sqrt{\sum(Y_i-\overline{Y})^2}\sqrt{\sum(\hat{Y}_i-\overline{Y})^2}}\right)^2$$
$$=\left(\frac{\sum(\hat{Y}_i-\overline{Y})^2}{\sqrt{\sum(Y_i-\overline{Y})^2\sum(\hat{Y}_i-\overline{Y})^2}}\right)^2$$
$$=\frac{\sum(\hat{Y}_i-\overline{Y})^2}{\sum(Y_i-\overline{Y})^2}=\frac{SSR}{SST}\Rightarrow R^2 \qquad (4\text{-}19)$$

3.2. 유의성 검정

앞 절에서 살펴본 적합도 검정통계량 R^2값은 관측치 대부분이 추정된 회귀선을 중심으로 밀집된 정도가 강할수록 '1'에 가까워지는 것을 알

7) 단, 여기서 R^2값의 의미와 관련하여 유의할 사항을 정리해 둘 필요가 있다.

첫째, R^2값은 설명변수의 숫자가 증가할수록 커지는 경향이 있어 이를 조정할 필요가 있다(이 문제는 제5장에서 다룰 것임).

둘째, R^2는 (대체로 비슷한 추세를 갖는) 시계열자료를 활용할 경우 높은 값으로 계측되지만, 횡단면자료를 활용할 경우에는 대체로 낮은 값으로 나타난다.

셋째, R^2값으로 두 모형의 적합도를 비교하려면 원칙적으로 종속변수가 같아야 한다.

넷째, R^2값은 제5장에서 소개할 총체적 적합도 검정통계량인 F검정을 구성하는 데 가장 유용한 지표가 된다.

8) 또한 단순선형회귀분석의 경우에는 $R^2=\text{Corr}(Y, X)^2=r_{YX}^2$과 같은 관계가 성립된다.

수 있었다. 또한 값의 최대값은 그 절대치가 '1'이고 최소치가 '0'이 된다는 사실 때문에 서로 다른 회귀분석의 적합도에 관한 상호 비교가 가능하다는 특징도 갖고 있다.

그러나 앞서 지적한 바 있듯이, 대다수 관측치가 거의 일직선상에 놓여 있어도 추정된 표본회귀선의 기울기가 거의 '0'에 가까워지면 X값이 Y값에 아무런 영향도 미치지 못함을 의미하게 되므로 우리는 이러한 현상의 발생 여부를 확인할 필요가 있다. 즉, 표본회귀선의 기울기가 '0'에 가까운지, 아니면 '0'과는 유의할 만큼 다른지(significantly different from zero) 여부를 검정할 필요가 있다. 이를 통계적 유의성 검정(test of significance)이라 한다. 이러한 유의성 검정(significance test)은 표본회귀선에 대한 평가를 완결하기 위해 적합도검정(R^2)과 더불어 반드시 거쳐야 할 과정이다.

유의성 검정에서 설정될 귀무가설(null hypothesis)과 대립가설은 다음과 같다.

$$\begin{cases} H_0: \ \beta=0 \\ H_1: \ \beta\neq 0 \end{cases} \qquad (4\text{-}20)$$

귀무가설이란 우리가 희망하는 상황과 반대로 설정함으로써 검정과정에서 기각 내지 무효화할 수 있기를 바라게 되는 가설인바, 기울기(β)가 '0'이 되는 상황으로 설정되었다. 따라서 귀무가설과 대립되는 가설은 일반적으로 연구자가 기대하는 상황을 대변하게 된다.

식 (4-20)과 같은 귀무가설에 대한 검정은 다음과 같은 통계량에 의해 수행된다.

• 표본회귀선의 유의성 검정통계량

$$t=\frac{\hat{\beta}-\beta_0}{S_{\hat{\beta}}}=\frac{\hat{\beta}-0}{S_{\hat{\beta}}}=\frac{\hat{\beta}}{S_{\hat{\beta}}} \qquad (4\text{-}21)$$

모수 β에 대한 최상의 추정량은 최소자승추정량인 $\hat{\beta}$이 되며, $\hat{\beta}$을 그 값이 $\sum x_i y_i / \sum x_i^2$로서 y값의 1차 함수관계($x_i / \sum x_i^2 = C_i$), 즉 상수로 볼 수 있다는 것이 회귀분석상의 기본 가정 중 하나이기 때문에 $\hat{\beta} = \sum C_i y_i$가 된다. 그런데 Y값은 $Y_i = \alpha + \beta X_i + \varepsilon_i$와 같고 $(\alpha + \beta X_i)$가 상수로 가정되어 있어 정규분포를 갖는 것으로 가정(회귀분석의 기본 가정 중 하나)된 ε_i의 1차 함수가 된다. "정규분포를 따르는 변수의 1차 함수로 정의되는 파생확률변수도 정규분포를 따른다"는 통계학의 주요 정리에 따라 결국 Y_i와 $\hat{\beta}$은 정규분포를 따르게 된다.

한편, 정규분포를 따르는 변량에 관한 분석은 일단 표준화(standardization)를 거쳐 접근하게 되므로 $\hat{\beta}$을 표준화하여 보면 다음과 같은 식으로 나타낼 수 있다.

$$t = \frac{\hat{\beta} - E[\hat{\beta}]}{\sqrt{\mathrm{Var}(\hat{\beta})}} = \frac{\hat{\beta} - \beta_{0(H_0:\ \beta = \beta_0 = 0)}}{S_{\hat{\beta}}} = \frac{\hat{\beta}}{S_{\hat{\beta}}} \qquad (4\text{-}22)$$

표준화 과정을 거친 변수는 이른바 표준정규분포(통상 Z로 표현되며, 그 평균은 '0' 그리고 분산은 '1'이 되는 특징을 갖는데, $Z \sim N(0,\ 1)$과 같이 표기됨)를 따르게 된다. 그런데 $\mathrm{Var}(\hat{\beta}) = \sigma^2 / \sum X_i^2$의 산출공식에서 그 값이 안 알려진 σ^2 대신 S_e^2을 대신 사용할 수밖에 없어, 결국 $\mathrm{Var}(\hat{\beta}) = S_e^2 / X_i^2$와 같은 식을 활용하게 된다.

결과적으로 식 (4-22)와 같이 표준화된 공식은 표준정규분포와는 다소 달라질 수밖에 없고, 이를 통상 't'분포라 부른다. 물론 표본크기(n)가 30을 상회할 정도로 커지면 't'는 표준정규분포인 'Z'와 거의 일치하게 된다. 즉,

$$t = \frac{\hat{\beta}}{S_{\hat{\beta}}} \Rightarrow Z \sim N(0,\ 1) \quad \text{as} \quad n \to \infty \qquad (4\text{-}23)$$

단, 여기서 $\hat{\beta}$의 분산($S_{\hat{\beta}}^2$)은 $S_e^2 / \sum x_i^2$이 된다.[9)]

9) $\mathrm{Var}(\hat{\beta}) = E[\hat{\beta} - E[\hat{\beta}]]^2$
$= E[\hat{\beta} - \beta]^2$
$= E[\sum C_i \beta x_i \sum C_i \varepsilon_i - \beta]^2$
$= E[(\sum C_i x_i - 1)\beta + (\sum C_i \varepsilon_i)]^2$

따라서 유의성 검정통계량은 결국 $\hat{\beta}$의 평균이 β, 분산이 $\sigma^2/\sum x_i^2$인 정규분포를 갖는다는 사실에 근거하여 도출된 것이다.

$$\hat{\beta} \sim N\left(\beta, \frac{\sigma^2}{\sum x_i^2}\right) \tag{4-24}$$

비슷한 논리에 따라 H_0: $\alpha=0$에 대한 유의성 검정은

$$\hat{\alpha} \sim N\left(\alpha, \frac{\delta_\varepsilon^2 \sum x_i^2}{n\sum x_i^2}\right) \tag{4-25}$$

이란 사실에 근거하여 $t=\hat{\alpha}/S_{\hat{\alpha}}$이란 검정통계량을 이용하여 실시된다.

한편, 위의 식 (4-24)와 식 (4-25)를 이용하여 추정된 $\hat{\alpha}$과 $\hat{\beta}$에 대한 구간추정 공식을 아래와 같이 도출할 수 있다.

• 구간추정

$$\beta=\hat{\beta}\pm t_{\alpha/2}S_{\hat{\beta}} \tag{4-26}$$

$$\alpha=\hat{\alpha}\pm t_{\alpha/2}S_{\hat{\alpha}} \tag{4-27}$$

여기서, $S_{\hat{\beta}}^2=Se^2/\sum x_i^2$

$S_{\hat{\alpha}}^2=Se^2\cdot\sum x_i^2/n\sum x_i^2$

$Se^2=\sum e_i^2/n-2$

여기서 한 가지 중요한 것은 상기 두 식을 이용하여 $(1-\alpha)$의 신뢰도를 갖는 구간추정(이 때 오차허용률은 α)을 각각 구하면 아래와 같은 형태로 나타날 것이며, 이 두 구간 추정을 결합시키면 〈그림 4-4〉의 (c)와 같아질 것이란 사실이다.

결국 $\hat{\alpha}$와 $\hat{\beta}$에 대한 결합오차영역은 X와 Y의 평균($\bar{X}$와 $\bar{Y}$)에 대응

$=E[(\sum C_i\varepsilon_i]^2$ $\quad$ $(\because \sum C_i x_i=1)$

$=\sum C_i^2 E[\varepsilon_i^2]+2E[\sum C_i C_j \varepsilon_i\varepsilon_j]$

$=\sum C_i^2\sigma_\varepsilon^2+0$ $\quad$ $(\because E[\varepsilon_i\varepsilon_j]=0$, 기본 가정 중 하나임)

$=\sigma_\varepsilon^2\cdot\frac{\sum x_i^2}{(\sum x_i^2)^2}=\frac{\sigma_\varepsilon^2}{\sum x_i^2}$

그림 4-4 표본회귀선 오차영역

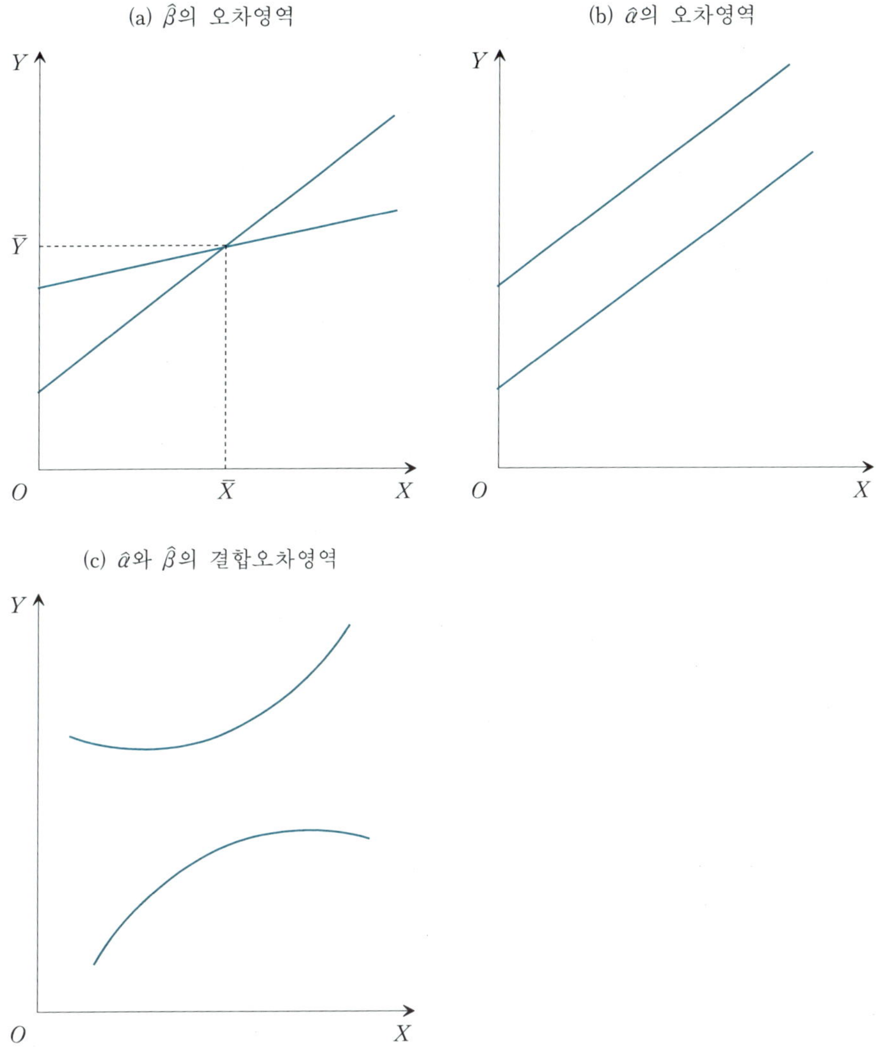

하는 점 근처에서 가장 좁은 폭을 가지고 나타날 것이다. 이러한 특성은 특히 표본회귀선을 가지고 예측을 수행함에 있어서 예측오차를 가늠할 때 좋은 참고가 될 것이다. 즉, 예측은 X와 Y의 평균값으로부터 먼 시기에 대해 실시할수록 정확도가 떨어지며, 구간예측폭은 넓어진다는 점이다.

4 표본회귀선에 의한 예측

일단 분석대상이 되는 변수에 대한 예측을 위해 (가장) 설명력 높은 변수와의 함수관계를 설정하고, 그렇게 설정된 함수관계를 최상의 추정방법인 최소자승법을 통하여 추정한 다음 추정결과의 적합도를 검정함으로써 설정된 함수관계의 현실성 여부를 확인하는 과정을 살펴보았다.

일단 적합도가 높게 나타나고 유의성 검정도 통과할 경우 우리는 비로소 추정된 표본회귀선의 현실타당성을 인정하게 된다. 또한 이처럼 현실성이 인정된 추정결과식을 가지고 궁극적인 분석목표인 예측을 수행하게 된다. 즉, 두 변수가 만족할 만한 1차 함수적 인과관계를 갖고 있는 것으로 판정할 수 있을 때 비로소 표본회귀선에 의거하여 종속변수의 미래값을 산출해 내는 것이다.

이와 같은 예측은 예측대상 시기에 따라 사후적 예측과 사전적 예측으로 구분된다. 만일 예측하고자 하는 기간이 회귀분석 대상기간 이후에 속한다 하더라도 이미 과거에 속하는 기간이라면 설명변수는 물론 종속변수의 값도 알 수 있는 것이 일반적이다. 따라서 이러한 상황에서 설명변수값을 표본회귀선에 대입하여 종속변수값을 예측하는 것을 사후적 예측이라 하는데, 사실상 이러한 과정은 예측 자체보다는 추정된 표본회귀선에 의해 예측된 종속변수값이 실제 실현된 종속변수값과 얼마나 근접된 값으로 나타나는지를 확인함으로써 표본회귀선의 설명력을 평가하는 또 하나의 방법으로 이용될 수 있다는 데 그 뜻이 있다.

진정한 의미의 예측이란 현 시점 이후에 속하는 순수한 미래를 대상으로 하되 가정된 설명변수값을 가지고 종속변수값을 추정하는 것이라 볼 수 있으며, 이를 사전적 예측이라 한다.

〈그림 4-5〉는 두 가지 다른 예측의 차이를 잘 설명해 주고 있다. 물론 우리가 진실로 필요로 하고 관심을 갖는 예측이란 사전적 예측이다.

여기서 한 가지 주목해야 할 사항은 장래에 대한 예측을 시행함에

그림 4-5 사후적 예측과 사전적 예측

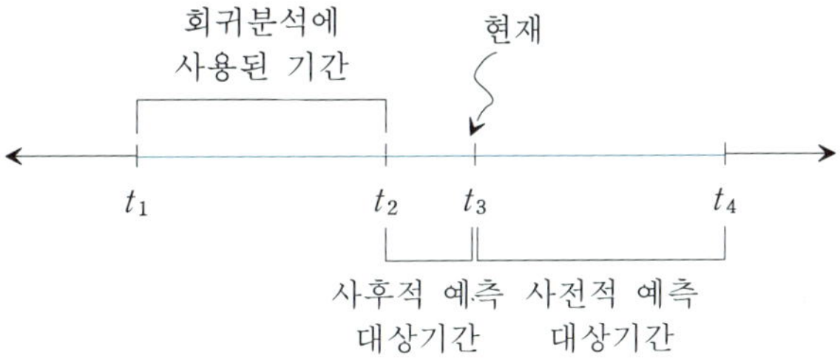

있어 우리가 사용할 설명변수의 값이 알려져 있는지의 여부가 중요한 역할을 한다는 것이다. 설명변수가 알려진 상태하에서의 예측을 무조건부 예측(unconditional forecasting)이라 하고, 설명변수가 미지인 상태에서의 예측을 조건부 예측(conditional forecasting)이라 한다.[10] 현실적으로 후자의 경우가 일반적일 것이나 통상적으로 미래에 있어서 우리는 설명변수의 값을 어느 정도 조작이 가능하다고 보고, 실제의 설명변수값이 우리가 가상적으로 가정한 값과 거의 같을 것이라는 가정하에 예측을 한다. 따라서 조건부 예측이 논리적으로 합당함에도 불구하고, 편의상 무조건부 예측방법을 일반적으로 이용하게 되는 것이다.[11] 따라서 이후에 전개할 예측방법은 원칙상으로는 사전적 예측에 속하지만 설명변수값이 알려져 있다는 가정을 추가하여 무조건부 예측을 실시할 수 있는 상황을 염두에 둔 예측방법이라 할 수 있다.

장래에 대한 무조건부 예측을 시행하는 방법은 크게 점예측(point forecast)과 구간예측(interval forecast)의 두 가지가 있다.

점예측이란 단순히 표본관측점들을 근거로 최소자승법에 의해 도출된 표본회귀선을 이용하여 가상적인 미래의 설명변수값 X_f(단, 이 X값은 표본회귀선 도출을 위한 회귀분석에 사용되지 않은 별도의 X값이라야 함)에 대응하는 종속변수값을 하나의 수치로 표현하는 방법을 말한다.

10) 따라서 사후적 예측은 대체로 무조건부 예측에 속하고, 사전적 예측의 대부분은 조건부 예측에 속하게 된다.

11) 이에 관한 자세한 내용은 Robert S. Pindyck and Daniel L. Rubinfeld(1998), ch. 8 참조.

그림 4-6 점예측과 구간예측

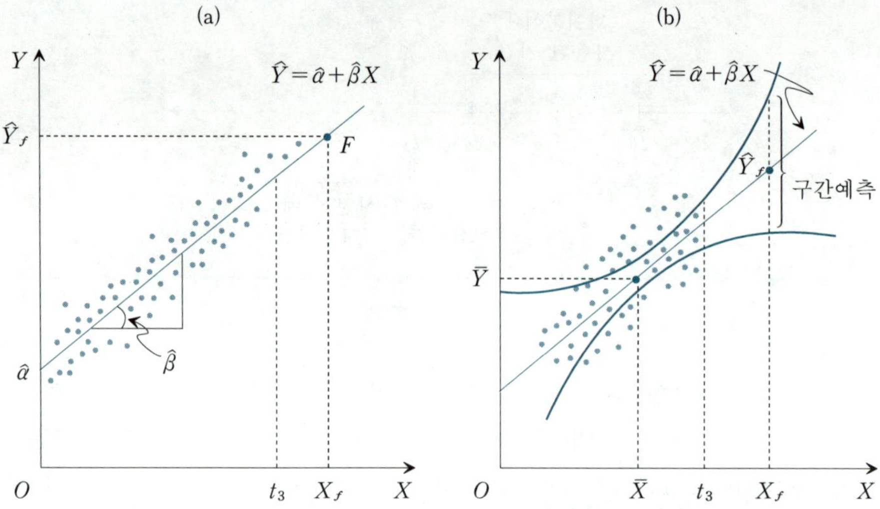

이제 〈그림 4-6〉의 (a)를 이용하여 보다 구체적인 점예측과정을 설명하면 다음과 같다. 예측에 사용된 설명변수값이 X_f라면, X_f에서 수직선을 그어 표본회귀선과 만나는 점을 F라 하고, 점 F에서 X축과 평행선을 그어 Y축과 만난 점의 Y값을 $\hat{Y}_f$라 하면, 이 $\hat{Y}_f$값이 바로 점예측치가 되는 것이다. 이를 수식으로 표현하면 다음과 같다.

• **표본회귀선에 의한 점예측 공식**

$$\hat{Y}_f=\hat{\alpha}+\hat{\beta}X_f \qquad (4\text{-}28)$$

따라서 종속변수에 대한 점예측이란 단순히 표본회귀방정식에 새로 설정된 X값, X_f를 대입하여 산정되는 값에 불과한 것이다. 물론 이러한 점예측은 전절에서 지적한 것처럼 표본회귀선에 대한 평가가 훌륭한 것으로 판정된 후에만 의미를 갖게 된다.

한편, 예측이란 속되게 표현하자면 장래의 종속변수값에 대하여 마치 점을 치는 작업과도 흡사한 측면이 있을 뿐 아니라, 아무리 설명변수의 값을 장래에 조작(control)이 가능하다 하더라도 실제로 Y값이 식 (4-28)에 의해 도출된 $\hat{Y}_f$와 동일하게 될 가능성은 극히 희박한 것이다. 특히, 현재로부터 상당 기간 후의 기간을 대상으로 점예측치를 추정할 경우 직관적으로 보아 예측에 사용하기 위해 가정한 X_f값 자체의 실현가능성이 상대적으로 희박해지므로, 이 값에 의해 예측된 $\hat{Y}_f$값의 신뢰성은 점차 퇴색될 것이다. 따라서 예측이란 가까운 장래에 한정하여 실시하는 것이 논리상 타당하다. 그러나 아무리 가까운 장래에 대한 예측이라 하더라도 역시 점예측치와 실제 발생할 종속변수값이 일치할 가능성은 여전히 희박한 것이므로, 대개 이러한 점예측치를 중심으로 일정한 구간을 설정하여 제시하는 이른바 구간예측을 동시에 실시한다.

구간추정에 사용되는 식은 다음과 같다.[12)]

---

12) 우선 주어진 X값을 X_f라 할 때의 모회귀선상의 실제값을 Y_f, 그리고 표본회귀선을 이용한 예측치를 $\hat{Y}_f$라 하면 예측으로 인한 오차 $\hat{\varepsilon}_f$는 다음과 같다.

$$\hat{\varepsilon}_f = Y_f - \hat{Y}_f = (\alpha + \beta X_f + \varepsilon_f) - (\hat{\alpha} + \hat{\beta} X_f) \qquad (1)$$

이제 $\hat{\varepsilon}_f$의 평균 및 분산을 산출하기 위하여 식 (1)을 이용해 보자.

$$\begin{aligned} E[\hat{\varepsilon}_f] &= E[Y_f - \hat{Y}_f] \\ &= E[\hat{\varepsilon}_f] + E[\alpha - \hat{\alpha}] + X_f E[\beta - \hat{\beta}] \\ &= 0 + (\alpha - \alpha) + X_f(\beta - \beta) = 0 \end{aligned}$$

한편,
$$\begin{aligned} \text{Var}(\hat{\varepsilon}_f) &= \text{Var}((\alpha + \beta X_f) + \varepsilon_f - \hat{\alpha} - \hat{\beta} X_f) \\ &= \text{Var}(\varepsilon_f - (\hat{\alpha} + \hat{\beta} X_f)) \qquad (\because (\alpha + \beta X_f)\text{는 상수}) \\ &= \text{Var}(\varepsilon_f) + \text{Var}(\hat{\alpha} + \hat{\beta} X_f) \qquad (\because \text{두 항은 서로 독립적}) \\ &= \sigma_\varepsilon^2 + \text{Var}(\hat{\alpha}) + \text{Var}(\hat{\beta} X_f) + 2C(\hat{\alpha}, \hat{\beta} X_f) \\ &= \sigma_\varepsilon^2 + \sigma_\varepsilon^2 \frac{\sum X^2}{n \sum x^2} + X_f^2 \cdot \frac{\sigma_\varepsilon^2}{\sum x^2} - 2X_f \frac{\bar{X} \sigma_\varepsilon^2}{\sum x^2} \\ &= \sigma_\varepsilon^2 + \sigma_\varepsilon^2 \left(\frac{1}{n} + \frac{\bar{X}^2}{\sum x^2} \right) + X_f^2 \cdot \frac{\sigma_\varepsilon^2}{\sum x^2} - 2X_f \frac{\bar{X} \sigma_\varepsilon^2}{\sum x^2} \\ &= \sigma_\varepsilon^2 \left(1 + \frac{1}{n} + \frac{\bar{X}^2 + X_f^2 - 2X_f \bar{X}}{\sum x^2} \right) \end{aligned}$$

$$\therefore \text{Var}(\hat{\varepsilon}_f) = \sigma_\varepsilon^2 \left(1 + \frac{1}{n} + \frac{(X_f - \bar{X})^2}{\sum x^2} \right)$$

그런데 σ_ε^2는 알 수 없으므로 실제 계산에서는 추정치 S_e^2을 사용한다. 따라서 이에 대응한 $\text{Var}(\varepsilon_f)$를 S_f^2라 표기한다면 결국 $S_f = S_e \sqrt{1 + (1/n) + \{(X_f - \bar{X})^2 / \sum x^2\}}$ 이 되며, 이는 곧 위의 식 (4-29)의 S_f와 같아진다.

한편, 여기서 $\text{Var}(\varepsilon_f)$란 결국 $\text{Var}(Y)$와 $\text{Var}(\varepsilon_f)$의 합으로 파악할 수 있음에 유의할 필요가 있다. 단, $\text{Var}(Y) = \sigma_{X|Y}^2 [(1/n) + \{(X - \bar{X})^2 / \sum (X - \bar{X})^2\}]$이다.

• 표본회귀선에 의한 구간예측 공식

$$\hat{Y}_{fc}=\hat{Y}_f \pm t_{\alpha/2,(n-2)} \cdot S_f \tag{4-29}$$

여기서, $S_f=S_e\sqrt{1+\frac{1}{n}+\frac{(X_f-\bar{X})^2}{\sum x_i^2}}$

한편, 식 (4-29)를 좀더 자세히 살펴보면 S_f값은 X_f의 값이 $\bar{X}$와 같아질 때 최소가 된다는 사실을 알 수 있다. 이는 예측에 사용할 설명변수 X_f의 값이 X값들의 평균값과 멀어질수록 예측오차는 커지고, 예측구간 폭은 점차 넓어지게 된다는 의미를 내포하고 있다.

〈그림 4-6〉의 (b)에 나타난 것처럼 식 (4-29)에 의해 도출되는 구간 예측치들은 X의 평균값($\bar{X}$) 부근에서 가장 좁은 폭으로 표현되고, $\bar{X}$로부터 멀어질수록 구간예측의 폭은 넓어지는 것을 알 수 있다. 바로 이러한 측면에서 보더라도 현재(t_3)로부터 먼 장래에 대한 예측을 실시할 경우 X_f의 값은 일반적으로 $\bar{X}$로부터 멀어질 것이며, 따라서 구간예측의 폭은 상당히 커질 것이므로 예측의 신뢰성은 점차 낮아질 수밖에 없는 것이다.

5 실증분석시 주요 고려사항

이상에서 우리는 회귀모형 중 가장 간단한 형태인 단순선형회귀모형(simple linear regression model)에 의거하여 예측하고자 하는 변수에 가장 큰 영향을 미치는 것으로 가정된 설명변수와의 인과관계를 추정 및 검증한 다음 이를 이용하여 예측을 수행하는 과정을 살펴보았다.

그러나 이상에서 소개한 기초방법론만으로 실제 예측을 만족스럽게 수행하기는 어렵다. 우선 실증분석시 우선적으로 고려해야 할 사항 중 주요 항목 몇 개를 본 절에서 정리해 본다.

5.1. 적절한 모형의 설정 여부

우선 우리가 설정한 모형이 적절하였는지 검토할 필요가 있다. 종속변수에 대해 설명변수가 미치는 영향은 과연 1차 함수관계로 파악이 가능한가, 그리고 단 하나의 설명변수만으로 종속변수의 변화를 제대로 설명할 수 있는가 하는 등의 문제를 고려할 필요가 있다.

앞서 제1절에서 회귀분석모형은 $Y_i = \alpha + \beta X_i + \varepsilon_i$와 같이 정의되며, ε_i가 필요한 네 가지 사유를 소개한 바 있다. 즉, ε_i는 ① 확률오차, ② 측정오차, ③ 적절한 설명변수의 생략, ④ 비선형함수관계 등에 연유하는 것으로 파악하였다. 이들 중 세 번째와 네 번째 사유는 결국 추정하는 모형이 잘못 설정된 것을 지칭하는 것으로 이를 통상적으로 모형설정오류(model specification error)라 한다. 이러한 현상이 유의할 만큼 심각함에도 불구하고 앞서 소개한 회귀분석에 의한 예측을 수행한다면 이는 아무런 의미도 갖지 못할 것이다. 물론 추정된 결과 자체에 대한 검정(적합도검정이나 유의성 검정)이나 사전적 예측의 검정력 등에 있어서도 매우 저조한 평가가 나타날 것이다.

(1) 비선형함수관계

엥겔곡선(Engel curve)이나 필립스곡선(Phillips curve) 등에서처럼 경제이론 자체가 두 변량 간의 관계를 비선형으로 규정하고 있음에도 불구하고 이를 선형함수형태로 추정할 경우 적합도는 매우 낮아질 수밖에 없다.

〈그림 4-7〉에서처럼 실제 관측치들은 선형으로 추정된 표본회귀선으로부터 상당히 멀어질 수밖에 없고, 따라서 회귀오차(e_i)값이 커지고 적합도(R^2)는 낮아지게 된다.

• 엥겔곡선모형

$$Y_i = \alpha + \beta \cdot \frac{1}{X_i} + \varepsilon_i \qquad (4\text{-}30)$$

또는

$$Y_i = \alpha + \beta \log X_i + \varepsilon_i \qquad (4\text{-}31)$$

여기서, Y_i: 음식비 지출

X_i: 총소득수준

• 필립스곡선모형

$$\log Y_i = \alpha + \beta X_i \qquad (4\text{-}32)$$

여기서, Y: 화폐임금

X: 실업률

• 수요곡선

$$Y_i = \alpha X_{1i}^{\beta_1} e^{\varepsilon_i} \qquad (4\text{-}33)$$

또는

$$Y_i = \alpha X_{1i}^{\beta_1} X_{2i}^{\beta_2} e^{\varepsilon_i} \qquad (4\text{-}34)$$

여기서, Y: 수요

X_1: 가격

X_2: 소득수준

일단 산포도(scatter diagram)가 예상하였던 대로 다양하게 비선형으로 나타나면 함수관계 특성에 따라 추정식을 상기의 식 (4-30)~(4-34)와 같이 적절히 재설정해야 한다. 그런 연후에 식 (4-30)의 $1/X_i$을 X_i'로, 식 (4-31)의 $\log X_i$를 X_i'로, 식 (4-32)에서는 $\log Y_i$를 Y_i'로 표기하면 각각

$$Y_i = \alpha + \beta X_i' + \varepsilon_i$$

또는

$$Y_i' = \alpha + \beta X_i + \varepsilon_i$$

와 같은 선형관계로 개편될 수 있다. 그리고 식 (4-33)과 식 (4-34)의 경우는 양변에 log를 취하면

그림 4-7 비선형회귀모형의 제 유형

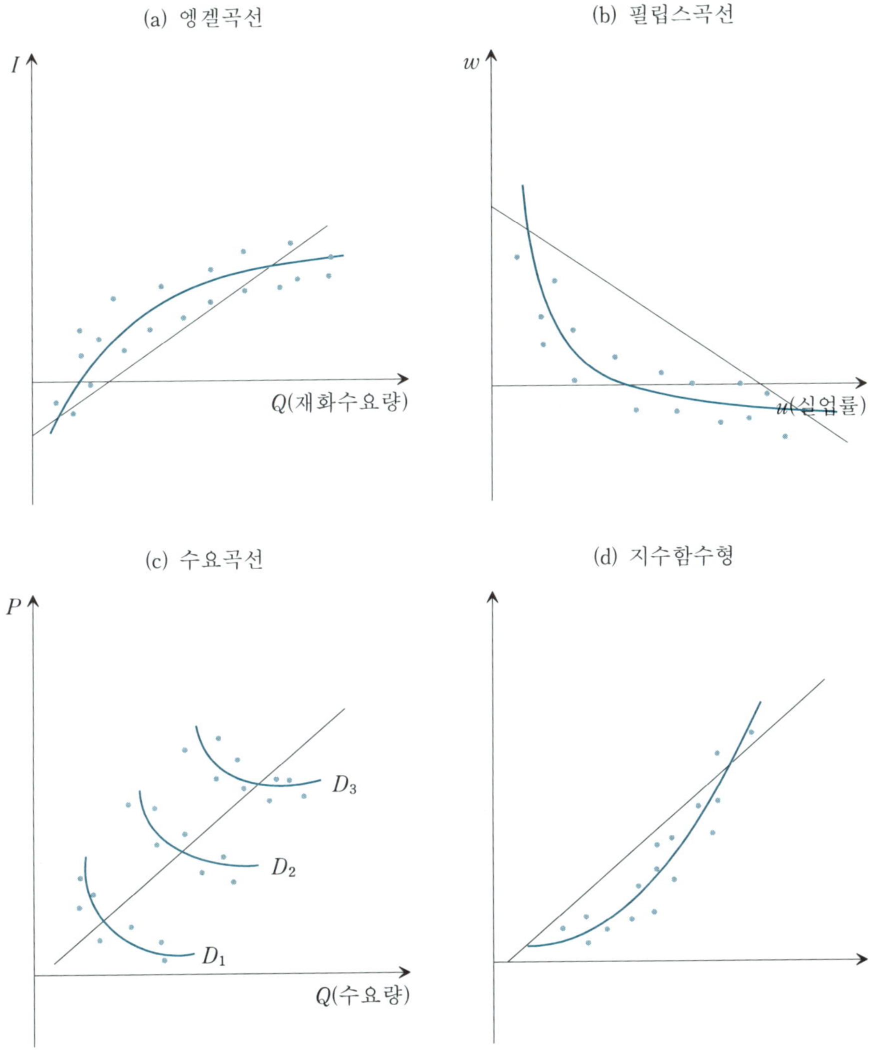

$$\log Y_i = \alpha + \beta X_{1i} + \varepsilon_i$$
$$\log Y_i = \alpha + \beta_1 X_{1i} + \beta_2 X_{2i} + \varepsilon_i$$

와 같아지므로 역시 $\log Y$ 또는 Y'로 표기함으로써 선형화가 가능해진다. 비선형함수형태의 인과관계 중 가장 대표적인 생산함수 또한 같은 과정을 통해 선형함수로 전환하여 추정할 수 있다. 즉,

$$Y = AL^{\alpha}K^{\beta}e^{\varepsilon}\text{을}$$
$$\log Y = \log A + \alpha \log L + \beta \log K + \varepsilon$$

과 같이 전환한 다음 $\log Y$ 또는 Y'를 $\log L$과 $\log K$ 또는 L'과 K'의 1차 함수를 파악하여 회귀분석을 수행할 수 있게 된다.

한편, 〈그림 4-7〉 (d)의 경우는 이른바 지수함수형의 함수관계를 나타내는 것으로 다음 식과 같은 관계로 파악할 수 있다.

$$Y_i = e^{\alpha + \beta X_i + \varepsilon_i} \tag{4-35}$$

이 또한 양변에 log를 취하면

$$\log Y_i = \alpha + \beta X_i + \varepsilon_i$$

가 되며, $\log Y_i$ 또는 Y'_i는 X_i와 1차 함수관계에 있게 된다.[13)]

(2) 적절한 설명변수의 생략

〈그림 4-7〉 중 (c)의 경우는 수요곡선과 관련하여 특정적으로 나타날 수 있는 상황을 보여 주고 있다. 수요가 가격의 음(negative)의 함수관계에 있되 비선형함수로 표현될 수 있는 상황에 해당된다. 그런데 그림에서처럼 여타 경우와는 달리 (c)의 경우는 우하향하는 곡선모양이 전혀 확인될 수 없다. 산포도만으로 볼 때 수요는 오히려 가격과 양의 함수관계가 있는 것으로 평가된다.

그렇다면 수요함수란 단지 이론일 뿐일까? 물론 그렇지는 않다. 수요

13) 이와 매우 유사한 경우로 로지스틱곡선형(logistic curve) 함수도 양변에 log를 취하여 선형화가 가능하다. 이 곡선의 일반식은 다음과 같다.

$$Y = \frac{e^{\alpha + \beta X + \varepsilon}}{1 + e^{\alpha + \beta X + \varepsilon}}$$

곡선이 우하향한다는, 즉 수요가 가격이 역함수관계에 있다는 논리가 현실타당성이 없다면 이는 더 이상 경제이론으로서 존립가치가 없을 것이기 때문이다.

현실적 상황은 수요가 가격뿐만 아니라 소득수준에도 의존함에도 불구하고 〈그림 4-7〉의 (c)는 단지 수요와 가격만을 대비시켜 놓았기 때문에 이러한 결론이 나타난 것이다. 수요와 가격이 음의 함수관계를 갖는다는 것은 가격 이외의 여타 주요 설명력 높은 변수들 값이 일정하다는 가정하에 도출될 수 있는 논리이다. 즉, 소득이나 대체 또는 보완관계에 있는 재화들의 가격 등을 일정하게 유지시키며 해당 재화의 가격만이 변할 때 수요가 어떻게 변화할 것인지를 규명한 것이다. 따라서 만약 소득수준이 수요에 미치는 영향을 제거하려면 관측치들 중 같은 소득수준하에서 이루어진 가격과 수요의 관계를 별도로 파악해야 한다. 예컨대, 〈그림 4-7〉의 (c)에서 D_1과 D_2, 그리고 D_3는 서로 다른 소득수준 (Y_1, Y_2, Y_3)에 대응하여 우하향하는 수요곡선으로 파악될 수 있다. 물론 이 재화가 정상재화 또는 우등재라면 소득증가시($Y_1 \rightarrow Y_2 \rightarrow Y_3$) 수요가 증가할 것이며, 이 때 수요곡선은 D_1에서 D_2 또는 D_3로 이동(shift)하는 것이다. 물론 이 재화가 열등재나 기펜재(Giffen goods)일 경우 역방향으로 이동할 수도 있을 것이다.

여타 재화가격으로부터의 영향력은 그것이 대체 또는 보완관계에 있는가에 따라 수요곡선을 상방 또는 하방으로 이동시키는 방식으로 나타날 것이다. 이처럼 종속변수에 주요한 영향을 미치는 여타 설명변수(여기서는 소득수준이나 여타 재화의 가격)는 수요곡선 자체를 상하로 이동시키게 된다. 그런데 수요가 해당 재화가격에 역함수관계를 갖는다는 것은 수요곡선이 우하향한다는 방식으로 이해해야 하며, 이러한 함수관계는 수요곡선상의 이동(moving along the demand curve)으로 파악되어야 한다.

그렇다면 과연 수요곡선을 어떻게 하면 제대로 추정할 수 있을까? 그것은 단지 가격 이외의 수요에 주요한 영향력을 미치는 설명변수들을 모형 내에 함께 포함시켜 추정하면 된다. 즉,

$$D = \alpha + \beta_1 P + \beta_2 Y + \varepsilon$$

과 같이 추정모형을 설정한다(설명의 편의상 선형으로 표현함). 여기서 중요한 것은 β_1과 β_2의 최소자승추정량 $\hat{\beta}_1$과 $\hat{\beta}_2$은 각각 $\partial D/\partial P$와 $\partial D/\partial Y$의 의미를 갖는다는 점이다. 즉, $\hat{\beta}_1$은 Y의 D에 대한 영향력을 배제시키는 가운데 P의 변화가 D에 미치는 한계영향력을 나타내는 것이다. 마찬가지로 $\hat{\beta}_2$은 P의 D에 대한 영향력을 배제한 상태에서 Y의 D에 대한 한계영향력을 반영하게 된다.

$$\begin{aligned} dD &= f_1 dP + f_2 dY \\ &= \hat{\beta}_1 dP + \hat{\beta}_2 dY \\ &= \frac{\partial D}{\partial P}\cdot dP + \frac{\partial D}{\partial Y}\cdot dY \end{aligned} \tag{4-36}$$

즉, D의 전미분은 식 (4-36)과 같이 표현되며, 이 때 $\hat{\beta}_1$과 $\hat{\beta}_2$은 각각 P와 Y의 D에 대한 편미분값의 의미를 갖는다.

이상과 같은 예는, 첫째 주요 설명변수는 반드시 함께 고려해야만 각 주요 설명변수와 종속변수의 이론적 함수관계가 적절히 파악될 수 있다는 사실과, 둘째 회귀분석모형($Y_i=\alpha+\beta X_i+\varepsilon_i$)에 대해 확률오차항($\varepsilon_i$)이 존재하는 세 번째 요인을 제거하기 위해서는 모형설정시 주요 설명변수의 생략 여부를 최우선적으로 고려해야 된다는 사실을 시사해 주고 있다. 이론에 부합하는 회귀분석모형이 적절하게 설정되지 못할 경우 아무리 훌륭한 추정방법을 적용하여도 그 결과는 아무 의미가 없다는 사실에 유념할 필요가 있다.[14)]

5.2. 기본 가정의 현실성 여부 검정 및 대응방안

일단 회귀모형이 적절히 설정되었다고 가정할 경우, 즉 설정오류가 없다고 할 경우 결국 ε_i항은 확률적 오차(random error)와 측정오류(measurement error)요인만 포함하게 된다. 그리고 추정오류 또한 무시할 만한 수준이라 가정한다면, 결국 ε_i항은 순수한 확률적 오차만을 나타내게 된다. 이러한 ε_i항과 관련하여 다음과 같은 기본 가정이 설정되어 있다.

14) 자세한 내용은 이종원(2004), 제8장 참조.

$$\varepsilon_i \sim N(0,\ \sigma_\varepsilon^2) \tag{4-37}$$

$$E[\varepsilon_i,\ \varepsilon_j]=0 \tag{4-38}$$

$$E[X_i,\ \varepsilon_i]=X_i E[\varepsilon_i] \tag{4-39}$$

식 (4-37)은 ε_i가 평균이 0이고 분산은 일정한 값 σ_ε^2을 갖는 ($E[\varepsilon_i^2]=\sigma_\varepsilon^2\ \ \forall i$) 정규분포를 따른다는 ($\varepsilon_i \sim N$) 세 가지 가정을 한 식으로 표현한 것이다. 한편, 식 (4-38)은 오차항은 서로 독립적이라는 가정을, 그리고 식 (4-39)는 X_i를 비확률적(nonstochastic) 변수, 즉 상수처럼 취급한다는 가정이다. 여기서 설명변수를 상수적으로 취급하는 것은 논리전개 내지 계산상의 단순화를 위한 편의상의 가정으로 이해해도 무방하다.

(1) 이분산현상과 가중최소자승법

ε_i의 분산이 일정한 값을 갖는다는 것을 동분산가정(homoscedasticity)이라 한다.

$$\begin{aligned}\mathrm{Var}(\varepsilon_i) &= E[(\varepsilon_i - E[\varepsilon_i])^2] \\ &= E[\varepsilon_i^2] \qquad (\because E[\varepsilon_i]=0) \\ &= \sigma_\varepsilon^2 \quad \forall i\end{aligned}$$

즉, 〈그림 4-8〉 (a)에서처럼 주어진 X값(X_1, X_2, X_3 등)에 대응하는 Y값의 산포도, 즉 분산은 ε_i의 분산으로 이해할 수 있고, X값에 상관없이 같은 값을 갖는다고 가정한 것이다.

이러한 가정이 깨지는 현상을 이분산현상(heteroscedasticity)이라 하는데(〈그림 4-8〉 (b)), 그것이 심각할 경우 그로 인한 추정에의 영향을 제거할 수 있는 방안을 모색하게 된다. 일반적으로 이러한 이분산현상은 시계열자료를 사용할 때보다 횡단면자료 사용시 강하게 나타난다. 이분산현상이 심각한지 여부는 Goldfeld-Quandt 검정통계량이나 Glejser 검정통계량을 통해 알 수 있다. 그리고 이분산현상이 심각하다고 판정될 경우 가중최소자승법(weighted least square: WLS)을 적용하여 분석을 수행하게 된다.

그림 4-8 동분산과 이분산

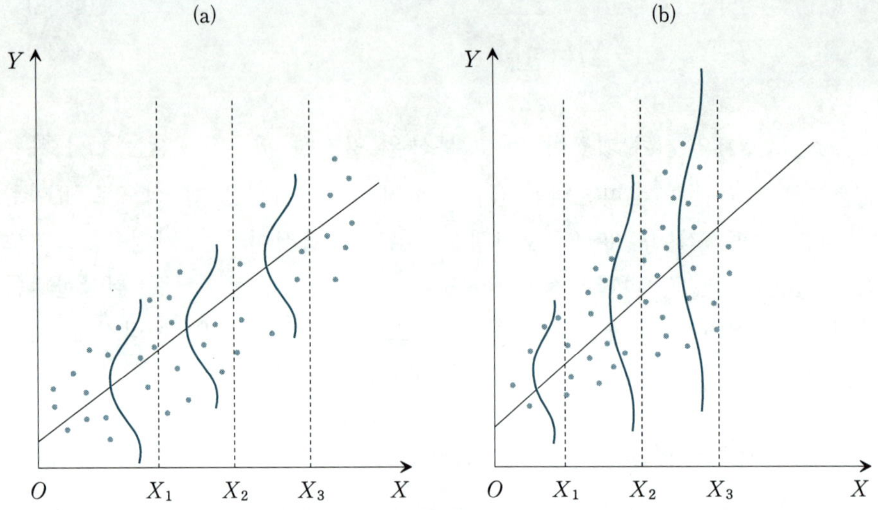

• Goldfeld_Quandt 검정통계량

$$\frac{\sum \frac{e_{2i}^2}{df_2}}{\sum \frac{e_{1i}^2}{df_1}} = \frac{SSE_2 \Big/ \left(\frac{n-p}{2} - k\right)}{SSE_1 \Big/ \left(\frac{n-p}{2} - k\right)} = F \tag{4-40}$$

식 (4-40)은 전체 관측치 중 중간부분 n개(보통 $p=(1/4)n$)를 제외한 나머지 두 그룹의 자료에 각각 별도로 회귀분석을 수행한 후 표본회귀오차(e_i^2)들을 자유도($\{(n-p)/2\}-k$) (단, k는 설명변수 숫자)로 나눈 값 간의 비율로 정의된 검정통계량으로 분자·분모가 독립적으로 각각 χ^2분포를 따르므로 두 독립적인 χ^2변수 간의 비율로 정의되는 F분포를 따르게 된다.

이 때 분자·분모는 결국 두 집단의 표본분산들이 된다. 만일 두 번째 집단의 분산(분자)이 첫 번째 집단의 분산(분모)보다 매우 크다면 두 집단의 분산이 같다는 '동분산가정'을 기각하고 '이분산현상'이 심각하다고 보는 것이며, 이 때 F의 임계치(critical value)는 주어진 유의수준($\alpha=1$, 2, 또는 5%)과 표본크기(n)에 대응하는 F분포값을 이용하게 된다.

• Glejser의 검정통계량

$$
\begin{aligned}
|e_i| &= \alpha + \beta X_i + \nu_i \\
|e_i| &= \alpha + \beta \sqrt{X_i} + \nu_i \\
|e_i| &= \alpha + \beta \frac{1}{X_i} + \nu_i \\
|e_i| &= \alpha + \beta \frac{1}{\sqrt{X_i}} + \nu_i \\
|e_i| &= \sqrt{\alpha + \beta X_i} + \nu_i \\
|e_i| &= \sqrt{\alpha + \beta X_i^2} + \nu_i
\end{aligned}
\tag{4-41}
$$

한편, Glejer검정은 표본회귀오차(e_i^2)의 절대값 크기가 일정(동분산현상)하지 않고 설명변수의 함수관계(통상 식 (4-41)의 여섯 가지 정도로 표현)에 있다는 가정하에 첫 번째 회귀분석과정에서 얻은 e_i^2값을 이용하여 각 식에 대한 2차 회귀분석을 수행한다. 이 때 설명변수 앞에 붙은 회귀계수(β)에 대한 유의성 t검정($t=\hat{\beta}/S_{\hat{\beta}}$)을 실시하여 H_0: $\beta=0$이라는 귀무가설, 즉 동분산 가정을 기각할 만큼 큰 값이 나오면 이분산현상이 심각하다고 판정한다.

이상에서처럼 Goldfeld-Quandt검정이나 Glejser검정을 통해 일단 이분산현상이 유의할 만큼 심각하다고 판정이 되면 이로 인해 최소자승추정량에 미치는 영향(즉, 효율성 등이 저해됨)을 최소화할 수 있는 가중최소자승법을 실시한다.[15] 가중최소자승법은 각 관측치에 체계적인 가중치를 부여함으로써 이분산현상을 제거한 다음 최소자승법을 수행하는 방법으로 대다수 컴퓨터 패키지 프로그램에 내장되어 있다.

예제 4-2

소비함수 추정

이분산현상이 존재하는지 여부를 다양한 검정방법에 의해 판정하고 또 이를 시정하는 구체적 방법을 예시해 보이고자 〈표 4-2〉와 같은 가상적인 소비 및 소득에 관한 횡단면자료를 활용하기로 한다.

15) 자세한 내용은 이종원(1994), 제10장 참조.

표 4-2

소비	5	7	10	12	14	20	25	26	21	26	35	28	33	27	40	35
소득	9	10	12	18	20	22	26	28	30	35	38	40	42	45	49	50
소비	30	47	40	34	42	42	55	54	35	58	34	49	30	65	56	40
소득	50	53	56	59	60	60	64	65	68	69	70	70	74	78	80	83

일단 기본 가정이 충족되었을 것이라 보고 OLS를 적용하여 다음과 같은 결과를 얻었다.

$$CONS_t = 4.837 + 0.600 INC_t \tag{4-42}$$

(1.432) (9.340) (t값)

(3.377) (0.064) (표준오차)

$R^2 = 0.744$ $d = 2.541$

도출된 소비함수 추정식은 t값이 유의할 만큼 큰 것으로 나타났으나 R^2값이 다소 낮아 보인다. 혹시 이분산현상이 있는지 여부를 확인해 보고자 변수 간의 산점도와 추정식에서 파생된 오차항(ε_i) 그리고 오차항을 종속변수와 설명변수에 대비시킨 도표들을 작성해 본 결과 〈그림 4-9〉, 〈그림 4-10〉, 〈그림 4-11〉 그리고 〈그림 4-12〉를 얻었다. 네 개의 그림에서 오차항의 크기는 분명히 두 변수의 크기와 강한 1차 함수관계를 갖고 있는 것으로 판정된다.

그림 4-9 오차항의 산포도 I

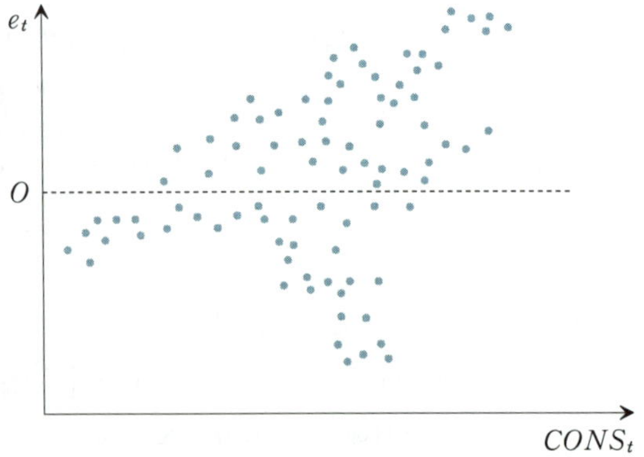

그림 4-10 오차항의 산포도 II

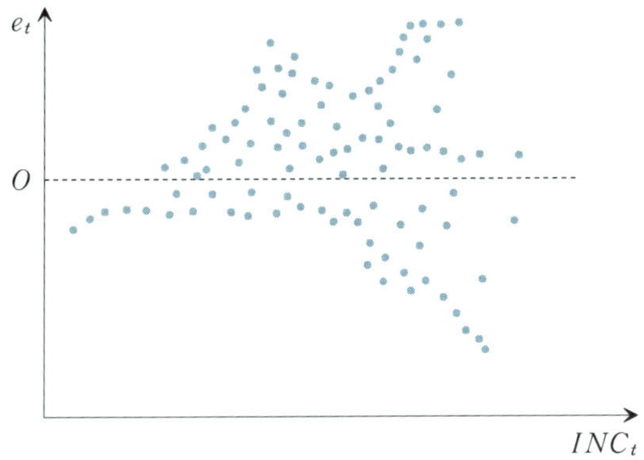

그림 4-11 오차항의 산포도 III

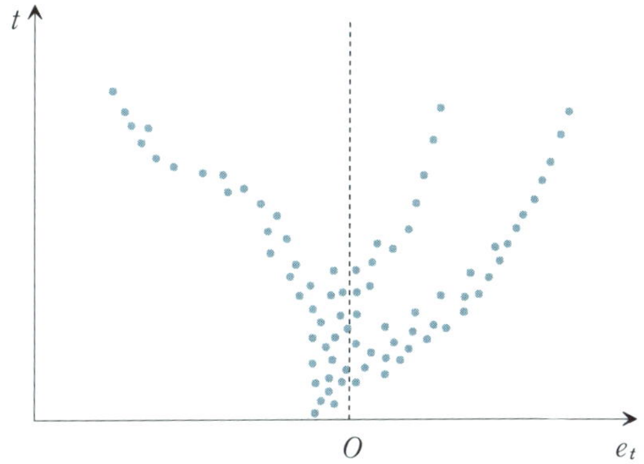

그림 4-12 오차항의 산포도 IV

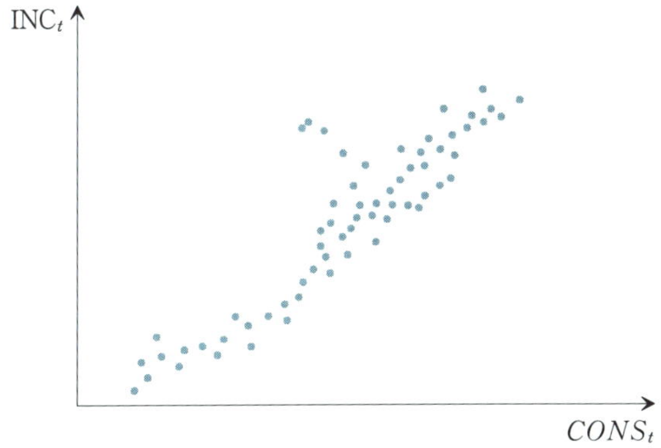

가. 이분산현상 판정법

문제는 과연 이러한 함수관계, 즉 이분산현상이 심각한 정도라고 판정할 수 있는지를 확인하는 일이 될 것이다. 독자의 이해를 돕기 위해 이하에서는 Glejser검정법과 Goldfeld-Quandt검정법을 대비해 가며 소개해 보기로 한다.

➢ Glejser검정

우선 Glejser검정을 적용하기 위해 다음의 두 함수관계식을 선정해 보았다.

$$|e_i| = \alpha + \beta INC_i + v_i \tag{4-43}$$

$$|e_i| = \alpha + \beta\sqrt{INC_i} + v_i \tag{4-44}$$

식 (4-42)에서 파생된 오차항의 값을 이용하여 식 (4-43)과 식 (4-44)와 같은 회귀방정식을 추정해 본 결과 다음과 같은 결과를 얻었다.

$$|e_i| = -0.128 + 0.25INC_i$$
$$(-0.027)\ (3.674)$$
$$R^2 = 0.310 \qquad d = 2.149$$

$$|e_i| = -3.648 + 1.418\sqrt{INC_i}$$
$$(-1.204)\ (3.239)$$
$$R^2 = 0.259 \qquad d = 2.014$$

Glejser의 검정을 위한 추정식에서는 두 경우 모두 높은 t값이 산출되어 이분산현상이 유의할 만한 수준인 것으로 판정되었다.

➢ Goldfeld-Quandt검정

이번에는 가장 자주 활용되는 검정방법인 Goldfeld-Quandt검정방법을 적용하기 위하여 소득(INC)변수 크기에 따라 자료를 정리하였다. 그리고 가운데 위치한 $n/4=32/4=8$개 자료를 일단 제외한 후 나머지를 2집단으로 분리하여(각각 $(32-8)\div2=12$개씩) 각각 독립적으로 OLS를 실시하였다.

처음 12개 관측치를 활용한 경우에는

$$CONS_t = -0.942 + 0.834INC_t \tag{4-45}$$
$$(-0.403)\ (9.299) \qquad (t\text{ 값})$$
$$R^2 = 0.896 \qquad d = 1.955$$
$$\text{SSE} = 100.637 \qquad \text{d.f.} = 10$$

그리고 마지막 12개 관측치로부터는

$$CONS_t = 34.662 + 0.171INC_t \tag{4-46}$$
$$(1.060)\ (0.369) \qquad (t\text{ 값})$$

$$R^2 = 0.013 \qquad d = 2.861$$
$$\text{SSE} = 1{,}324.623 \qquad \text{d.f.} = 10$$

를 얻었다. 따라서 검정통계량값은

$$F = \frac{SSE_2/\text{d.f.}}{SSE_1/\text{d.f.}} = \frac{1{,}324.623/10}{100.637/10} = 13.162$$

와 같아지는데, 이는 $\alpha = 1\%$의 임계치 4.85를 훨씬 상회하므로 이분산현상이 유의할 만한 수준인 것으로 판정할 수 있다.

이 검정과정에서 특히 식 (4-46)에 나타난 R^2값이 아주 낮은 점, 그리고 회귀계수값 또한 이전(0.834)에 비해 엄청나게 작아진 점 등은 마지막 단계의 관측치들의 산포된 정도가 극심함을 잘 반영해 주고 있다. 그리고 앞서 지적한 바 있듯이 Goldfeld-Quandt검정은 이처럼 서로 다른 회귀계수 추정값을 이용할 수밖에 없다는 점이 문제점 중의 하나라 할 수 있다.

나. 이분산의 해소방안: 가중최소자승법

앞서 여러 가지 방법을 통하여 모든 검정결과가 이분산현상이 유의할 만한 수준인 것으로 판정하였다. 이처럼 이분산현상이 일단 문제가 되는 수준인 것으로 판정될 경우 이를 시정 내지 완화할 수 있는 가장 간편한 방법은 이른바 가중최소자승법(WLS)이라 함은 이미 여러 번 지적한 바 있다.

여러 검정과정에서 우리는 오차항이 설명변수인 소득과 일정한 함수관계를 유지하고 있다는 사실을 확인한 바 있다. 이러한 사실에 입각하여 가중치를 두어 최소자승법을 적용한 결과 다음과 같은 추정식을 얻었다(단, 가중치

그림 4-13 OLS와 WLS 실시 경우 오차항의 분포형태

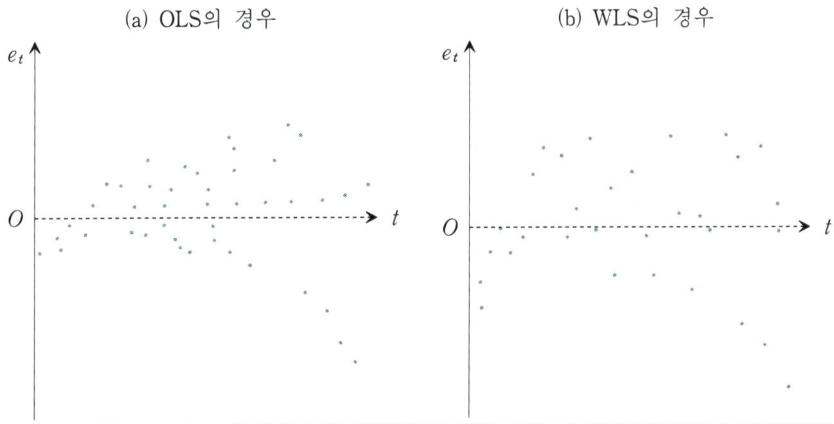

로는 $\sqrt{INC}$ 를 사용하였다).

$$\frac{CON_i}{\sqrt{INC_i}} = \alpha\frac{1}{\sqrt{INC_i}} + \beta\frac{INC_i}{\sqrt{INC_i}} + \frac{\varepsilon_i}{\sqrt{INC_i}}$$

$$= 2.0477\frac{1}{\sqrt{INC_i}} + 0.6588\sqrt{INC_i}$$

$$R^2 = 0.4782 \qquad d = 2.3166$$

이분산현상을 가중치를 사용하여 완화시킨 연후에 회귀분석을 실시한 결과 회귀계수값은 다소 상향조정(0.6603에서 0.6585로)되었으나 R^2값은 하락(0.744에서 0.4782로)하였음을 알 수 있다.

그런데 여기서 새로운 R^2값은 전환조정된 종속변수와 관련하여 산출된 것이므로 원래 추정결과에서의 R^2값과 직접 비교하기 곤란하다. 새로운 추정식에서의 R^2는 원래 모형의 적합도를 판정하는 기능을 가지지 못하기 때문이다.[16] 단, 가중최소자승법의 적용은 이분산현상을 상당히 완화시켜 주었음을 회귀오차항의 분포형태에서 확인할 수 있다.

(2) 이분산현상에 대한 새로운 접근방안: 이분산현상에 강한 표준오차 활용법

전항에서 살펴본 바와 같이, 이분산현상은 적절한 변수의 생략(omission of relevant variables) 등으로 인한 모형설정오류가 OLS 추정량에 초래하는 편의(bias)나 불일치성(inconsistency)과 같은 문제를 유발하지는 않는다. 단지 $\hat{\beta}$의 분산, 즉 Var($\hat{\beta}_j$)가 편의를 갖게 되는 문제가 발생할 뿐이다. 그런데 OLS 추정량의 표준오차는 바로 Var($\hat{\beta}_j$)값에 의존하므로 이에 의거한 통상적인 t검정이나 구간추정은 의미를 상실(invalid)한다. 통상적인 OLS의 t검정통계량은 이분산 존재시 더 이상 t분포를 따르지 못하게 되며, 이러한 문제는 표본크기가 커져도 해소되지 못하기 때문이다. 마찬가지로 통상적인 F검정이나 LM검정도 점근적으로도 F분포나 χ^2분포에 접근하지 못한다. 결국 G-M가정하에 설정된 검정통계량들은 이분산 존재시 정당성이 없어진다.

이러한 문제는 이분산의 함수형태를 알 수 있을 때 가중최소자승법(WLS)에 의해 해소될 수 있음을 전항에서 살펴본 바 있다.[17] 그러나 현

16) Pindyck and Rubinfeld(1981), p. 146 참조.

17) WLS는 OLS의 추정보다 최소한 점근적으로 효율적이다. 자세한 것은 Stock and Wat-

실적으로 조건부 분산의 함수형태를 알 수는 없다. 물론 Glejser방법 등을 이용한 함수형태의 추정을 통해 가중치를 활용하는 WLS방법론이 논리적으로는 정당하다.[18] 그러나 추정된 함수형태가 적절하지 못할 때 잘못 선정된 함수형태에 근거하여 WLS를 실시할 경우 도출될 표준오차는 역시 의미를 상실하므로, 따라서 그 표준오차값을 이용하는 통계적 추론(t, F 검정 등)도 부정확할 수밖에 없어진다. 이러한 문제는 설명변수의 수가 많아지는 다중회귀분석의 경우에 더욱 심각해진다.

이상과 같은 문제점을 인식하여 최근에는 대표본의 경우에는 WLS와 같은 효율적 추정량을 찾는 대신 OLS검정통계량을 적절히 조정하여 적어도 점근적으로는 유효한 통계량이 되도록 하는 방안이 강구되어 광범위하게 쓰이고 있다. 즉, 이분산현상에 강력히 대응할 수 있는 표준오차(heteroskedasticity-robust standard error: HRSE) 개념을 창출하여 대응하는 방안이다.

이는 OLS의 표준오차를 다소 조정함으로써 t, F 그리고 LM통계량들을 정당하게 사용할 수 있게 해 준다.[19] 더구나 이 방법은 이분산의 존재 여부나 함수형태가 알려져 있는지 여부와 관계없이 표본크기만 커지면 정당한 추론을 가능하게 해 준다는 강력성이 있다.[20]

전항에서 살펴본 바와 같이 동분산조건이 충족된다는 가정하에 OLS 추정을 할 경우 $\hat{\beta}$의 분산은 다음과 같다.

$$\text{Var}(\beta)=\begin{cases} \sigma_{\hat{\beta}}^2=\dfrac{\sigma^2}{\sum x_i^2}: \ \sigma_i^2 \text{ 알 경우} \\ S_{\hat{\beta}}^2=\dfrac{\hat{\sigma}^2}{\sum x_i^2}: \ \sigma_i^2 \text{ 모를 경우} \end{cases} \tag{4-47}$$

son(2003), pp. 583~585 참조.

18) 이분산에 대응하는 추정법으로 활용되고 있는 WLS는 일단 이분산이 설명변수의 어떤 함수형태로 파악가능한 것으로 보고 이를 추정하여 가중치로 쓰고 있는바, 이를 '추정된 GLS(estimated generalized least square)' 또는 '실행가능한 GLS(feasible GLS)'라고도 부른다.

19) HRSE를 활용한 OLS 추정량은 점근적으로 정규분포를 따른다. 따라서 동분산을 제외한 통상적인 기본 가정하에서 '이분산에 강한(HR)' t검정통계량은 귀무가설하에서 표준정규분포를 따른다.

20) 반면 이 방법은 어디까지나 OLS 추정에 해당되므로 WLS(참(true) 이분산함수에 근거한 경우)보다는 큰 분산값을 갖게 되어 비효율적이라는 불리한 특성도 가지고 있다.

식 (4-47)의 평방근을 취한 것을 동분산조건부 표준오차(homoskedasticity-only standard error: HOSE)라 부른다. 반면 이분산을 적절히 고려하여 추정할 경우 $\hat{\beta}$의 분산은 다음과 같아진다.[21)]

$$\mathrm{Var}(\hat{\beta})\begin{cases} =\dfrac{\sum x_i^2\sigma_i^2}{(\sum x_i^2)^2}: \ \sigma_i^2 \text{ 알 경우} \\ =\dfrac{\sum x_i^2\hat{\sigma}_i^2}{(\sum x_i^2)^2}: \ \sigma_i^2 \text{ 모를 경우} \end{cases} \qquad (4\text{-}48)$$

여기서, $\hat{\sigma}_i$: OLS 회귀잔차[22)]

한편, 위 식은 다중회귀분석의 경우에 대하여 개편·정리하면 다음과 같다.

$$\mathrm{Var}(\hat{\beta}_j)=\frac{\sum \gamma_{ij}^2\hat{\sigma}_i^2}{(\sum x_i^2)^2} \qquad (4\text{-}49)$$

여기서 γ_{ij}는 x_j를 모든 다른 설명변수에 대하여 회귀분석하였을 때 i번째 잔차항을 나타낸다.

위 식의 평방근이 바로 '강·이분산 표준오차', 즉 이분산현상에 강력히 대응할 수 있는 '표준오차(HRSE)'가 된다.[23)] 또한 이를 이용하여 t나 F 또는 LM검정을 수행하면 의미 있는 추론이 도출될 수 있다. 이들을 HOSE 경우와 구분하기 위해 'HRSE t검정', 'HRSE F검정'(이를 HRSE Wald검정이라고도 함) 그리고 'HRSE LM검정'이라고도 한다. 그런데 많은 컴퓨터 통계패키지 프로그램의 경우에는 '강LM검정통계량'이 내장되어 있지 않아 직접 계산을 해야 할 경우가 있다. 이러한 상황에 대비하여 아래의 과정을 참조하기 바란다.[24)]

---

21) 식 (4-48)은 $\mathrm{Var}(\varepsilon_i|x_i)=\sigma_i^2$이라는 조건부 이분산이 존재할 경우 $\tilde{\beta}=\beta+(\sum x_i\varepsilon_i/\sum x_i^2)$이 된다는 사실에 근거하여 도출된 것이다.

22) Stock and Watson(2003)은 자유도까지 고려하여 $\{n/(n-2)\}\cdot\{\sum x_i^2\sigma_i^2/(\sum x_i^2)^2\}$을 제기하였으나 Wooldridge(1999, ch. 4) 등은 대표본상의 문제이므로 무시해도 좋다는 의견을 해 놓았고, 본서는 후자의 입장에 따라 작성되었다. 단, 식 (4-47)과 식 (4-48) 간의 관계는 이종원(1994), pp. 370～372 참조.

23) 이 식에도 자유도인 $n/(n-k-1)$을 곱하기도 하나 역시 대표본의 경우 무시해도 무방하다.

예컨대, 설명변수가 5개인 다중회귀분석모형에서의 '강LM검정통계량'은 다음과 같이 도출된다. 단, $Y=\beta_0+\beta_1X_1+\cdots\cdots+\beta_5X_5+\varepsilon$에서 귀무가설은 H_0: $\beta_4=\beta_5=0$이라 설정한다.

통상적인 LM검정통계량은 우선 회귀모형을 X_4와 X_5가 배제된 경우를 상정하여(이를 제한부 모형(restricted model)이라 함) 회귀분석을 한 다음 그 잔차항($\tilde{e}$)을 구한다. 그런 다음 $\tilde{e}$를 모든 설명변수에 대하여 회귀분석하면, 이 때 LM검정통계량은 $\text{LM}=n\cdot R_{\tilde{e}}^2$(단, $R_{\tilde{e}}^2$는 두 번째 회귀식에서의 결정계수(R^2)임)가 됨은 잘 알려진 사실이다.

한편, 이분산에 강력대응이 가능한 '강LM검정통계량'의 도출은 다소의 추가적인 분석과정이 필요해진다. 우선 X_4와 X_5(귀무가설하에서 제외된 q개의 설명변수들)를 각각 X_1, X_2, X_3(귀무가설하에서 포함된 모든 설명변수들)에 대하여 회귀분석을 실시한 다음 q개(본 예제에서는 $q=2$) 잔차항들을 도출하여 $\tilde{\gamma}_1$, $\tilde{\gamma}_2$라 한다. 다음으로 일단 $\tilde{\gamma}_q$와 $\tilde{e}$를 각각 곱한 후 1을 이들($\tilde{\gamma}_1\tilde{e}$과 $\tilde{\gamma}_2\tilde{e}$)에 대하여 회귀분석을 실시하되 상수항이 없이 수행한다. 이 때 '강LM통계량'은 $n\cdot SSR_1$과 같아진다(단, SSR_1은 마지막 회귀식에서의 SSR). 그리고 귀무가설하에서는 강LM통계량은 χ_q^2분포를 따르게 된다(단, q는 제외된 설명변수의 수).[25]

(3) 이분산 검정문제 재론

이상에서 우리는 통상적인 이분산문제 대응방안과 최근 각광을 받고 있는 새로운 접근방안에 대하여 살펴보았다. 이와 같은 논의를 바탕으로 이분산 검정방법 또한 새로운 논리를 정리해 둘 필요가 있다.

우선 이분산현상이 없으면 물론 OLS 추정이 최상이다. 그러나 이분산이 발생하면 OLS는 더 이상 BLUE가 되지 못하므로 WLS에 의거 추정하거나 HRSE를 활용하여 접근하게 된다.

그런데 결국 문제의 핵심은 WLS 추정의 논리적 근거가 되는 조건부 이분산이 과연 어느 설명변수(들)와 어떤 함수관계에 있는지에 대해 정확한 근거를 제시하지 못한 채 시행되어 왔다는 점이다. 바로 이러한 이유로 인해 HRSE의 활용이 최근 들어 각광을 받게 된 것이다.

---

24) LR, Wald 그리고 LM검정에 관한 자세한 내용은 본장 보론 참조.

25) Wooldridge(2005), ch. 8 참조.

그러나 HRSE의 활용에 앞서 이분산의 존재 여부 및 함수관계의 유형을 확인함에 있어 Goldfeld-Quandt검정이나 Glejser검정보다 훨씬 논리성이 우수한 Breusch-Pagan검정법을 살펴볼 필요가 있다.

검정할 귀무가설은 다음과 같이 표현될 수 있다.

$$H_0:\ \mathrm{Var}(\varepsilon|X_1,\ \cdots\cdots,\ X_k)=\sigma^2:\ \text{동분산} \tag{4-50}$$

여기서, H_0: $\mathrm{Var}(\varepsilon|X_1,\ \cdots\cdots,\ X_k)$

$$=E[\varepsilon_i^2|X_1,\ \cdots\cdots,\ X_k]=E[\varepsilon_i^2]=\sigma^2$$

H_A: 하나 또는 둘 이상의 설명변수가 이분산을 유발

따라서 이분산함수를

$$\varepsilon_i^2=\delta_0+\delta_1X_1+\cdots\cdots+\delta_kX_k+\nu \tag{4-51}$$

라 설정할 경우 귀무가설은 다음과 같아진다.

$$H_0:\ \delta_1=\delta_2=\cdots\cdots=\delta_k=0 \qquad (\because\ \text{동분산})$$

추정식 $Y=f(X_1,\ \cdots\cdots,\ X_k)$에 OLS를 추정하여 얻은 잔차항($\hat{e}^2$)으로 위 식의 ε^2를 대체시킨 후 재차 OLS를 실시하면 F와 LM검정통계량은 다음과 같아진다.

$$F=\frac{R_{\hat{e}^2}^2/k}{(1-R_{\hat{e}^2}^2)/(n-k-1)}\sim F_{k,(n-k-1)}$$

$$\mathrm{LM}=n\cdot R_{\hat{e}^2}^2\sim\chi_k^2$$

이러한 논리의 연장선상에서 정리한 LM통계량이 바로 Breusch-Pagan의 이분산검정이다. 다시 한 번 요약·제시하면 다음과 같다.[26)]

① 원식을 OLS추정하여 회귀오차자승값($\hat{e}_i^2$)을 구한다.

② $\hat{e}_i^2=\delta_0+\delta_1X_1+\cdots\cdots+\delta_kX_k+\nu$에 대하여 회귀분석을 실시하여 $R_{\hat{e}^2}^2$

26) 물론 Breusch-Pagan 검정은 별도 방식에 따라 독자적으로 수행될 수도 있다. 관심 있는 독자는 이종원(1994), 제10장 참조.

를 구한다.

③ F나 LM검정통계량값을 산출하여 p-value가 매우 낮으면 귀무가설(동분산가정)을 기각한다.

④ 만일 B-P검정에서 귀무가설이 기각되면 WLS로 추정할 수도 있지만, HRSE를 활용하여 추정하고 또 이에 근거하여 각종 검정을 수행할 수도 있다.

한편, 이분산검정의 또 다른 방안의 하나로 자주 쓰이는 White의 검정을 살펴보기로 한다. 일단, 귀무가설을 동분산가정 대신 ε_i^2이 모든 설명변수(X_j)는 물론 X_j^2와 X_iX_j에 대해서도 독립적이라는 가설로 대체한다. 원래 식에 OLS를 실시하여 잔차항($\hat{e}_i^2$)을 도출하고 이를 다음 식에 대해 재차 회귀분석을 수행한다.

$$\begin{aligned}\hat{e}_i^2 = & \delta_0 + \delta_1 X_1 + \cdots\cdots \delta_k X_k \\ & + \delta_{k+1} X_1^2 + \cdots\cdots + \delta_{2k} X_k^2 \\ & + \delta_{2k+1} X_1 X_2 + \cdots\cdots + \nu\end{aligned}$$

물론 이 때 귀무가설은 H_0: $\delta_1 = \delta_k = \cdots\cdots = \delta_{2k} = \delta_{2k+1} = \cdots\cdots = 0$이 된다는 인식하에 F 또는 LM검정을 실시한다. 문제는 이 때 자유도가 급격히 줄어드는 어려움이 발생한다는 점이다. 이러한 문제의 해소방안 중 하나로 다음 검정과정(special case of White's test for heteroskedasticity)을 대신 활용하기도 한다. 즉, 원래의 식을 OLS로 추정하여 얻는 표본회귀선을 $\hat{Y}$이라 한다.

$$\hat{Y} = \hat{\beta}_0 + \hat{\beta}_1 X_1 + \cdots\cdots + \hat{\beta}_k X_k$$

이 때의 잔차항($\hat{e}$)을 제곱한 값($\hat{e}^2$)을 $\hat{Y}$과 $\hat{Y}^2$에 대하여 재차 회귀분석을 실시한다. 즉,

$$\hat{e}^2 = \delta_0 + \delta_1 \hat{Y} + \delta_2 \hat{Y}^2 + \nu$$

그런 연후에 F나 LM검정을 실시한다.

이제 마지막으로 B-P검정이나 White검정을 이용하여 보다 새로운 과정에 의해 WLS를 수행하는 방안을 살펴본다.

① Y를 X_1, ……, X_k에 대해 회귀분석한 후 잔차항 $\hat{e}_i$를 구한다.

② $\hat{e}_i$의 제곱한 후 log를 취한 다음 $\log(\hat{e}_i^2)g(X_1, \cdots\cdots, X_k)$에 대하여 재차 회귀분석을 실시한다. 이 때 도출된 값(fitted value)을 $\hat{g}_i$라 한다.

③ $\hat{g}_i$값의 지수함수값을 구하여 $\hat{h}_i$라 한다. 즉, $\hat{h}_i=\exp(\hat{g}_i)$.

④ $Y=f(X_1, \cdots\cdots, X_k)+\varepsilon$에 가중치$(1/\hat{h}_i)$를 적용한 다음 WLS를 실시한다.

단, 제2단계에 $\log(\hat{e}^2)$를 $(X_1, \cdots\cdots, X_k)$ 대신 $\hat{Y}$과 $\hat{Y}^2$에 대하여 회귀분석한 후 이후 과정을 밟을 수도 있다.

예제 4-3

이분산문제 재음미

다음은 앞서 활용한 예제를 HRSE접근법을 이용하여 추정한 결과를 OLS로 추정한 경우 및 WLS로 추정한 경우와 대비시켜 놓은 결과이다. 단, 비교 목적상 여기서는 ( ) 안에 t값과 표준오차값을 동시에 제시하였다.

· OLS 추정결과:

$$CONS=\underset{\substack{(1.432)\\(3.377)}}{4.837}+\underset{\substack{(9.340)\\(0.064)}}{0.600}INC \qquad R^2=0.744$$

· HRSE 활용한 OLS 추정결과:

$$CONS=\underset{\substack{(1.939)\\(2.494)}}{4.837}+\underset{\substack{(8.659)\\(0.069)}}{0.600}INC \qquad R^2=0.744$$

· WLS 추정결과:

$$\frac{CONS}{\sqrt{INC}}=\underset{\substack{(1.093)\\(1.874)}}{2.048}\frac{1}{\sqrt{INC}}+\underset{\substack{(14.001)\\(0.047)}}{0.658}\frac{INC}{\sqrt{INC}} \qquad R^2=0.478$$

이상에서 다음과 같은 사실을 확인할 수 있다.

첫째, HRSE를 활용하더라도 기본적인 추정방법은 어디까지나 OLS이므로 추정계수는 OLS 경우와 동일하다. OLS 추정계수 자체에는 편의가 발생하지 않으므로 이러한 결과가 도출되는 것은 당연하다.

둘째, HRSE에 근거한 추정법은 단지 추정계수의 표준오차값의 편의가 대표본에서는 사라질 수 있는 이른바 일관성(consistency)을 갖도록 하는 접근방법이며, 본 예제에서 $SE(\hat{\beta})$는 OLS 경우의 0.064보다 큰 0.069로 산출되었다. 따라서 t값은 9.340에서 8.659로 낮아졌다. 그러나 물론 여기서 OLS 추정의 표준오차는 하향편의(downward bias)로 인해 왜곡된 값이므로 신뢰할 수 없는 수치의 성격을 가지며, 따라서 추정방법들 간의 우월성 비교를 위해 활용될 수는 없는 것이다. 단지 이분산내용을 구체적으로 고려함으로써 추정계수의 표준오차에 발생하였던 편의현상을 제거한 HRSE접근법을 활용한 경우의 t검정값이 정당하다는 사실에 유념할 필요가 있다.

셋째, WLS 추정결과는 마치 표준오차가 0.047로 더욱 작아지고, t값은 14.001로 커진 것처럼 보이며, R^2값은 오히려 낮아진 것처럼 보인다. 그러나 이것은 가중치가 고려된 변수들 간의 회귀분석 결과이므로 OLS 경우와 직접 비교할 수는 없다. 여하튼 이분산의 함수형태가 적절히 고려되었다면 효율적인 추정결과라 할 수 있다. 그러나 이분산의 함수형태가 과연 적절하게 설정되었는지는 알 수 없다.

(4) 자기상관과 일반최소자승법

식 (4-38)의 $E[\varepsilon_i, \varepsilon_j]=0$은 i번째 오차와 j번째 오차는 서로 1차 독립적이라는 의미로, ε_i가 문자 그대로 확률오차라면 지극히 당연한 가정이다. 그러나 지속적인 습관을 갖는 행태(habit resistant behavior), 외부충격이나 정책변화가 일정 기간 지속될 때 또는 거미집현상(cobweb phenomenon)처럼 가격변화에 공급대응이 일정 기간 후에야 실현될 경우 등에 있어 오차값은 일정 기간 같은 부호(sign)를 가질 만큼 영향을 갖는다. 이러한 현상을 양(陽)의 자기상관(positive autocorrelation)현상이라 한다.

〈그림 4-14〉에서 (a)와 (b)는 오차항이 한동안 같은 부호를 갖고 있음을 보여 주고 있으며, 이러한 경우 e_t를 e_{t-1}에 대하여 정리하면 〈그림 4-15〉의 (a)에서와 같은 1차 함수형태로 나타나게 된다. 바로 이러한 사유로 인해 양의 자기상관이라 칭하는 것이다. 한편, 〈그림 4-14〉의 (c)에서처럼 오차항의 부호가 계속 반복적으로 바뀌어 나갈 경우에는 〈그림

그림 4-14 자기상관의 존재 여부와 유형

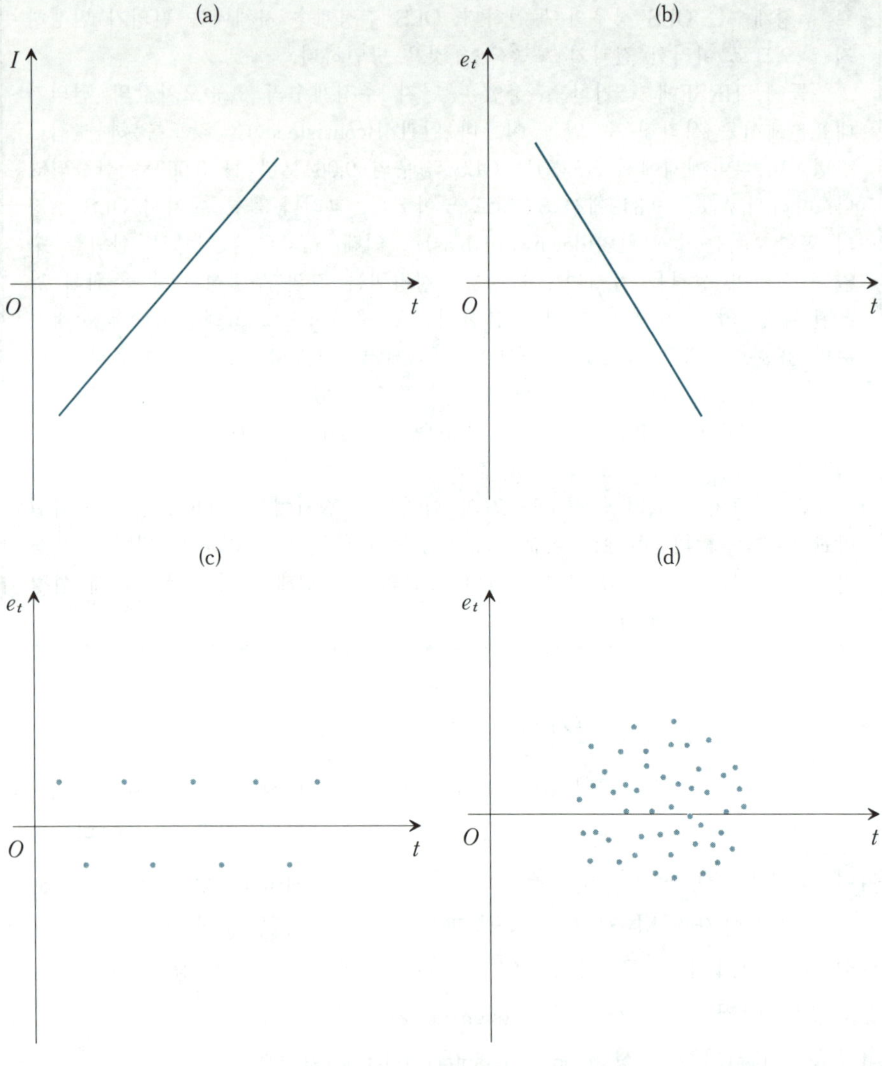

4-14>의 (b)와 같이 e_t는 e_{t-1}의 음(−)의 1차 함수관계를 갖게 되는바, 이를 음의 자기상관(negative autocorrelation)현상이라 부른다. 물론 이러한 자기상관현상이 없는 경우를 <그림 4-14>의 (d)와 같은 경우에는 <그림 4-15>의 (c)에서처럼 e_t와 e_{t-1} 간에는 아무런 연관관계도 찾아볼 수 없게

그림 4-15 양과 음의 자기상관

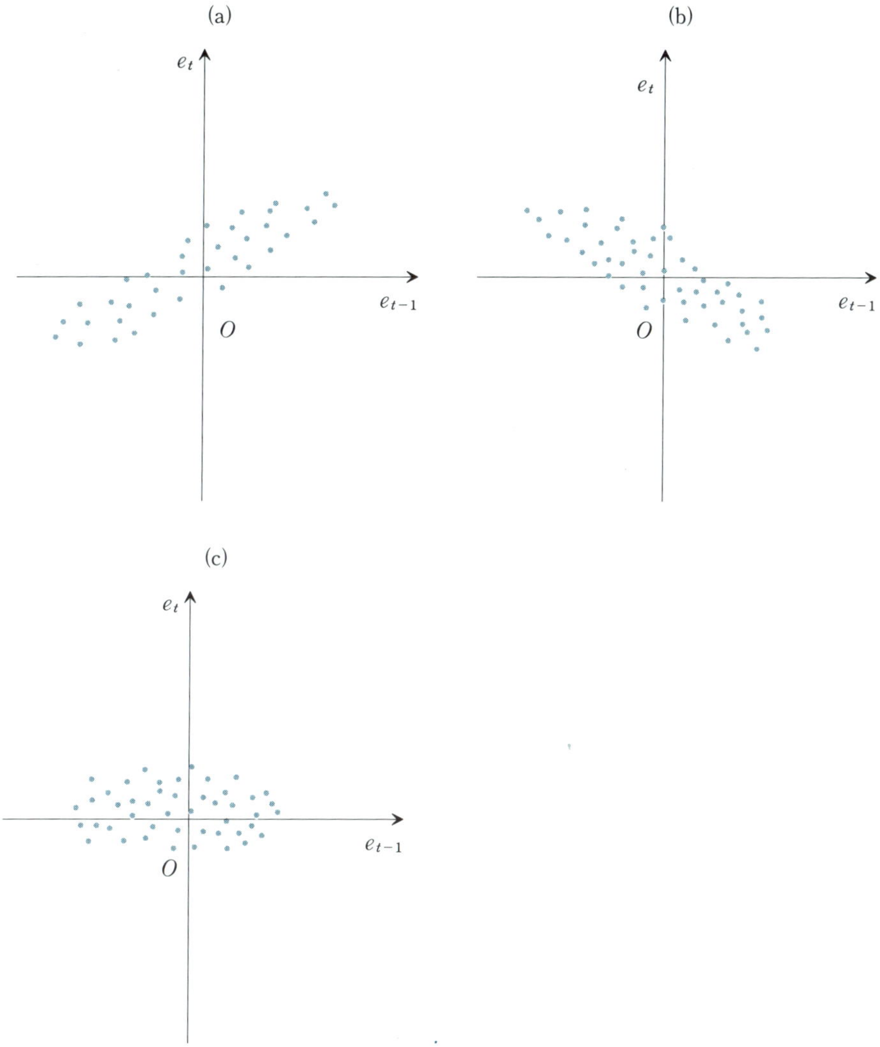

된다.

자기상관현상이 최소자승추정량에 심대한 영향(비효율성 등)을 미치는 정도로 강력한 것인지는 통상 검정통계량을 활용하여 판정한다.

• d검정통계량

$$d=\frac{\sum_{i=2}^{n}(e_t-e_{t-1})^2}{\sum_{i=1}^{n}e_t^2} \tag{4-52}$$

또는

$$d \fallingdotseq 2(1-\hat{\rho}) \tag{4-53}$$

여기서, $\hat{\rho}$: e_t와 e_{t-1} 간의 1차 함수관계를 나타내는 상관계수의 추정치

e_t와 e_{t-1}이 아래와 같이 1차 함수관계를 갖고 있을 때 통상 다음과 같이 표현된다.

$$e_t=\hat{\rho}e_{t-1}+v_t \tag{4-54}$$

여기서, $v_t \sim \text{i.i.d.}(0,\ 1)$

그런데 d검정통계량은 $2(1-\hat{\rho})$과 같으므로 결국 다음 관계가 성립된다.

$$\begin{cases} d \Rightarrow 2\text{이면, } \hat{\rho} \Rightarrow 0 \\ d \Rightarrow 0\text{이면, } \hat{\rho} \Rightarrow 1 \\ d \Rightarrow 4\text{이면, } \hat{\rho} \Rightarrow -1 \end{cases}$$

즉, d값이 2에 접근하면 자기상관현상을 무시할 만하지만 0이나 4에 접근하면 양 또는 음의 자기상관현상이 유의할 만한 것으로 이해할 수 있다.

그런데 한 가지 문제는 d값의 분포가 d_L과 d_U 사이에서 X값 크기

표 4-3 d값과 자기상관 판정법

d값	판정방법
$d<d_L$	양의 자기상관 인정
$d_L<d<d_U$	검정결과는 미정
$d_U<d<(4-d_U)$	자기상관이 없다는 귀무가설 채택
$(4-d_U)<d<(4-d_L)$	검정결과는 미정
$(4-d_L)<d$	음의 자기상관 인정

에 따라 계속 달라지고 있어 어느 한 공통의 분포표를 만들기 어렵다. 따라서 이러한 상황을 타개하기 위해 아래와 같은 검정기준을 활용하고 있다.

〈그림 4-16〉에서처럼 d 분포는 d_L(lower limit of d distribution)과 d_U (upper limit of d distribution) 사이에 변화하되 X 값의 변화속도가 빠를수록

그림 4-16 d분포의 변화구간

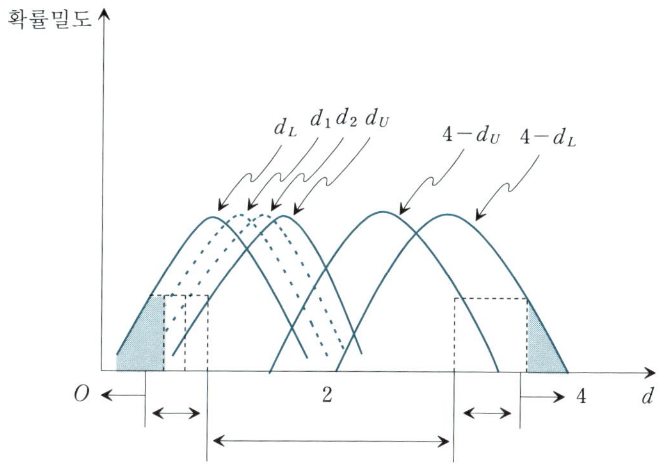

그림 4-17 d검정통계량과 자기상관

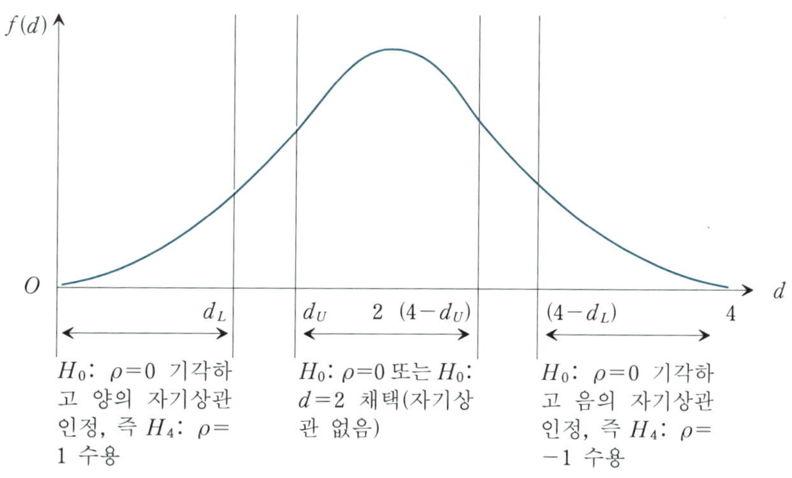

d_L에 가까워지는 특성을 갖고 있다.

여하튼 $d \Rightarrow 0$ 여부는 d_L, d_1, d_2, ……, d_U분포들의 모든 좌측 극한치보다 작아야 하므로 이를 모두 만족시키는 d_L분포를 이용하게 되며, 같은 논리로 $d \Rightarrow 4$ 여부는 $(4-d_L)$분포를 활용하게 된다.[27)]

각 α수준에 대응하는 d_L과 d_U의 극한치는 부표에 나와 있다. 일단 d검정결과 자기상관현상이 유의할 만한 것으로 판정이 되면 이로 인한 추정상의 문제를 해소시킬 수 있는 방안을 강구해야 하는데, 그 대표적인 방안이 바로 Cochrane과 Orcutt이 개발한 추정방법이다. 이 방법은 일단 1차 회귀분석을 실시하여 얻은 e_t를 e_{t-1}에 대하여 회귀분석함으로써 $\hat{\rho}$(e_t와 e_{t-1} 간의 1차 함수관계를 나타내는 상관계수의 추정치)을 산출한다. 산출된 $\hat{\rho}$값을 이용하여 원래 추정식을 일반차분함수전환(generalized differencing transformation)한다.

$$Y_t^* = \alpha^* + \beta X_t^* + v_t \qquad (4\text{-}55)$$

여기서, $Y_t^* = Y_t - \hat{\rho} Y_{t-1}$

$X_t^* = X_t - \hat{\rho} X_{t-1}$

$v_t = \varepsilon_t - \hat{\rho}\varepsilon_{t-1}$

$\alpha^* = \alpha(1-\hat{\rho})$

그런 다음 Y^*를 X^*에 대하여 회귀분석을 시행하고 새로운 오차($\hat{\hat{e}}_t$, $\hat{\hat{e}}_{t-1}$)들을 구한다. 다시 $\hat{\hat{e}}_t$을 $\hat{\hat{e}}_{t-1}$에 대해 회귀분석하여 $\hat{\hat{\rho}}$을 구하고 또 Y^{**}와 X^{**}들을 창출한다. 그리고 Y^{**}를 X^{**}에 대해 다시금 회귀분석을 수행하여 β의 추정량을 도출해 나가는 과정을 계속해 나간다. 이러한 과정은 H_0: $\rho=0$을 채택할 수 있을 때까지(예컨대, d검정에 의해) 또는 $\hat{\rho} \leq 0.001$ 또는 $\hat{\rho} \leq 0.005$가 될 때까지 진행시키는데, 보통 3~4차례 반복하면 이 단계에 도달한다. 이러한 방법을 일반최소자승법(generalized least squares method: GLS)이라 하며, 대다수 통계패키지 프로그램은 간단한 명령어 하나로 이 추정방법을 수행시킬 수 있도록 짜여져 있다.

---

27) 단, 종속변수의 시차를 붙인 변수를 설명변수로 활용할 경우($Y_t = \alpha + \beta_1 X_t + \beta_2 X_{t-1} + \varepsilon_t$)에는 d검정통계량을 사용할 수 없다. 이 경우에는 Durbin의 'h'검정통계량을 대신 사용하게 되는데, 자세한 것은 이종원(1994), 제11장 참조.

예제 4-4

투자승수이론 분석사례

국민소득 결정이론의 내용 중에서 특히 주목을 받아 온 부분은 투자나 정부지출 및 수출의 변화가 국민소득(YXV)에 미치는 영향에 관한 이른바 승수이론부분이다. 예컨대, 투자지출의 국민소득수준에 대한 영향은 투자승수에 의해 설명되며, 다음과 같은 식으로 표현된다.

$$k=\frac{\Delta YXV}{\Delta IBFXV}=\frac{1}{1-MPC}=\frac{1}{MPS} \tag{4-56}$$

여기서, YXV: 총국민소득
$IBFXV$: 민간고정투자
MPC: 한계소비성향
MPS: 한계저축성향
IXV: 민간총투자

그러나 식 (4-51)은 민간부문만을 고려한 경우의 투자승수이며, 정부부문과 해외부문을 포함시킬 경우에는 다음과 같이 변화한다.

· 정부부문 포함시의 투자승수:

$$\frac{\Delta YXV}{\Delta IBFXV}=\frac{1}{1-c(1-t)} \tag{4-57}$$

여기서, c: 한계소비성향
t: 조세율

· 해외부문 포함시의 투자승수:

$$\frac{\Delta YXV}{\Delta IBFXV}=\frac{1}{1-c(1-t)+m} \tag{4-58}$$

여기서, m: 한계수입성향

식 (4-56)과 식 (4-57)에서 $t<1$, $0<m<1$이므로 투자승수의 크기는 정부부문과 해외부문을 포함하여 감에 따라 점차 감소하게 된다.

이상과 같은 투자승수이론에 근거하여 투자가 소득에 미치는 투자승수(multiplier effect)를 분석하고자 다음과 같은 회귀모형을 설정하여 OLS로 추정하여 보았다.

$$YXV_t=3{,}581.238+2.891\,IBFXV_t$$

(17.136) (57.378) (t 값)

(208.9894) (0.0504) (표준오차)

$R^2=0.978 \qquad d=0.577$

유의성 검정을 위한 t값이 커서 회귀계수가 모두 유의적이며 R^2 또한 F 검정을 시도할 필요가 없을 정도로 높아 투자와 소득 간의 선형관계는 매우 안정적이라 볼 수 있다. 만일 고전적 회귀분석이 근거하고 있는 모든 기본 가정이 충족될 경우, 위 추정결과에서 투자승수는 약 2.891의 크기를 갖는 것으로 결론지을 수 있을 것이다.

여기서 잠시 1970년 1/4분기부터 1988년 4/4분기까지의 19년간 자료를 이용하여 다음과 같이 소비함수를 추정하여 보자.

$$CPXV_t = 1{,}448.233 + 0.695 YDXV_t$$

(9.487) (51.932) (t값)

(152.662) (0.013) (표준오차)

$R^2=0.973 \qquad d=1.711 \qquad \text{S.E.}=513.044$

여기서, CP: personal consumption expenditure

YD: disposable income

$\sim X$: 계절조정된 자료(deseasonalized data)

$\sim V$: 1985년을 기준연도로 하는 불변가격표시 자료

이 추정식에 의하면 한계소비성향은 0.695로 나타나 있다.

투자승수의 크기를 $1/(1-MPC)$로 보면 $1/(1-0.695)=3.274$가 될 것이지만, 상기 모형에서는 정부 및 해외부문이 암묵적으로 고려되었으므로 실제 투자승수의 크기는 $1/\{1-c(1-t)+m\}$로 3.274보다는 작은 값을 갖게 될 것인바, 식 (4-53)에서 도출된 투자승수의 추정치는 일단 그 절대값 측면에서 볼 때 큰 무리가 없어 보인다. 그러나 상기 추정결과는 d값이 매우 낮아 귀무가설 H_0: $\rho=0$을 수용하기 어렵다. 즉, 위 추정결과에 나타난 d값 0.557은 관측치수가 76일 경우 $\alpha=1\%$ 또는 5%에 대응하는 d임계치(d_L) 1.45와 1.60보다 훨씬 낮아 결국 양의 자기상관이 존재하는 것으로 보아야 할 것이다.

오차항의 분포를 종속변수(YXV)와 대비한 산포도형태로 표현한 것이 〈그림 4-18〉이다. 그림에서 우리는 양의 자기상관현상을 쉽게 확인할 수 있다. 일단 양의 자기상관현상이 확인되었으므로 이에 대한 보편적인 대응추정방안인 Cochrane-Orcutt방법에 의해 재추정을 실시한 결과 다음을 얻었다.

$$YXV_t = 258{,}557.0 + 0.5005\, IBFXV_t$$

(4.758) (2.269) (t값)

(54,343.1308) (0.2206) (표준오차)

$R^2=0.995 \qquad d=2.424$

$\hat{\rho}=0.999 \qquad (92.748)$

그림 4-18 오차항의 분포도

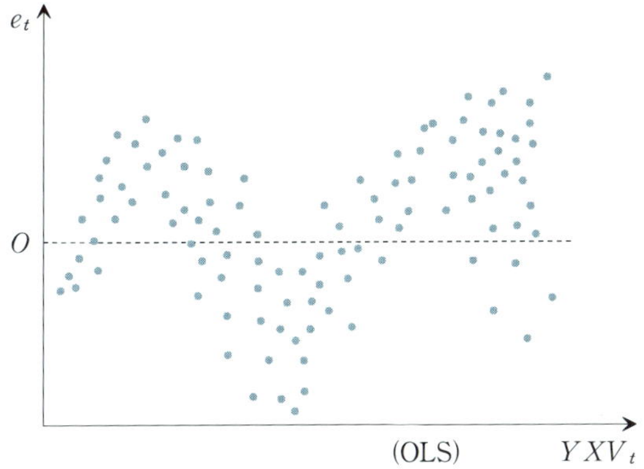

재추정 결과 R^2값이 개선되고 d값도 2에 많이 근접하여 자기상관현상이 많이 완화된 것으로 볼 수 있다. 이 때 d값 2.424는 2보다 크므로 이번에는 다음과 같은 가설을 검정하게 된다.

$$H_0: \rho=0$$
$$H_A: \rho=-1$$

상기 가설검정을 위한 $\alpha=1\%$ 또는 5%에서의 임계치는 $(4-d_L)=(4-1.45)$와 $(4-1.60)$으로 각각 2.55와 2.40이 된다. 그리고 미추정영역의 임계치는 $(4-d_U)=(4.0-1.50)$과 $(4-1.65)$로 각각 2.5와 2.35가 된다. 따라서,

· $\alpha=1\%$ 경우: $d>2.55$면 대립가설을 채택(즉, 음의 자기상관 인정)하고, $2.5<d<2.55$면 미확정, 그리고 $d<2.35$이면 귀무가설 채택(자기상관 없음)
· $\alpha=5\%$ 경우: $d>2.40$이면 대립가설 채택(음의 가기상관), $2.35<d<2.40$이면 미확정, 그리고 $d<2.35$이면 귀무가설 채택(자기상관 없음)과 같은 기준이 설정된다.

그런데 상기 추정결과에서 산출된 d값은 2.424이므로 $\alpha=5\%$ 수준에서는 귀무가설 채택이 가능하나 $\alpha=1\%$ 수준에서는 대립가설을 채택하게 된다. 그러나 총체적으로 이전의 추정결과에서보다는 자기상관현상이 많이 해소된 것임에는 분명하다. 이러한 결론은 새로운 추정식에 근거한 오차항의 산포도인 〈그림 4-19〉를 보면 더욱 확실히 알 수 있다.

한편, 두 추정식에서 $\hat{\beta}_{OLS}$의 분산(0.0504^2)이 $\hat{\beta}_{GLS}$의 분산(0.2206^2)보다 작게

그림 4-19 Cochrane-Orcutt 적용시 오차항의 분포

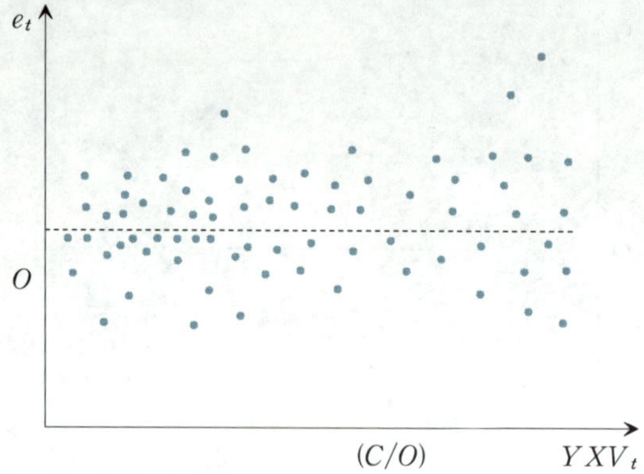

계측되었는데, 이는 OLS 추정량의 분산이 갖는 하향편의현상에 기인한 것이다.

그런데 문제는 새 추정식에서의 투자승수 추정치가 0.5005로 한계소비성향수준(0.695)을 감안할 때 납득하기 힘들 만큼 낮아진 것으로 평가된다. 따라서 최종적인 결론은 보다 상세한 분석을 수행해 보기 전까지는 유보해야 할 것이다.

본 예제에서 확인된 오차항의 자기상관적 현상은 일단 실제적인 자기상관에 기인하는 것이 아니라고 보아야 할 것이다. 〈그림 4-19〉에 나타난 오차항의 분포형태를 관찰해 보면 1970년대 후반부터 1980년대 초반에 걸쳐 음의 오차가 집중적으로 발생하고 있는데, 이는 자기상관현상에 근거한다기보다는 오히려 당시 한국이 겪었던 제2차 석유위기와 10·26사태를 전후로 한 정치·경제·사회적인 불안정에 기인한다고 볼 수 있을 것이다.

바로 이러한 예에서 우리는 일종의 허구적 상관현상의 한 예를 볼 수 있으며, 이러한 경우 자동적인 Cochrane-Orcutt추정법과 같은 GLS추정법의 적용은 부적당하다고 볼 수 있다.

(5) 측정오류와 수단변수 추정법

기본 회귀분석모형 $Y_i = \alpha + \beta X_i + \varepsilon_i$에서 ε_i가 존재하는 네 가지 이유 중 하나로 측정오차(measurement error)를 지적한 바 있다. 일반적으로 측정오차의 발생은 현실적으로 불가피하며, 따라서 통상 무시할 만한 것으로 가정한다. 그러나 추정의 부정확성이나 자료추계상의 한계성 그리고 표본추출방법상의 부적절성 등으로 인해 측정오차가 발생할 수도 있다.

뿐만 아니라 현실적으로 측정 불가능한 해당 변수값을 대신하여 사용한 변수(proxy variable: 대리변수)가 보다 체계적인 오차를 유발할 수도 있다.

이상과 같은 요인에 의해 측정오차가 발생한 경우 우리는 이른바 변수오차(errors-in-variable)현상에 봉착하게 된다. 이는 설명변수(X_i)가 오차항(ε_i)과 더 이상 독립적인 관계를 유지하지 못하는 결과, 즉 $Cov(X_i \varepsilon_i) \neq 0$이 되는 현상으로 인식할 수 있다. 이러한 상황에서 통상최소자승추정법(ordinary least squares method: OLS)에 의해 추정을 시도하면 추정량은 편의와 비일관성(inconsistency) 문제를 갖게 된다.

이러한 문제가 유의할 만큼 심각한 것인지를 확인할 수 있는 대표적 검정방안으로 Hausman검정을 들 수 있으며, 변수오차현상이 심각하다고 판정될 경우의 대표적 대응방안은 문제가 된 설명변수를 대신하여 이른바 수단변수(instrumental variable: IV)를 활용하여 추정하는 방안을 들 수 있다. 수단변수 추정법은 문제가 된 설명변수 X_i와는 행태가 매우 흡사하지만 ε_i와의 연관성은 거의 없는 수단변수를 찾아 내서 대신 추정에 활용하는 방안이다.[28)]

예컨대, 추정할 모형이 다음과 같다 하자.

$$Y_i = \alpha + \beta X_i + \varepsilon_i \qquad (4\text{-}59)$$

원래 위 식에서 $Cov(X_i,\ \varepsilon_i) = 0$이라 가정되었으나 X_i를 제대로 관측하지 못하여(예컨대, 측정오차가 발생하였거나 관측 자체가 불가능하여) X_i^0를 대신 사용하게 될 경우 다음 관계가 성립된다.

$$X_i^0 = X_i + \nu_i \qquad (4\text{-}60)$$

따라서 식 (4-60)으로부터

28) 변수오차현상이 OLS 추정에 미치는 영향이나 그것이 얼마나 심각한지를 어떻게 Hausman검정법이 판정해 줄 수 있으며, 또 수단변수를 어떻게 찾아 내어 이 문제를 해소시킬 수 있는지에 대한 논리적 기초 및 증명과정은 이종원(1994), 제13장을 참조하기 바람.

$$Y_i = \alpha + \beta X_i + \varepsilon_i$$
$$= \alpha + \beta(X_i^0 - \nu_i) + \varepsilon_i$$
$$= \alpha + \beta X_i^0 + (\varepsilon_i - \beta\nu_i)$$

즉,

$$Y_i = \alpha + \beta X_i^0 + \varepsilon_i^0 \qquad (4\text{-}61)$$

이 성립된다. 바로 이것이 우리가 실제 추정할 방정식이 된다.

이 때 X_i^0 또는 ε_i^0는 더 이상 독립적이지 못하게 된다. 즉, $\text{Cov}(X_i^0, \varepsilon_i^0) = -\beta\,\text{Var}(\nu_i) = -\beta\sigma_\nu^2 \neq 0$가 되기 때문이다.[29] 그리고 이러한 현상이 OLS 추정시 편의와 비일관성을 초래하는 것이다.

이러한 변수오차현상은 X_i^0와는 연관도가 높으나 오차항 ε_i^0와는 독립성을 유지할 수단변수(Z_i)를 찾아 내서 X_i^0 대신 추정에 활용함으로써 해소할 수 있다. 이 때 수단변수는 다음과 같은 특성을 갖는 것이라야 한다.

$$\text{Cov}(Z_i, \varepsilon_i^0) = 0 \qquad (4\text{-}62)$$

따라서 일단 수단변수가 선정되면 다음과 같은 관계가 성립된다.

$$X_i^0 = \gamma Z_i + W_i \qquad (4\text{-}63)$$

여기서, $\text{Cov}(Z_i, W_i) = 0$

다음으로 식 (4-61)의 오차항 ε_i^0와 식 (4-63)의 W_i가 서로 독립적인지를 검정한다. 이것은 식 (4-61)의 X_i^0와 ε_i^0가 서로 연관이 없는지를 확인하는 과정과 같은 의미를 갖는다.

$$\varepsilon_i^0 = \delta W_i + u_i \qquad (4\text{-}64)$$

여기서, $\text{Cov}(W_i, u_i) = 0$

여하튼 이제 위 식을 식 (4-61)에 대입하면 다음 식을 얻을 수 있다.

29) 증명은 이종원(1994), 제13장 참조.

$$Y_i = \alpha + \beta X_i^0 + \delta W_i + u_i \tag{4-65}$$

물론 W_i는 측정될 수 없으므로 식 (4-63)에 회귀분석을 실시하여 도출한 회귀오차 $\widehat{W}_i$으로 대체한다.

$$Y_i = \alpha + \beta X_i^0 + \delta \widehat{W}_i + u_i \tag{4-66}$$

따라서 측정오차가 심각한 수준으로 발생하였다면 $\delta \neq 0$가 되고, 그렇지 않다면 $\delta = 0$이 될 것이다.

이러한 사실을 이용하여 Y_i를 X_i^0와 $\widehat{W}_i$에 대하여 회귀분석한 다음 $\hat{w}_i$의 회귀계수(δ)에 대한 유의성 검정(이 때 귀무가설은 H_0: $\delta = 0$)을 실시하며, 귀무가설이 기각되면 측정오류가 유의할 만한 것으로 판정한다. 이러한 판정방안을 Hausman검정법이라 한다.

한편, Hausman검정을 위한 추정식 (4-66)에서 측정오류의 심각성 여부와는 상관없이 식의 첫 번째 항에 대하여 OLS를 적용함으로써 일관적 추정량을 얻을 수 있게 된다. 추정과정에서 결과적으로 X_i^0가 수단변수 역할을 담당하였기 때문이다. 따라서 식 (4-66)은 Hausman검정에 의한 변수오차변수의 심각성 여부와 이를 해소시키는 가운데 추정결과를 동시에 얻을 수 있다는 특징을 갖게 됨에 유념할 필요가 있다. 결국 귀무가설이 기각되면 식 (4-66)에 대한 회귀분석 자체가 측정오류문제에 대한 해결책이 되는 셈이다.

예제 4-5

항상소득가설의 추정

'항상소득(permanent income)' 및 '항상소비(permanent consumption)'라는 개념을 창출해 낸 프리드먼(M. Friedman)은 이른바 항상소득가설(permanent income hypothesis)이라 일컬어지고 있는 소비함수를 제시한 바 있다. 즉, 그는 항상소비는 항상소득과 (장기적으로) 1차 함수관계를 갖는다고 주장하였다. 이를 수식으로 표현하면,

$$CPXV_t = \beta YDXV_t$$

여기서, $CPXV$: 항상(민간)소비

$YDXY$: 항상(가처분)소득

와 같아진다. 그러나 항상소비나 항상소득은 실제로는 측정이 불가능한 것이므로 결국 일종의 대리변수(proxy variable)를 창출해 내어 활용할 수밖에 없다. 이 때 활용할 변수들의 측정치는 결국 측정오차를 갖는 것으로 이해할 수 있으며, 오차의 내용은 다음과 같이 파악된다고 보자.

$$CPXV_t^* = CPXV_t + u_t$$
$$YDXV_t^* = YDXV_t + v_t \qquad (4\text{-}67)$$

여기서 u_t와 v_t는 각각 대리변수 $CPXV_t^*$와 $YDXV_t^*$의 측정오차를 나타낸다.

이제 식 (4-67)을 실제 측정가능한 대리변수를 활용하여 개편하면 다음과 같아진다.

$$\begin{aligned} CPXV_t^* &= \beta(YDXV_t^* - v_t) + u_t \\ &= \beta YDXV_t^* + (u_t - \beta v_t) \\ &= \beta YDXV_t^* + \varepsilon_t^* \end{aligned} \qquad (4\text{-}68)$$

여기서, $E[u_t] = E[v_t] = 0$

$\text{Var}(u_t) = \sigma_u^2$

$\text{Var}(v_t) = \sigma_v^2$

$\text{Cov}(CPXV,\ u) = 0$

$\text{Cov}(YDXV,\ v) = 0$

$\text{Cov}(u,\ v) = 0$

이 때 식 (4-68)에 OLS를 적용하면 불편성과 일관성이 파괴된다는 점은 여러 번 언급한 바 있어 더 이상의 설명은 생략한다.

변수오차현상으로 대변되는 추정상의 문제점을 수단변수 활용법으로 대응하고자 $CPXV_t^*$와 $YDXV_t^*$의 4분기 이동평균을 산출하여 수단변수로 삼아 보자. 즉,

$$CPXVMA_t = \frac{CPXV_t^* + CPXV_{t-1}^* + CPXV_{t-2}^* + CPXV_{t-3}^*}{4}$$
$$YDXAMA_t = \frac{YDXV_t^* + YDXV_{t-1}^* + YDXV_{t-2}^* + YDXV_{t-3}^*}{4} \qquad (4\text{-}69)$$

그러면 $CPXV_t^*$와 $YDXV_t^*$를 다음과 같이 표현할 수 있다.

$$CPRV_t^* = \gamma CPXVMA_t + e_t$$
$$YDXV_t^* = \delta YDXAMA_t + w_t \qquad (4\text{-}70)$$

여기에 각각 OLS를 적용하면,

$$\widehat{CPXV_t^*}=\hat{\gamma}CPXVMA_t+\hat{e}_t$$
$$\widehat{YDXV_t^*}=\hat{\delta}YDXAMA_t+\hat{w}_t \tag{4-71}$$

이제 식 (4-71)을 식 (4-68)에 대입하면,

$$\widehat{CPXV_t^*}+\hat{e}_t=\beta\widehat{YDXV_t^*}+\delta\hat{w}_t+\varepsilon_t^* \tag{4-72}$$

가 된다. 여기서 Hausman검정을 실시하기 위해 우선 $CPXV_t^*$와 $YDXV_t^*$를 각각 $CPXVMA$와 $YDXAMA$에 대하여 각각 OLS를 실시하여 $\hat{e}_i$와 $\hat{w}_t$를 도출한다. $(\widehat{CPXV_t^*}+\hat{e}_t)$를 $\widehat{YDXV_t^*}$와 $\hat{w}_t$에 대하여 다시 OLS를 실시하고 마지막으로 귀무가설 H_0: $\delta=0$을 검정하여 본 결과는 다음과 같다.

$$\widehat{CPXV_t^*}+\hat{e}_t=0.8132YDXV_t^*-0.9236\hat{w}_t \tag{4-73}$$
$$(158.5965) \qquad (-9.4759)$$
$$\frac{R^2}{\bar{R}^2}=\frac{0.9728}{0.9724} \qquad d=0.1217$$

위 추정식에서 w_t의 계수((δ)에 대한 추정치)에 대한 t검정통계량의 값은 그 절대치가 9.4759로서 $\alpha=1\%$의 유의수준에 대응하는 임계치 2.575를 훨씬 상회하고 있어 귀무가설을 기각하게 된다. 귀무가설이 기각되었으므로 일단 측정오류가 당초에 유의할 만한 것이었던 것으로 판정할 수 있다. 그럼에도 불구하고 식 (4-73)에서 도출한 '$\hat{\beta}_{OLS}=0.8132$'는 일관성을 갖게 된다. 이 식은 수단변수들의 역할을 구체적으로 활용하여 도출된 식이기 때문이다.

(6) 극단적 관측치와 가변수

지금까지 기본 회귀모형 $Y_i=\alpha+\beta X_i+\varepsilon_i$에서 ε_i가 존재하는 네 가지 사유와 관련하여 발생할 수 있는 기본 가정의 비충족성, 모형설정오류, 그리고 측정오차현상에 대하여 대처하는 방안에 대하여 간략히 살펴보았다.

그런데 이상과 같은 현상들이 발생하였는지 여부를 가장 손쉽게 제일 먼저 직관적으로 파악할 수 있는 방법은 회귀오차항 $e_i=Y_i-\hat{\alpha}-\hat{\beta}X_i=Y_i-\hat{Y}_i$의 분포도를 살펴보는 일이라 할 수 있다.

〈그림 4-20〉에서 (a)는 이분산현상을, (b)는 양의 자기상관현상을, 그리고 (c)는 음의 자기상관현상을 의심하게 하는 경우이다. 한편, (d)와 (e)와 같은 부호를 갖는 오차가 일정 기간 유지되고 있는 모양을 하고 있어 d검정통계량값만으로 보면 양의 자기상관현상이 강한 것으로 나타날 가

그림 4-20 오차항분포의 제 형태

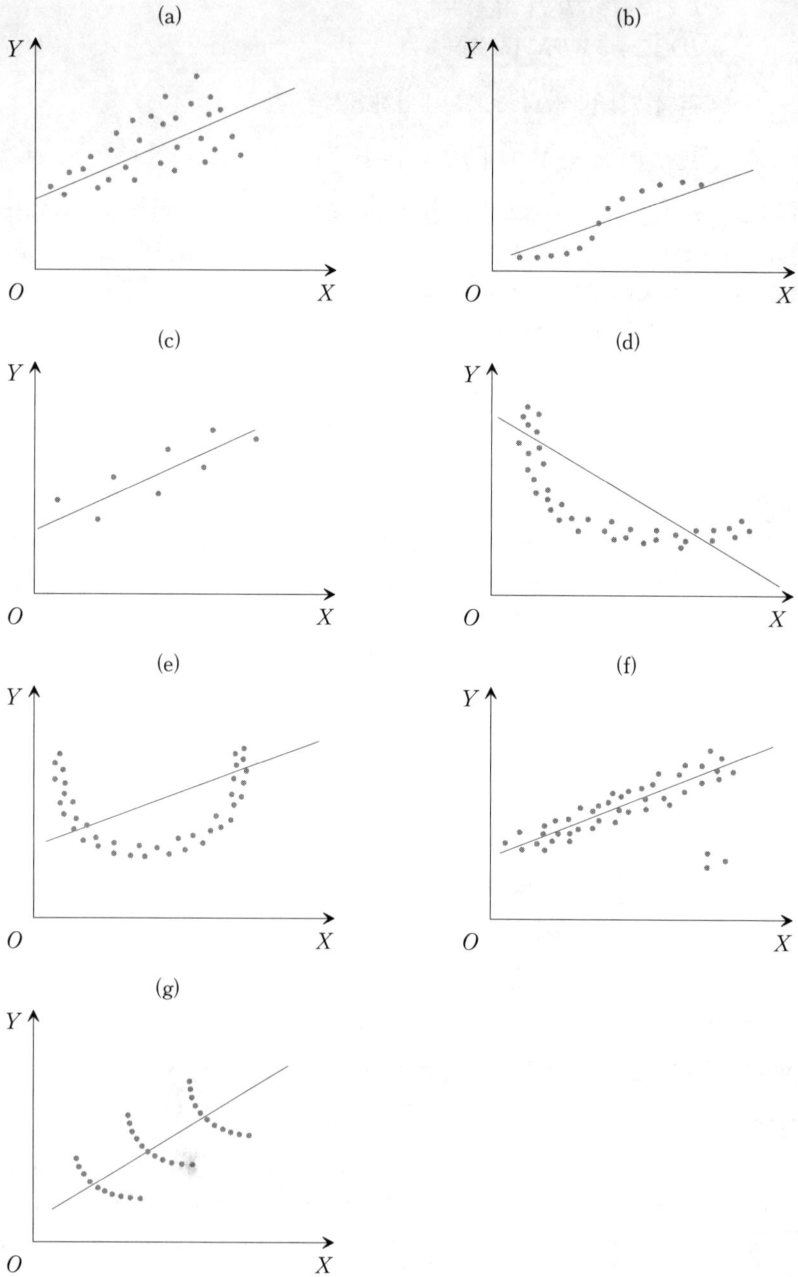

능성이 높다. 그러나 (d)는 예컨대 필립스곡선, 그리고 (e)는 비선형비용함수에 해당되는 상황을 선형회귀모형으로 잘못 설정하여 추정함으로써 발생할 수 있는 모형설정오류현상으로 보아야 할 것이다. 이들을 양의 자기상관으로 오해하여 그 대응방안인 Cochrane-Orcutt 추정방안을 적용할 경우 추정결과는 오히려 악화될 것임에 유념할 필요가 있다.

한편, (f)의 경우는 지금까지 고려해 본 다양한 사유와 아무런 연관도 없어 보이는 상황에 해당된다. 그런데 이처럼 대다수 관측치가 밀집되어 있는 표본회귀선으로부터 몇몇 관측치가 상당히 먼 거리에 위치하고 있는 경우가 종종 발생한다.

이와 같은 극단적 관측치(outliers)는 회귀선의 적합도를 상당히 훼손할 가능성이 높다. 이러한 현상은, 예컨대 1997년 IMF경제위기 직후나 1979년 10·26사건 및 1980년 광주항쟁사건의 경우와 같이 정치·경제적으로 충격적 사건이 터진 경우, 1980년대 말에 있었던 극단적 노조파업기 등에 나타날 수 있는 현상이라 볼 수 있다.

그런데 이와 같은 일정 기간 동안의 일시적 충격으로 인한 여파는 본질적인 설명변수와 종속변수 간의 인과관계 자체를 훼손하는 것으로 볼 수는 없으며, 단지 일정 기간 동안 두 변수 간의 관계를 대변하는 회귀선이 아래(또는 위)로 이동(shift)하는 현상으로 보는 것이 정당하다. 이러한 현상을 고려하여 보다 적합도가 개선된 추정결과를 얻기 위해 우리는 모의변수 또는 가변수(dummy variable)를 활용한다.

모의변수란 실제로는 변수가 아니지만 변수의 역할을 제한적으로나마 하도록 고안된 개념이다. 일반적으로 특정한 충격이나 사건의 발생으로 인한 영향이 큰 기간 동안과 그렇지 않은 정상적 기간을 구분처리하기 위해 우리는 모의 변수를 '1'과 '0'값을 가질 수 있는 일종의 설명변수로 취급하게 된다.

$$N_i^s = \alpha + \beta W_i + \gamma D_i + \varepsilon_i \qquad (4\text{-}74)$$

여기서, $D_i = 1$, 파업기간
$\quad = 0$, 기타 기간

위 식에서 노동공급(N_i^s)은 화폐임금(W_i)과 정함수($\beta > 0$)관계에 있으나 파업기간 동안은 노동조합원 중 파업참가자만큼 노동공급이 줄어들게 될 것임을 나타내고 있다.

$$N_i^s=\alpha+\beta W_i+\varepsilon_i \qquad \text{(기타 기간)}$$
$$N_i^s=\alpha+\beta W_i+\varepsilon_i \qquad \text{(파업기간)}$$

아마도 γ 값은 '−'값을 갖는 것으로 추정될 것이다.

따라서 일단 식 (4-74)를 추정한 다음 H_0: $\gamma=0$이라는 귀무가설을 t검정에 의해 기각할 수 있을 경우 파업으로 인한 영향이 심각한 것으로 보고, 따라서 그에 따라 노동공급선이 잠정기간 동안 하방으로 이동(downward shifting)한 것으로 파악하여 추정하게 된다.

이상과 같은 모의변수는 충격적 현상 외에도 계절적 요인이나 학력, 그리고 성별에 따라 회귀선이 이동하는 현상을 분리처리해 가며 추정할 수 있는 매우 유익한 분석도구가 되고 있다.[30)]

예제 4-6

계절가변수의 활용 예

양적 변수와 질적 변수가 동시에 설명변수로 등장하는 회귀모형 중 가장 흔히 사용되는 것은 계절효과를 고려하는 회귀모형이라 할 수 있다. 예컨대, 다음과 같은 4개의 단순회귀모형이 있다고 하자.

$$Y_t=\alpha_1+\beta X_t+\varepsilon_t\text{: 봄}$$
$$Y_t=\alpha_2+\beta X_t+\varepsilon_t\text{: 여름}$$
$$Y_t=\alpha_3+\beta X_t+\varepsilon_t\text{: 가을}$$
$$Y_t=\alpha_4+\beta X_t+\varepsilon_t\text{: 겨울} \qquad (4\text{-}75)$$

결국 계절효과는 절편의 차이로 표현되고 있으므로, 이 4개의 단순회귀모형은 계절가변수(seasonal dummy)를 이용한 한 개의 다중회귀모형으로 표현이 가능하다.[31)]

$$Y_t=\alpha+\beta X_t+\gamma_2 Q_{2t}+\gamma_3 Q_{3t}+\gamma_4 Q_{4t}+\varepsilon_t \qquad (4\text{-}76)$$

30) 자세한 내용은 이종원(1994), 제14장 참조.
31) 독자들은 왜 여러 개의 계절가변수를 도입하는 대신 하나의 가변수가 여러($D=0$, 1, 2, 3) 값을 갖도록 하지 않는가 의아해 할 수 있다. 그러나 이들 계절별 차이가 동일할 때만 적용이 가능함에 유의할 필요가 있다.

여기서, $Q_{2t}=1$: 여름
$=0$: 기타
$Q_{3t}=1$: 가을
$=0$: 기타
$Q_{4t}=1$: 겨울
$=0$: 기타

이 때 두 종류의 회귀계수 간에는 다음 관계가 성립된다.

$$\begin{aligned} &\alpha=\alpha_1 \\ &\alpha+\gamma_2=\alpha_2 \\ &\alpha+\gamma_3=\alpha_3 \\ &\alpha+\gamma_4=\alpha_4 \end{aligned} \tag{4-77}$$

이 때 계절변동효과를 검정하려면 F검정을 이용하여 다음 가설을 검정하게 된다.

$$H_0: \gamma_2=\gamma_3=\gamma_4$$

이 때 검정통계량 F는 다음과 같다.

$$\frac{(SSR_{k'}-SSR_k)/(k'-k)}{SSE_{k'}/(n-k')} \sim F_{(k'-k),(n-k')} \tag{4-78}$$

단, k'는 추가된 설명변수를 포함한 설명변수 숫자이고, k는 추가된 설명변수 포함 전의 설명변수 숫자이다.

이제 계절조정이 되지 않은 시계열을 이용하여 소비함수를 추정하는 과정에서 계절조정의 필요성이 있는지를 확인해 보기로 하자. 여기서 CPV는 민간소비, YDV는 가처분소득을 각각 의미하며, 분석기간은 1970년 1/4분기부터 1988년 4/4분기까지의 76개 분기이다.

$$\underset{(8.0571)}{CPV=2{,}617.3633}+\underset{(20.9697)}{0.5784YDV}$$

$$\frac{R^2}{\bar{R}^2}=\frac{0.8560}{0.8540} \qquad d=2.0775$$

위의 추정식은 계절변동을 무시한 상태에서 회귀분석을 실시한 결과이며, 여기에 계절가변수를 추가도입한 후 재추정을 실시하면 다음과 같은 결과를 얻게 된다.

$$CPV=\underset{(21.1676)}{2{,}529.0644}+\underset{(69.6041)}{0.7094YDV}-\underset{(-7.1954)}{911.9829Q_2}-\underset{(-6.3454)}{810.2972Q_3}-\underset{(-24.3108)}{3{,}499.3583Q_4}$$

$$R^2 = 0.9860 \qquad d = 0.8247$$
$$\bar{R}^2 = 0.9852$$

일단 d검정통계량의 값을 논외로 한다면 적합도가 크게 개선되었고(R^2값이 0.8560에서 0.9860으로 증가) 주설명변수 YDV는 물론 모든 계절가변수의 계수들에 대한 t검정통계량의 값들이 매우 크게 산출되어 유의성 검정에 성공하고 있음을 알 수 있다. 그리고 모든 계절가변수가 동시에 0이 된다는 귀무가설

$$H_0: \gamma_2 = \gamma_3 = \gamma_4 = 0$$

에 대한 검정통계량값은

$$F_{2,71} = 329.0009$$

로서 아주 큰 값이 산출되어 역시 귀무가설을 기각할 수 있음을 확인할 수 있다.

한편, 〈그림 4-20〉의 (g)는 아마도 종속변수에 매우 영향력 있는 별도의 설명변수를 제외하고(omission of relevant variable) 추정을 시도할 때 나타날 수 있는 일종의 모형설정오류현상으로 볼 수 있다. 즉, 주설명변수(예컨대, 가격변수)와의 역의 함수관계를 갖는 수요곡선이 우하향하고 있을 때 이를 이동시킬 수 있는 다른 변수(예컨대, 소득변수)가 회귀분석모형에 포함되지 않은 상태에서 회귀분석이 이루어질 때 나타날 수 있는 경우에 해당된다. 이러한 문제는 단지 제외된 영향력 있는 추가적 설명변수(influential observations)를 추가도입함으로써 해소될 수 있다.

(1) MLE 추정

최우추정량이란 표본추출시 관측된 표본값들이 실제로 나타날 가능성을 가장 크게 할 수 있는 값을 의미하며, $\varepsilon_i \sim N(0, \sigma_\varepsilon^2)$이 성립하면 MLE (maximum likelihood estimator)는 LSE와 같아진다.[32)]

기본 가정이 충족될 경우 Y는 정규분포를 따르는 오차항(ε)의 1차 함수로 표현되므로 다음 관계가 성립된다.

$$Y_i \sim N(\alpha+\beta X_i,\ \sigma_\varepsilon^2)$$

따라서 $Y_1, Y_2, Y_3, \cdots\cdots, Y_n$이 관측될 가능성은

$$\begin{aligned} L &= P(Y_1)P(Y_2)P(Y_3)\cdots\cdots P(Y_n) \\ &= \prod_{i=1}^{n}\left(\frac{1}{\sqrt{2\pi\sigma^2}}\right)\exp\left[-\frac{1}{2\sigma^2}(Y_i-\alpha-\beta X_i)^2\right] \end{aligned}$$

과 같아진다.

이제 상기 식을 극대화해 보자. 그런데 이 식에 log를 취한 후 극대화를 해도 극대화되는 위치는 변하지 않기 때문에 log를 취해 선형화시키는 것이 편리하다. 즉,

$$\begin{aligned} \log L &= -\frac{n}{2}\log 2\pi-\frac{n}{2}\log\sigma^2-\frac{1}{2\sigma^2}\sum(Y_i-\alpha-\beta X_i)^2 \\ &= c-\frac{n}{2}\log\sigma^2-\frac{Q}{2\sigma^2} \end{aligned}$$

여기서, $c=-(n/2)\log(2\pi)$

$Q=\sum(Y_i-\alpha-\beta X_i)^2$

위 식에서 세 번째 항만이 α, β와 관계되며 이 항을 극소화하는 것은 곧 Q를 극소화하는 것과 같다.

α와 β에 관해 목적함수를 극대화시키는 값, 즉 ML추정량($\hat{\alpha}$과 $\hat{\beta}$)은

32) 이종원(1994), 제6장 참조.

α와 β에 관한 LSE($\hat{\alpha}$과 $\hat{\beta}$)와 같다. 따라서 α를 $\tilde{\alpha}$, β를 $\tilde{\beta}$로 대체하면, σ에 관한 최우함수

$$\log L(\sigma)=const-\frac{n}{2}\log\sigma^2-\frac{Q}{2\sigma^2}$$

여기서, $\tilde{Q}=\sum(Y_i-\tilde{\alpha}-\tilde{\beta}X_i)^2$

sum of squared error: $SSE=\sum e_i^2$

를 얻을 수 있다.

이제 $\log L(\sigma)$를 σ로 1차 미분하여 0이라 놓으면,

$$-\frac{n}{\tilde{\sigma}}+\frac{\hat{Q}}{\tilde{\sigma}^3}=0$$

$$\therefore\ MLE(\sigma^2)=\tilde{\sigma}^2=\frac{\tilde{Q}}{n}=\frac{SSE}{n}=\frac{\sum e_i^2}{n}$$

그런데 여기서 MLE는 일치성(consistency)은 가지나 불편성(unbiasedness)은 가지지 못한다. 따라서 표본이 커지면 최소자승추정량(LSE) $S_e^2=SSE/n-2$과 거의 같아진다.

$\tilde{\sigma}^2=\tilde{Q}/n$을 $\log L(\sigma)$에 대입하면 Max L 값을 구할 수 있다.

$$\begin{aligned}\max\log L&=c-\frac{n}{2}\log\frac{\tilde{Q}}{n}-\frac{n}{2}\\&=c-\frac{n}{2}\log\tilde{Q}-\frac{n}{2}\log n-\frac{n}{2}\\&=const-\frac{n}{2}\log\tilde{Q}\end{aligned}$$

그러므로 $\max L=const(\tilde{Q})^{-n/2}=const(SSE)^{-n/2}=(\sum e_i^2)^{-n/2}=\frac{1}{(\sqrt{\sum e_i^2})^n}$ 이다.

(2) LR검정

최우추정법과 관련하여 LR검정(likelihood ratio test)통계량은 다음과 같이 설정된다.

$$\lambda = \frac{\text{제약조건하의 Max}\,L(\theta)}{\text{무제약조건하의 Max}\,L(\theta)} < 1$$

우선 λ값이 1보다 클 수는 없다. 그런데 만일 특정 제약조건이 타당하다면 λ값은 '1'에 접근할 것이지만, 그렇지 않다면 '1'보다 매우 작은 값이 될 것이란 사실에 근거하여 LR검정통계량이 작성된다. 즉, $-2\log\lambda \sim \chi^2_k$ (단, k는 제약조건의 수)와 같아지는 사실을 접목시키면,

$$-2\log\lambda = n(\log SSE_R - \log SSE_{UR})$$
$$= \chi^2_1 \qquad (\because \text{ 단순회귀모형 가정})$$

여기서, $\lambda = \left(\frac{SSE_R}{SSE_{UR}}\right)^{-n/2}$

따라서 단순회귀모형에서 H_0: $\beta=0$을 검정할 경우(물론 LR검정은 단순회귀분석보다는 다중회귀분석 및 매우 다양한 상황에 유용하며 소표본검정이 어려운 비선형모형에도 적용이 가능함) 다음 관계가 성립됨을 확인할 수 있다.

$$SSE_R = \sum y_i^2 \qquad (\because \beta=0)$$
$$SSE_{UR} = \sum y_i^2(1-r^2)$$

참고 $\hat{\beta} = \frac{\sum x_i y_i}{\sum x_i^2}$

$$SSE = \sum y_i^2 - \hat{\beta}\sum x_i y_i = \sum y_i^2(1-r^2)$$
$$\left(\because\ r^2 = \hat{\beta}\cdot\frac{\sum x_i y_i}{\sum y_i^2}\right)$$

그러므로

$$-2\ln\lambda = n\ln\left(\frac{1}{1-r^2}\right) \sim \chi_1^2$$

이 된다.

(3) Wald검정과 LM검정

LR과 더불어 자주 대표본검정에 쓰이는 방법으로 Wald 또는 LM (Lagrangian multiplier)검정이 있다. 여기에서도 논리전개의 편의상 단순회귀분석을 가정한다. 우선 H_0: $\beta=0$에 대한 t검정은 다음과 같다.

$$t = \frac{\hat{\beta}}{SE(\hat{\beta})}$$

일반적으로 $SE(\hat{\beta})$는 σ^2에 대한 불편추정량에 근거하여 산출된다. 그러나 여기에서는 편의가 있는 ML추정량 $\hat{\sigma}^2 = SSE/n$을 대신 사용하여 Wald 검정통계량을 정의한다.

$$\begin{aligned}
\mathrm{W} = t^2 &= \frac{\hat{\beta}^2}{\mathrm{Var}(\hat{\beta})\text{의 추정치}} \approx Z^2 \sim \chi_1^2 \ (\because \text{ 대표본 경우의 검정임}) \\
&= \hat{\beta}^2 \Big/ \frac{\hat{\sigma}^2}{\sum x_i^2} \\
&= \frac{\dfrac{\sum x_i y_i}{\sum x_i^2}}{\left(\dfrac{\sum y_i^2 (1-r^2)}{n}\right) \Big/ \sum x_i^2} = \frac{nr^2}{1-r^2} \\
&\left(\begin{aligned} \because\ \hat{\beta} &= \sum x_i y_i / \sum x_i^2 \\ \hat{\sigma}^2 &= \frac{\sum y_i^2 (1-r^2)}{n} \end{aligned} \right)
\end{aligned}$$

한편, LM검정을 위해서 우리는 SSE_R($\beta=0$라는 제한부 조건하의 SSE)을 대신 쓴다. 그러면 $\beta=0$이면 $r=0$이 되고 $\hat{\sigma}^2 = \sum y^2/n$이 되므로

$$\mathrm{LM}=\frac{nr^2}{1-r^2}=nr^2\sim\chi_1^2$$

이 된다.

이상의 세 가지 검정통계량 간에는 다음과 같은 수학적 관계가 성립된다.[33)]

$$\mathrm{LR}=n\log\left(\frac{1}{1-r^2}\right)\ \sim\chi_1^2$$
$$\mathrm{W}=\frac{nr^2}{1-r^2}\ \sim\chi_1^2$$
$$\mathrm{LR}=nr^2\ \sim\chi_1^2$$

이 때 세 검정통계량 간에 다음과 같은 흥미로운 결과가 동시에 성립된다.

$$\mathrm{W}\geq\mathrm{LR}\geq\mathrm{LM}$$

그런데 LR검정의 경우에는 제약이 있는 경우와 없는 경우의 최우추정치(ML estimates)가 필요하다. 반대로 W검정은 무제약하의 최우추정치, 그리고 LM검정은 제약하의 최우추정치만이 필요하다. 일반적으로 제약하의 최우추정치가 가장 도출하기 쉽기 때문에 LM검정이 가장 자주 쓰이고 있다. 단, 다중회귀분석의 경우에는 귀무가설이 $H_0=\beta_1=\beta_2=\cdots\cdots=\beta_k=0$이 되며, 각 검정통계량은 다음과 같아진다.[34)]

$$\mathrm{LR}=n\ln\left(\frac{SSE_R}{SSE_{UR}}\right)\sim\chi_k^2$$
$$\mathrm{W}=n\frac{SSE_R-SSE_{UR}}{SSE_{UR}}\sim\chi_k^2$$

33) Maddala(2001), p. 120 참조.

34) Maddla(2003), pp. 176∼177 참조. 단, 여기서는 단순상관계수 r 대신 다중회귀분석상의 결정계수, R^2 개념이 도입됨에 유념할 것.

$$\mathrm{LM} = n\frac{SSE_R - SSE_{UR}}{SSE_R} \sim \chi^2_k$$

여기서, k: 제약조건의 수

독자들은 통상적인 F검정과도 비교해 보기 바란다.

5

다중회귀분석모형에 의한 예측

1. 다중회귀분석의 의의
2. 다중회귀모형의 추정
3. 다중회귀모형에 대한 평가
4. 다중회귀모형에 의한 예측
5. 추가된 가정의 현실성 검토: 다중공선성 문제
6. 설명변수의 선정문제
7. 특수모형을 이용한 예측

1 다중회귀분석의 의의

제4장에서는 회귀분석의 기초적 논리전개상의 편의를 위해 설명변수가 하나인 단순회귀분석모형을 중심으로 예측에 필요한 다양한 내용을 정리해 보았다. 그러나 현실적으로 하나의 독립변수만으로 종속변수의 변화를 잘 설명할 수 있는 경우는 드물다. 따라서 독립변수를 추가도입 할 경우, 오차항의 값은 축소되며 보다 정확한 통계적 추론을 할 수 있게 된다. 그러나 정작 중요한 것은 실제로 종속변수에 지대한 영향을 주는 설명변수를 모형 내에 도입하지 않을 경우 심각한 편의(bias)가 발생한다는 점이다. 제4장에서 이미 설명한 바 있듯이, 마땅히 함께 고려되어야 할 설명변수(예컨대, 수요함수 추정시 가격변수 외에 소득변수를 설명변수로 도입)가 제외되면 회귀모형 자체에 이른바 '모형설정오류'현상이 발생하여 추정치의 부호나 절대치에 심대한 편의를 유발시킨다는 사실을 다시 한 번 유념할 필요가 있다.

결국 다중회귀분석이 갖는 의의는 종속변수에 지대한 영향을 미치는 핵심적 설명변수는 반드시 추정모형 내에 포함시켜 함께 고려해야 한다는 점이라 할 수 있다. 종속변수(예컨대, 수요)와 대표적 설명변수(예컨대, 가격) 간에 설정된 이론적 함수관계(예컨대, 수요가 가격의 역함수관계에 있고 따라서 수요곡선이 우하향한다는 인과관계)가 현실타당성이 있는지 확인하기 위해서는 여타 주요 설명변수(예컨대, 소득)의 영향력을 일정하도록 유지한 상태하에서 추정이 이루어져야 하며, 이를 위해 여타 설명변수를 회귀모형 내에 반드시 포함시켜 놓고 제어해야 하는 것이다.

예컨대, 제4장에서도 일차 언급한 바 있듯이 종속변수 Z가 두 설명변수 X와 Y의 함수일 때 Z의 전미분은 다음과 같이 정의된다.

$$Z_i = \alpha + \beta_1 X_i + \beta_2 Y_i + \varepsilon_i \tag{5-1}$$

$$\begin{aligned} dZ &= f_X dX + f_Y dY \\ &= \frac{\partial Z}{\partial X} \cdot dX + \frac{\partial Z}{\partial Y} \cdot dY \end{aligned} \tag{5-2}$$

여기서 주의할 점은 β_1과 β_2의 추정치($\hat{\beta}_1$, $\hat{\beta}_2$)들은 f_X와 f_Y, 즉 Z를 X와 Y에 편미분한 값과 같아진다는 사실이다. 따라서 $\hat{\beta}_1$ 추정시에는 Y의 Z에 대한 영향력을 억제(Y가 일정하다고 가정)한 가운데 X값의 한 단위 변화가 Z값에 미치는 한계적 영향력을 계측하기 위해 편미분을 실시하는 것이다. $\partial Z/\partial X$과 $\partial Z/\partial Y$는 각각 이를 위해 도출된 편도함수값들이다.

예제 5-1

다중회귀분석의 의의

단순회귀분석보다는 다중회귀분석의 적용이 보다 적절한 경우가 일반적이라는 사실 외에 다중회귀분석모형을 채택함으로써 우리가 얻을 수 있는 의의는 실로 다양한 측면에서 찾아볼 수 있다. 우선, 두 개(이상)의 독립변수가 종속변수에 미치는 영향을 파악하기 위해서는 다중회귀분석을 시행하는 것이 마땅하다는 점을 지적할 수 있다. 그러나 보다 중요한 것은 비단 특정한 한 개의 독립변수와 종속변수 간의 관계에만 관심이 있다 하더라도 일단 종속변수에 영향을 준다고 믿어지는 타설명변수를 동시에 모형에 포함시켜 분석하는 다중회귀분석은 적어도 다음의 두 가지 이유 때문에 분석내용을 향상시킬 수 있다는 사실이다. 종속변수를 단 한 개의 독립변수만으로 설명하는 경우에 비해 추가적인 독립변수를 도입할 경우 오차항의 값은 축소될 것이고, 따라서 통계적 추론에 있어 보다 정확성을 기할 수 있다는 것이 그 첫 번째 이유로 지적될 수 있다. 그리고 두 번째 이유는 실제로 종속변수에 지대한 영향을 주는 설명변수를 고려하지 않았을 때 발생하는 이른바 편의현상을 제거할 수

그림 5-1 수요·가격 및 소득의 관계

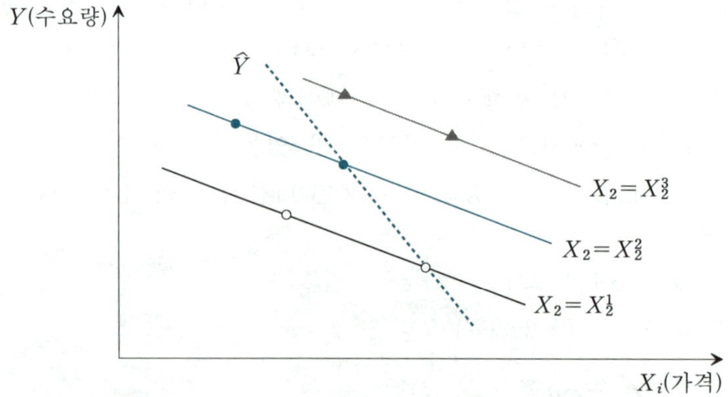

있다는 점을 들 수 있는데, 바로 이 점이 핵심적인 사유라 할 수 있다.

〈그림 5-1〉에서 수요(Y)가 가격(X_1) 및 소득수준(X_2)에 영향을 받음에도 불구하고 수요를 가격만의 1차 함수로 보고 단순선형회귀분석을 하였을 때 얻어질 수 있는 표본회귀선을 $\hat{Y}$ 으로 표시하였다. 한편, 가격과 수요량 간의 관계를 나타내는 산포도를 일단 소득수준(X_2)에 따라 구분하여 보기로 한다. 예컨대, $X_2 = X_2^1$일 경우는 '∘', $X_2 = X_2^2$일 경우는 '·', 그리고 $X_2 = X_2^3$일 경우는 '▴'표로 각각 구분 표시한다. 그러면 동일한 소득수준을 갖는 관측치들만으로 각각 별도의 회귀분석을 실시할 경우, 즉 소득수준(X_2)이 일정하다는 조건하에서 수요량과 가격 간의 표본회귀선을 각각 도출할 경우, 이 때 형성되는 표본회귀선들의 기울기는 대체로 비슷하나 단순회귀분석의 결과로 도출된 표본회귀선 $\hat{Y}$ 과는 상당한 차이가 있음을 알 수 있다. 위의 예제를 통하여 다중회귀분석은 앞에서 지적한 두 가지 사항, 즉 마땅히 포함되어야 할 변수를 무시함으로써 발생하는 편의현상을 제거할 수 있을 뿐만 아니라, 나아가서는 회귀분석상의 오차도 줄일 수 있음을 확인할 수 있을 것이다. 그런데 여기서 특기할 사항으로 소득수준(X_2)의 변화에 따른 영향을 제거한 상태에서 가격(X_1)만의 변화가 수요량(Y)에 미치는 효과를 파악하려면 반드시 다중회귀분석을 적용해야 한다는 사실을 지적할 수 있다. 즉, 다중회귀분석의 이러한 역할은 회귀모형을 설정함에 있어 종속변수 Y를 설명하는 데 X_1 외에 X_2라는 독립변수를 일단 추가로 도입해야만 가능한 것이다. 그러면 과연 다중회귀분석모형이 어떻게 여타 설명변수의 값을 일정하게 유지시키는 효과를 발휘할 수 있는지를 보다 구체적으로 확인해 보기로 하자.

예컨대, Y(수요량)는 X_1(가격)과 X_2(소득수준)에 의존하며, 구체적인 함수관계식은 다음과 같다고 하자.

$$Y = \alpha + \beta_1 X_1 + \beta_2 X_2 \tag{5-3}$$

이상에서의 설명에 의하면 위 식에서 β_1은 X_1값이 일정하게 유지되는 조건하에서 X_1만이 변화할 때 Y에 미치는 영향력의 정도를 나타내며,[1] 반대로 β_2는 X_1이 일정할 때 X_2가 Y에 미치는 영향력의 정도를 측정해 주는 것이어야 할 것이다.

이러한 논리에 대한 증명을 위해 X_1은 당초 X_1^0였던 것이 현재 (X_1^0+1)로 변한 반면, X_2는 당초 X_2^0이었고 현재도 X_2^0로서 동일한 값을 취하고 있다고 가정하자. 그러면 두 시기에 있어서의 Y값은

$$Y^0 = \alpha + \beta_1 X_1^0 + \beta_2 X_2^0 \tag{5-4}$$

1) 이 상황은 수요에 영향을 주는 여러 변수 중 가격을 제외한 모든 변수값이 일정한 상태하에서는 수요량이 가격과 역함수관계에 있다는 수요의 법칙을 묘사하고 있다.

$$Y^1=\alpha+\beta_1(X_1^0+1)+\beta_2X_2^0 \tag{5-5}$$

여기서, 상첨자 0: 당초시기

1: 현재시기

와 같이 표현될 것이다. 이제 식 (5-5)에서 식 (5-4)를 빼면 Y값의 변화(ΔY)를 확인할 수 있으며, 계산결과는 다음과 같다.

$$Y^1-Y^0=\Delta Y=\beta_1 \tag{5-6}$$

식 (5-6)이 의미하는 것은 X_2란 변수값을 일정하게 유지시키면서 X_1만을 1단위만큼 변화시켰을 때 Y는 β_1만큼의 변화가 발생한다는 것이다. 따라서 다중회귀분석에서 각 독립변수 앞에 붙는 계수는 수학적 개념으로 표현하자면 편미분값에 해당되며, 이 점은 후술하게 될 다중회귀모형의 추정과정에서 보다 상세히 언급하기로 한다.

예제 5-2

수요함수의 추정 예

단순회귀분석에서는 기대할 수 없는 다중회귀분석의 의의를 다시 한 번 되새겨 보기 위해 다음과 같은 가상적 자료를 활용해 보기로 한다. 〈표 5-1〉에 제시된 자료는 특정 재화에 대한 수요량을 단가 및 수요자의 월평균 소득수준과 대비하여 6개년에 걸쳐 관측된 자료라 가정하자.

표 5-1 수요량·가격 및 소득수준

연 도	수 요 량	단 가	월평균 소득수준
2000	30	40	15
2001	20	25	15
2002	40	25	20
2003	20	30	20
2004	55	40	40
2005	45	50	40

우선 Y를 단순히 X_1에 대한 1차 함수로 파악하여 회귀분석을 하면,

$$\hat{Y}=17\frac{7}{19}+\frac{11}{19}X_1\fallingdotseq 17.631+0.58X_1 \tag{5-7}$$

이 된다. 그런데 경제이론에 의하면 수요(Y)는 가격(X_1)의 역함수라는 수요의

법칙이 성립되어야 하는데, 단순선형회귀분석 결과 얻어진 표본회귀선은 두 변수가 정함수관계에 있는 것으로 나타났다. 이러한 예상 밖의 결과가 나온 것은 아마도 수요(Y)에 큰 영향을 주는 기타 변수의 역할을 도외시한 데에서 연유한다고 일단 생각할 수 있다. 그렇다면 그 기타 변수가 과연 무엇인지, 또 그 변수의 영향을 어떻게 배제한 가운데 Y와 X_1 간의 관계를 파악할 수 있을까? 대답은 간단하다. 기본적인 경제이론에 입각하면 Y에 영향을 미칠 수 있는 X_1 이외의 주요 변수로는 수요자의 소득수준(X_2)을 들 수 있고, 이 새로운 변수를 동시에 고려하되 Y와 X_1의 관계를 파악하고자 할 때에는 X_2값을 일정하게 묶어 두는 방안, 즉 다중회귀분석을 활용해야 하는 것이다. 이러한 다중회귀분석의 의의를 살려 다중표본회귀선을 도출한 것이 식 (5-8)이다.

$$\hat{Y}=13.65-0.88X_1+1.91X_2 \qquad (5\text{-}8)$$

다중회귀분석의 결과로 얻은 추정식에서는 수요이론이 시사하는 대로 수요(Y)는 가격(X_1)에 대해서는 역의 함수관계에 있고, 소득(X_2)과는 양의 함수관계에 있음이 확인되었다. 아직 이와 같은 식의 도출과정은 구체적으로 설명하지 않은 단계인지라 계산과정을 아직 밝힐 수는 없으나 식 (5-8)이 식 (5-7)보다 작은 표준오차를 유발하는 결과도 추후 확인될 수 있다. 여하튼 이상의 예에서 우리는 $Y=f(X_1,\ X_2)=\alpha+\beta_1X_1+\beta_2X_2$의 관계에 있을 때 X_2의 값을 일정하게 유지시키는 조건하에서는 Y와 X_1은 역함수, 그리고 X_1의 값을 일정하게 유지시키는 조건하에서는 Y와 X_2는 정함수관계에 있다는 기초수요이론에 합당한 결과를 다중회귀분석의 도입을 통하여 얻을 수 있음을 확인한 셈이다. 또한 〈표 5-1〉과 같은 예제는 단순회귀분석 적용시 도출된 회귀

그림 5-2 가격과 소득 그리고 수요량

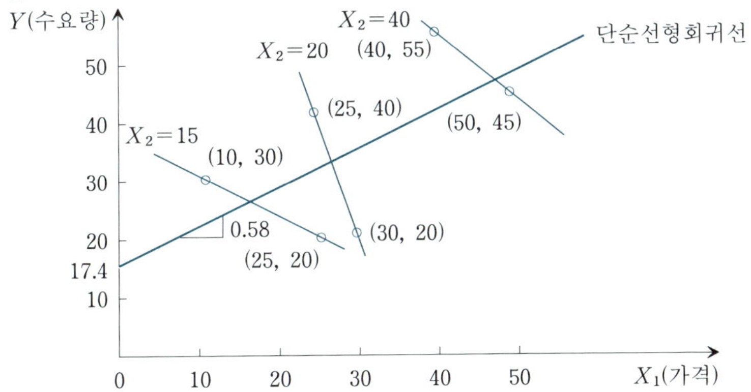

계수의 부호가 기타 독립변수를 추가 도입한 다중회귀분석에서 바뀔 수 있음을 입증해 주고 있다. 〈그림 5-2〉에 나타난 산포도는 이상과 같은 현상이 나타날 수 있음을 쉽게 확인시켜 줄 수 있으리라 믿는다. 즉, 〈그림 5-2〉는 6개의 관측점을 소득수준(X_2)을 무시한 채 단순선형회귀분석한 결과($Y=174+0.58X_1$)와, 동일한 소득수준을 갖는 관측점들끼리 연결함으로써 소득수준이 일정한 상태에서 수요(Y)와 가격(X_1) 간의 관계를 예시한 3개의 선을 대비하여 보여 주고 있다. 이 그림은 기타 독립변수의 영향을 고려하지 않았을 경우와 고려할 경우 예상되는 회귀결과를 쉽게 비교할 수 있는 좋은 예라 볼 수 있다.

2 다중회귀모형의 추정

설명의 편의상 설명변수가 2개일 경우를 대상으로 다중회귀모형의 추정과정을 간략히 정리해 본다.

• 다중선형회귀모형

$$Y_i=\alpha+\beta_1X_{1i}+\beta_2X_{2i}+\varepsilon_i \tag{5-9}$$

앞 절에서 강조한 바 있듯이, β_1과 β_2는 여타 설명변수의 영향이 없거나 일정 수준에 머물러 있다는 가정하에 종속변수에 미치는 영향을 나타내고 있다. 따라서 β_i를 부분회귀계수(partial regression coefficients)라 부른다.

식 (5-9)를 회귀분석하여 도출한 표본회귀선을 다음과 같이 정의하자.

• 다중표본회귀선

$$\hat{Y}_i=\alpha+\hat{\beta}_1X_{1i}+\hat{\beta}_2X_{2i} \tag{5-10}$$

따라서 표본회귀모형은

• 다중표본회귀모형

$$
\begin{aligned}
Y_i &= \hat{\alpha} + \hat{\beta}_1 X_{1i} + \hat{\beta}_2 X_{2i} + e_i \\
&= \hat{Y}_i + e_i \qquad (5\text{-}11)
\end{aligned}
$$

와 같이 표현될 것이다.

여기서 $\hat{\beta}_i$을 최소자승법에 의해 산출하려면 다음과 같이 목적함수를 일단 설정한다.

• 최소자승법

$$
\begin{aligned}
\text{Min}\, L &= \text{Min} \sum e_i^2 = \text{Min} \sum (Y_i - \hat{Y})^2 \\
&= \text{Min} \sum (Y_i - \hat{\alpha} - \hat{\beta}_1 X_{1i} - \hat{\beta}_2 X_{2i})^2 \qquad (5\text{-}12)
\end{aligned}
$$

목적함수 L을 극소화시키기 위해 각 미지수에 대한 1차 편미분값을 구한 다음 이를 각각 0과 같도록 한다.

• 1차 도함수조건

$$
\frac{\partial L}{\partial \hat{\alpha}} = \frac{\partial L}{\partial \hat{\beta}_1} = \frac{\partial L}{\partial \hat{\beta}_2} = 0 \qquad (5\text{-}13)
$$

2차 도함수조건이 충족될 경우 식 (5-13)을 만족시키는 최소자승추정량을 도출하면 다음과 같다.

• 최소자승추정량

$$
\hat{\beta}_1 = \frac{\sum x_{2i}^2 \sum y_i x_{1i} - \sum x_{1i} x_{2i} \sum y_i x_{2i}}{\sum x_{1i}^2 \sum x_{2i}^2 - (\sum x_{1i} x_{2i})^2} \qquad (5\text{-}14)
$$

$$
\hat{\beta}_2 = \frac{\sum x_{1i}^2 \sum y_i x_{2i} - \sum x_{1i} x_{2i} \sum y_i x_{1i}}{\sum x_{1i}^2 \sum x_{2i}^2 - (\sum x_{1i} x_{2i})^2} \qquad (5\text{-}15)
$$

$$
\hat{\alpha} = \bar{Y} - \hat{\beta}_1 \bar{X}_{1i} - \hat{\beta}_2 \bar{X}_{2i} \qquad (5\text{-}16)
$$

단, 위와 같은 결과는 두 식의 분모가 '0'이 되지 않는다는 조건하에서 성립된다. 즉,

$$\sum x_{1i}^2 \sum x_{2i}^2 - (\sum x_{1i} x_{2i})^2 \neq 0 \qquad (5\text{-}17)$$

와 같은 조건식이 추가적으로 필요하다.

그런데 만일 X_1과 X_2 간의 상관계수가 1이 된다면

$$r = \frac{\sum x_{1i} x_{2i}}{\sqrt{\sum x_{1i}^2}\sqrt{\sum x_{2i}^2}} = 1 \qquad (5\text{-}18)$$

이 되므로, 양변을 제곱하면

$$r^2 = \frac{(\sum x_{1i} x_{2i})^2}{\sum X_{1i}^2 \sum X_{2i}^2} = 1$$

또는

$$\sum X_{1i}^2 \sum X_{2i}^2 - (\sum x_{1i} x_{2i})^2 = 0 \qquad (5\text{-}19)$$

이란 결과가 초래된다. 즉, 식 (5-14), 식 (5-15)와 같이 정의된 $\hat{\beta}_1$과 $\hat{\beta}_2$의 최소자승추정량이 정의될 수 없게 된다. 물론 r값이 완전히 1과 같아지는 경우는 거의 없겠으나, 1과 거의 같아지면 $\hat{\beta}_i$값들은 부당하게 매우 큰 값을 갖게 되고, 조그마한 변화에도 추정치의 절대치나 부호가 매우 불안정해지는 결과를 초래하게 된다. 이러한 현상을 다중공선성(muliticollinearity) 현상이라 한다.

이러한 현상이 극심해지면 추정의 신뢰도는 매우 낮아지게 된다. 따라서 설명변수가 2개 이상인 다중회귀분석에서는 단순회귀분석시 설정한 다섯 가지 기본 가정 외에 설명변수 상호간에 완벽한 1차 함수관계가 성립되어서는 안 된다는 추가적인 가정이 필요해진다. 즉,

• 다중회귀분석에서 추가된 가정

$$\rho(X_i X_j) \neq \pm 1 \qquad (5\text{-}20)$$

라는 조건이 추가된다.

3 다중회귀모형에 대한 평가

최소자승추정량에 대한 평가는 다중회귀모형에서도 적합도검정(goodness-of-fit-test)과 유의성 검정으로 이루어진다.

3.1. 적합도검정

우선 절대적합도를 나타내는 표준회귀오차(standard error of regression)는 다음과 같이 정의된다.

• 절대적합도검정: 표준회귀오차

$$S_e=\sqrt{\frac{SSE}{n-k-1}}=\sqrt{\frac{\sum(Y_i-\hat{Y}_i)^2}{n-k-1}}=\sqrt{\frac{\sum e_i^2}{n-k-1}} \tag{5-21}$$

여기서 k는 설명변수의 숫자이며 절편(α)에 대한 추정량까지 합친 수($k+1$)만큼 자유도를 잃으므로 총자유도는 $n-k-1$이 된다. 따라서 단순회귀모형의 경우에서는 자유도가 $n-2$였다.

한편, 상대적합도를 나타내는 결정계수(coefficient of determination), R^2는 다음과 같다.

• 상대적 적합도검정: 결정계수

$$R^2=\frac{SSR}{SST}=1-\frac{SSE}{SST}=1-\frac{\sum e_i^2}{\sum(Y_i-Y)^2} \tag{5-22}$$

그런데 다중회귀모형의 적합도를 계측함에 있어 R^2를 사용하는 데 약간의 문제가 발생한다. 일반적으로 설명변수를 추가로 투입할수록 R^2 값이 높아지는 것이다. 최초 투입된 설명변수만으로는 설명되지 못하였던 부분을 추가로 투입된 설명변수가 설명할 수 있는 부분이 있는 한 회귀오차 e_i^2값이 줄어들게 되고, 따라서 R^2값은 늘어나게 되기 때문이다. 이러한 문제는 식 (5-21)의 분자·분모가 변동량을 제곱한 값들의 합만을 고려하였을 뿐 이 변동량들의 자유도는 고려하지 못함으로써 발생하는 것이라 볼 수 있다. 변동량 제곱합들을 자유도로 나누면 이들이 곧 분산개념이 되며, 설명변수 숫자의 증가로 인해 발생하였던 적합도 산출상의 왜곡현상은 사라지게 된다. 이처럼 '조정된 결정계수'는 $\bar{R}^2$로 표기하며 다음과 같이 정의된다.

• 조정된 결정계수

$$\bar{R}^2=1-\frac{\text{Var}(e_i^2)}{\text{Var}(Y_i)}=1-\frac{\sum e_i^2/(n-k-1)}{\sum(Y_i-\bar{Y})^2/(n-1)} \qquad (5\text{-}23)$$

3.2. 유의성 검정

단순회귀분석의 경우와 마찬가지로 각 설명변수들의 종속변수에 대한 독립적인 영향력이 유의할 만한 수준인지를 확인하기 위해 't'분포를 이용한 유의성 검정(significance test)을 실시한다.

• 유의성 검정

H_0: $\beta_1=0$과 H_0: $\beta_2=0$에 대한 검정통계량은 각각 다음과 같다.

$$t_{n-k-1}=\frac{\hat{\beta}_1}{S_{\hat{\beta}_1}} \qquad (5\text{-}24)$$

$$t_{n-k-1}=\frac{\hat{\beta}_2}{S_{\hat{\beta}_2}} \qquad (5\text{-}25)$$

단, $$S_{\hat{\beta}_1}^2=\frac{S_e^2\sum x_{2i}^2}{\sum x_{1i}^2\sum x_{2i}^2-(\sum x_{1i}\sum x_{2i})^2} \qquad (5\text{-}26)$$

$$S_{\hat{\beta}_2}^2=\frac{S_e^2\sum x_{1i}^2}{\sum x_{1i}^2\sum x_{2i}^2-(\sum x_{1i}\sum x_{2i})^2} \qquad (5\text{-}27)$$

$$s_e^2=\frac{SSE}{n-k-1}=\frac{\sum e_i^2}{n-3} \qquad (5\text{-}28)$$

여기에서도 $\hat{\beta}_1$과 $\hat{\beta}_2$의 분산값이 정의되려면 식 (5-26)과 식 (5-27)의 분모가 '0'이 되어서는 안 된다. 이것은 $\hat{\beta}_1$과 $\hat{\beta}_2$을 최소자승법에 의해 도출하였을 때의 분모값(식 (5-14)와 식 (5-15) 참조)과 정확히 똑같이 표현된 것을 알 수 있다. 따라서 X_1과 X_2 간의 1차 함수적 상관관계가 ±1이 되어서는 곤란하다는 조건의 필요성이 다시 한 번 확인될 수 있다. 이러한 이유 때문에 다중회귀분석에서 $\rho(X_iX_j)\neq\pm1$이라는 기본 가정이 추가된 것이라 볼 수 있다.

3.3. 총체적 유의성 검정

한편, 설명변수의 종속변수에 대한 독립적 영향력을 개별적으로 검정하는 대신 설명변수집단 전체가 종속변수의 변화에 유의할 만한 영향력을 미치는지를 검정하기도 하는데, 이를 총체적 유의성 검정(overall significance test)이라 한다.

이 때 검정할 귀무가설은 H_0: $\beta_1=\beta_2=\cdots\cdots=0$이며, 따라서 F분포를 이용하는 일종의 분산분석검정을 실시한다.

• 총체적 유의성 검정

$$F_{(k,\,n-k-1)}=\frac{MSR}{MSE}=\frac{SSR/k}{SSE/(n-k-1)}=\frac{\sum(\hat{Y}_i-\bar{Y})^2/k}{\sum(Y_i-\hat{Y}_i)^2/(n-k-1)}$$

$$=\frac{\text{표본회귀선에 의해 설명된 변동량}/k}{\text{표본회귀선에 의해 설명 안 된 변동량}/(n-k-1)}$$

$$=\frac{R^2/k}{(1-R^2)/(n-k-1)} \qquad (5\text{-}29)$$

만일 MSR값이 MSE값에 비해 상대적으로 유의할 만큼 크다면 이는 종속변수의 총변동량 중 표본회귀선에 의해 설명되는 비율이 높다는 것을 의미하게 된다. 이는 설명변수집단 전체가 종속변수 변화에 미치는 영향력이 매우 크다는 것을 입증해 주는 것이다.

여기서 다시 한 번 F검정통계량의 의미를 재확인해 본다. 설명의 편의상 설명변수가 하나인 단순회귀분석모형을 중심으로 설명해 본다. 우선 총체적 유의성 검정통계량은 다음과 같아질 것이다.

$$F=\frac{SSR/1}{SSE/(n-2)} \tag{5-30}$$

그런데 이 때 설명변수는 하나뿐이어서 다수 유의성 검정(H_0: $\beta=0$) 자체가 총체적 유의성 검정(H_0: $\beta_1=\beta_2=\cdots\cdots=0$)의 성격을 갖게 된다. 즉, $t=\hat{\beta}/s_{\hat{\beta}}$이 개별 유의성 검정 겸 총체적 유의성 검정의 성격을 갖는 것이다. 따라서 이 경우의 t검정통계량과 상기 F검정통계량은 밀접한 관계가 성립된다. 즉, 't'를 제곱하면 'F'값과 같아진다.

$$\begin{aligned} t^2 &= \frac{\hat{\beta}^2}{s_{\hat{\beta}}^2}=\frac{\hat{\beta}^2}{s_e^2/\sum X_i^2}=\frac{\hat{\beta}^2\sum X_i^2}{s_e^2} \\ &= \frac{\hat{\beta}^2\sum(X_i-\bar{X})^2/1}{\sum e_i^2/(n-2)} \\ &= \frac{SSR/1}{SSE/(n-2)} \\ &= F \end{aligned} \tag{5-31}$$

한편, 여기서 검정통계량을 다소 조정하면 다음 결과를 얻을 수 있다.

$$F=\frac{SSR/1}{SSE/(n-2)}=\frac{\frac{SSR}{SST}\Big/1}{\frac{SSE}{SST}\Big/(n-2)}=\frac{R^2/1}{(1-R^2)/(n-2)} \tag{5-32}$$

그런데 상관계수에 대한 검정통계량은 일반적으로 다음과 같이 정의된다.[2)]

$$t_{n-2}=\frac{r-\rho_0}{\sqrt{\mathrm{Var}(r)}}=\frac{r-0}{\sqrt{\frac{1-r^2}{r-2}}}=\frac{r\sqrt{n-2}}{\sqrt{1-r^2}} \tag{5-33}$$

2) 이종원(1994), 제6장 참조.

물론 이 때 귀무가설은 H_0: $\rho=0$과 같다. 이제 식 (5-33)을 제곱하여 정리해 보면

$$t_{n-2}^2=\frac{r^2(n-2)}{\sqrt{1-r^2}}=\frac{R^2/1}{(1-R^2)/(n-2)}=F \qquad (5\text{-}34)$$

가 되므로 식 (5-34)의 F검정통계량과 같은 의미를 갖게 된다. 따라서 총체적 유의성 검정통계량 F는 동시에 총체적 적합도 검정통계량의 의미를 갖는다. 즉, H_0: $\rho=0$은 H_0: $R^2=0$에 대한 검정효과와 같아지기 때문이다. 앞서 제4장에서 결정계수 R^2은 Y_i와 $\hat{Y}_i$ 간의 단순상관계수값을 제곱한 것과 같아짐을 입증한 바 있음을 상기시켜 두고자 한다. 즉, $R^2=r_{Y\hat{Y}}^2$.

4 다중회귀모형에 의한 예측

최소자승법에 의해 도출된 추정결과가 적합도도 높고 유의성 검정에서도 만족할 만한 것으로 판정되면 이 추정치들을 이용하여 예측을 수행하게 된다. 예측수행과정은 단순회귀분석의 경우와 하등의 차이가 없다.

$$\hat{Y}_i=\hat{\alpha}+\hat{\beta}_1X_{1f}+\hat{\beta}_2X_{2f} \qquad (5\text{-}35)$$

식 (5-35)에서 X_{1f}와 X_{2f}가 예측을 위해 도입한 예측대상 시기가 순수한 미래라면 결국 종속변수 예측에 앞서 설명변수들에 대한 예측을 먼저 수행해야 된다. 통상 이러한 과정은 ARIMA모형에 의한 시계열분석을 통해 이루어진다(제7장 참조).

그런데 식 (5-35)는 일종의 점예측치라 볼 수 있고, 별도로 산출(또는 예측)한 설명변수값을 단순히 표본회귀선($\hat{Y}_i=\hat{\alpha}+\hat{\beta}_1X_1+\hat{\beta}_2X_2$)에 대입하여 얻은 값이라 할 수 있다. 이는 설명변수값들이 주어졌을 때 평균적으로 기대할 수 있는 종속변수값을 표본회귀선에 근거하여 추정한 것에 불과하므로 미래에 실현될 종속변수값과 정확히 일치할 가능성은 희박하다. 따라서 예측의 경우도 점예측치를 중심으로 구간예측을 작성하여 제시하

기도 한다.

$$\hat{Y}_{fc}=\hat{Y}_f \pm t_{\alpha/2,(n-k-1)} \cdot s_f \qquad (5\text{-}36)$$

구간예측의 임계치($\hat{Y}_{fc}$)는 상기 식과 같이 정의되므로 예측을 위해 사용한 설명변수값들(X_{1f}, X_{2f})이 X_1과 X_2의 평균값에 가까울수록 구간예측의 폭은 좁아질 것이다. 왜냐하면, s_f값은 $X_{1f}=\bar{X}_1$, $X_{2f}=\bar{X}_2$일 때 최소가 되기 때문이다.[3)]

5 추가된 가정의 현실성 검토: 다중공선성 문제

단순회귀분석 수행시 최소자승법에 의해 추정을 하면서 다섯 가지 기본 가정을 설정한 바 있다. 그런데 다중회귀분석모형에서는 최소한 1개의 추가적인 가정의 설정이 필요해진다. 이미 최소자승추정량($\hat{\beta}_i$)의 도출과정에서 확인한 바 있듯이 $\hat{\beta}_i$값이 정의되기 위해서는 설명변수 간에 1차 함수관계가 존재해서는 안 된다는 조건이 필요하다. 즉, 임의의 두 설명변수 X_i와 X_j 간의 상관계수값이 ±1이 되어서는 안 된다는 가정이 추가로 도입되어야 한다.

$\rho(X_iX_j)\neq \pm 1$, $i\neq j$ 가정이 파괴되는 현상을 다중공선성(muliticollinearity) 문제라 한다. 물론 한 설명변수가 정확히 여타 설명변수의 1차 함수가 되는 일은 없다. 단지 1차 함수적 관계가 매우 강할 경우 나타나는 현상을 다중공선성이라 보아야 하며, 이는 변수 간의 본질적 함수관계라기보다는 변수들의 측정치 간에 형성된 1차 함수관계의 밀접성이라 이해해야 한다.

전술한 바 있듯이, 다중공선성이 극심할 경우, $\hat{\beta}_i$값이 매우 불안정해져 $\hat{\beta}_i$의 분산값은 매우 커지게 된다.

$$\hat{\beta}_1=\frac{\sum x_{2i}^2\sum y_i x_{1i}-\sum x_{1i}x_{2i}\sum y_i x_{2i}}{\sum x_{1i}^2\sum x_{2i}^2-(\sum x_{1i}x_{2i})^2} \qquad (5\text{-}37)$$

3) 이종원(1994), 제8장 참조.

$$\hat{\beta}_2=\frac{\sum x_{1i}^2\sum y_i x_{2i}-\sum x_{1i}x_{2i}\sum y_i x_{2i}}{\sum x_{1i}^2\sum x_{2i}^2-(\sum x_{1i}x_{2i})^2} \tag{5-38}$$

$$\text{Var}(\hat{\beta}_1)=\frac{s_e^2\sum x_{2i}^2}{\sum x_{1i}^2\sum x_{2i}^2-(\sum x_{1i}\sum x_{2i})^2} \tag{5-39}$$

$$\text{Var}(\hat{\beta}_2)=\frac{s_e^2\sum x_{1i}^2}{\sum x_{1i}^2\sum x_{2i}^2-(\sum x_{1i}\sum x_{2i})^2} \tag{5-40}$$

식 (5-37)과 식 (5-38)에서 다중공선성이 극심하면 분모와 분자가 모두 0에 가까워져 그 값이 결정되지 못하거나, 산출이 된다 해도 변화가 극심하게 된다. 그리고 식 (5-39)와 식 (5-40)에서처럼 $\hat{\beta}_i$의 분산은 분모값이 0에 가까워져 매우 큰 값이 되는데, 이는 결국 $\hat{\beta}_i$ 추정값의 불안정성을 반증하는 또 하나의 현상이라 할 수 있다.

한편, $\hat{\beta}_i$의 분산이 매우 커지면 유의성 검정통계량인 $t=\hat{\beta}_i/s_{\hat{\beta}_i}$값이 거의 '0'에 가까워질 것인바, 귀무가설(H_0: $\beta_i=0$)을 기각할 가능성은 부당하게도 매우 희박해지는 문제가 발생한다.

그러나 개별 회귀계수에 대한 유의성 검정결과와는 상관없이 설명변수 전체의 총체적 유의성 내지 적합도를 나타내는 F검정값은 낮아지지 않으며, 따라서 결정계수(R^2)값도 낮아지지 않는다. 설명변수집단 전체로서는 종속변수에 대해 강력한 영향을 미치지만(높은 R^2) 설명변수 간의 1차 함수관계적 밀접도가 존재할 경우 개별 회귀계수의 추정량값이 매우 불안정해지는 결과를 초래할 것이기 때문이다.[4] 따라서 R^2값은 높으나 유의성 검정을 위한 t검정 통계량값이 모두 낮을 때 일단 다중공선성의 심각성 여부를 의심해 보아야 한다.

다중공선성의 심각성 여부를 판정하는 방안이 파라(Farrar)와 글라우버(Glauber) 등에 의해 제시되기도 하였으나 통상 프리슈(Frisch)나 클라인(K. Klein) 등이 제시한 실용적 판정지표가 자주 활용된다. 즉, 프리슈는

① 설명변수를 하나 추가 또는 제거할 때 $\hat{\beta}_i$값들이 크게 변할 때,

② 관측치의 수를 약간 변화시키거나 관측치의 일부를 다소 조정할 때 $\hat{\beta}_i$값들이 크게 변할 때,

③ 또는 유의성 검정통계량($t=\hat{\beta}_i/s_{\hat{\beta}_i}$)값은 모두 작으나 H_0: $\beta_1=\beta_2=$

4) 자세한 내용은 이종원(1994), 제9장 참조.

$\cdots\cdots=\beta_k=0$에 대한 검정통계량 F값이 매우 클 때(이 경우는 종합적 영향력에 비해 개별 설명변수의 영향력이 미미하여 독립적으로 개별 설명변수의 영향력을 분리추정하기 힘든 상황을 대변) 등은 다중공선성이 문제되고 있는 것으로 판정할 수 있다고 하였다.

한편, 클라인은 다음과 같은 두 가지 별도의 판정기준을 제시한 바 있는데 다음과 같다.

① 각 $\hat{\beta}_i$에 대한 유의성 검정통계량값이 H_0: $\beta_i=0$을 기각할 정도라면 다중공선성 문제는 무시해도 무방하다.

② 다중결정계수(R^2)값이 설명변수 간의 다중상관계수값의 제곱보다 작아서는 곤란하다. 즉, $R^2 < r^2_{k,\,ij}$라면 다중공선성이 우려할 만한 수준인 것으로 판정한다는 것이다.

그런데 다중공선성 문제는 최소자승추정량의 통계적 특성에 아무런 영향을 미치지 않는다. 즉, 여전히 효율성과 일관성을 유지한다. 따라서 논리상 평균적으로는 다중공선성이 모형의 예측력에 별 영향을 주지 못한다. 단지 개별 설명변수들의 독립적인 영향력($\hat{\beta}_i$)의 크기를 정확히 구분하여 밝히기 어려운 것일 뿐, 그리하여 경우에 따라서는 값을 산출하기 곤란하거나 적어도 안정적인 추정치를 도출하기 어려울 뿐이다. 결국 설명변수집단 전체의 종속변수에 대한 총체적 영향력이 의미 있게 나타나는 한 종속변수에 대한 예측에 큰 문제가 없기 때문이다. 따라서 다중공선성은 안정적인 회귀계수의 추정치 산출의 어려움을 주는 것으로 인식해야 하며, 개별 추정치 자체가 중요한 것이 아니라 예측 자체가 분석목표라면 문제삼을 것이 없는 것이다. 따라서 다중공선성이 유의할 만하더라도 문제를 유발시킨 설명변수들 중 상대적으로 종속변수에 미치는 독립적 영향력이 낮은 것을 찾아 내어 제거시키는 방안은 개별 회귀계수의 정확한 추정이 목적이 아닌 한 극히 경계하여야 할 것이다.

다중공선성이 극심하다면 이는 추정에 사용한 설명변수들의 관측치 간에 형성된 1차 함수관계적 밀접성일 뿐이므로 관측치를 추가도입하거나 관측치들을 1차 차분한 값들을 대신 이용하여 회귀분석에 대응하는 것이 훨씬 합리적 대응방안이 될 것이다. 예컨대, 수요함수 추정에서 설명변수들 중 가격과 소득의 관측치들 간에 1차 함수관계가 밀접한 것으로 나타나면 새로운 관측치를 추가로 도입하거나 기존 관측치들을 1차 차분한 값들을 대신 이용하여 회귀분석에 대응하는 것이 훨씬 합리적 대응방안이 될 것이다. 예컨대, 수요함수의 추정에서 설명변수들 중 가격과 소득 간의 1차 함수관계가 매우 강하게 나타나 다중공선성을 유발하였고, 검증결과 오히려 가격의 독립적 영향력이 상대적으로 낮았다 하자. 과연 그렇다고 수요함수에서 가격변수를 빼 버릴 수 있는지 자문해 보기 바란다. 적절한 설명변수가 생략되어 나타나는 이른바 모형설정의 오류(specification error)현상은 회귀분석시 예상할 수 있는 최악의 결과를 초래할 것이기 때문이다.

그러나 분석목표가 개별 설명변수의 종속변수에 대한 독립적 영향력 자체의 추정에 있다면 회귀계수값의 정확한 계측이 우선 되어야 하므로 (종합적 예측력과 상관없이) 개별 계수의 신뢰성 있는 추정이 선행되어야 할 것이다. 그렇다고 개별 회귀계수의 정확한 추정을 위해 다중공선성을 유발시킨 설명변수들 중 일부를 제외시키는 것은 물론 바람직하지 않다는 사실은 이미 수차례 강조한 바 있다. 그러면 문제가 된 일부 변수를 제외시킴으로써 모형설정오류를 초래하지 않고도 개별 회귀계수의 정확한 추정을 도모할 수 있는 방안은 없을까? 여기에는 두 가지 추정방법이 도입될 수 있는데, 능형회귀분석(ridge regression)과 주성분분석(principal component analysis)이다.

예제 5-3

통화량과 물가

물가에 영향을 미치는 대표적 변수로 인식되고 있는 통화량과의 함수관계를 실제의 자료를 활용하여 분석해 보기로 하자. 자료는 1970년 1/4분기부터 1988년도 4/4분기에 이르는 76개 분기 동안에 한국에서 관측된 소비자물가지수(CPIX)와 총통화량($M2X$)에 관한 자료를 사용하였다.

소비자물가는 현기 총통화량수준과 전기 총통화량수준에 주로 의존할 것이라는 가정하에 선형회귀방정식을 설정하여 추정한 결과는 다음과 같다.

$$CPIX_t = 29.794 + 0.005M2X_t - 0.003M2X_{t-1}$$

(12.478)	(0.788)	(−0.423)	(t 값)
(2.388)	(0.0067)	(0.0070)	(표준오차)

$R^2 = 0.862 \qquad r_{12} = 0.9998 \qquad d = 0.022$

예상한 대로 현기의 통화량과 전기의 통화량은 아주 높은 상관관계를 갖고 있으며($r_{12}=0.9998$), 따라서 이로 인한 다중공선성은 심각한 것으로 판정될 수 있다. $r_{12}^2=0.9996$으로 $R^2=0.862$보다는 훨씬 큰 것으로 산출되었기 때문이다.

결과적으로 두 회귀계수에 대한 t값은 0.788과 -0.423으로 $a=10\%$에 대응하는 임계치 1.66보다 훨씬 작아 결국 유의성이 인정되지 못하고 있다. 그러나 귀무가설 $H: \beta_1=\beta_2=0$에 대한 검정결과는 〈표 5-2〉 자료에서처럼 쉽게 기각될 수 있음을 알 수 있어 두 설명변수의 결합된 설명력은 유의할 만한 수준인 것으로 인정될 수 있다. 즉, 산출된 검정통계량 F의 값은 212.203으로 $a=1\%$ 수준에서도 임계치 4.98을 훨씬 상회하므로 상기의 귀무가설은 확신을 가지고 기각할 수 있기 때문이다.

이와 같이 설명변수들이 개별적으로는 미치는 영향력이 분리·확인할 수 없는 경우에도 설명변수들의 결합된 설명능력(높은 R^2)이 유의할 만한 수준으로 나타나는 것은 다중공선성의 특징적 현상으로, 〈그림 5-3〉에서 그 성격

표 5-2 물가와 통화량에 관한 ANOVA

$\frac{SSR}{k}$	$\frac{SSE}{n-k-1}$	F
$\frac{69{,}201.895}{2}$	$\frac{11{,}087.800}{71-2-1}$	$\frac{34{,}600.947}{163.056}=212.203$

$F_{cal}=212.203>F_a=4.98$(단, $a=1\%$).

그림 5-3 β_1과 β_2 그리고 (β_1, β_2)에 대한 신뢰구간

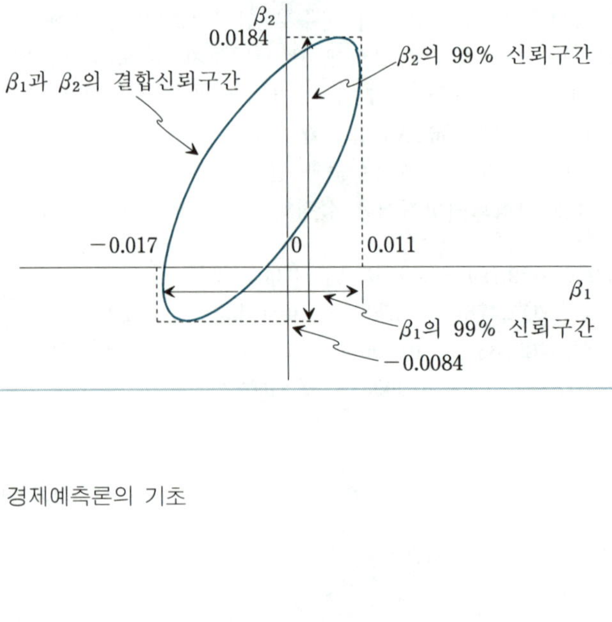

을 보다 분명하게 파악할 수 있다.

〈그림 5-3〉에서 β_1과 β_2의 99% 신뢰구간은 둘 다 모두 0의 값을 포함하고 있어 귀무가설 H_0: $\beta_1=0$과 H_0: $\beta_2=0$을 기각하지 못한 상황을 재조명해 주고 있다. 한편, β_1과 β_2가 동시에 모두 유의성이 없다는 귀무가설 H_0: $\beta_1=\beta_2=0$이 기각된 바 있듯이, 두 회귀계수의 결합된 신뢰영역(타원 모양)은 원점을 포함하지 않고 있어 총체적 설명력이 다시 한 번 입증되고 있음을 확인시켜 주고 있다.[5)]

설명변수 간의 다중공선성의 존재가 OLS 추정결과에 미치는 효과를 보다 구체적으로 확인해 보고자 이번에는 물가($CPIX$)를 통화량변수($M2X$)의 시차를 점차 확대해 가며 회귀분석해 보았다. 〈표 5-3〉은 통화량변수를 현기부터 시작해서 3기 전까지 확대하여 설명변수로 활용한 회귀방정식의 추정결과이다.

표 5-3 물가와 통화량에 관한 회귀분석

		상수	$M2X_t$	$M2X_{t-1}$	$M2X_{t-2}$	$M2X_{t-3}$	$R^2/\bar{R}^2$	d
CPIX	I	29.658 (13.266)	0.0025 (20.973)				0.863/ 0.861	0.018
	II	29.794 (12.388)	0.005 (0.787)	−0.003 (−0.423)			0.862/ 0.858	0.022
	III	30.141 (12.250)	0.003 (0.374)	0.003 (0.192)	−0.0036 (−0.423)		0.861/ 0.855	0.022
	IV	30.2395 (11.925)	0.002 (0.287)	−0.001 (0.061)	0.009 (0.5999)	−0.0085 (−0.987)	0.862/ 0.853	0.034

〈표 5-3〉에서 우리는 다음과 같은 특징을 확인할 수 있다.

① 설명변수를 추가할 때마다 회귀계수의 부호가 계속 변화해 나간다.

② 설명변수의 회귀계수는 설명변수가 단 하나뿐인 방정식 I의 경우를 제외하고는 한 번도 유의성 있는 결과를 가져오지 못할 정도로 낮은 t값이 기록되었다.

③ 설명변수를 하나, 둘씩 추가해 보아도 총체적인 회귀식의 설명능력을 나타내는 R^2값은 거의 불변이었다(단, 미세하지만 $\bar{R}^2$값이 오히려 줄어든 것은 시차를 확대함에 따라 활용가능한 관측치수가 줄어든 데에 기인함).

이상과 같은 결과들은 프리슈가 제시한 바 있는 다중공선성의 다양한 특성을 잘 대변해 주고 있다. 이러한 다중공선성 문제를 해소할 수 있는 방안의

5) β_1과 β_2의 결합적 신뢰영역의 구체적 산출과정에 관해서는 John Neter *et al.*(1983), ch. 5 참조.

하나로 자료를 변형 또는 추가하는 방안이 제시된 바 있다. 그러나 본 예제의 경우 설명변수들 값을 변화율로 전환하거나 로그값을 취한 뒤 재추정해 보았으나 불행히도 다중공선성으로 인한 문제는 별로 개선되지 못하였다. 따라서 차후 소개될 능형회귀분석 등을 통해 대응하는 방안을 강구해 보기로 한다.

5.1. 능형회귀분석

Hoerl과 Kennard에 의해 최초로 제안된 이 방법은 추정량의 정의식을 다소 변형시킴으로써 다중공선성 현상을 완화시키는 가운데 추정을 도모하는 것이다. 이 과정에서 추정량은 다소의 편의를 갖게 되지만 다중공선성 완화에 따라 분산이 크게 줄어 결국 평균평방오차(mean squared error: MSE: $\mathrm{Var}(\theta)+(\mathrm{bias}(\theta))^2$)를 축소시킬 수 있게 된다.

β의 최소자승추정량($\hat{\beta}=\sum x_i y_i/\sum x_i^2$)을 행렬대수 개념으로 표현하면 다음과 같다.

$$\hat{\beta}=(X'X)^{-1}X'Y$$

문제는 다중공선성이 극심할 경우 $X'Y$값이 '0'에 가까워진다는 것이다. 이는 $\hat{\beta}$값의 분모가 '0'에 접근한다는 의미와 상통한다. 이러한 문제를 해결하는 방안의 하나로 행렬식 $X'X$와 차수가 같은 항등행렬(identity matrix)에 λ를 곱한 다음 $X'X$에 더해 주는 것이다.

$$\hat{\beta}_{rr}=(X'X+\lambda I)^{-1}X'X$$

즉, 인위적으로 행렬 $X'X$의 대각선상에 있는 값에 λ값을 더해 줌으로써 $X'X$의 행렬식 값이 '0'이 되는 현상을 막아 주는 것이다. 이 때 λ값은 여러 차례의 반복과정을 통해 가능한 한 MSE가 최소가 되는 추정결과를 채택하게 된다.[6)]

6) 실제로 실증분석과정에서는 가능하다면 β추정량이 통계적으로 유의할 만큼 크게 나타나는 경우 중 최소MSE를 갖는 λ값을 선택한다. 그러나 유의적인 추정치가 쉽사리 나타나지 않으면 일단 β추정치들이 안정되기 시작하는 시점의 값을 선택하는 것이 무난

예제 5-4

통화량과 물가에 관한 모형 재추정 I(능형회귀분석)

앞서 고려한 바 있는 물가모형은 시차설명변수가 추정식에 포함될 경우 유의할 만한 다중공선성 문제가 유발됨을 확인한 바 있다. 이제 그 문제를 능형회귀분석을 통해 해소하는 과정을 살펴보기로 한다. 〈표 5-4〉는 k값을 0에서 1까지 바꾸어 가며, 능형회귀분석을 수행한 결과를 보여 주고 있으며, 이 때 추정된 회귀계수값들을 도표형식으로 표현한 것이 〈그림 5-4〉이다. 그림에서 볼 수 있듯이, β_1과 β_2의 추정치는 $k=0.3$ 정도에서 이미 안정적임을 알 수 있다. 그러나 분석자가 통계적 유의성을 엄밀히 고려한다면 $\alpha=10\%$ 수준에서 적어도 $k=0.98$ 수준에 대응하는 분석결과를 선택할 것이다.

표 5-4 능형회귀분석 추정결과

k	$M2X_t$		$M2X_{t-1}$		MSE
	beta	t-value	beta	t-value	
0.0	2.005	0.79	−1.077	−0.42	0.37429
0.1	0.616	0.77	0.311	0.39	0.37511
0.2	0.543	0.94	0.383	0.66	0.37520
0.3	0.517	1.08	0.408	0.85	0.37524
0.4	0.503	1.21	0.421	1.01	0.37526
0.5	0.495	1.33	0.429	1.15	0.37527
0.6	0.489	1.43	0.434	1.27	0.37529
0.7	0.485	1.53	0.437	1.38	0.37530
0.8	0.482	1.63	0.440	1.49	0.37531
0.9	0.479	1.71	0.442	1.58	0.37532
0.91	0.479	1.72	0.442	1.59	0.37533
0.92	0.479	1.73	0.442	1.60	0.37533
0.93	0.478	1.74	0.442	1.61	0.37533
0.94	0.478	1.75	0.443	1.62	0.37533
0.95	0.478	1.76	0.443	1.63	0.37533
0.96	0.478	1.76	0.443	1.64	0.37533
0.97	0.478	1.77	0.443	1.64	0.37533
0.98	0.477	1.78	0.443	1.65	0.37533
0.99	0.477	1.79	0.443	1.66	0.37534
1.00	0.477	1.80	0.443	1.67	0.37534

하다. 또한 이 과정에서 X와 Y값들은 표준화시킨 자료를 사용하며, 이 때 통상적으로는 0과 1 사이에서 λ값을 찾아나간다.

그림 5-4 능형회귀분석

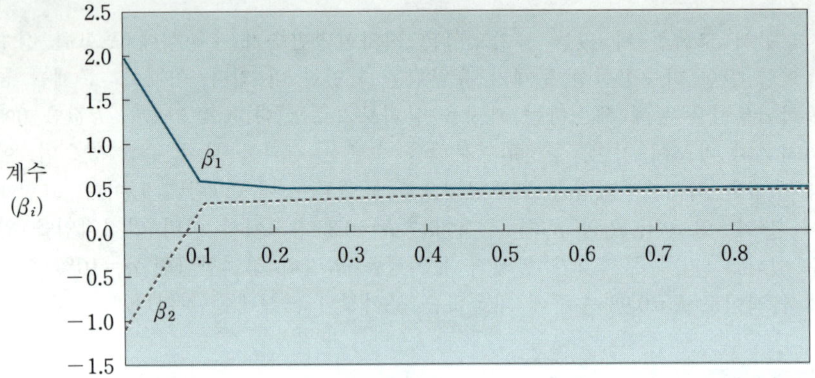

5.2. 주성분분석

다중공선성이 불가피하게 극심하게 되는 경우가 있다. 설명변수의 수가 지나치게 많아질 때 더구나 설명변수의 시차변수(X_{t-i})가 여러 개 동시에 설명변수로 활용될 때 다중공선성은 극심해져서 β의 추정 자체가 어려워질 수 있다. 이러한 상황에서 설명변수들이 갖고 있는 특징을 그대로 보존하되 선형전환(linear transformation)을 통하여 소수의 새로운 변수를 창출하여 회귀분석을 수행하는 방법이 바로 주성분분석이다. 이 때 기존의 설명변수(X_1, X_2, ……, X_k)를 선형전환을 통해 창출한 새로운 설명변수를 주성분변수(P_1, P_2, ……, P_m)라고 하면 이는 식 (15-41)과 같이 정의될 수 있다.

$$
\begin{aligned}
P_1 &= a_{11}X_1 + a_{12}X_2 + \cdots\cdots + a_{1k}X_k \\
P_2 &= a_{21}X_1 + a_{22}X_2 + \cdots\cdots + a_{2k}X_k \\
&\vdots \\
P_m &= a_{m1}X_1 + a_{m2}X_2 + \cdots\cdots + a_{mk}X_k
\end{aligned}
\tag{5-41}
$$

단, 기존의 설명변수는 측정단위가 서로 상이하다는 문제가 있어 통상적으로는 표준화된 편차$\left(Z_j = \frac{X_j - \bar{X}_j}{s_{X_j}}\right)$값을 주로 이용한다.

이러한 선형함수 전환을 통해 주성분변수를 창출할 때 다음과 같은 원칙에 근거하게 된다.

① 새롭게 창출되는 주성분변수들은 서로 1차 독립적이어야 한다.

② 첫 번째 주성분변수(P_1)는 모든 설명변수의 총체적 변화를 최대한 수용하도록 한다. 그리고 두 번째 주성분변수(P_2)는 P_1에 수용되지 못한 나머지 변화를 최대한 흡수하도록 하여 결국 P_1이 기존 설명변수의 변화를 가장 많이 설명할 수 있도록 창출한다. 이러한 원칙에 근거할 경우 기술적으로는 설명변수의 수만큼 많은 주성분변수의 도출이 가능하지만, 실제로는 소수의 주성분변수의 도출만으로 소기의 목적을 달성할 수 있게 된다.

그러면 과연 어떻게 구체적으로 주성분변수를 도출하여 활용할 수 있는가에 대하여 생각해 보기로 한다. 일단 식 (5-41)에서 P_1, P_2, ……, P_m이 도출되면 이를 이용하여 종속변수에 대하여 회귀분석을 실시하게 된다.[7)]

$$Y_i = r_1 P_{1i} + \cdots\cdots + r_m P_{mi} + v_i \qquad (5\text{-}42)$$

여기서, $m \ll k$

여기서 추정된 r_i값들과 전단계에서 추정된 a_{ij}값들을 이용하여 원래의 회귀계수 β_i값들을 찾아 내는 것이 통상적인 주성분분석에 의한 추정 과정이라 할 수 있으며, 그 구체적 과정은 다음과 같다.

(1) 적재계수(a_{ij})의 추정

적재계수(loading)에 대한 앞서 제시한 원칙에 근거하여 추정방식은 다음 과정을 거쳐 이루어진다.

7) 식 (5-42)에서 상수항을 제외시킨 것은 주성분 도출시 통상적으로는 표준화된 값을 활용하는 전통에 따른 것이다.

$$
\begin{array}{c} \\ X_1 \\ X_2 \\ \vdots \\ X_k \end{array}
\begin{array}{c} \begin{array}{cccc} X_1 & X_2 & \cdots & X_k \end{array} \\ \begin{pmatrix} 1 & r_{12} & \cdots & r_{1k} \\ r_{21} & 1 & \cdots & r_{2k} \\ \vdots & \vdots & & \vdots \\ r_{k1} & r_{k2} & \cdots & 1 \end{pmatrix} \end{array} \tag{5-43}
$$

위와 같은 설명변수 간의 상관계수 행렬식에서 우선 각 행 또는 열의 합과 총합을 구한 다음

$$
\left. \begin{array}{c} \sum_i^k r_{ij} \\ \sum_j^k r_{ij} \\ \sum_j^k \sum_i^k r_{ij} \end{array} \right) \tag{5-44}
$$

다음과 같은 관계식에 의해 $\hat{a}_{ij}$의 추정치를 산출한다.

$$
\hat{a}_{ij} = \frac{\sum_i^k r_{ij}}{\sqrt{\sum_j^k \sum_i^k r_{ij}}} \tag{5-45}
$$

일단 첫 번째 주성분변수(P_1)가 추계되면 두 번째 주성분변수는 본래 상관계수에서 P_1에 의해 흡수된 변동부분을 제거한 부분, 즉 잔여 상관계수값들을 이용하여 추계한다. 실제에 있어 잔여 상관계수는 다음과 같이 산출된다.

$$
\begin{aligned} \hat{r}_{ij} &= r_{ij} - \hat{a}_{1i} \cdot \hat{a}_{1j} \\ \hat{r}_{ii} &= r_{ii} (\hat{a}_{1i})^2 \end{aligned} \tag{5-46}
$$

일단 이와 같이 잔여 상관계수가 산출되면 앞서와 같은 과정을 밟아 P_2를 도출한다.

(2) 적재계수의 유의성 검정

주성분변수를 창출하는 과정에서 추계되는 적재계수값은 실제로는 상관계수와 거의 비슷하다. 따라서 피어슨(Pearson) 상관계수의 유의성 검정방식을 적용할 수 있으며, $n>50$의 경우에 a_{ij}가 0.30보다 크면 $\alpha=1\%$ 수준에서 유의한 것으로 판정된다.

그런데 피어슨의 상관계수검정은 설명변수의 수나 주성분변수의 수를 무시하고 있다는 문제가 있다. 이러한 점을 개선하고자 버트(Butt)와 뱅크(Bank)는 다음과 같이 적재계수값의 표준오차를 산출하여 검정할 것을 제시하였다.

$$S_{\hat{a}_{ij}}=S_{r_{ij}}\sqrt{\frac{k}{k+1-m}} \qquad (5\text{-}47)^{8)}$$

(3) 주성분변수의 수

유의성 있는 적재계수에 의해 창출되는 주성분변수의 수는 일반적으로 설명변수의 수보다는 훨씬 적어지게 되는데, 최종적으로 몇 개로 한정시켜야 하는가에 대한 판정은 별도의 기준이 필요하다.

1) 카이저(Kaiser) 기준

주성분변수의 고유근이 1보다 큰 경우만을 채택할 것을 제시하고 있는데, $20<k<50$의 경우에는 신빙성이 있으나 $k>50$의 경우에는 주성분변수의 수가 지나치게 많아지는 경향이 있다.

2) 카텔(Cattell) 기준

주성분변수와 그 고유근이 비선형함수관계를 유지하는 부분의 주성분변수만을 채택하는 것으로 둘 간의 관계가 직선화되면 주성분변수는 더 이상 기존 설명변수의 공통적인 요인에 의해 영향을 받지 않게 된다는 사실에 근거한 판정기준이다.

---

8) 자세한 것은 Koutosoyiannis(1997), pp. 424~436 참조.

3) 바틀릿(Bartlett) 기준

만일 앞서 두 검정기준에 따라 채택되지 못한 주성분변수가 있다면 이들의 고유근은 거의 비슷하다고 보아야 한다. 따라서

$$H_0:\ \lambda_{r+1}=\lambda_{r+2}=\cdots\cdots=\lambda_k \tag{5-48}$$

여기서, r: 이미 채택된 고유근의 수

와 같은 귀무가설이 채택되어야 할 것이다. 반면 이러한 귀무가설이 기각될 경우에는 제외시킨 주성분변수들의 고유근이 비슷하지 않음을 시사하며, 따라서 제외된 주성분변수를 추가적으로 분석에 포함시켜야 할 것이다.[9)]

(4) 주성분변수를 이용한 모형의 추정

일단 a_{ij}가 추계되고, 또 적절한 개수의 주성분변수가 채택되면 다음과 같은 회귀식을 OLS로 추정할 수 있다.

$$Y=r_1P_1+r_2P_2+\cdots\cdots+r_mP_m+v \tag{5-49}$$

원래 추정식이

$$Y=\beta_1X_1+\beta_2X_2+\cdots\cdots+\beta_kX_k+\varepsilon \tag{5-50}$$

이고,

$$\begin{aligned} P_1&=a_{11}X_1+\cdots\cdots+a_{1k}X_k \\ P_2&=a_{21}X_1+\cdots\cdots+a_{2k}X_k \\ &\vdots \\ P_m&=a_{m1}X_1+\cdots\cdots+a_{mk}X_k \end{aligned} \tag{5-51}$$

와 같다면,

9) 검정통계량에 관한 자세한 내용은 Koutoyiannis(1977) 참조.

$$Y = r_1(a_{11}X_1 + \cdots\cdots + a_{1k}X_k) + r_2(a_{21}X_1 + \cdots\cdots + a_{2k}X_k)\cdots\cdots$$
$$+ r_m(a_{m1}X_1 + \cdots\cdots + a_{mk}X_k) + v$$
$$= (r_1a_{11} + r_2a_{21} + \cdots\cdots + r_ma_{m1})X_1 + \cdots\cdots$$
$$+ (r_1a_{1k} + r_2a_{2k} + \cdots\cdots + r_ma_{mk})X_k + v \qquad (5\text{-}52)$$

가 되므로,

$$\beta_1 = r_1a_{11} + r_2a_{21} + \cdots\cdots + r_ma_{m1}$$
$$\vdots$$
$$\beta_k = r_1a_{1k} + r_2a_{2k} + \cdots\cdots + r_ma_{mk} \qquad (5\text{-}53)$$

와 같은 관계식이 성립될 것인바, 추계된 a_{ij}와 추정된 r_i를 이용하여 원래의 회귀계수 β_i를 산출할 수 있는 것이다. 그러나 주성분분석은 다중공선성을 유발한 설명변수들 간의 구조적 연관성을 주성분의 도출 및 활용을 통해 확인할 수 있을 뿐 다중공선성 자체를 해소시킬 수 있는 궁극적 추정방법이 될 수는 없다. 주성분분석은 상호 독립성을 유지할 수 있는 인공적인 변수(설명변수들의 1차 함수로 정의됨)를 대신 활용하여 다중공선성 문제를 회피한 가운데 추정할 수 있는 길을 열어 준 것이기는 하다. 그러나 이렇게 창출된 인공적 설명변수에 아무런 경제적 의미를 부여할 수 없다면 다중공선성에 대한 궁극적 해결방안이 될 수는 없기 때문이다. 또한 주성분분석은 추정해야 할 계수의 숫자를 대폭 감소시킬 수는 있으나 결국 표본 내 정보 중 일부만을 활용하고 있다는 문제를 안고 있다.

예제 5-5

통화량과 물가모형 재추정 II(주성분분석)

원래의 추정모형과 결과는 다음과 같았다.

$$CPIX = \beta_0 + \beta_1 M2X_t + \beta_2 M2X_{t-1}$$
$$= 29.794 + 0.0052M2X_t - 0.0029M2X_{t-1}$$
$$(12.48) \qquad (0.79) \qquad (-0.42)$$
$$R^2 = 0.86 \qquad (5\text{-}54)$$

$M2X_t$와 $M2X_{t-1}$ 사이에는 높은 상관관계가 존재해 R^2값이 높음에도 개별 변수의 유의성이 떨어지는 다중공선성 문제가 존재하는 것으로 분석되었었다. 이를 해결하기 위해 이번에는 주성분변수를 이용한 회귀분석을 실시하여 보았다. 먼저, 주성분변수를 도출하기 위하여 개별 변수들을 표준화시킨 후, 표준화된 설명변수를 이용해 적재계수(a_{ij})와 주성분변수(P_i)를 도출하였다. 도출된 주성분변수는 2개가 존재하지만, 첫 번째 주성분변수(P_1)가 전체의 99.9% 설명하므로 P_1만을 선택해서 분석에 활용하는 것이 적절해 보인다.

$$\begin{aligned} P_1 &= a_{11}VM2X_t + a_{12}VM2X_{t-1} \\ &= 0.7071 \cdot VM2X_t + 0.7071 \cdot VM2X_{t-1} \end{aligned} \qquad (5\text{-}55)$$

여기서, $VM2X_t$: $M2X_t$의 표준화 변수

이제 도출된 P_1을 설명변수로 사용하여 회귀분석을 실시하면 다음과 같은 결과를 얻을 수 있다.

$$\begin{aligned} VCPIX_t &= \gamma_1 P_{1t} \\ &= 0.65622 \cdot P_{1t} \\ &\quad (20.84) \\ R^2 &= 0.860 \end{aligned} \qquad (5\text{-}56)$$

식 (5-54)를 표준화 변수를 이용한 형태로 변화하면

$$VPIX_t = \beta_1^* \cdot VM2X_t + \beta_2^* \cdot VM2X_{t-1} \qquad (5\text{-}57)$$

가 되고, 식 (5-56)에 식 (5-55)를 대입하면

$$\begin{aligned} VCPIX_t &= \gamma_1 P_1 = \gamma_1(a_{11}VM2X_t + a_{12}VM2X_{t-1}) \\ &= \gamma_1 a_{11} VM2X_t + \gamma_1 a_{12} VM2X_{t-1} \end{aligned} \qquad (5\text{-}58)$$

이 된다. 따라서 식 (5-58)과 식 (5-57)로부터 다음 결과가 도출된다.

$$\beta_1^* = \gamma_1 a_{11} = (0.65622 \times 0.7071) = 0.46401$$
$$\beta_2^* = \gamma_1 a_{12} = (0.65622 \times 0.7071) = 0.46401$$

이제 표준화된 회귀계수(β_i^*)를 원래 회귀계수(β_i)로 전환하면 다음과 같다.

$$\beta_1 = \frac{S_{CPIX}}{S_{M2X_t}} \cdot \beta_1^* = \frac{33.8}{1,2848.9} \times 0.46401 = 0.00122$$

$$\beta_2 = \frac{S_{CPIX}}{S_{M2X_{t-1}}} \cdot \beta_2^* = \frac{33.8}{1,2377.4} \times 0.46401 = 0.00127$$

$$\begin{aligned} \beta_0 &= \overline{CPIX} - \beta_1 \overline{M2X_t} - \beta_2 \overline{M2M_{t-1}} \\ &= 65.1 - (0.00122 \times 14,307.05) - (0.00127 \times 13,676.6) \\ &= 30.23842 \end{aligned}$$

6 설명변수의 선정문제

모형설정이 잘못될 수 있는 경우는 크게 보아 두 가지이다. 하나는 비선형모형을 선형모형으로 잘못 파악하여 추정하는 경우이고, 다른 하나는 적절한 변수가 모형에서 제외(omission of relevant variables)되거나 부적절한 변수가 모형에 포함된 경우(inclusion of irrelevant variables)이다.

비선형모형의 경우는 회귀오차항의 분포모양이나 d 자기상관 검정통계량 등을 통하여 파악하고 또 log함수화를 통해 선형으로 전환하여 추정함으로써 모형설정의 오류를 바로잡을 수 있음을 제4장에서 자세히 다룬 바 있다.

따라서 모형설정오류가 보다 본격적인 추정상의 문제를 유발하는 경우는 후자에 해당된다. 결론만을 제시한다면, 후자의 경우 중에서도 적절한 변수가 제외될 때 발생하는 모형설정오류가 최악의 경우에 해당한다. 불필요하거나 부적절한 설명변수가 모형 내에 포함된 경우 통상 최소자승법을 적용하면 회귀계수의 추정량($\hat{\beta}_i$)은 여전히 불편성(unbiasedness)을 유지하며, 단지 $\hat{\beta}_i$의 분산값 $s^2_{\hat{\beta}_i}$이 커져서 $t=\hat{\beta}_i/s_{\hat{\beta}_i}$ 검정통계량값이 낮아지고, 따라서 귀무가설(H_0: $\beta_i=0$)을 부당하게 채택할 가능성이 높아질 정도에 불과하다.

그러나 적절한 변수가 제외된 경우는 편의성(biasedness)과 비일관성(inconsistency)은 물론 $\hat{\beta}_i$의 분산이 하향편의(downward bias), 그리고 오차항의 분산(s^2_e)은 상향편의(upward bias)가 나타나는 등 걷잡을 수 없이 혼란(따라서 t 검정통계량의 최종적 편의방향이 불확실해짐)해질 뿐만 아니라 결국 통상적인 검정이나 구간추정 자체가 의미를 상실하게 된다. 회귀모형의 추정과정에서 예상할 수 있는 상황 중 최악의 경우에 해당되는 것이다. 바로 이러한 이유 때문에 전절에서 지적한 바 있듯이 다중공선성(multicollinearity)이란 사소한 문제를 해결하기 위해 함부로 (주요한) 설명변수를 모형에서 제외하는 잘못을 범해서는 안 될 것이다. 빈대 잡으려고 초가삼간을 태우는 격이 되기 때문이다.[10)]

10) 자세한 내용은 이종원(1994), 제12장 참조.

따라서 모형설정시 가능하면 중심적 설명변수(core explanatory variables)부터 시작하여 차선적 설명변수를 추가도입해 가는 것이 설명력 있을 만한 최대한의 설명변수를 한꺼번에 포함하여 추정한 뒤 불필요한 변수를 제외하여 나가는 과정보다 안전하다고 볼 수 있다(물론 주요 변수가 탈락되지 않도록 유념한다면 상관없지만). 그렇다면 과연 현실적으로는 어떻게 설명변수를 설정할 수 있을까? 그 주요 접근방안을 아래와 같이 정리해 본다.

⌘ 1단계: 우선 잠재적인 독립예측변수들의 완전한 집합을 구성한다(a long list of potential explanatory variables)(단, 설명의 편의상 함수관계는 선형이 적절한 상황이라 가정함). 단, 이 때 동일한 변수라도 시차를 두거나(시차독립변수: X_{t-i}), 차분화시킨 값(ΔX_t)들, 그리고 각종 계절가변수까지도 포함시켜 고려할 수 있다.[11]

⌘ 2단계: 부적절한 독립변수(단, 핵심적 설명변수는 제외 곤란)들을 제외시킨다. 이 과정에서 사용할 수 있는 기준들은 다음과 같다.

① 종속변수와의 인과관계가 별로 없는 변수를 제외시킨다. 즉, 종속변수와 개별 독립변수들 간의 산포도를 그려 보거나 상관계수를 산출하여 설명력이 의문시되는 비핵심 독립변수를 생략한다.

② 설명변수 간의 상관도가 매우 높아 다중공선성을 유발할 가능성이 클 경우 관련된 설명변수 중 일부를 제외시킨다. 다시 한 번 강조하건데, 이 과정은 매우 신중을 기해야 하며, 가능한 한 권장하고 싶지 않은 절차임에 유념해야 한다.

③ 설명변수 중 유의성 검정을 위한 t검정통계량의 값이 매우 낮아 종속변수에 대한 독립적인 영향력이 의문시되는 설명변수를 제거한다. 이 과정 또한 같은 이유로 신중을 기할 필요가 있음을 재차 강조해 둔다.

④ 경제이론과 전문가적 식견을 바탕으로 상대적으로 주요한 설명변수집단을 구성하여 추정한 경우와 모든 설명변수(아주 많지 않을 경우)를 포함하여 추정한 경우를 비교하여 최적의 주요 설명변수를 찾아나간다. 그리고 비주요 변수집단 제외 여부를 판정하는 데에는 다음 검정통계량이 쓰인다.

---

11) 자세한 내용은 Makridakis *et al.*(1998), 제6장 참조.

$$F=\frac{(SSR_{INC}-SSR_{EXC})/(\text{포함시 추정할 계수숫자}-\text{제외시 추정할 계수숫자})}{SSE_{INC}/(n-\text{포함시 추정할 계수숫자})}$$

모두 포함시켰을 경우의 SSR와 일부 차선적 집단을 제외시켰을 경우의 SSR가 별로 차이가 나지 않으면 제외시킬 집단변수의 추가적 기여도가 작은 것으로 보고 제외시킨다는 논리에 근거한 검정방안이다. 보다 숙련된 연구자들은 앞 절에서 소개한 주성분분석(principal component analysis)을 이용하여 어떤 변수들이 주요 변수(key variables)인지를 찾아 내는 방법을 사용하기도 하나 수준관계상 본서에서는 생략한다.

⑤ 큰 측정오차가 발생하거나 정확한 측정이 어려워 보이는 변수를 생략한다.

※ 3단계: 일단 앞선 두 단계를 거치며 선정된 축소된 설명변수집단(short list)에 포함된 설명변수들을 대상으로 최종단계의 선정과정에 들어간다. 이 때 적용가능한 방법으로는 ① 모든 가능한 조합의 설명변수집단을 활용한 회귀분석결과의 활용방안(all possible regressions), ② 축소제외법(backward elimination), ③ 확대도입법(forward inclusion), 그리고 ④ 단계적 추정법(stepwise regression)이 있다.

① 모든 가능한 회귀분석의 동시추정 및 비교: 첫째로 최종 선정된 설명변수집단의 독립변수들 간의 다양한 조합을 통해 회귀모형을 설정하고 회귀분석을 실시한 다음 조정된 결정계수(adjusted R^2 or $\bar{R}^2$)값이 가장 큰 추정식을 선정하는 방법이 있다.[12] 이 방법은 고려대상에 든 설명변수의 수가 아주 적을 때라야 가능하다.

② 축소제외법: 모든 설명변수를 포함시켜 회귀분석한 뒤 t값이 낮은 개별 설명변수나 또는 집단을 앞서 소개한 F검정(Chow의 F검정이라 부름)을 이용하여 상대적으로 종속변수에 대한 독립적 영향력이 작은 설명변수들을 제외시켜 나가는 방법이다. 이 방법이 갖는 위험성(설정오류 발생)에 항상 주의를 기울여야 한다. 왜냐하면, 이 방법은 설명변수들 간에 심각한 다중공선성이 존재할 경우 자칫 잘못하면 핵심적 설명변수가 제외되어 버릴 수 있기 때문이다.

12) Mallow's CP통계량이나 Akaike's AIC통계량을 대신 사용하기도 한다. 자세한 것은 Draper and Smith(1981)나 Judge *et al.*(1988) 참조.

③ 확대도입법: 한편, 핵심적인 것으로 간주되는 소수의 설명변수만으로 회귀분석을 수행한 후 점차 여타 설명변수를 추가도입해 나가는 방법이다. 추가도입된 설명변수(들)에 대한 유의성 검정(t검정)이나 추가적 기여도검정(F검정)을 통해 채택 여부를 결정하되 더 이상 유의적 설명변수가 발견되지 않을 때까지 반복 시행한다. 그런데 이 방법은 기존의 설명변수들과는 상관도가 낮은 것들만이 추가도입될 수밖에 없다는 한계가 있다. 상대적으로 핵심적이라 인정된 기존 변수들을 제외시키지 않으면서 설명변수들을 성공적으로 도입하자면 다중공선성을 유발하지 않을 수 있는 변수만이 채택될 것이기 때문이다.

④ 단계적 회귀분석방법: 확대도입법이 축소제외법에 비해 안전하기는 하나 추가도입시킬 수 있는 변수선택에 제약이 가해진다. 이러한 문제를 해소하기 위해 확대도입법을 적용하되 기존의 설명변수를 반드시 지속적으로 모형 내에 머물러 있도록 강요하지 않음으로써 일종의 축소제외법을 한정적으로 동시에 적용하는 방법이 제시되었는데(기존 설명변수들의 한계적 기여도를 F검정에 의해 평가하는 방식으로), 이를 단계적 회귀분석방법이라 한다. 바로 이것이 가장 효율적이고 안전한 '설명변수 선정방안'이라 할 수 있다. 그러나 이 방법이 반드시 MSE 또는 SSE를 최소화시키는 최적해가 된다는 보장은 없다.

예제 5-6

필립스곡선 추정과 단계적 추정법(stepwise regression)

임금변화율과 실업률 간에 존재하는 함수관계 중 두 변수 간에 비선형적 역함수관계가 성립된다는 이른바 필립스곡선 논리가 대표적이라 할 수 있다. 통상 〈그림 5-5〉와 같이 표현되는 필립스곡선을 추정하고자 디스켓에 내장된 자료(1970. 1~1988. 4)를 이용하였으며, 다음과 같은 비선형함수의 추정결과를 얻었다.

$$\log WNAX_t = 13.690 - 0.551 URX_{t-1}$$
$$(19.772)\ (-3.234) \quad (t\text{ 값})$$
$$R^2 = 0.125 \qquad d = 0.079$$

여기서, $WNAX$: 비농림어업부문 임금

URX: 실업률

그림 5-5 필립스곡선

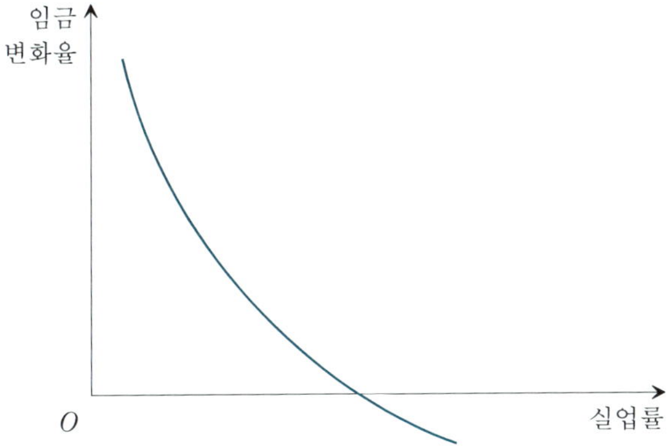

그림 5-6 필립스곡선 추정식의 오차항 분포 I

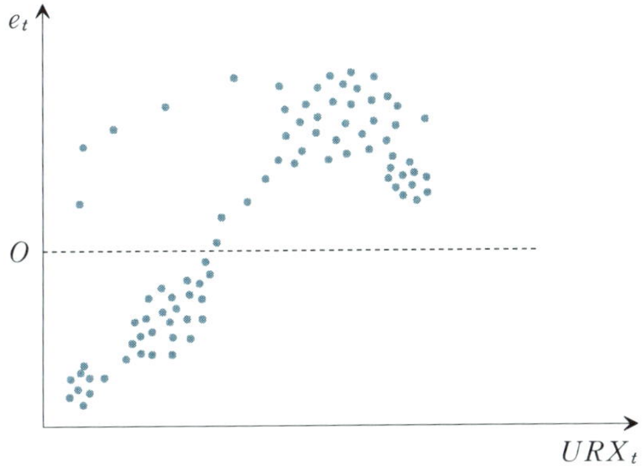

추정결과식에서 높은 t값으로 회귀함수의 유의성은 인정되겠으나 아주 낮은 R^2값으로 미루어 볼 때 적합도가 극히 저조할 것임을 짐작할 수 있다. 그리고 d값이 아주 낮아 0에 접근하고 있어 일단 강한 양의 자기상관적 오차분포가 발생하였음을 알려 주고 있다. 〈그림 5-6〉에 나타난 오차항의 분포현상은 이러한 심증을 보다 확실하게 입증해 주고 있다. 그러나 여기서 오차항의 분포모양은 양의 자기상관보다는 적절한 설명변수가 제외됨으로써 발생하는 설정오류를 대변하는 유형에 가깝다.

따라서 이번에는 소비자물가변화율($\log CPIX$)과 시차를 둔 종속변수를 차례로 추가도입하여 재추정하여 보았다(이 때 오차항의 분포는 〈그림 5-7〉과 같음).

그림 5-7 필립스곡선 추정식의 오차항 분포 II와 III

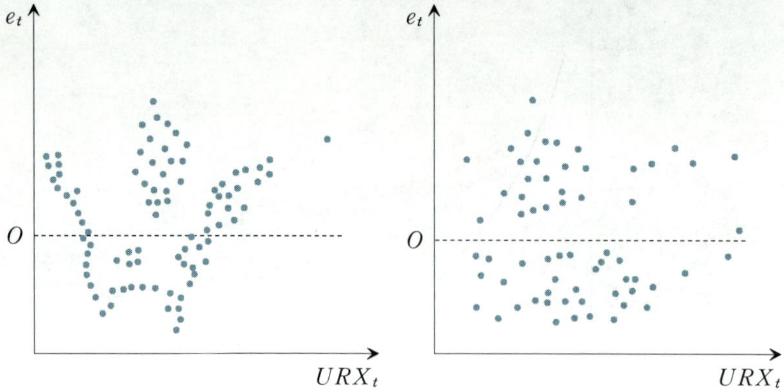

$$\log WNAX_t = 6.041 - 0.103URX_{t-1} + 1.496\log CPIX_{t-1}$$
$$(56.408)\ (-6.127)\qquad (90.132)$$
$$R^2 = 0.992 \qquad d = 0.469$$
$$\log WNAX_t = 0.782 - 0.020URX_{t-1} + 0.156\log CPIX_{t-1} + 0.889\log WNAX_{t-1}$$
$$(2.868)\ (-2.564)\qquad (2.266)\qquad (19.538)$$
$$R^2 = 0.999 \qquad d = 1.893$$

적절하다고 생각되는 설명변수를 모형에 추가도입하여 추정한 결과는 당초 문제가 되었던 낮은 R^2값과 d에 연유한 문제를 모두 해소해 준듯 보인다. 한편, 시차를 둔 종속변수를 추가도입하여 재추정한 경우에는 d통계량의 유용성이 의문시되며, 따라서 더빈(Dubin)의 h통계량으로 대체하여 검정하게 된다. 그러나 위 추정식에서는 $h = \rho\sqrt{n/(1-n\cdot s_{\hat{a}}^2)} = 0.544$로 산출되었으며, α=1%에 대응하는 임계치(2.575)보다 훨씬 작으므로 귀무가설(H_0: $\rho=0$)이 채택된다. 즉, 자기상관현상이 더 이상 문제되지 않는 것으로 판정할 수 있다.

추정결과 도출된 오차항의 분포는 특히 마지막 단계에 이르러 거의 완벽한 모양을 보여 주고 있다.

이제 필립스곡선의 추정과정을 주설명변수 3개를 활용하되 실업률(URX) 변수부터 시작하여 확대도입(forward selection)하거나 축소제외(backward elimination), 또는 단계적 회귀분석(stepwise regression)방법을 적용해 본 결과 세 경우 모두 $\alpha=0.2$ 수준에서는 세 설명변수가 모두 유용한 것으로 채택되었다. 그러나 $\alpha=0.01$ 또는 $\alpha=0.05$ 수준에서는 $\log WNAX_{t-1}$ 변수만이 채택되었다.

7 특수모형을 이용한 예측

지금까지는 설명변수가 1개 또는 2개 이상이지만 종속변수와 선형함수관계인 경우를 중심으로 기본 가정이 충족되는지 여부와 모형설정이 적절한지 여부를 검증하고 대처하는 방안에 대하여 살펴보았다. 그런데 현실적으로는 그 밖에도 상황에 따라 보다 다양한 분석모형이 필요하다. 이러한 경우 중 주요한 것 몇 가지를 본 절에서 보다 상세히 살펴보기로 한다. 적절한 모형의 선정이 뒷받침되지 못하면 적합도 높은 추정은 물론 궁극적인 본서의 목표인 정확한 예측은 결코 기대할 수 없기 때문이다.

7.1. 특정 사건의 발생가능성 예측을 위한 분석모형: LPM, 로짓모형, 프로빗모형

표본회귀선이 파업이나 지진 또는 천재지변, 그리고 IMF위기와 같은 충격이 나타날 때 일정 기간 동안 상하로 이동하는 현상을 가변수(dummy variable) 개념을 이용하여 처리하는 방안을 제4장에서 살펴본 바 있다. 당시에 가변수는 '1'과 '0'이라는 제한된 값만을 가질 수 있는 특수한 가공의 설명변수로 정의된 바 있다.

이번에는 반대로 종속변수가 제한된 값 '0'과 '1'만을 갖는 것으로 모형을 설정해야 되는 상황에 대하여 알아보기로 한다. 주요 설명변수들의 행태가 특정한 경계역을 벗어날 경우 특정 사건이 발생하는지 여부를 분석하는 경우가 이에 해당한다. 예컨대, 임금수준이 특정 한계점 이하로 떨어질 경우에는 파업이 발생할 가능성이 얼마나 되는지, 또는 정치적 만족도가 어느 정도 떨어질 때 여당 대신 야당을 선택할 것인지 등을 예측해야 되는 상황을 들 수 있다. 이 때 종속변수값을 특정 현상의 발생 여부에 따라 '1'과 '0'이란 제한된 값만을 갖는 특수모형이 될 것이다.[13)]

13) 물론 선택의 여지를 두 가지로 한정하는 이지선다형(binary choice model)을 염두에 두고 논리를 제공하고 있으나, 이는 다지선다형(multiple choice model)으로 확장할 수도 있으며, 그 때에는 종속변수에 적용할 수 있는 제한된 값의 수가 2개에서 여러 개로 확대될 뿐이다.

(1) 선형확률모형

종속변수가 0과 1의 값만을 갖는 가변수인 경우, 가장 손쉽게 적용할 수 있는 모형이 선형확률모형(linear probability model: LPM)이다. 예컨대, 근로자들의 파업찬성 여부가 임금수준에 따라 결정된다고 하자. 이 때 파업에 참가하면 1, 반대하면 0의 값을 종속변수에 배정할 경우, 종속변수는 제한된 두 가지 값만을 취하는 가변수가 된다.

$$Y_i = \alpha + \beta X_i + u_i \tag{5-59}$$

여기서, $Y_i = 1$: 파업참가

0: 파업불참

X_i: 임금수준

모형의 식 (5-59)와 같이 설정할 경우, 이를 LPM이라 한다. $Y_i = 1$이 되는 확률을 P_i라 하면 $Y_i = 0$이 되는 확률은 $1 - P_i$가 되며, 따라서 오차항(u_i)은 이항분포를 따르게 된다. LPM모형에 OLS를 적용하면 OLS 추정량은 계속 불편성(unbiasedness)을 갖고 있으며, 표본규모가 아주 커지면

그림 5-8 LPM

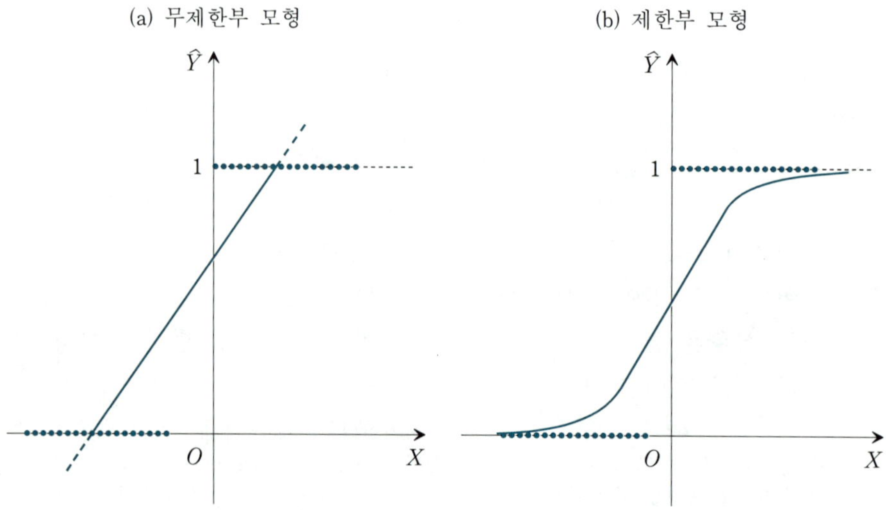

OLS 추정량은 정규분포에 접근한다. 그러나 $\text{Var}(u_i)=P_i-(1-P_i)$가 되므로 동분산 가정이 지켜질 수 없다. 따라서 다음과 같이 가중최소자승법(weighted least square method: WLS)을 사용한다.

$$\frac{Y_i}{\sqrt{W_i}}=\frac{\alpha}{\sqrt{W_i}}+\frac{\beta}{\sqrt{W_i}}+\frac{u_i}{\sqrt{W_i}} \tag{5-60}$$

여기서, $W_i=P_i(1-P_i)$

그런데 식 (5-60)과 같이 추정된 결과 도출되는 표본회귀선은 0과 1 범위를 벗어나서는 안 된다는 조건을 충족시키지 못한다는 문제가 있다. 따라서 1과 0영역 밖의 값들은 인위적으로 1과 0값을 대입시킴으로써 해소시키게 된다(〈그림 5-8〉 (b) 참조). 그러나 Y_i값이 0과 1값만을 취하기 때문에 일단 $\hat{Y}_i$를 OLS로 추정한 다음 Y_i는 X축 선상이나 $Y=1$ 선상에서만 나타나야 하므로 회귀선은 제한조건을 두었는지 여부에 따라 상이한 모양을 가진다. 그러나 어떤 경우든 간에 적합도 판정방안으로서의 R^2 값은 그 의미가 퇴색될 수밖에 없다.

(2) 로짓모형과 프로빗모형

앞서 소개한 LPM은 오차항의 비정규성과 이분산현상, 그리고 회귀선이 0과 1 밖에까지 뻗어 나간다는 점과 일반적으로 낮은 적합도(low R^2) 등의 문제를 안고 있다. 이를 해소 내지 완화하기 위해 표본크기의 증대, 가중최소자승법 및 제한조건부 최소자승법(restricted least squares method)의 적용 등을 이용한다. 그러나 이러한 문제들을 보다 본질적으로 그리고 체계적으로 해소할 수 있는 대안으로 로짓모형(logit model)과 프로빗모형(probit model)이 자주 활용되고 있다.

예컨대, 〈그림 5-9〉에서처럼 확률변수의 누적분포함수(cumulative distribution function: CDF) 모양으로 회귀분석모형을 정의함으로써 이러한 목표를 달성할 수 있다. 이 때 가장 보편적으로 활용되는 CDF가 로지스틱분포와 정규분포의 누적함수이므로 각각 로짓모형과 프로빗모형(또는 normit 모형)이라 칭한다.

따라서 로짓모형의 경우에는

그림 5-9 로짓과 프로빗의 누적확률분포

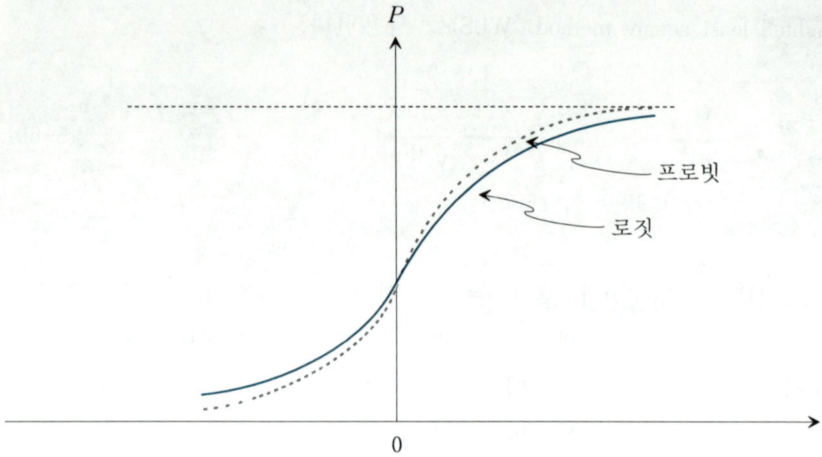

$$P_i = E[Y=1|X_i] = \frac{1}{1+e^{-(\alpha+\beta X_i)}}$$

$$= \frac{1}{1+e^{-Z}} \qquad (5\text{-}61)$$

여기서, $Z_i = \alpha + \beta X_i$

그리고 $1-P_i = 1/(1+e^Z)$가 되므로,

$$\frac{P}{1-P_i} = \frac{1+e^{Z_i}}{1+e^{-Z_i}} = e^{Z_i} \qquad (5\text{-}62)$$

그리고 양변에 log를 취하면,

$$L_i = \ln\left[\frac{P_i}{1-P_i}\right] = Z_i$$

$$= \alpha + \beta X_i \qquad (5\text{-}63)$$

가 되므로, L을 X에 대한 선형회귀식으로 파악하여 OLS 적용을 하게 된다. 여기서 L_i를 log odd-ratios라 부르는데, 이 모형에서도 오차항의 이분산문제가 발생하므로 실제로는 다음과 같은 WLS를 적용한다.[14)]

$$\sqrt{W_i}L_i = \alpha\sqrt{W_i} + \beta\sqrt{W_i}X_i + \sqrt{W_i}u_i \tag{5-64}$$

여기서, $W_i = n_i\hat{P}_i(1-\hat{P}_i)$

한편, 누적정규분포를 활용할 경우에는

$$P_i = F(S_i) = \frac{1}{\sqrt{2\pi}}\int_{-\infty}^{S_i} e^{-\frac{1}{2}Z^2}dZ \tag{5-65}$$

여기서, $Z \sim N(0, 1)$

$S_i = \alpha + \beta X_i$

와 같은 정의식을 활용한다.

예컨대, 여당지지 여부는 정치적 만족도(S_i)에 의존하는 것으로 볼 수 있는데, 만족도란 실제 계측이 불가능하여, 예컨대 경제성장률과 같은 구체적 설명변수(X_i)의 함수형태로 파악한 경우를 대상으로 설정된 모형이다(단, $S_i = \alpha + \beta X_i$). 유권자가 S_i값이 특정 수준을 상회하면 여당을, 그리고 하회하면 야당을 선택하며, 이를 $Y_i = 1$(여당투표) 또는 0(야당투표)으로 나타내는 것으로 파악한 것이다.

여당투표 if $S_i > S_i^*$

야당투표 if $S_i < S_i^*$

이 때 $S_i = F^{-1}(P_i) = \alpha + \beta X_i$가 되므로 누적확률 P_i에 대응하는 S_i값을 CDF를 이용해 찾아 낼 수 있다. 이처럼 도출된 S_i추정치가 얻어지면 (이를 표준정규분포에 대응하는 편차값이라는 뜻으로 normal equivalent deviate, 또는 간단히 n.e.d.로 표시하는데 normit라고도 한다) α와 β를 추정하는 것은

14) 이 경우에도 제4장에서 소개한 '강한 표준오차(White's robust standard error)'를 이용하여 이분산에 대처할 수도 있다. 한편, 이 경우에도 오차항은 이항분포를 따르게 되지만 표본규모(n)가 아주 커질 경우 정규분포에 가까워진다고 볼 수 있다. 즉, $u_i \sim N\left(0, \frac{1}{n_iP_i(1-p_i)}\right)$.

쉬운 일이다.

그런데 S_i값은 $P_i < 0.5$ 경우에 음수가 되는 불편한 점이 있어 통상 S_i에 5를 더한 것을 대신 사용하는데 이를 프로빗(probit)이라 정의한다.

$$\begin{aligned} probit &= n.e.d. + 5.0 \\ &= S_i + 5.0 \end{aligned}$$

물론 이 경우에도 오차항의 이분산문제 해결을 위해 WLS에 의해 추정한다. 이 때 가중치는 $W_i = nf_i^2/\{P_i(1-P_i)\}$가 된다.[15)]

예제 5-7

LPM의 추정 예

다음은 임금수준과 그에 대응하는 파업참가 여부에 관한 가상적인 자료이다. 이 자료를 이용하여 LPM을 처음에는 $\hat{Y}_i > 1$ 또는 $\hat{Y}_i < 0$이 되는 경우를 분석에서 제외한 상태에서 추정하였고, 다음에는 $\hat{Y}_i > 1$ 경우에는 $Y_i = 0.99$, 그리고 $\hat{Y}_i < 0$ 경우에는 $Y = 0.01$을 대입한 다음에 추정을 실시하여 다음과 같은 결과를 얻었다. 물론 실제 추정에 활용한 회귀식은 $Y_i/\sqrt{w_i} = (\alpha/\sqrt{w_i}) + (\beta X_i/\sqrt{w_i}) + (u_i/\sqrt{w_i})$이다.

$P_i > 1$, $P_i < 0$을 제외한 경우:

$$\frac{Y_i}{\sqrt{w_i}} = 2.78\frac{1}{\sqrt{w_i}} - 0.03\frac{X_i}{\sqrt{w_i}}$$

(21.19) (−17.98) (t값)

$R^2 = 0.94$ $d = 1.78$

$\hat{Y}_i > 1$일 때는 $Y_i = 0.99$, $\hat{Y}_i < 0$인 경우는 $Y = 0.01$을 대입한 경우:

$$\frac{Y_i}{\sqrt{w_i}} = 2.43\frac{1}{\sqrt{w_i}} - 0.02624\frac{X_i}{\sqrt{w_i}}$$

(27.46) (−19.71) (t 값)

$R^2 = 0.967$ $d = 1.73$

이상의 결과에서 우리는 급여수준이 1만 원 오를 때마다 파업의 가능성은 전자의 경우에는 3%, 그리고 후자의 경우에는 2.6%씩 감소하는 것으로

15) 이 경우 역시 '강한 표준오차' 개념을 이용하여 이분산문제에 대처할 수 있다.

임금수준(X)	파업 여부(Y)	임금수준(X)	파업 여부(Y)
79	0	99	0
58	1	87	0
92	0	74	1
52	1	72	1
64	1	61	1
92	0	90	0
53	1	53	1
76	0	94	0
77	0	57	1
67	1	80	0
66	1	75	0
58	1	75	1
100	0	79	0
99	0	58	1
100	0	66	1
66	1	93	0
96	0	83	0
67	1	89	0
94	0	96	0
59	1	51	1

추정되었음을 알 수 있다. 그리고 통상적인 LPM과 달리 R^2값이 아주 높게 나타났고 t검정통계량의 값도 유의할 만한 수준으로 계측되었다. 가중최소자승법(WLS) 대신 OLS로 추정한 경우를 참고삼아 밝혀 두면 다음과 같다.

$$Y_i = 2.59 - 0.03X_i$$
$$(13.45)\ (-11.22)$$
$$R^2 = 0.77 \qquad d = 1.75$$

예제 5-8

로짓모형의 추정 예

이제 로짓모형을 적용할 수 있는 임의의 자료를 다음과 같은 형태로 얻었다고 보고 분석을 진행해 보기로 한다. 단, 여기서의 자료는 표본크기가 아주 커서 일종의 그룹화된 유형으로 정리된 것이다.

임금수준(X)	30	33	38	40	46	51	57	60	64	70	76	82	88	91	100
해당 임금수준하의 근로자수(LN)	30	36	46	52	58	62	74	84	78	60	46	34	20	18	10
파업가담자수(SN)	4	7	11	15	18	23	32	38	36	30	26	22	14	13	8

따라서 각 임금수준별 파업참가율을 P_i라 하면

$$\widehat{P}_i=\frac{SN}{LN_i}$$

가 성립될 것이고, 따라서

$$L_i=\ln\left(\frac{\widehat{P}_i}{1-\widehat{P}_i}\right)=\alpha+\beta X_i$$

와 같은 로짓모형의 추정을 실시할 수 있다.

$$L_i=-2.7557+0.0411$$
$$(-25.4822)\ (24.8727)$$
$$R^2=0.9794 \qquad d=0.8281$$

그러나 위와 같은 추정결과는 이분산현상을 무시한 상태에서 이루어진 것이다. 일단, 검정결과 이분산현상이 존재하는 것으로 확인되었다는 가정하에

$$w_i=LN_i\widehat{P}_i(1-\widehat{P}_i)$$

위와 같이 정의된 w_i변수에 평방근값을 가중치로 삼아서 WLS를 실시해 보면

$$\sqrt{w_i}L_i=-2.5852\sqrt{w_i}+0.0387\sqrt{w_i}X_i$$
$$(-21.9619) \qquad (20.0594)$$
$$R^2=0.9703 \qquad d=0.8284$$

와 같아진다.

이제 이러한 추정결과식을 이용하여, 예컨대 $X=60$일 경우의 파업참가 가능성을 구해 보면,

$$L=-2.59+0.039(60)=-0.31$$

$$P=\frac{1}{1+e^{-L}}=\frac{1}{1+0.733}=0.423$$

그러므로 60만 원을 월급으로 받는 근로자는 42.3%의 파업참가 확률을 가진다고 볼 수 있다.

예제 5-9

프로빗모형의 추정 예

프로빗모형의 실증분석과정을 살펴보기 위해 일단 앞서 로짓모형 분석시 사용한 자료를 재활용해 보기로 한다.

임금수준(X)	30	33	38	40	46	51	57	60	64	70	76	82	88	91	100
파업가담자의 표본비율(P)	0.13	0.21	0.29	0.38	0.39	0.45	0.56	0.63	0.56	0.43	0.34	0.27	0.16	0.14	0.08
n.e.d.(S_i)	−1.10	−0.80	−0.70	−0.50	−0.50	−0.30	−0.20	−0.10	−0.10	0.00	0.16	0.38	0.52	0.59	0.84
f_i	0.21	0.27	0.31	0.34	0.35	0.38	0.39	0.40	0.40	0.40	0.40	0.37	0.35	0.34	0.28

단, 위에서 n.e.d.는 P_i값에 대응하는 표준정규변수 Z_i값을 SAS프로그램에 의해 산출해 놓은 것으로, 본 예제에서는 S_i로 표현되어 있다.[16] 이제 $S_i=F^{-1}(P_i)=\alpha+\beta X_i$를 추정하면,

$$S_i(\text{n.e.d.})=-1.6790+0.0251X_i$$
$$(-28.3711)\ (27.7078)$$
$$R^2=0.98 \qquad d=0.87$$

이 되어 위의 추정결과와는 상수항의 크기만이 5.0만큼의 차이를 보이고 있음(물론 그에 따라 t값도 변화)을 알 수 있다. 한편, 프로빗모형 또한 일반적으로 이분산현상을 유발하므로 가중최소자승법(WLS)의 적용이 요구된다. 이 때 사용되는 가중치는

$$w_i=\frac{LN_if_i^2}{P_i(1-P_i)}$$

이 되는데, 이는 S_i에 대한 식 $S_i=\alpha+\beta X_i+u_i$의 오차항의 분산이

$$\delta_u^2=\frac{P_i(1-P_i)}{LN_if_i^2}$$

이 되는 데 연유한다.[17]

16) 이종원(1994), 부록 참조.

17) 자세한 내용은 Gujarati(1988), pp. 491~504와 Griffiths *et al.*(1992), pp. 40~751 참조. 단, 윗식에서 f_i값을 산출하려면 다음과 같은 사항을 고려해야 할 것이다.

우선 $P_i=F^{-1}(P_i)$가 누적표준정규분포확률을 나타내도록 정의되었으므로 이 함수의 1차 도함수인 f_i는 표준정규밀도함수의 의미를 갖게 된다. 그런데 문제는 여기서 S_i 대신 값이 주어졌을 때 이에 대응하는 f_i값을 산출해야 한다는 점에 있다. 따

일단 이상과 같은 과정을 통해 산출한 w_i값을 이용하여 $S_i = \alpha + \beta X_i + u_i$를 다음과 같이 전환시킨 다음 OLS를 실시하면 이것이 바로 WLS효과를 갖게 된다.

$$S_i\sqrt{w_i} = -1.6621\sqrt{w_i} + 0.0251X_i$$
$$(-21.4049) \quad (17.2421)$$
$$R^2 = 0.9705 \qquad d = 0.8939$$

7.2. 가변계수모형(models with varying coefficient)

전통적인 회귀방정식은 회귀계수가 일정한 상수값을 갖는 모수(parameter)라고 보고 그 값을 추정하고, 또 그 추정치에 의해 예측을 수행한다. 그러나 최근 들어 경제구조가 보다 복잡해지고 경제행태 또한 변모를 거듭하는 현상이 일반화되면서 미래에 대한 불확실성이 높아지고, 예측 또한 정확성이 점차 떨어지는 결과를 초래하고 있다.

이는 모형이 표본공간에서는 적합하지만 경제구조의 변화가 발생한 표본공간 밖에서는 적절치 못한 경우로 이해할 수 있다(물론 모형이 표본공간 내에서조차 적합하지 못한 경우를 배제할 수는 없지만). 이러한 경우, 보다 정확한 예측을 수행할 수 있는 다양한 방법론이 모색되었는데, 그 중 하나가 바로 가변계수의 활용방안이라 할 수 있으며, variable parameter model 또는 (time) varying parameter model 등으로 불린다. 이 모형은 추정상의 적합도는 물론 예측능력을 개선하고자 회귀계수값이 변화할 수 있도록 가정한 분석모형이라 할 수 있는데, 회귀계수 변화유형에 따라 체계적 변동계수(systematic coefficient variation)모형 · 전환회귀(switching regression)모형 · 선형호함수(linear spline function)모형 · 연속적 변동계수(continuous parameter variation)모형 등으로 구분된다.

라서 $P_i = F(S_i)$를 일단 다음과 같이 변형시킨 다음

$$S_i = F^{-1}(P_i)$$

이를 f_i와 연관시키면 다음과 같은 결과식이 성립된다.

$$f_i = \frac{1}{\sqrt{2\pi}}\exp\left(-\frac{1}{2}S_i^2\right)$$

단, 실제로는 추정된 $\hat{\rho}_i$값에 대응하는 $\hat{S}_i$값을 찾아 윗식에 대입하게 된다. 이와 같은 과정에 따라 산출된 f_i값이 자료표 하단에 제시되어 있다.

(1) 체계적 변동계수모형

체계적 변동계수모형이란 계수가 변동하는 시점과 방식을 미리 예상할 수 있을 정도로 계수변동이 일정한 규칙성 내지 체계성을 갖는 경우를 지칭하는 것으로 대표적인 경우로 계절변동이 고려되는 모형을 들 수 있다.

$$Y_t = \alpha + \beta X_t + \gamma_2 D_{2t} + \gamma_3 D_{3t} + \gamma_4 D_{4t} + \varepsilon \quad (5\text{-}66)$$

여기서, $D_{it}=1$: i번째 분기 경우

$D_{it}=0$: 기타 경우

$$Y_t = \alpha + \beta_t X_t + \varepsilon_t \quad (5\text{-}67)$$

$$\beta_t = \beta + \gamma_t \quad (5\text{-}68)$$

$$Y_t = \alpha + \beta X_t + \gamma_t X_t + \varepsilon_t \quad (5\text{-}69)$$

식 (5-61)은 D_{it}가 계절별 변동을 고려할 수 있는 가변수(dummy variable)로서 이들의 존재로 인해 표본회귀선의 절편값이 변화할 수 있도록 설계된 모형이며, OLS에 의해 회귀계수를 쉽게 추정할 수 있는 상황을 보여 주고 있다.

한편, 식 (5-67)은 식 (5-68)과 식 (5-69)를 결합시켜 얻은 것으로 기울기 자체(회귀계수값)가 시간경과에 따라 체계적으로 변화(예컨대, 선형추세를 가지며)하는 상황을 나타내고 있다. 예컨대, 기술진보 등에 따라 회귀계수값이 일정한 증가율을 가지며 변화한다고 볼 수 있는 경우 등에 이러한 모형을 설정할 수 있으며, 이러한 가설에 대한 진위는 귀무가설 H_0: $\gamma=0$에 대한 t검정을 통해 확인할 수 있다.

(2) 전환회귀모형

경제구조가 어느 시점을 경과하면서 변화한다고 볼 수 있을 때(예컨대, 특정한 사건의 발생 또는 견딜 수 있는 한계상황이 돌파되는 등의 경우) 동 시점을 기준으로 전·후 시기의 구조회귀계수값이 변화되는 상황을 고려할 수 있는 모형을 전환회귀모형이라 한다. 그런데 노사 간의 임금협상이 타결되었다든지 또는 독과점기업 간에 카르텔이 형성되었다든지 하는 구체적 사건이 발행할 경우에는 구조전환시점이 알려질 수도 있으나 전환시점을 추정 전에 확실히 알 수 없는 경우도 있다.

$$Y_t = \alpha_1 + \beta_1 X_t + \varepsilon_t \qquad t = 1, 2, \cdots\cdots, t^* \tag{5-70}$$

$$Y_t = \alpha_2 + \beta_2 X_t + \varepsilon_t \qquad t = t^*+1, t^*+2, \cdots\cdots, n \tag{5-71}$$

$$Y_t = \alpha_1 + \beta_1 X_t + (\alpha_2 - \alpha_1) D_t + (\beta_2 - \beta_1) X_t D_t + \varepsilon_t \tag{5-72}$$

여기서, $D_t = 0$: $1 \leq t \leq t^*$

$D_t = 1$: $t^*+1 \leq t \leq n$

$$L = -\frac{n}{2}\log(2\pi) - \frac{t^*}{2}\log(\sigma_1^2) - \frac{(n-t^*)}{2}\log(\sigma_2^2) - \frac{1}{2\sigma_1^2}\sum_{t=1}^{t^*}(Y_t - \alpha_1 - \beta_1 X_t)^2 + \frac{1}{2\sigma_2^2}\sum_{t=t^*+1}^{n}(Y_t - \alpha_2 - \beta_2 X_t)^2 \tag{5-73}$$

만일 전환시점(t^*)을 알 수 있을 경우에는 식 (5-65)와 식 (5-66)을 가변수를 이용하여 식 (5-67)과 같이 결합시킨 다음 OLS를 적용하면 된다. 한편, 전환시점이 불투명할 경우에는 식 (5-68)과 같은 우도함수를 작성한 후 $t^*=3$부터 $t^*=n-3$까지 바꾸어 가며 L값을 극대화시키는 최우추정치들을 산출한 뒤, 이들 중 L값이 가장 큰 t^*를 전환시점으로 보고 이에 대응하는 계수값들을 MLE로서 선정할 수 있다.

이 때 구조전환의 정도가 유의할 만한 수준이었는지를 검정하는 데에는 다음과 같은 우도비율(likelihood ratio)이 쓰인다.

$$LR = \frac{L(\hat{w})}{L(\hat{\Omega})} \tag{5-74}$$

위 식에서 $L(\hat{\Omega})$는 L함수의 총체적 극대값(global maximum)을 뜻하고, $L(\hat{w})$는 구조전환이 발생하지 않아 단일방정식(고정회귀계수)으로 추정할 때 L의 극대값을 나타낸다.

(3) 선형호함수모형

앞서 설명한 전환모형은 구조전환시점에서 두 회귀선이 떨어져 나가

그림 5-10 두 가지 전환유형

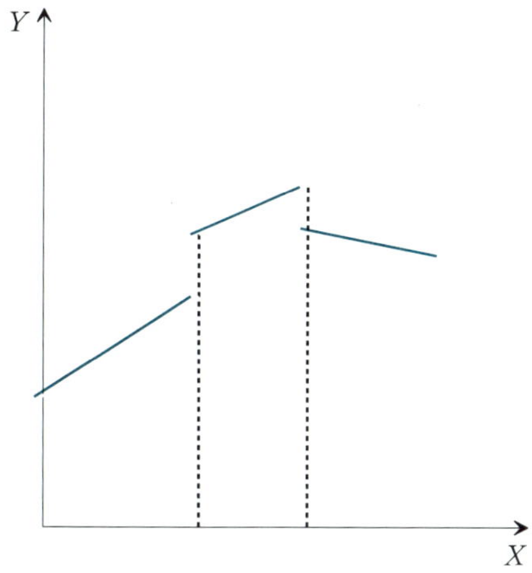

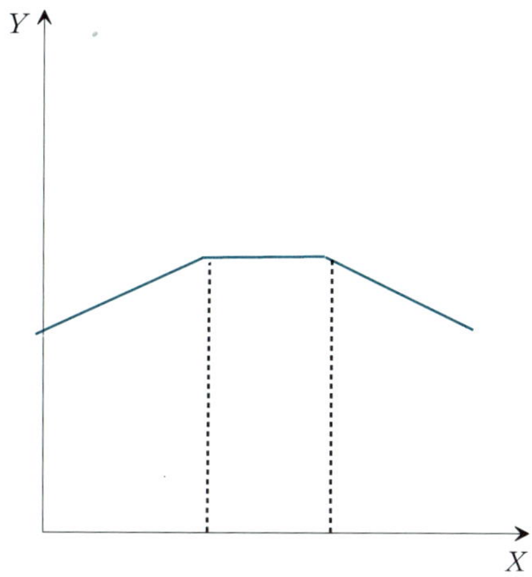

버리는 현상이 발생할 가능성을 내포하고 있다는 문제점이 있다. 이러한 한계성을 보완하고자 전환시점에서 두(또는 둘 이상의) 회귀선이 서로 만날 뿐 아니라 회귀계수(기울기)값의 변화도 상대적으로 작은 상황을 대변할 수 있는 모형이 제시되었는데, 이를 선형호함수모형(linear spline function model or piecewise regression model) 또는 부분적 선형회귀모형이라 한다.

$$Y_t=\alpha_1+\beta_1X_t+u_t, \qquad t\le a$$
$$Y_t=\alpha_2+\beta_2X_t+u_t, \qquad a<t<b$$
$$Y_t=\alpha_3+\beta_3X_t+u_t, \qquad b\le t \qquad (5\text{-}75)$$

〈그림 5-10〉에서 (a)는 전환회귀모형의 경우를 나타내며, (b)는 부분회귀선이 서로 만날 뿐 아니라 전환의 정도도 완만한 경우를 보여 주고 있다. 이 때 연결된 회귀선이 마치 원의 호를 선형의 형태로 표현(그래서 실제로는 현이 됨)한 것처럼 보인다 해서 spline함수모형이라 일컫고 있다.

식 (5-75)를 아무런 제약 없이 독립적으로 세 방정식을 회귀분석할 경우에는 〈그림 5-10〉 (a)와 같은 전환모형이 될 가능성이 높다. 따라서

(b)와 같은 모형을 원한다면 제약조건이 추가될 필요가 있다.

$$w_{1t}=t$$

$$w_{2t}=\begin{cases}0 & : t\leq a \text{ 경우} \\ t-a: & a<t \text{ 경우}\end{cases} \qquad (5\text{-}76)$$

$$w_{3t}=\begin{cases}0 & : t\leq b \text{ 경우} \\ t-b: & b<t \text{ 경우}\end{cases}$$

$$Y_t=\alpha_1+\delta_1 w_{1t}+\delta_2 w_{2t}+\delta_3 w_{3t}+u_t \qquad (5\text{-}77)$$

$$\beta_1=\delta_1$$

$$\beta_2=\delta_1+\delta_2, \qquad \alpha_2=\alpha_1-\delta_2 a \qquad (5\text{-}78)$$

$$\beta_3=\delta_1+\delta_2+\delta_3, \quad \alpha_3=\alpha_2-\delta_3 b$$

여기서, $\alpha_1+\beta_1 a=\alpha_2+\beta_2 a$ (5-79)

$\alpha_2+\beta_2 b=\alpha_3+\beta_3 b$

즉, 식 (5-75)를 식 (5-77)과 같은 방정식으로 전환한 다음 식 (5-79)와 같은 제약하에 OLS를 적용하는 것이다(물론 원래의 회귀계수 α와 β_i는 식 (5-78)을 이용해 도출될 수 있다).

(4) 연속적 변동계수모형

회귀계수값이 일정 기간 동안 고정되는 대신 계속적으로 변화하는 상황에 대응하여 적용할 수 있는 모형을 연속적 변동계수모형이라 통칭하는데, 여기에는 적응적 회귀모형(adaptive regression model)·확률적 계수모형(random coefficient model) 그리고 확률적 수렴계수모형(stochastically convergent parameter model) 등이 있으나 자세한 설명은 생략한다.[18]

18) 관심 있는 독자는 G. S. Maddala(1977), ch. 17 참조.

6

연립방정식모형에 의한 예측

1. 연립방정식모형의 특성
2. 연립방정식모형
3. 식별문제
4. 연립방정식의 추정
5. 제 추정방법의 비교
6. 의태분석: (추정)결과의 평가와 예측
7. 연립방정식 추정에 대한 새로운 접근법
8. 종합예제: 간이 거시계량경제모형

1 연립방정식모형의 특성

경제현상은 매우 복잡하고 또 서로 연관성이 높으므로 특정 변수(종속변수)를 예측함에 있어 단지 한두 개의 주요 설명변수만을 활용하는 단일방정식체계만으로 만족스러운 예측결과를 얻기 어려운 경우가 많다. 따라서 변수 간의 연관관계 및 상호작용을 체계적으로 설명할 수 있는 여러 개의 방정식을 동시에 고려하기도 하는데, 이를 연립방정식체계라 한다. 이러한 분석모형은 특히 거시경제이론의 발전과 함께 일반균형분석적 접근을 중시하는 사조와 더불어 정교한 논리에 기반을 둔 경제행태분석과 정책효과분석 그리고 경제예측에 광범위하게 활용되어 왔다.

그런데 연립방정식모형에서는 한 방정식에서 종속변수 역할을 담당한 변수가 여타 방정식에서는 설명변수 역할을 담당하기도 한다. 이러한 변수를 내생변수(endogenous variables)라 하는데, 그 값이 연립방정식체계 내에서 결정되고 설명되어야 하는 일종의 미지수의 의미를 갖는다. 따라서 연립방정식체계 내의 내생변수의 수는 연립방정식체계 내의 독립적인 방정식의 수와 같아져야 한다.

한편, 모형 밖에서 (이미) 그 값이 결정되는 변수를 선결변수(pre-determined variables)라 한다. 예컨대, 정책당국에 의해 그 값이 결정되는 통화공급 및 정부지출 등과 같은 정책변수 또는 기후조건처럼 우리가 조절할 수 없는 외생변수(exogenous variables), 그리고 내생변수이지만 시차가 있어 현 시점에서 볼 때 이미 그 값이 알려져 있는 내생시차변수(lagged endogenous variables)들이 이에 속한다.

그러나 상당히 많은 경우에 내생변수와 선결변수의 구분은 자의적인 것으로 분석가의 목적에 따라 규정되기도 한다. 즉, 방정식체계 내에서의 상호 연관관계를 중심으로 그 값을 설명하고자 계획한 변수는 모두 내생변수가 된다. 한편, 성격상 내생변수로 취급할 수 있는 변수라 하더라도 그 변수가 여타 변수와의 상호 교호작용을 고려할 때 그 중요성이 상대적으로 작거나 연구자의 주 관심대상이 되지 못할 경우에는 선결변수로 규정할 수도 있다. 그러나 어떤 경우를 막론하고 연립방정식체계 내의 내생변수의 수는 연립방정식체계 내의 독립적인 방정식의 수와 같아져야 한다.

결국 연립방정식모형이란 주어진 외생변수값에 근거하여 내생변수값들을 구해 내기 위한 것이라 볼 수 있으며, 따라서 모든 내생변수들이 종속변수로만 등장한다면 추정상 아무런 문제가 없다. 그러나 내생변수들은 연립방정식체계 내의 여러 방정식에 동시에 출현하되 때로는 종속변수 위치에 그리고 때로는 설명변수 위치에 나타나며, 각 방정식은 적어도 이러한 내생변수를 두 개 이상 포함하고 있다. 따라서 내생변수 간의 상호교호작용(effect and feedback effect) 및 연관관계(inter-dependence)를 파악하지 않고는 이들 내생변수값을 알아 낼 수 없다는 특성을 갖고 있다.

예컨대, 다음 방정식체계에서 Y_i는 내생변수, X_i는 선결변수를 나타낸다고 하자.[1)]

$$Y_1=\alpha_1+\alpha_2 Y_2+\alpha_3 X_1+u_1 \tag{6-1}$$
$$Y_2=\beta_1+\beta_2 Y_3+\beta_3 X_2+u_2 \tag{6-2}$$
$$Y_3=\gamma_1+\gamma_2 Y_1+\gamma_3 X_3+u_3 \tag{6-3}$$

각 방정식에는 두 개씩의 내생변수가 교차적으로 나타나고 있으며, 각 내생변수는 종속변수 및 설명변수의 역할을 동시에 담당하고 있다. 따라서 설명변수가 일방적으로 종속변수에 영향을 미치는 것으로 파악하던 단일방정식모형에서의 규범은 더 이상 성립되지 못한다. 연립방정식체계에서의 인과관계는 내생변수 간의 쌍방통행적이며 상호 의존적인 특성을 갖고 있다.

한편, 통상적으로 회귀방정식에 OLS를 적용할 때 우리는 설명변수와 오차항이 서로 독립적이라고 가정한다. 그러나 위 식들에서처럼 Y_1, Y_2 및 Y_3와 같은 내생변수가 각 방정식에서 설명변수의 역할을 담당할 경우 이들 내생변수와 오차항이 서로 독립적이란 가정은 더 이상 현실적인 것이 못 된다. 이러한 상황은 결과적으로 OLS 추정량의 불편성과 일치성을 파괴하게 된다. 따라서 별도의 추정방안을 강구해야 할 필요가 발생한다.

1) 제4장과 제5장에서는 모회귀모형의 오차항을 ε_I로 표기하였으나, 본 장에서는 연립방정식모형 분석의 전통에 따라 구조방정식의 경우에는 u_I, 유도방정식의 경우에는 v_I로 표기하고 있음에 유의하기 바란다.

이와 같은 상황에서 활용할 수 있는 방안 중 하나로 수단변수의 사용을 들 수 있다. 우리는 이미 제4장에서 설명변수와 오차항 간의 독립성이 유지되지 못하는 이른바 변수오차(errors-in-variables)현상을 살펴본 바 있는데, 그 경우에서도 OLS 추정량이 불편성과 일치성을 상실하는 문제를 해소하고자 수단변수(instrumental variable)를 활용한 바 있음을 상기하기 바란다.

여하튼, 현실적으로 어떤 경제행위가 여러 경제여건이나 정책 및 여타 경제주체의 행태와 완전히 독립적으로 이루어질 수는 없다. 따라서 단일방정식에 의해 일방적인 인과관계를 설정함으로써 어떤 경제행위를 분석하고자 시도하는 것은 적어도 이러한 차원에서 한계를 갖고 있다. 그러나 특정 경제행위에 미치는 여타 요인들의 영향력이 무시해도 좋을 만큼 미미하다고 볼 수 있는 경우에는 단일방정식의 활용이 정당화될 수도 있다. 말하자면, 이른바 '*ceteris paribus*', 즉 여타 조건이 일정하다는 가정이 큰 문제가 되지 않을 때 특정 변수 간에 성립되는 함수관계를 분석하는 부분균형(partial equilibrium) 분석방법을 적용할 수 있다는 논리와 같은 맥락에서 이해될 수 있다. 반면 연립방정식체계란 일반균형(general equilibrium) 분석적인 방법론을 토대로 하는 분석모형이라고 이해할 수 있을 것이다.

2 연립방정식모형

2.1. 구조방정식체계

여러 경제변수 간의 상호 (의존)관계 구조를 하나의 통일된 연립방정식체계로 묘사한 것을 구조방정식(structural form equation)이라 한다. 그런데 이들 구조방정식은 경제변수 간의 상호 의존적 경제행위 및 행태를 구체적으로 표현한 방정식이라 하여 행태방정식(behavioral equation)이라고도 불린다.

우선 가장 보편적인 구조방정식모형을 중심으로 연립방정식체계의 특성을 다시 한 번 확인해 보기로 한다.

$$Y_1=\alpha_1+\alpha_2Y_2+\alpha_3Y_3+\alpha_4X_1+\alpha_5X_2+u_1 \quad (6\text{-}4)$$

$$Y_2=\beta_1+\beta_2Y_1+\beta_3Y_3+\beta_4X_1+\beta_5X_2+u_2 \quad (6\text{-}5)$$

$$Y_3=\gamma_1+\gamma_2Y_1+\gamma_3Y_2+\gamma_4X_1+\gamma_5X_2+u_3 \quad (6\text{-}6)$$

여기서, $u_i \sim N(0,\ \sigma^2_{u_i})$

$$E[u_{it},\ u_{jt}]=0$$

위 식들에서 Y_i는 내생변수, X_i는 선결변수를 각각 나타내고 있는데, 방정식체계 내에서 그 값이 결정되어야 하는 내생변수들이 서로 엇갈려 가며 영향력을 미치는 것으로 방정식체계의 구조가 정립되어 있다. 이와 같은 내생변수 간의 상호연관성으로 인해 어느 한 내생변수값도 방정식체계 내의 모든 방정식을 동시에 풀지 않고는 구할 수 없게 된다. 바로 이러한 특성이 연립방정식체계의 기본적 특성이라 할 수 있다. 그리고 이러한 특성을 갖게 하는 구조방정식의 내용, 즉 각 방정식마다 두 개 이상의 내생변수가 포함된다는 사실이 더 이상 OLS를 그대로 적용할 수 없게 만들고 있다. 내생변수는 그 값이 사전에 주어지는 선결변수처럼 상수(constant)적인 특성을 갖는 것이 아니라 확률변수적(stochastic)인 특성을 가지며, 따라서 오차항들과 독립성을 유지할 수 없게 된다. 이러한 사실을 떠나서라도 식 (6-4)에서 Y_1은 u_1의 영향을 받으며, 식 (6-5)에서는 Y_2가 이러한 Y_1의 함수로 표현되었을 뿐 아니라 다시 식 (6-4)에서는 Y_1이 스스로의 함수로 표현된 Y_2의 함수로 정의되고 있어, 결국 Y_2가 u_1과 독립적이란 가정을 할 수 없음을 잘 알 수 있다.

2.2. 유도방정식체계

식 (6-4), 식 (6-5) 및 식 (6-6)과 같은 통상적인 구조방정식에 의해 대표되는 연립방정식체계는 각 방정식에 두 개 이상의 내생변수들을 포함시킴으로써 상호간의 연관구조를 표현하고 있으며, 또 이로 인해서 OLS의 적용이 곤란해진다는 사실을 확인한 바 있다. 또한 이러한 방정식체계는 일반적으로 내생변수의 총수가 방정식의 수와 같아지는데, 이는 곧 미지수의 수와 방정식의 수가 같다는 의미로 이해될 수 있다. 내생변수란 연립방정식체계 내에서 그 값이 결정되는 일종의 미지수 역할을 하기 때문이다. 그렇다면 수학적 계산과정을 통해 이러한 연립방정식의 해를 구할 수 있으며, 그 결과는 미지수인 내생변수를 기지수인 선결변수들의 함수형태로 나타낸 수식이 될 것이다. 이와 같은 과정에 따라 구조방정식으로부터 도출된 수식, 즉 각 내생변수들을 선결변수들만으로 표현한 방정식들은 구조방정식모형의 유도형 방정식체계(reduced form equations system)라 일컫는다. 물론 이 때 유도형 방정식모형의 회귀계수는 구조방정식모형상의 회귀계수들의 함수로 표현될 수 있다.

만일 식 (6-4), 식 (6-5) 및 식 (6-6)과 같은 구조방정식모형으로부터 유도형 방정식모형을 도출한다면 다음과 같은 모양을 하게 된다.

$$Y_1 = \Pi_{10} + \Pi_{11}X_1 + \Pi_{12}X_2 + v_1 \tag{6-7}$$
$$Y_2 = \Pi_{20} + \Pi_{21}X_1 + \Pi_{22}X_2 + v_2 \tag{6-8}$$
$$Y_3 = \Pi_{30} + \Pi_{31}X_1 + \Pi_{32}X_2 + v_3 \tag{6-9}$$

그리고 유도형 모형의 회귀계수 Π_{ij}들은 α_i, β_i 및 γ_i의 함수형태로 표현될 수 있게 되는데, 그 구체적 과정은 다음 절로 미룬다.

이상과 같은 유도방정식모형이 갖는 특성 중 중요한 것으로 다음의 두 가지를 들 수 있다.

① 일단 구조방정식모형이 유도방정식모형으로 전환되면 각 내생변수는 오로지 선결변수만의 함수가 된다. 한편, 선결변수란 일반적으로 상수에 준하는 것이어서 오차항과의 독립성을 유지하는 데 별 문제가 없다. 따라서 구조방정식모형에서 문제가 되었던 추정상의 문제는 더 이상 문제되지 않는다. 따라서 일단 식 (6-7), 식 (6-8), 식 (6-9)와 같은 유도형 방정식을 먼저 OLS로 추정한 뒤 추정된 $\hat{\Pi}_{ij}$값을 이용하여 $\hat{\alpha}_i$, $\hat{\beta}_i$ 및 $\hat{\gamma}_i$ 값들을 산출할 수도 있는데, 이러한 추정방법을 간접최소자승법(indirect least squares method: ILS)이라 한다.

② 구조방정식에서의 회귀계수값들이 선결변수 및 여타 내생변수값들의 변화에 대응하는 즉시적인 영향력을 계측해 주는 반면, 유도형 방정식에서의 회귀계수들은 방정식체계 내의 각 선결변수가 궁극적으로 각

내생변수에 미치게 된 영향력의 정도를 종합적으로 계측해 준다. 이러한 이유로 해서 전자를 상대적 단기승수(shorter-run multiplier)라 하고, 후자를 상대적 장기승수(longer-run multiplier)라 부르기도 한다.[2)] 따라서 특정 정책 효과를 분석하거나 예측을 수행할 경우에는 유도형 방정식을 활용하게 된다.

3 식별문제

앞 절에서 우리는 연립방정식체계란 단지 여러 개의 방정식을 나열해 놓은 집단이 아니며, 축차적이거나 외견상 무관해 보이는 회귀모형들의 결합체도 아닌 것을 확인한 바 있다. 이러한 과정에서 우리는 연립방정식체계가 정상적으로 성립되려면 각 변수가 조직적으로 유기적 상호의존성을 가져야 함을 확인한 셈이다. 바꾸어 말하자면, 의미가 있는 또는 정상적인 조작이 가능한 연립방정식체계가 정립되려면 최소한 몇 가지 요건이 충족되어야 한다는 것이다. 또한 역시 앞 절에서 우리는 연립방정식체계는 구조방정식 형태로서는 OLS 적용이 곤란하지만 유도형 방정식을 이용한 간접최소자승법에 의해 추정상의 애로를 해소할 수도 있다는 것을 확인하였다. 그러나 이러한 ILS는 항상 적용가능한 것이 아니다. 이상에서의 논의는 정상적인 연립방정식체계가 성립되려면, 그리고 유도방정식을 이용한 ILS의 적용이 가능하려면 특정한 요건이 충족되어야 함을 시사하고 있다. 바로 이러한 문제에 대한 대응책을 마련하는 과정에서 발생하는 문제가 바로 식별문제(identification problem)라 할 수 있다.

식별문제란 결국 유도방정식모형에서의 회귀계수를 이용하여 구조방정식모형의 회귀계수를 추정하는 이른바 간접최소자승법(ILS)을 이용하여 일관성 있는 추정량의 도출이 가능한지 여부를 확인하는 문제라고 할 수

2) 여기서 유도방정식에서의 회귀계수를 상대적 장기승수라 일컫는 것은 이것이 단지 구조방정식에서의 계수에 비해 상대적으로 장기에 해당된다는 것일 뿐 실제로 그 효과가 장기간에 걸쳐서야 계측될 수 있다는 의미를 갖는 것이 아니다. 따라서, 예컨대 의태분석모형에서는 이 계수가 단기승수 또는 충격승수(short-run or impact multiplier) 등으로 불리고 있으므로 혼란이 없기 바란다.

있다. 따라서 일반적으로 우리는 모형의 추정에 앞서서 우선 구조모형이 식별될 수 있는지 여부를 확인하게 되며, 그러한 연후에 비로소 (식별결과에 따라) 어떠한 추정방법을 적용하는 것이 보다 바람직한지를 선택하게 된다.

구조모형 내의 방정식은 만일 그 회귀계수들이 유도방정식의 회귀계수들로부터 도출하는 것이 불가능할 경우 그 방정식은 과소식별(under identified) 또는 비식별(unidentified)되었다고 하고, 그 반대 경우를 식별(identified)되었다고 한다. 그리고 식별된 경우는 유도방정식 계수들로부터 구조방정식 계수값들이 유일하게 산출될 경우를 정확히 식별(exactly identified)되었다고 하고, 2개 이상의 값으로 나타날 경우를 과대식별(over-identified)되었다고 한다.

- 식별 여부
  - 과소식별 또는 비식별
  - 식별
    - 정확한 식별
    - 과대식별

3.1. 식별을 위한 필요조건: 차수조건

결국 식별이란 기본적으로 유도방정식의 회귀계수로부터 구조방정식의 회귀계수들을 도출할 수 있는지 여부를 확인하는 문제로 이해할 수 있다. 그러나 연립방정식체계의 규모가 커지면 유도형 모형을 이용하여 식별하는 방법은 거의 불가능하리만큼 복잡해진다. 따라서 유도형 모형을 이용하지 않고도 구조방정식모형을 식별할 수 있는 별도의 방법이 요청된다. 이러한 요구에 부응한 보다 조직적인 식별방법으로 차수조건(order condition)과 계수조건(rank condition)이 있다. 전자는 필요조건이지만 후자는 충분조건을 제공해 준다.

• 식별을 위한 필요조건: 차수조건

$$G^{\Delta\Delta}+K^{**}\geq G-1 \qquad (6\text{-}10)$$

또는

$$K^{**} \geq G^{\Delta} - 1 \tag{6-11}$$

여기서, G: 방정식의 총수; 내생변수의 총수

G^{Δ}: 특정 방정식에 나타난 내생변수의 수

$G^{\Delta\Delta}$: 특정 방정식에서 제외된 내생변수의 수

$G = G^{\Delta} + G^{\Delta\Delta}$

K: 선결변수의 총수

K^{*}: 특정 방정식에 나타난 선결변수의 수

K^{**}: 특정 방정식에서 제외된 선결변수의 수

$K = K^{*} + K^{**}$

따라서 식 (6-10), 식 (6-11)은 다음과 같이 표현될 수 있다.

$$\begin{bmatrix}\text{특정 방정식에서 배제된} \\ \text{내생 및 선결변수의 총수}\end{bmatrix} \geq \begin{bmatrix}\text{연립방정식체계 내의} \\ \text{방정식 총수}\end{bmatrix} - 1$$

또는

$$\begin{bmatrix}\text{특정 방정식에서 배제된} \\ \text{선결변수의 총수}\end{bmatrix} \geq \begin{bmatrix}\text{특정 방정식에 포함된} \\ \text{내생변수의 수}\end{bmatrix} - 1 \tag{6-12}$$

그런데 실제로 식 (6-10)과 식 (6-11)은 동일한 것이다. 왜냐하면,

$$G^{\Delta\Delta} + K^{**} \geq G - 1$$
$$K^{**} \geq G - 1 - G^{\Delta\Delta}$$
$$\therefore K^{**} \geq G^{\Delta} - 1 \qquad (\because G^{\Delta} = G - G^{\Delta\Delta})$$

와 같아지기 때문이다.

그런데 이상에서 소개한 식별을 위한 차수조건은 일견해서 이해하기도 어렵고 또 증명하기도 번거로운 것이다. 우선 이 조건을 도출된 경위에 근거하여 설명하면 다음과 같다.

식 (6-10) 또는 식 (6-11)에 나타난 조건식은 원래 유도방정식을 이용하여 구조방정식 계수를 도출할 때 형성된 방정식의 수는 K^{**}가 되는 반면 미지수의 수는 $(G^{\Delta}-1)$이 되는 데 연유한다. 방정식의 수가 미지수 숫자보다 작아서는 해가 없다는 사실에 근거한 조건식이다. 여기서 미지

의 수가 식별중인 방정식에 나타난 내생변수의 수보다 1이 적은 것은 내생변수 중 하나가 종속변수로 표현된 구조방정식에서 그 계수는 1로(일종의 numeraire 역할을 함) 이미 정해져 있고, 따라서 여타 내생변수의 계수는 종속변수의 위치에 있는 내생변수와의 상대비율로 이해할 수 있다는 데 기인한다.

3.2. 식별을 위한 충분조건: 계수조건

앞서 소개한 차수조건은 유도방정식모형으로부터 구조방정식 계수를 도출할 때 형성되는 방정식의 숫자(K^{**})가 미지수의 숫자($G^{\Delta}-1$)보다 작아서는 안 된다는 최소한의 필요조건식의 의미를 갖는다고 지적한 바 있다. 그런데 여기서 방정식 숫자를 대변하는 K^{**}에 대해서 한 가지 문제가 제기될 수 있다. 즉, 과연 K^{**}개의 방정식들이 서로 1차 독립적인가 하는 점이다. 만일 이 방정식들 중 일부가 서로 1차 함수관계에 있다면 실제 활용가능한 독립적인 방정식의 수는 K^{**}보다 작아질 것이기 때문이다. 따라서 우리가 실제로 확인해야 할 사항은 서로 1차 독립적인 방정식 숫자가 미지수의 숫자와 같아지는지를 별도로 확인할 필요가 생긴다. 바로 이러한 필요성을 충족시키는 조건식을 계수조건(rank condition)이라 하는데, 이것이 바로 식별을 위한 충분조건의 역할을 담당하게 된다. 계수조건을 그 도출과정은 생략하고[3] 결과만을 제시하면 다음과 같다. 단, 이 조건식은 차수조건의 정의식인 식 (6-11)의 우측 항과 관련한 계수의 의미를 갖고 있음을 유의하기 바란다.

• 식별을 위한 충분조건: 계수조건

$$r(\Pi_{\Delta,**})=G^{\Delta}-1 \qquad (6\text{-}13)$$

(1차 독립적인 방정식의 수)=(미지수의 수)

그런데 식 (6-13)은 직접 활용하기가 번거로워 보통은 다음 식으로 대체하여 사용한다.

3) 자세한 내용은 이종원(1994), 제15장 보론 참조.

• 간편화된 계수조건

$$r(\Delta)=G-1 \tag{6-14}$$

여기서, $\Delta=[B_{\Delta\Delta}\Gamma_{**}]$

식 (6-14)는 $r(\Pi_{\Delta**})=r(\Delta)-G^{\Delta\Delta}$가 되는 관계식을 이용하여 재정리한 것이다. 즉,

$$r(\Pi_{\Delta,**})=r(\Delta)-G^{\Delta\Delta}=G^{\Delta}-1$$

$$\therefore r(\Delta)=G^{\Delta}+G^{\Delta\Delta}-1=G-1$$

식 (6-14)가 시사하는 바를 서술적으로 정리하면 다음과 같다(단, 이 조건식은 차수조건의 정의식인 식 (6-10)의 우측 항과 관련한 계수(rank)의 의미를 갖고 있다).

구조방정식이 식별되기 위한 필요충분조건은 "그 방정식에 포함되지 않은 모든 내생 및 선결변수들의 계수로 이루어진 행렬의 계수가 $G-1$, 즉 연립방정식체계 내의 모든 변수의 숫자보다 하나가 작은 수와 같아져야 한다는 것이다."

예제 6-1

식별을 위한 충분조건의 성립 여부

식별을 위한 충분조건이 만족되는지의 여부를 확인하기 위해 수요·공급 모형을 예로 들어 본다.

수요함수: $Q_t^d=a_1+a_2P_t+a_3Y_t+u_{1t}$

공급함수: $Q_t^s=b_1+b_2P_t+b_3W_t+u_{2t}$

균형조건: $Q_t^d=Q_t^s$

여기서, Q_t^d: 수요량

Q_t^s: 공급량

P_t: 시장가격

W_t: 임금

Y_t: 소득

이를 일반적인 구조방정식형태로 정리하면 다음과 같다.

$$Q_t^d - a_1 - a_2 P_t - a_3 Y_t = u_{1t}$$
$$Q_t^s - b_1 - b_2 P_t - b_3 W_t = u_{2t}$$
$$Q_t^d - Q_t^s = 0$$

그리고 구조계수를 행렬형태로 정리하면

	Q_t^d	Q_t^s	P_t	Y_t	W_t
수요함수	1	0	$-a_2$	$-a_3$	0
공급함수	0	1	$-b_2$	0	$-b_3$
균 형 식	1	-1	0	0	0

과 같아지며, 수요함수의 식별을 확인하고자 $r(\Delta)$을 구하면 다음과 같다.

$$r(\Delta) = r[B_{\Delta\Delta}\Gamma_{**}]$$
$$= r\begin{bmatrix} 1 & 0 & -a_2 & -a_3 & 0 \\ 0 & 1 & -b_2 & 0 & -b_3 \\ 1 & -1 & 0 & 0 & 0 \end{bmatrix}$$
$$= r\begin{bmatrix} 1 & -b_3 \\ -1 & 0 \end{bmatrix} = 2$$

한편,

$$G - 1 = 3 - 1 = 2$$

그러므로 수요함수는 식별된다.

마찬가지 방법으로 공급함수에 대하여 계수조건을 적용해 보면

$$r(\Delta) = r\begin{bmatrix} 1 & -a_3 \\ -1 & 0 \end{bmatrix} = 2$$

이므로 역시 식별된다.

이상과 같은 식별을 위한 충분조건인 계수조건을 식별을 위한 필요조건인 차수조건과 종합하여 정리하면 다음과 같다.

① $K^{**} > G^{\Delta} - 1$
$r(\Pi_{\Delta,**}) = G^{\Delta} - 1$이면 과도식별

② $K^{**} = G^{\Delta} - 1$
$r(\Pi_{\Delta,**}) = G^{\Delta} - 1$이면 정확한 식별

③ $K^{**} \geq G^{\Delta}-1$

$r(\Pi_{\Delta,**}) < G^{\Delta}-1$이면 비식별

④ $K^{**} < G^{\Delta}-1$이면 비식별

4 연립방정식의 추정

4.1. 통상최소자승법(OLS) 적용시 초래되는 문제점

연립방정식모형에서는 방정식체계 내에서 그 값이 결정되는 내생변수가 종속변수가 되기도 하고, 또 설명변수가 되기도 한다. 이는 내생변수 간에도 인과관계가 쌍방통행적으로 상호 연관되어 있는 상황을 대변하는 모형이며, 따라서 설명변수가 교란항과 독립적이라는 가정이 충족되기 어려운 상황에 해당한다. 통상적으로 단일방정식모형에서는 설명변수(X_i)가 비확률적(nonstochastic)이거나, 또는 확률적(stochastic)이라 하더라도 교란항(ε_i)과는 독립적이라고 가정($E[X_i\varepsilon_i]=X_iE[\varepsilon_i]$)하고 OLS를 적용한다. 그러나 연립방정식체계에서는 설명변수 중 일부가 내생변수이며, 이는 속성상 확률변수(stochastic variable)일 뿐 아니라 교란항과도 독립적이 못 되는 특성을 갖는다. 따라서 전술한 바 있듯이, 연립방정식모형을 구성하고 있는 구조방정식에 OLS를 적용할 경우 그 추정량은 편의성과 비일관성을 갖게 된다는 문제가 발생한다. 이는 제4장에서 다룬 바 있는 이른바 변수오차(errors-in-variables)의 경우에 나타나는 문제와 동일한 현상에 해당한다. 따라서 다음 절에서 소개하겠지만 이 문제에 대한 해소방안 또한 변수오차의 경우와 같이 수단변수(instrumental variable: IV)를 활용하는 추정법이 활용될 수도 있다.

4.2. 단일방정식 추정방법

전항에서 우리는 연립방정식모형을 구성하고 있는 구조방정식을 OLS로 추정하면 편의성과 비일관성이 발생하므로 별도의 추정방법을 강구해

야 함을 확인한 바 있다. 이러한 연유로 해서 개발된 연립방정식모형의 추정방법에는 단일방정식 추정방법과 전체방정식 추정방법이 있으며, 전자는 본 항에서 그리고 후자는 제3항에서 논의하고자 한다.

단일방정식 추정방법은 연립방정식체계 내의 회귀식을 각각 독립적으로 추정하는 방법이다. 이 방법은 연립방정식체계 내의 다른 회귀방정식들을 전혀 고려하지 않고 해당 개별 방정식 하나씩만을 별개로 고려하므로 제한정보추정방법(limited information estimation method)이라고 한다. 간접최소자승법(ILS method), 수단변수 추정방법(IV estimation method), 2단계 최소자승법(2SLS method), 그리고 제한정보최우법(LIML estimation method) 등이 단일방정식 추정법에 속한다.

(1) 간접최소자승법

간접최소자승법(ILS)이란 구조방정식을 OLS 추정할 경우 발생하는 문제점을 해소하기 위해 일단 구조방정식모형을 유도형 방정식모형으로 전환한 다음, 여기에 OLS를 적용하여 유도계수의 추정치를 구한 뒤 이를 이용하여 역으로 구조(방정식들의 회귀)계수를 산출해 내는 방법을 일컫는 것이다. 이 때 유도계수와 구조계수 간에는 1 : 1관계가 유지되어야 하며, 즉 구조계수들을 유도계수로 풀 때 그 해가 유일한 것이어야 한다. 구조계수값이 유도계수로 정의될 수 있을 때 이를 식별되었다고 하고, 유일한 값으로 산출되면 정확한 식별, 여러 개 값이 동시에 산출되면 과대식별된 것으로 판정하는 것은 이미 기술한 바 있다. 물론, ILS를 이용하여 추정하는 방법은 정확한 식별이 가능한 경우로 제한될 수밖에 없다.

유도형 방정식에서는 모든 내생변수가 한 번씩만 종속변수로 등장하고 각 내생변수는 선결변수들만의 함수로 표현되기 때문에 더 이상 선결변수인 설명변수와 오차항 간에 상관관계가 존재하지 않는다. 따라서 이러한 유도형 방정식에 OLS를 적용하면 불편성과 일관성이 있는 추정량을 얻을 수 있으며, 이들 유도계수와 구조계수 간에 성립되는 수학적 관계식을 이용하여 구조계수의 추정치를 간접적으로 산출하면 당초의 문제점을 회피할 수 있다는 데에 착안한 것이 ILS 추정방법이다.

(2) 수단변수 추정법

앞서 여러 번 지적한 바 있듯이, 연립방정식모형을 OLS로 추정해서는 곤란한 이유는 설명변수 역할을 담당하는 내생변수들이 교란항과 독립성을 유지할 수 없다는 사실이다. 이러한 상황에 대처할 수 있는 직관적인 접근방안은 원래의 설명변수와는 아주 비슷하지만 오차항과는 독립성을 유지할 수 있는 수단변수(IV)를 찾아 원래의 설명변수 대신 사용하는 방법이 될 것이다. 이를 수단변수 추정방법이라 하는데, 이는 제4장에서 동일한 추정상의 문제를 야기하는 이른바 변수오차 경우에서 이미 소개한 바 있는 추정방법이다.

수단변수 추정방법의 기본 논리

논의의 편의상 우선 단일방정식을 중심으로 수단변수추정법의 구체적인 내용을 살펴보기로 한다. 추정할 방정식은

$$Y_i = \alpha + \beta X_i + u_i \tag{6-15}$$

이고, 이 때 다음과 같은 문제가 있다고 하자.

$$E[X_i u_i] \neq 0 \tag{6-16}$$

이러한 상황에서 식 (6-15)에 OLS를 적용하면 그 추정량은 편의성과 비일치성을 갖는 추정량이 된다. 따라서 설명변수 X_i와는 상관관계가 아주 높으면서도 오차항 u_i와는 독립성을 유지시킬 수 있는 수단변수 Z_i를 찾아 내야 한다. 물론 이 때 수단변수 Z_i는 다음과 같은 특성을 가져야 한다.

$$\begin{aligned} &\mathrm{Cov}[X, Z] \neq 0 \\ &\mathrm{Cov}[Z, u] = 0 \end{aligned} \tag{6-17}$$

만일 식 (6-15)에 OLS를 적용하여 추정량을 얻으면

$$\hat{\beta}_{OLS}=\frac{\sum xy}{\sum x^2} \tag{6-18}$$

여기서, 소문자는 평균으로부터의 편차

이 될 것인데, 전술한 바와 같이 편의성과 비일관성의 문제를 가지므로 설명변수 X 대신 수단변수 Z를 다음과 같은 추정량이 도출되도록 대체 사용한 IV 추정량은

$$\hat{\beta}_{IV}=\frac{\sum zy}{\sum zx} \tag{6-19}$$

여기서, 소문자는 편차형

과 같아진다.

이제 수단변수 Z를 사용하여 추정한 수단변수 추정량 $\hat{\beta}_{IV}$가 과연 일치추정량이 될 수 있는지를 살펴보기로 한다.

$$\begin{aligned} p\lim(\hat{\beta}_{IV}) &= p\lim\left(\beta+\frac{\sum zu}{\sum zx}\right) \\ &= \beta+p\lim\left(\frac{\sum zu}{\sum zx}\right) \\ &= \beta \end{aligned} \tag{6-20}$$

결국 식 (6-20)이 보여 주고 있듯이, $\hat{\beta}_{IV}$는 일관성을 회복하는 특성을 갖고 있음을 알 수 있다.[4)]

4) 식 (6-20)에서 $\sum zu/\sum zx=\text{Cov}[z,\ u]/\text{Cov}[z,\ x]$이며, 식 (6-17)에서 $\text{Cov}(z,\ u)=0$이 되도록 수단변수 Z가 선정되었으므로 $p\lim(\sum zu/\sum zx)=0$이 되는 것이다. 그리고 식 (6-20)은 동시에 다음 관계식에 근거하여 전개된 것이다.

$$\begin{aligned} \hat{\beta}_{IV} &= \frac{\sum zy}{\sum zx}=\frac{\sum z(\beta x+u)}{\sum zx} \\ &= \frac{\beta\sum zx+\sum zu}{\sum zx} \\ &= \beta+\frac{\sum zu}{\sum zx} \end{aligned}$$

여기서 주의할 것은 식 (6-19)의 분모의 값에서 $\sum Z_i^2$ 대신 $\sum xz$로 대체한 점이다. $\sum Z_i^2$로 대체할 경우 식 (6-20)의 과정과 같이 일관성 있는 수단변수 추정량이 도출될 수 없기 때문이다.

이제 문제는 식 (6-17)과 같은 특성을 갖는 수단변수 Z를 어떻게 찾아 내는가 하는 것으로 귀착된다.

(3) 2단계 최소자승법

현실적인 연립방정식은 과대식별되는 경우가 많고 따라서 ILS나 IV 추정방법으로는 대응할 수 없어 별도의 추정방안이 필요해진다. 이러한 요구에 부응하여(1950년대에 Henry Theil과 R. L. Basmann에 의해) 특히 과대식별된 구조방정식모형의 추정을 위해 개발된 추정방법으로 2단계 최소자승법(two stage least squares method: 2SLS)이 있다. 그런데 2SLS 또한 연립방정식모형에 OLS 적용시 예상되는 연립방정식 편의를 가능한 한 최소한도로 줄이고, 나아가서는 일관성을 회복시키는 추정방안으로 과대식별된 모형의 추정에 적용되는 가장 중요하고 대표적인 단일방정식 추정방안이다.

2SLS에 의한 추정절차 및 특성

2SLS란 그 용어 자체가 시사하는 바와 같이 기본적으로는 2단계에 걸쳐 최소자승법을 적용하여 추정하는 방법으로 그 구체적 과정은 다음과 같다.

※ 제1단계: 2SLS의 제1단계는 구조방정식 내에 있는 내생변수들이 교란항과의 독립성을 유지할 수 있도록 가공하는 과정이라 할 수 있다. 이를 구체적으로 살펴보면, 우선 각 내생설명변수들을 연립방정식체계 내의 모든 선결변수의 함수로 표현하는 유도방정식모형에 OLS를 적용함으로써 그 추정치를 얻는다. 이렇게 추정된 결과를 내생설명변수의 본래 관측치들과 대체시킴으로써 교란항과의 연관성을 단절시키고자 하는 것이 주된 발상이라 할 수 있다. 유도형 방정식에서는 모든 설명변수들이 선결변수이므로 방정식 내의 교란항과는 독립적이라 볼 수 있기 때문에 OLS를 적용하는 데 아무런 문제가 없다.

※ 제2단계: 제2단계에서는 제1단계에서 도출한 각 내생설명변수들의 추정치로 원래의 각 내생설명변수들의 관측치를 대체시킨 다음 개별 구조방정식에 OLS를 적용하여 구조계수들을 추정한다. 이 때 사용된 내생설명변수들의 추정치들은 일종의 수단변수 관측치라 볼 수 있으며, 또

제1단계에서의 작업취지대로 구조방정식의 교란항과는 독립성을 유지하도록 조치된 가공변수의 성격을 가지므로, 이들 변수로 대체시킨 연후의 구조방정식을 OLS로 추정하여도 더 이상 당초 문제가 되었던 연립방정식 편의문제는 발생하지 않게 된다. 단, 여기서 주의할 점은 구조방정식에 나타난 내생변수 중 설명변수 역할을 하는 내생설명변수만을 제1단계에서 얻은 추정치로 대체하는 것이며, 따라서 종속변수 위치에 있는 내생종속변수는 당초의 관측치를 그대로 대입해야 한다는 사실이다. 추정치로 대체된 내생설명변수나 선결변수들은 비확률변수(nonstochastic variables)의 성격을 띠게 되므로 교란항과의 연관성이 없는 것으로 볼 수 있는 반면, 종속변수 위치에 있는 내생변수는 계속 확률변수로 남아 있게 되는데, 이때의 확률적 변동내용이 바로 교란항에 의해 설명되는 것이기 때문이다.

이상과 같은 두 단계를 거쳐 얻어지는 추정량이 바로 2SLS 추정량이다. 이 추정량은 내생선결변수와 교란항의 연관성을 감소 내지 제거함으로써 구조방정식에 직접 OLS를 적용할 수 있도록 고안되었기 때문에 대체로 다음과 같은 통계적 특성을 갖게 된다.

① 표본크기가 작은 경우에는 연립방정식 편의가 완전히 제거되지 못한 상태로 남아 있어 2SLS는 계속 편의를 갖게 된다. 이는 제1단계에서 도출한 내생설명변수가 구조방정식의 교란항과 완전한 독립성을 유지한다는 것이 현실적으로 어렵기 때문에 나타나는 현상이다.

② 그러나 표본규모가 아주 커지면 점차 편의는 작아져서 0에 가까워지므로 2SLS 추정량은 점근적 불편성을 갖게 된다.

③ 또한 대표본의 경우에 2SLS는 점근적 불편성 회복에 힘입어 일관성을 갖게 된다.

(4) 기타 단일방정식 추정법

단일방정식 추정방법에는 지금까지 소개한 ILS, IV 및 2SLS 추정방법 외에 2SLS를 일반화시킨 것으로 이해할 수 있는 이른바 k-급추정량(k-class estimator)과 제한된 정보에 근거하는 제한정보최우법(limited information maximum likelihood method: LIML)이 있다.

1) k-급추정량

연립방정식체계의 구조방정식을 OLS로 추정할 때 발생하는 편의와 비일관성을 해소하기 위하여 2SLS를 활용할 경우 우리는 1차적으로 유도방정식을 이용하여 내생설명변수에 대한 추정치를 산출한다. 즉, 추정할 구조방정식이

$$
\begin{aligned}
Y_1 = \beta_1 + \beta_2 Y_2 + \beta_3 Y_3 + \cdots\cdots + \beta_G Y_G \\
+ \gamma_1 X_1 + \cdots\cdots + \gamma_k X_k + u_1
\end{aligned} \tag{6-21}
$$

과 같을 때 내생설명변수들 $Y_i(i=2, \cdots\cdots, G)$에 대한 추정치들은 다음과 같은 유도방정식의 추정식에 의거 산출된다.

$$
\hat{Y}_i = \hat{\Pi}_{i0} + \hat{\Pi}_{i1} X_1 + \hat{\Pi}_{i2} X_2 + \cdots\cdots + \hat{\Pi}_{ik} X_k \tag{6-22}
$$

여기서 $\hat{\Pi}_{ij}$는 유도방정식에 OLS를 적용한 추정량이다. 그리고 2SLS의 경우에는 구조방정식에 나타난 내생설명변수 $Y_2, \cdots\cdots, Y_G$들을 유도방정식에서의 추정치인 $\hat{Y}_2, \cdots\cdots, \hat{Y}_G$으로 대체시킨 다음 OLS를 적용하는 것이다.

그런데 이 때 Y_i들을 $\hat{Y}_i$로 완전히 대체시키는 대신 Y_i와 $\hat{Y}_i$에 각각 $(1-k)$와 k의 가중치를 두어 산출한 가중평균값으로 대체시키는 방법을 상정할 수 있는데, 이를 k-급추정량이라 한다.

$$
\hat{\hat{Y}}_i = (1-k)Y_i + k\hat{Y}_i = Y_i + k(\hat{Y}_i - Y_i) \tag{6-23}
$$

위 식에서 $\hat{\hat{Y}}_i$는 k-급 추정을 위해 채택된 Y_i에 대한 일종의 수단변수의 의미를 갖는다. 여기서 만일 $k=0$이면, $\hat{\hat{Y}}_i$을 이용한 추정량은 OLS와 같아지며, $k=1$이면 2SLS 추정량과 같아짐을 쉽게 알 수 있다. 이러한 이유로 해서 OLS나 2SLS는 k-급추정량의 특수한 경우로 이해할 수 있다. 그런데 일반적으로 k값이 1보다 훨씬 클 경우 추정량은 현저하게 달라질 것이므로, 이러한 k값은 사전에 정당한 근거를 찾아 배정되어야 할 것이다. 그리고 k-급추정량들은 반드시 일관추정량이 되지는 못한다. 이는 $k=0$인 OLS 추정량이 비일관추정량이 되는 사례에서 쉽게 확인될

수 있다.

2) 제한정보최우법(LIML)

LIML이란 문자 그대로 제한된 정보만을 활용하는 최우법이다. 즉, LIML은 2SLS 경우와 마찬가지로 단일방정식 추정법에 속하며, 추정할 구조방정식 내에 포함된 내생변수와 연립방정식모형 전체에 나타난 선결변수들에 관한 정보만을 활용하며, 따라서 모형 내의 여타 구조방정식들과 또 그 속에 포함된 여타 내생변수에 대한 정보를 요구하지 않는다. 그리고 LIML은 과대식별된 구조방정식에 적용하여 일관추정량을 도출한다는 점에서 역시 2SLS와 특징을 같이한다. 그런데 LIML은 결국 설명변수로 등장한 내생변수들로부터 그들이 갖는 확률적 부분을 제거함으로써 오차항과의 독립성을 회복시키려는 방법의 성격을 띠고 있으며, 수단변수(IV) 추정법을 일반화한 성격을 아울러 가지고 있다. 즉, IV 추정법은 외생변수들 중 일부만을 선정하여 활용하는 임의성의 문제가 있는데, LIML은 구조모형 내의 모든 외생변수를 활용함으로써 이러한 종류의 문제점을 해소시키고 있기 때문이다.

그러나 LIML 추정의 구체적인 내용은 상당히 복잡하고 번거로우므로 여기에서는 기본적인 골격만을 요약·제시하고자 한다.[5)]

① 우선 각 구조방정식은 과도식별되지만 선형함수로 정의되어 있으며, 그들의 확률오차항은 시계열상 독립적인 정규분포를 따른다고 가정한다(단, 방정식 간의 확률오차항 간에는 연관관계가 존재할 수도 있다고 가정).

② 추정할 구조방정식에 나타난 내생변수를 종속변수로 하고, 모형 내의 모든 선결변수를 설명변수로 하는 유도방정식들을 설정한다.

③ 일단, 유도방정식이 작성되면 종속변수로 표현된 내생변수들이 구조방정식에서와 같은 계수를 갖도록 각 유도방정식을 구조계수로 곱해준다.

④ 구조방정식에서와 같은 계수를 갖는 유도방정식 형태의 내생(종속)변수들을 이용하여(마치 연립방정식을 풀 때 대입법을 활용하듯) 구조방정식을 모형 내의 모든 외생변수들의 함수로 표현한 형태로 개편한다.

⑤ 이렇게 개편된 구조방정식을 원래의 구조방정식과 대비시킬 경우,

5) 자세한 내용은 Kmenta(1971), pp. 567~573와 Koutsoyannis(1977), ch. 18 참조.

예컨대 원래 식에는 포함되지 않았으나 개편된 식에는 포함된 외생변수의 구조계수는 '0'이 되어야 한다는 제약조건이 부여될 수 있다. 따라서 이러한 제약조건식의 수는 원래 식에 포함되지 않았던 외생변수의 수와 같아진다.[6)]

⑥ 한편, 이러한 과정은 새로 형성된 구조방정식의 오차항과 원구조방정식상의 오차항 간에 일정한 관계를 형성시키게 된다. 즉, 유도방정식의 오차항들은 구조방정식의 오차항들의 선형결합함수로 표현된다. 그런데 원래 구조방정식의 오차항들은 정규분포를 따른다고 가정하였으므로 유도방정식상의 오차항들도 정규분포를 따르게 된다. 이러한 관계를 이용하여 우도함수를 정의할 수 있다.

⑦ 제5단계에서 파생된 제약식을 만족시키는 상태하에서 우도함수를 극대화시키는 추정량, 즉 LIML을 구하면 이것이 바로 LIML이 되는 것이다.

이상과 같은 LIML 추정방법은 모형의 규모가 커질수록 매우 복잡해지므로, 실제 추정에서는 동일한 추정결과를 보장할 수 있는 최소분산비율(least variance ratio: LVR)추정법이 주로 활용된다.[7)]

이상과 같이 요약될 수 있는 LIML 추정량은 2SLS 추정량과 마찬가지로 소표본의 경우에는 편의를 가지나, 대표본의 경우에는 점근적 불편성 및 일관성을 가지며, 구조방정식모형들이 정규분포를 따를 경우 점근적 효율성을 아울러 갖게 되지만 모형의 설정오류에는 민감해지는 특성을 갖는다. 한편, LIML 또한 결국 IV 추정방법의 아이디어를 이용한 것이라 볼 수 있으며, 동시에 k-급추정량에 속하는 방법이라 할 수 있다. 이처럼 LIML은 2SLS와 같은 여건(과대식별된 방정식에 적용)에 적용되며, 대부분 동일한 통계적 특성을 갖는 추정량을 산출하고 있으나 계산상의 간편성 등으로 인해 2SLS가 주로 쓰이고 있다.

4.3. 전체방정식체계 추정방법

제2절에서 소개한 각종 추정방법들은 기본적으로 연립방정식 내의

6) 추정대상이 되고 있는 구조방정식들이 과소식별된 식들이므로 구조계수를 유도방정식계수를 이용하여 유일한 값을 도출할 수는 없다. 이러한 문제점을 LIML은 제5항에서처럼 도출된 제약식을 활용하여 해소하고 있는 셈이다.

7) 자세한 내용은 W.C. Hood and T.C. Koopmans(1953) 참조.

각 구조방정식을 개별적으로 추정하는 방법들이며, 따라서 단일방정식 추정방법이라 일컫고 있다. 예컨대, 2SLS나 LIML방법은 유도방정식을 고려하는 과정에서 모형 내의 선결변수들을 모두 포함시키지만 막상 개별 구조방정식을 추정하는 과정에서는 모형 내의 여타 구조방정식에 관한 정보(예컨대, 각 구조식의 교란항 간의 연관성)를 전혀 고려하지 않고 마치 독립된 방정식처럼 추정한다. 이러한 단일방정식 추정방법은 결국 모형 내에 있는 유용한 정보를 제대로 다 활용하지 못하게 되므로 효율성을 다소 상실할 수밖에 없다는 문제점이 있으며, 이러한 결함을 극복하기 위해 고안된 방안이 바로 전체방정식 추정방법이라 할 수 있다.

전체방정식 추정방법은 구조방정식체계 내의 정보 중 제한된 부분만을 활용하는 단일방정식 추정방법과는 달리 모형 내에 포함된 모든 정보를 활용하며 구조방정식 전부를 동시에 추정하게 된다. 따라서 이 방법은 일관성은 물론 점근적 효율성이 보장되는 특성을 갖게 된다. 물론 이러한 사유가 아니라 하더라도 연립방정식형태로 분석모형을 설정하는 근본적인 이유가 변수 상호간의 교호작용 및 연관성을 규명하는 데 있다는 점을 감안하면 연립방정식모형의 추정은 전체방정식을 동시에 모두 고려하여 추정하는 것이 마땅할 것이다.

이상과 같은 전체방정식 추정방법에는 구조방정식체계 내에 포함된 정보를 동시에 모두 활용한다는 점에 근거한 전체정보최우법(full information maximum likelihood estimation method)과 구조방정식을 동시에 모두 함께 추정하는 방법론에 근거한 이른바 3단계 최소자승법(three stage least squares estimation method: 3SLS)이 있다.[8)]

(1) 3단계 최소자승법

3단계 최소자승법(3SLS)은 문자 그대로 3단계 과정을 거쳐 추정에 임하는 방법으로, 제2항에서 소개한 2SLS와 제4장에서 소개한 GLS 추정방법을 결합한 추정방법이라 할 수 있다. 이 방법은 2SLS 과정에서는 무시되었던 구조방정식 상호간의 연관성을 교란항 간의 상관관계를 통하여 파악하게 되는데, 이를 위하여 모든 구조방정식을 동시에 추정하게 된다.

이 방법은 당초 Theil에 의해 개발된 2SLS 추정방법(1958년)을 후에

8) A. Zellner and M. Theil(1962).

Theil과 Zellner(1962)가 확장시켜 완성된 것이며, 따라서 3단계 중 처음 2단계는 2SLS와 기본적으로 같다. 즉, 그들은 2SLS에 의해 일단 모든 구조방정식들을 개별적으로 추정한 다음 이들로부터 산출된 잔차항의 분산·공분산행렬을 작성하되 3단계에서는 2단계에서 작성된 오차항의 상관관계에 근거하여 일반화 최소자승법(GLS)을 적용할 것을 제안한 것이다.

이상과 같은 3SLS방법은 각 구조방정식들의 교란항 간에는 상관관계가 있으나 개별 구조방정식 내의 교란항은 자기상관이 없다는 가정하에 실시되며, 추정과정에서 구조방정식모형에 포함되어 있는 항등식과 식별이 되지 않는 방정식은 일단 제거한 후 적용하게 된다. 3SLS 추정과정의 각 단계를 간단히 요약하면 다음과 같다.

⌘ 제1단계: 구조방정식모형에 대응하는 유도방정식을 작성한 다음 이에 OLS를 적용하여 각 내생변수에 대한 추청치를 구한다.

⌘ 제2단계: 제1단계에서 산출한 추정치로 각 내생설명변수들의 원래 관측치들을 대체시킨 다음 OLS를 적용하고, 그 결과 발생한 잔차항들로 오차항에 대한 분산·공분산행렬을 작성한다.

⌘ 제3단계: 제2단계에서 도출된 오차항의 분산·공분산행렬을 이용하여 GLS를 적용함으로써 최종적인 추정치를 구한다.

이상과 같은 과정에 의해 도출되는 3SLS 추정량은 다음과 같은 특성을 갖고 있다.

① 3SLS 추정량은 소표본에서는 편의를 가지나 대표본의 경우 이 편의는 점차 줄어들어 0에 접근하는 점근적 불편성을 보유하게 된다.

② 3SLS 추정량은 2SLS 경우와 마찬가지로 일관성을 갖게 되는 반면 2SLS 추정량보다 더욱 효율적이다. 이는 3SLS가 보다 광범위한 정보를 활용하여 추정에 임하기 때문이다.

③ 반면 3SLS는 그 추정과정이 복잡하여 시간과 비용이 더 필요할 뿐 아니라 어느 한 구조방정식에서의 설정오류가 발생하면 모형 전체에 그 효과가 파급되어 버리는 등의 문제가 발생한다. 따라서 각 구조방정식 간의 상호의존성에 관한 정확한 지식이 결여되어 있거나 또는 상호의존성 자체가 미약할 때는 2SLS가 오히려 바람직하다 볼 수 있다.

④ 3SLS 추정시 정확히 식별된 구조방정식은 생략하여도 여타 구조방정식 추정에 하등의 영향을 마치지 않는다. 과도식별된 구조식처럼 추

정에 추가적인 정보를 제공해 주지 못하기 때문이다.[9] 한편, 전술한 바 있듯이 과소식별된 구조방정식은 3SLS 적용이 불가능하므로 결국 3SLS는 과대식별된 구조방정식들만을 모아 한꺼번에 추정하는 셈이 된다.

(2) 완전정보최우법

구조방정식 전체를 동시에 추정하는 또 하나의 전체방정식 추정방법으로 완전정보최우법(FIML)이 있다. 이는 연립방정식체계의 모든 확률방정식에 통상적인 최우추정법의 원칙을 동시에 적용하는 것이라 할 수 있다. FIML은 우선 각 구조방정식의 교란항들이 평균이 '0'이고 분산이 일정한 상수와 같은 정규분포를 따른다는 가정하에 적용되며, 이 때 모든 구조방정식에 관한 정보가 완전히 알려져 있어야 함은 물론이다.

FIML 추정량 또한 소표본에서는 편의를 가지나 대표본에서는 점근적 불편성과 일관성을 향유하게 된다. 물론 FIML 추정량은 제한정보최우추정량(LIML estimator)보다는 더 효율적이다. 그러나 전자가 후자에 비해 설정오류 등에 더욱 민감하며 복잡한 계산과정으로 인한 시간과 비용의 문제가 뒤따른다.

5 제 추정방법의 비교

제4장이나 제5장에서 우리가 논의한 회귀분석 내용은 이상적인 상황에서건, 아니면 특정한 문제(이분산현상이나 자기상관 또는 변수오차)가 발생하는 여건하에서든 기본적으로는 최선의 추정방안 한 가지를 마련하여 제시하는 것이었다. 그런데 제6장에서 논의한 연립방정식모형의 추정에서

9) 따라서 만일 수요·공급모형에서 수요함수는 과대식별되고 공급함수는 정확히 식별된 경우

$$Q^D = f(P, Y)$$
$$Q^S = f(P, W, R)$$

수요함수는 2SLS 추정량과 3SLS 추정량이 같게 된다. 그러나 공급함수는 2SLS와 3SLS 추정량이 다르게 된다. 정확히 식별된 공급함수는 수요함수를 3SLS로 추정할 때 아무런 영향을 못 주나 공급함수는 과대식별된 수요함수가 제공한 추가정보를 활용한 3SLS 추정량이 2SLS와는 달라지기 때문이다.

는 여러 가지 다양한 추정방법이 동시에 제시되고 있어 독자들을 혼란스럽게 하고 있다. 따라서 어떤 방법이 더 좋다든가 또는 언제 어느 것을 활용하는 것이 바람직하다든가 하는 등의 평가가 내려지기를 기대하는 것은 지극히 당연하다.

그러나 지금까지 소개한 각종 추정방법들은 나름대로의 장단점을 가지고 있어 한마디로 단호하게 우열을 가릴 수는 없다. 특히, 판단을 어렵게 하는 이유로 대표적인 것 두 가지를 들면 다음과 같다.

첫째, 추정방법의 선택은 1차적으로는 추정할 방정식의 식별 여부에 의존하지만 궁극적으로는 추정할 방정식체계가 쓰여질 목적에 달려 있다. 예컨대, 경제이론이나 가설의 검정이 주목적인지, 아니면 정책효과분석이나 미래에 대한 예측이 주관심인지에 따라 적절한 추정기법이 달라질 것이기 때문이다. 일반적으로 전자의 경우에는 구조계수의 정확성이, 그리고 후자의 경우에는 유도방정식 계수의 정확성과 예측의 효율성이 보다 중요시된다.

둘째, 각 추정방법이 갖는 통계적 속성은 대부분 대표본의 경우를 중심으로 파악되고 있으며, 막상 소표본의 경우에 성립되는 특성에 대해서는 분명히 알려진 것이 없이 단지 편의가 발생한다는 정도만이 알려져 있다. 실제 자료들을 이용하여 각 추정방법의 우열을 가리기 위한, 예컨대 민감도검정(sensitivity test) 등을 실시하거나 임의의 가공자료를 이용하여 검정하는 몬테칼로연구(Monte Carlo Studies)가 수행되었지만, 그 판정결과 또한 다양한 기준에 근거하여 작성되어 있어 절대적인 우선순위를 일목요연하게 제공한다는 것은 어렵다.

이상과 같은 어려움을 감안하여 각종 추정방법에 대한 비교·평가를 수행한 연구결과들을 정리해 보면 다음과 같다.[10)]

① 식별 여부와 관련한 추정방법의 선정은 다음과 같은 사항을 고려하여 실시할 필요가 있다. 정확히 식별된 방정식의 경우는 ILS=2SLS=LIML=3SLS가 되며, 따라서 간단한 모형의 경우 계산이 간편한 ILS의 적용이 무난하나 과대식별된 방정식의 경우는 ILS가 적용될 수 없다. 따라서 2SLS나 LIML 등이 적용되는데, 일반적으로 2SLS≠LIML≠3SLS가 성립된다. 물론 과소식별된 방정식을 적절히 추정할 수 있는 방안은 없다.

10) 자세한 것은 A. Koutsoyannis(1977), ch. 21 참조.

② 경제이론의 검정을 주목적으로 할 경우 구조계수의 정확성이 무엇보다 중요한 것으로 강조되고 있으며, 이는 대표본의 경우에는 일관성과 점근적 효율성, 그리고 소표본의 경우에는 불편성과 최소분산 및 최소 MSE 등의 통계적 속성을 갖는지 여부에 따라 우열을 구분하게 된다.

③ 대표본의 경우 구조방정식계수의 정확성 정도를 기준으로 각 추정방법을 비교할 경우 다음과 같은 결론이 도출된 바 있다.

- OLS는 비일관성을 가지며 따라서 가장 열등하다.
- 2SLS와 LIML 상호간에 우열을 가리기 어려우나 둘 다 IV보다는 우수하다.
- 3SLS나 FIML은 2SLS나 LIML보다 효율성이 크지만 설정오류에 민감하다. 따라서 어느 한 방정식에 설정오류가 발생할 경우 전체 모형에로의 파급효과가 지대하다.

④ 소표본의 경우, 구조방정식 계수의 정확성 정도를 기준으로 평가한 내용은 다음과 같다(단, ≫는 판정결과상 선호도를 나타냄).

- 편의(偏倚)를 중심으로 볼 때는 FIML~LIML≫2SLS≫OLS이고,
- RMSE를 기준으로 할 경우에는 FIML≫2SLS≫LIML≫OLS이지만,
- 분산을 중심으로 평가할 때는 OLS≫FIML≫2SLS≫LIML이 된다.

그러나 OLS의 이러한 장점은 사실 편의를 가진 평균을 중심으로 추정된 것이므로 중요한 의미를 부여할 수 없다.

- 한편, 이상의 결론은 이상적인 상황에서의 평가일 뿐 설정오류나 자기상관·이분산 등의 문제가 발생하는 상황에서는 사정이 달라진다. 예컨대, 다중공선성이 발생하는 경우에는 OLS와 여타 방법과의 우열의 차가 극소화된다.

⑤ 정책평가나 예측을 주목적으로 하는 경우에는 유도방정식 계수의 정확성과 예측의 효율성이 주요 판정기준이 되는데, 이 경우 또한 일반적으로 OLS가 가장 열등한 반면 2SLS는 어느 추정방법에도 별로 뒤지지 않는다. 물론 여기에서도 고전적 기본 가정이 침해되는 상황에서는 상이한 결론이 도출된다. 예컨대, 자기상관과 다중공선성이 심각할 경우에는 OLS가 가장 우수한 방법이 되기도 한다.

⑥ 이상의 모든 평가내용을 종합해 볼 때, 결국 모든 경우에 적용이 가능하고 그 적용 및 계산이 간단하면서도 대부분의 기준에서 여타 측정

방법에도 뒤지지 않는 것은 2SLS 추정방법이라 할 수 있다. 한편, OLS는 대체적으로 가장 열등한 편이지만 고전적 기본 가정이 위배될 때(특히, 다중공선성), 그리고 표본규모가 아주 커질 때에는 여타 추정방법에 비해 손색이 없는 추정치를 제공한다는 점을 지적할 필요가 있다.

6 의태분석: (추정)결과의 평가와 예측

6.1. 의태분석의 의미와 의의

앞서 우리는 경제변수 상호간의 연관관계를 연립방정식모형으로 파악하여 분석할 경우 발생하는 문제점과 이를 해소하기 위한 제반 추정방안에 관하여 살펴보았다. 동시에 제시된 여러 추정방안들을 식별 여부 및 분석목적 등에 따라 어느 것이 보다 적절한지 비교·검토하였다. 그러나 여기서 검토된 사항은 어디까지나 논리적인 차원에서의 평가이며, 따라서 제시된 방법이 적용되기만 하면 반드시 그 추정결과 또한 자동적으로 바람직한 결과가 되는 것은 아니다. 따라서 추정결과에 대한 별도의 평가작업이 연립방정식모형에서도 당연히 필요하게 되는데, 이러한 필요성에 부응하여 개발된 분석방안이 의태분석(simulation analysis)이라 할 수 있다. 즉, 의태분석은 기본적으로 추정된 모형을 다각적으로 평가하기 위한 분석장치로서 경제행태 및 구조 그리고 각종 경제정책 및 경제여건의 변화가 미치는 영향을 보다 정확히 파악하고 미래예측을 효과적으로 수행하기 위한 구체적 분석과정이라 할 수 있다.

이러한 의태분석을 이해하기 쉽게 요약한다면 "적절하게 설정되고 추정된 연립방정식모형에 추정된 회귀계수와 선결변수(내생시차변수 및 외생변수)값을 대입시켜 내생변수값들을 도출한 다음 이렇게 도출된 내생변수값들이 실제 관측치를 얼마나 잘 대변해 주는지를 평가해 보는 일종의 모의행태분석"이라 할 수 있다.

그런데 이상과 같은 의태분석은 그 의도하는 목표가 다양하고 따라서 분석대상이 되는 시점이나 내생시차변수의 이용방법 등에 따라 다소

그림 6-1 의태분석의 유형

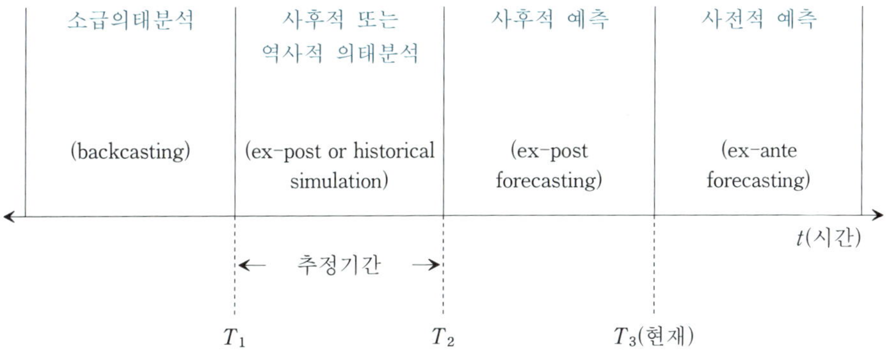

그 형태를 달리한다. 우선 내생시차변수값을 활용하는 방법에 따라 의태분석은 1차적으로 정태분석과 동태분석으로 나누어진다. 전자는 의태분석 과정에서 모형 내의 내생시차변수를 일반 외생변수처럼 실제 관측치를 대입하여 내생변수값을 도출하며, 후자는 내생시차변수를 그 초기값만 실제 관측치로 대입하고 그 이후 시기는 의태분석과정에서 창출되는 값이 자동적으로 이용되도록 하여 내생변수값을 산출해 나가게 된다. 우리가 흔히 연립방정식모형과 관련하여 수행하는 의태분석은 동태적 분석을 지칭하는 것이고, 단일방정식을 평가하는 과정에서 수행하는 의태분석은 정태분석이 주종을 이루고 있다.

한편, 〈그림 6-1〉에서 보는 바와 같이 분석대상이 되는 시기와 관련하여 의태분석은 네 가지 유형으로 구분될 수 있다.

연립방정식모형이 T_1부터 T_2까지의 자료를 이용하여 추정된 경우 추정된 계수와 선결변수값(단, 내생시차변수값은 초기인 T_1의 시초값만 대입하고, 외생변수는 전 구간의 관측치를 대입)에 근거하여 동 기간에 대한 내생변수값을 산출하는 것을 사후적 의태분석(ex-post simulation) 또는 역사적 의태분석(historical simulation)이라 한다.

이렇게 하여 산출된 내생변수값과 실제 관측치를 비교함으로써 모형의 적합도나 동태적 안정성을 평가할 수 있다. 물론 이 때 정책적인 외생변수값을 변화시켜 나타나는 결과를 바탕으로 각종 경제정책의 효과를 분석할 수도 있는데, 이상과 같은 사후적 의태분석이 바로 의태분석의 중심을 이루는 부분이라 할 수 있다.

추정된 의태모형에 근거하여 추정에 사용된 기간 이후 시기의 외생변수값을 산출해 내는 것을 예측(forecasting)이라 한다. 여기서도 의태분석상의 예측은 단일방정식의 경우와는 달리 동태적 분석의 성격을 띤다. 따라서 내생시차변수는 T_2 또는 T_3시기를 기점으로 한 시초값만을 대입하고 여타 외생변수값들은 전체 예측대상 기간에 대하여 가정(또는 관측)된 값을 대입하여 내생변수의 장래값을 예측해 낸다. 이 때 예측대상 기간이 순수한 미래인지 아니면 추정대상 기간보다는 이후 시기이지만 현재시점(T_3)보다는 과거인지에 따라 예측은 다시 사전적 예측(ex-ante forecasting)과 사후적 예측(ex-post forecasting)으로 나누어진다. 물론 순수한 예측이란 사전적 예측을 의미한다. 사후적 예측은 이미 모든 변수값이 알려져 있기 때문에 의태모형을 통한 예측치의 정확성을 평가할 수 있다는 데 그 사용가치가 크다 하겠다.

한편, 추정기간 이전 시기에 대하여 의태모형을 이용하여 내생변수값을 추론하는 과정을 소급의태분석(backcasting)이라 한다. 이 때 선결변수들의 초기값은 T_1시기의 관측치가 되며, 그 이전 기간대로 한 기간씩 소급하여 거슬러 올라가면서 내생변수값을 추론하게 되는데, 이는 모형의 동태적 안정성을 확장된 시간대에 걸쳐 검정하거나 특정 사건의 발생 여부에 관한 가설검정 등을 수행하는 데 활용된다.

6.2. 의태분석의 기본 과정

(1) 연립방정식모형의 설정과 검정

우선 분석대상이 되는 경제현상을 변수 간의 상호연관성을 고려하여 구조방정식(또는 행태방정식)을 설정한다. 이 때 모형 내에 포함되는 변수는 분석목적을 고려하여 내생과 외생 및 선결변수로 구분해야 한다. 특히, 각 방정식은 식별조건이 충족될 수 있도록 적절한 개수의 내생 및 선결변수를 포함해야 한다. 일단, 각 변수의 성격과 상호 관계가 적절하게 파악되어 연립방정식 형태의 구조방정식이 설정되면, 추후의 분석을 위해 일종의 연관도표(flow chart)를 작성하는 것이 편리하다. 연관도표란 인과관계(causality) 및 대응적 연관효과(feedback effect) 등을 시각적으로 이해하기 쉽게 도표형태로 나타낸 분석도구라 할 수 있다.

일단 적절한 구조모형이 설정되면 유도모형을 아울러 작성한 다음 식별조건에 따라 또는 분석목적에 따라 적절한 추정방법을 선정하여 적용하게 된다. 이와 같은 과정을 거쳐 얻은 추정결과식이 바로 차후의 분석을 가능하게 하는 의태분석모형이 되는 것이다.

(2) 연립방정식모형의 평가

연립방정식모형이 추정되어 의태분석을 수행할 수 있는 여건이 마련되면 과연 어떤 방식으로 의태모형, 즉 추정된 연립방정식모형의 적합도를 평가할 것인가 하는 문제가 발생한다. 이와 관련하여 여러 가지 대안이 제시되어 왔지만 성격상 결정적인 기준이 정립될 수는 없는 것이어서 여기에서는 다음과 같은 방식으로 정리해 보고자 한다.

1) 개별 방정식별 적합도 판정기준과 한계성

우선 연립방정식을 구성하고 있는 각 구조방정식의 적합도를 독립적으로 평가하는 방안을 제일 처음 생각할 수 있다. 즉, 각 방정식을 별개로 취급하고 개별적으로 유의성 검정과 적합도검정을 실시하는 것이다. 이를 위해 t값이나 R^2값 또는 F값을 활용하는 것은 단일방정식의 경우와 동일하다. 이 밖에도 물론 d검정이나 예측의 표준오차 등을 참고하게 된다.

이상과 같은 각종 검정통계량 중 과연 어떤 것을 보다 중시하여 적합도를 판정하는가 하는 것은 모형의 설정목적에 따라 달라진다. 예컨대, 특정 가설의 검정이 주 목적이라면 t검정을 통한 유의성 검정이, 그리고 예측이 주 목적이라면 예측의 표준오차가 주요 평가기준이 되어야 할 것이다. 그러나 일단 개별 방정식이 분석목적을 감안하여 적절히 평가되었다 하더라도 여러 개의 방정식으로 구성된 연립방정식모형 전체에 대한 평가는 전체 모형의 통계적 유의성과 적합도를 별도 방안에 의해 검정할 필요가 있다. 예컨대, 방정식 중 일부는 적합도가 훌륭하지만 또 다른 일부는 적합도가 높지 못할 경우 과연 어떻게 종합적인 판정을 내릴 수 있는가 하는 등의 문제가 생기기 때문이다. 뿐만 아니라 경우에 따라서는 개별 방정식의 적합도는 우수해도 전체 모형체계로서는 적합도가 좋지 못할 수도 있다. 즉, 의태모형에서 도출된 값들이 실제 내생변수의 관측치와 상당한 차이를 보일 수도 있는데, 이는 연립방정식모형 특유의 동태적 연관성에 연유하는 것이다. 물론 이와 반대로 개별 방정식의 적합도는 우수하지 못한 편이라도 전체 모형의 적합도는 높을 수도 있으며, 바로 이러한 점들이 연립방정식모형에 대한 평가를 어렵게 하는 요인이 되고 있다.

2) 개별 내생변수별 적합도 판정방법과 한계성

위에서 살펴본 바와 같이, 개별 방정식별 적합도 판정방안이 갖는 한계성 때문에 결국은 모형 전체로서의 적합성에 우선을 둘 수밖에 없다는 사실을 확인하게 되었다. 그리고 이러한 과정에서 사후적 의태분석 결과가 실제 관측치를 얼마나 근사하게 추적하고 있는가를 판정하는 방법으로는 다음과 같은 평가기준들이 활용되고 있다.

가. RMS 의태오차

$$\mathrm{RMSE}=\sqrt{\frac{1}{T}\sum_{t=1}^{T}(Y_t^s-Y_t^a)^2}$$

여기서, Y_t^s: 의태(분석된)값

Y_t^a: 실제값

Y: 의태분석 대상기간

평균평방근 의태오차(root mean square simulation error)라 명명되고 있는 이 판정기준은, 의태값과 실제 관측된 값의 편차를 제곱한 값들의 평균을 구한 다음 그 평방근을 구하는 것으로 정의되며, 해당 변수의 의태값과 실제값 간의 밀접도를 추정해 주고 있다.

나. RMS 백분율의태오차

RMS오차와 기본적인 발상은 같으나 RMS오차가 측정단위에 따라 그 값이 달라지는 문제점을 갖고 있어 이를 시정하기 위하여 상호 비교가 가능한 백분율단위로 전환한 것이 RMS 백분율의태오차(RMS percent simulation error)이다.

$$\text{RMSPE}=\sqrt{\frac{1}{T}\sum_{t=1}^{T}\left(\frac{Y_t^s-Y_t^a}{Y_t^a}\right)^2}\times 100$$

다. 평균의태오차와 평균백분율 의태오차

한편, RMS 의태오차와 RMS 백분율의태오차의 정의식에서 평방근 부호를 떼어 낸 상태로 의태오차를 계측하기도 한다.

$$\text{MSE}=\frac{1}{T}\sum_{t=1}^{T}(Y_t^s-Y_t^a)$$

$$\text{MSPE}=\frac{1}{T}\sum_{t=1}^{T}\left(\frac{Y_t^s-Y_t^a}{Y_t^a}\right)\times 100$$

그런데 이 기준들은 평방근 부호가 없어 계산상 편리한 점은 있으나 (절대치가 큰) 양의 오차들과 음의 오차들이 서로 상쇄되어 없어져 버림으로 인해서 실제의 적합도를 제대로 반영할 수 없다는 문제점이 있다. 따라서 MSE나 MSPE보다는 RMSE와 RMSPE가 주로 활용된다.

이상과 같은 의태오차 판정기준은 연립방정식모형을 전체적으로 고려하여 적합도를 산출해 주고 있어 개별 방정식에 대한 통계적 유의성 검정이나 적합도 판정방안보다 훨씬 중요한 기준이라 할 수 있다. 그렇지만 어떤 방정식이 통계적 유의성이나 적합도가 훌륭하다 하더라도, 또는 그 방정식 내의 내생변수에 대한 의태오차분석이 개별 방정식에 대한 적합도검정보다 중요한 판정기준이 된다 하더라도, 최종적인 의태적합도 판정을 내리는 데에는 문제의 여지가 남아 있다. 예컨대, 어떤 내생변수들의 RMSE는 아주 작은 반면, 다른 내생변수들의 RMSE는 크게 산출되는 상황이 발생할 수 있기 때문이다. 이 때에는 결국 개별 방정식의 통계적 적합도가 다소 손상이 되더라도 문제가 된 내생변수들을 포함한 전체 모형의 의태오차가 축소될 수 있도록 해당 방정식을 재정립하여 추정하는 것이 바람직하다 볼 수 있다. 물론 현실적으로 이러한 목표는 쉽사리 달성되기 힘든 것이고, 따라서 이러한 의태분석과정은 과학이라기보다는 오히려 일종의 예술(an art rather than science)의 영역에 속한다고 할 수 있다.

3) 변환점검색

개별 방정식의 적합도 그리고 RMSE로 대표되는 의태오차 판정기준 외에 변환점(turning point)검색에 의한 적합도 판정방안이 있다. 이는 의태값이 실제값의 변화패턴, 특히 상승과 하강국면을 구분하는 봉우리(peak)와 골짜기(trough)의 발생시기를 얼마만큼 정확히 재현시켜 주고 있는가를 확인하는 방법이다. 이러한 변환점검색은 주로 RMSE기준을 보완하는 기능을 가지지만 경우에 따라서는 RMSE를 다소 희생해서라도 변환점 재현이 보다 충실한 의태모형을 선정하기도 한다. 그러나 이 방법은 주로 시각적인 판정에 의존하고 있으며, 따라서 객관적인 척도가 산출되지 못하는 한계성이 있다.

4) 예측오차

앞서 소개한 기준들은 주로 추정기간을 대상으로 실시한 사후적 또는 역사적 의태분석결과를 바탕으로 의태모형의 적합도를 판정하는 방안들에 관한 것이었다. 그러나 의태분석의 유형에서 살펴본 바와 같이 의태모형의 적합도 판정은 추정기간 이후 시기에 대하여서도 실시할 수 있다. 이 때 활용되는 판정기준이 바로 예측오차(forecast error)이다. 이는 예측대상 시기에 따라 사후적 예측오차와 사전적 예측오차로 구분된다. 물론 예측치와 실제 관측된 값의 밀접도를 확인할 수 있는 경우는 사후적 예측에 한정되어 있다. 그리고 사후적 예측오차를 구하는 과정은 RMS 의태오차의 경우에 준하므로 사후적 RMS 예측오차(ex-post RMS forecast error)라 불리기도 한다.

5) Theil의 불균등계수

사후적 예측은 물론 사후적 의태분석에도 동시에 적용할 수 있는 의태모형의 적합도판정방안으로 Theil이 개발한 불균등계수(inequality coefficient)가 있다.[11]

---

11) 자세한 내용은 Theil(1961), pp. 30～37 참조.

$$U=\frac{\sqrt{\frac{1}{T}\sum_{t=1}^{T}(Y_t^s-Y_t^a)^2}}{\sqrt{\frac{1}{T}\sum_{t=1}^{T}(Y_t^a)^2}}$$

여기서 U값은 0과 1 사이에 놓이게 되며, 이 때 Y^s와 Y^a가 가까울수록 U값은 0에 접근하여 적합도가 훌륭한 것으로 판정하는 것이다. 단, 이곳에서의 U통계량은 제2장에서 소개한 예측력 평가방안으로서의 U통계량과는 용도 및 개념상 다소의 차이가 있음에 유념하기 바란다.

6) 민감도검정

추정된 연립방정식모형, 즉 의태모형의 적절성 여부를 판정하는 또 하나의 기준으로서 민감성 검정(sensitivity test)이 있다. 이는 의태모형에 어떤 변화를 주입시켰을 때 나타나는 반응의 내용을 가지고 모형의 적절성을 판정하려는 방안이다. 예컨대, 정책내용의 변화를 의미하는 외생변수값의 변화가 경제이론이 시사하는 방향으로 변화하는지 여부를 확인하거나 또는 기준시점 변경이나 추정된 계수값의 (미세한) 조정 등에 따라 모형 전체의 의태분석결과가 얼마만큼 민감하게 반응 또는 변화하는지를 조사하여 의태모형의 안정성을 판정하게 된다.

이상에서 우리는 개별 방정식의 적합도, 내생변수별 의태적합도, 예측의 정확도 및 모형의 안정성 등을 기준으로 의태모형의 적절성을 판정하는 방안을 살펴보았다. 그러나 이들 기준이 서로 상반되는 판정결과를 초래할 경우 어느 것을 우선할 것인가 하는 것은 분석목적에 따라 달라질 것이며, 따라서 절대적인 선호원칙을 제공할 수는 없다.

6.3. 의태분석모형과 동태분석: 예측

위에서 살펴본 의태분석의 기본 과정은 단순히 의태모형의 적합도검정으로 끝나는 것이 아니고 모형의 동태적 안정성을 보다 면밀하게 검토한 뒤 필요한 경우에는 추정된 모형의 내용을 다소 변경시키는 이른바 의태모형의 조정과정까지를 거쳐야 완결되는 것이다.

(1) 의태모형의 안정성

의태모형은 동시에 풀어야 하는 일련의 차분방정식집단으로 이해할 수도 있는데, 이 때 해가 존재하는지, 그리고 해가 존재한다면 안정적인지 여부에 관한 분석을 수행할 필요가 있다. 안정성이 결여된 의태모형으로서는 신뢰할 만한 예측을 수행하거나 각종 경제정책의 효과에 대한 정확한 분석을 수행할 수 없기 때문이다. 일반적으로 여러 개의 방정식으로 구성되는 연립방정식모형에서 안정성이란 가장 중요한 문제라 할 수 있다.[12)]

(2) 의태모형의 조정

추정된 연립방정식에 대하여 다각적인 평가를 수행한 결과 경우에 따라 추정된 모형, 즉 의태모형의 동태적 행태가 거의 불안정한 상태에 가까운 것으로 판정되었다고 하더라도 조금만 구조를 조정하면 안정성을 회복시킬 수 있는 경우가 있다. 이러한 경우에 대처하는 방법 중 대표적인 것으로 다음과 같은 것들이 있다.

1) 구조조정

추정된 모형의 방정식들이 개별적으로는 통계적 유의성이나 적합도는 훌륭하지만 모형 전체로서의 동태적 행태가 다소 불안정하여 종합적 적합도가 저하되고 예측력도 떨어지는 경우가 있다. 이 때 개별 방정식의 통계적 적합도가 다소 손상되더라도 구조방정식의 함수형태나 시차구조 등을 다소 변화시키거나 새로운 설명변수를 추가하는 등의 방법으로 모형 전체의 안정성과 적합도를 개선시킬 수 있는데, 이를 설정모형의 구조조정(adjustments)이라 한다. 이러한 구조조정작업을 수행할 때, 바로 전술한 바 있는 상호연관도표(flow chart)가 유용하게 사용될 수 있다. 왜냐하면, 변수 간의 상호관련성 및 인과관계를 점검해 가며 모형의 불안정성을 유발한 사유를 찾아 내는 데 결정적인 정보를 제공하기 때문이다.

---

12) 자세한 내용은 이종원(1994), 제17장 참조.

2) 계수조정

의태모형의 안정성은 특정 회귀계수값에 의존하는 경향이 있다. 따라서 모형의 성능이 구조조정에 의해 개선되지 못할 경우에는 추정된 회귀계수값 중 일부를 조정함으로써 의태효과 및 예측력을 신장시킬 수도 있다. 이러한 작업을 계수조정(tuning)이라 한다. 이는 바이올린 연주자가 연주에 앞서 피아노와 음계를 맞추는 작업 또는 자동차 수리공이 엔진의 성능을 효율적으로 발휘시키기 위해 연소량 조절밸브를 조작하는 작업에서처럼 감각에 의해 조정폭을 결정할 수 있을 뿐이라는 문제가 있기는 하다.

3) 기　　타

이상과 같은 조정작업 외에도 의태모형의 성과를 개선시키기 위해 추정방법을 달리할 수도 있고, 오차항에 나타나는 자기상관이나 이분산과 같은 제반 문제를 적절히 처치할 수 있는 절차를 밟을 수도 있다.

7 연립방정식 추정에 대한 새로운 접근법

지금까지 우리는 연립방정식모형에 대한 전통적 분석체계에 대하여 살펴보았다. 그러나 최근에 이르러서는 현실적으로 활용이 매우 간편한 접근방법이 등장하여 각광을 받고 있다. 즉, 연립방정식문제에 관한 필수적인 식별문제(identification problem)를 복잡하게 확인할 필요가 없고, 다양한 추정방법을 비교·검토하여 선택하는 번거로움도 불필요한 접근법이 제기된 것이다. 이는 제4장에서 이미 소개한 바 있는 이른바 수단변수(IV)를 활용하는 방안이다. 이제 IV를 이용하는 추정에 관한 논리를 제공하기 위해 기본적 고려사항부터 정리해 보기로 한다.

지금까지 살펴본 바에 따르면, 기본 가정 중 하나로 볼 수 있는 $E[X_i,\ \varepsilon_i]=E[X_i]\cdot E[\varepsilon_i]=0$이라는 조건이 깨지는 결과가 초래되는 경우는 세 가지가 있었다.[13)] 즉, 적절한 설명변수가 제외된 경우와 변수오차

13) 원래 기본 가정 중 하나는 $E[X_i,\ \varepsilon_i]=X_i\cdot E[\varepsilon_i]=0$으로서, X_i를 '비확률적', 즉 '상

현상(errors-in-variable)이 발생한 경우, 그리고 연립방정식상의 편의(simultaneous bias)가 발생한 경우라 할 수 있다.

첫 번째 경우는 단순히 생략된 변수를 찾아 포함시킴으로써 문제를 해소하였으나, 두 번째는 IV의 도입으로서만이 해결가능한 것이었다. 세 번째 경우 또한 바로 이 두 번째 경우의 문제해결을 위해 제시된 논리의 연장선상에서 접근하는 것이 가능하다는 것은 이미 잘 알려진 사실이다. 그런데 바로 이 방법이 일치성을 보장해 줄 뿐 아니라 복잡한 식별문제에 대해서 간단히 대처해도 무방하다는 논리가 편승되면서 매우 혁신적인 연립방정식 추정방안으로 부각되고 있는 것이다.

한 마디로 표현하자면, IV 추정은 설명변수(X)와 오차항(ε)이 상관되어 있을 때 일관적인 추정을 할 수 있는 일반적 방법이다. 그렇다면 IV 추정은 어떻게 가능할까? IV 추정은 우선 X의 변화를 ε과 독립적인 부분과 연관된 부분으로 구분한 다음 OLS 추정에 편의를 유발하는 후자는 무시해 버리고 전자만을 대상으로 회귀분석을 한다. ε과 독립적인 X의 변동량에 관한 정보는 IV라 부르는 별도의 변수로부터 수집된다. 이와 같은 과정을 통해 ε과 독립적인 X의 변동량을 분리시킨 IV를 통해 일관적(consistent)인 추정결과를 얻는다. 이제 설명변수가 하나인 경우부터 자세히 논의해 보자.

7.1. 설명변수가 하나인 경우

$$Y_i=\beta_0+\beta_1X_{1i}+\beta_2W_{1i}+\cdots\cdots+\beta_{1+r}W_{ri}+\varepsilon_i$$

단, 여기서 내생변수(X_{1i})는 ε_i와 상호 연관되어 있으나 외생변수들(W_{ri})은 ε_i와 독립적이라 가정한다.

그런데 $E[X_i\varepsilon_i]\neq0$이라면 OLS 추정량은 비일관적이며, 따라서 표본크기가 커져도 OLS는 참모수(true parameter)값에 접근하는 값을 추정하지

수적인 것'으로 가정하였던 것이다. 이는 일면 편의상의 가정이란 성격이 강하여 X_i 또한 변수로서 취급하되 같은 의미를 부여할 수 있는 조건으로 전환하면 $E[X_i, \varepsilon_i]=E[X_i]=E[\varepsilon_i]=0$, 즉 설명변수와 오차항이 독립적이라는 조건으로 표현할 수 있다.

못하게 된다. 이와 같이 $E[X_i \varepsilon_i] \neq 0$이 되는 현상을 내생성(endogeneity)이라고도 한다. 이는 연립방정식체계 분석시 외생변수(exogenous variable)와 내생변수(endogenous variables)를 구분하면서 전자는 방정식체계 밖에서 이미 그 값이 정해진 반면(exogeneity), 후자는 모형 내에서 그 값이 결정되어야 하는 일종의 미지수와 같은 의미(endogeneity)를 갖는 것으로 정의한 데서 유래한다. 후자의 경우, 즉 내생변수는 일반적으로 오차항과 상관관계를 갖는다.

이러한 상황을 타개하기 위해 도입되는 IV는 다음의 두 가지 조건이 충족되어야 한다.

① $\mathrm{Corr}(Z, X) \neq 0$: 수단변수로의 적합성(instrument relevance)

② $\mathrm{Corr}(Z, \varepsilon) = 0$: 수단변수의 외생성(instrument exogeneity)

즉, 상기 두 조건을 만족시키는 IV, 예컨대 Z를 창출하여 모수를 추정하게 되는 것이다.

이상과 같은 IV 추정은 기본 성격상 '2단계 추정법(2SLS)'의 특성을 갖는다. 즉, 상기 두 가지 조건을 충족시키는 IV의 창출과정과 X에 대한 대체를 통한 추정과정으로 이어지기 때문이다. 이 때 첫 번째 단계는 X를 ε과 연관된 부분과 독립된 부분으로 분해하는 과정이고, 두 번째 단계는 문제가 해소된 부분을 이용해 추정하는 과정이 된다. 통상 첫 번째 단계는 X를 Z에 대한 회귀분석 방정식으로 설정함으로써 시작된다.

$$X_i = \Pi_0 + \Pi_1 Z_i + v_i$$

즉, X는 두 부분, Z에 의해 예측될 수 있는 부분(이는 오차항 ε_i와 독립적)과 v_i, 즉 X의 변화 중 ε과 연관된 부분으로 구분된다. 따라서 2SLS는 v_i부분을 무시하고 $\Pi_0 + \Pi_1 Z_i$부분만을 활용하게 된다.

문제는 Π_0, Π_1을 모르므로 X_i를 Z_i에 OLS로 회귀분석하여 ($\hat{X}_i = \hat{\Pi}_0 + \hat{\Pi}_1 Z_i$)를 도출해야 한다는 점이다. 물론 두 번째 단계에서는 Y를 $\hat{X}_i$에 대하여 OLS함으로써 추정결과를 얻게 된다.

그런데 2SLS 추정량의 정확한 분포는 소표본의 경우 매우 복잡한 측면이 있으나, 대표본의 경우에는 일관성이 존재하는 정규분포를 따르게 되는 것으로 알려져 있다.[14)]

7.2. 다중회귀 또는 연립방정식 경우

다음과 같은 모형을 고려해 보자.

$$Y_i=\beta_0+\beta_1 X_{1i}+\cdots\cdots+\beta_k X_{ki}+\beta_{k+1} W_{1i}+\cdots\cdots+\beta_{k+r} W_{ri}+\varepsilon_i \quad (6\text{-}24)$$

종속변수 (Y_i), 내생변수 ($\beta_1 X_{1i}+\cdots+\beta_k X_{ki}$), 외생변수 ($\beta_{k+1} W_{1i}+\cdots+\beta_{k+r} W_{ri}$), 추정오류나 제외된 변수요인 ($\varepsilon_i$)

단, IV는 m개(Z_{1i}, ⋯⋯, Z_{mi})가 도입되는 것으로 가정한다. 이 때 모형의 식별문제는 번거로운 전통적 방법 대신 다음과 같이 간편한 조건으로 개편된다.

만일
- $m>k$이면 과대식별
- $m=k$이면 정확한 식별
- $m<k$이면 비식별

여기서, k: 내생변수의 수
m: 수단변수의 수

물론 IV 추정은 정확한 식별이나 과대식별의 경우에만 가능하다. 우선 논의의 편의상 설명변수가 하나($k=1$)인 경우부터 살펴보자.

첫 번째 단계는 다음과 같아진다.

$$X_i=\Pi_0+\Pi_1 Z_{1i}+\cdots\cdots+\Pi_m Z_{mi}+\Pi_{m+1} W_{1i}+\cdots\cdots+\Pi_{m+r} W_{ri}+v_i \quad (6\text{-}25)$$

식 (6-25)는 축약방정식(reduced form equation)이라고도 한다. 이 때 내생변수 X_i는 모형 내에 포함된 모든 외생변수들(W_i)과 IV인 Z_i의 함수로 표현된다.

두 번째 단계는 식 (6-25)에 OLS를 적용하여 $\hat{X}_i$을 도출한 다음 Y_i를 $\hat{X}_i$과 W_i에 대해 OLS를 적용하는 과정이 된다. 이제 그러면 $k\geq 2$인

14) Stock and Waston(2003), pp. 368～372 참조.

경우를 고려해 보자.

$k \geq 2$ 경우

이 때는 각 내생변수 X_i마다 식 (6-25)와 같은 1단계 회귀방정식이 설정되며, 따라서 k개의 IV($\hat{X}_{1i}$, ……, $\hat{X}_{ki}$)가 창출된다. 그런 연후에 Y를 $\hat{X}_i$과 W_i에 대해 OLS하는 2SLS를 실시하게 되는 것이다. 이 때 물론 $Corr(Z_{1i}, \varepsilon_i)=0$, ……, $Corr(Z_{mi}, \varepsilon_i)=0$이 성립되어야 한다.

이 시점에서 주의할 사항이 있다. 제2단계에서 OLS하여 얻은 표준오차는 부정확하다는 사실이다. 왜냐하면, 2단계 OLS표준오차는 2단계 회귀분석이 해당 식에 포함된(나타난) 내생변수의 일종의 예측치를 이용하여 회귀분석한다는 사실을 적절히 고려하는 데 곤란하기 때문이다. 그러나 이런 문제는 대다수 컴퓨터 프로그램의 2SLS 명령어 실행으로 해소되므로 실제로는 문제가 안 된다. 오히려 정작 문제가 되는 것은 항상 그렇듯이 ε_i에 이분산이 존재할 경우이다. 간략히 결론적인 대응방안만을 제시한다면 이 경우에도 '이분산에 강한 표준오차(HRSE)'활용법을 이용하여 추정해야 한다는 점을 다시 한 번 강조해 둔다.

7.3. IV의 정당성

그런데 IV 추정에서 가장 중요한 문제는 과연 도출하여 사용한 IV가 정당한가 하는 점이다. 일반적으로 말해서 X의 변동이 IV에 의해 더 잘 설명되어 있을수록 IV 추정은 더 정확한 추정이 된다. 이는 마치 표본크기가 커질수록 더 많은 정보가 활용될 수 있어 더 정확한 추정이 가능해지는 이치와 비슷하다. 또한 표본크기가 클 경우 2SLS를 활용한 통계적 추론은 2SLS 추정량이 거의 정규분포를 따른다는 가정하에 수행될 수 있다는 장점이 있다.[15)]

한편, 만일 X의 변동을 IV가 제대로 설명하지 못할 때 이를 '약한 수단변수(weak instruments)'라 한다. 이러한 경우에는 2SLS의 표본분포는 표본크기가 클 경우에라도 정규분포에 의한 어림셈은 제대로 수행되기 어렵다. 왜냐하면, 약한 수단변수의 경우 2SLS 추정량은 극심한 편의를

15) 이는 중심극한정리(central limit theorem: CLT)에 의거하여 정립될 수 있는 논리이다.

갖게 될 것이며, 따라서 더 이상 2SLS는 신뢰할 수 없게 된다.

예컨대, 단순회귀분석에서처럼 외생변수는 없고 내생변수는 단 하나뿐일 경우, 만일 IV가 적절히 도입되었다면 $\hat{\beta}_{2SLS}$는 일관추정량이 된다.

$$\because \hat{\beta}_{2SLS} = \frac{\mathrm{Cov}(Z,\ Y)}{\mathrm{Cov}(Z,\ X)} \Rightarrow \beta$$

그런데 IV가 약한 정도가 아니라 부적절한 경우라면, 즉 $\mathrm{Cov}(Z,\ X)=0$이 되어 버리면 2SLS 추정량의 분모가 0이 되므로 의미를 상실한다. 즉, IV의 정당성이 훼손되면 IV 추정량이 일관성을 갖는다는 논리는 성립될 수 없게 된다. 이 때에는 표본크기가 커도 2SLS 추정량은 비정규분포의 표본분포를 갖게 된다. 즉, IV가 부적절하다면 2SLS의 대표본분포는 정규분포가 못 되며, 단지 두 정규분포변수 간의 비율(ratio)로 정의되는 분포가 될 뿐이다.

문제는 과연 어떤 경우가 부적절한 경우라고 판단할 것인가 하는 점이다. 이 점에 관해 단일내생설명변수모형의 경우 상식적인 차원의 기준이 마련될 수 있다. 즉, 우선 첫 단계에서 모든 IV들의 계수가 0이 된다는 귀무가설을(H_0: $\Pi_1=\cdots\cdots=\Pi_m=0$) F검정하는 것이다. IV들이 X변동에 관한 정보가 많을수록 귀무가설이 기각될 가능성이 크지만, 반대의 경우는 기각하기 어려워질 것이다. 대략 산출된 F검정통계량의 값이 10보다 작으면 (대표본 경우라도) 2SLS의 t검정통계량이나 신뢰구간은 신뢰할 수 없는 것으로 분석되고 있다.

그렇다면 만일 약한 수단변수현상이 발생한다면 어떻게 대처해야 할까? 우선 여러 개의 IV들 중 상대적으로 약한 IV들을 제거하는 방안을 생각할 수 있다. 그러나 당초 정확히 식별된 상태에서 시작하였다면 어느 한 개의 IV도 버릴 수 없다. 이 때는 별도의 강한 IV를 발굴하거나 보다 고급추정방안을 도입한다. 2SLS보다는 약한 IV에 덜 민감한 제한정보최우추정법(limited information maximum likelihood: LIML)을 사용할 수 있다.

한편, 과연 IV는 외생적(exogenous)인지를 확인할 수 있을까? 대답은 엄밀하게 말한다면 "불가능하다"라고 답해야 할 것이다.[16] 단지 전문적인

16) 그러나 IV가 부적절한지 또는 도입된 IV가 정당한지 여부를 평가하는 이른바 '내생성 검정(test of endogeneity)'방법이 있다. 즉, 도입된 IV변수와 오차항이 독립성을 유

식견이나 기초이론에 의거 외생적인 것으로 평가된 것을 IV로 쓸 뿐이다. 단, 설명변수의 수보다 IV의 수가 많을 경우(과도식별된 경우)에는 이른바 '과도식별 판정법(test of overidentifying restrictions)'을 활용할 수 있다.

(1) 과도식별 판정법

만일 설명변수는 하나뿐이고 외생변수는 없으며 2개의 IV가 가능한 경우에는 다음 과정에 따라 외생성 검정을 할 수 있다.

① 각각의 IV를 이용하여 2SLS한 다음 두 결과가 매우 비슷하다면 두 개의 IV는 모두 외생적인 것으로 본다.

② 그러나 반대의 경우 둘 중 하나 또는 두 개 모두 IV는 비외생적이라 판단한다.

③ 그런데 외생성이란 결국 IV가 2SLS에서 도출된 e_i들과 연관성이 없다는 것을 의미한다는 사실에 착안하여 2SLS의 e_i들을 IV들과 외생변수들에 대하여 회귀분석한 다음 모든 IV계수들 값이 '0'이 되는지 여부를 확인하여 외생성을 검정할 수 있다.

$$e_i=\delta_0+\delta_1 Z_{1i}+\cdots\cdots+\delta_m Z_{mi}+\delta_{m+1}W_{1i}+\cdots\cdots$$
$$+d_{m+r}W_{ri}+v_i$$

④ 이 때 검정통계량은 HOSE를 활용한 F검정통계량을 활용(HRSE를 활용하는 F검정통계량이 아님에 유의)하는데, 이를 통상 과도식별 검정을 위한 J검정통계량이라 하며, $J=mF$와 같이 정의된다.

⑤ 표본크기가 클 때, 만일 IV가 약하지 않고 오차는 동분산을 갖는다면 모든 IV는 외생적이라는 귀무가설하에서 J검정통계량은 $m-k$ 자유도를 갖는 χ^2_{m-k}분포를 따른다. 물론 이 검정통계량은 과도식별의 경우에만 활용가능하다. 즉,

$$J=mF\sim X^2_{m-k}$$

지할 수 있는 것으로 볼 수 있는지를 검정하는 방안이다. 그런데 이 검정방법의 기본적인 논리는 제4장에서 소개한 Hausman의 검정법(당시는 측정오류로 인한 변수오차 현상의 유무를 검정하는 데 초점이 맞추어짐)과 유사하므로 이 곳에서는 생략한다.

결국, 만일 $k=1$, $m=k$ 경우, 즉 정확히 식별된 단일내생변수모형의 경우에는 외생성 검정은 불가능하다. 따라서 이 때 J검정통계량의 값은 0이 된다. 그러나 이 때에도 IV가 둘이면(과도식별된 경우) 각각을 이용하여 2SLS한 다음 그 결과를 비교하여 외생성 검정을 수행할 수 있다.

(2) 정당한 IV창출법

한편, 과도식별 판정법을 적용하기 전에 과연 어떻게 하면 정당한 IV를 찾아 낼 수 있을까 하는 의문을 해소할 필요가 있다.

우선 기본 경제이론에 근거하여 찾아 낸다는 원칙을 제시할 수 있다. 단, 일반적으로 비선형모형의 경우에는 IV의 추정이 불가능한 점에 유념할 필요가 있다. 따라서 비선형모형에 IV방법을 도입하는 별도의 방안이 강구되었는데, 예컨대 GMM(generalized method of moments) 추정이 그것이다. 그러나 이 방법이 항상 작동하지는 못한다.[17)]

두 번째로는 우발적 현상 중 내생변수를 이동시킬 수 있는 것으로 평가되는 IV를 찾아 내는 방법이 있다. 그러나 적절하면서도 외생성이 강한 IV를 찾는 것은 과학이라기보다는 예술이라 표현하는 것이 적절할 것이다.

8 종합예제: 간이 거시계량경제모형

이하에서는 연립방정식의 대표적인 예로 자주 활용되는 거시계량경제모형의 실제 추정과정에서 발생하는 식별과 추정, 예측 및 의태분석에 관한 문제 등을 종합적으로 고찰해 보고자 한다.

다음은 국민소득결정모형의 성격을 갖는 아주 간단한 일종의 거시계량모형이다.

$$CPXV_t = a_0 + a_1 YXV_t + a_2 CPXV_{t-1} + a_3 R_t + \varepsilon_{1t} \qquad (6\text{-}26)$$

17) Maddala(2001), pp. 585, 589~591 참조.

$$IBFXV_t = b_0 + b_1 YXV_t + b_2 DM2X_t + b_3 IBFXV_{t-1} + b_4 GCXV_t (\text{또는 } GIXV_t) + \varepsilon_{2t} \quad (6\text{-}27)$$

$$YXY_t = CPXV_t + IBFXV_t + GCXV_t + ZCXV_t \quad (6\text{-}28a)$$

(단, $ZCXV_t = IBIXV_t + GIXV_t + EXXV_t - IMXV_t$)

또는

$$YXY_t = CPXV_t + IBFXV_t + GIXV_t + ZIXV_t \quad (6\text{-}28b)$$

(단, $ZIXV_t = IBIXV_t + GCXV_t + EXXV_t - IMXV_t$)

여기서, $CPXV$: 개인소비
$IBFXV$: 기업고정투자
$IBIXV$: 기업재고투자
YXV: 국민소득
R: 이자율
$DM2X$: 총통화(M2)증감률
$EXXV$: 수출
$IMXV$: 수입
$GCXV$: 정부소비
$\sim X$: 계절조정된 자료
$\sim XV$: 계절조정된 자료로서 1985년도 기준가격으로 표현된 관측치

식 (6-26)은 통상적인 소비함수로서 소비를 전기의 소비와 소득수준 그리고 이자율의 함수로 설정하고 있다. 그리고 식 (6-27)은 투자함수로서 투자를 전기의 투자와 소득수준 그리고 총통화증가율과 정부소비(또는 정부투자)의 함수로 파악하고 있다.

한편, 식 (6-28)은 국민소득 구성항목으로 표현된 항등식으로 식 (6-27)에서 정부소비($GCXV$)를 사용하였는지, 정부투자($GIXV$)를 사용하였는지에 따라 식 (6-28a) 또는 식 (6-28b)의 형태로 정립하였다.

이상과 같은 방정식체계는 내생변수가 3개($CPXV_t$와 $IBFXV_t$ 그리고 YXV_t)이고, 외생변수는 5개($CPXV_{t-1}$, $IBMFXV_{t-1}$, R_t, $GCXV_t$ 또는 $ZIXV_t$)인 연립방정식모형임을 쉽게 알 수 있다. 따라서 본 장 서두에서 언급한 바 있듯이, OLS를 적용할 경우에 추정량들은 편의성과 비일관성을 갖게 된다. 그러나 일단 이러한 문제점을 무시한 채 자료디스켓상의

표 6-1 거시계량모형의 OLS 추정결과(추정기간: 1975:1~1987:4)

종속변수	설명변수									
	상수항	YXV_t	$CPXV_{t-1}$	R_t	$DM2X_t$	$IBFXV_{t-1}$	$GCXV_t$	$GIXV_t$	R^2	h
$CPXV_t$ 식 (6-24)	585.26 (3.60)	0.10 (3.37)	0.81 (14.25)	−8.63 (−2.10)					0.998	−2.50
$IBFXV_t$ 식 (6-26a)	−341.72 (−1.07)	0.11 (3.35)			1,247.45 (0.68)	0.73 (8.71)	−0.16 (−0.45)		0.982	−0.99
$IBFXV_t$ 식 (6-26b)	−349.92 (−1.57)	0.09 (3.08)			1,942.61 (1.03)	0.78 (8.49)		−0.47 (−1.25)	0.983	−0.98

주: ( ) 안의 숫자는 t값임.
식 (6-26a)는 $GCXV$, 그리고 식 (6-26b)는 $GIXV$를 설명변수로 사용함.

자료를 이용하여 OLS로 추정한 결과(추정기간: 1975년 1/4분기~1987년 4/4분기)를 정리한 것이 〈표 6-1〉이다.

우선 일견해서 볼 때, R^2으로 본 적합도는 모든 방정식에서 높게 나타났다. 한편, 소비함수의 경우에는 모든 추정계수의 부호가 정상적으로 나타났고, t검정통계량의 값도 모두 통계적으로 유의할 만한 수준인 것으로 확인되었다.

그런데 투자함수의 경우에는 정부소비($GCXV$)를 설명변수로 포함시킨 경우 $GCXV$에 대한 구조계수 추정치가 잘못된 부호를 갖고 있으며, 전반적으로 t검정통계량의 값들이 낮았다.

한편, 정부소비 대신 정부투자($GIXV$)를 이용하여 정의된 투자함수를 추정한 경우에는 모든 계수가 정상적인 부호를 갖고 있으며, t값도 정부소비를 이용한 경우보다 개선되었다. 여기서 $GIXV$(정부투자)의 추정계수가 '−'가 된다는 것은 정부투자가 민간기업투자를 위축시키는 효과를 갖는다는 것을 의미하는 것으로, 이러한 현상을 상쇄효과(crowding out effect)라 부르고 있다.

식 (6-28b)의 추정결과 통계적으로 유의할 만한 수준은 못 되지만 이러한 상쇄효과가 미약하게나마 나타나고 있다. 물론 이상의 추정결과들은 편의성과 비일관성이 있는 OLS 추정방법에 의해 도출된 것이어서 정당한 결론은 내릴 수 없다. 그리고 두 방정식 모두에서 시차가 붙은 종속변수들이 설명변수로 등장하고 있어 d검정통계량에 의해 자기상관현상의 심각성 여부를 판정하기는 곤란하므로 h검정통계량값을 제공하였다는 사실을 지적해 둔다.

여하튼 위의 추정결과가 문제가 있는 OLS에 의해 산출된 것이므로 이를 해소할 수 있는 간접최소자승법(ILS)의 적용을 시도해 볼 필요가 발생한 셈이다. 그런데 과연 위의 방정식체계에 ILS의 적용이 가능할까? 이를 확인하는 과정이 바로 식별문제(identification problem)라 함은 전술한 바와 같다.

이상과 같은 필요에 따라 일단 차수조건과 계수조건을 이용하여 식별을 시도해 보자.

소비함수의 식별

· 차수조건: $K^{**}=4>G^{\Delta}-1=2-1=1$

· 계수조건:

$$\begin{array}{l} \\ CPXV_t \\ IBFXV_t \\ YXV_t \end{array}\begin{array}{c} CPXV_t\ IBFXV_t\ YXV_t\ CPXV_{t-1}\ DM2X_t R_t\ IBFXV_{t-1}\ GCXV_t\ ZCXV_t\ (GIXV_t)(ZIXV_t) \\ \begin{bmatrix} 1 & 0 & -a_1 & -a_2 & 0 & -a_3 & 0 & 0 & 0 \\ 0 & 1 & -b_1 & 0 & -b_2 & 0 & -b_3 & -b_4 & 0 \\ -1 & -1 & 1 & 0 & 0 & 0 & 0 & -1 & -1 \end{bmatrix} \end{array}$$

$$\therefore r(\Delta)=r\begin{bmatrix} 1 & -b_2 & -b_3 & -b_4 & 0 \\ -1 & 0 & 0 & -1 & -1 \end{bmatrix}=2$$

한편, $G-1=3-1=2$, 즉 $r(\Delta)=2=G-1$

따라서 $r(\Pi_{\Delta,**})=G^{\Delta}-1$이 성립된다.

이상에서 소비함수는 과대식별된 것으로 판정된다.

투자함수의 식별

· 차수조건: $K^{**}=3>G^{\Delta}-1=2-1=1$

· 계수조건: $r(\Delta)=r\begin{bmatrix} 1 & -a_2 & -a_3 & 0 \\ -1 & 0 & 0 & -1 \end{bmatrix}=2=G-1$

∴ 투자함수도 과대식별된 것으로 판정된다.

이상에서 식별 여부를 확인해 본 결과 두 방정식 모두가 과대식별되고 있음을 알 수 있다. 따라서 본 장에서 소개한 간접최소자승법(ILS)의 적용은 불가능하다고 결론지을 수 있다. 물론 투자함수에서 부호가 틀리거나 t값이 낮은 외생변수들($DM2X_t$와 $GCXV_t$ 또는 $GIXV_t$)을 제거해 버리고 소비함수에서는 t값이 상대적으로 낮은 외생변수 R_t를 제거한 상태에서 재추정을 시도한다면 두 방정식 모두 정확히 식별되는 체제를 갖출 수 있다(결과는 독자 스스로 확인하기 바란다). 그러나 〈표 6-1〉에 나타난 추정결과가 문제가 있는 OLS에 의해 산출되었다는 사실을 고려할 때 그 결과에 의해 구조를 변경하는 것이 적절하지 못할 뿐 아니라 자칫하면 심각한 설정오류를 범하게 된다는 점에 유의해야 한다. 뿐만 아니라 통화정책(통화량 증감에 의한)이나 재정정책(정부지출 증대에 의한)의 실시효과 등을 확인할 수 있는 경로가 모두 막혀 버리는 등의 문제가 아울러 유발되기도 한다.

여하튼 본문에서 지적된 바 있듯이 연립방정식체계를 갖는 구조식들을 OLS로 추정하는 것은 편의성과 비일관성을 유발하므로 바람직하지 않은 것으로 분석되고 있다. 따라서 이하에서는 앞서 시도한 OLS 추정결과를 2SLS, 3SLS, 그리고 IV 등의 방법으로 추정한 결과와 대비시켜 가며 각 추정방법의 특성을 재음미해 보고자 한다.

〈표 6-2〉에 나타난 추정결과들로부터 다음 특징들이 발견되었다.

① 모든 추정식들이 높은 적합도(R^2)를 보이고 있어 추정방법 간의 차이를 구분하기 어려웠으나, 이는 단지 이 곳에서 분석한 모형의 자료상의 성격에 연유하는 바가 큰 것으로 보아야 할 것이다.

② 수요함수의 경우 국민소득변수(YXV)만이 낮은 유의성을 보였으나, 투자함수의 경우에는 개인소득은 물론 총통화량증가율·정부소비 및 투자변수 등이 모두 낮은 유의성을 보여 주고 있으며, 추정방법에 따른 차이도 미미한 것으로 나타났다. 따라서 의태분석이나 미래 예측의 적합도마저 나쁘게 나타날 경우 구조조정을 시도해 줄 필요성이 발생한 셈이다.

③ 그러나 거의 모든 추정식에서 구조계수에 대한 2SLS와 3SLS 추정치는 거의 비슷하게 나타났다. 반면, OLS 추정치와는 상당한 차이를 보이고 있어 OLS 추정량이 갖는 편의성을 간접적으로 입증해 주고 있다.

④ 특히 투자함수에 정부소비변수($GCXV$)를 설명변수로 설정한 경우 OLS 추정치는 잘못된 부호까지 보여 주고 있어 편의현상이 가장 크게

나타난 경우로 분석된다.

⑤ 수단변수 추정방법을 적용해 보고자 소비함수방정식에 설명변수로 등장한 국민소득(YXV_t)은 모형 내 외생변수들인 $DM2X_t$, $GCXV_t$(또는 $GIXV_t$), $IBFXV_{t-1}$, 그리고 $ZCXV_t$(또는 $ZIXV_t$)들을 가중평균한 선형결합함수를 수단변수로 삼았다. 그리고 투자함수의 경우에는 내생설명변수인 YXV_t 대신에 모형 내 여타 외생변수들, 즉 $CPXV_{t-1}$, $GCXV_t$ ($GIXV_t$)(그리고 R_t)들의 선형결합함수로 정의된 수단변수를 추정에 활용해 보았다. 추정결과 IV 추정치는 OLS 추정치와는 상당한 차이를 보이고 있으나 2SLS나 3SLS들에 의해 산출된 추정치들과는 상당히 유사한 결과를 보여 주고 있음이 확인되었다. 따라서 일단 IV 추정량은 2SLS나 3SLS에는 못 미치지만 OLS보다는 우수한 추정방법이라고 판정할 수 있을 것이다.[18)]

⑥ 각 방정식의 추정계수들은 OLS, IV, 2SLS 그리고 3SLS로 추정할 경우 산출된 추정량들의 표준추정오차 또는 분산들을 비교해 본즉 OLS가 가장 작은 분산(과 표준편차)값을 기록하였고, 그 다음이 3SLS, 그리고 2SLS가 가장 큰 값을 나타내었다. 따라서 일단 OLS가 상대적으로 효율적이라 판단할 수 있겠다.

OLS≫3SLS≫2SLS

그러나 전술한 바 있듯이, 이는 편의가 있는 평균을 중심으로 산출된 분산값이라는 점 때문에 이러한 결론은 유보될 수밖에 없다. IV 추정량의 경우 추정량의 분산은 본 예제에서는 추정계수에 따라 순위가 달라져 객관적인 평가가 어려웠다.

이상에서처럼 추정한 국민소득 결정모형은 개별 방정식의 이론적 타당성과 통계적 적합성도 중요하지만, 모형 전체로서의 상호의존성 및 안정성 그리고 의미 있는 예측력을 가질 때 현실적 의의를 갖는다고 볼 수 있다. 여기에서는 이러한 성격을 규명하기 위하여 우선 1982년 1/4분기에

18) 단, 여기서의 IV 추정은 공식 $\hat{\beta}_{IV}=\sum zy/\sum zx$ 대신 편의상의 추정공식 $\hat{\beta}^*_{IV}=\sum zy/\sum z^2$을 활용하여 이루어진 것이다. 이러한 편법은 설명변수가 둘 이상이되, 그 중 한 설명변수만을 수단변수로 대체할 경우 자주 활용된다.

표 6-2 구조방정식의 추정결과(추정기간: 1975:1～1987:4)

			Constant	YXV	R	$CPXV_{t-1}$	$DM2X$	$GCXV$	$GIXV$	$IBFXV_{t-1}$	d	R^2
I_aII_a	OLS	$CPXV$	346.61 (2.89)	0.12 (3.96)		0.79 (13.64)					2.38	0.997
		$IBFXV$	−341.72 (−1.07)	0.11 (3.35)			1,247.45 (0.68)	−0.16 (−0.45)		0.73 (8.71)	2.22	0.982
	2SLS	$CPXV$	110.81 (0.79)	0.04 (1.20)		0.94 (13.16)					2.59	0.997
		$IBFXV$	−494.32 (−1.47)	0.04 (1.11)			1,185.18 (0.62)	0.29 (0.80)		0.85 (9.37)	2.26	0.981
	3SLS	$CPXV$	143.83 (1.07)	0.05 (1.53)		0.92 (13.51)					2.59	0.997
		$IBFXV$	−490.72 (−1.59)	0.05 (1.30)			1,340.39 (0.76)	0.25 (0.75)		0.85 (10.13)	2.28	0.981
	IV	$CPXV$	70.76 (0.60)	0.03 (1.20)		1.00 (18.01)					2.50	0.997
		$IBFXV$	−496.06 (−1.43)	0.04 (1.28)			1,593.94 (0.79)	0.24 (0.61)		0.86 (10.38)	2.23	0.979
I_aII_b	OLS	$CPXV$	346.61 (2.89)	0.12 (3.96)		0.79 (13.64)					2.38	0.997
		$IBFXV$	−349.92 (−1.57)	0.09 (3.08)			1,942.61 (1.02)		−0.47 (−1.25)	0.78 (8.49)	2.20	0.983
	2SLS	$CPXV$	162.81 (1.21)	0.06 (1.72)		0.90 (13.27)					2.59	0.997
		$IBFXV$	−155.17 (−0.67)	0.04 (1.32)			2,343.96 (1.20)		−0.72 (−1.85)	0.93 (9.46)	2.41	0.982
	3SLS	$CPXV$	184.57 (1.42)	0.06 (1.97)		0.89 (13.59)					2.58	0.997
		$IBFXV$	−198.78 (−0.91)	0.05 (1.57)			2,280.66 (1.24)		−0.59 (−1.61)	0.91 (9.89)	2.42	0.982
	IV	$CPXV$	85.43 (0.80)	0.04 (1.66)		0.95 (20.74)					2.52	0.997
		$IBFXV$	−194.92 (−0.79)	0.04 (5.47)			2,713.99 (1.35)		−0.71 (−1.79)	0.93 (11.09)	2.35	0.980

표 6-2 계 속

			Constant	YXV	R	$CPXV_{t-1}$	$DM2X$	$GCXV$	$GIXV$	$IBFXV_{t-1}$	d	R^2
I_bII_a	OLS	$CPXV$	585.26 (3.60)	0.10 (3.37)	−8.63 (−2.10)	0.81 (14.25)					2.63	0.998
		$IBFXV$	−341.72 (−1.07)	0.11 (3.35)			1,247.45 (0.68)	−0.16 (−0.45)		0.73 (8.71)	2.22	0.982
	2SLS	$CPXV$	473.24 (2.75)	0.04 (1.18)	−10.85 (−2.51)	0.92 (13.75)					2.87	0.997
		$IBFXV$	−473.29 (−4.3)	0.05 (1.40)			1,193.76 (0.63)	0.23 (0.62)		0.83 (9.35)	2.28	0.981
	3SLS	$CPXV$	455.30 (2.78)	0.05 (1.48)	−9.55 (−2.92)	0.91 (14.24)					2.86	0.997
		$IBFXV$	−454.58 (−1.46)	0.06 (1.73)			1,206.14 (0.68)	0.18 (0.52)		0.82 (9.77)	2.28	0.982
	IV	$CPXV$	510.64 (2.76)	0.04 (1.42)	−12.68 (−2.93)	0.93 (18.55)					2.84	0.997
		$IBFXV$	−459.77 (−1.43)	0.04 (1.29)			1,599.23 (0.79)	0.23 (0.64)		0.86 (10.38)	2.23	0.979
I_bII_b	OLS	$CPXV$	585.26 (3.60)	0.10 (3.37)	−8.63 (−2.10)	0.81 (14.25)					2.63	0.998
		$IBFXV$	−349.92 (−1.57)	0.09 (3.08)			1,942.61 (1.03)		−0.47 (−1.25)	0.78 (8.49)	2.20	0.983
	2SLS	$CPXV$	467.69 (2.71)	0.04 (1.10)	−10.96 (−2.52)	0.93 (13.76)					2.87	0.997
		$IBFXV$	−160.23 (−0.69)	0.04 (1.37)			2,333.55 (1.20)		−0.72 (−1.84)	0.92 (9.45)	2.40	0.982
	3SLS	$CPXV$	477.31 (2.89)	0.05 (1.38)	−10.47 (−2.52)	0.91 (14.24)					2.86	0.997
		$IBFXV$	−187.22 (−0.86)	0.05 (1.71)			2,223.18 (1.22)		−0.66 (−1.79)	0.90 (9.81)	2.39	0.982
	IV	$CPXV$	452.60 (2.64)	0.03 (1.36)	−11.56 (−2.64)	0.94 (21.93)					0.82	0.997
		$IBFXV$	−188.95 (−0.77)	0.04 (1.45)			2,709.87 (1.35)		−0.73 (−1.83)	0.93 (11.13)	2.35	0.980

주: 모형 I_a와 I_b는 설명변수 R_t의 포함 여부에 따라서, 그리고 모형 II_a와 II_b는 설명변수 $GCXV_t$와 $GIXV_t$ 중 어느 것을 사용하였는가에 따라서 구분됨.

서부터 1985년 4/4분기까지의 사후적인 의태분석(historical simulation)을 수행해 보았다. 구체적인 의태분석방법으로서 외생변수(R, $M2X$, $GCXV$ 또는 $GIXV$, $ZCXV$ 또는 $ZIXV$)는 실제 관측치를 사용하는 반면 내생시차변수($IBFXV_{t-1}$, $CPXV_{t-1}$, $IBFXV_{t-1}$)는 모형에서 추정된 값을 사용하는 동태적 의태분석을 적용하였으며, 모형의 오차분석방법으로서는 Gauss-Seidel방법을 사용하였다.

8.1. 사후적 의태분석과 동태적 안정성

구조방정식 형태로 표현된 소형거시계량모형의 사후적 의태분석을 시도하여 분석기간(1982:1～1985:4) 동안에 추정된 내생변수값이 실제값을 얼마나 근접하게 추적하는지를 살펴보고자 RMSPE오차를 산정해 본 결과가 〈표 6-3〉과 같이 나타났다.

네 가지 유형의 구조방정식체계를 OLS와 2SLS로 추정한 경우를 상호 대비시켜 가며 모형의 동태적 안정성을 살펴본바, 다음과 같은 특징이 나타났다.

① 모형의 단순성에도 불구하고 RMSPE오차가 매우 작게 나타났고, 2SLS로 추정한 경우에는 거의 모든 경우가 5% 이내의 오차를 기록하였다.

② OLS로 추정한 경우에 비해 2SLS로 추정한 경우가 모든 경우에 있어서 의태오차가 작게 나타나 구조분석에 보다 적절한 추정방법으로 다시 한 번 확인되었다.

③ 3개의 내생변수 중 개인소비지출변수가 가장 정확하게, 그리고 고

표 6-3 사후적 의태분석과 RMSPE(분석기간: 1982:1～1985:4)

	OLS			2SLS		
	$CPXV$	$IBFXV$	YXV	$CPXV$	$IBFXV$	YXV
I_aII_a	6.72	11.30	7.32	3.14	5.48	3.42
I_aII_b	5.61	7.76	5.60	3.54	4.94	3.46
I_bII_a	4.07	8.96	5.00	0.92	5.05	1.98
I_bII_b	3.26	6.13	3.67	0.73	4.20	1.61

그림 6-2 사후적 의태값과 실제 관측치(I_bII_b모형의 경우)

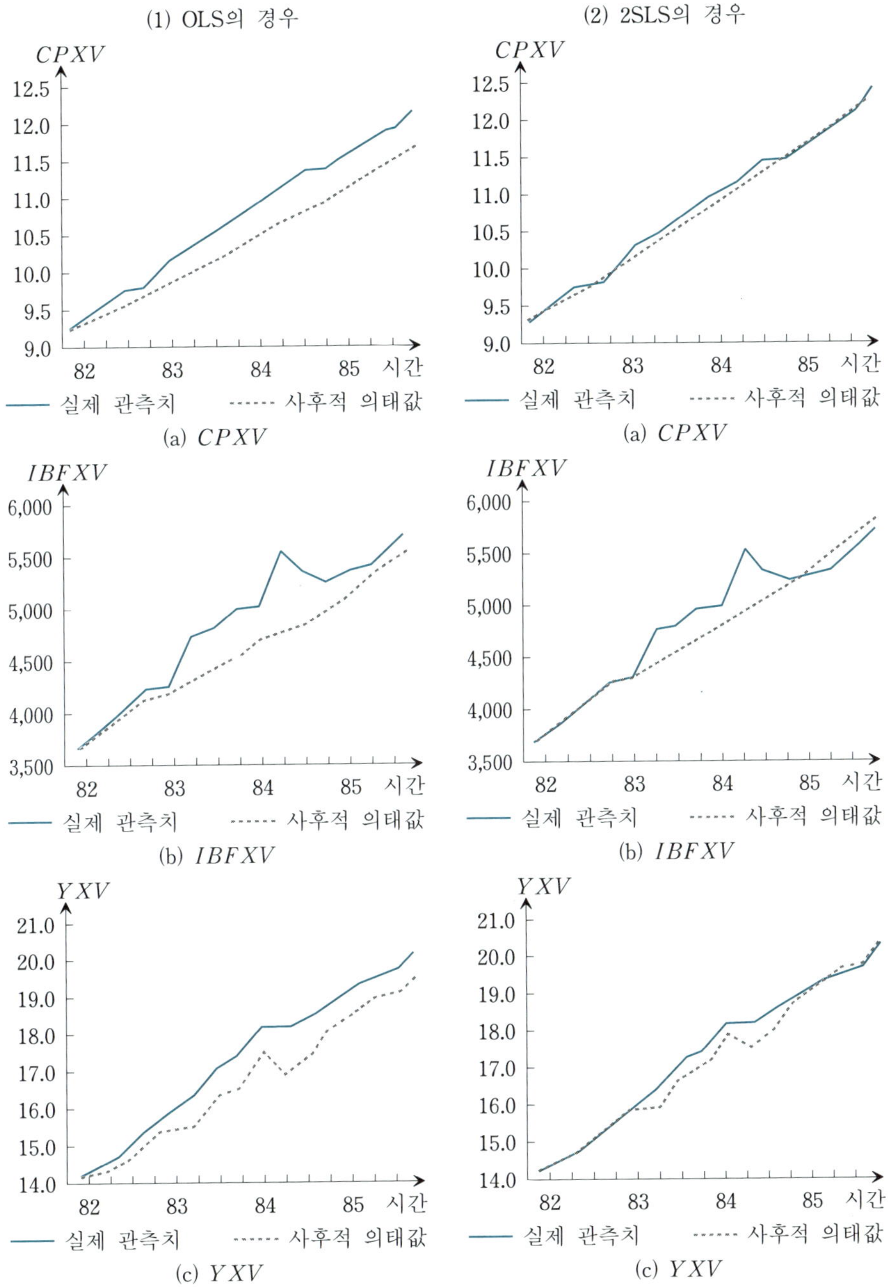

정기업투자가 가장 부정확하게 추적된 것으로 나타났다.

④ 구조방정식 유형별로 볼 때에는 I_bII_b체계, 즉 소비함수에 이자율이 포함되고 투자함수에는 정부투자가 설명변수로 등장하는 경우가 가장 정확성이 큰 것으로 나타났다. 총체적으로 볼 때는 소비함수에서 이자율변수가 제외된 경우보다는 포함된 경우가, 그리고 투자함수에서는 정부소비변수보다는 정부투자변수를 포함시켰을 때 모형의 안정성과 정확성이 향상되는 것으로 판정할 수 있다.

이러한 결과는 추정단계에서 이자율변수의 추정계수는 대부분 통계적으로 유의적이었고, $GIXV$(정부투자)가 $GCXV$(정부소비)보다는 높은 t값을 기록하였던 점과 전혀 무관하지 않다(〈표 6-1〉 참조).

⑤ 〈그림 6-2〉는 네 가지 모형(I_aII_a, I_aII_b, I_bII_a, I_bII_b) 중 I_bII_b모형을 임의로 선정하여 사후적 의태값들은 모든 경우에 있어서 OLS보다는 2SLS를 활용한 경우가 전반적으로 실제 관측치에 가까운 값으로 산출되었음을 분명하게 보여 주고 있다. 그리고 세 내생변수 중 $CPXV$가 가장 정확하게 추적된 반면, $IBFXV$는 가장 부정확하게 추적되었음을 알 수 있다.

⑥ 한편, 우리가 도입한 모형이 논리상 무리가 갈 만큼 작은 모형임에도 불구하고 특히 YXV에 대한 사후적 의태값들은 실제 관측치의 변환점(turning point)마저 놀랄 정도로 정확하게 추적해 주고 있음을 확인할 수 있었다.

8.2. 경제정책 영향분석

정책효과분석은 경제정책변수의 변화가 내생변수에 미치는 영향을 추정결과식을 이용하여 사후적으로 모의분석해 보는 과정이라 할 수 있다. 여기에서는 금융정책의 핵심인 총통화량증가율($DM2X$)은 의태분석기간(1982:1～1985:4)중 2%와 5%씩을 상향조정해 보았고, $GCXV$와 $GIXV$는 1982년 1/4분기를 기준으로 전기 실제치의 1% 또는 2%에 해당하는 정부소비 또는 투자액을 분석기간 전체에 걸쳐 상향조정하여 보았으며, 분석결과는 〈표 6-4〉부터 〈표 6-7〉에서와 같이 나타났다.

분석결과 다음과 같은 결론이 도출되었다.

표 6-4 **정책의태분석 결과표**($M2X$를 2%씩 증가시킨 경우)

	연도	OLS			2SLS		
		$CPXV$	$IBFXV$	YXV	$CPXV$	$IBFXV$	YXV
I_aII_a	1982	0.30	2.36	0.82	0.10	2.01	0.61
	1983	0.79	3.64	1.46	0.28	2.99	1.00
	1984	1.27	4.46	1.98	0.50	3.51	1.27
	1985	1.69	4.88	2.38	0.70	3.65	1.46
I_aII_b	1982	0.47	3.51	1.25	0.29	4.46	1.40
	1983	1.22	5.51	2.27	0.91	7.80	2.73
	1984	1.98	6.73	3.06	1.72	10.29	3.93
	1985	2.64	7.38	3.68	2.61	12.08	5.04
I_bII_a	1982	0.25	2.31	0.77	0.09	2.03	0.61
	1983	0.64	3.45	1.32	0.26	2.98	0.97
	1984	1.01	4.07	1.72	0.43	3.43	1.20
	1985	1.33	4.33	2.02	0.59	3.53	1.35
I_bII_b	1982	0.39	3.47	1.18	0.18	4.40	1.31
	1983	1.00	5.29	2.06	0.56	7.53	2.41
	1984	1.59	6.28	2.71	1.03	9.66	3.32
	1985	2.10	6.74	3.19	1.55	11.03	4.10

① 전반적으로 보아 정부지출의 변화보다는 총통화량의 변화가 경제 각 부문에 가장 큰 변화를 유발하는 것으로 나타난 반면, 정부지출에 의한 일종의 공공사업 실시는 더 이상 한국 경제에 큰 영향을 미치지 못하는 것으로 분석되었다. 이는 부분적으로는 정부투자가 오히려 민간투자를 위축시킨다는 상쇄효과(crowding effect)에 연유하는 것으로 볼 수 있으며, 또 한편으로는 최근의 한국 경제는 더 이상 정부주도하에 경제성장이 효율적으로 추구되기 어려운 체질이 정착되어 가고 있다는 주장의 제기근거로 활용될 수 있는 결과라 하겠다.

② 분석대상 기간중 총통화량이나 정부소비의 증가는 개인소비와 민간투자 그리고 국민소득 모두를 지속적으로 증가시키고 있으나, 그 증가율은 점차 줄어들고 있어 안정적 동태모형의 특성이 다시 한 번 확인될 수 있었다.

③ 총통화량의 증가율을 상향조정할 경우 특히 민간투자의 변화가

표 6-5 정책의태분석 결과표($M2X$를 5%씩 증가시킨 경우)

	연도	OLS			2SLS		
		$CPXV$	$IBFXV$	YXV	$CPXV$	$IBFXV$	YXV
I_aII_a	1982	0.76	5.89	2.04	0.25	5.01	1.52
	1983	1.97	9.11	3.66	0.71	7.48	2.51
	1984	3.18	11.14	4.94	1.24	8.77	3.18
	1985	4.24	12.20	5.94	1.76	9.13	3.65
I_aII_b	1982	1.17	8.79	3.13	0.73	11.15	3.51
	1983	3.06	13.77	5.67	2.28	19.50	6.82
	1984	4.95	16.82	7.66	4.30	25.72	9.83
	1985	6.59	18.45	9.20	6.52	30.19	12.61
I_bII_a	1982	0.63	5.79	1.93	0.23	5.07	1.51
	1983	1.59	8.63	3.30	0.64	7.45	2.43
	1984	2.53	10.17	4.31	1.08	8.58	3.01
	1985	3.32	10.83	5.05	1.48	8.81	3.38
I_bII_b	1982	0.97	8.67	2.96	0.46	10.99	3.27
	1983	2.49	13.22	5.16	1.39	18.82	6.02
	1984	3.98	15.70	6.78	2.58	24.15	8.30
	1985	5.26	16.84	7.97	3.88	27.58	10.25

크게 나타나 국민소득 증대를 선도하는 것으로 나타났으며(〈표 6-4〉와 〈표 6-5〉 참조), 이러한 현상은 특히 투자함수에 정부소비변수 대신 정부투자변수를 활용한 경우에 강하게 나타났다. 한편, 소비함수에 이자율변수를 설명변수로 포함시킨 경우는 이를 제외시킨 경우에 비해 경제 각 부문에 미치는 효과가 상대적으로 낮게 나타났다. 통화량의 증가로 인해 이자율이 하락할 경우 예상할 수 있는 합당한 결과로 이해할 수 있겠지만, 여기서 활용한 모형에서는 통화량이 이자율에 미치는 영향이 연결되지 못한 소규모 모형이란 점에 유의할 필요가 있다.

④ 정부지출을 정부투자의 증가로 실현시킬 경우에는 예상한 대로 상쇄효과에 따른 민간투자 감소효과가 두드러지게 나타나 미미하지만 국민소득수준까지 위축되는 분석결과가 나왔다(〈표 6-6〉과 〈표 6-7〉의 방정식 I_aII_b와 I_bII_b 참조).

⑤ 대부분의 경우에(〈표 6-4〉의 경우 제외), OLS 추정방법을 활용한

표 6-6 정책의태분석 결과표(*GCXV* 또는 *GIXV*를 1982년 1/4분기의 1% 수준만큼씩 증가시킨 경우)

	연도	OLS			2SLS		
		CPXV	*IBFXV*	*YXV*	*CPXV*	*IBFXV*	*YXV*
I_aII_a	1982	0.08	−0.01	0.16	0.06	0.50	0.28
	1983	0.13	0.04	0.20	0.13	0.75	0.39
	1984	0.17	0.10	0.23	0.20	0.89	0.47
	1985	0.20	0.15	0.25	0.27	0.94	0.52
I_aII_b	1982	0.001	−0.12	−0.01	−0.01	−0.23	−0.04
	1983	−0.01	−0.17	−0.03	−0.03	−0.41	−0.11
	1984	−0.03	−0.20	−0.05	−0.07	−0.54	−0.17
	1985	−0.05	−0.22	−0.07	−0.11	−0.63	−0.23
I_bII_a	1982	0.06	−0.02	0.15	0.05	0.42	0.26
	1983	0.10	0.02	0.18	0.10	0.63	0.34
	1984	0.13	0.06	0.20	0.16	0.74	0.39
	1985	0.15	0.10	0.21	0.20	0.77	0.43
I_bII_b	1982	0.001	−0.12	−0.01	−0.004	−0.23	−0.04
	1983	−0.01	−0.17	−0.03	−0.02	−0.39	−0.10
	1984	−0.02	−0.19	−0.05	−0.04	−0.50	−0.15
	1985	−0.04	−0.20	−0.06	−0.07	−0.57	−0.19

경우보다 2SLS 추정방법을 활용한 경우가 정책효과가 큰 것으로 나타나고 있는데, 이는 일면 2SLS가 OLS보다 각 설명변수의 변화에 보다 민감한 반응을 보인다는 특성을 반영하고 있는 것으로 이해할 수 있다.

8.3. (사후적) 미래예측

예측은 순수한 미래에 대한 사전적 예측(ex-ante forecasting)과 추정기간 이후 기간이지만 과거에 해당되는 시기에 대한 사후적 예측(ex-post forecasting)으로 양대분된다. 본 예제에서는 1989년 1/4분기부터 1992년 4/4분기까지의 시기에 대한 사후적 예측을 실시해 보았다.

예측대상 기간 중 실현된 외생변수값을 추정모형에 대입시켜 산출한 내생변수들의 예측치를 실제 관측치와 대비시켜 본 것이 〈표 6-8〉이다. 이 표에 나타난 예측오차들은 1988년 1/4분기부터 1992년 4/4분기에 걸

표 6-7 정책의태분석 결과표(*GCXV* 또는 *GIXV*를 1982년 1/4분기의 2% 수준만큼씩 증가시킨 경우)

	연도	OLS			2SLS		
		CPXV	*IBFXV*	*YXV*	*CPXV*	*IBFXV*	*YXV*
I_aII_a	1982	0.16	−0.03	0.33	0.11	1.00	0.57
	1983	0.26	0.07	0.40	0.25	1.50	0.781
	1984	0.34	0.19	0.46	0.40	1.78	0.93
	1985	0.39	0.30	0.51	0.54	1.88	1.04
I_aII_b	1982	0.002	−0.23	−0.01	−0.01	−0.47	−0.09
	1983	−0.03	−0.35	−0.07	−0.07	−0.82	−0.22
	1984	−0.06	−0.41	−0.11	−0.14	−1.07	−0.34
	1985	−0.09	−0.43	−0.14	−0.23	−1.25	−0.46
I_bII_a	1982	0.13	−0.04	0.30	0.10	0.85	0.52
	1983	0.21	0.03	0.35	0.21	1.27	0.68
	1984	0.26	0.12	0.40	0.31	1.48	0.79
	1985	0.30	0.20	0.42	0.40	1.54	0.85
I_bII_b	1982	0.002	−0.23	−0.01	−0.01	−0.46	−0.08
	1983	−0.02	−0.34	−0.06	−0.04	−0.79	−0.20
	1984	−0.05	−0.39	−0.10	−0.08	−1.01	−0.29
	1985	−0.08	−0.41	−0.12	−0.13	−1.14	−0.37

치는 20개 분기에 대하여 (사후적) 예측을 실시한 후 그 정확도를 가늠해 보기 위해 산출한 RMSPE값들이다. 이를 근거로 할 경우 다음과 같은 의견이 제시될 수 있을 것이다.

① 총체적으로 보아 예측기간이 5개년에 걸친 중장기 예측이었음에도 불구하고 RMSPE수준은 예상보다 낮았으며, 개인소비(*CPXV*)에 관한 예측이 가장 정확하게, 그리고 민간투자(*IBFXV*)에 관한 예측이 가장 오차가 크게 나타났다. 이러한 결과는 사후적 의태분석 경우의 특징과 흡사하다.

② 예상하였던 대로 OLS 추정식에 의한 예측이 가장 부정확하게 나타났다. 한편, 2SLS 추정식과 유도방정식체계에 의한 예측은 큰 차이를 보이지는 않았지만 역시 이론이 시사하는 바대로 유도방정식의 추정결과를 활용하여 예측을 수행한 경우가 다소 우수한 것으로 분석되었다.

③ OLS 추정식에 의한 부정확성은 단순한 예측오차가 상대적으로

표 6-8 **유형별 예측치의 RMSPE**(예측기간: 1988년 1/4분기~1992년 4/4분기)

		OLS			2SLS			REDUCED FORM		
		CPXV	*IBFXV*	*YXV*	*CPXV*	*IBFXV*	*YXV*	*CPXV*	*IBFXV*	*YXV*
I_aII_a	본모형	10.7	20.7	13.6	6.5	11.4	7.7	6.3	9.9	7.0
	GCXV 5% 증가	11.3	22.0	14.4	6.0	9.7	6.7	5.2	9.1	6.1
	GCXV 5% 감소	10.1	19.4	12.8	7.0	13.3	8.7	7.4	10.6	7.9
I_aII_b	본모형	10.5	18.9	12.9	8.1	16.3	10.5	9.5	13.9	10.4
	GIXV 5% 증가	10.8	19.4	13.2	8.4	17.5	11.1	10.4	15.2	11.4
	GIXV 5% 감소	10.3	18.4	12.5	7.7	15.1	9.9	9.2	14.2	10.3
I_bII_a	본모형	13.3	23.1	16.0	11.1	13.8	11.3	7.3	11.4	8.1
	GCXV 5% 증가	13.8	24.3	16.8	10.8	12.3	10.5	5.2	9.6	6.2
	GCXV 5% 감소	12.8	21.9	15.3	11.5	15.4	12.1	8.5	10.8	8.6
I_bII_b	본모형	13.0	20.8	15.1	12.0	18.1	13.4	10.5	14.9	11.3
	GIXV 5% 증가	13.2	21.3	15.4	12.2	19.2	14.0	10.8	15.6	11.8
	GIXV 5% 감소	12.8	20.3	14.8	11.8	17.0	12.9	10.5	15.4	11.5

주: 각 모형은 원래의 구조방정식 및 유도방정식 모형은 물론 *GCXV*나 *GIXV*의 계수값을 5% 수준만큼씩 증감시켜 본, 즉 계수조정(tuning)을 실시한 연후에 추정모형을 동시에 이용하여 예측오차를 산출한 것임.

크다는 데 그치지 않고 있음을 〈그림 6-3〉에서 확인할 수 있다. OLS 추정식의 경우 구조방정식 상호간의, 그리고 내생변수 상호간의 연관관계(effect and feedback effect)를 무시한 나머지 장기적인 추세를 제대로 추적해 내지 못하고 있음이 확연히 나타난 것이다.

④ 2SLS 추정식과 유도방정식 추정결과를 이용한 예측의 경우에는 후자의 경우가 다소 우수하게 나타났지만 국민소득의 예측에 관한 한 양자 모두가 변환점까지 비교적 정확히 추적해 내고 있다. 그런데 여기서 산출된 예측치가 비록 사후적 예측에 해당되기는 하지만 *GCXV*와 *GIXV*(따라서 *ZCXV*와 *ZIXV* 경우에는 정확한 자료가 없어(1970:1~1988:4) 기간에 대해서는 거시계량모형 작성시 총괄적으로 여타 주요 변수들과 함께 창출됨) 경우에는 별도 기준에 따라 산출한 추정치를 활용할 수밖에 없었으므로 사전적 예측의 성격을 아울러 갖고 있다. 바로 이 점이 예측오차를 다소 크게 만든 이유로 일단 제기해 볼 수 있을 것이다.

그림 6-3 사후적 예측치와 실제 관측치(I_aII_a모형의 경우)

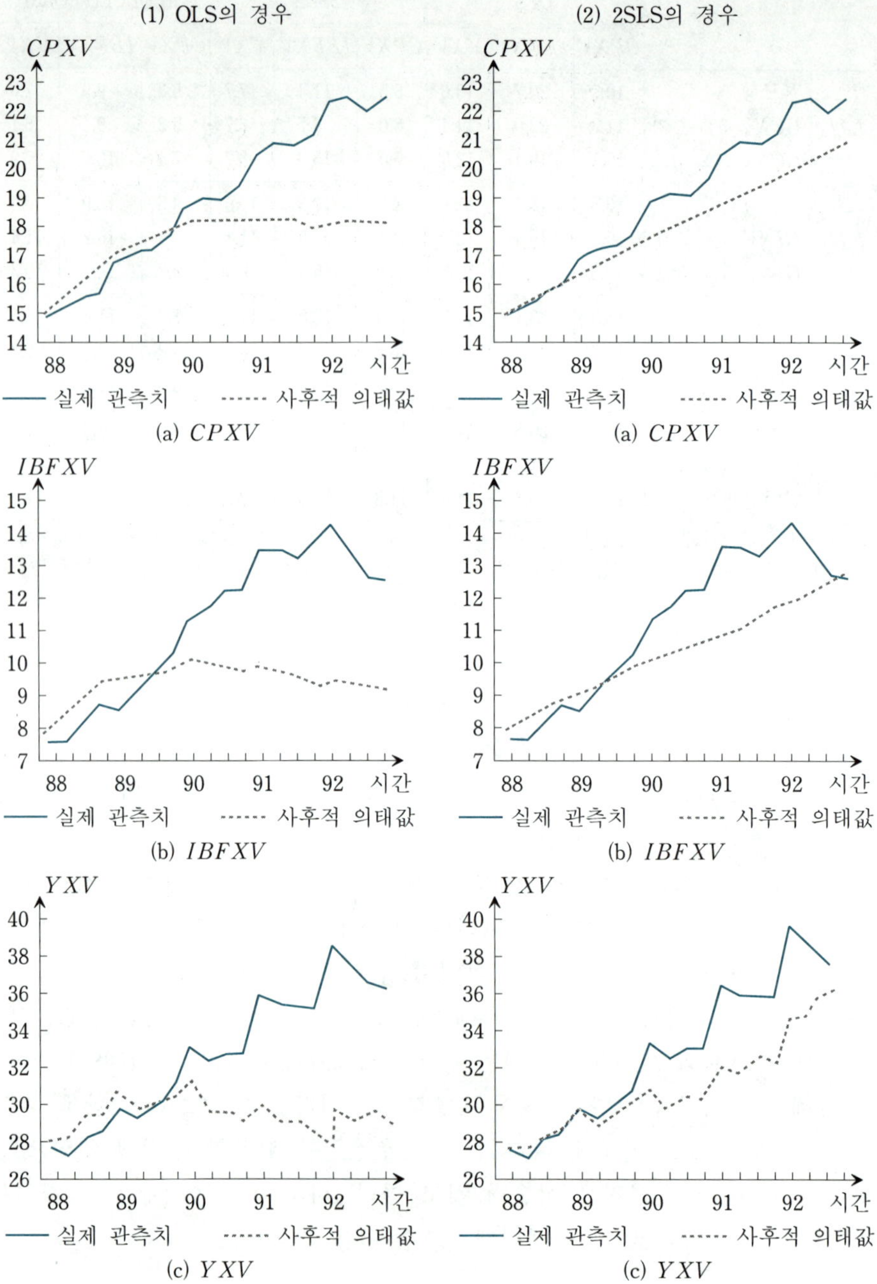

그림 6-3 계 속

(3) 유도방정식 활용의 경우

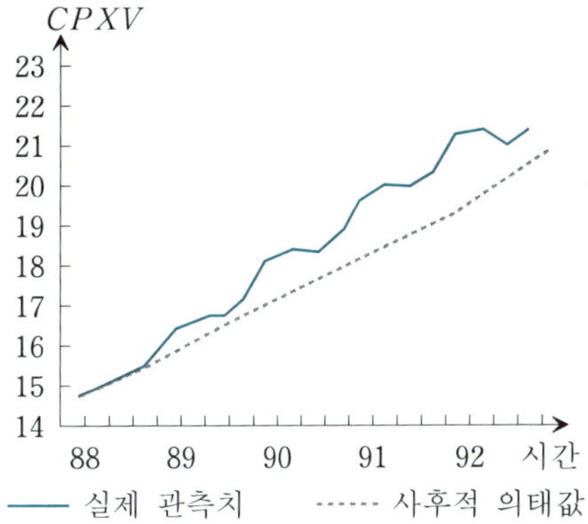

(a) *CPXV*

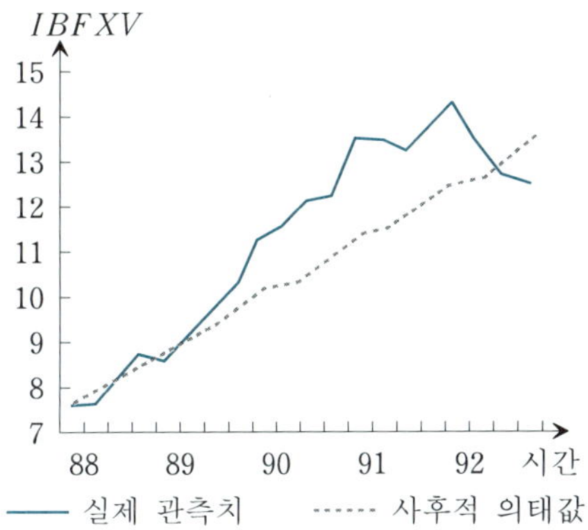

(b) *IBFXV*

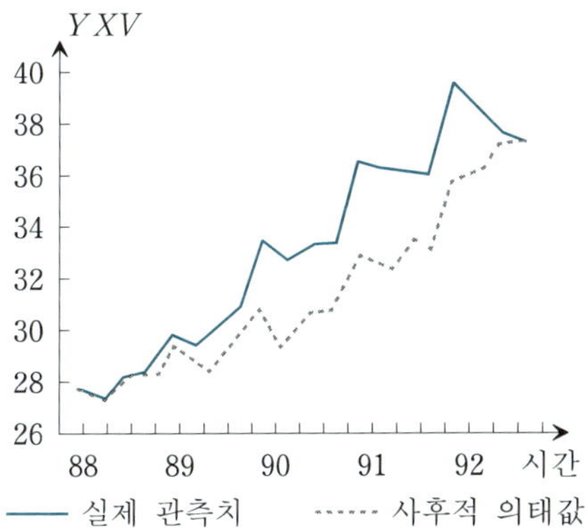

(c) *YXV*

8.4. 구조조정 및 계수조정

모형의 예측능력은 의태분석모형을 다소 조정함으로써 향상될 수도 있는데, 이를 구조조정(adjustments)이라 한다. 예컨대, 모형이 동태적으로 거의 불안정한 상태에 가깝다면, 외생변수를 추가도입하거나 제외시킴으로써 모형 전체의 적합도나 안정성을 개선시키고 나아가서는 예측력을 향상시킬 수도 있는 것이다. 물론 동일한 효과를 외생변수의 포함 여부 대신 구조방정식의 추정계수값 중 일부를 약간 수정함으로써 추구하는 계수조정(tuning)방식을 활용할 수도 있다.

어느 방법을 활용하든 이러한 작업에서 가장 유용하게 이용할 수 있는 것이 상호연관도표(flow chart)이다. 변수 간의 상호관련성 및 인과관계의 방향 등을 점검해 가며 모형의 안정성이나 정확성을 개선해 나갈 수 있는 결정적인 정보를 제공해 주기 때문이다.

구조계수를 조정할 경우 개별 방정식의 통계적 적합도는 오히려 나빠질 수도 있지만 모형 전체의 동태적 상호작용에 주안점을 둘 때 이러한 문제는 감수해야 한다. 그리고 계수조정을 시도할 경우 어느 계수값을 조정할 것인가 하는 것은 1차적으로는 플로 차트를 참조할 것이지만, 정책의태분석의 내용이 아울러 좋은 길잡이가 될 수도 있다. 외생변수(정책변수)값의 변화 대신 그 구조계수값을 조정해도 유사한 변화내용을 도출할 수도 있기 때문이다. 또 한 가지 계수조정시 주로 고려할 수 있는 항목으로 내생시차변수(시차가 붙은 종속변수)의 계수값을 들 수 있다. 시차종속변수가 포함된 모형은 기본적으로 자기회귀모형(autoregressive model)에 속하므로 회귀계수의 크기에 따라 장기적 추세 및 동태적 조정과정의 변화를 유도할 수 있기 때문이다. 한편, 시차종속변수 이외의 설명변수값을 조정할 때에는 각별한 주의를 기울여야 하는데, 기본적인 원칙은 구조계수의 t값이 유의할 만큼 큰 계수들은 조정해서는 안 된다는 것이다.

앞서 고려한 의태분석 결과와 〈그림 6-4〉를 참고로 우선 구조조정작업을 시도해 볼 수 있다. 그런데 의태모형을 구성할 때 이미 외생변수를 번갈아 고려해 가며 분석결과를 비교해 보았기 때문에 이미 구조조정을 시행해 본 셈이다. 결과적으로 볼 때 소비함수에 이자율을 포함시키는 과정과 투자함수에서 정부소비를 정부투자로 대체시키는 과정으로 표출된

그림 6-4 국민소득결정모형의 연관도표

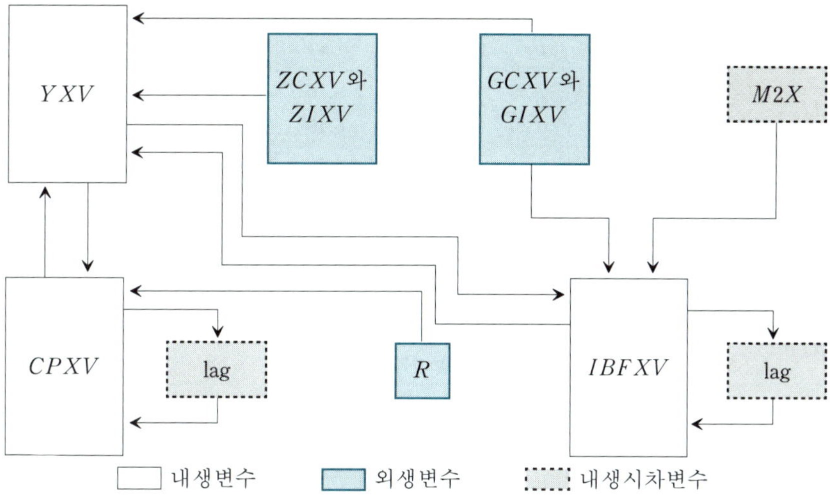

구조조정작업은 모형 전체의 동태적 안정성과 적합도의 모든 부분에 있어 개선된 결과를 가져다 준 것으로 평가되었다. 그러나 예측능력을 기준으로 할 경우에는 소비함수에서는 이자율변수(R_t)를 제외하고, 투자함수에서는 정부투자변수($GIXV_t$)를 사용한 경우가 오히려 좋은 결과를 보여 준 바 있어 최종적인 평가는 모형설정의 목표에 따라 달리 내려져야 할 것이다. 단, 한 가지 추가해서 지적해 둘 사항은 만일 화폐시장에 관한 구조방정식을 추가시키되 통화공급량과 이자율을 연결시킬 경우 보다 세밀한 분석결과가 도출될 수도 있다는 사실이다.

한편, 계수조정의 경우에는 위에서 제시한 여러 기준을 감안할 때 내생시차변수인 $IBFXV_{t-1}$이나 t값이 낮은 $GCXV_t$ 또는 $GIXV_t$의 구조계수 추정치를 조정해 볼 수 있는 것으로 이해할 수 있다. 여기서는 $GCXV_t$와 $GIXV_t$의 추정계수값을 5%씩 증감시켜 보는 모의실험만을 실시해 보았다.

〈표 6-9〉에 나타난 바에 따르면, 계수조정 후 실시한 사후의태분석의 RMSPE오차는 전체적으로는 다소 개선된 것으로 이해할 수 있다. 그리고 투자함수에 정부소비($GCXV$)가 포함된 모형에서는 $GCXV$ 추정계수를 5%

표 6-9 계수조정 후 사후의태분석과 RMSPE

		OLS			2SLS		
		CPXV	*IBFXV*	*YXV*	*CPXV*	*IBFXZ*	*YXV*
I_aII_a	*GCXV* 5% 증대	7.25	13.09	8.16	2.74	3.51	2.40
	GCXV 5% 감소	6.20	9.55	6.49	3.55	8.26	4.51
I_aII_b	*GIXV* 5% 증대	5.79	8.34	5.89	3.75	5.92	3.91
	GIXV 5% 감소	5.43	7.19	5.31	3.34	4.14	3.01
I_bII_a	*GCXV* 5% 증대	4.50	10.60	5.74	0.73	3.66	1.43
	GCXV 5% 감소	3.65	7.39	4.28	1.16	7.07	2.72
I_bII_b	*GIXV* 5% 증대	3.41	6.64	3.92	0.81	4.90	1.87
	GIXV 5% 감소	3.11	5.64	3.42	0.68	3.81	1.44

증대시킨 경우가, 그리고 정부투자(*GIXV*)가 포함된 모형에서는 *GIXV* 추정계수를 5% 감소시킨 경우가 의태분석결과를 개선시키는 효과를 가져온 것으로 판정되었다. 이는 *GCXV*계수가 '+'부호를, 그리고 *GIXV*의 계수는 '−'부호를 갖는 것으로 추정된 결과와 연관된 효과라 볼 수 있다.

한편, 계수조정 후의 추정모형을 이용한 정책의태분석의 결과는 뚜렷한 차이점이 발견되지 못하였다(지면관계상 그 결과표는 생략함). 그리고 마지막으로 실시해 본 예측능력의 평가(〈표 6-8〉 참조)에서는 오히려 계수조정된 모형들의 성과가 떨어지는 것으로 나타났다.

7

ARIMA모형을 이용한 예측: Box-Jenkins방법

1. 개　　요
2. ACF와 PACF를 이용한 자료의 검색
3. 시계열의 안정성 검정
4. 주요 ARIMA모형
5. 모형의 식별
6. 모형의 추정
7. 진　　단
8. 예　　측

1 개 요

전통적으로 시계열분석은 분석대상 변수의 시계열자료, 즉 과거의 관측치에 근거하여 미래값을 예측하는데 목표를 두었다. 이러한 목적을 위해 도입된 초창기 시계열분석은 주로 요인별 분해(decomposition) 또는 평활화(smoothing) 방법을 활용하였다(제3장 참조).

한편, 1970년대 초에 이르러 박스(George Box)와 젠킨스(Gwilym Jenkins)에 의해 ARIMA모형을 이용한 시계열예측방안이 제시되면서 시계열분석은 획기적인 발전을 이룩하게 되었다.

시계열분석은 본질적으로 1변량분석에 해당되므로(즉, 분석대상 변수 한 개만의 관측치를 활용하는 분석임) Box-Jenkins모형, 즉 ARIMA모형 또한 기본적으로는 1변량 시계열분석모형에 해당된다. 한편, ARIMA모형이 도입되면서 시계열분석은 초창기의 전통적 접근방법과는 달리 안정적 시계열(stationary time series)의 도출과정을 통해 예측을 도모하게 되었다. 불안정한 시계열 속에 내재된 바람직하지 못한 속성을 제거한 후 변동상의 특징적인 패턴을 보다 체계적으로 파악하여 예측에 활용하게 된 것이다. 즉, 현대적 시계열분석은 안정적 시계열을 대상으로 예측하는 접근방법에 초점이 맞추어지고 있는 것이다. 따라서 Box와 Jenkins에 의해 개발된 ARIMA모형의 분석은 다음의 단계에 따라 수행된다.

첫 번째 단계는 수집된 자료의 검증과정으로 자료가 평균 또는 분산을 기준으로 볼 때 불안정성이 내재되어 있을 경우, 이를 차분(differencing) 또는 함수전환(transformation)을 통해 안정적 시계열(stationary time series)로 전환한다.

두 번째 단계는 첫 단계에서 도출된 안정적 시계열의 변동패턴을 가장 잘 대변할 수 있는 시계열모형을 선정한다. 이러한 모형의 식별단계에서 자기상관함수(autocorrelation function: ACF)와 편자기상관함수(partial autocorrelation function: PACF)가 주로 활용된다.

세 번째 단계에서는 이미 선정된 모형을 추정하게 되며, 적절한 기준에 의거하여 최적의 추정결과를 선정하게 된다.

그림 7-1 Box-Jenkins모형의 분석절차

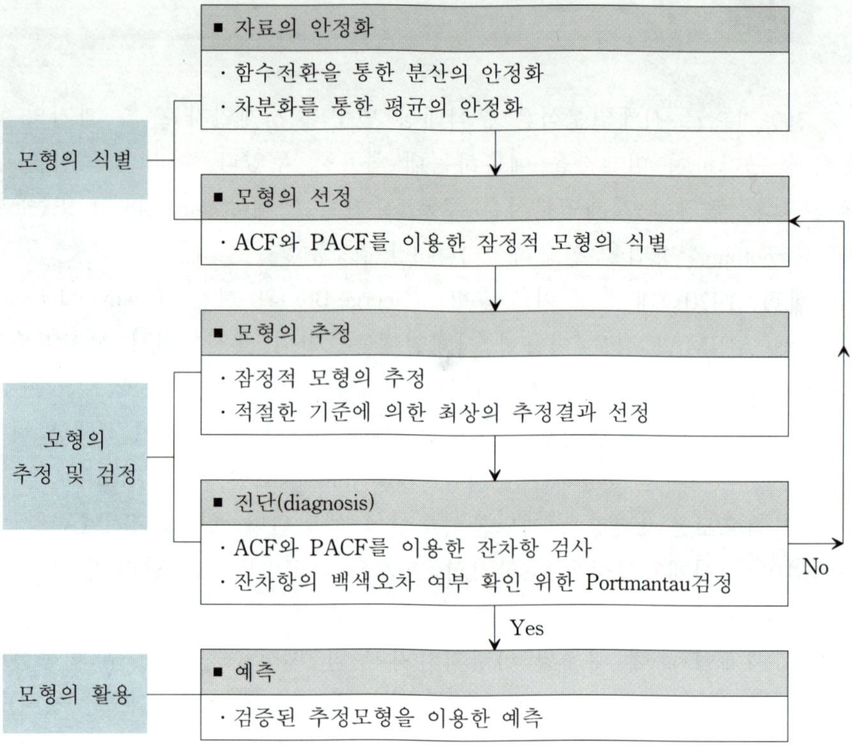

네 번째 단계는 선정된 추정결과가 당초 설정하였던 모형에서 가정된 것처럼 그 잔차항이 백색소음(white noise)으로 간주될 수 있는지를 검증하게 된다. 이 때에도 ACF나 PACF, 그리고 이른바 portmanteau검정이 활용된다. 추정식의 잔차항이 백색소음으로 볼 수 있다면 당초 설정된 모형의 특성에 충실한 추정결과로 볼 수 있으나, 그렇지 못할 경우에는 다시 모형선정단계(제2단계)부터 같은 과정을 되풀이하게 된다.

다섯 번째 단계에서는 진단결과 적합성이 검증된 추정모형을 활용하여 예측을 수행하게 된다.

2 ACF와 PACF를 이용한 자료의 검색

본 절에서는 수집된 시계열자료의 특성을 파악하는 데 가장 유용한 분석도구인 ACF와 PACF의 개념과 활용방안을 살펴보고자 한다.

2.1. 자기상관함수

자기상관계수(autocorrelation coefficient) r_k란 k시기만큼 시차가 있는 관측치들 간의 1차 함수관계적 밀접도를 계측하기 위한 통계적 개념이다.

$$r_k = \frac{\sum_{t=k+1}^{n}(Y_t - \bar{Y})(Y_{t-k} - \bar{Y})}{\sum_{t=1}^{n}(Y_t - \bar{Y})^2} \tag{7-1}$$

따라서 r_1은 기준 관측치와 바로 전시기의 관측치 간의, 즉 연이은 관측치들 간의 상관관계를 나타내고, r_2는 두 시기만큼씩 떨어진 관측치들 간

표 7-1 시계열자료의 예

Period	Value	Period	Value	Period	Value
1	25	13	20	25	64
2	97	14	30	26	67
3	47	15	7	27	81
4	83	16	24	28	71
5	94	17	25	29	13
6	70	18	95	30	52
7	16	19	85	31	97
8	21	20	28	32	23
9	23	21	20	33	8
10	52	22	54	34	37
11	41	23	92	35	47
12	55	24	74	36	61

그림 7-2 시계열자료의 시간도표(time plot)

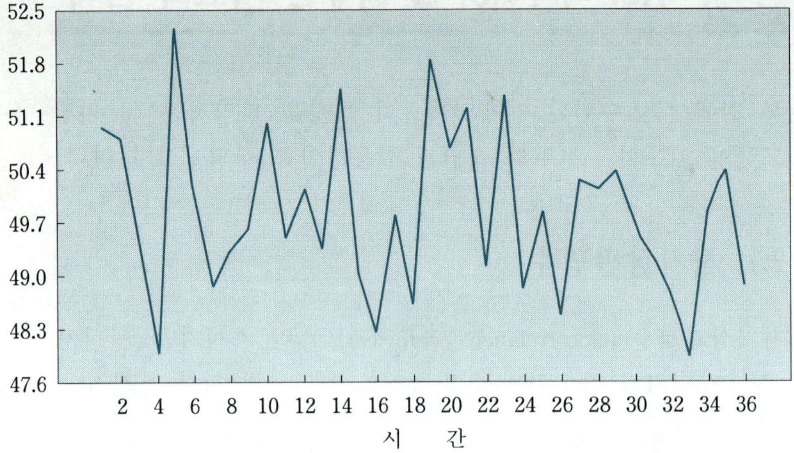

그림 7-3 자기상관도표

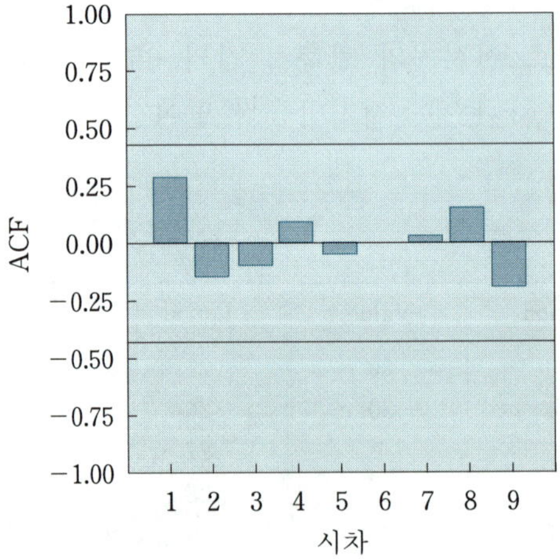

$r_1 = 0.2735$
$r_2 = -0.1609$
$r_3 = -0.1125$
$r_4 = 0.0875$
$r_5 = -0.0593$
$r_6 = -0.0017$
$r_7 = 0.0240$
$r_8 = 0.1438$
$r_9 = -0.2120$

의 상관관계를, 그리고 r_k는 k시기만큼씩 떨어진 관측치들 간의 상관도를 나타낸다. 여기서 모든 시차(k)를 총괄적으로 고려한 개념을 바로 자기상관함수(autocorrelation function: ACF)라 한다.

〈표 7-1〉은 36개의 관측치로 구성된 시계열자료이며, 이를 도표화한

것이 〈그림 7-2〉이다. 사실 이 숫자들은 0과 100 사이의 난수들이며, 따라서 서로 독립적이라 볼 수 있는 자료이다. 그러므로 이 경우 각 자기상관 계수값들은 '0'에 가까울 것으로 기대할 수 있다. 〈그림 7-3〉은 시차를 1, 2, ……, 10까지 확대해 가며 산출한 자기상관계수값들을 도표화한 것이며, 모두 일정 한도(점선구간) 내의 크기를 갖는 것으로 나타났다.

이상과 같은 자기상관함수는 시계열자료의 특성을 탐색하는 데 매우 귀중한 분석도구가 된다. 그러나 자기상관함수에 관한 통계이론은 매우 복잡하다는 문제가 있다.

2.2. 백색소음모형

백색소음모형(white noise model)은 시계열모형 중 가장 간단한 논리적 표준모형으로 백색오차라고도 불리는데, 다음과 같이 정의된다.

$$Y_t = c + e_t \tag{7-2}$$

단, 백색소음 Y_t는 총체적 수준을 나타내는 'c'와 기간 간에 연관성이 없는 확률오차를 나타내는 'e_t'로 구성된다. 〈표 7-1〉의 자료는 바로 이러한 모형으로부터 얻을 수 있는 자료들이다.

백색소음이란 문제가 되지 않는, 즉 해를 끼치지는 못하는 정도의, 따라서 무시할 만한 수준의 이탈현상이란 의미를 가지며, 원리는 공학분야에서 창출된 개념이다. 이러한 백색소음은 시계열분석에 매우 중요한 모형이다. 예컨대, 훌륭한 시계열모형은 그 예측오차가 백색소음이 될 수 있도록 추정되어야 한다는 점 등을 지적할 수 있다.

2.3. ACF의 표본분포를 이용한 백색소음검정

이론적으로 무작위수(random numbers)와 같은 백색소음자료는 모든 자기상관계수값이 '0'이 되어야 한다. 그러나 〈표 7-1〉의 예에서처럼 표본크기가 작을 때(finite samples) 표본자기상관계수들이 정확히 '0'이 될 수는 없다. 그러나 백색소음표본자료의 자기상관계수값들은 평균이 '0'이고 분산이 $1/n$인 정규분포에 접근하는 것으로 밝혀졌다(n은 관측치의 수). 따라서 모든 표본자기상관계수값들의 약 95%는 평균 '0'을 중심으로 표준오차($1/\sqrt{n}$)의 ±1.96배 이내의 범위에 속하게 된다. 한편, $\pm1.645/\sqrt{n}$ 구간 내에는 약 90%, 그리고 $\pm2.575/\sqrt{n}$ 구간 내에는 약 99%의 표본자기상관계수값들이 귀속된다. 즉,

$$P\left(-1.645\frac{1}{\sqrt{n}}<Y_t<1.645\frac{1}{\sqrt{n}}\right)\doteq0.9$$

$$P\left(-1.96\frac{1}{\sqrt{n}}<Y_t<1.96\frac{1}{\sqrt{n}}\right)\doteq0.95$$

$$P\left(-2.575\frac{1}{\sqrt{n}}<Y_t<2.575\frac{1}{\sqrt{n}}\right)\doteq0.99$$

가 된다.

만일 표본자기상관자료들이 위와 같은 조건을 충족시키지 못할 경우 시계열자료는 백색소음이라고 볼 수 없게 된다. 〈표 7-1〉의 표본자료의 경우는 모든 표본자기상관계수값들이 구간 내에 속하므로 백색소음자료로 인정할 수 있다.

2.4. Portmanteau검정

자기상관계수값들을 개별적으로 검정하여 백색소음 여부를 판정하는 대신 모든 자기상관계수값을 총체적으로 고려하여 백색소음검정을 시도할 수 있는 검정방안이 마련되어 활용되고 있다. 이들을 '결합적' 또는 '총체적' 백색소음검정(portmanteau test)이라 한다.

가장 대표적인 P-검정으로서 Box-Pierce의 Q검정을 들 수 있다.

Box_Pierce 검정통계량

$$Q=n\sum_{k=1}^{h}r_k^2\sim\chi^2_{(h-m)}$$

여기서, h: 최대시차(통상 h값은 20 안팎으로 잡는다)

n: 관측치수

만일 거의 모든 r_k값들이 '0'에 가깝다면 Q값은 상대적으로 작을 것이나, 일부 또는 상당수 r_k값들이 커지면 Q값도 상대적으로 커지며, 결국 시계열자료가 백색소음이란 주장을 기각할 가능성이 높아진다. 원래 Q검정통계량은 Box와 Pierce가 예측모형의 잔차항들이 백색오차에 가까운지를 확인하기 위해 만든 것으로 자유도가 $(h-m)$인 χ^2분포를 따르는 특성을 갖고 있다(단, m은 모형 내에서 추정할 모수들의 수).

앞서의 예제에서는 추정된 모수가 없으므로 $m=0$이 되고 $h=9$로 설정하였으므로 유의수준(α) 10%에 대응하는 χ^2의 임계치는 14.68이 된다. 한편, 산출된 Q값은 6.33으로 임계치보다 아주 낮으므로 자기상관계수들이 총체적으로 '0'과 다르다고 볼 수 없다. 즉, 관측치가 백색소음이라는 주장을 기각하지 않게 된다.

한편, Ljung과 Box는 Box-Pierce의 Q검정통계량보다 χ^2분포에 더욱 가까운 분포를 갖는 별도의 검정통계량을 도출하여 제시한 바 있다. 이를 Ljung-Box의 Q^*검정통계량이라 한다.

Ljung_Box의 Q^*검정통계량

$$Q^*=n(n+2)\sum_{k=1}^{h}(n-k)^{-1}r_k^2\sim\chi^2_{(h-m)}$$

상기 예제의 경우 Q^*값은 8.29로 여전히 임계치보다 낮으므로 관측치가 백색소음임을 재확인할 수 있다.

만일 시계열자료가 백색소음이라면 Q와 Q^*는 정확히 동일한 분포를 갖게 된다. 그런데 불행하게도 Q와 Q^*검정은 간혹 적합도가 높지 않은 모형들을 기각하지 못하는 단점이 있다. 따라서 Q와 Q^*검정만으로 예측오차의 백색오차 여부를 판정하여 예측모형을 설정하는 일이 없도록 주의할 필요가 있다.

2.5. 편자기상관함수

k 이외의 모든 시차를 갖는 관측치(Y_{t-1}, Y_{t-2}, Y_{t-3}, ……, $Y_{t-(k-1)}$)들로부터의 영향력을 배제한 가운데 Y_t와 Y_{t-k} 간의 상관도를 계측할 수

있는 개념으로써 편자기상관함수(partial autocorrelation function: PACF)가 있다.

이는 다중회귀분석모형시 개별 회귀계수를 추정함에 있어 편미분 개념을 도입하였던 것과 유사한 상황을 대변하기 위해 창출된 개념이다. 즉, 종속변수 Y를 두 개의 설명변수 X_1과 X_2에 대해 회귀분석할 경우, 우리는 일단 X_2의 영향력을 배제시킨 가운데 X_1만이 Y에 미치는 영향을 계측하였고, 마찬가지로 X_1의 영향력을 배제한 가운데 X_2만의 독자적인 Y에 대한 영향력을 계측한 바 있다.

$$\begin{aligned}\hat{Y}_i &= \hat{\alpha}+\hat{\beta}_1X_{1i}+\hat{\beta}_2X_{2i}\\ &= \hat{\alpha}+\frac{\partial Y_i}{\partial X_{1i}}X_{1i}+\frac{\partial Y_i}{\partial X_{2i}}X_{2i}\end{aligned}$$

즉, 위와 같은 표본회귀선을 도출할 경우 추정된 $\hat{\beta}_1$과 $\hat{\beta}_2$은 각각 $\partial Y_i/\partial X_{1i}$ 그리고 $\partial Y_i/\partial X_{2i}$, 즉 각 설명변수의 종속변수에 대한 편미분값들이 됨을 확인한 바 있었다.

보다 직관적인 측면에서 편자기상관계수의 의미를 재조명해 보자. 우선 Y_t와 Y_{t-1} 간의 자기상관도가 높다고 가정하면 Y_{t-1}과 Y_{t-2} 간의 상관도도 높아질 것이다. 그러면 결국 Y_t와 Y_{t-2} 간의 상관도도 높게 될 것이다. 두 관측치가 모두 Y_{t-1}과 높은 연관을 맺고 있기 때문이다. 이러한 상황에서 Y_{t-1}을 중개로 한 영향력을 배제하면서 Y_t와 Y_{t-2}의 상관도를 계측하기 위한 분석도구가 바로 편자기상관계수인 것이다.

따라서 이상과 같은 특성을 갖는 편자기상관계수는 Y_t를 Y_{t-k}에 대하여 회귀분석을 실시하여 회귀계수를 추정함으로써 산출할 수 있다. 즉,

$$Y_t=b_0+b_1Y_{t-1}+b_2Y_{t-2}+\cdots\cdots+b_kY_{t-k}+\varepsilon_t \tag{7-3}$$

와 같은 회귀식에서 각 회귀계수의 추정치들($\hat{b}_1$, $\hat{b}_2$, ……, $\hat{b}_k$)은 편자기상관계수(α_k)와 같아진다.[1] 식 (7-3)은 일반적인 설명변수 대신 종속변수의

1) 실제 편자기상관계수는 일반적으로 보다 간편한 별도의 산출과정을 통해 도출된다. 자세한 내용은 Alan Pankratz(1983), pp. 40～42 참조.

그림 7-4 7-1 자료에 대한 PACF

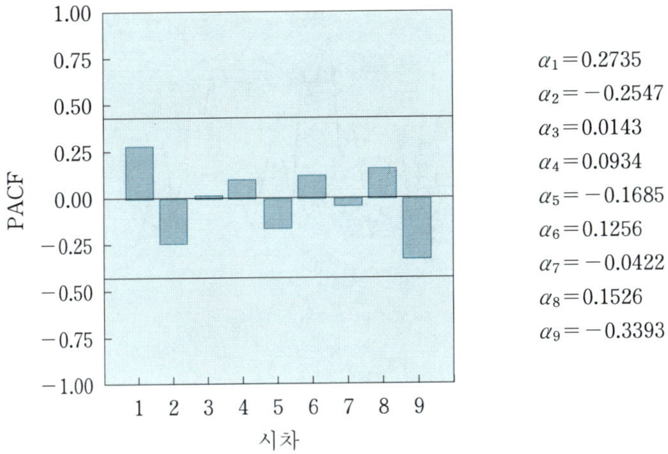

과거치들로 하여금 설명변수 역할을 하도록 정립한 특수모형으로 자기회귀(auto-regression: AR)모형이라 불리운다.

앞서의 예제를 이용하여 $k=10$일 때까지의 PACF를 산출한 결과가 〈그림 7-4〉와 같다. 만일 분석대상 자료가 백색소음이라면 ACF 경우에서처럼 모든 PACF값들로 거의 '0'에 가까워져야 한다. 또한 추정된 표본 PACF값들도 평균이 '0'이고 분산이 '$1/n$'인 정규분포에 가까운 분포를 갖게 된다. 따라서 $\pm 1.96/\sqrt{n}$구간 내에 모든 표본편자기상관계수들이 귀속된다면 대상변수는 백색소음으로 간주해도 무방할 것이다.

상기 예제의 경우 PACF값들은 모두 일정 구간(기준선구간) 내에 속하고 있어 관측자료가 백색소음임을 입증해 주고 있다.

2.6. 계절변동성의 확인과 대응

한편, 월별 자료나 분기별 자료 사용시 12개월(의 배수 포함)시차값이나 4분기(의 배수 포함)시차값과의 자기상관계수값이 상당히 높은 양수를 나타낼 때 우리는 일단 계절변동성이 유의할 만한 수준인지 여부를 확인할 필요가 있다.

그림 7-5 월별 돼지 도축수를 이용한 계절 변동성 분석

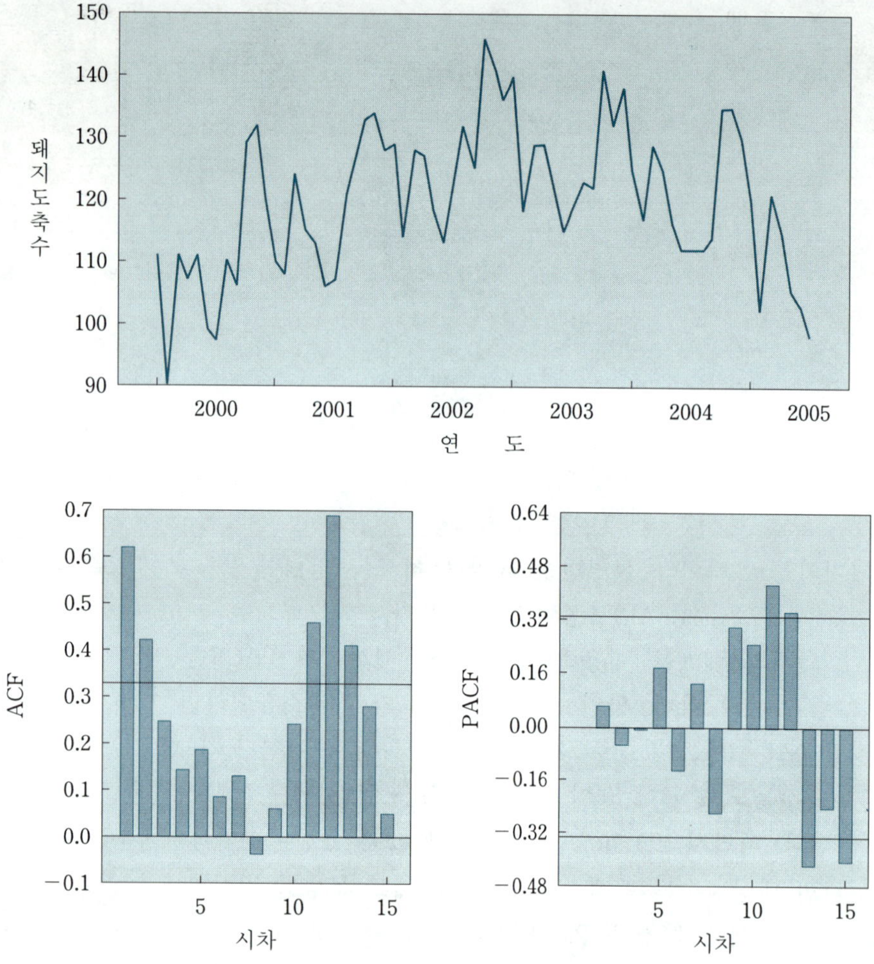

자료: 2000년 1월~2005년 7월, 싸이버축산연합회.

월별 자료 사용시 12, 24, 36개월 시차값과의 자기상관계수값이 뚜렷이 그리고 지속적으로 높게 임계치를 벗어날 만큼 높게 나타나면 계절변동이 유의할 만한 것으로 인식해야 한다. 물론 이와 같은 계절성 시차값들과의 편자기상관계수값도 높게 나타날 것이다.

〈그림 7-5〉는 2000년 1월부터 2004년 12월까지 월별 돼지도살두수에

관한 시간도표 및 ACF, 그리고 PACF도표들이다. ACF값은 시차 1과 12 근처에서 유의적으로 나타나 계절변동성이 강한 것으로 보인다. PACF의 경우는 ACF 경우처럼 확연하지는 않으나 역시 계절성의 존재를 암시하고 있는 것으로 평가된다. 또한 이러한 계절변동성으로 인해 관측자료는 백색소음이 아닌 것으로 진단할 수 있다. 한편, 하기 예제의 경우 Q와 Q^*검정통계량값은 각각 82.9와 122.8로서 유의수준 10%에 대응하는 χ^2임계치인 22.30보다 크므로 총체적인 측면에서 보더라도 이 자료는 백색소음으로 간주될 수 없다.

3 시계열의 안정성 검정

시계열자료가 지속적으로 증가 또는 감소하지 않고 일정 수준을 중심으로, 즉 대략 수평선에 가까운 추세를 유지할 경우 이를 평균에 대하여 안정적 시계열이라 한다. 그리고 시간에 상관없이 변동폭, 즉 분산이 기본적으로 일정 수준을 유지한다면 이를 분산에 대한 안정적 시계열이라 한다. 이처럼 시간과 상관없이 일정한 평균과 분산값을 가지는 시계열을 안정적 시계열이라 한다.[2)]

만약 〈그림 7-6〉 (a)처럼 평균과 분산이 시간경과에 상관없이 일정한 수준을 유지할 경우 이는 안정적 시계열이 될 가능성이 높다. 그러나 (b)에서처럼 하향추세를 보이거나 (c)에서처럼 점차 변동폭이 확장적일 경우 이는 평균 또는 분산에 대해 불안정적 시계열이 될 가능성이 높다.

시계열의 안정성 여부를 〈그림 7-6〉에서처럼 시각적 판단을 통해 확인할 수도 있으나 이를 보다 체계적으로 검증할 수 있는 효율적 방안이 있다. 즉, ACF와 PACF도표를 이용하는 것이다. 일반적으로 안정적 시계

2) 엄밀히 말하면 평균과 분산에 대한 안정성이란 '약안정성(weak stationarity)'을 의미하는 것으로, 평균과 분산이 시간과 관계없이 일정하고 공분산은 시점에 관계없이 단지 시차의 크기만의 함수로 표현되는 경우를 일컫는다.

한편, 결합밀도함수가 시간이 흘러도 전혀 변하지 않아 $P(Y_1, Y_2, \cdots\cdots, Y_n) = P(Y_{k+1}, Y_{k+2}, \cdots\cdots, Y_{k+n})$과 같은 관계가 성립되는 조건까지를 포함한 개념을 '강안정성(strict stationarity)'이라 한다. 물론 강안정성이 보장되면 좋겠지만 이는 지나치게 엄격한, 따라서 비현실적일 수 있는 조건이라 할 수 있다.

그림 7-6 시계열자료 추세의 유형

(a)

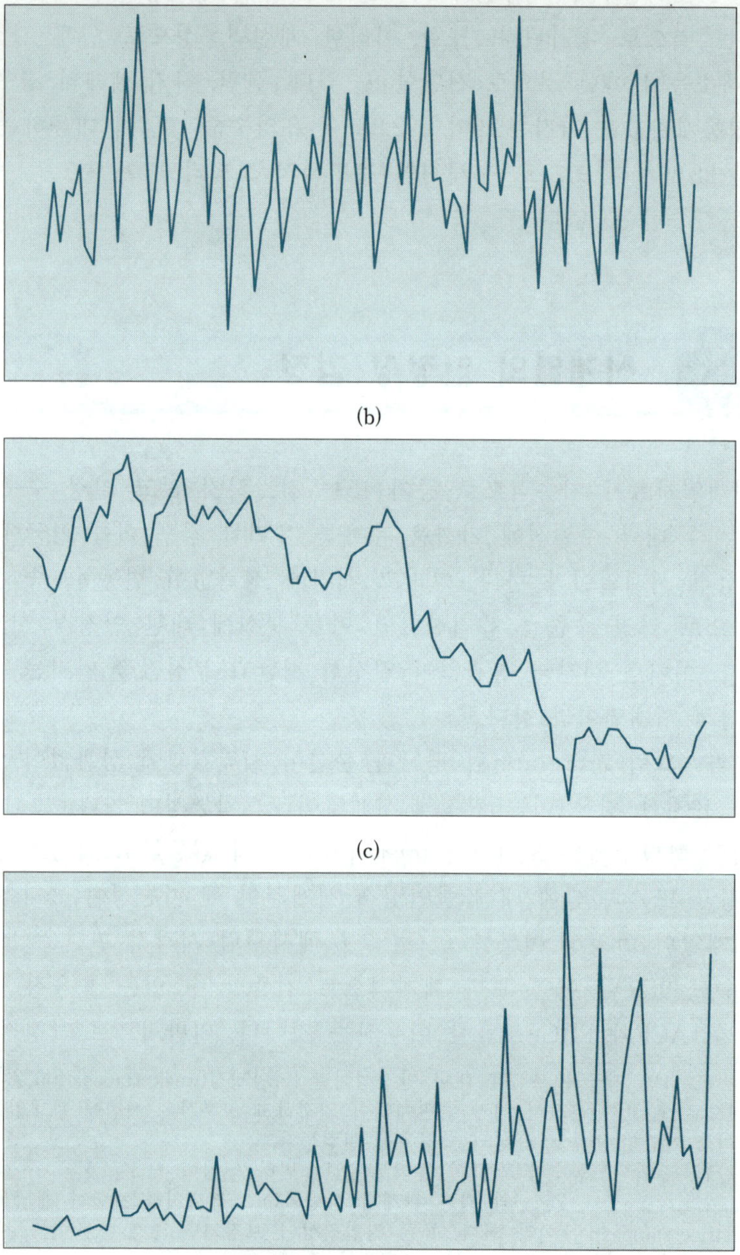

그림 7-7 한국 종합주가지수의 일별 변화자료를 이용한 분석

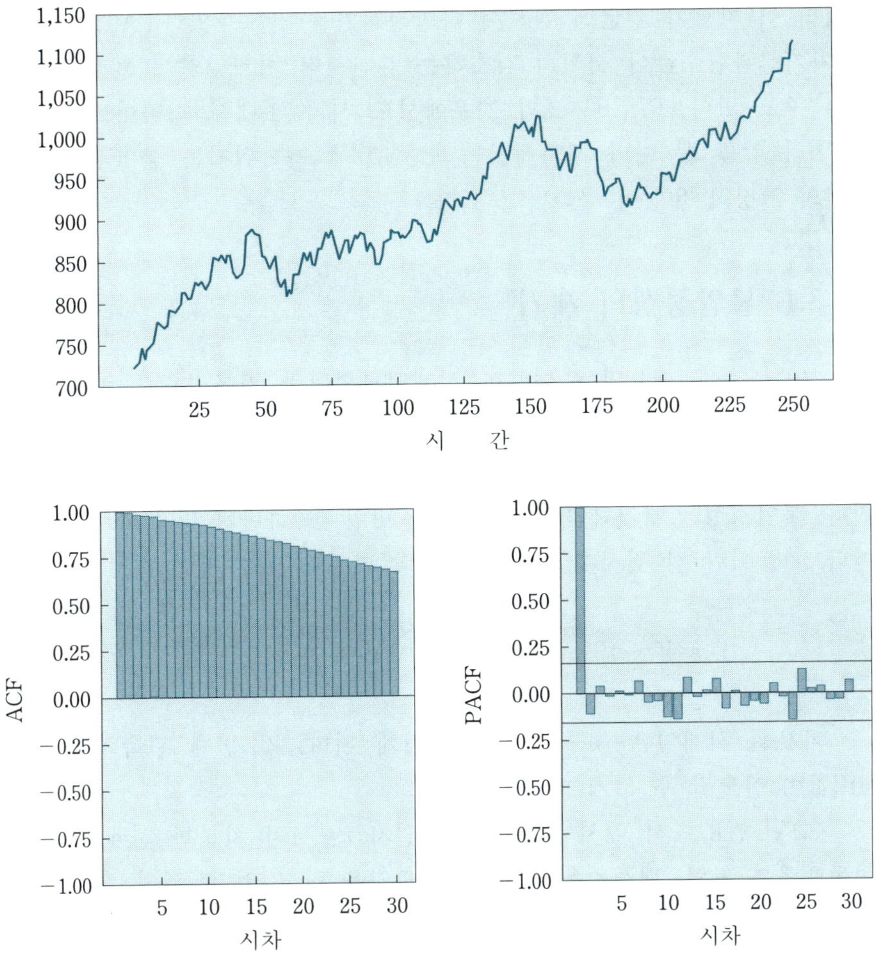

열의 경우에는 ACF값들이 급격하게 '0'에 접근하게 된다. 따라서 ACF가 시차가 증가함에 따라 천천히 점진적으로 감소하는 추세를 보이며, 따라서 여러 개 시차에 걸쳐 '0'과 유의할 만큼 차이가 나는 큰 값들이 나타나면, 해당 시계열은 불안정적이라 볼 수 있게 된다. 한편, 불안정적 시계열의 경우 PACF값은 첫 번째 시차에서 거의 '1'에 가까울 만큼 큰 값(large spike)을 기록하게 된다.

〈그림 7-7〉은 2004년 7월부터 2005년 7월까지 한국 종합주가지수에 관한 시간도표 및 ACF 그리고 PACF도표들이다. 시간도표에서 우리는 쉽사리 이 자료가 평균에 관하여 불안정적임을 알 수 있다. ACF도표 또한 자기상관함수값이 서서히 감소하는 불안정적 시계열의 표본적 특징을 보여 주고 있다. PACF도표의 경우에서도 시차 '1'에서 스파이크값이 거의 '1'과 같을 뿐 여타 시차에서는 모두 '0'에 가까워지는 불안정적인 시계열의 특징적 유형이 나타나고 있다.

3.1. 불안정성의 제거

경제예측에 활용되는 이른바 시계열모형이란 기본적으로 안정적 시계열만을 대상으로 설정된다. 따라서 시계열자료가 불안정적인 경우에는 일단 불안정성을 제거(removal of non-stationarity)하는 작업부터 수행해야 한다. 불안정성을 제거하는 가장 간편한 방안 중 하나가 '차분(differencing)'이다. 차분이란 각 원시계열 관측치 간의 변화분 또는 차이를 말한다.

$$\Delta Y_t = Y_t - Y_{t-1}$$

차분된 시계열은 $(n-1)$개 값을 갖게 된다. 첫 번째 관측치에 대한 ΔY_t값이 산출될 수 없기 때문이다.

〈그림 7-8〉에서 앞서 살펴본 시계열자료를 1차 차분한 시계열자료의 변동패턴은 거의 '백색소음'에 가까운 모양을 하고 있다. 거의 모든 ACF와 PACF값도 임계치 내에 머물고 있음을 알 수 있다. 한편, Box-Pierce의 Q통계량값은 38.42, 그리고 Ljung-Box의 Q^*통계량값은 35.94으로서 각각 $h=30$, $m=0$에 대응하는 χ^2의 임계치(10% 경우에 40.26)보다 낮으므로 더 이상 유의할 만한 불안정성은 없는 것으로 판단된다. 결국 한국 종합주가지수의 일별 변동치(daily change)는 본질적으로 지난 날들의 변화와는 상관이 없는, 따라서 백색소음적 특성을 갖는 것으로 평가된다.

그런데 간혹 1차 차분한 시계열자료가 여전히 불안정성을 갖고 있는 것으로 나타날 수도 있다. 이런 경우에는 한 차례 정도 더 차분을 수행하여 안정적 시계열을 도출하게 된다. 현실적 상황에서 볼 때 어떤 불안정

그림 7-8 1차 차분한 한국종합주가지수자료를 이용한 분석

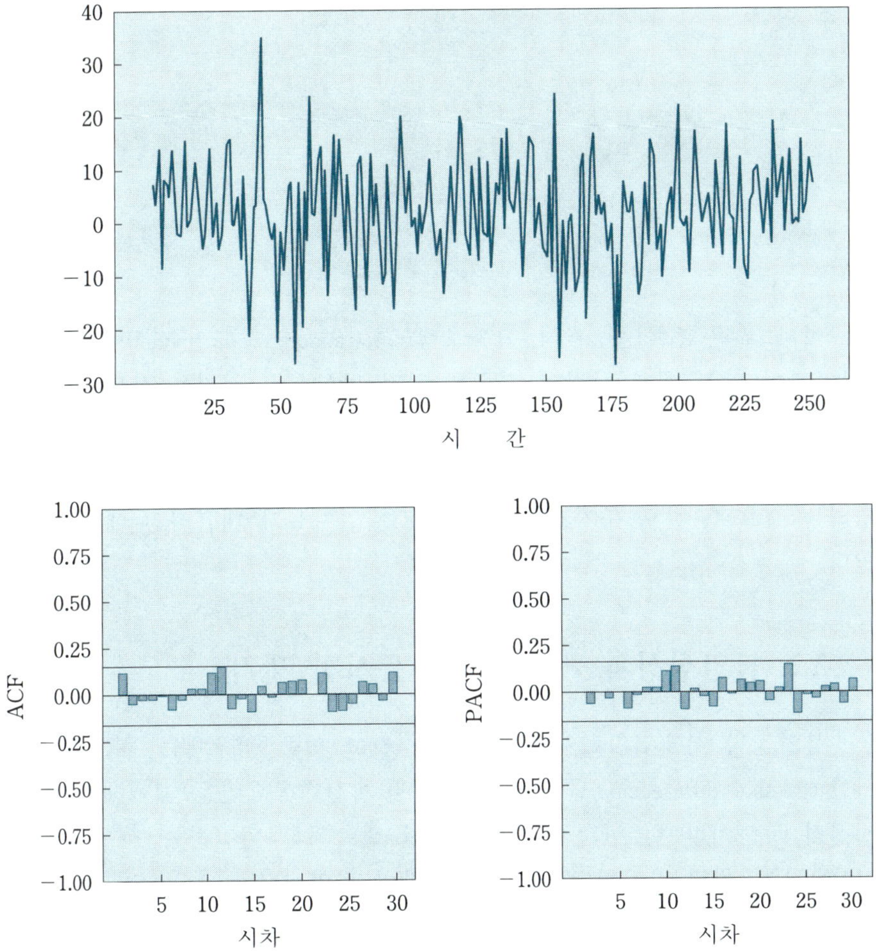

적 시계열이라 하더라도 한두 차례 차분을 통해 안정화가 가능한 것으로 알려져 있다.

$$\begin{aligned}\Delta^2 Y_t &= \Delta Y_t - \Delta Y_{t-1} \\ &= (Y_t - Y_{t-1}) - (Y_{t-1} - Y_{t-2}) \\ &= Y_t - 2Y_{t-1} + Y_{t-2}\end{aligned}$$

그런데 한국의 종합주가지수처럼 한 차례의 차분으로 안정성이 확보되는 특성을 가진 시계열 중 가장 대표적인 시계열은 다음과 같이 정의될 수 있다.

$$Y_t - Y_{t-1} = e_t \quad (7\text{-}4)$$

또는

$$\Delta Y_t = Y_t - Y_{t-1} = e_t$$

여기서, e_t: 백색소음

이와 같은 모형을 흔히 확률보행모형(random walk model)이라 한다. 이는 술이 많이 취한 사람이 결국은 일정 방향으로 걷기는 하되 그 과정에서 어느 한 방향으로 진행하다가 갑자기 방향을 바꾸기도 하는 등 다음 발걸음의 진행방향을 예측하기 힘든 것과 같이 변화하는 시계열을 지칭하는 것으로, 바로 주가지수와 같은 시계열자료가 대표적인 예라 할 수 있다.

3.2. 불안정성과 계절변동의 동시적 제거

불안정적 시계열자료가 계절변동을 갖고 있을 경우에는 우선 계절적 차분(seasonal differencing)을 수행함으로써 계절변동요인을 제거해야 한다. 계절적 차분이란 한 관측치에서 1년 전 관측치를 차감하는 것을 의미한다. 예컨대, 월별 자료의 경우 다음과 같이 정의된다.

$$\Delta^s Y_t = Y_t - Y_{t-12}$$

일반적으로 계절적으로 차분화된 시계열 ΔY_t는 's'기간 시차를 둔 관측치(단, s는 1년 중 계절의 수를 뜻함. 따라서 월별 자료의 경우에는 $s=12$, 그리고 분기별 자료의 경우에는 $s=4$가 됨)와의 차이분을 나타내도록 정의한다. 물론 희귀한 경우이기는 하지만 1차 차분만으로 계절적 변동이 제거되지 못하면 2차 계절차분을 시도할 수 있다. 분기별 GDP는 계절변동을 갖는 불안정적 시계열의 좋은 예가 될 수 있다.

그림 7-9 분기별 GDP자료를 이용한 분석

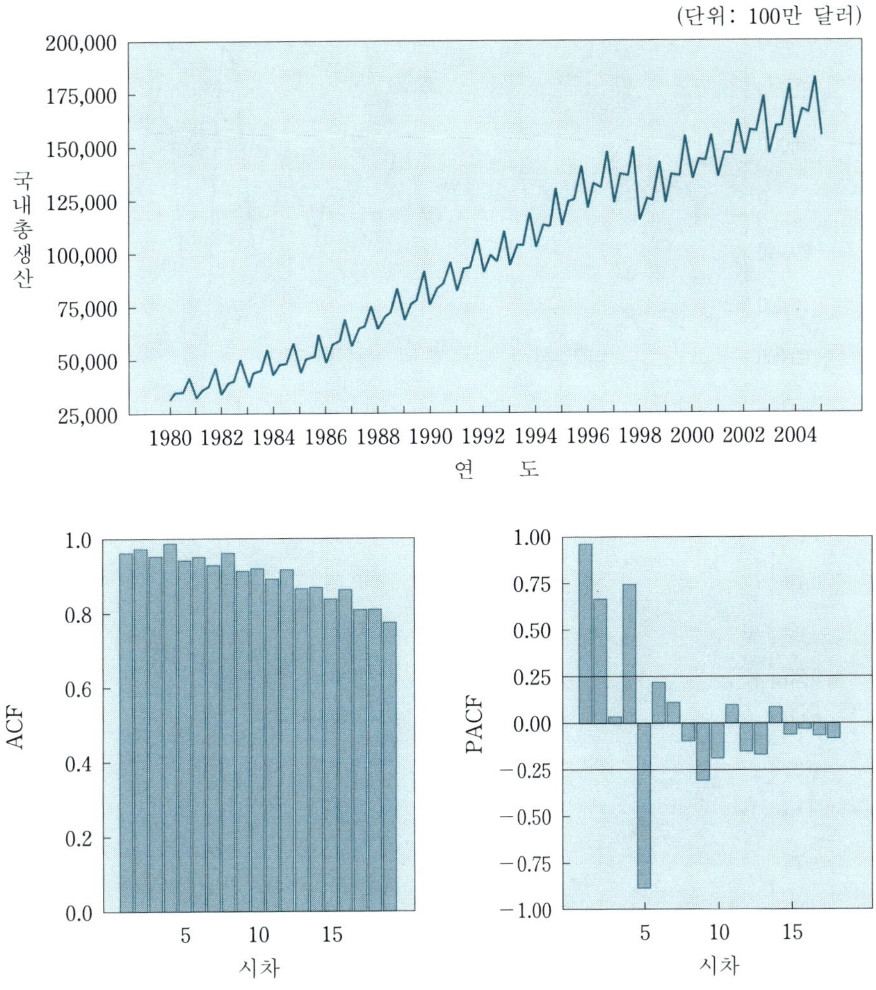

〈그림 7-9〉에서처럼 한국의 분기별 GDP는 상승추세에 따른 불안정성과 계절변동성을 동시에 갖고 있다. 따라서 ACF는 19분기의 시차에 걸쳐서도 좀처럼 '0'에 접근하지 않고 있으며(단, 4분기마다 ACF값이 상대적으로 크게 나타남), PACF는 1, 2, 4, 그리고 5분기의 시차에서 유의할 만큼 큰 값을 기록하고 있다.

〈그림 7-10〉은 일단 계절변동분을 계절적 차분을 통해 제거한 결과

그림 7-10 계절적 차분을 통한 GDP자료의 분석

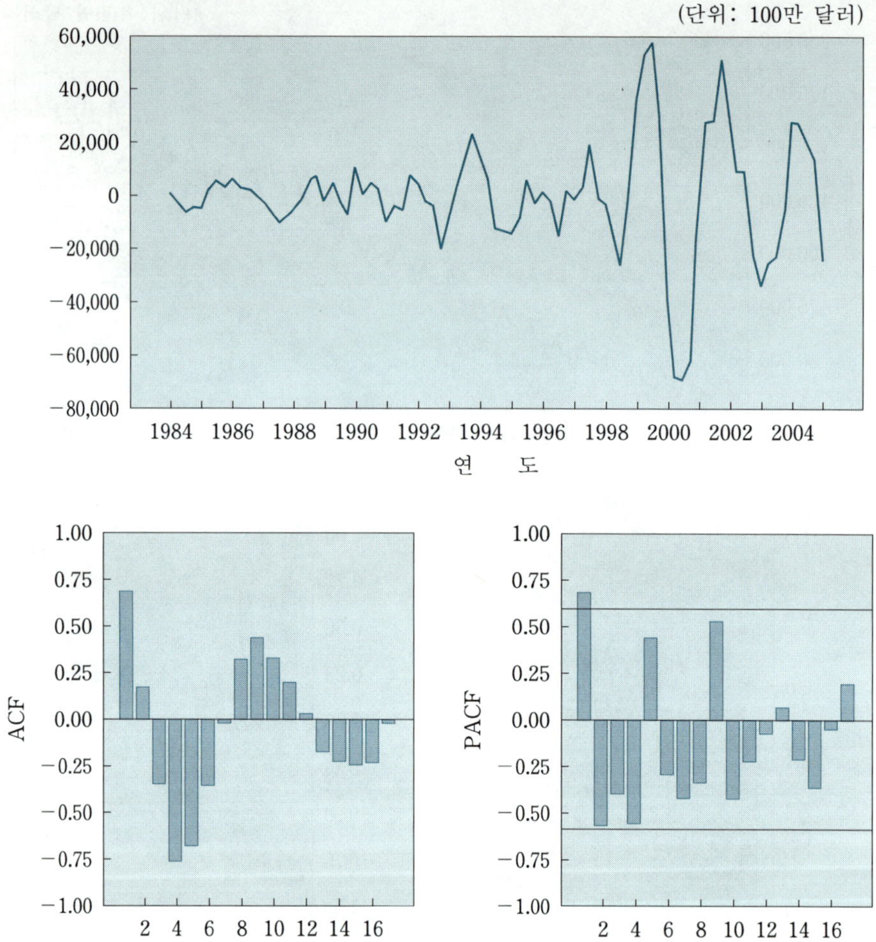

를 보여 주고 있다. 예상하였던 대로 불안정성이 다소 완화되었지만 여전히 남아 있다.

따라서 이번에는 계절적 차분과 안정성 회복을 위한 1차 차분을 동시에 실행해 보았다. 결국 〈그림 7-11〉은 다음과 같은 시계열을 도표화한 것이라 할 수 있다.

그림 7-11 계절적 차분과 1차 차분을 통한 GDP자료의 분석

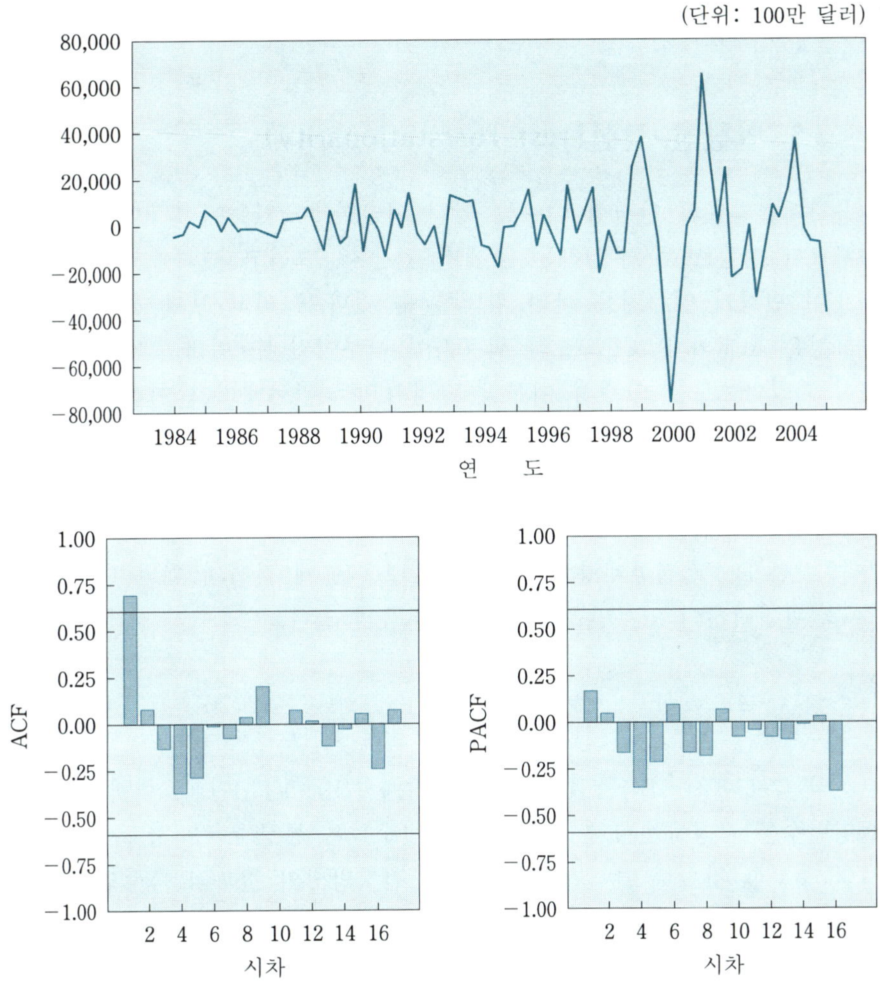

$$
\begin{aligned}
Y_t^* &= \Delta^s Y_t - \Delta^s Y_{t-1} \qquad (7\text{-}5)\\
&= (Y_t - Y_{t-12}) - (Y_{t-1} - Y_{t-13})\\
&= Y_t - Y_{t-1} - Y_{t-12} + Y_{t-13}
\end{aligned}
$$

예상하였던 대로 불안정성은 대폭적으로 제거되었고, 동시에 계절성도 많이 완화되었다. 물론 1차 차분에 의해 먼저 불안정성을 제거한 다음 계절변동을 제거해도 결과는 같아진다.

3.3. 안정성 검정(test for stationarity)

시계열자료의 안정성 여부는 앞서 서술한 바 있듯이 1차적으로는 관측자료가 상승(또는 하강)하는 추세가 있는지, 그리고 변화폭(또는 분산의 크기)이 변화가 있는지를 살펴 확인할 수 있다. 그리고 보다 체계적인 확인과정은 ACF와 PACF도표를 활용하여 이루어질 수 있다. 그러나 이 두 가지 과정만으로는 안정성 여부를 단정적으로 판단내리기 어려운 경우가 많다. 따라서 보다 정량적인 검정방안이 도입되었는데, 그 대표적인 것이 '단위근검정(unit root test)'이다. 단위근검정을 위해 여러 검정통계량이 제시된 바 있는데, 가장 간편하고 일반적으로 쓰이는 것이 Dickey와 Fuller가 개발한 D-F검정통계량이다. 자세한 내용은 제9장까지 일단 미루어 두고 그 판정과정의 일부만을 소개하면 다음과 같다.

$$\Delta Y_t = \phi Y_{t-1} + b_1 \Delta Y_{t-1} + b_2 \Delta Y_{t-2} + \cdots\cdots + b_p \Delta Y_{t-p} \qquad (7\text{-}6)$$

식 (7-6)에서 ΔY_t는 1차 차분된 시계열($Y_t - Y_{t-1}$)인데, 회귀방정식의 설명변수를 구성하는 1차 차분된 시차변수들은 통상 $p=3$ 정도까지 고려하면 충분할 것으로 밝혀져 있다. 일단 검정방법의 결과적 특성만을 소개하면 ϕ의 추정치가 '0'에 접근하면 불안정성이 존재하는 것으로, 또는 단위근이 존재하는 것으로 보고 원래 시계열자료를 1차 차분함으로써 불안정성을 제거한다.

물론 식 (7-6)에서 ϕ를 추정하기 위해서는 OLS를 적용하게 된다. 그런데 차분화가 필요한 경우, 즉 단위근이 존재하는 경우에는 ϕ에 대한 t 검정은 더 이상 유효하지 못하게 된다. 대신 Fuller가 제시한 통계표[3]를 사용하게 되는데 ϕ가 유의할 만큼 '0'과 다르다면 시계열자료는 안정적인 것으로 판정하게 된다.

3) 부표 E 참조.

• **후방연산자**

시계열 분석방안을 논의함에 있어 표현의 간편화를 위해 후방연산자(backshift operator)가 매우 유용하게 사용되고 있다.

$$BY_t = Y_{t-1} \tag{7-7}$$

여기서 B는 Y_t값을 1기 전으로 한 번 이동시키는 연산자이다. 따라서 두 번 이동시키려면, 즉 2기 전으로 이동시키려면

$$\begin{aligned} B(BY_t) &= B^2 Y_t \\ &= Y_{t-2} \end{aligned} \tag{7-8}$$

와 같이 표현한다. 따라서 월별 자료에서 전년 동기 같은 달로 이동시키려면

$$B^{12} Y_t = Y_{t-12}$$

와 같이 나타낸다.

그런데 이러한 후방연산자는 특히 차분화를 표현하는 데 매우 유용하다.

$$\begin{aligned} \Delta Y_t &= Y_t - Y_{t-1} \\ &= Y_t - BY_t \\ &= (1-B) Y_t \end{aligned} \tag{7-9}$$

또한 이러한 후방연산자는 특히 복합적 차분화를 나타내는 데 매우 유용하다. 예컨대, 식 (7-9)는 다음과 같이 표현될 수도 있다.

$$\begin{aligned} (1-B)(1-B^s)Y_t &= (1-B-B^s+B^{s+1})Y_t \\ &= Y_t - Y_{t-1} - Y_{t-s} + Y_{t-s-1} \end{aligned}$$

즉, 식 (7-9)에서처럼 1차 차분을 $(1-B)$로 나타낼 수 있게 된다. 같은 방식으로 2차 차분은 다음과 같아진다.

$$\begin{aligned}\Delta^2 Y_t &= \Delta Y_t - \Delta Y_{t-1} \\ &= (Y_t - Y_{t-1}) - (Y_{t-1} - Y_{t-2}) \\ &= Y_t - 2Y_{t-1} + Y_{t-2} \\ &= (1-2B+B^2)Y_t \\ &= (1-B)^2 Y_t \qquad (7\text{-}10)\end{aligned}$$

물론 2차 차분(second-order differencing)은 두 기간 관측치 간의 차분(second difference), $1-B^2$과 구분되어야 한다. 또한 12기간 간의 차분(twelfth difference)은 $1-B^{12}$와 같을 것이나, 12차 차분은 $(1-B)^{12}$가 될 것이다. 일반적으로 d차 차분을 다음과 같이 표기한다.

$$(1-B)^d Y_t$$

한편, 1차 차분한 자료의 계절차분(seasonal difference)은 다음과 같다.

$$(1-B)(1-B^s)Y_t \qquad (7\text{-}11)$$

■

4 주요 ARIMA모형

아래의 식은 전통적인 회귀분석방정식이다.[4)]

$$Y = \alpha + \beta_1 X_1 + \beta_2 X_2 + \cdots\cdots + \beta_k X_k + e \qquad (7\text{-}12)$$

Y는 종속변수, X_1, X_2, ……, X_k는 설명변수, 그리고 e는 오차항이다. 이제 여기서 각 설명변수들을 종속변수의 시차변수들로 대체하면 다

4) 제4장과 제5장에서는 모회귀모형의 오차항을 ε_i, 그리고 그 추정량인 회귀오차는 e_i로 표기하였고, 제6장에서는 연립방정식체계 분석상의 전통에 따라 모회귀모형의 오차항을 u_i(구조방정식 경우) 또는 v_i(유도방정식 경우) 등으로 표기하였다. 한편, 본 장에서는 시계열분석상의 전통에 따라 오차항(대부분은 백색소음)을 주로 e_i로 표기하되 상황에 따라 ε_i를 동시에 활용하고 있음에 유념하기 바란다.

음과 같아진다.

$$Y_t = b_0 + b_1 Y_{t-1} + b_2 Y_{t-2} + \cdots\cdots + b_p Y_{t-p} + e_t \tag{7-13}$$

회귀방정식의 틀을 갖추었으나 종속시차변수들로 하여금 설명변수 역할을 담당하도록 설정된 것이다. 결국 Y_t는 Y_t의 과거시차값들(만으)로 설명되도록 정의되었기 때문에 이를 통상 자기회귀모형(auto-regressive model: AR model)이라 한다.

식 (7-13)과 같은 자기회귀모형은, ① 오차 간의 독립성 가정($E[e_i, e_j]=0$)이 지켜질 수 없다는 점, ② 도입할 시차의 수에 대한 확실한 논리가 결여된 점, ③ 설명변수 상호간에도 상관도가 높은 점($\rho(Y_{t-i}, Y_{t-j}) \neq 0$) 등의 문제로 인해 통상적인 회귀방정식과는 다른 각도에서 접근할 필요가 있다. 한편, 식 (7-12)와 같은 전통적 회귀모형의 설명변수(X_1, X_2, ……, X_k)를 오차항의 시차변수(e_{t-1}, e_{t-2}, ……, e_{t-q})로 대체시킬 모형을 도출할 수 있다.

$$Y_t = b_0 + b_1 e_{t-1} + b_2 e_{t-2} + \cdots\cdots + b_q e_{t-q} + e_t \tag{7-14}$$

식 (7-14)는 오차항 간의 종속관계를 매우 구체적으로 설정한 경우에 해당한다고 볼 수 있는데, 이는 통상 이동평균모형(moving average model: MA model)이라 한다.

그런데 이 시점에서 주의할 사항은 우리가 평활화를 위해 도입·활용한 바 있는 이동평균 개념과 혼란을 겪어서는 안 된다는 점이다. 본 장에서의 이동평균은 오차항들의 이동평균이므로, 관측치들의 이동평균과는 구분하여 인식해야 할 것이다.

그런데 상황에 따라서는 자기회귀모형과 이동평균모형이 복합된, 말하자면 보다 일반화된 시계열모형이 설정되기도 하는데 이를 ARMA(auto-regressive moving average)모형이라 부른다. 그런데 이러한 모형들은 안정적 시계열에만 적용될 수 있다. 한편, Box와 Jenkins는 1970년에 불안정적 시계열에도 시계열모형 분석을 적용할 수 있는 방안을 제시하였다. 즉, 불안정적 시계열의 경우에는 일단 차분화(differencing)를 통해 안정성을 회복시킨 다음 ARMA모형을 적용하는 접근법을 개발한 것이다. 이러한 경우의 모형은 ARIMA(autoregressive integrated moving average)모형이라 칭한다. ARIMA모형의 가장 일반적 표현식은 ARIMA(p, d, q)인데, 이는 d차 차분을 통해 안정성을 회복시킨 시계열을 p차 자기회귀모형 및 q차 이동평균모형의 결합형태로 정립할 수 있는 상황을 종합적으로 대변하는 것이다.

따라서 백색소음은 ARIMA(0, 0, 0)이 되고, 확률보행모형은 ARIMA (0, 1, 0)으로 분류될 수 있을 것이다. 또한 p, d, q 중 '0'이 되는 경우에는 축약된 형식으로 표현되기도 한다. 예컨대, ARIMA(1, 0, 0)은 AR(1)로, ARIMA(1, 0, 1)은 ARMA(1, 1)로, ARIMA(0, 1, 1)은 IMA(1, 1)로 나타낼 수 있다.

4.1. AR(1)모형

AR(1) 또는 ARIMA(1, 0, 0)은 다음과 같이 정의한다.

$$Y_t = c + \phi_1 Y_{t-1} + e_t$$

여기서, $-1 < \phi_1 < +1$

AR(1)의 시간도표는 ϕ_1값에 의존한다. 예컨대, $\phi_1=0$이면 Y_t는 백색소음이 되고, $\phi_1=1$이면 확률보행 시계열이 될 것이다. 물론 대다수 AR(1)은 ϕ_1가 두 극단치 사이의 값을 갖게 되는데, ϕ_1값이 '−'가 되면 시계열값이 '+'와 '−'값 사이를 반복적으로 변동하게 된다.

이와 같은 ARIMA(1, 0, 0)모형의 분석을 위하여 계수의 제약조건($-1 < \phi_1 < +1$)을 만족시키는 임의의 식을 설정하여 분석해 보았다.

$$Y_t = 4 + 0.6Y_{t-1} + e_t$$

여기서, $e_t \sim N(0, 1)$

〈그림 7-12〉는 AR(1)과 그의 ACF와 PACF의 그림이다. AR(1)의 시간도표 자체가 시계열이 안정적임을 보여 주고 있으며, ACF가 급격히 '0'에 접근하고, PACF는 단 한 개의 스파이크(spike)만이 시차 1에서 유의하

그림 7-12 AR(1)모형을 이용한 분석

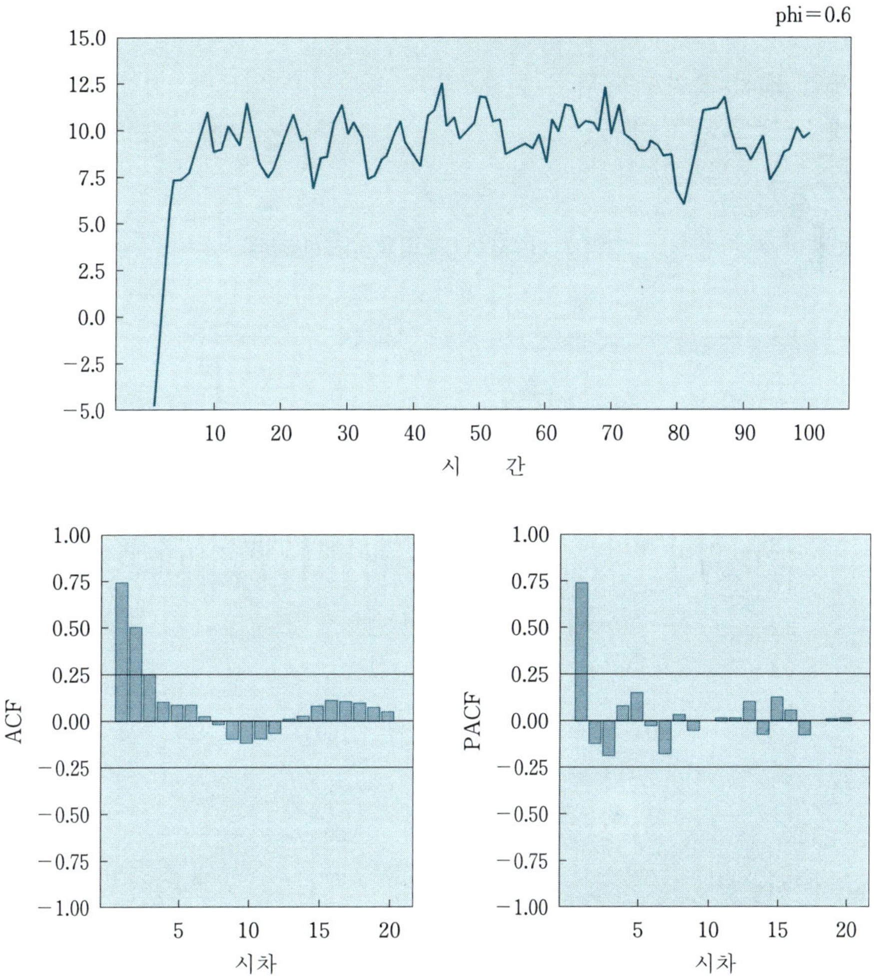

게(ϕ_1값이 0과 유의할 만큼 다르다는 의미) 나타남을 알 수 있다.

4.2. MA(1)모형

MA(1)모형 또는 ARIMA(0, 0, 1)은 다음과 같이 정의된다.

$$Y_t = c + e_t - \theta_1 e_{t-1} \qquad (7\text{-}15)$$

여기서, $-1 < \theta_1 < +1$

시계열 Y_t는 오차항 e_t의 이동평균으로 표현되고 있으며, 전통적으로 θ_1 앞에 '−'부호를 붙인다.

그림 7-13 MA(1)모형을 이용한 분석

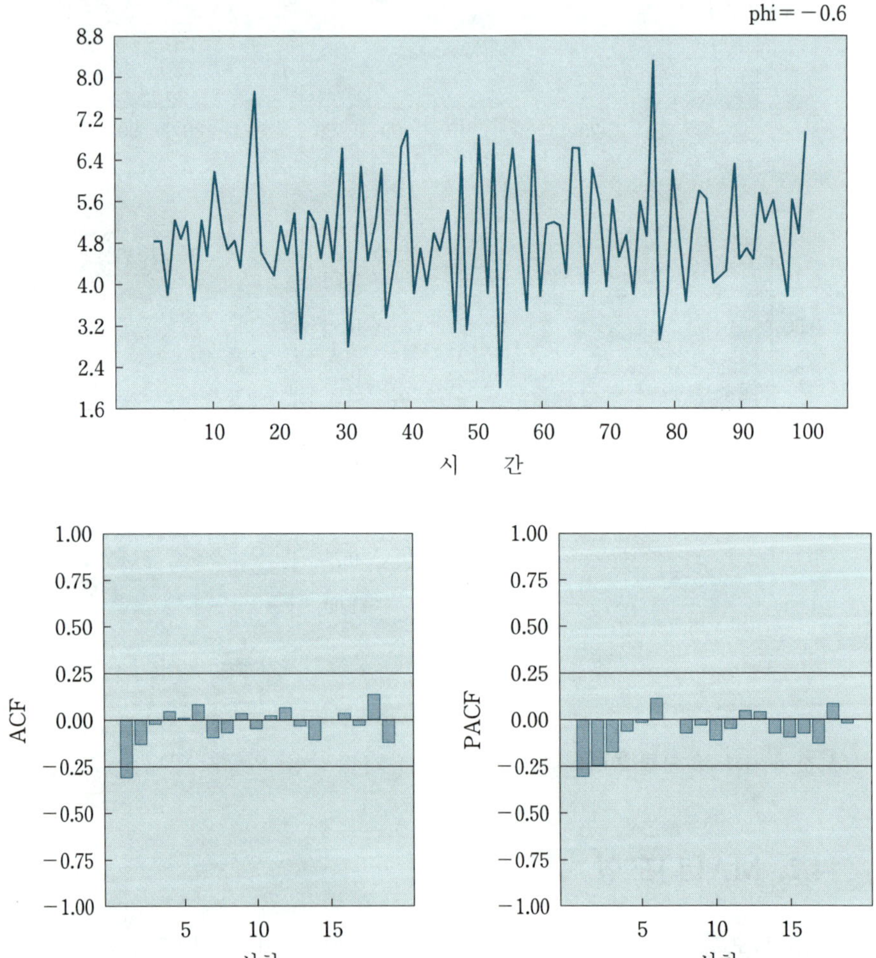

ARIMA(0, 0, 1)모형의 분석을 위하여 다음과 같은 모형을 임의로 설정해 보았다.

$$Y_t = 5 + e_t - 0.6e_{t-1}$$
여기서, $e \sim N(0, 1)$

〈그림 7-13〉은 MA(1)과 그의 ACF와 PACF의 그림이다. 그의 PACF가 급격히 '0'에 접근하는 반면 ACF는 단 한 개의 스파이크만이 시차 1에서 유의하게(θ_1값이 0과 유의할 만큼 다르다는 의미) 나타나는 사실을 통해 이를 확인할 수 있다. 또한 〈그림 7-13〉은 MA(1) 자체가 안정적 시계열임을 잘 나타내 주고 있다.

4.3. 고차 자기회귀모형: AR(p)

자기회귀모형을 일반화시킨 AR(p)모형은 다음과 같이 정의된다.

$$Y_t = c + \phi_1 Y_{t-1} + \phi_2 Y_{t-2} + \cdots\cdots + \phi_p Y_{t-p} + e_t \tag{7-16}$$

AR(1)이 안정적이려면 $-1 < \phi_1 < +1$조건이 충족되어야 하는 것처럼, AR(2)가 안정적이려면 $-1 < \phi_2 < +1$, $\phi_1 + \phi_2 < 1$, $\phi_2 - \phi_1 < 1$과 같은 세 가지 조건이 충족되어야 하고 $p \geq 3$인 고차 자기회귀모형의 경우의 안정조건은 점점 더 복잡해진다.

한편, 식 (7-16)을 후방연산자를 이용하여 표현하면 다음과 같다.

$$Y_t - \phi_1 Y_{t-1} - \phi_2 Y_{t-2} - \cdots\cdots - \phi_p Y_{t-p} = c + e_t \tag{7-17}$$
$$(1 - \phi B - \cdots\cdots - \phi_p B^p) Y_t = c + e_t$$

AR(p)의 시간도표 또한 ACF가 급속히 '0'에 접근할 것이지만 '0'과 유의할 만큼 다르다고 볼 수 있는 시차의 스파이크 수는 p개를 기록 후 그 이후는 '0'이 된다.

고차 자기회귀모형의 한 예로 AR(2)모형의 안정성 조건을 만족시키는 계수를 설정하여 다음과 같이 임의의 모형을 설정해 보았다.

그림 7-14 AR(2)모형을 이용한 분석

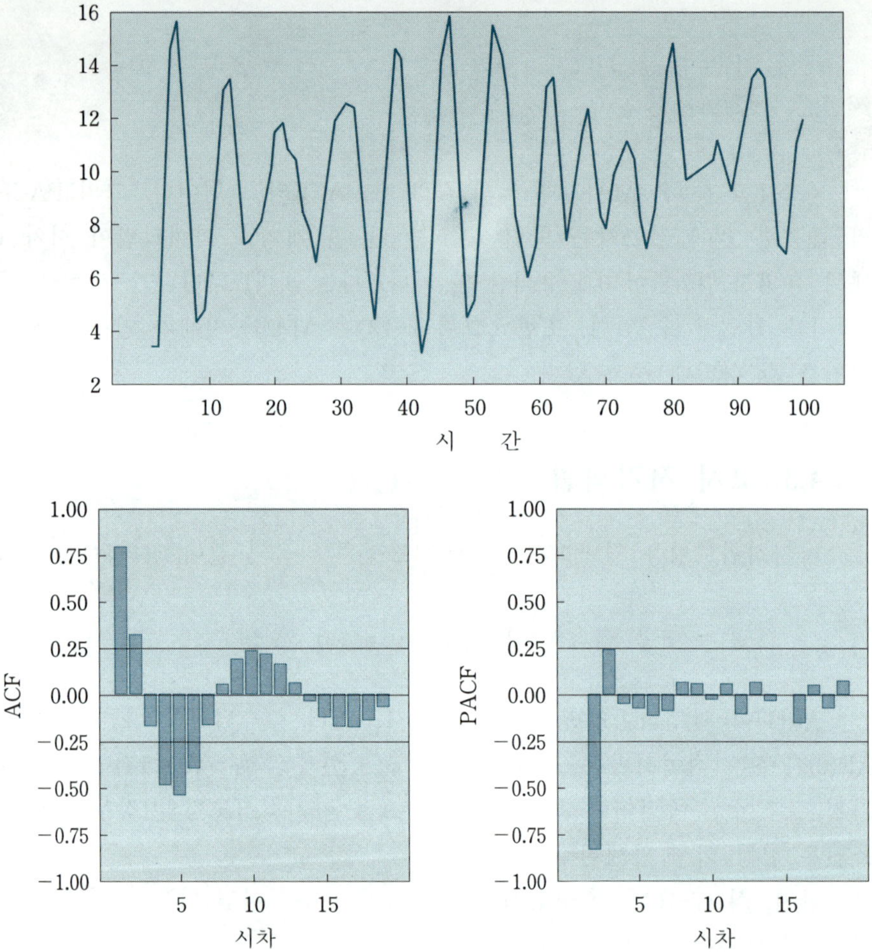

$$Y_t = 7 + 1.4Y_{t-1} - 0.8Y_{t-2} + e_t$$

여기서, $e \sim N(0,\ 1)$

상기 예제의 경우, 〈그림 7-14〉에서처럼 ACF함수의 추세가 sin함수 형태의 파동을 나타내며 0으로 접근하면서 사라지는 것으로 나타났고, PACF함수는 두 개의 스파이크만이 유의적으로 0과 다른 것으로 나타났

표 7-2 5가지 주요 안정적 과정의 특성

확률과정	ACF	PACF
AR(1)	점차 감소하여 0에 접근하되 ① $\phi_1>0$ 경우: 모두 '+' 가짐. ② $\phi_1<0$ 경우: '−'부터 시작하여 부호가 계속 바뀜.	시차 1에서만 그 값이 존재하고, 그 이후 시차는 0이 됨. ① $\phi_1>0$ 경우: '+'스파이크를 가짐. ② $\phi_1<0$ 경우: '−'스파이크를 가짐.
AR(2)	기하급수적으로 서서히 감소하는 추세와 수축적인 sin함수파동(damped sine wave)효과가 혼합되어 나타나며, 정확한 형태는 ϕ_1과 ϕ_2의 부호와 크기에 의존	시차 1, 2에서만 스파이크가 존재하고, 그 이후는 0이 됨.
MA(1)	시차 1에서만 스파이크가 존재한 후 그 이후 시차에서는 0이 됨. 스파이크는 ① $\phi_1<0$ 경우: '+'쪽에 나타남. ② $\phi_1>0$ 경우: '−'쪽에 나타남.	점차 감소하여 0에 접근하되, ① $\theta_1<0$ 경우: '+'쪽부터 시작하여 부호 바뀜. ② $\theta_2>0$ 경우: 모두 '−'쪽에 나타남.
MA(2)	스파이크는 시차 1, 2에 한하여 나타난 후 그 이후 시차에서는 0이 됨.	기하급수적으로 서서히 감소하는 추세와 수축된 sin함수파동효과가 혼합되어 나타나며, 정확한 형태는 θ_1과 θ_2의 부호와 크기에 의존
ARMA(1, 1)	시차 1 이후부터 점차 감소하여 0에 수렴. 이 때 ρ_1의 부호는 $(\phi_1-\theta_1)$의 부호와 같으며, ① $\phi_1>0$ 경우: ρ_k는 모두 같은 부호 ② $\phi_1<0$ 경우: ρ_k는 부호 바뀜.	시차 1 이후부터 점차 감소하며 0에 수렴. 이 때 $\phi_1=\rho_1$이 되고, ① $\theta_1>0$ 경우: 모두 같은 부호 ② $\theta_2<0$ 경우: 부호 바뀜.

다. 따라서 위의 분석결과는 AR(2)모형이 가질 수 있는 일반적인 형태를 잘 보여 주고 있다고 할 수 있다.

4.4. 고차 이동평균모형: MA(q)

이동평균모형을 일반화시킨 MA(q)모형은 다음과 같이 정의된다.

$$Y_t=c+e_t-\theta_1e_{t-1}-\theta_2e_{t-2}-\cdots\cdots-\theta_qe_{t-q} \tag{7-18}$$

MA(1)의 경우 $-1<\phi_1<+1$조건이 필요하였던 것처럼 MA(2)의 경우에는 $-1<\phi_2<+1$, $\phi_1+\phi_2<1$, $\phi_2-\phi_1<1$과 같은 세 가지 조건이 필요하다. $q\geq3$이 되는 고차 이동평균모형은 $Y_t=c+(1-\phi_1B-\phi_2B^2-\cdots\cdots-\phi_qB^q)e_t$와 같이 표현되며 필요조건은 더욱 복잡해진다.

MA(2)는 PACF가 급격히 '0'에 접근하고 ACF는 단 처음 두 시차에서만 '0'과 유의할 만큼 근값이 나온 후 0이 되어 버린다. 일반적으로

그림 7-15 MA(2)모형을 이용한 분석

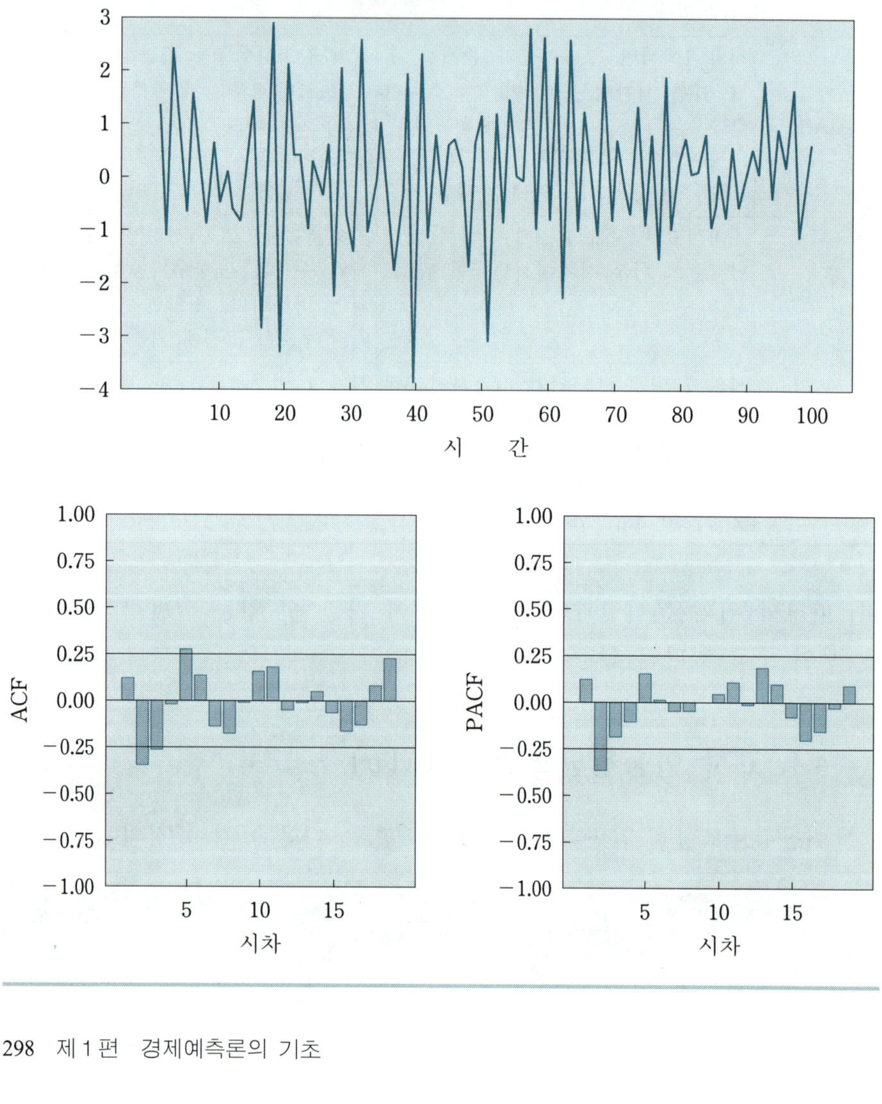

MA(q)의 ACF는 q 시차 후 '0'이 되는 특성을 갖는다.

고차 이동평균모형의 한 예로 MA(2)모형의 안정성 조건을 만족시키는 계수를 설정하여 다음과 같이 임의의 모형을 설정해 보았다.

$$Y_t = 7 - 0.3e_{t-1} - 0.6e_{t-2} + e_t$$

여기서, $e_t \sim N(0, 1)$

상기 예제의 경우, 〈그림 7-15〉에서처럼 ACF함수에서 두 개의 값이 유의하게 0과 다른 점과, PACF함수가 불완전하게나마 sin함수 형태의 파동을 나타내며 0으로 접근하면서 사라지는 것을 볼 때, 위의 분석결과는 MA(2)모형이 가질 수 있는 형태를 보여 주고 있다고 할 수 있다.

4.5. ARMA모형과 ARIMA모형

AR(1)과 MA(1)이 결합된 형태의 시계열모형이 정립될 수도 있다.

$$Y_t = c + \phi_1 Y_{t-1} + e_t - \theta_1 e_{t-1} \qquad (7\text{-}19)$$

식 (7-19)와 같은 ARMA(1, 1) 또는 ARIMA(1, 0, 1)이라 한다. 이는 Y_t가 자신의 과거 관측치(Y_{t-1})뿐만 아니라 과거 오차항(e_{t-1})에도 의존하는 상황을 대변하는 것으로 역시 안정적 시계열을 대상으로 설정되는 모형이다.

후방연산자를 이용하여 ARIMA(1, 0, 1)을 표현하면, $(1-\phi_1 B)Y_t = c + (1-\theta_1 B)e_t$와 같아지며, 이를 일반화시킨 ARIMA($p$, 0, q)는 다음과 같이 표현된다.

$$\begin{aligned}(1-\phi_1 B - \cdots\cdots - \phi_p B^p)Y_t \\ = c + (1-\theta_1 B - \cdots\cdots - \theta_q B^q)e_t\end{aligned} \qquad (7\text{-}20)$$

이제 모형의 일반화를 한 단계 더 진행시켜 원시계열이 불안정한 경우에 시계열분석을 적용하는 경우를 정리하면 ARIMA(p, d, q)모형이 정립될 수 있다. 그리고 가장 간단한 형태의 ARIMA(1, 1, 1)은 다음과 같이 정의된다.

$$\underbrace{(1-\phi_1 B)}_{\text{AR(1)}}\underbrace{(1-B)}_{\text{1차 차분}}Y_t=c+\underbrace{(1-\theta_1 B)}_{\text{MA(1)}}e_t$$

그림 7-16 ARIMA모형을 이용한 분석

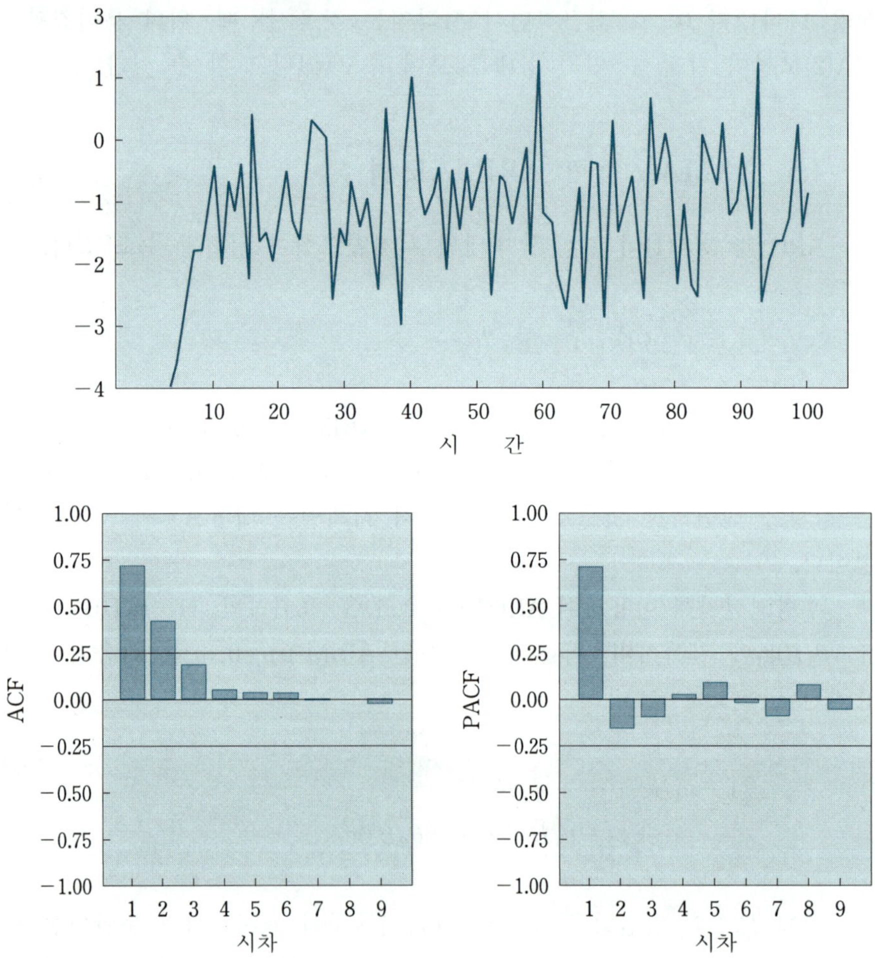

ARIMA(p, d, q)모형의 ACF와 PACF가 갖는 변동패턴은 매우 복잡하여 일률적으로 정리하기 어렵다. 따라서 본서에서는 ARMA(1, 1)에 한정하여 그 특성을 〈표 7-2〉에 정리해 두었다.

이 시점에서 독자들에게 주의를 환기하고 싶은 점은 같은 시계열을 여러 개의 다른 모형(AR(p), MA(q), ARIMA(p, d, q))들로 표현할 수도 있고, 또 그들을 이용한 예측도 거의 같은 수준의 정확도를 보장해 줄 수 있다는 사실이다. 따라서 가능한 한 모형을 간단하게 표현하는 것이 보다 효율적이라 볼 수 있다. 또 한 가지 주목할 점은 현실적으로 p, d, q의 차수는 0, 1 또는 그 수준을 넘을 필요가 없으며, 그것만으로도 매우 다양한 유형의 예측결과를 도출해 낼 수 있다.

〈그림 7-16〉은 고차 이동평균모형의 한 예로 MA(2)모형의 안정성 조건을 만족시키는 계수를 설정하여 다음과 같이 임의의 모형을 설정한 예이다.

$$Y_t = 19 + 0.5Y_{t-1} + e_t - 0.7e_{t-1}$$

여기서, $e_t \sim N(0, 1)$

예상하였던 대로 PACF는 빠른 속도로 감소하고, ACF는 2개의 큰 스파이크를 기록한 후 소멸하는 모습을 보여 주고 있다.

4.6. ARIMA모형과 계절변동

시계열모형의 마지막 일반화 단계로서 계절변동을 포함하는 ARIMA 모형을 정립할 수 있다(seasonal ARIMA models). 만일 계절성이 전년 동기(전년도의 같은 달이나 분기) 값들과 연속적으로 관련되어 있는 유형이 마치 AR이나 MA 또는 ARIMA형태로 표현될 수 있다면 최종적인 복합모형은 다음과 같아진다.

$$\underbrace{\text{ARIMA}(p,\ d,\ q)}_{\text{비계절변동부문}}\underbrace{(P,\ D,\ Q)_s}_{\text{계절변동부문}}$$

이를 가장 간단한 형태로 표현해 보면

$$(1-\phi_1 B)(1-\phi_1 B^4)(1-B)(1-B^4)Y_t=(1-\theta_1 B)(1-\theta_1 B^4)e_t$$

$(1-\phi_1 B)$	$(1-\phi_1 B^4)$	$(1-B)$	$(1-B^4)$	$(1-\theta_1 B)$	$(1-\theta_1 B^4)$
비계절적	계절적	비계절적	계절적	비계절적	계절적
AR(1)	AR(1)	차분	차분	MA(1)	MA(1)

와 같아진다. 단, 설명의 편의상 상수항은 생략하였다.

5 모형의 식별(model identification)

앞 절에서 우리는 가장 대표적인 ARIMA모형에 대하여 간단히 살펴 보았다. 그러나 보다 광범위한 모형들이 다양한 특성을 가지고 활용되고 있는 것이 현실이다. 따라서 주어진 자료에 가장 적절한 모형을 식별해 내는 일은 상당히 어려운 과제이다. 이러한 현실하에서 적절한 모형을 식별할 수 있는 실용적 절차를 정리해 보면 다음과 같다.

⌘ 1단계: 시간도표를 그려 변동상의 특징을 파악한다. 시간경과에 따라 변동폭이 확대(또는 축소)되는 추세가 확인되면 이를 분산에 대하여 불안정적(non-stationary in the variance)인 시계열로 인식하고 함수전환을 통해 안정성을 회복시킨다. 대부분의 경우 함수전환은 log값을 취하는 형식을 선택한다.

⌘ 2단계: 일단 함수전환된 자료의 시간도표(time plot)를 다시 그려봄으로써 안정성이 회복되었는지를 일차 확인한다. 그리고 ACF와 PACF 그림을 아울러 활용하여 안정성 여부를 동시에 점검한다. 즉, 함수전환된 시계열자료가 일정 함수들의 평균값을 중심으로 수평선을 이루며 분포되어 있는지, ACF와 PACF가 거의 '0'에 신속하게 접근하는지를 확인하여 안정성 여부를 판정한다.

⌘ 3단계: 두 번째 단계에서도 안정성이 확보되지 않았다면 아마도 이는 평균에 대한 안정성이 회복되지 못한 것으로 예상되며, 따라서 1차

차분을 통해 안정화를 도모한다. 물론 계절변동이 강한 경우에는 계절별 차분을 실시한다. 그런 연후에도 안정성이 회복되지 않는다면 2차 차분을 시도한다. 통상 두 차례 정도의 차분이면 대부분의 시계열의 안정성은 확보될 수 있다.

⌘ 4단계: 일단 안정성이 회복되면 자기상관도표 등을 이용하여 적절한 시계열모형을 찾아 낸다. 이를 모형의 식별이라 하는데, 다음 세 가지 가능성을 고려해야 한다.

① 계절성이 강한지 여부를 계절별 시차 간의 ACF와 PACF값이 유의할 만큼 '0'과 다른지를 확인함으로써 판정한다.

② AR(p) 또는 MA(q) 여부를 확인한다. 즉, q시차 이후 ACF값이 '0'에 가깝다면 MA(q)로, 그리고 p시차 이후 PACF값이 '0'에 점근하면 AR(p)모형이 적절한 것으로 판단한다.

③ AR(p)나 MA(q)가 확실하지 않을 경우에는 보다 면밀한 검토과정을 거쳐 복합모형의 형태로 식별해 낸다.

예제 7-1

비계절적 시계열

〈그림 7-17〉은 2004년 8월에서 12월까지 일별 대미달러 환율자료를 이용한 결과이다. 자료의 추세나 ACF로 미루어 볼 때 불안정적 시계열임을 짐작할 수 있다. 시차 1에서 거의 1의 값에 가까운 PACF 역시 이를 뒷받침한다.

그림 7-17 대미달러 환율자료에 관한 도표적 분석

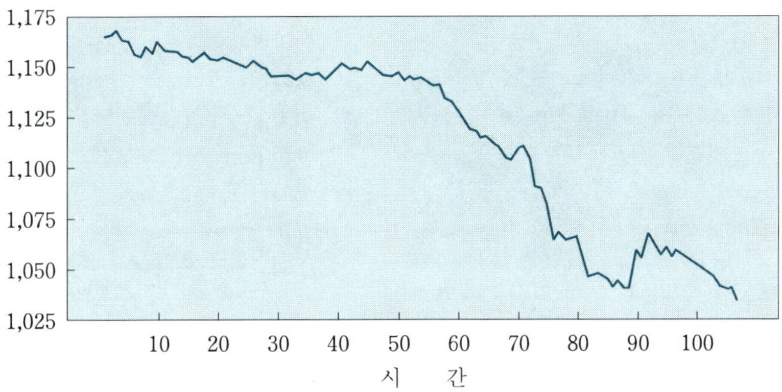

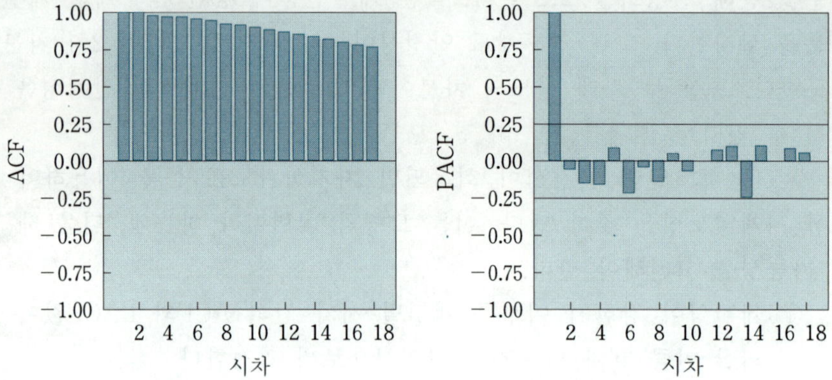

자료: 2004년 8～12월, 한국은행.

그림 7-18 〈그림 7-17〉의 자료를 1차 차분한 결과

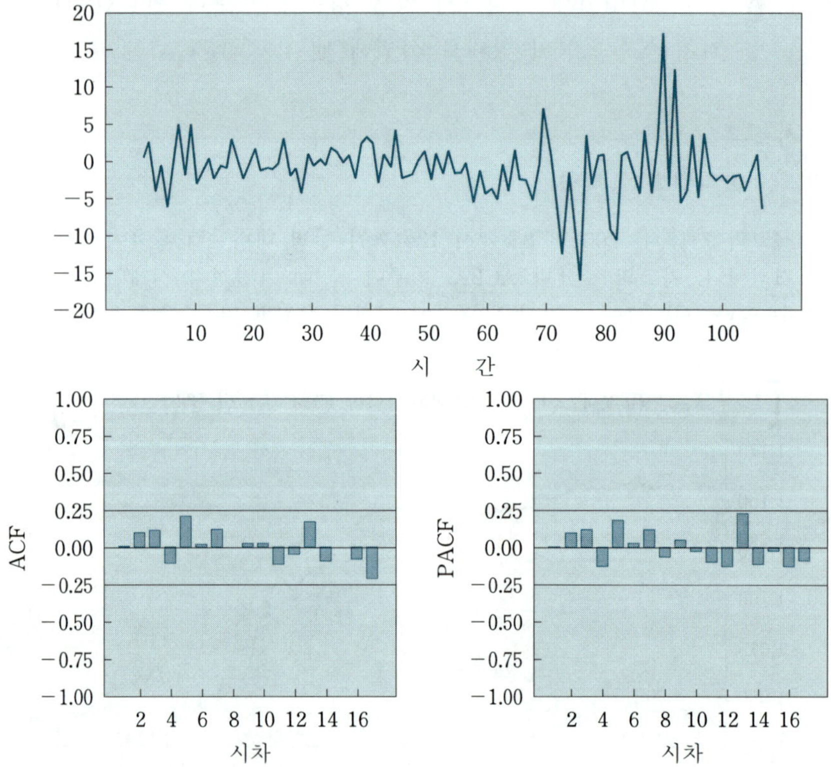

이러한 사실에 근거하여 시계열의 안정화를 위해 1차 차분을 시도해 보았더니 〈그림 7-18〉과 같았다.

ACF와 PACF의 추세가 밴드 내에($\pm 2.575 \times (1/\sqrt{n})$) 속하는 것으로 볼 때 차분을 거친 시계열자료가 안정화되었음을 알 수 있다. 따라서 적절한 추정모형으로 우선은 ARIMA(0, 1, 0)을 선정할 수 있다.

예제 7-2

계절적 시계열분석의 예

〈그림 7-19〉는 1994년 1월에서 2004년 12월까지 월별 고용률자료를 이용한 결과이다. 자료의 시간도표가 같은 추세로 반복되는 것으로 볼 때 계절적 요인이 있음을 짐작할 수 있다. 이는 시차 12 근처에서의 ACF값이 다른 값들

그림 7-19 고용률 월별 자료를 이용한 분석

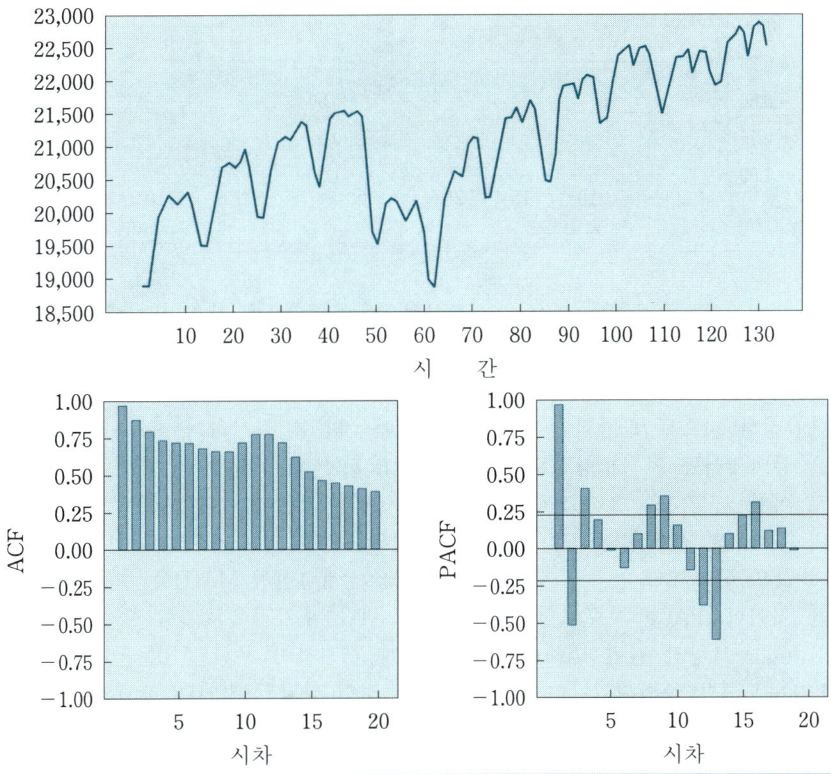

그림 7-20 계절적 차분과 1차 차분을 통한 고용률자료의 분석

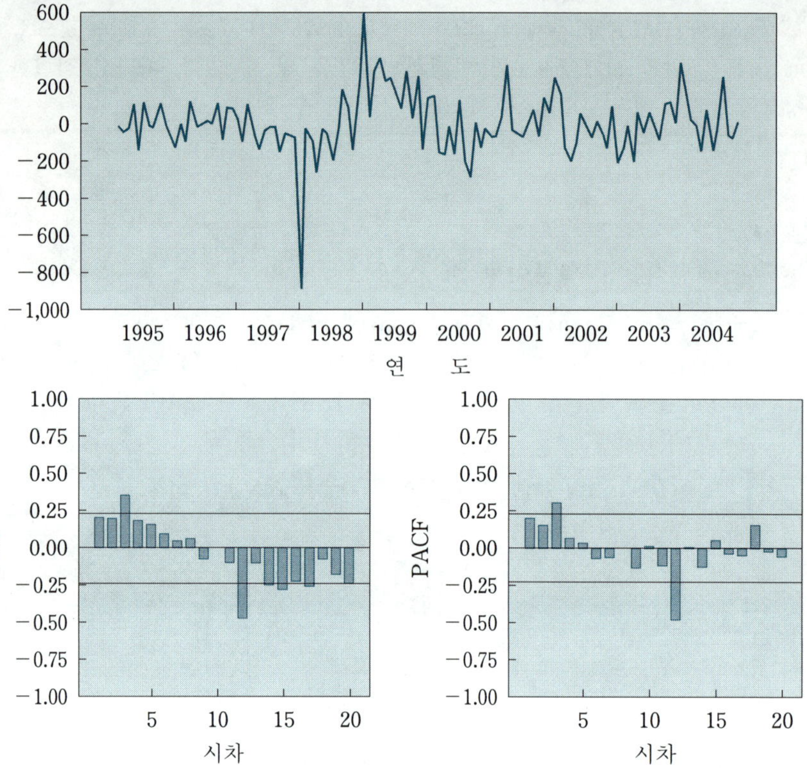

보다 큰 값을 가진다는 사실로도 확인할 수 있다. 이와 같은 사실에 근거하여 고용률자료의 안정화를 위한 계절차분을 시도해 보았다.

〈그림 7-20〉을 그리기 이전에 먼저 계절차분만을 실시해 보았더니 역시 불안정한 것으로 판명되어 추가적으로 1차 차분을 실시하여 보았다. 이와 같은 상태에서는 임시모형으로 ARIMA(p, 1, q)(P, 1, Q)$_{12}$를 설정할 수 있으므로 이제 p, d, P, 그리고 Q를 결정하는 일만 남은 셈이다. ACF함수에서 세 번째 시차의 값이 다소 크기는 하지만 일단 무시하기로 한다. 그러나 시차 12의 값은 상당히 유의적인 것으로 판명되므로 계절적인 MA(1)을 추가할 수 있을 것이다. PACF 분포모양으로 보아 $P=1$을 추가적으로 고려할 수도 있으나 이는 모형의 간편성(parsimony) 원칙에 근거하여 우선 ARIMA(0, 1, 0)(0, 1, 1)$_{12}$모형을 추정해 본 연후에 고려하는 것이 타당할 것이다.

예제 7-3

함수전환이 필요한 시계열의 예

다음은 1988년 1월에서 2005년 9월까지의 자동차 수출액(천 달러)자료를 이용한 시간도표이다. 그림에서 시간이 지남에 따라 변동폭이 확연히 증가하고 있음을 알 수 있다. 이러한 변동추세는 주어진 자료가 분산에 대해 불안정적임을 의미한다. 따라서 ARIMA모형의 추정을 위해서는 분산을 안정화시키는 방향으로 조정되어야 함을 알 수 있다.

그림 7-21 자동차 수출량을 이용한 시간도표

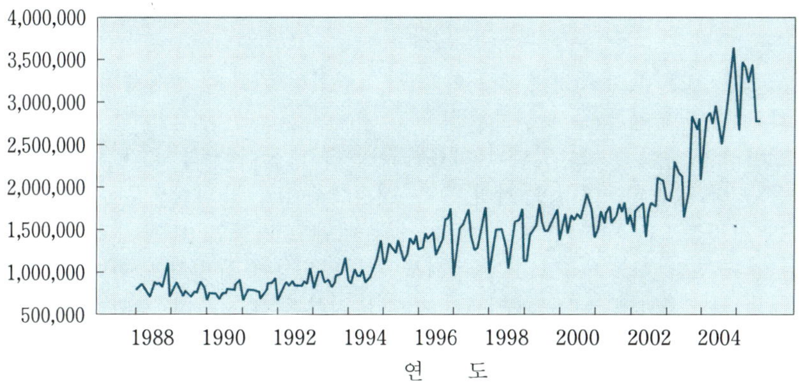

분산의 안정화를 위해 사용되는 주된 방법으로 주어진 자료를 로그변환하는 방법을 생각할 수 있다. 〈그림 7-22〉는 로그변환된 자동차 수출액의 시

그림 7-22 로그변환을 통한 분산 안정화 결과

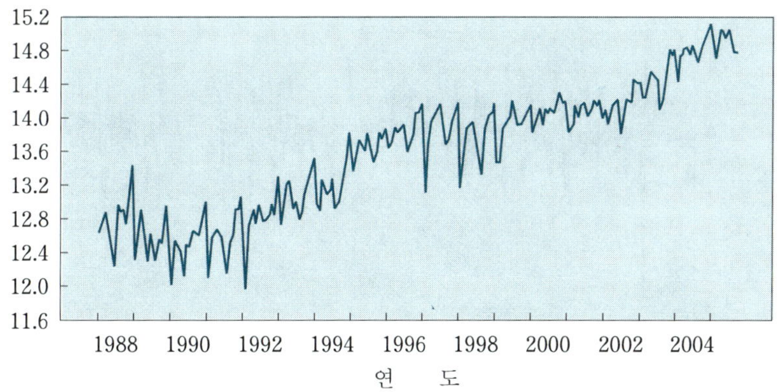

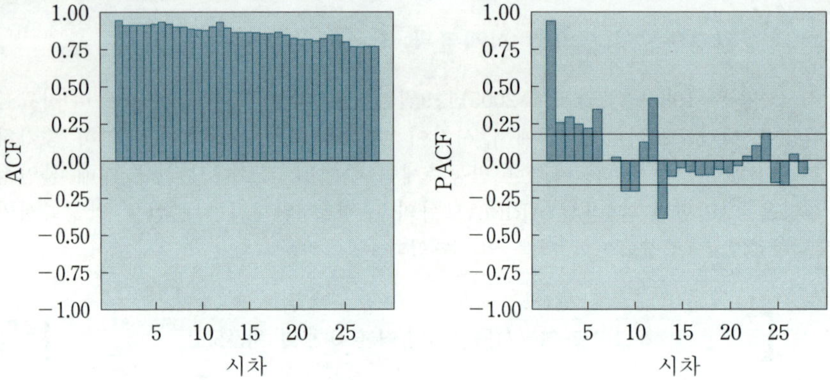

간도표와 ACF 및 PACF의 도표이다. 로그변환된 자료의 변동폭이 일단 많이 완화된 것을 확인할 수 있다.

이러한 사실은 로그변환된 자료가 분산에 대한 안정화 효과를 가져다 주었음을 말해 준다. 그러나 거의 모든 시차에서 0과 유의적으로 차이가 크게 나는 ACF분포로 미루어 보아 이 자료에 대한 추가적인 차분이 필요함을 알 수 있다. 또한 ACF와 PACF 모두에서 계절변동성이 뚜렷하게 나타나고 있어 로그변환된 자료에 대해 계절차분과 1차 차분을 실시하여 보았다(〈그림 7-23〉 참조).

〈그림 7-23〉에서 ACF 분포모양으로 보아 안정성이 크게 높아진 것으로 평가할 수 있다. PACF 또한 log함수전환만을 적용하였을 경우에 비해 안정성이 크게 향상된 것으로 판단된다. 물론 ACF와 PACF 모두가 시차 1과 12 근처에서 다소 유의할 만한 크기의 스파이크를 기록하고 있어 $p=1$과 $P=1$을

그림 7-23 로그변환과 차분을 통한 평균과 분산의 안정화

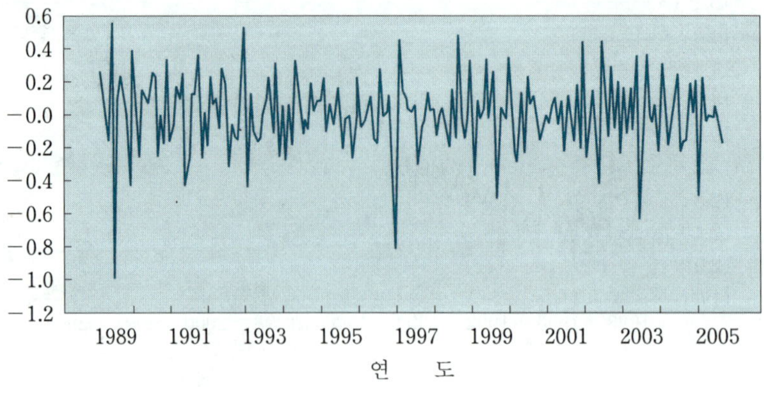

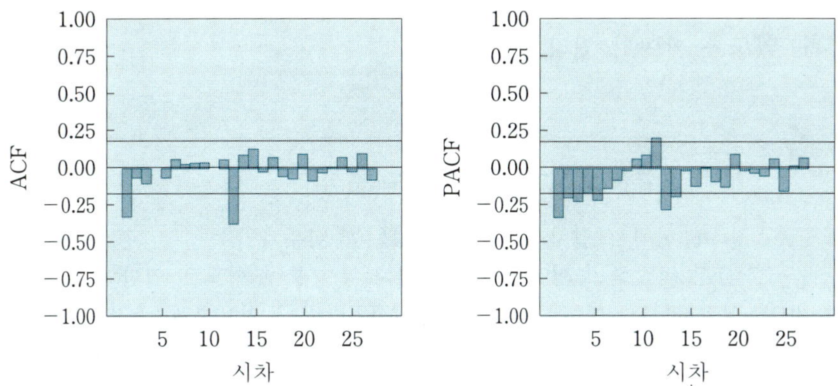

추가적으로 고려할 수 있으나 간편성 원칙에 따라 우선 상기 모형을 추정해 본 연후에 고려하는 것이 타당할 것이다.

6 모형의 추정

6.1. 추정방법

적절한 모형의 식별과정이 끝나면 선정된 모형의 추정에 임하게 된다. ARIMA모형 추정의 경우에도 최소자승법이 도입될 수 있다. 그러나 이동평균(MA)부문이 포함된 모형의 경우에는 적절한 추정방안의 확보가 어렵다. 따라서 일종의 연산법(iterative method)이 활용된다. 즉, 일단 임시 추정치를 선정한 다음, 컴퓨터 프로그램을 이용하여 SSE(sum of squared errors)가 최소가 될 때까지 추정치를 조정해 나가는 방법을 활용하게 된다.

자주 활용되는 또 다른 추정방법의 하나로 최우법(maximum likelihood estimation: MLE)을 들 수 있다. 이 방법은 최소자승법의 경우에서처럼 연산법을 활용하는 것으로 MLE가 갖는 바람직한 통계적 특성 때문에 자주 활용되고 있다.

대부분의 주요 통계분석 패키지 프로그램은 최소자승법 또는 최우법을 활용하되 모수에 대한 적절한 초기 추정치를 선정한 다음 연산과정을 거쳐 최적해가 도출될 때까지 계속 추정치를 조정해 나가는 과정을 수행할 수 있도록 짜여져 있다.

예제 7-4

MLE 추정을 통한 종합주가지수 분석

본 장 제3절에서 일차 활용한 바 있는 종합주가지수 자료 중 일부(2005년 5~7월)를 적절한 모형선정과정을 거쳐 추정할 모형으로 일단 ARIMA(1, 1, 0)을 선정하였다. 이 모형의 계수를 MLE방법을 이용하여 추정해 보고자 우선 1차 차분된 변수를 중심으로 다음과 같이 모형을 설정해 보았다.

$$Y'_t=\phi_1 Y'_{t-1}+e_t$$

여기서, $Y'_t=Y_t-Y_{t-1}$

최우법을 이용하여 각 계수값에 대해 다음과 같은 결과를 얻었다.

변수	추정치	표준오차	t값	p-value
ϕ_1	0.152	0.0028	54.54	0.0000
σ^2	1.046	0.0028	371.1	0.0000

따라서 추정된 결과는 다음과 같이 표현될 수 있다.

$$(Y_t-Y_{t-1})=0.152(Y_{t-1}-Y_{t-2})+e_t$$

이 때 σ^2는 오차항 e_t의 분산에 대한 추정치를 의미한다. 1차 차분변수로 표현된 위의 모형을 재정리하면 다음과 같다.

$$Y_t=1.152Y_{t-1}-0.152Y_{t-2}+e_t$$

추정결과 도출된 계수별 추정치에 대한 유의성 검정을 수행하는 과정은 통상적인 회귀분석과정에서와 동일하다. 이 경우 모든 모수값의 p-value가 0에 근접하는 것으로 나타나 모든 추정치가 유의하다고 판단된다. 만약 추정된 계수 중 일부가 유의하지 못할 경우 해당 항을 제외시킨 연후 재추정을 하여 개선된 결과를 도출할 수 있다.

6.2. 추정결과의 선정(추정모형의 재식별)

당초 식별과정에서 선정되어 추정은 하였으나 유의성 검정과정에서 추정결과가 개선될 여지가 있을 경우 모형의 재식별을 시도하게 된다. 즉, 만일 일부 추정계수가 유의적이지 못한 것으로 나타나면 여타 추정모형을 선정하여 추정을 시도해 본다. 일반적으로 최초 모형식별시 ARMA나 ARIMA모형을 확신을 가지고 선정하기는 어렵다. 따라서 보통은 AR이나 MA모형이 유의성 검정결과 문제가 발견되면 일단 ARMA나 ARIMA 모형을 대신 선정하게 된다.

물론 모형의 재식별이 확신을 가지고 이루어지기는 쉽지 않은 것이어서 통상 몇몇 모형을 함께 선정하여 추정한 다음 적절한 기준에 따라 최상의 추정결과를 보여 줄 모형을 선정하게 된다.

추정결과 선정기준으로 SSE값이 최소가 되거나 우도(likelihood)가 최대가 되는지 여부를 활용하는 방안이 우선 검토될 수 있다. 그런데 이 방법은 다소의 문제가 있다. 더 많은 항목을 모형에 포함시키면 간혹 SSE는 감소하고 우도는 증가할 수 있기 때문이다. 아마도 독자들은 다중회귀분석시 설명변수의 수를 추가투입할수록 R^2값이 증가되는 현상이 발생하며, 이러한 문제를 해소하기 위해 R^2값을 조정한 조정결정계수($\bar{R}^2$)를 대신 활용함으로써 해소한 바 있었음을 기억하리라 믿는다.

시계열모형에서도 비슷한 접근방법에 의해 문제를 해결한다. 즉, 우도는 한 항목이 모형 내에 추가될 때마다 벌점(penalty)을 부여한다. 추가도입된 항목이 추가된 벌점보다 더 큰 폭으로 우도를 개선하지 못하면 이를 채택할 이유가 없다. 가장 보편적으로 쓰이는 벌점이 부과된 우도 활용방안으로 AIC(Akaike's information criterion)를 들 수 있다.[5)]

$$\text{AIC} = -2\log L + 2m \qquad (7\text{-}21)$$

여기서, $m = n + q + P + Q$

L: 우도

5) 만일 통계패키지 프로그램이 AIC를 자동적으로 제공하지 않을 경우에는 다음과 같이 계산할 수 있다.

$$\text{AIC} \fallingdotseq n(1+\log(2\pi)) + n\log\sigma^2 + 2m)$$

식 (7-21)은 1974년에 Akaike가 제시한 기준으로 AIC가 최소로 나타나는 추정결과를 선정하는 것이 최적의 선택인 것으로 분석되고 있다.

이 밖에도 슈워츠(Schwarz)가 제안한 BIC(Baysian information criterion)와 FPC(final prediction error) 등이 사용되기도 한다.[6)]

AIC나 여타 어느 기준을 사용하든 그 기준의 산출치 자체에 의미를 부여할 수는 없다. 단지, 여러 개 추정식 중 상대적으로 어떤 모형이 적절한지를 가늠해 주는 비교좌표로서 이해하는 것이 옳다.

물론 AIC가 최소가 되는 추정모형을 선정할 것이지만, AIC값의 차이가 2 이하일 경우 그 차이가 유의하다고 볼 수는 없으며, 따라서 Min AIC를 충족시키는 모형이 여러 개 나올 수도 있다. 이 때에는 가능하면 간단한 것을 선정하는 것이 관행이다. 이를 간편성(parsimony)의 원칙이라 하는데, 상대적으로 추정이 간편할 뿐 아니라 적합도도 개선될 여지가 크기 때문이다.

7 진 단

비록 여러 추정결과 중 최상의 것을 선정하였더라도 예측에 활용하기에 앞서 마지막으로 한 단계 더 확인해야 할 사항이 있다. 과연 추정된 모형이 적절하다고 볼 수 있는지 검토해 보아야 하기 때문이다. 이 과정을 모형의 진단(diagnostic checking)이라고 한다. 이 과정은 추정결과에서 도출된 잔차항이 과연 백색소음으로 간주될 수 있는지를 확인하는 과정이라 할 수 있다. 아직도 특정 변동유형이 추정과정에서 고려되지 못한 채 잔차항에 남아 있다면 잔차항이 백색소음이 될 수 없기 때문이다.

정확한 예측을 위해서는 추정에서 발생한 잔차항이 백색소음이어야 한다는 사실을 다시 한 번 강조해 둔다. 잔차항의 백색소음 여부는 잔차항의 ACF와 PACF도표를 작성하여 유의할 만한 자기상관계수나 편자기상관계수가 발견되지 않았는지를 확인하는 모형의 진단을 통해 이루어진다.

6) Brockwell and Davis(1996) 참조.

일반적으로 추정결과 도출될 잔차항의 수는 $n-d-sD$(단, n은 관측치수, d와 D는 비계절 및 계절변동의 차분횟수, 그리고 s는 연간 관측치수를 나타냄)가 되는데, 일단 표준화(standardization)를 시켜 분산값이 '1'이 되도록 함수전환한 다음 시간도표(time plot)를 작성하는 것이 편리하다. 만일 표준편차 3배 범위 밖을 벗어나는 표준잔차항이 존재한다면, 이는 일단 극단적 잔차항(outliers)으로 간주하여 면밀히 분석할 필요가 있다. 그렇지 않을 경우, 그리고 이들의 ACF나 PACF값들이 모두 임계치 이내에 귀속될 경우 비로소 우리는 잔차항들이 백색소음이라고 평가하게 된다.

ACF와 PACF 검사 외에 Box-Pierce의 Q통계량이나 Ljung-Box의 Q^* 검정통계량을 이용하여 총체적인 유의성을 점검하는 것이 일반적인 관행이다. 만일 이들 검사에서도 잔차항들이 백색소음으로 간주될 수 있다면 더 이상 모형에 대한 추가적 진단은 할 필요가 없을 것이다. 반면 이상과 같은 모형의 진단결과 잔차항을 백색소음으로 보기 어려울 만한 특정 변화패턴이 남아 있다면 최초의 모형설정과정부터 모든 과정을 다시 밟아 나가야 한다.

8 예 측

예측은 사건발생 여부(event outcome), 사건발생시기(event timing), 그리고 시계열예측(time series forecast)의 세 가지로 구분할 수 있는데 ARIMA 모형은 세 번째 유형의 예측을 목표로 하고 있으며, 특히 단기예측에 비교적 정확도가 높은 것으로 알려져 있음은 전술한 바 있다.

예측치의 선정은 발생가능한 오차를 최소화시키는 방안을 통하여 이루어진다. 즉, MSFE(mean square forecast error)를 최소화시키는 예측치를 도출하게 된다. 일반적인 ARIMA모형을 이용하여 현재로부터 'l'시기 앞에 대한 예측치를 구할 때 이를 $\hat{Y}_t(l)$ 또는 $\hat{Y}_{t+l}$이라 하면,

$$\hat{Y}_t(l)=E[Y_{t+l}|Y_t,\ Y_{t-1},\ \cdots\cdots,\ Y_1] \tag{7-22}$$

와 같이 정의된다. 따라서 이 때의 MSFE는

$$E[e_t^2(l)]=E[(Y_{t+l}-\widehat{Y}_t(l))^2] \quad (7\text{-}23)$$

여기서, $e_t(l)=Y_{t+l}-\widehat{Y}_t(l)$

과 같아지고 이를 최소화시키는 예측치를 산정하게 된다.

일반적으로 먼 장래에 대한 예측은 불확실성으로 인해 예측오차가 점차 커지게 되므로 구간예측의 폭은 확대되어 나갈 수밖에 없다. 따라서 비교적 정확한 예측을 목표로 한다면 ARIMA모형에 의해 예측은 추정된 모형의 특성이 변화하지 않을 만한 가까운 장래에 대한 단기적 예측에 국한하는 것이 바람직하다.

8.1. 주요 ARIMA모형에 의한 예측의 특성

각종 ARIMA모형의 예측결과가 산출되었을 때 이러한 예측치들이 갖는 특성이 모형에 따라 다소의 차이가 있다. 따라서 이를 비교검토하는 일은 예측치에 대한 정확한 이해와 활용에 있어 유용한 일이 될 것이다.

(1) 확률충격모형(random shock form)

AR(p)과정은 무한 MA과정으로 함수전환이 가능하므로 ARIMA모형은 결국 일정 과정을 거치면 단순히 확률적 충격의 MA형태로 전환이 가능하다.

$$\phi(B)(1-B)^d Y_t=\theta(B)\varepsilon_t \quad (7\text{-}24)$$

$$Y_t=\phi^{-1}(B)(1-B)^{-d}\theta(B)\varepsilon_t=\varphi(B)\varepsilon_t$$

$$\therefore Y_t=\sum_{j=0}^{\infty}\varphi_j\varepsilon_{t-j} \quad (7\text{-}25)$$

같은 맥락에서 보면 현재(T)로부터 l기 후의 미래에 대한 예측치 Y_{t+l}은

$$\hat{Y}_t(l) = \sum_{j=0}^{\infty} \hat{\varphi}_{t+j}\varepsilon_{T-j} \tag{7-26}$$

와 같이 표현할 수 있다. 이 때 MSFE는 다음과 같아진다.

$$E[e_T^2(l)] = (\varphi_0^2 + \varphi_1^2 + \cdots\cdots + \varphi_{t-1}^2)\sigma^2 + \sum(\varphi_{t-j} - \hat{\varphi}_{t+j})^2\hat{\sigma}^2 \tag{7-27}$$

바로 이 식을 극소화시키는 예측치를 도출하게 되는데, 결과적으로 이 경우의 예측치는 Y_{T+l}에 대한 조건부 기대치의 의미를 갖는다.

$$\hat{Y}_t(l) = \sum\hat{\varphi}_{t+j}\varepsilon_{T-j} = E[Y_{t+l} | Y_T, \cdots\cdots, Y_1] \tag{7-28}$$

(2) AR(1): ARIMA(1, 0, 0)

AR(1)은 일반적으로 다음과 같이 표현된다.

$$Y_t = \delta + \phi_1 Y_{t-1} + \varepsilon_t \tag{7-29}$$

따라서 1기 후에 대한 예측은

$$\begin{aligned}\hat{Y}_t(1) &= E[Y_{t+1} | Y_t, \cdots\cdots, Y_1] \\ &= \phi_1 Y_t + \delta \end{aligned} \tag{7-30}$$

여기서, ε_{t+1}은 미지이고, 그 기대치는 0으로 보게 됨

마찬가지 논리에 따라 $\hat{Y}_t(2)$는 다음과 같아진다.

$$\begin{aligned}\hat{Y}_t(2) &= \phi_1 \hat{Y}_{t+1} + \delta \\ &= \phi_1 \hat{Y}_t(1) + \delta \end{aligned}$$

여기서, Y_{t+1}이 미지이므로 $\hat{Y}_t(1)$로 대체함

따라서

$$\hat{Y}_t(2) = \phi_1(\phi_1 Y_t + \delta) + \delta$$
$$= \phi_1^2 Y_t + \delta(\phi_1 + 1) \qquad (7\text{-}31)$$

가 되며, l기 후의 예측치는

$$\hat{Y}_t(l) = \phi_1^l Y_t + (\phi_1^{l-1} + \phi_1^{l-2} + \cdots\cdots + \phi_1 + 1)\delta \qquad (7\text{-}32)$$

가 된다. 결국 $l>1$ 경우의 예측치는 바로 전기의 예측치를 근거로 같은 패턴에 따라 전개된다. 이러한 과정은 초기 또는 전기 값이 부여되면 자율적 연산과정에 의해 예측치가 산출된다는 사실로 인해 '자율적 연산' 또는 '부트스트랩(bootstrap)'이라고도 한다.

한편, 식 (7-32)는 t값이 점점 커지면 일정 값에 수렴하게 된다.

$$\lim_{t\to\infty} \hat{Y}_t(l) = \delta \sum_{j=0}^{\infty} \phi_1^j = \frac{\delta}{1-\phi_1} \Rightarrow E[Y_t] \qquad (7\text{-}33)$$

이 때 수렴하는 값은 Y_t의 평균값이 되는데, 안정적 시계열모형에서 일반적으로 나타나는 현상이다. 이러한 현상은 전혀 놀라운 것이 못 된다. 아주 먼 장래를 예측할 경우 지금까지 관측된 자료들은 별 효용성이 없게 될 것이므로 $\hat{Y}_t(l)$값을 안정적 과정 Y_t의 평균과 다른 것이라 보고 조정할 근거가 희박해지기 때문이다. 물론 그 수렴되는 정도나 속도는 모형에 따라 다소 상이하다. 예컨대, MA(q)모형 경우는 매우 빨리 수렴하게 되는데, 이는 과거 추정된 확률적 충격에 대한 정보를 빨리 상실하기 때문이다. 뿐만 아니라 $l>q$ 경우 확률적 충격은 0으로 대체되므로 MA의 예측치는 추정된 상수값(c)과 같고, $\hat{c} = \mu_Y$이므로 예측치는 $\hat{\mu}$이 된다. 이에 비해 AR이나 ARMA는 관측치 대신 예측치를 근거로 자율적으로 수렴(bootstrap)하게 되므로 수렴의 속도가 더디게 된다.

한편, 이러한 예측의 예측오차를 $e_t(l)$이라 하면 다음과 같이 정의될 수 있다.

$$
\begin{aligned}
E[e_t^2(l)] &= E[(Y_{t+l}-\widehat{Y}_t(l))^2] \\
\therefore Y_t &= \sum_{j=0}^{\infty}\varphi_j\varepsilon_{t-j} \\
&= \cdots\cdots \\
&= \phi_1^l Y_t + (\phi_1^{l-1}+\phi_1^{l-2}+\cdots\cdots+\phi_1+1)\delta \\
&\quad + \varepsilon_{t+l}+\phi_1\varepsilon_{t+l-1}+\cdots\cdots+\phi_1^{l-1}\varepsilon_{t+1}-\widehat{Y}_t(l) \\
\therefore e_t(l) &= \varepsilon_{t+l}+\phi_1\varepsilon_{t+l-1}+\cdots\cdots+\phi_1^{l-1}\varepsilon_{t+1} \qquad (7\text{-}34)
\end{aligned}
$$

그리고 이 예측오차의 분산은 다음과 같아지며, l이 증가함에 따라 분산이 커지게 될 것임은 자명하다.

$$E[e_t^2(l)] = (1+\phi_1^2+\phi_1^4+\cdots\cdots+\phi_1^{2l-2})\sigma_\varepsilon^2$$

(3) MA(1): ARIMA(0, 0, 1)

ARIMA(0, 0, 1) 또는 MA(1)을 다음과 같이 표현하자.

$$Y_t = \delta + \varepsilon_t - \theta_1\varepsilon_{t-1} \qquad (7\text{-}35)$$

그러면 예측치들은

$$
\begin{aligned}
\widehat{Y}_t(l) &= E[Y_{t+1}|Y_t, \cdots\cdots, Y_1] \\
&= \delta - \theta_1\hat{\varepsilon}_t
\end{aligned}
$$

여기서, ε_{t+1}: 미지수이므로 '0'

$\hat{\varepsilon}_t$: 실제의 잔차항

$$
\begin{aligned}
\widehat{Y}_t(2) &= \delta \\
&\vdots \\
\widehat{Y}_t(l) &= E[Y_{t+1}|Y_t, \cdots\cdots, Y_1] \\
&= E[\delta+\varepsilon_{t+l}-\theta_1\varepsilon_{t+l-1}] \\
&= \delta \qquad (7\text{-}36)
\end{aligned}
$$

이 결과 역시 놀라울 것이 없는 당연한 일이다. MA(1)은 단지 1기

그림 7-24 MA(1)의 예측과 신뢰구간 예

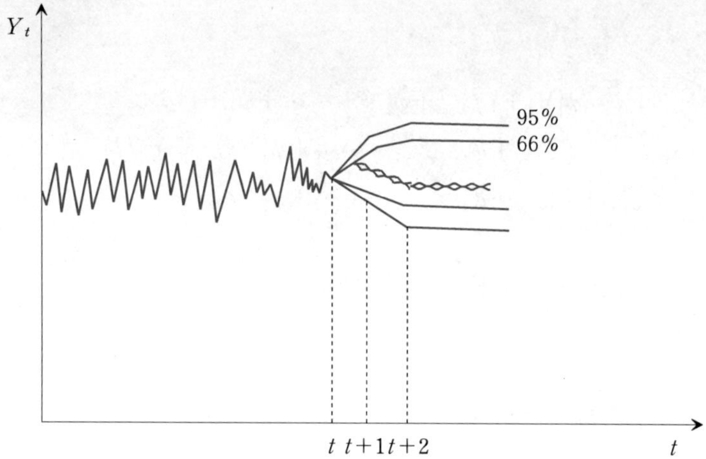

기억(one period memory)밖에 없으므로 2~3기 이상 미래에 대한 예측을 할 경우 최근까지의 자료는 더 이상 효용성이 없어진다. 따라서 $l>q$ 경우의 예측치가 $E[Y_t]=\delta$가 됨은 당연하다.

한편, $l>1$ 경우의 예측오차와 그 분산은 다음과 같다.

$$\begin{aligned} e_t(l) &= Y_{t+l} - \widehat{Y}_t(l) \\ &= \varepsilon_{t+l} - \theta_1 \varepsilon_{t+l-1} \end{aligned} \qquad (7\text{-}37)$$

$$\begin{aligned} \mathrm{Var}(e_t(l)) &= E[e_t^2(l)] \\ &= E[(\varepsilon_{t+l} - \theta_1 \varepsilon_{t+l-1})^2] \\ &= (1+\theta_1^2)\sigma_\varepsilon^2 \end{aligned} \qquad (7\text{-}38)$$

따라서 MA(1)은 $l=2, 3, \cdots\cdots, \infty$의 경우 일정한 예측오차의 분산을 갖는다.

(4) ARMA(1, 1)/ARIMA(1, 0, 1)

가장 간단한 형태의 Mixed ARMA과정은 다음과 같이 표현될 수 있다.

$$Y_t=\phi_1 Y_{t-1}+\delta+\varepsilon_t-\theta_1\varepsilon_{t-1} \tag{7-39}$$

그리고 예측치들은

$$\hat{Y}_t(1)=E[\phi_1 Y_t+\delta+\varepsilon_{t+1}-\theta_1\varepsilon_t] \tag{7-40}$$
$$=\phi_1 Y_t+\delta-\theta_1\hat{\varepsilon}_t$$
$$\hat{Y}_t(2)=\phi_1\hat{Y}_t(1)+\delta \tag{7-41}$$

또는

$$\hat{Y}_t(2)=\phi_1^2 Y_t+(\phi_1+1)\delta-\phi_1\theta_1\hat{\varepsilon}_t \tag{7-42}$$
$$\vdots$$
$$\hat{Y}_t(l)=\phi_1\hat{Y}_t(l-1)+\delta \tag{7-43}$$

또는

$$\hat{Y}_t(l)=\phi_1 Y_t+(\phi_1^{l-1}+\cdots\cdots+\phi_1+1)\delta-\phi_1^{l-1}\theta_1\hat{\varepsilon}_t \tag{7-44}$$

그리고 $\hat{Y}_t(l)$의 극한치는

$$\lim_{l\to\infty}\hat{Y}_t(l)=\frac{\delta}{1-\phi_1}=E[Y_t] \tag{7-45}$$

와 같아지며, 따라서 예측치가 역시 Y_t의 평균에 수렴하게 됨을 알 수 있다. 단, AR(1)과는 달리 (식 (7-40)과 식 (7-41), 식 (7-43)과 식 (7-44) 비교) 현재의 교란항이 1기 후의 예측치를 산출하는 데 활용될 뿐 아니라 그 이후는 영향력이 점차 감소하여 결국 $\hat{Y}_t(l)$이 $\delta/(1-\phi_1)$에 수렴하는 결과가 된다. 사실 이처럼 형태를 막론하고 ARIMA모형의 장기예측치가 Y_t의 평균에 수렴해 간다는 사실은 시계열분석모형이 단기예측에만 유용할 뿐이어서 중장기예측에는 별도의 방식, 예컨대 회귀분석모형 등이 활용되어야 할 것을 암시한다.

(5) ARI(1, 1)/ARIMA(1, 1, 0)

ARI, 즉 ARIMA(1, 1, 0)모형은 다음과 같이 표현된다.

$$w_t = \phi_1 w_{t-1} + \delta + \varepsilon_t$$
여기서, $w_t = \Delta Y_t = Y_t - Y_{t-1}$

이 때의 예측치들은 다음과 같다.

$$\hat{Y}_t(1) = Y_t + \hat{w}_t(1) \tag{7-46}$$
$$\begin{aligned}\hat{Y}_t(2) &= Y_{t+1} + \hat{w}_t(2)\\ &= \hat{Y}_t(1) + \hat{w}_t(2)\\ &= Y_t + \hat{w}_t(1) + \hat{w}_t(2) \end{aligned}\tag{7-47}$$
$$\vdots$$
$$\hat{Y}_t(l) = Y_t + \hat{w}_t(1) + \hat{w}_t(2) + \cdots\cdots + \hat{w}_t(l) \tag{7-48}$$

한편, w_t는 AR(1)이므로

$$\hat{w}_t(l) = \phi_1^t w_t + (\phi_1^{t-1} + \phi_1^{t-2} + \cdots\cdots + \phi_1 + 1)\delta$$
$$\therefore \hat{w}_t(l) = \phi_1^t Y_t - \phi_1^t Y_{t-1} + (\phi_1^{t-1} + \phi_1^{t-2} + \cdots\cdots + \phi_1 + 1)\delta \tag{7-49}$$

따라서 식 (7-46)과 식 (7-47), 그리고 식 (7-48)과 식 (7-49)에서

$$\begin{aligned}\hat{Y}_t(1) &= Y_t + \phi_1(Y_t - Y_{t-1}) + \delta\\ \hat{Y}_t(2) &= Y_t + \hat{w}_t(1) + \hat{w}_t(2) = \hat{Y}_t(1) + \hat{w}_t(2)\\ &= \hat{Y}_t(1) + (\phi_1^2 Y_t - \phi_1^2 Y_{t-1} + (\phi_1 + 1)\delta)\\ &= Y_t + \phi_1(Y_t - Y_{t-1}) + \delta + (\phi_1^2 Y_t - \phi_1^2 Y_{t-1} + (\phi_1 + 1)\delta)\\ &= (1 + \phi_1 + \phi_1^2)Y_t - (\phi_1 + \phi_1^2)Y_{t-1} + (\phi_1 + 1)\delta + \delta\\ &\vdots\end{aligned}$$
$$\hat{Y}_t(l) = \hat{Y}_t(l-1) + \hat{w}_t(l) \tag{7-50}$$

한편, w_t는 AR(1)과정이 되므로 식 (7-50)의 두 번째 항의 극한치는 다음과 같다.

그림 7-25 AR(1, 1, 0)과정의 가상적 예측

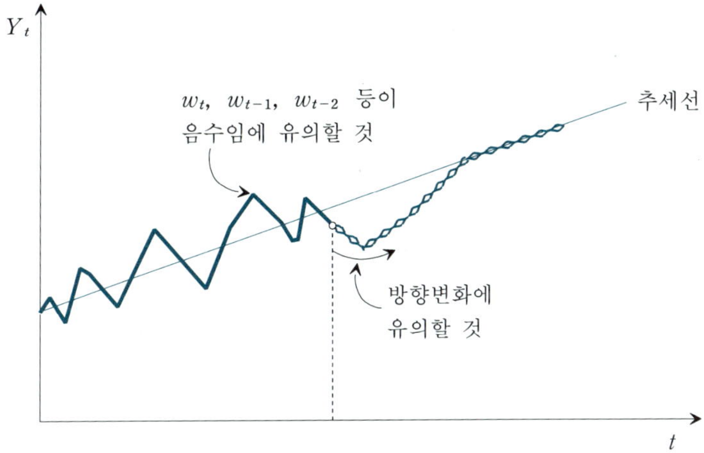

$$\lim_{l\to\infty}\widehat{w}_t=\frac{\delta}{1-\phi_1}$$

따라서 l이 커질수록 $\widehat{Y}_t$의 예측치는 $\delta/(1-\phi_1)$의 기울기를 가지는 직선에 접근하게 된다. $\Delta\widehat{Y}_t(l)=\widehat{Y}_t(l)-\widehat{Y}_t(l-1)=\widehat{w}_t(l)$가 $\delta/(1-\phi_1)$에 접근하기 때문이다. 그러므로 예측치는 l이 증가함에 따라 기울기 $\delta/(1-\phi_1)$를 갖는 이 과정의 확정적 추세가 압도하는 값을 따르게 된다(〈그림 7-25〉 참조).

이상에서 살펴본 바와 같이 불안정적 과정과 예측은 시계열의 평균으로 수렴되지 않는다. 단지 차분된 시계열(w_t)이 수렴될 뿐이며, 이 점이 여타 AR이나 MA와 다른 점이라 하겠다.

한편, ARIMA(1, 1, 0)의 예측오차와 예측오차의 분산 등은 다음과 같이 산출될 수 있다.

$$\begin{aligned}e_t(1)&=Y_{t+1}-\widehat{Y}_t(1)\\&=(Y_{t+1}-Y_t)+Y_t-(Y_t+\widehat{w}_t(1))\\&=w_{t+1}-\widehat{w}_t(1)\end{aligned}$$

$$
\begin{aligned}
&= \varepsilon_{t+1} \\
&\therefore \mathrm{Var}(e_t(1)) = \sigma_\varepsilon^2 \\
&e_t(2) = Y_{t+2} - \widehat{Y}_t(2) \\
&\quad = Y_t + w_{t+1} + w_{t+2} - Y_t - (\widehat{w}_t(1) + \widehat{w}_t(2)) \\
&\quad = (w_{t+1} - \widehat{w}_t(1)) + (w_{t+2} - \widehat{w}_t(2)) \\
&\quad = (1+\phi_1)\varepsilon_{t+1} + \varepsilon_{t+2} \\
&\therefore \mathrm{Var}(e_t(2)) = \sigma_\varepsilon^2[(1+\phi_1)^2 + 1] \\
&e_t(l) = \sum_{i=1}^{l} \varepsilon_{t+i} \sum_{j=0}^{l-i} \phi_1^j \\
&\mathrm{Var}(e_t(l)) = E[e_t^2(l)] = \sigma_\varepsilon^2 \sum_{i=1}^{l} \left(\sum_{j=0}^{l-i} \phi_1^j \right)^2
\end{aligned}
$$

이상에서 우리는 ARI의 예측오차 및 그 분산은 누적적으로 증가하고 있음을 알 수 있다.

(6) 구간예측

앞의 항에서 우리는 Min MSFE를 만족시키는 예측치에 대한 산출량을 주요 기본 ARIMA모형을 중심으로 살펴보았다. 그리고 이러한 점예측치에 근거한 예측오차 및 예측오차의 분산을 산출하여 그 특성을 확인한 바 있다. 따라서 이제 이러한 분석구간예측을 수행할 수 있게 되었다. 구간예측(interval forecast)은 물론 점예측치를 중심으로 일정 신뢰구간을 설정하는 과정이라 할 수 있으며, 신뢰구간 설정에 있어 바로 예측오차의 분산값이 활용되는 것이다.

그런데 앞서 소개한 예측오차의 분산공식들은 모형의 계수가 알려져 있다는 가정하에 산출된 것들이다. 그러나 현실적으로는 추정된 계수값을 대신 대입해 넣어야 하므로 현실적인 예측오차의 분산은 더욱 커질 수밖에 없다.

문제는 예측오차의 분산이 어느 정도나 커지는가 하는 것인데, 이는 추정계수들의 분산을 알아야 가능하다. 우리가 할 수 있는 최선은 반복적 NLE의 최종 추정결과에 근거한 선형추정식에서 표준오차를 산출하는 길이 될 것이다. 그러나 이렇게 산출한 표준오차는 추정계수들에 대한 실제 표준오차의 충실한 추정치가 될 수 없다. 추정에 활용된 방법이 NLE이기 때문이다. 따라서 예측오차의 분산을 산출하기 위해 위와 같은 표준오차를 활용하는 대신 단순히 다음 식에 근거한 예측오차분산을 산출하기도 한다.

$$\begin{aligned} E[e_t^2(l)] &= (\varphi_0^2+\varphi_1^2+\cdots\cdots+\varphi_{t-1}^2)\sigma_\varepsilon^2 \\ &= (1+\varphi_1^2+\cdots\cdots+\varphi_{t-1}^2)\sigma_\varepsilon^2 \qquad (\because \varphi_0=1) \qquad (7\text{-}51) \end{aligned}$$

한편, 교란항의 분산에 대한 추정치는 최종 추정단계에서 SSE를 근거로 산출할 수 있다.

$$\hat{\sigma}_\varepsilon^2 = \frac{SSE}{T-p-q} = \frac{\sum \hat{\varepsilon}_t^2}{T-p-q} \qquad (7\text{-}52)$$

여기서, $T-p-q$: 자유도

이제 식 (7-51)과 식 (7-52)를 토대로 구간예측공식을 도입하면 다음과 같다.

$$\hat{Y}_t(l) = \pm t_{\alpha/2}\text{Var}(e_t(l))^{1/2}$$

$$\hat{Y}_t(l) \pm t_{\alpha/2}\left(1+\sum_{j=1}^{t-1}\varphi_j^2\right)^{1/2}\hat{\sigma}_\varepsilon$$

이 식에서 우리는 먼 장래에 대한 예측일수록(즉, l이 커질수록) 신뢰구간의 폭이 넓어질 것임을 쉽게 알 수 있다.

8.2. 차분이 예측에 미치는 영향

시계열의 안정화를 위해 적용하는 차분은 예측에 적지 않은 영향을 미친다. 따라서 차분화로 인해 예측이 어떻게 영향을 받는지를 이해하는 일은 중요하며, 특히 2번 이상 차분을 해야 할 것인가를 결정할 때 심사숙고할 필요가 있다.

물론 서로 다른 차수만큼 차분한 모형들이지만 비슷한 예측력을 보여 줄 수도 있다. 그러나 예측치의 행태는 매우 다를 수 있다는 점에 유의할 필요가 있다.

(1) 차분하지 않은 경우

차분하지 않은 시계열자료를 이용하여 예측을 수행하면 시계열모형에 상수가 포함된 경우에는 평균값으로 수렴하게 된다. 반면 상수항이 포함 안 된 시계열모형의 경우에는 예측치들이 '0'으로 수렴한다. 이 때 예측치의 분산값은 과거 관측치들의 분산값으로 수렴하게 된다. 따라서 예측구간은 수렴현상을 보이게 된다.

(2) 시차 1에서 한 번 차분한 경우

시차 1에서 한 번 차분한 시계열자료(data differenced once at lag 1)를 이용하여 예측을 수행할 때, 만일 모형 내에 상수항이 포함되지 않았다면 예측치는 마지막 관측치로 수렴할 것이다. 한편, 상수항이 포함된 모형의 경우에는 긴 기간에 대한 예측(long-range forecasts)은 선형추세선을 따르게 된다. 이 때의 추세선의 기울기는 추정된 상수항 값이 된다. 그런데 어느 경우이던 간에 예측치의 분산값들은 먼 장래에 이를수록 증가하게 되고, 따라서 예측구간도 넓어지게 된다.

(3) 시차 1에서 두 번 차분한 경우

시차 1에서 두 번 차분한 시계열자료(data differenced twice at lag 1)를 이용하여 예측을 수행하는 경우, 만일 모형 내에 상수항이 포함되지 않았다면 긴 기간에 대한 예측치들(long-range forecasts)은 마지막 관측치부터 시작하여 선형추세를 보이게 된다.

반면 상수항이 포함된 모형의 경우에는 2차 함수적 추세를 보이게 된다. 그런데 어느 경우이건 간에 예측치들의 분산은 매우 급격하게 확산되므로 예측구간 또한 급격하게 넓어질 것이다.

(4) 계절적으로 차분한 경우

계절적으로 차분한 자료(seasonally differenced data)를 이용하여 예측을 수행할 경우 차분화가 예측에 미치는 영향과 유사하다. 계절적 차분과

(비계절적)1차 차분을 동시에 수행한 시계열자료의 경우는 시차 1에서 두 번 차분한 시계열자료를 이용하여 예측할 때와 유사한 특징을 갖는다. 단지 예측치 또한 계절변동패턴을 보여 줄 것이란 점만이 유일한 차이가 될 것이다.

(5) 차분화 대신 추세나 계절성을 제거하여 예측하는 방안

예측을 수행함에 있어 가능한 한 구간예측폭을 줄이고자 하는 것이 자연스러운 연구자의 희망사항이 될 것이다. 따라서 차분화(의 횟수)는 가능한 한 절제할 필요성이 생긴다. 더구나 예측치의 분산이(또는 예측오차가) 선형함수 또는 2차 함수적으로 확대되어야 한다고 가정할 수 없는 이상 차분화는 자제되어야 할 것이다.

이러한 문제를 회피할 수 있는 매우 현실적인 예측방안이 있는데, 추세나 계절성을 별도 방식으로 제거하는 것이다. 예컨대, 식별과정을 통해 선정된 모형이 ARIMA(0, 1, 1)(0, 1, 1)$_{12}$라 하자.

$$(1-B)(1-B)^{12}Y_t=(1-\theta_1 B)(1-\theta_1 B^{12})e_t \tag{7-53}$$

상기 식 (7-53)을 일단 풀어쓰기 형태로 재정리하면,

$$\begin{aligned}Y_t=&Y_{t-1}+Y_{t-12}-Y_{t-13}+e_t-\theta_1 e_t\\&-\Theta_1 e_{t-12}+\theta_1\Theta_1 e_{t-13}\end{aligned} \tag{7-54}$$

와 같아질 것이다. 따라서 1기 후의 예측방정식은 아래와 같아질 것이다.

$$\begin{aligned}Y_{t+1}=&Y_t+Y_{t-11}-Y_{t-12}+e_{t+1}-\theta_1 e_t\\&-\Theta_1 e_{t-11}+\theta_1\Theta_1 e_{t-12}\end{aligned} \tag{7-55}$$

그런데 e_{t+1}값은 알 수 없으므로 미래의 오차에 대한 기대치로 인식하여 '0'을 대입한다. 물론 e_t, e_{t-11}, e_{t-12} 등을 추정결과에 나타난 잔차항값을 대입한다. 만일 l기 후에 대한 예측을 한다면 같은 논리에 의거 모든 미래 잔차항값을 '0'으로 처리한다. 물론 θ_1이나 Θ_1값은 추정과정에서 산출된 추정치를 대입하여 예측에 활용한다.

8.3. 시계열 분해시 ARIMA모형의 활용

우리는 제2장에서 시계열을 분해하는 다양한 방법을 살펴본 바 있다. 그리고 이 과정에서 양쪽 끝 시기의 값들이 왜곡된다는 문제점이 발생함을 확인한 바 있다. 이러한 문제를 해결하기 위해 ARIMA모형을 이용하여 전방예측(forecast) 또는 후방예측(backcast)한 값들을 활용할 수도 있다. X-11 ARIMA나 X-12 ARIMA과정은 ARIMA모형을 이런 식으로 활용한다.

이 때 활용할 모형은 독자적으로 설정할 수도 있지만, 대다수 프로그램들은 아래와 같은 다섯 가지 모형을 적용하여 동시에 결과들을 제공하므로 그 중 최적의 모형을 선정하여 활용하면 된다.

ARIMA(0, 1, 1)(0, 1, 1)$_s$ with log transformation
ARIMA(0, 1, 2)(0, 1, 1)$_s$ with log transformation
ARIMA(2, 1, 0)(0, 1, 1)$_s$ with log transformation
ARIMA(0, 2, 2)(0, 1, 1)$_s$ with log transformation
ARIMA(2, 1, 2)(0, 1, 1)$_s$ with log transformation

8.4. 지수함수적 평활화 모형과의 비교

ARIMA모형을 이용한 예측은 지수함수적 평활화 모형을 이용한 예측과 같아지는 특성을 갖고 있다.[7] 주요 사례를 살펴보면 다음과 같다.

① 단순지수평활화 모형의 예측(simple exponential smoothing forecasts: SES forecasts)은 ARIMA(0, 1, 1)모형의 예측과 같아진다. 이 때 MA의 모수(parameter), 즉 θ는 $(1-\alpha)$ (단, α는 SES의 smoothing parameter)와 같아진다.

② Holt의 선형방법(Holt's linear method)은 ARIMA(0, 2, 2)와 같은 예측결과를 제공한다. 단, 이 때 $\theta_1=1-\alpha-\alpha\beta$, $\theta_2=\alpha-1$이 된다(θ_1, θ_2는 MA모수들이고 α, β는 평활화 모수들(smoothing parameter)이다.

③ Holt-Winters 가법모형(additive method)은 ARIMA(0, 1, $s+1$)(0, 1,

7) 자세한 내용은 McKenzie(1984, 1986), Yar and Chatfield(1990), Chatfield and Yan(1991) 참조.

표 7-3 점예측치 및 95% 신뢰구간

기 간	점예측치	95% 신뢰하한	95% 신뢰상한
2005. 10	3,606,759.103	2,572,473.195	5,056,888.931
2005. 11	3,965,185.205	2,737,771.484	5,742,880.223
2005. 12	4,297,150.152	2,925,003.923	6,312,982.792
2006. 01	3,372,325.463	2,271,041.716	5,007,648.671
2006. 02	3,318,818.658	2,213,383.654	4,976,343.466
2006. 03	4,203,168.093	2,777,164.262	6,361,388.940
2006. 04	4,195,939.417	2,747,347.104	6,408,330.264
2006. 05	3,958,232.156	2,568,813.081	6,099,159.924
2006. 06	4,298,183.153	2,765,296.872	6,680,793.880
2006. 07	3,985,185.678	2,542,168.081	6,247,307.175
2006. 08	3,402,597.026	2,152,454.688	5,378,820.092
2006. 09	3,628,400.152	2,276,520.954	5,783,073.350
2006. 10	4,662,377.999	2,683,019.767	8,101,978.552

그림 7-28 점예측치 및 80% 신뢰구간

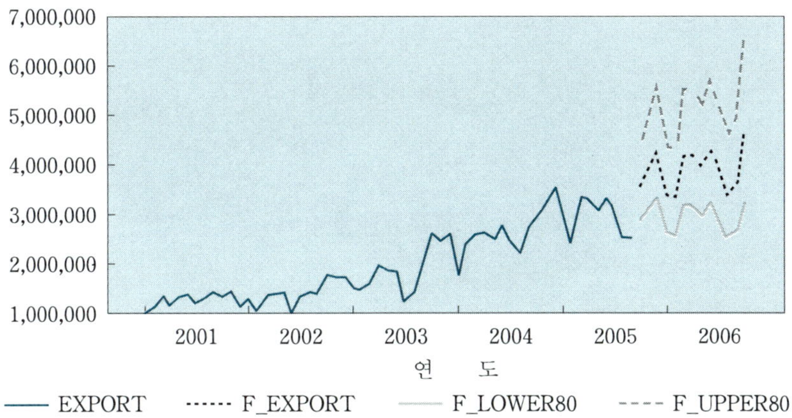

고급경제예측방법

고급경제예측방법

8

고급시계열 예측모형 I

1. ARIMA 오차항을 갖는 회귀분석모형
2. ARIMA 오차항을 갖는 동태적 회귀분석모형
3. ARIMA 오차항을 갖는 충격모형 분석
4. 다변량 자기회귀모형
5. 구조형 벡터자기회귀모형

제7장에서는 ARIMA모형을 이용하여 단일시계열에 대한 예측을 수행하는 기본적 방법론에 대하여 살펴보았다. 그런데 시계열모형에 의한 자료 외에 추가적인 정보를 포함시킬 경우, 예측력이 향상될 수 있다는 사실에 일단 유념할 필요가 있다. 예컨대, 특정 사건의 발생(파업, 주요 정책의 변화나 법규의 개정, 또는 여러 유형의 외부충격 등)에 관한 외부적 정보나 심지어는 다른 시계열자료를 모형 내에 포함시켜 함께 고려할 수 있다. 또는 아예 전형적인 회귀분석모형에 ARIMA모형을 접목시키는 방안도 고려될 수 있다. 본 장은 이와 같은 상황과 관련하여 기본 ARIMA 분석모형을 확대적용할 수 있는 주요 분석방법에 대하여 살펴보고자 하는 것이다.

제1절에서는 전형적인 다중회귀분석모형에 ARIMA모형을 접목시켜 활용하는 방안을 소개할 것이다. 즉, 통상적인 회귀분석모형의 형태를 취하지만 오차항이 ARIMA모형에 의해 정의될 수 있는 예측모형에 대하여 살펴볼 것이다.

제2절에서는 ARIMA오차를 갖는 회귀분석모형 중 시차독립변수(lagged independent variables)들이 설명변수로 등장하는 이른바 동태적 회귀모형(dynamic regression models)에 대하여 살펴볼 것이다.

한편, 동태적 회귀모형 중 특별한 경우로서 설명변수가 특정 사건의 발생을 대변하는 상황을 들 수 있다. 즉, 파업이나 전쟁의 발생 또는 특정 사건의 규제법 도입 등과 같은 외부충격이 발생할 경우 이로 인한 효과를 고려하여 분석하기 위해 별도의 (특수)설명변수를 도입하기도 하는데, 제3절에서는 바로 이와 같이 일시적 충격을 고려할 수 있는 분석방안에 대해 살펴볼 것이다.

그런데 제1절부터 제3절까지 소개할 모형들은 설명변수가 종속변수에 영향을 미치는 전형적 회귀모형의 특성을 공유하고 있다. 따라서 종속변수가 자신의 과거 관측치에 의해서는 영향을 받지 않도록 모형이 설정되어 있다. 그런데 변수들 간의 상호반응(feedback)이 존재하는 경우 이러한 제약은 제거되어야 하는데, 이러한 상황과 관련하여 개발된 대표적 분석모형이 다변량 자기회귀모형(multivariate autoregressive models or vector autoregressive models: VAR)이다. 제4절에서는 바로 VAR모형을 이용한 예측방안에 대하여 살펴볼 것이다. 그리고 본 장 말미에서는 VAR모형이 갖는 문제점을 일부 개선할 수 있는 이른바 SVAR모형의 활용방안을 간략히 소개할 것이다.

한편, 이상에서 언급한 모형들은 이른바 상태공간모형(state space model)의 형태로 표현될 수도 있다. 이 모형을 활용할 경우 또 다른 측면에서의 예측이 가능해지는데, 이와 관련한 주요 분석방안은 난이도를 감안하여 제10장에서 살펴보고자 한다.

이 시점에서 한 가지 강조해 둘 사항이 있다. 본 장에서 소개할 모형들은 모형의 식별·추정·진단 그리고 예측에 이르는 과정이 제1편 제7장에서 소개한 모형보다 훨씬 복잡하고 많은 계산을 요한다는 사실이다. 일반적으로 보다 정교한 논리에 근거한 모형일수록 보다 정확한 예측이 보장될 것이라고 계량경제학자들은 기대하는 경향이 있다. 그러나 순수한 미래예측에 관한 한 간단할수록 좋은 예측결과를 가져다 주는 것으로 알려져 있다. 복잡한 모형을 활용할 경우 여러 변수들의 미래값에 관련한 가정이 필요해지기 때문이다.

1 ARIMA 오차항을 갖는 회귀분석모형

제5장에서 소개한 다중회귀분석모형의 일반 정의식은 다음과 같았다.

$$Y_t = b_0 + b_1 X_{1,t} + \cdots\cdots + b_k X_{k,t} + N_t \qquad (8\text{-}1)$$

식 (8-1)에서 Y_t는 종속변수, $X_{1,t}$, ……, $X_{k,t}$는 K개의 설명변수를 각각 나타낸다. 즉, Y_t는 K개 설명변수의 1차 함수적 인과관계에 있다는 의미가 된다. 한편, N_t는 오차항을 나타내는데, 제4장에서는 오차항이 백색소음(white noise)이라고 하여 오차항 간에는 자기상관이 존재하지 않는 것으로 일단 가정하였었다. 그러나 본 장에서는 오차항 N_t에 자기상관현상이 존재하는 상황을 중심으로 논의를 전개하고자 한다.

일단 오차항 N_t가 자기상관을 갖는다면, 이를 ARIMA모형으로 표현할 수 있게 된다. 결과적으로 식 (8-1)은 통상적인 변수 간의 인과관계를 바탕으로 하는 회귀분석모형에 그 오차항이 ARIMA모형으로 정의될 수 있는 복합모형이 된다. 만일 N_t를 ARIMA(1, 1, 1)로 설정한다면 다음과 같이 정의된다.

$$(1-\phi_1 B)(1-B)N_t=(1-\theta_1 B)e_t \qquad (8\text{-}2)$$

여기서, e_t: 백색소음

따라서 식 (8-1)을 1차 차분할 경우 아래와 같은 결과가 도출된다.

$$Y'_t=b_1X'_{1,t}+\cdots\cdots+b_kX'_{k,t}+N'_t \qquad (8\text{-}3)$$

이 때 식 (8-3)은 오차항이 ARMA(1, 1)이 되는 회귀모형이 될 것이다.

1.1. 추정모형의 탐색

문제는 과연 식 (8-3)과 같은 모형을 어떻게 추정할 것인가 하는 점이다. 일단 통상최소자승법(OLS)을 적용한다면 오차항 간의 자기상관으로 인해 추정량 $\hat{b}_i$들의 분산은 하향편의(downward bias)가 발생할 것인바, 결국 유의성 검정통계량 t값을 부당하게 크게 만든다. 따라서 실제로는 $X_{i,t}$가 Y_t에 미치는 한계적 영향력이 유의하지 못함에도 불구하고 t검정상 유의한 것처럼 나타나는 이른바 허구적 회귀(spurious regression)현상을 초래한다.

한편, 일반적인 다중회귀모형과는 달리 식 (8-1)과 같은 복합다중회귀모형의 경우에는 N_t가 ARMA모형을 따라야만 GLS가 적용될 수 있다. GLS 추정은 오차항이 안정적(stationary error)일 경우에만 적용이 가능하기 때문이다.

그러나 문제는 실제 추정해 보기 전에는 오차항에 적절한 ARMA모형을 식별해 낼 수 없다는 사실이다. 따라서 일반적으로는 우선 임의로 잠정모형(proxy model)을 설정하여 추정한 다음 오차항에 대한 검증과정을 거치게 된다. 그리하여 보다 더 적절한 모형이 선정되면 전체 회귀모형 자체를 다시 추정한다. 통상적으로 잠정모형은 AR(1) 또는 AR(2)와 같이 가장 간단한 모형에서부터 선정하는 것이 효율적이다.

만일 오차항이 결국은 불안정적 모형(non-stationary model)으로 판별된다면 전체 모형을 1차(또는 그 이상) 차분한 다음 위에서 설명한 과정을 따라야 한다. 물론 추정작업은 회귀잔차항(e_t)이 백색소음이 될 때에 종결된다.

예제 8-1

연간 운송장비제품의 수출액을 이용한 분석

ARIMA 오차항을 가진 회귀분석모형의 가장 간단한 예로서 설명변수가 시간을 나타내는 경우를 들 수 있다.[1)] 예컨대, 운송장비제품의 연간 수출액이 〈표 8-1〉과 같을 때 선형추세선을 가진 회귀모형을 다음과 같이 설정할 수 있다.

$$Y_t = \alpha + \beta X_t + N_t$$

여기서, $X_t = t -$ 시작연도수

표 8-1 운송장비제품의 연간 수출액(달러, 2000년 기준=100)

연 도	달 러	연 도	달 러
1975	38.38	1990	103.17
1976	41.2	1991	104.91
1977	48.4	1992	104.83
1978	56.19	1993	102.4
1979	67.66	1994	104.76
1980	85.39	1995	109.51
1981	88.5	1996	110.83
1982	84.42	1997	109.22
1983	80.58	1998	100.85
1984	83.02	1999	100.12
1985	84.07	2000	100
1986	83.69	2001	100.51
1987	88.02	2002	101.81
1988	97.75	2003	109.73
1989	104.49	2004	115.31

1) 이는 차분방정식 대신에 추세를 제거하는 대처방안으로 쓰이기도 하는 회귀모형이다.

그림 8-1 회귀오차항의 분포와 ACF 및 PACF

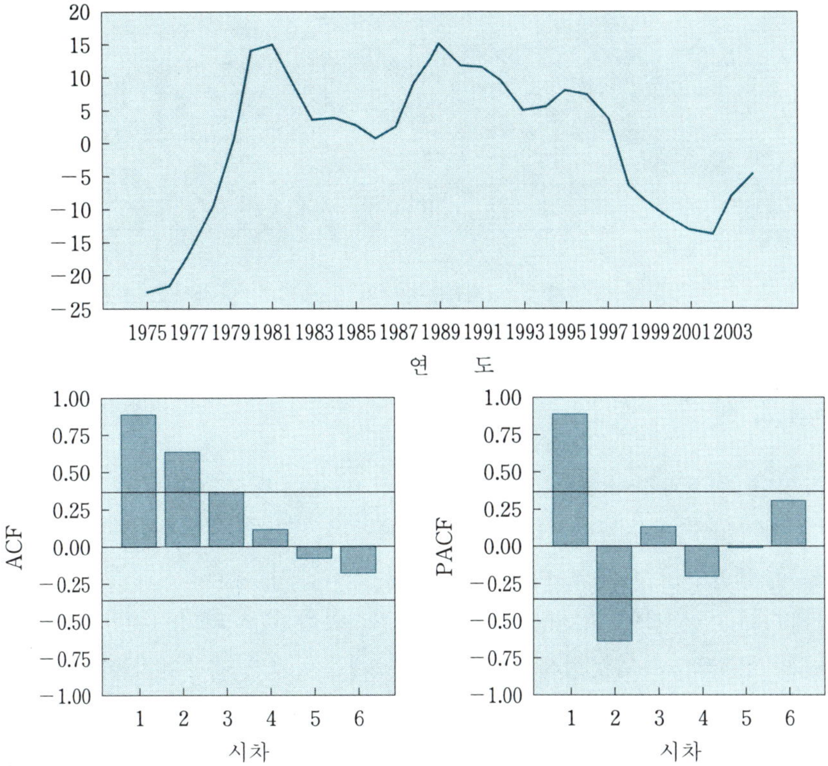

회귀분석결과 나타나는 회귀오차항의 분포와 ACF 및 PACF는 〈그림 8-1〉과 같다. 이들 그림의 특성으로 미루어 볼 때 오차항(N_t)에 대한 추정모형으로는 AR(2)을 잠정적으로 선정하는 것이 적절해 보인다. 왜냐하면, ACF값들은 급속히 감소하는 추세를 보였고, PACF 경우에는 단 두 개의 스파이크만이 유의적으로 나타난 후 감소하는 형태를 취하였기 때문이다. 따라서 전체 회귀모형은 다음과 같이 설정될 수 있다.

$$Y_t = \alpha + \beta X_t + N_t$$
$$N_t = \phi_1 N_{t-1} + \phi_2 N_{t-2} + e_t$$
여기서 e_t: 백색소음

N_t의 추정결과는 〈표 8-2〉와 같다.

이제 마지막으로 회귀오차(e_t)가 과연 백색소음으로 볼 수 있는지 여부를

표 8-2 N_t의 추정결과

모 수	추정계수	표준오차	T값	P값
AR(1)	1.337	0.153	8.75	0.0000
AR(2)	−0.580	0.142	−4.08	0.0004
절 편	2.279	3.095	0.74	0.4683
기울기	2.021	0.238	8.51	0.0000

확인해야 할 것이다. 그 과정은 제7장에서와 같으므로 여기서는 생략한다.[2)]

1.2. 예 측

일단 추정과정이 완성되면 예측과정에 들어가게 된다. 그런데 설명변수가 시간(time)변수처럼 그 미래값을 확정적으로 알 수 있는 경우가 아닌 이상 설명변수들 자체의 미래값을 우선 예측해야 한다. 이러한 과정은 제7장에서의 통상적인 ARIMA모형 분석에 의해 수행된다. 한편, 이상에서 살펴본 복합적 회귀모형에서의 예측은 예측오차가 두 가지(이상의) 요인에 의존할 것이므로 상대적으로 예측구간은 이전 모형들에 비해 넓어지게 된다.

2 ARIMA 오차항을 갖는 동태적 회귀분석모형

2.1. 시차분포모형과 동태적 회귀모형

설명변수가 일정 시간대에 걸쳐 종속변수에 영향을 미치는 경우가 있다. 예컨대, 광고효과는 해당 시기 한 번뿐만 아니라 상당 기간 매상고

2) 예컨대, 회귀오차항의 시간도표와 ACF 및 PACF를 작성하여 백색소음 여부를 확인할 수 있다. 이 때 ACF와 PACF의 스파이크가 모두 유의수준 내에 머무르는 모양을 보여 주어야 한다. 저장된 예제의 프로그램에는 이 과정을 첨부하였으므로 독자 스스로 확인할 수 있을 것이다.

에 영향을 줄 것으로 기대할 수 있다. 이러한 경우에는 여러 기간에 걸쳐 시차가 부여된 설명변수가 동시에 독립변수로 등장하게 된다. 이러한 모형을 시차분포모형(distributed lag model)이라 한다. 이러한 시차분포모형의 오차항이 ARIMA모형에 의해 대변된다고 가정하면 시차분포모형은 아래와 같이 조정되는데, 이를 동태적 회귀분석모형이라 정의한다.[3)]

$$Y_t = \alpha + \beta_0 X_t + \beta_1 X_{t-1} + \cdots\cdots + \beta_k X_{t-k} + N_t \qquad (8\text{-}4)$$

특히, 어떤 한 주도적 설명변수의 역할을 집중적으로 조명하고자 할 때 상기와 같은 모형이 자주 활용된다. 이 때 $\beta_i (i=0,\ 1,\ \cdots\cdots,\ k)$를 충격반응가중치(impact response weights)라 하는데, 이는 시차설명변수(X_{t-i})의 변화가 종속변수 내에 미치는 독립적 영향력의 정도를 대변한다. 그런데 시차설명변수들 간에 다중공선성이 발생할 가능성이 매우 높기 때문에 개별 $\hat{\beta}_i$값이 '0'에 가까워지거나 심지어 '−'값이 나올 때에는 설명변수의 시차를 다소 조정하는 것이 합리적이다. 한편, 이와 같은 시차분포모형의 경우에서는 오차항에 자기상관이 발생하는 것은 필연적이라는 사실을 기억해 둘 필요가 있다.

식 (8-4)는 아래와 같이 간략히 표현되기도 한다.

$$\begin{aligned} Y_t &= \alpha + \beta_0 X_t + \beta_1 X_{t-1} + \cdots\cdots + \beta_k X_{t-k} + N_t \\ &= \alpha + (\beta_0 + \beta_1 B + \cdots\cdots + \beta_k B^K) X_t + N_t \\ &= \alpha + \beta(B) X_t + N_t \end{aligned} \qquad (8\text{-}5)$$

식 (8-5)에서 $\beta(B)$를 전이함수(transfer function)라 한다. 이는 설명변수 X_t의 변화가 어떻게 종속변수 Y_t로 전이 또는 전환되어 가는지를 나타내 주기 때문에 붙여진 이름이다. 그리고 식 (8-5)와 같은 모형을 동태적 회귀모형이라 한다. 설명변수의 변화와 그에 대한 대응 간의 동태적 관계를 나타내 주기 때문이다. Box와 Jenkins 같은 학자들은 전이함수모형(transfer function model)이라 부르기도 하였다. 여하튼 전술한 바 있듯이 식 (8-5)에서 오차항 N_t가 백색소음이 되는 경우에는 이를 단순히 시차분포모

3) 결국 식 (8-4)와 같은 동태적 회귀모형 중 오차항 N_t가 백색소음이 되는 경우를 시차분포모형이라 한다.

형이라 부른다.

여하튼 이 모형에서 여전히 설명변수의 현재값과 과거값들이 종속변수에 일반적으로 영향을 미친다는 일방통행적 인과관계를 가정하고 있다는 사실에 유념할 필요가 있다. 이러한 전통적 가정이 완화되는 모형은 본 장 후반부에서 다루게 된다.

2.2. Koyck의 함수전환

식 (8-5)는 추정해야 할 계수가 많다는 문제 외에도 필연적으로 나타날 다중공선성 문제를 해소해야 하는 등의 어려움이 있다. 이러한 어려움을 해소할 수 있는 방안 중 하나로 Koyck의 함수전환방식을 들 수 있다.

우선 설명변수의 영향력이 시간경과에 따라 점차 줄어든다고 보고 동태적 회귀모형을 다음과 같이 표현한다.

$$Y_t = \alpha + w(X_t + \delta X_{t-1} + \delta^2 X_{t-2} + \cdots\cdots + \delta^k X_{t-k}) + N_t \quad (8\text{-}6)$$

여기서, $|\delta| < 1$

식 (8-6)에서 X_{t-k}의 계수 $\beta_k = w\delta^k$는 k가 상당히 커지면 '0'에 접근할 것이다. δ값의 절대치가 '1'보다 작기 때문이다. 이 때 충격반응함수는

$$\beta(B) = w(1 + \delta B + \delta^2 B^2 + \cdots\cdots + \delta^k B^k) \quad (8\text{-}7)$$

가 될 것이므로, $(t-1)$기의 충격반응함수에 δ를 곱한 다음 식 (8-7)에서 차감하면 다음 식이 도출된다.

$$\begin{aligned}(1-\delta B)\beta(B) &= w(1-\delta B)(1+\delta B+\delta^2 B^2+\cdots\cdots+\delta^m B^m)\\ &= w(1+\delta B+\delta^2 B^2+\cdots\cdots+\delta^k B^k-\delta B-\delta^2 B^2-\cdots\cdots\\ &\quad -\delta^k B^k-\delta^{k+1}B^{k+1})\\ &= w(1-\delta^{k+1}B^{k+1})\\ &\fallingdotseq w \qquad (k\text{가 매우 클 때}) \qquad (8\text{-}8)\end{aligned}$$

식 (8-8)을 다시 정리하면

$$\beta(B) \doteq \frac{w}{1-\delta B} \tag{8-9}$$

와 같아지는데, 이렇게 함으로써 전이함수를 보다 간편한 방식으로 표현할 수 있다.

이상과 같은 Koyck의 함수전환 메커니즘을 이용하여 식 (8-6)을 보다 간편하게 표현하면 다음과 같다.

$$Y_t = \alpha + \frac{w(B)}{\delta(B)} X_{t-b} + N_t \tag{8-10}$$

$$w(B) = w_0 - w_1 B - w_2 B^2 - \cdots\cdots - w_s B^s$$

$$\delta(B) = 1 - \delta_1 B - \delta_2 B^2 - \cdots\cdots - \delta_r B^r$$

식 (8-10)에서 $w(B)$와 $\delta(B)$는 식 (8-9)를 이용하여 식 (8-5)의 $\beta(B)$를 대체하기 위해 도입된 표현방식으로 이렇게 함으로써 앞서 지적한 추정식의 어려움을 완화할 수 있다. 즉, 다중공선성을 완화해 줄 수 있을 뿐만 아니라 추정할 계수의 숫자를 줄임으로써 보다 정확한 예측을 수행할 수 있다.

일반적으로 식 (8-10)의 'r'와 's'는 식 (8-7)의 'k'보다 훨씬 작다. 예컨대, 앞서에서의 Koyck함수전환모형에서는 $r=1$, $s=0$이다.

한편, 식 (8-10)에서의 'b'(X_{t-b}에서의 일부 하첨자)는 일종의 유예 또는 연착기간(delay of 'b' periods)수를 말하는 것으로, X가 Y에 영향을 미치기 시작하기 전에 경과될 시기 숫자를 나타낸다. X가 Y 변화의 일종의 선행지수(leading indicator) 역할을 담당하는 상황을 표현하는 것이다.

2.3. 모형의 식별과 추정

식 (8-10)의 구체적 형태를 선정하려면 r, s, b값과 N_t의 ARIMA(p, d, q)차수를 결정해야 한다. 전에는 이러한 문제를 Box와 Jenkins가 제안한 복잡한 방법을 통해 접근하였다.[4)] 최근에는 Pankratz(1991)가 제시한 훨씬 간편한 방법을 사용하고 있는데, 이른바 '선형전이함수(linear transfer function : LTF)'방법이 바로 그것이다. 일반적 절차는 다음과 같다.

⌘ 1단계 : 설명변수에 의미가 있을 만한 최대시차를 최대한 부여하여 시작한다. 이 단계에서는 N_t는 낮은 차수의 AR로 초기화한다.

⌘ 2단계 : 만일 회귀분석결과 오차항이 불안정적이라면 Y와 X를 차분화한 다음 다시 모형을 추정한다.

⌘ 3단계 : 만일 오차항이 안정적으로 나타나면 적절한 전이함수를 식별해 낸다. 즉, b, r, s값을 찾아야 한다. 'b'는 X_t가 Y_t에 영향을 미치기 시작할 때까지 소요될 기간수, 's'($w(B)$의 차수)는 전이함수 계수값들이 감소하기 직전 전이함수계수의 수를, 그리고 $\delta(B)$의 차수인 'r'는 감소 또는 소멸되는 패턴을 제어한다는 사실에 근거하여 다음과 같은 원칙에 따라 그 값을 설정한다.

우선 유의성이 입증되지 않은(즉, '0'이 아니라고 볼 수 없는) 전이함수의 가중치들의 숫자를 유보시간수(dead time) 'b'로 보자. 즉, '0'과 같다는 귀무가설을 기각 못할 가중치들의 수(β_0, β_1, ……, β_{b-1})를 확인하여 b값을 결정한다.

다음, 유의성이 인정된 전이함수 가중치들의 감소패턴(decay pattern)을 고려하여 'r'값을 결정한다. 즉, 만일 전혀 감소패턴 자체가 존재하지 않으면 $r=0$이 되고, 만일 지수함수적 감소패턴이 나타나면 $r=1$, 그리고 만일 축소적 진동(삼각함수적 사이클파동이 점차 줄어들 때)이 나타나면 $r=2$를 대입한다. 단, 위와 같은 감소패턴이 시작되기 이전의 유의성이 인정된 전이함수의 가중치 숫자가 바로 's'가 된다.

⌘ 4단계 : 이상에서 전이함수가 식별(즉, b, r, s값 결정)되면 오차항의 적절한 ARMA모형을 설정한다(제7장의 방법론에 의거함).

$$N_t = Y_t - \alpha - \beta_0 X_t - \beta_1 X_{t-1} - \cdots\cdots - \beta_k X_{t-k} \qquad (8\text{-}11)$$

⌘ 5단계 : 이제 전이함수는 물론 오차항의 적절한 모형이 모두 식별되면 이를 동시에 고려한 모형을 추정한다.

⌘ 6단계 : 추정결과 도출된 잔차항이 과연 백색소음인지를 진단(diag-

4) 선백색화(先白色化, prewhitening)와 교차상관계수(cross correlations)의 개념을 활용함.

nostic tests)하여 최종 채택 여부를 결정한다.

2.4. 예　　측

일단 모형이 아래와 같이 식별되고 또 추정이 되면, 분석모형은

$$Y_t = \alpha + \frac{w(b)}{\delta(B)} X_{t-b} + \frac{\theta(B)}{\phi(B)} e_t \qquad (8\text{-}12)$$

여기서, e_t: 백색소음

와 같이 표현될 수 있다. 단, 이 식은 N_t가 안정된 ARMA모형으로 식별된 경우에 해당된다. 만일 N_t가 불안정적이라면 물론 모든 변수들은 1차 차분을 거친 후 추정에 들어가야 할 것이다.

이제 식 (8-12)에 $\delta(B)\phi(B)$를 곱하면

$$\begin{aligned}\delta(B)\phi(B)Y_t = \delta(B)\phi(B)\alpha + \phi(B)w(B)X_{t-b} \\ + \delta(B)\theta(B)e_t\end{aligned} \qquad (8\text{-}13)$$

과 같아지며, 이를 다소 조정하면 다음 결과가 도출될 수 있다.[5)]

$$Y_t = \alpha + \frac{w_0 - w_1 B}{1 - \delta_1 B} X_t + (1 - \theta B) e_t \qquad (8\text{-}14)$$

이 때 식 (8-14)를 Y_{t-1}에 대해 정리한 다음 δ_1를 곱하여 식 (8-14)에서 차감하는 통상적인 Koyck함수전환과정을 거치면 다음 결과를 얻을 수 있다.

$$\begin{aligned}Y_t = \alpha(1-\delta_1) + \delta_1 Y_{t-1} + w_0 X_t - w_1 X_{t-1} + e_t \\ -(\delta_1 + \theta_1) e_{t-1} + \delta_1 \theta e_{t-2}\end{aligned} \qquad (8\text{-}15)$$

그러면 추정된 각종 계수값과 Y, X, e의 과거 관측치, 그리고 X의 미래값(이것은 확정적 정책변수가 아닌 한 일단 확률변수로 간주하되 ARIMA모형

5) Makridakis *et al.*(1998), ch. 8 참조.

을 이용하여 별도로 산출함)들을 이용하여 Y에 대하여 예측을 수행할 수 있게 된다.

예제 8-2

국민총소득

이번에는 동태적 회귀모형을 이용해 접근해 보기로 한다. 우선 계절조정된 국민총소득(GNI)을 종속변수로 두고 통화지표(M1)의 시차변수들을 설명변수로 하는 다중회귀모형을 추정하면 다음과 같다(단, N_t는 AR(1)이라 가정하였다. 추정결과 MSE는 233,066,747, 그리고 AIC값은 2,686으로 나타났다).

$$Y = \alpha + \beta_0 X_t + \beta_1 X_{t-1} + \cdots\cdots + \beta_4 X_{t-4} + N_t$$

여기서, $N_t = \phi_1 N_{t-1} + e_t$

e_t: 백색소음

최초 모형 추정결과 오차항이 불안정적인 것으로 나타나 X와 Y 변수에 대해 1차 차분을 실시하였다. 〈그림 8-2〉는 1차 차분된 변수를 이용한 전이함수계수의 추정결과와 이를 그림형태로 표현한 것이다. 추정계수값은 시차가 0일 때부터 기하급수적으로 감소함을 알 수 있다.

그림 8-2 전이함수 계수추정치와 도표

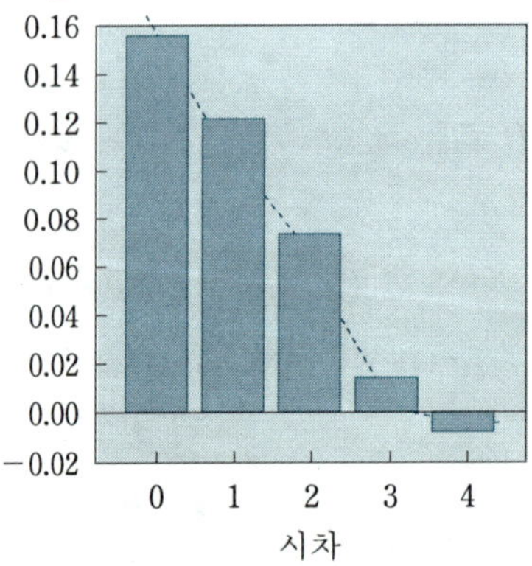

변수	추정치	표준오차	t-통계량	P값
α	676.5943	145.9427	4.6360	0.0000
β_0	0.1549	0.0303	5.1104	0.0000
β_1	0.1202	0.0314	3.8306	0.0002
β_2	0.0727	0.0306	2.3749	0.0191
β_3	0.0130	0.0314	0.4138	0.6798
β_4	−0.0105	0.0309	−0.3404	0.7341

이제 이 모형을 동태적 회귀모형으로 접근하여 추정결과가 개선될 수 있는지 확인해 보기로 한다. 도입할 동태적 회귀모형의 기본식은 다음과 같다.

$$Y_t = \alpha + \frac{\omega(B)}{\delta(B)} X_{t-b} + N_t$$

〈그림 8-2〉의 P값으로 미루어 보아 효과발생상의 시차(delay)는 없어 보이는데, 이는 시차 '0'에서 회귀계수가 유의하였기 때문이다. 그러므로 $b=0$이라 볼 수 있다. 이는 총통화량이 같은 시기에서부터 국민총소득에 영향을 미친다는 예상된 결과라 할 수 있다. 추정된 계수값들 역시 시차 '0'에서부터 감소하기 시작하고 있어 $S=0$이라 볼 수 있다. 그리고 점선으로 나타난 감소추세선에서처럼 지수함수적인 추세를 나타내며 감소하고 있는 점으로 미루어 볼 때 $\gamma=1$이라 할 수 있다.

한편, 오차항의 그림에서 보면 ACF와 PACF가 시차 4에서 모두 한 개의 유의한 스파이크를 가지고 있어 N_t는 SAR(1) 또는 SMA(1)이라 볼 수 있다. 그런데 SAR(1)이 상대적으로 낮은 AIC값을 갖고 있어 이를 채택하였다. 결과적으로 추정모형은 다음과 같이 설정될 수 있다.

그림 8-3 회귀오차항의 분포

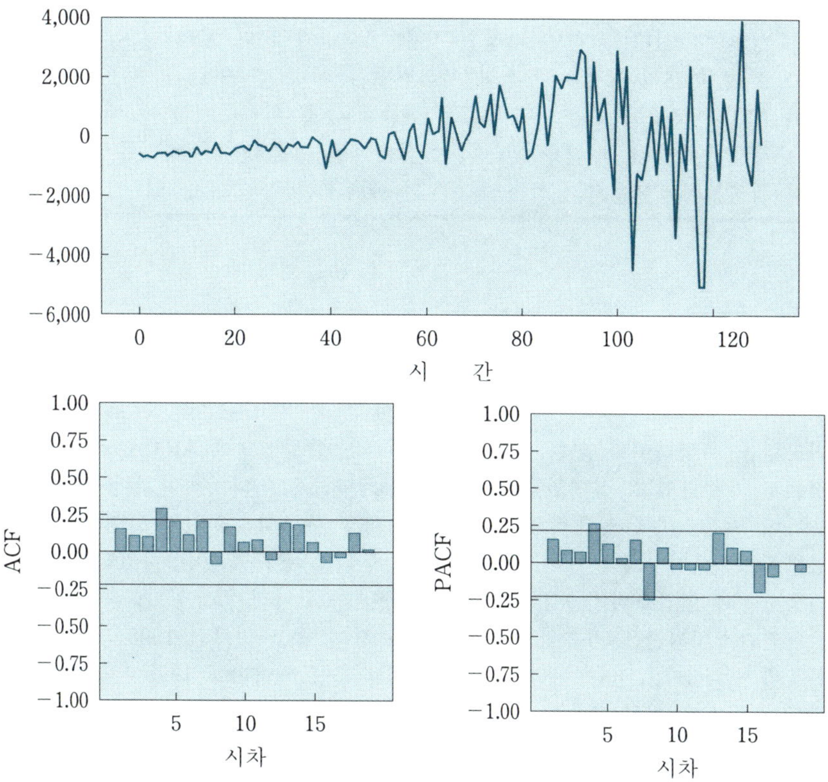

$$Y_t = a + \frac{\omega_0}{1-\delta_1 B} X_t + N_t$$

여기서, $(1-\Phi B^4) N_t = e_t$

이러한 모형의 추정은 통상 최우법에 의해 수행되며 최우추정치는 다음과 같다.

$$a = -743.7,\ \omega_0 = -0.06,\ \delta_1 = 0.005,\ \Phi = 0.81$$

따라서 모형의 추정결과는 아래와 같이 표현된다.

$$Y_t = -743.7 - \frac{0.06}{1-0.005B} X_t + 0.81 N_{t-4} + e_t$$

마지막으로 회귀오차항의 백색소음 여부를 확인함으로써 추정과정이 완결된다. 최종 추정결과식에서 MSE는 1,830,673.2, AIC는 2,502으로 나타나 당초 추정모형에 비해 우수한 추정모형임이 입증되었다.

일단 이상과 같이 만족할 만한 추정결과가 도출되면 이에 근거하여 예측을 수행할 수 있다. 그러면 추정된 각종 계수값과 Y와 X의 과거 관측치 그리고 X의 미래값(이것은 확정적 정책변수가 아닌 한 일단 확률변수로 간주하되 ARIMA모형을 이용하여 별도로 산출함)들을 이용하여 Y에 대하여 예측을 수행할 수 있다. 대다수 컴퓨터 통계분석을 이용하는 패키지들을 통해 동태적 회귀분석모형을 이용하는 예측치와 예측구간을 구할 수 있다.

예제 8-3

한국의 민간소비지출

아래는 한국의 분기별 민간소비지출에 관한 자료를 이용하여 동태적 회귀모형을 추정하고자 한다. 단, 오차항(N_t)은 잠정적으로 ARMA모형을 따를 것으로 가정하였고, 설명변수는 국민총소득 수준으로 파악하여 일종의 국민총소득이 민간소비에 동태적으로 미치는 영향을 예측할 수 있는 모형을 설정하였다. 이 두 변수들의 시간도표는 〈그림 8-4〉와 같으며, 예상하였던 대로 국민총소득과 민간소비지출은 계절변동이 확연하게 나타나고 있다.

민간소비지출은 지속적으로 증가세를 보여 주고 있으나 1998~1999년 기간중에는 다소 감소하는 추세를 보이고 있다. 이는 아마도 1997년 말 IMF 외환위기 도래로 인한 충격에 연유하는 것으로 분석된다.

일반적으로 최종소비지출은 국민총소득과 정함수관계에 있는 것으로 이해되고 있다.

그림 8-4 최종소비지출과 국민총소득의 시간도표

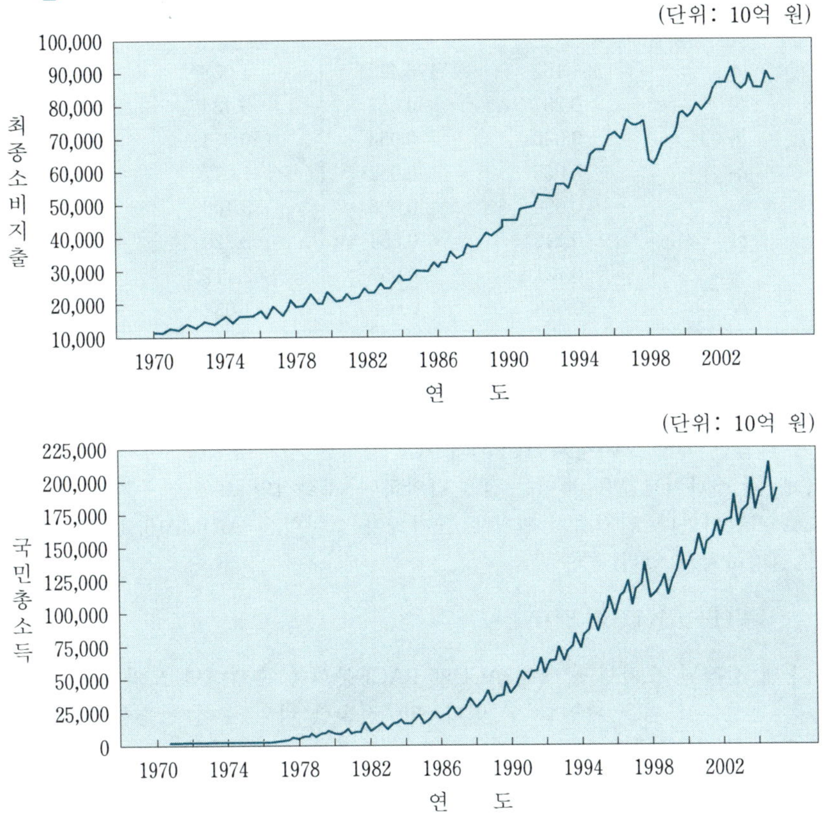

$$Y_t = a + b_0 X_t + b_1 X_{t-1} + \cdots\cdots + b_6 X_{t-6} + N_t$$

여기서, $N_t = \phi N_{t-1} + e_t$

e_t: 백색소음

최초 설정모형을 추정한 결과 회귀오차항이 불안정적인 것으로 판단되어 X와 Y 변수에 대해 1차 차분을 실시하였다. 차분된 변수를 이용하여 최초 설정모형을 적용한 추정결과는 〈표 8-3〉과 같다.

차분된 변수를 이용하여 추정된 모형에서의 회귀오차항은 안정적인 것으로 나타나 다음 단계인 적절한 동태적 회귀모형을 식별하는 과정으로 넘어갔다. 이 표에서 설명변수는 0, 3, 4, 5의 시차에서 유의적으로 나타났다. 반면 회귀계수는 지수함수적으로 또는 삼각함수적으로 감소하는 추세를 보이지 않았다. 따라서 다음 단계의 추정모형은 다음과 같이 설정하였다.

표 8-3 차분된 변수를 이용한 모형의 추정결과

모 수	추정계수	표준오차	t	P값
a	351.153	178.432	1.968	0.05125
b_0	0.287	0.053	5.434	0.00000
b_1	−0.020	0.053	−0.374	0.70874
b_2	0.056	0.052	1.077	0.28331
b_3	−0.090	0.026	−3.400	0.00090
b_4	−0.148	0.054	−2.720	0.00745
b_5	0.121	0.057	2.117	0.03623
b_6	−0.059	0.056	−1.054	0.29406

$$Y_t = a + (b_0 + b_2B^3 + b_3B^4 + b_3B^5)X_t + N_t$$

다음 단계로 오차항의 ACF와 PACF 검사를 실시하였다. 시차 4에서 유의하게 큰 스파이크값을 보이는 점을 감안하여 계절적인 요인을 추가해야 할 것으로 판단되었다. 간편성의 원칙에 근거하여 오차항은 ARIMA(0, 1, 0)(1, 0, 0)$_4$를 설정하여 보았다. 즉,

$$(1-B)(1-\Phi_1B^4)N_t = e_t$$

이렇게 설정된 오차항에 대해 ACF와 PACF분석을 수행하면 오차항이 백색소음적 특성을 보임을 확인할 수 있다. 단, 전술한 바와 같이 단순한 ARIMA모형보다 본 항에서의 AR 오차항을 가진 동태적 회귀모형이 더 좋은 예측을 보장하는 것은 물론 아니다.

3 ARIMA 오차항을 갖는 충격모형 분석

특정 사건의 발생이나 정책변경 등의 동태적 효과분석을 수행하기 위해 이른바 충격분석(intervention analysis)모형이 Box와 Tiao(1975)에 의해 개발되어 활용되고 있다.

그런데 일시적 환경변화의 충격이 미치는 영향력의 패턴과 지속시기에 따라 충격모형은 크게 두 가지 유형으로 구분되며, 또 각각은 반응방식에 따라 두 가지 형태로 재분류되기도 한다(〈그림 8-5〉 참조).

그림 8-5 네 가지 유형의 충격

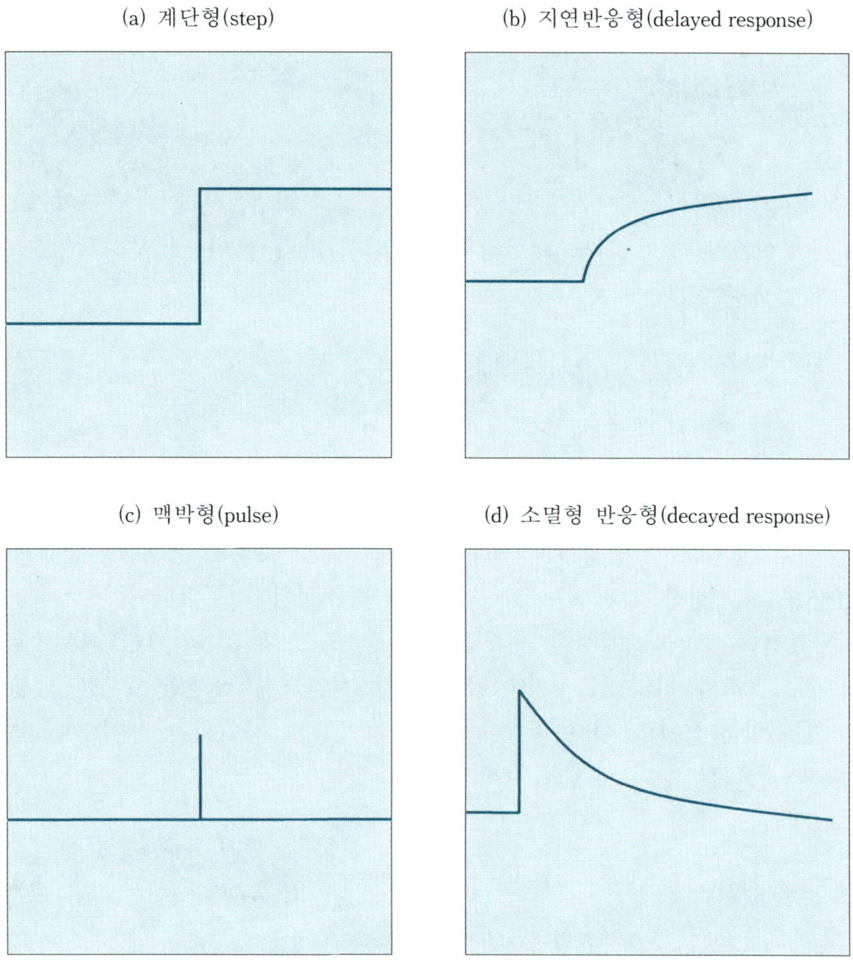

(a) 계단형(step) (b) 지연반응형(delayed response) (c) 맥박형(pulse) (d) 소멸형 반응형(decayed response)

3.1. 계단형 충격모형(step-based intervention)

가장 단순한 충격유형으로 계단식 충격함수를 들 수 있다. 〈그림 8-5〉의 (a)에서처럼 특정 충격이 예측할 변수의 갑작스런 상승(또는 하락) 후 변화된 수준을 유지하는 상황이 바로 이에 해당된다. 마치 계단을 한 칸 올라가거나 내려간 형상과 같다는 데에서 붙여진 용어이다.

이러한 상황은 이른바 가변수(dummy variable)를 이용하여 쉽게 접근할 수 있다. 즉,

$$D_t=\begin{cases}0 & t<s \\ 1 & t\geq s\end{cases} \tag{8-16}$$

특정 충격이 's'시기에 발생하였다면, 그 이전 시기 가변수의 값은 '0', 그 이후는 '1'이 되도록 설정할 수 있다. 따라서 이 때 분석모형은 다음과 같아진다.

$$Y_t=\alpha+wD_t+N_t \tag{8-17}$$

여기서, N_t: ARIMA 오차항

w: 상승(또는 하강)의 크기

그 이후 모형의 식별과 추정 그리고 예측을 수행하는 방법은 통상적인 ARIMA 오차항을 가진 회귀모형을 분석하는 절차와 동일하다.

그런데 충격이 예측할 변수값을 상승 또는 하강시키기는 하되 즉시적으로 변화가 나타나는 대신 일정 시간 지연되며 발생할 수 있는 경우가 오히려 현실적일 수 있다. 이처럼 충격여파가 지연되는 방식으로 발생할 경우 전이함수는 다음과 같아진다.

$$\beta(B)=\frac{w}{1-\delta B}D_t \tag{8-18}$$

여기서, D_t: 계단변수(step variable)

δ: 수준변화율(level shift rate)

이 때 궁극적인 수준변화의 크기는 $w/(1-\delta)$가 된다.

3.2. 맥박형 충격모형

계단형 충격모형은 충격의 여파가 영속된다고 가정하고 있다. 반면 충격은 예측할 변수에 잠정적인 영향만을 준 다음 사라져 버리는 경우를

생각할 수 있다. 이러한 경우를 대변하는 분석모형을 맥박형 충격모형(pulse-based intervention)이라 한다. 마치 맥박이 한 번 불쑥 뛰고 다시 정상상태(steady state)로 되돌아가는 것에 비유하여 붙여진 이름이다. 그런데 〈그림 8-5〉에서처럼 충격여파가 사라지기는 하지만 일시에 없어지는 것이 아니라 급속하기는 하지만 소멸과정이 일정 기간에 걸쳐 진행되는 경우도 있다.

맥박형 충격의 경우는 역시 가변수를 사용하여 분석할 수 있다. 즉,

$$D_t=\begin{cases}0 & t\neq s\\ 1 & t=s\end{cases} \tag{8-19}$$

가변수가 충격발생시기에만 '1'값을 갖고 여타 시기에는 '0'값을 갖도록 정의한 다음,

$$Y_t=\alpha+wD_t+N_t \tag{8-20}$$

와 같은 일시적 충격(예컨대, 파업 등)을 분석하는 회귀모형을 통해 예측을 수행하게 된다.

한편, 충격여파가 다소 지연되며 진행하다가 소멸되는 경우에는 (〈그림 8-5〉 (d)의 경우) 다음과 같은 분석모형을 대신 활용하게 된다.

$$Y_t=\alpha+\frac{w}{1-\delta B}D_t+N_t \tag{8-21}$$

여기서 w는 Y_t의 즉시적 변화의 크기를, 그리고 δ는 소멸률(rate of decay)을 결정해 준다.

이상에서 살펴본 충격모형은 특정 사건의 영향을 분석해 냄으로써 예측력을 개선할 수 있었다. 그러나 특정 사건이 발생한 적이 없다면 그 영향분석을 수행할 수 없다.

4 다변량 자기회귀모형

4.1. VAR모형의 등장배경

제2절에서 소개한 동태적 회귀모형은 설명변수가 종속변수에 일방적으로 영향을 미칠 뿐 교호작용(feedback)효과는 없다고 단정할 경우에 적용할 수 있는 모형이다. 그런데 소득과 투자처럼 투자증가는 소득을 증대시키며, 또한 소득증가는 다시 투자증가를 유발할 수 있는 상황과 같이 인과관계가 쌍방통행적일 수도 있다. 이러한 경우에는 별도의 분석방안이 마련될 필요가 있는데, 이른바 다변량 자기회귀모형(multivariate autoregressive models: VAR)이 이러한 상황에 대처할 수 있는 분석모형으로 자리잡게 되었다. 이 모형에서는 종속변수가 시차설명변수뿐만 아니라 자신의 과거 측정치를 대변하는 시차종속변수에 의해 영향을 받는다고 가정하고 있다. 그리고 분석대상 변수 중 특정 변수만을 종속변수로 취급하는 대신 모든 변수를 차례대로 종속변수로 취급하되 자신의 시차변수와 여타 변수의 시차변수들의 함수로 설정하게 된다. 이러한 이유로 인해 다변량 자기회귀모형은 벡터자기회귀모형이라 불리기도 한다.

결과적으로 VAR모형은 경제구조나 행태적 특성 등에 관한 경제이론이나 가설을 무시한 채 단지 시계열자료가 지니고 있는 통계적 정보만을 활용하여 분석한다는 비판을 받기도 하였다. 이러한 측면에서 볼 때, 상호교호작용을 고려하되 변수 간의 상호연관성을 여러 개 방정식으로 설정한 다음 이들을 동시에 추정하는 연립방정식체계(simultaneous equation system)와는 본질적으로 다르다.

제6장에서 살펴본 바 있듯이, 연립방정식모형의 경우에는 경제이론이나 가설이 시사하는 바에 따라 특정 변수들만이 종속변수 역할을 할 수 있도록 가정한다. 이들을 내생변수(endogenous variables)라 부르며, 이들은 교대로 종속변수 역할을 하되 여타 내생변수와 자신의 시차변수 그리고 이른바 외생변수들의 함수로 표현된다. 내생변수란 연립방정식체계 내에서 그 값이 결정되어야 하는 변수이고, 외생변수(exogenous variables)란 그

값이 모형 외에서 이미 결정된 것으로서 모형 내에서는 설명변수기능만을 담당하는 변수임은 전술한 바 있다.

연립방정식체계를 통상 최소자승법(OLS)으로 추정하면 이른바 편의(bias)가 발생하므로, 이러한 문제점을 해소하는 방안의 하나로 구조방정식(structural equations)을 일단 축약방정식(reduced-form equations)형태로 전환하여 OLS로 추정한 다음 이를 이용하여 구조방정식의 회귀계수값들을 간접적으로 도출하는 이른바 간접최소자승법(indirect least squares method: ILS)을 활용한다는 사실을 제6장에서 지적한 바 있다. 그런데 이 때의 축약방정식도 반드시 내생변수만을 종속변수로 놓고 외생변수집단의 함수로 파악하여 정의되고 있어, 본 절에서 소개하는 VAR모형과는 여전히 본질적인 차이가 있다.

내생변수가 3개인 경우, (Y_1, Y_2, Y_3)의 구조방정식과 축약방정식은 다음과 같이 표현될 수 있다.

$$\begin{cases} Y_1=\alpha_1+\alpha_2Y_2+\alpha_3Y_3+\alpha_4X_1+u_1 \\ Y_2=\beta_1+\beta_2Y_1+\beta_3Y_3+\beta_4X_2+u_2 \\ Y_3=\gamma_1+\gamma_2Y_1+\gamma_3Y_2+\gamma_4X_3+u_3 \end{cases}$$

$$\begin{cases} Y_1=\pi_{10}+\pi_{11}X_1+\pi_{12}X_2+\pi_{13}X_3+v_1 \\ Y_2=\pi_{20}+\pi_{21}X_1+\pi_{22}X_2+\pi_{23}X_3+v_2 \\ Y_3=\pi_{30}+\pi_{31}X_1+\pi_{32}X_2+\pi_{33}X_3+v_3 \end{cases}$$

여기서, X_1, X_2, X_3: 외생변수

반면, VAR모형은 다음과 같이 표현된다.

$$\begin{aligned} Y_{1t}=\alpha&+\phi_{11}Y_{1,t-1}+\phi_{12}Y_{1,t-2}+\cdots\cdots+\phi_{1R}Y_{1,t-R} \\ &+\phi_{21}Y_{2,t-1}+\phi_{22}Y_{2,t-2}+\cdots\cdots+\phi_{2R}Y_{2,t-R} \\ &+\phi_{k1}Y_{k,t-1}+\phi_{k2}Y_{2,t-2}+\cdots\cdots+\phi_{kR}Y_{k,t-R} \\ Y_{2t}=&\cdots\cdots \\ \vdots& \\ Y_{kt}=&\cdots\cdots \end{aligned}$$

이 경우에는 내생과 외생변수의 구분이 없이 모든 변수가 돌아가면서 종속변수 역할을 하도록 하되 자신의 과거값은 물론 모든 여타 변수들의 시차값들에 의존하는 형태로 추정모형을 설정하는 방식이다.

결국 VAR모형은 ARMA모형을 다변량모형으로 확장시킨 모형의 성격을 가지고 있으며, 따라서 회귀분석과 시계열분석이 결합된 유형으로 인식할 수 있다. 여하튼 하나의 변량을 가지고 ARMA모형을 추정하는 것이 아니라 둘 이상의 변량에 대해 추정하게 되므로, 통상 비선형함수 추정을 불가피하게 하는 이동평균(MA)부분을 생략한 채 자기회귀(AR)부분만을 고려하는 형태로 모형이 설정된 것이다.

4.2. VAR모형의 의의와 특성

경제현상의 복잡화가 증폭되면서 기존의 이론만으로 현실상황을 만족스럽게 설명하기가 점차 어려워지고 있다. 따라서 이론적 배경이 다소 약화되더라도 보다 정확한 예측을 수행할 수 있는 방법의 활용성이 절실하게 요청되어 왔고, 결국 회귀분석과 시계열분석이 결합된 형태의 VAR모형에 의한 예측방안이 등장한 것이다.

VAR모형은 원래 미네소타(Minnesota) 연방준비은행의 리터먼(Litterman)과 심스(Sims) 등에 의해 단기예측을 주목적으로 개발되었는데, 이 모형에 의한 예측방법이 갖는 의의와 장·단점으로 제기된 것 중 주요한 내용은 다음과 같다.

① 전통적인 회귀분석에 의존하는 구조방정식모형은 특정 경제이론에 근거한 주요 변수 간의 인과관계적 함수관계를 현실에서 관측한 자료를 이용하는 통계적 검증을 거쳐 그 현실타당성 내지 객관타당성을 확인하고, 이를 근거로 경제구조 분석은 물론 경제정책 평가와 미래예측을 수행하는 데 주로 쓰여 왔다. 물론 방정식의 수가 아주 큰 연립방정식모형의 경우에는 구조방정식보다는 유도방정식에 의해 주로 예측이 이루어져 왔고, 나아가서는 각 내생변수를 단순히 외생변수만의 함수로만 보는 유도방정식에 해당 내생변수의 과거시차변수를 동시에 설명변수에 포함시키는 방법이 자주 활용되어 왔다. 그런데 이러한 구조모형은 다음과 같은 이유로 인하여 미래예측에 관한 그 입지가 점차 약화되어 왔다.

첫째, 구조적 변화가 급속히 진행되는 시기에 이를 적절히 고려하여 분석에 대응할 수가 없다. 왜냐하면, 구조모형은 각 방정식의 종속변수를 불과 몇 개의 설명변수만에 의해 영향을 받으며,[6] 그것도 고정된 크기(fixed value of the regression coefficients)의 영향을 계속 받는 것으로 이해해야 하는 경직성을 애초부터 갖고 있기 때문이다.[7]

둘째, 구조모형의 설정은 기본적으로 잘 정의된 경제이론이나 가설 또는 직관에 근거하여 이루어지며, 따라서 분석가가 어떤 논리를 선호하는가에 따라 모형이 작성되므로 분석가의 선험적 주관(a prior restriction)이 지나치게 많이 반영된다는 문제가 있다.[8]

셋째, 구조모형은 일반적으로 식별문제를 해결하기 위하여 모형 내의 변수들을 내생과 외생변수로 구분하게 되는데, 이 과정 또한 모형작성자의 자의적인 판단 내지 주관에 따라 변수의 구분이 이루어진다는 문제가 있다.

결국 이와 같은 경직성과 주관성으로 인해 구조의 변화나 여건변화 자체는 물론 이에 대응하는 경제주체의 행태변화를 적절히 고려할 수 없다는 한계성이 점차 크게 인식되면서 구조방정식에 의한 예측에 큰 회의가 야기되었다.

② 구조방정식모형에 의한 예측능력에 회의가 일면서 ARIMA모형을

---

6) 이는 어느 종속변수에 대해 영향을 줄 수 있는 많은 변수 중 중요하다고 간주된 변수들만 설명변수로 채택함으로써 여타 변수는 하등의 영향도 주지 않는 것으로 가정한 셈이 되는데, 이는 여타 변수의 회귀계수가 마치 '0'이라고 가정한 것과 마찬가지여서 이를 '영(零)의 제약(zero restriction)'이라 한다.

7) 물론 가변계수모형(varying parameter)이나 합리적 기대모형 등에 의해 고정계수값 문제가 다소 완화될 수는 있지만, 이를 일일이 고려하여 예측하는 것은 역시 번거로운 과정이다.

8) 1976년 루카스(Lucas)가 경제주체들의 합리적 기대를 고려할 경우 전통적인 거시계량경제모형을 통한 각종 경제정책효과 분석은 부적절하다는 이른바 '루카스비판(Lucas critique)'을 제기하면서, 특히 거시계량경제모형의 식별방식에 대한 근본적인 비판이 Sargent(1976), Sims(1980) 등에 의해 제기된 바 있다. 합리적 기대하의 경제주체들의 최적의사결정과정은 경제정책에 따라 달라지는 확률변수가 되므로 추정된 계수가 고정된 값을 갖는다는 전통적 회귀분석 접근방법으로는 현실적인 정책효과를 분석하기 어렵다는 것이다. 결국 복잡한 현실경제에 비해 지나치게 자의적인 경제이론이나 가설에 근거하여 설정된, 따라서 특정 경제변수들 간의 선험적 인과관계 및 내외 생성을 경직적으로 가정하여 온 거시계량모형 대신에 가능한 모든 정보를 동시에 고려하여 변수들 간의 상호작용을 분석할 수 있는 VAR모형이 Sims(1980), Litterman(1985) 등에 의해 개발·제시되었던 것이다.

이용한 예측이 주목을 받게 되었고, 이로 인하여 시계열분석이론이 크게 발전하는 계기를 맞기도 하였다. 시계열분석은 어느 한 경제변수에 대한 현재까지의 관측치에 내재되어 있는 규칙성을 찾아 내어 그 규칙성이 미래에도 지속된다는 가정하에 예측을 수행하는 방법론이다. 모형작성이 용이하고 예측의 정밀도를 높일 수 있다는 데에서 이 분석방법의 장점을 찾을 수 있다. 그러나 이 방법론은 변수들 사이의 상호작용을 전혀 무시하는 1변량분석이라는 문제점을 피할 수 없다.

③ VAR모형은 이상과 같은 기존의 두 가지 분석방법이 갖는 단점을 보완할 수 있는 특성을 갖고 있어 최근 들어 예측에서의 활용이 보편화되고 있다. VAR라는 이름은 시계열벡터(vector)들을 서로 연관시킬 때 모형 내의 모든 변수의 과거 관측치들을 이용하므로 형태상 자기회귀(auto-regressive)함수의 모양을 갖게 되는 데서 유래한 것인데, 대체로 다음과 같은 장점을 갖는다.

첫째, 모형작성자의 선험적 주관을 가급적 배제하여 지극히 일반화된 유형의 모형으로 작성된다. 즉, 모형 내의 각 변수는 자신의 시차변수와 모형 내의 모든 여타 변수의 시차변수들을 동시에 설명변수로 삼는다. 따라서 이 모형에서는 내생변수와 외생변수 간의 (주관적인)구분이 필요하지 않고 특정 계수를 '0'이라 보는 가정(zero restriction) 또한 불필요하다. 즉, 특정 이론의 지배를 전혀 받지 않게 되는 것이다. 단지 이 모형작성에서 요구되는 것은 모형 내에 포함시킬 변수들을 선정하는 것뿐이다.

둘째, 일반적으로 모형 내에 포함되는 변수가 많지 않아 실제 예측을 수행하는 데 비용과 시간이 많이 절약되고, 또 대규모 모형에서 제기되는 자료의 수집과 변형의 번거로운 문제도 없다.

셋째, 베이지안추정법을 도입함으로써 최우법을 적용할 수 있는 확률예측모형이 개발되었고, 지금까지 VAR모형에 의한 예측은 대체적으로 양호한 것으로 평가되고 있다.

반면, VAR모형은 다음과 같은 문제점을 아울러 갖고 있다.

첫째, 추정이나 분석결과는 결국 모형 내에 어떤 변수를 포함시켰는가에 주로 의존하며, 모형의 도입된 변수의 수가 대체적으로 작아 포함시킬 변수의 선정결과에 따라 추정 및 자료분석결과가 민감한 변화를 보일 수밖에 없게 된다.

둘째, VAR모형은 이론적 근거를 무시한 채 설정되므로 구조모형을 이용할 경우 가능한, 예컨대 정책효과분석이 많은 제약을 받으며 정책변수에 대한 연관효과(feedback effect)를 분석하려는 조건부 예측 또한 수월치 못하다. 따라서 단순히 비조건부 예측만을 주로 시행하는 방법론으로 남을 수밖에 없다.

4.3. 추　　정

VAR모형은 n개의 선형회귀방정식으로 구성되는데, 각 방정식은 각 변수들의 현재 관측치를 종속변수로 하고 자신과 여타 변수들의 과거 관측치들을 설명변수로 설정한다. 결국 VAR모형은 모형 내의 모든 변수의 현재 관측치를 내생변수로, 그리고 모든 시차변수들은 외생변수로 간주하고 있는 셈이다.

그런데 이러한 모양의 방정식체계는 동태적 방정식형태의 연립방정식체계로 정의된 구조방정식을 유도형 방정식체계로 전환시킨 모습과 같아진다.

$$
\begin{aligned}
X_t &= B(L)X_t + e_t \\
&= \sum_{k=1}^{\infty} B_k X_{t-k} + e_t \\
&= \sum_{k=1}^{l} B_k X_{t-k} + e_t \qquad \text{(시차를 } l\text{로 제한할 경우)} \qquad (8\text{-}22)
\end{aligned}
$$

원래 VAR 기본 모형에서의 시차의 수는 무한대이지만 실제 추정이 가능한 l로 축소하여 추정하게 되는데, 회귀오차가 백색오차에 가까워질 수 있는 선에서 결정한다. 여하튼 식 (8-22)는 일종의 유도형 방정식이므로 OLS를 적용할 때 추정량은 일관성과 효율성을 아울러 갖게 된다.

그런데 식 (8-22)와 같은 VAR모형을 추정할 경우 이용가능한 시계열의 길이(관측치수)에 비해 추정해야 할 계수의 수(미지수의 수)가 지나치게 커서 자유도를 급격하게 떨어뜨리고, 나아가서는 예측 자체의 정확도를 크게 떨어뜨리는 결과를 초래한다는 문제를 내포하고 있다.

반드시 이러한 문제를 해소하기 위한 방안의 하나로 제시된 것은 아니지만 Todd(1984)와 Litterman(1985, 1986) 등이 제시한 베이지안방법을 활용할 경우 이러한 문제는 완화될 수 있다. 물론 베이지안 VAR모형의 근본적 관심사는 다중공선성 문제가 아니라 식별(identification)문제라 할 수 있다. 즉, 이들은 경제이론이나 기존의 실증연구 결과에 근거하여 선험적 주관(Baysian prior)을 구체적으로 설정한 다음, 여기에다 자료에 나타난 객관적 정보를 조화시켜 최적예측을 도출하고자 하였던 것이다.

4.4. 예　　측

일단 추정이 성공적으로 이루어지면 추정식을 근거로 예측을 수행하게 되는데, 기본적인 방법은 일종의 연쇄적 또는 단계적 예측(chain rule of forecasting)의 성격을 갖는다. 산출된 예측치를 평가하는 방법으로는 의태분석을 통해 작성한 사후예측과 역사적 의태분석 결과를 RMSE와 Theil의 U 통계량을 이용하여 적합도 내지 정밀도를 검증하는 방법이 활용되고 있다.

4.5. 충격반응함수와 촐레스키의 행렬분해

이와는 별도로 모형 내의 어느 특정 변수에 대하여 일정한 충격을 가한 다음 모형 내의 모든 변수들이 시간결과에 따라 반응하는 결과를 확인할 수 있는 충격반응함수(impulse response function)를 이용하여 변수간의 상호 연관관계 또는 정책변수의 변화에 따른 파급효과를 분석할 수 있다.[9)]

충격반응함수는 통상 VAR모형체계의 이동평균함수로 정의된다.[10)]

$$\begin{aligned} X_t &= [I-B(L)]^{-1}e_t = M(L)e_t \\ &= M_0e_t + M_1e_{t-1} + M_2e_{t-2} + \cdots\cdots \end{aligned} \tag{8-23}$$

9) 그러나 여기서의 분석은 전체적인 동태적 연관성을 파악할 수는 없는 것이고, 단지 부분균형하에서의 민감도분석(sensitivity analysis)의 성과만을 제공해 줄 뿐이다. 왜냐하면, VAR모형은 기본적으로 유도형 방정식체계의 성격을 갖기 때문이다.

10) 이종원(1994), 제21장 참조.

즉, 이동평균함수(moving average representation: MAR) X_t는 계수행렬 M_k를 이용하여 정의되는데, 이 때 e_{it}와 e_{jt}가 상관관계를 가질 공산이 크다. 이러한 현상을 제거하기 위해 촐레스키가 제시한 행렬분해법(Cholesky decomposition of a matrix)을 활용하게 된다.[11)]

$$X_t = M(L)G^{-1}Ge_t \tag{8-24}$$

즉, G행렬을 이용하여 원행렬을 분해하되 Ge_t를 공분산행렬이 대각행렬이 되도록 유도한다.

이 때 이른바 촐레스키분해(Choleski decomposition)는 다음과 같은 과정을 통해 공분산행렬을 도출함으로써 이루어진다.

$$G^{-1}(G^{-1})' = V = E[e_t(e_t)']$$

한편, $M(L)G^{-1} = C(L)$, 그리고 $Ge_t = W_t$이라 설정하면 다음과 같이 표현될 수 있다.

$$X_t = C(L)W_t = \sum_{k=0}^{\infty} C_k W_{t-k} \tag{8-25}$$

여기서, $M(L)G^{-1} = C(L)$

$Ge_t = W_t$

그러면 위 식에서 C_k의 한 원소인 C_k^{ij}는 i번째 변수의 한 단위 충격에 따라 발생한 j번째 변수의 반응크기라 이해할 수 있다. 이 때 식 (8-25)에서는 W_{t-k}원소 간에 상관관계가 존재하지 않게 되므로 C_k의 원소인 C_k^{ij}는 i번째 변수의 j번째 변수 1단위 변화에 대한 순수한 반응의 정도

11) 대칭적인 양정부호행렬은, 좌하단 삼각행렬(lower triangular matrix) L과 그의 전치행렬인 우상단 삼각행렬(upper triangular matrix) $U(=L')$가 존재하여, L과 U를 곱한 것과 같아진다는 정리가 있으며, 이를 촐레스키의 행렬분해(matrix decomposition or Cholesky factorization)라 한다.

$$B = LU = LL'$$

단, 이 정리는 B^{-1}가 존재할 때만 성립된다.

$$B^{-1} = L^{-1}U^{-1}$$

를 나타내게 된다. W_{t-k}의 공분산행렬 $V(W_{t-k})$가 대각행렬이 되었기 때문이다.

한편, 예측을 수행할 때 어떤 변수의 변화가 상대적으로 큰 영향을 미치는지를 확인하고자 할 경우에는 예측오차의 분산을 분해하는 방법을 이용한다.

$$P_{t-1}X_t = \sum_{k=l}^{\infty} C_k W_{t-k}: \ l\text{-step 예측치}$$

$$X_t - P_{t-1}X_t = \sum_{k=0}^{\infty} C_k W_{t-k} - \sum_{k=l}^{\infty} C_k W_{t-k}: \ l\text{-step 예측오차}$$

$$= \sum_{k=0}^{l-1} C_k W_{t-k} \tag{8-26}$$

이 때 공분산행렬을 V_l이라 하면,

$$V_l = \sum C_k \underbrace{V(W_{t-k})}_{\text{대각행렬}} C_k^T \tag{8-27}$$

X_t의 i번째 변수인 X_l^i의 l기간 후 예측오차의 분산을 v_l^i라 표기할 경우, 이는 V_l행렬의 대각선상의 i번째 원소로 이해할 수 있고 다음과 같이 정의된다.

$$v_l^i = \sum[(c_k^{i1})^2\sigma_1^2 + (c_k^{i2})^2\sigma_2^2 + \cdots\cdots + (c_k^{in})^2\sigma_n^2] \tag{8-28}$$

식 (8-28)에서 X^i의 예측오차에 대한 분산은 모형 내 모든 변수의 예측오차에 대한 분산의 합으로 표현되고 있다. 그러므로 다음과 같은 백분율에 의해 i변화의 j에 대한 영향력을 파악할 수 있는데, 이를 i에 대한 분산분해(variance decomposition or innovation accounting)라 한다.

$$\frac{\sum_{k=0}^{l-1}(c_k^{ij})^2\sigma_j^2}{v_l^i} \times 100 \tag{8-29}$$

전술한 바 있듯이, 이상과 같은 VAR모형은 모형설정자의 주관적 선입견 없이 실제 시계열자료들 간에 실현된 연관성을 마치 특정 이론에 근거한 인과관계적 함수형태로 해석할 수 있게 해 준다. 뿐만 아니라 충격반응함수와 예측오차의 분산분해분석을 통해 정책변화의 파급효과는 물론 설명변수들의 기여도를 백분율로 나타낼 수도 있다. 또한 이러한 분산분해공식으로 i변수의 영향력을 비교·평가할 수 있을 뿐 아니라 그 영향력이 아주 미미할 경우 i변수를 외생적인 성격의 변수로 판정할 수도 있다.

예제 8-4

VAR모형을 이용한 경기변동 분석

여기에서는 벡터자기회귀모형을 동시에 적용할 수 있는 예제로서 경기변동론에 근거한 예측문제를 고려해 보기로 한다.

시장경제를 채택하고 있는 나라의 경제는 거의 모두가 장기적인 추세선을 중심으로 경기가 변동하는 특성을 갖는다. 경기변동의 문제는 애덤 스미스 이래 중요한 과제였다가 케인스이론이 등장한 이후에는 다소 등한시된 경향이 있으나 최근 들어 다시 활발한 연구과제로 대두되고 있다.

경기변동현상을 분석하는 방법으로는 크게 보아 두 가지 논리가 정립되고 있다. 그 중 하나는 실물적 경기변동이론(real equilibrium business cycle theory)이라 불리는 것으로 총수요 및 총공급의 교란요인으로부터 경기변동의 원인을 찾으며, 경제부문별 상호연관성을 고려하여 경기변동의 내용을 규명하는 방법론을 활용하고 있다. 한편, 통화량의 변동을 경기변동의 주된 요인으로 파악하고 통화량의 변화율과 생산량 그리고 물가 간의 관계를 중시하는 방법론으로서 주로 화폐론자들에 의해 주장되고 있는 화폐적 경기변동론(monetary equilibrium business cycle theory)이 있다.

실물적 경기변동론의 측면에서 볼 때, 공급측 요인으로는 실질임금이나 노사관계 등에 관한 노동시장의 여건변화, 연구개발 및 기술진보 등에 따른 생산성 수준의 변화, 그리고 국내외 금리와 원자재가격 등의 변화에 따른 해외부문에서의 여건변화 등을 들 수 있고, 수요측 요인으로는 통화량이나 정부지출규모의 증감, 그리고 해외로부터의 수출수요나 국제적 경기변동 내용 등을 들 수 있다. 그리고 한국 경제는 해외의존도가 높은 특성을 갖고 있어 국내부문의 경기변동요인(통화량·정부지출 등등)보다는 해외부문의 요인(원자재가격, 국제금리, 외국의 수요 등등)이 주도적이며, 수요보다는 공급측 요인, 즉 임금수준이나 파업일수, 금리 등이 경기변동에 보다 주도적으로 영향을 미쳐 왔다고 알려져 있다.

이상과 같은 논리와 정황을 감안하여 경기변동요인들을 상품시장에서의 물가변동, 화폐시장에서의 통화량 증감, 노동시장에서의 임금수준, 그리고 해외시장에서의 환율변화 등으로 압축시켜 실물적 경기변동 분석모형을 정립한 다음 이를 VAR분석방식으로 접근해 보고자 한다.

한편, 국민소득수준을 중심으로 파악하는 경기변동 내용을 통화량과 물가수준만으로 분석하는 화폐적 경기변동모형은 VAR모형에 적용하여 분석하고, 그 결과를 특히 예측력을 중심으로 비교·평가해 보고자 한다.

우선 실물경기변동(real business cycle: RBC) 분석을 위해 $GNP(YXV)$와 소비자물가지수($CPIX$), 총통화량($M2X$)과 비농림어업부문 임금($WNAX$) 그리고 환율(ER)변수들로 구성되는 VAR모형을 설정하되 GNP를 종속변수로 놓고 모든 변수들의 시차변수(편의상 4개 분기까지만 고려함)를 설명변수로 활용하는 유형으로 추정을 시도하여 보았다.

표 8-4 VAR모형에 실물적 경기변동 분석자료표(추정기간: 1970:1~1987:4)

		실물적 경기변동(RBC)모형				
		YXV	$CPIX$	$M2X$	$WNAX$	ER
R^2		0.9984	0.9997	0.9998	0.9989	0.9964
d		2.06	1.86	2.28	1.80	1.91
F^*	YXV	73.58	6.67	2.56	5.62	2.04
	$CPIX$	5.35	280.86	0.19	2.97	1.96
	$M2X$	7.69	0.41	254.81	4.84	1.39
	$WNAX$	1.84	1.10	1.52	5.66	0.66
	ER	8.54	5.03	0.94	0.89	41.59

주: $\alpha=5\%$에 대응하는 $F_{q,(n-k)}$의 임계치는 $F_{4,51}=2.57$임(단, 여기서 q는 '0'으로 가정된 회귀계수, 그리고 k는 추정계수의 총수를 나타냄).

추정결과의 적합도는 매우 높은 것($R^2=0.998$)으로 나타났고, 변수별 유의성 검정통계량인 F값들이 $WNAX$를 제외하고는 모두 유의할 만큼 크게 나타나 일단 의미 있는 추정결과로 볼 수 있다. 그런데 종속변수를 $CPIX$, $M2X$, ER 등으로 설정하고 추정할 경우에는 여러 개의 F통계량값이 매우 낮게 기록되어 유의성이 기각되었다. 한편, $CPIX$ 대신에 정부지출변수($GEXV$), 그리고 $M2X$ 대신에 이자율(R) 등을 바꾸어 가며 대입해 보았으나 최초 모형의 추정결과를 능가하는 것을 찾을 수 없었다. 따라서 최초의 추정결과를 최종적으로 채택함과 동시에 1988년 1/4분기부터 1988년 4/4분기에 이르는 4개 분

표 8-5 RBC모형에 의한 예측(1988:1~1988:4)

		예측치	실제 관측치	RMSPE(%)
88	1	26,552.7	27,634.4	3.5844
	2	27,030.1	27,165.8	
	3	26,990.0	28,130.5	
	4	27,279.5	28,535.8	

그림 8-6 MBC모형에 의한 예측치와 실제치

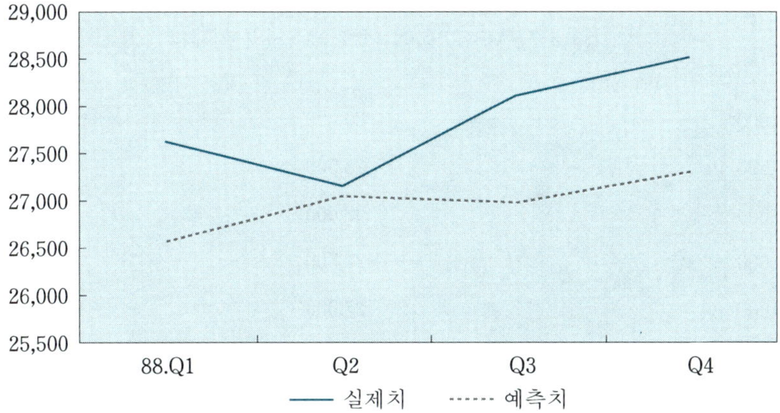

표 8-6 VAR모형에 의한 화폐적 경기변동 분석자료표

		화폐적 경기변동모형(MBC)		
		MBC Ⅰ	MBC Ⅱ	MBC Ⅲ
R^2		0.9970	0.9964	0.9964
d		1.89	1.89	1.90
F^*	YXV	128.47	127.67	397.41
	$CPIX$	2.23		2.29
	$M2X$	4.15	4.24	

주: $\alpha=5\%$에 대응하는 $F_{q,(n-k)}$의 임계치는 $F_{4,51}=2.57$임(단, 여기서 q는 '0'으로 가정된 회귀계수, 그리고 k는 추정계수의 총수를 나타냄).

기기간에 대하여 예측을 실시하여 〈표 8-5〉와 같은 결과를 얻었다.

다음으로 화폐경기변동모형(monetary business cycle: MBC)을 대표할 수

표 8-7 MBC모형에 의한 예측(1988:1～1988:4)

		예 측 치			실 제 치
		MBC Ⅰ	MBC Ⅱ	MBC Ⅲ	
88	1	26,066.7	25,959.8	25,691.1	27,634.4
	2	26,517.1	26,287.1	26,266.8	27,165.8
	3	27,469.0	27,259.4	26,718.4	28,535.8
	4	28,187.6	28,152.5	27,198.4	28,535.8
RMSPE(%)		3.3506	3.8268	5.2104	

그림 8-7 MBC모형에 의한 예측치와 실제치

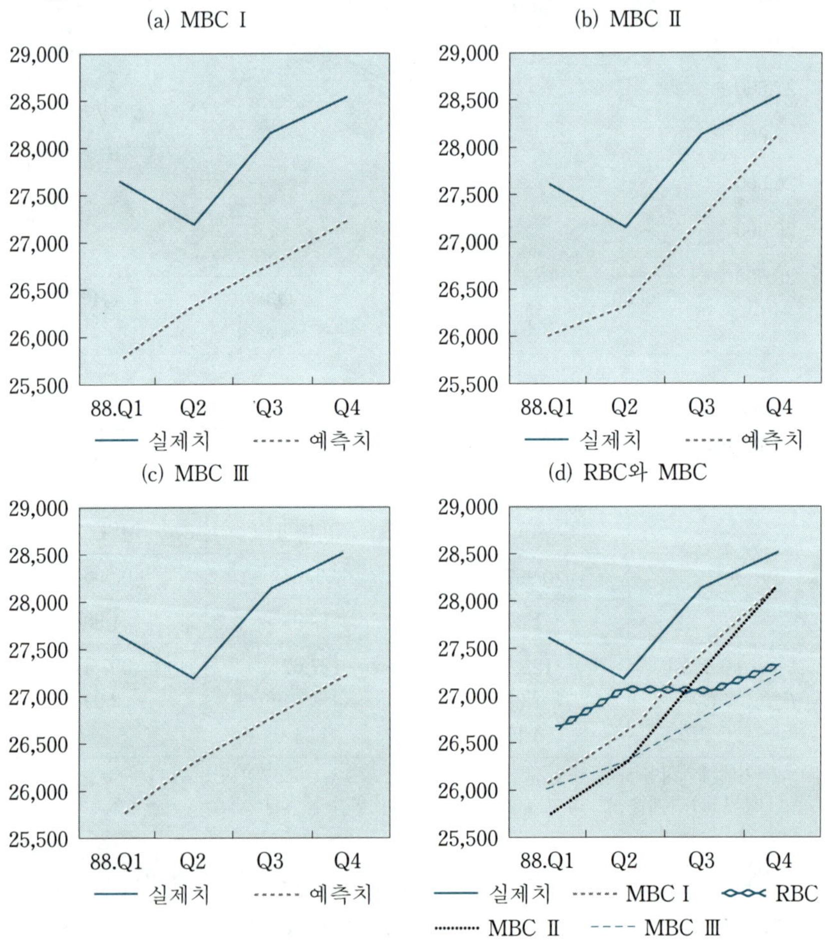

있는 추정모형으로 다음과 같은 세 가지 VAR모형을 선정하여 추정해 보았다.

$$\text{MBC I}: YXV_t = f(\sum YXV_{t-i},\ \sum M2X_{t-i},\ \sum CPIX_{t-i})$$
$$\text{MBC II}: YXV_t = f(\sum YXV_{t-i},\ \sum M2X_{t-i})$$
$$\text{MBC III}: YXV_t = f(\sum YXV_{t-i},\ \sum CPIX_{t-i})$$

모든 경우가 높은 적합도($R^2=0.997,\ 0.996,\ 0.996$)를 보여 주고 있고, 각 추정계수의 유의성 검정을 위한 F값도 충분히 높게 나타나 일단 신뢰할 수 있는 추정결과로 판정된다(추정기간: 1970:1∼1987:4). 한편, MBC모형의 경우 RBC모형과는 달리 대체투입시켜 볼 적절한 변수가 없어 당초의 추정결과를 그대로 채택하였다.

세 모형의 추정결과식을 이용하여 각각 1988:1∼1988:4기간에 대한 예측을 수행한 경우 〈표 8-7〉과 같은 결과를 얻었다.

이러한 예측결과를 도표로 작성한 것이 〈그림 8-7〉이다. 〈그림 8-7〉에 나타난 바에 의하면 전환점의 변화내용을 기준으로 할 경우 MBC I≫MBC II≫MBC III모형의 순으로 우열을 구분할 수 있을 것이다. 한편, 총체적인 예측의 정확도롤 나타내 주는 RMSPE의 크기를 기준으로 평가해 본즉, 역시 같은 순위의 우열이 확인되었다. 즉, MBC I의 RMSPE는 3.35%, MBC II는 3.83% 그리고 MBC III은 5.21%로 각각 산출된 것이다. 특히, MBC I모형은 설명변수가 5개나 되는 RBC모형보다는 예측의 정확도가 높은 것으로 나타난 점이 특기할 만하다(〈그림 8-7〉 (d) 참조).

5 구조형 벡터자기회귀모형

그러나 VAR모형은 잔차항의 직교화 과정에서 촐레스키분해법을 이용하고 있는데, 그 과정에서 임의의 좌하단 삼각행렬을 이용함으로써 결국 최종적으로 선정된 방정식체계가 축차형(recursive form)의 경제구조를 갖게 만들 뿐 아니라 변수들의 배치순서에 따라 해석결과가 매우 상이하게 된다는 문제점을 안고 있는 것이다. 그리고 이러한 VAR모형의 단점을 보완하기 위해 구조형 벡터자기회귀모형(structural VAR model: SVAR)이 탄생하였다. SVAR는 기본적으로는 잔차항의 직교화 과정에 경제이론을 연계시킬 수 있는 방법론을 도입한 것으로 모형의 구조적 해석과 관련하여 구조충격의 단기적 영향을 나타내도록 모형을 식별하는 이른바 단기적 SVAR(contemporaneous SVAR)와 장기적 영향을 나타내는 계수들의 식별을 통해 구조식을 식별하는 장기적 SVAR(long-run SVAR)모형으로 구분된다.

SVAR모형에 대한 효율적 이해를 도모하기 위해 이번에는 VAR모형을 다음과 같은 선형연립방정식체계의 구조모형으로 표현하여 본다.

$$A_0 X_t = A(L) X_{t-1} + DZ_t \qquad (8\text{-}30)$$

여기서, X_t: 내생변수 벡터

Z_t: 외생변수 벡터

D: 외생변수 변화에 대한 내생변수의 단기대응을 나타내는 계수행렬

이를 축약형으로 표현하면 다음과 같다.

$$X_t = A_0^{-1} A(L) X_{t-1} + A_0^{-1} DZ_t \qquad (8\text{-}31)$$

전술한 바와 같이, Z_t의 충격효과가 일시적이라면 Z_t는 계열상관이 없는 백색소음 e_t가 된다. 즉,

$$Z_t = e_t \qquad (8\text{-}32)$$

따라서

$$X_t = B(L) X_{t-1} + \varepsilon_t \qquad (8\text{-}33)$$

여기서, $B(L) = A_0^{-1} A(L)$, $\varepsilon_t = A_0^{-1} De_t$ (8-34)

와 같아지며, 이것이 일반적인 VAR의 정의식이 된다(식 (8-22)와 같음). 그리고 교란요인 Z_t의 충격이 영구적일 경우에는 Z_t는 다음과 같은 단위근 진행과정으로 표현된다.

$$Z_t = Z_{t-1} + e_t \qquad (8\text{-}35)$$

여하튼 식 (8-22)와 식 (8-30)에서 우리는 구조계수행렬 A_0와 D에 관한 사전정보를 가지고 있다면 모형의 동태적 구조를 나타내는 계수행렬 $A(L)$과 구조충격 e_t는 식 (8-22)의 VAR 추정에 의해 다음과 같이 계산될 수 있을 것이다(식 (8-34) 참조).

$$A(L)=A_0B(L) \tag{8-36}$$

$$e_t=D^{-1}A_0\varepsilon_t \tag{8-37}$$

그런데 실제로는 A_0와 D의 계수값들은 사전적으로 알 수 없는 것이다. 따라서 Sims(1980)는 D를 항등행렬(identity matrix)로 가정하고 촐레스키분해를 통해 잔차항을 직교화하는 과정에서 A_0의 계수를 구하였다. 즉, D가 항등행렬이므로 VAR의 잔차항은

$$\varepsilon_t=A_0^{-1}e_t \tag{8-38}$$

가 되고, 이를 직교화시키는 좌하단 삼각행렬 G는 다음과 같이 도출된다.

$$E[\varepsilon_t\varepsilon_t']=A_0^{-1}e_te_t'(A_0^{-1})'=G^{-1}(G^{-1})' \tag{8-39}$$

한편, $E[e_te_t']$는 항등행렬이므로 결국 위 식은 다음과 같이 표현할 수 있다.

$$E[\varepsilon_t\varepsilon_t']=A_0^{-1}(A_0^{-1})'=G^{-1}(G^{-1})' \tag{8-40}$$

즉, 촐레스키분해를 통해 얻어진 좌하단 삼각행렬은 바로 구조연립방정식체계를 구성하고 있는 당기의 계수행렬이 됨을 알 수 있다. 따라서 전술한 바 있듯이, 촐레스키분해를 통한 잔차항의 직교하는 구조모형의 계수를 식별해 주지만 이 과정에서 도출된 당기계수행렬 A_0가 좌하단 삼각행렬이 되어 구조연립방정식체계가 축차형 구조를 갖게 되는 문제가 발생한다. 특히, ε_t의 배치순서에 따라 계수행렬 및 교란항의 벡터 순서가 바뀌므로 충격반응관계와 예측오차분해에 대한 결과가 달라지고 결과적으

로 경제구조에 대한 전혀 다른 해석이 나올 수 있기 때문이다.

이러한 문제해결을 위해 Bernanke는 식 (8-37)에 명백한 경제이론에 따른 경제구조를 부여하여 식 (8-13)을 추정함으로써 올바른 충격반응함수와 분산분해를 얻는 방법을 제시하였다.

$$\begin{aligned}\sum\varepsilon &= E[\varepsilon_t\varepsilon_t'] = A_0^{-1}DE(e_te_t')D'(A_0^{-1})' \\ &= A_0^{-1}D\sum eD'(A_0^{-1})' \qquad (8\text{-}41)\end{aligned}$$

즉, 식 (8-41)과 같은 관계식을 풀 때 추정계수의 최대수가 $\sum\varepsilon$ 계수의 수와 일치되어야 하며, 이러한 식별을 위해 우선 경제구조의 교란이 상호 독립적으로 발생한다는 가정(즉, $E[e_te_t']$가 대칭행렬이 됨)을 하였다. 또한 정규화(normalization) 과정을 통해 A_0와 D의 대각에 위치한 계수값을 1로 만드는 과정을 통해 D가 항등행렬이 되도록 가정하게 된다. 이러한 가정에 근거한 VAR모형분석을 단기적 SVAR모형분석이라 한다.

한편, 구조식의 당기계수행렬 A_0에 식별을 위해 제약을 부과하는 대신 장기적 경제논리에 의해 제약을 가함으로써 장기적 SVAR가 제시된 바 있다. 우선 식 (8-23)을 이용하여 VAR모형을 추정($\Delta X_t = B(L)\Delta X_{t-1} + \varepsilon_t$, 단 $B(L) = A_0^{-1}A(L)$, $\varepsilon_t = A_0^{-1}De_t$)한다고 가정한다. 이 때 이 식을 변형하여 ε_t충격에 대한 X_t변화를 나타내는 식으로 표현하면 다음과 같다.

$$\begin{aligned}X_t &= X_0 + \theta_0 e_t + (\theta_0 + \theta_1)e_{t-1} + \cdots\cdots + (\sum\theta_j)e_1 \\ &= X_0 + P(L)e_t \\ &= X_0 + \sum P_i e_{t-i} \qquad (8\text{-}42)\end{aligned}$$

여기서, $P_i = \sum\theta_j$

식 (8-42)에서 e_t의 변화에 대한 X_{t+i}의 변화는 D_i이다. ΔX_i가 안정적 시계열이므로 행렬 θ_j는 j가 증가함에 따라 '0'에 수렴하며, P_i는 $\theta(L)$의 계수들의 합에 수렴한다. 즉, 식 (8-42)에서 e_t의 충격에 대한 장기적인 효과는 $\theta(L)$이 계수들의 합으로 나타난다. 그런데 $\theta(L)$계수합은 $\theta(L)$의 정의($\theta(L) = \theta(L) = \theta_0 + \theta_1 L + \theta_2 L^2 + \cdots\cdots + \theta_n L^n$)에 따라 L을 1로 바꾸어 구할 수 있다. 이 때 계수행렬 $\theta(1)$은 구조교란의 장기적 충격효과를 나

타내는 계수행렬이 된다.

이제 식 (8-23)을 이용하면 SVAR의 이동평균함수의 계수행렬, 당기 구조계수행렬 및 VAR의 계수행렬 사이에 다음과 같은 관계를 도출할 수 있다.

$$\theta(L)=(1-B(L)L)^{-1}A_0^{-1}D \tag{8-43}$$

이 식에서 L 대신 1을 대입하여 $A_0^{-1}D$에 대해 정리한 후 식 (8-41)에 대해 대입하면 다음과 같은 식별식을 구할 수 있다.

$$(1-B(1))^{-1}\sum\varepsilon[(1-B(1))^{-1}]'=\theta(1)\sum\varepsilon\theta(1)' \tag{8-44}$$

여기서 e_t요소들이 상호 독립적이라 가정한 다음 $\theta(1)$의 대각요소들을 정규화함으로써 식별을 하게 되는데, 이는 구조충격의 장기적 영향을 나타내는 $\theta(1)$에 장기경제이론에 근거한 최소한의 제약을 가함으로써 행렬 $\theta(1)$을 구한 다음 이를 식 (8-37)과 식 (8-43)에 대입하여 A_t와 e_t를 식별할 수 있도록 고안된 방안이라 할 수 있다.

예제 8-5

SVAR모형에 의한 노동생산성 분석

본 예제에서는 구조형 벡터자기회귀모형(structural VAR)에 대한 실증분석 사례로 Gali(1999)의 구조형 벡터자기회귀모형을 기술혁신이 고용에 미치는 영향을 분석하면서, 기술충격은 장기적으로 노동생산성에 영향을 미치는 반면 비기술충격은 노동생산성에 영향을 미치지 않는다는 점을 제약조건으로 이용한 바 있다. 물론 이와 같은 제약조건은 장기식별조건으로 이해할 수 있다.

이제 Gali(1999)의 구조형 VAR모형을 추정해 보도록 하자. 먼저 노동생산성(x_t)과 노동시간(n_t) 등의 2변수로 구성된 VAR모형을 생각하자. 그런데 노동생산성과 노동시간은 단위근검정을 실시해 본 결과 모두 불안정한 $I(1)$변수로 나타났으므로 각각 1차 차분하여 안정적인 변수로 전환하여 사용하였다. 이렇게 전환된 변수로 구성된 벡터를 $X_t=\begin{pmatrix}\Delta x_t \\ \Delta n_t\end{pmatrix}$라 하면 구조형 VAR모형은 다음과 같다.[12)]

12) 실제로는 1차 차분에 앞서 Gali(1999)모형 분석의 전통에 따라 각 변수는 대수변환하

$$A_0 X_t = A(L) X_{t-1} + e_t$$

이를 좀더 풀어서 써 보면, 아래와 같이 표현될 수 있다.

$$\begin{pmatrix} a_0^{11} & a_0^{12} \\ a_0^{21} & a_0^{22} \end{pmatrix} \begin{pmatrix} \Delta x_t \\ \Delta n_t \end{pmatrix} = \begin{pmatrix} A^{11}(L) & A^{12}(L) \\ A^{21}(L) & A^{22}(L) \end{pmatrix} \begin{pmatrix} \Delta x_{t-1} \\ \Delta n_{t-1} \end{pmatrix} + \begin{pmatrix} e_t^z \\ e_t^m \end{pmatrix}$$

여기서, e_t^z: 기술충격

e_t^m: 비기술충격

구조충격항의 분산은 $E[e_t e_t'] = I$라고 가정한다.

이제 양변에 A_0^{-1}를 곱해 축약형 모형으로 전환해 주면 다음과 같다.

$$\begin{pmatrix} \Delta x_t \\ \Delta n_t \end{pmatrix} = \begin{pmatrix} C^{11}(L) & C^{12}(L) \\ C^{21}(L) & C^{22}(L) \end{pmatrix} \begin{pmatrix} \Delta x_{t-1} \\ \Delta n_{t-1} \end{pmatrix} + \begin{pmatrix} a_0^{11} & a_0^{12} \\ a_0^{21} & a_0^{22} \end{pmatrix}^{-1} \begin{pmatrix} e_t^z \\ e_t^m \end{pmatrix}$$
$$\equiv C(L) X_{t-1} + A_0^{-1} e_t$$

이 때 $C(A) = A_0^{-1} A(L)$이다.

한편, 실제로 추정과정에서 사용할 축약형 VAR모형은 다음과 같이 나타낼 수 있다.

$$X_t = B(L) X_{t-1} + \varepsilon_t.$$

이를 보다 자세하게 나타내면 다음과 같다.

$$\begin{pmatrix} \Delta x_t \\ \Delta n_t \end{pmatrix} = \begin{pmatrix} B^{11}(L) & B^{12}(L) \\ B^{21}(L) & B^{22}(L) \end{pmatrix} \begin{pmatrix} \Delta x_{t-1} \\ \Delta n_{t-1} \end{pmatrix} + \begin{pmatrix} \varepsilon_{xt} \\ \varepsilon_{nt} \end{pmatrix}$$

여기서 ε_{xt}와 ε_{nt}는 축약형 충격항들이며, 분산은 Σ이다.

위의 축약형 VAR모형이 구조형 VAR모형과 동일한 모형이라고 해석되기 위해서는 $C(L) = B(L)$ 및 $\varepsilon_t = A_0^{-1} e_t$라는 관계가 만족되어야 한다. 따라서 $E[e_t e_t'] \equiv \Sigma = A_0^{-1}(A_0^{-1})'$라는 관계가 성립하여야 한다는 점은 전술한 바와 같다.

이제 축약형 VAR모형을 추정하게 되면 축약형 모형의 계수인 $\hat{B}(L)$과 $\hat{\Sigma}$의 값을 알 수 있다. 따라서 축약형 모형에서 계산된 $\hat{B}(L)$과 $\hat{\Sigma}$으로부터 구조형 모형의 계수값인 $\hat{A}_0$와 $\hat{A}(L)$을 도출하는 문제가 남게 된다. 이 때 Gali(1999)모형에서 식별을 위한 핵심 조건은 비기술충격이 장기적으로 노동생산성에 영향을 미치지 않아야 한다는 조건이다.

였다.

먼저 구조형 VAR모형, 즉

$$\begin{pmatrix}\Delta x_t\\ \Delta n_t\end{pmatrix}=\begin{pmatrix}C^{11}(L) & C^{12}(L)\\ C^{21}(L) & C^{22}(L)\end{pmatrix}\begin{pmatrix}\Delta x_{t-1}\\ \Delta n_{t-1}\end{pmatrix}+\begin{pmatrix}a_0^{11} & a_0^{12}\\ a_0^{21} & a_0^{22}\end{pmatrix}^{-1}\begin{pmatrix}e_t^z\\ e_t^m\end{pmatrix}$$

로부터

$$\begin{pmatrix}\Delta x_t\\ \Delta n_t\end{pmatrix}=\begin{pmatrix}D^{11}(L) & D^{12}(L)\\ D^{21}(L) & D^{22}(L)\end{pmatrix}\begin{pmatrix}e_t^z\\ e_t^m\end{pmatrix}$$

와 같이 이동평균표현을 도출할 수 있다. 이 때

$$\begin{pmatrix}D^{11}(L) & D^{12}(L)\\ D^{21}(L) & D^{22}(L)\end{pmatrix}=\left[I_2-\begin{pmatrix}C^{11}(L) & C^{12}(L)\\ C^{21}(L) & C^{22}(L)\end{pmatrix}L\right]^{-1}\begin{pmatrix}a_0^{11} & a_0^{12}\\ a_0^{21} & a_0^{22}\end{pmatrix}^{-1}$$

이다.

한편, 축약형 VAR모형을 앞서와 유사하게 이동평균표현으로 나타내면 다음과 같다.

$$\begin{pmatrix}\Delta x_t\\ \Delta n_t\end{pmatrix}=\begin{pmatrix}F^{11}(L) & F^{12}(L)\\ F^{21}(L) & F^{22}(L)\end{pmatrix}\begin{pmatrix}\varepsilon_{xt}\\ \varepsilon_{nt}\end{pmatrix}$$

여기서

$$\begin{pmatrix}F^{11}(L) & F^{12}(L)\\ F^{21}(L) & F^{22}(L)\end{pmatrix}=\left[I_2-\begin{pmatrix}B^{11}(L) & B^{12}(L)\\ B^{21}(L) & B^{22}(L)\end{pmatrix}L\right]^{-1}$$

이다.

위의 두 이동평균표현이 동일한 표현이 되기 위해서는

$$E[F(L)\varepsilon_t\varepsilon_t'F(L)']=E[D(L)e_te_t'D(L)']$$
$$\rightarrow F(1)E[\varepsilon_t\varepsilon_t']F(1)'=D(1)E[e_te_t']D(1)'$$
$$\rightarrow F(1)\sum F(1)'=D(1)D(1)'$$

가 성립하여야 한다는 것을 알 수 있다. 그런데 위의 조건은 앞서 언급한 바와 같이 $\sum=A_0^{-1}(A_0^{-1})'=GG'$라는 조건과 동일하다는 것을 알 수 있다. 결과적으로 위의 조건으로부터 다음과 같은 3개의 방정식을 도출할 수 있다.

먼저 행렬 A_0^{-1}의 역행렬의 각 원소를 알 수 있다면, 역으로 구조계수행렬 A_0는 구해진 A_0^{-1}에 대한 역행렬을 계산함으로써 쉽게 구할 수 있다.

그러면 이제 남은 과정은 실제로 g^{11}, g^{12}, g^{21}, g^{22} 등의 값을 찾아 내는 것이라 할 수 있는데, 이하에서는 이에 대해 살펴보도록 한다. 앞서의 논의에

의하면 $\sum=GG'$가 성립하여야 한다는 것을 알 수 있었으므로,

$$\Sigma=\begin{pmatrix}\sigma^{11} & \sigma^{12}\\ \sigma^{21} & \sigma^{22}\end{pmatrix}=\begin{pmatrix}g^{11} & g^{12}\\ g^{21} & g^{22}\end{pmatrix}\begin{pmatrix}g^{11} & g^{21}\\ g^{12} & g^{22}\end{pmatrix}=GG'$$

가 성립하여야 한다. 이로부터 등호의 양변이 일치한다는 조건으로부터,

$$\sigma^{11}=(g^{11})^2+(g^{12})^2$$
$$\sigma^{12}=g^{11}g^{21}+g^{12}g^{22}$$
$$\sigma^{22}=(g^{21})^2+(g^{22})^2$$

라는 3개의 방정식을 도출할 수 있다. 여기서 4개의 방정식이 아니라 3개의 방정식만 도출되는 이유는 행렬 $\sum$가 대칭행렬이어서 $\sigma^{12}=\sigma^{21}$이므로 행렬 $\sum$로부터 얻을 수 있는 정보는 사실상 σ^{11}, σ^{12}, σ^{22} 등 세 가지이기 때문이다.

그런데 주어진 모형에서 미지수는 g^{11}, g^{12}, g^{21}, g^{22} 등 4개이므로 해를 도출하기 위해서 여전히 하나의 방정식이 추가적으로 필요하다. 그렇다면 필요한 나머지 하나의 방정식을 어떻게 도출할 수 있을 것인가? 바로 이 때 나머지 하나의 방정식은 Gali의 식별조건을 이용함으로써 도출된다. 즉, Gali의 장기식별조건은 이동평균표현에서 $D^{12}(1)=0$, 즉 $\sum_{i=1}^{\infty}D^{12}(L)=0$가 성립하여야 한다는 것을 나타내므로 이 조건을 이용하여 나머지 하나의 방정식을 찾아낼 수 있다.

먼저 장기식별조건이 어떻게 나머지 하나의 방정식과 연관되는지 살펴보기 위해 $D(1)$ 행렬을 계산해 보도록 하자. 정의에 따라서 관련된 행렬을 표시해 보면,

$$\begin{aligned}\begin{pmatrix}D^{11}(1) & D^{12}(1)\\ D^{21}(1) & D^{22}(1)\end{pmatrix}&=\left[I_2-\begin{pmatrix}B^{11}(1) & B^{12}(1)\\ B^{21}(1) & B^{22}(1)\end{pmatrix}\right]^{-1}\begin{pmatrix}g^{11} & g^{12}\\ g^{21} & a_0^{22}\end{pmatrix}\\ &=\left[\begin{pmatrix}1 & 0\\ 0 & 1\end{pmatrix}-\begin{pmatrix}B^{11}(1) & B^{12}(1)\\ B^{21}(1) & B^{22}(1)\end{pmatrix}\right]^{-1}\begin{pmatrix}g^{11} & g^{12}\\ g^{21} & g^{22}\end{pmatrix}\\ &=\begin{pmatrix}1-B^{11}(1) & -B^{12}(1)\\ -B^{21}(1) & 1-B^{22}(1)\end{pmatrix}^{-1}\begin{pmatrix}g^{11} & g^{12}\\ g^{21} & g^{22}\end{pmatrix}\end{aligned}$$

와 같다. 그런데

$$\begin{pmatrix}1-B^{11}(1) & -B^{12}(1)\\ -B^{21}(1) & 1-B^{22}(1)\end{pmatrix}^{-1}=\frac{1}{K}\begin{pmatrix}1-B^{22}(1) & B^{12}(1)\\ B^{21}(1) & 1-B^{11}(1)\end{pmatrix}$$

여기서, K: 행렬 $\begin{pmatrix}1-B^{11}(1) & -B^{12}(1)\\ -B^{21}(1) & 1-B^{22}(1)\end{pmatrix}$의 행렬식

이므로,

$$\begin{pmatrix} D^{11}(1) & D^{12}(1) \\ D^{21}(1) & D^{22}(1) \end{pmatrix}^{-1} = \frac{1}{K}\begin{pmatrix} 1-B^{11}(1) & -B^{12}(1) \\ -B^{21}(1) & 1-B^{22}(1) \end{pmatrix}\begin{pmatrix} g^{11} & g^{12} \\ g^{21} & g^{22} \end{pmatrix}$$

가 성립하여야 한다는 것을 알 수 있다. 위의 행렬에서 등호의 좌우변이 일치하여야 하고, 특히 Gali의 식별조건은 $D^{12}(1)=0$이 충족되어야 한다는 것을 의미하므로, 다음과 같은 네 번째 방정식을 도출할 수 있다.

$$D^{12}(1)=(1-B^{22}(1))g^{12}+B^{12}(1)g^{22}=0$$

따라서 앞서 도출한 3개 방정식과 위에서 도출한 1개의 방정식을 연립하여 풀게 되면 g^{11}, g^{12}, g^{21}, g^{22} 등의 값을 찾아 낼 수 있다. 즉,

$$\begin{aligned} \sigma^{11}&=(g^{11})^2+(g^{12})^2 \\ \sigma^{12}&=g^{11}g^{21}+g^{12}g^{22} \\ \sigma^{22}&=(g^{21})^2+(g^{22})^2 \\ 0&=(1-B^{22}(1))g^{12}+B^{12}(1)g^{22} \end{aligned}$$

라는 4개의 방정식을 이용하여 g^{11}, g^{12}, g^{21}, g^{22}값을 구할 수 있고, 이와 같이 구해진 값으로부터 행렬 G를 구하고, $A=G$이므로 G의 역행렬을 계산하게 되면 a_0^{11}, a_0^{12}, a_0^{21}, a_0^{22}의 값을 복원할 수 있다. 따라서 이를 이용하여 구조형 VAR모형의 충격반응함수를 계산할 수 있다.

그런데 일반적으로 위와 같이 4개의 연립방정식은 비선형방정식체계이므로 수계산을 통해 방정식의 해를 직접 도출하기는 어렵다. 따라서 실제로는 위와 같이 연립방정식의 해를 구하기 위해 수치해석(numerical analysis)기법을 이용하게 된다.

이상의 논의는 모두 모집단에 대한 논의이고, 실제로는 추정된 값을 이용하게 되므로, 실제의 해는 다음과 같이 결정된다.

$$\begin{aligned} \hat{\sigma}^{11}&=(g^{11})^2+(g^{12})^2 \\ \hat{\sigma}^{12}&=g^{11}g^{21}+g^{12}g^{22} \\ \hat{\sigma}^{22}&=(g^{21})^2+(g^{22})^2 \\ (1-\hat{B}^{22}(1))g^{12}&+B^{12}(1)g^{22}=0 \end{aligned}$$

사용된 자료는 총노동시간(취업자수×평균노동시간)의 전년 동기 대비 차분치(Δn_t)와 시간당 평균노동생산성(실질GDP/총노동시간)의 전년 동기 대비 차분치(Δx_t)이며, 1989년 1/4분기부터 2004년 4/4분기까지 60개의 분기자료이다. VAR모형의 최적시차는 SIC기준을 적용하여 4로 설정하였다.

축약형 모형과 구조형 모형 모두에 대해 충격반응함수를 그래프로 나타내 보았다. 〈그림 8-8〉은 축약형 모형의 경우이고, 〈그림 8-9〉는 구조형 모형의 경우에 대한 충격반응함수를 나타내고 있다.

그림 8-8 축약형 VAR모형의 충격반응함수

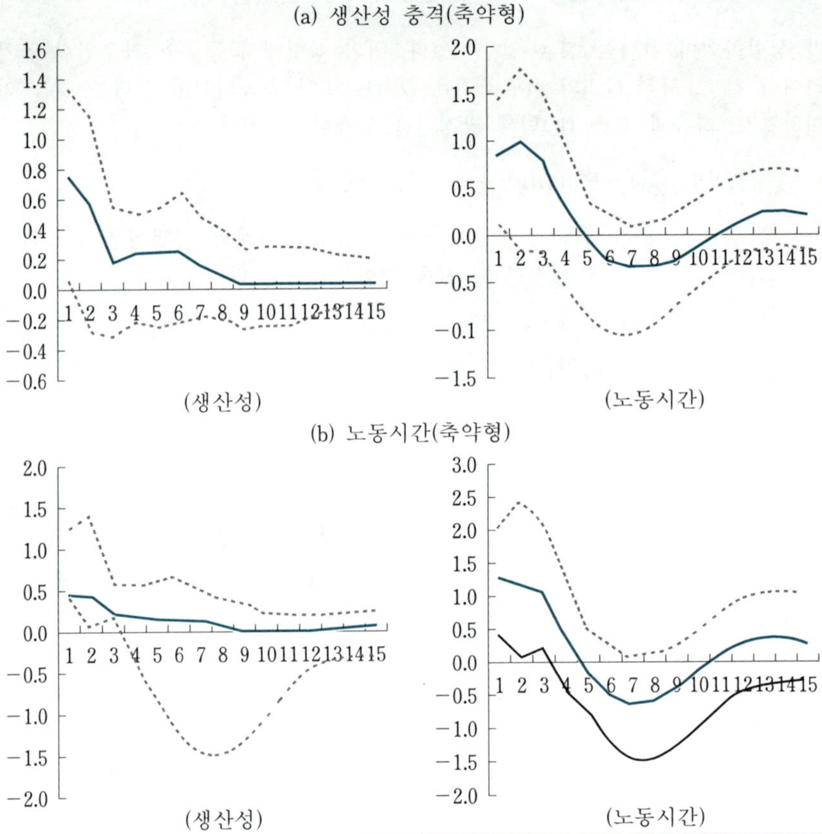

구조형 충격반응함수에 의하면 기술충격은 생산성을 향상시키는 반면 노동시간은 초기에는 증가시키다가 시간이 흐르면서 노동시간을 감소시킨 후 다시 노동시간을 증가시키는 것으로 나타났다.

비록 축약형 모형에서 생산성 변수 충격의 반응함수가 구조형 모형의 기술충격에 대한 반응함수와 비슷하게 나타나고 있지만, 축약형 모형의 경우에는 노동생산성 변수에 가해진 충격은 기술충격과 비기술충격이 혼합되어 선형결합된 형태로 나타난 충격이기 때문에 단순히 문자 그대로 노동생산성에 충격이 발생한 상황으로 해석할 수 없음을 유의할 필요가 있다.

이와 같은 점은 노동시간변수 충격에 대한 반응함수와 비기술충격에 대한 반응함수 간의 차이점으로부터 알 수 있다. 즉, 두 충격에 대한 반응함수는 정반대의 효과를 나타내고 있음을 그림으로 확인할 수 있다. 결과적으로

그림 8-9 구조형 VAR모형의 충격반응함수

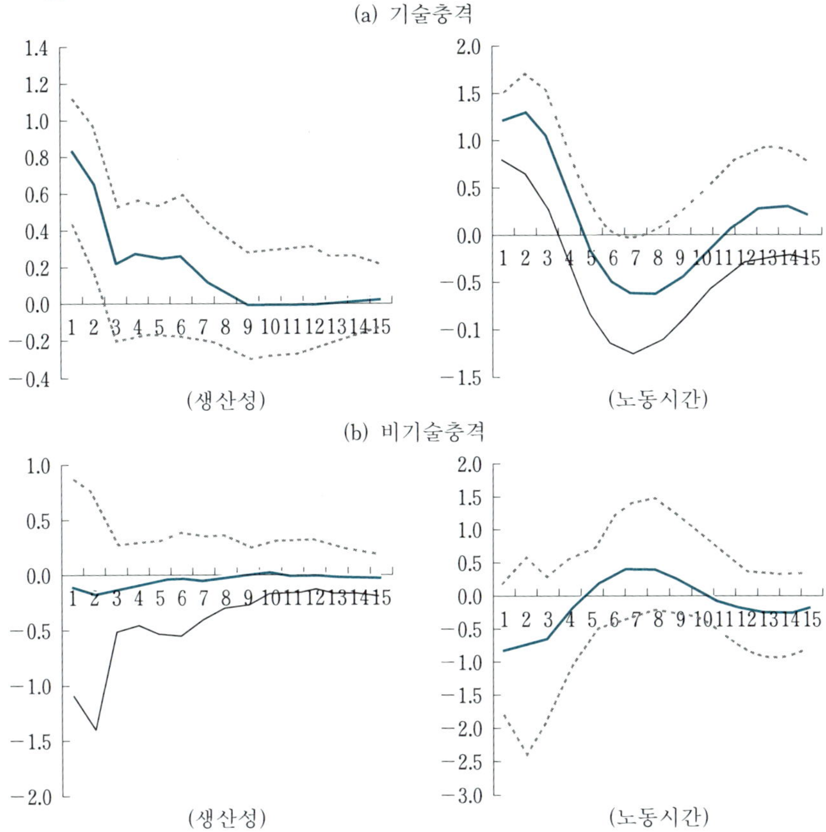

비록 두 모형의 충격함수가 비슷한 모양을 보이고 있다고 하더라도, 경제구조가 어떠한 형태로 모형에 반영되었는냐에 따라서 VAR모형의 충격반응함수에 대한 해석이 달라진다는 데에 유의할 필요가 있다.

9

고급시계열 예측모형 II

1. 군집적 변동성과 ARCH 및 GARCH모형에 의한 예측
2. 추세변동과 불안정적 시계열,
   그리고 오차수정모형에 의한 예측

1 군집적 변동성과 ARCH 및 GARCH모형에 의한 예측

1.1. ARCH모형의 출현과 필요성

통상적으로 환율의 수익률, 주가수익률 등과 같은 금융변수의 분포를 그래프로 그려 보면 정규분포보다 봉우리는 뾰족하고 꼬리는 두꺼운(fat tail) 모양을 하고 있으며, 심지어는 경우에 따라서 분포의 형태가 비대칭적인 모양을 나타내기도 하는 것으로 확인되어 왔다.

예컨대, 정규분포의 경우 첨도는 3이고 왜도는 0인 반면, 미국의 S&P 500 수익률의 경우에는 왜도가 −4.5, 첨도가 6.2로서 왼쪽으로 긴 꼬리를 가지며 뾰족한 모양을 보이고 있다.[1] 또한 금융시계열의 경우에는 분산값이 변동성 군집(volatility clustering)이라는 독특한 속성을 지니고 있는 것으로 밝혀져 있다. 여기서 변동성 군집현상이란 분산값이 한 번 커진 후에는 장기간 동안 커진 분산값이 유지되다가, 어느 순간부터 분산값이 작아지면 그 이후 장기간 동안 작아진 분산값이 유지되는 현상으로서, 그래프상으로 관찰해 보면 분산값이 군데군데 뭉쳐 있는(clustering) 것처럼 보이기 때문에 부여된 명칭이다.

여하튼 이처럼 금융변수들에서 나타나고 있는 두꺼운 꼬리나 변동성의 군집현상을 제대로 모형화하지 못하고서는 올바른 예측이 불가능하게 된다. 그런데 변동성 군집현상이 이분산의 일종이라는 점에서 기존의 이분산에 대처하는 기법(WLS 또는 GLS 등)을 고려해 볼 수 있으나, 금융시계열에서 발생하는 독특한 이분산현상은 분산 스스로가 일정한 지속적 패턴을 보여 주는 현상이라는 점에서 이들을 이용하는 것은 적절하지 못하다. 따라서 위와 같은 군집현상은 현재의 분산과 과거의 분산이 조직적인 관계를 지니고 있기 때문에 발생하는 것이라는 점에 착안하여, 분산값이 자신의 과거값(auto)에 조건부(conditional)로 의존하는 '이분산(heteroscedasticity)현상'을 모형화한 것이 바로 Engle(1982)에 의하여 고안된 ARCH

1) 왜도는 분포가 좌우로 치우친 정도를 나타내는 개념이며, 첨도는 봉우리가 얼마나 뾰족한지를 나타내는 개념이다.

라는 시계열모형이다.

1.2. 무조건부 분산과 조건부 분산

통상적으로 선형회귀모형의 G-M가정에서는 오차항의 무조건부 분산값이 일정하다고 간주하고, 오차항의 무조건부 분산값이 시간에 따라서 상이한 현상을 '이분산'현상으로 정의하고 있다. 반면, ARCH모형에서 고려하고 있는 이분산성은 이러한 무조건부 분산값에서 나타나는 이분산성이 관심의 대상이 아니다. 기존의 OLS에서와 마찬가지로 무조건부 분산은 동분산을 유지할 수 있으나, 본질적인 차이점은 과거 오차항을 조건부로 하는 조건부 분산값이 이분산성을 보이는 것으로 모형을 설정한다는 점이라 하겠다.

선형시계열모형이 널리 활용되는 이유는 바로 조건부 평균과 비조건부 평균을 구분하여 조건부 평균 개념을 도입함으로써 예측이라는 측면에서 성공적이었기 때문인데(예컨대, 조건부 예측의 예측오차 분산이 무조건부의 경우보다 작음), 비슷한 사유로 ARCH모형에서는 조건부 2차 적률(분산)과 비조건부 2차 적률(분산)을 구분하므로, 금융시계열 등에서 관찰되는 독특한 분산군집현상 등을 잘 설명해 줄 수 있다는 장점이 있다.

이러한 구분이 의미를 지니는 것은 옵션가격결정모형, 이자율의 기간구조, 자산가격결정모형 등과 같은 이론 및 현상에서 볼 수 있는 바와 같이, 관심변수의 공분산행렬이 시간에 대해 불변이라 할지라도 그 조건부 공분산행렬은 과거 사건에 의존하는 현상이 발생하기 때문이다. 한편, 계량경제학적 추론(inference)과 관련하여서도 이분산현상을 무시하면 표본이 커질 때에도 효율성의 상실을 회피할 수 없게 되며, 결과적으로 가설의 검정 등에서도 문제가 생길 수 있다는 점에서 이러한 이분산현상을 적절하게 다루어 줄 필요가 있다.

조건부 분산과 무조건부 분산의 비교

무조건부 분산은 시간에 대해 일정(constant)한 데 반해, 조건부 분산은 시간에 따라 변한다. AR(1)모형을 통해 그 차이를 살펴보자. 일단 가장 단순한 형태인 ARCH(1)모형은 다음과 같이 표현한다.

$$Y_t = \beta_0 + \beta_1 X_t + \varepsilon_t \quad (9\text{-}1)$$

여기서, $\varepsilon_t \sim N(0,\ \sigma_t^2)$

$$\varepsilon_t = u_t[\alpha_0 + \alpha_1 \varepsilon_{t-1}^2]^{1/2} \quad (9\text{-}2)$$

여기서, $u_t \sim N(0,\ 1)$

$$\sigma_t^2 = \alpha_0 + \alpha_1 \varepsilon_{t-1}^2 \quad (9\text{-}3)$$

식 (9-1)은 평균방정식(mean equation)이라 부르고, 식 (9-3)을 분산방정식(variance equation)이라 부르는데, 분산방정식은 오차항(disturbance)이 식 (9-2)와 같이 정의될 때 도출된 것이다.

분산방정식에 따르면, 분산은 과거 오차의 제곱에 영향을 받는데, 이는 전기의 변동성이 크면 다음 기에도 변동성이 커질 것으로 예상된다는 변동성 군집(volatility clustering)현상을 나타내고 있다.

ARCH과정의 기본 가정에 따르면, 조건부 평균(conditional mean)은

$$\begin{aligned} E[\varepsilon_t | \varepsilon_{t-1}] &= E(u_t[\alpha_0 + \alpha_1 \varepsilon_{t-1}^2]^{1/2}) \\ &= [\alpha_0 + \alpha_1 \varepsilon_{t-1}^2]^{1/2} E(u_t) = 0 \end{aligned}$$

$(\because\ \varepsilon_{t-1} = \text{상수},\ E(u_t) = 0)$

과 같아지는 반면, 무조건부 평균(unconditional mean)은 $E(\varepsilon_t) = 0$과 같이 표현될 수 있다. 이러한 가정하에 조건부와 무조건부 분산을 도출하면 다음과 같다.

1) 조건부 분산

$$\begin{aligned} \sigma_t^2 &= \text{Var}(\varepsilon_t | \varepsilon_{t-1}) = E([\varepsilon_t - E(\varepsilon_t)]^2 | \varepsilon_{t-1}) \\ &= E(\varepsilon_t^2 | \varepsilon_{t-1}) && (\because\ E(\varepsilon_t | \varepsilon_{t-1}) = 0) \\ &= E(u_t^2)([\alpha_0 + \alpha_1 \varepsilon_{t-1}^2]^{1/2})^2 && (\because\ \varepsilon_{t-1} = \text{상수}) \\ &= \alpha_0 + \alpha_1 \varepsilon_{t-1}^2 && (\because\ E(u_t^2) = 1) \end{aligned}$$

즉, 조건부 분산(conditional variance)은 ε_{t-1}에 의존하며, 따라서 오차항 ε_t는 1차 회귀적 이분산현상을 갖는다.

2) 무조건부 분산

무조건부 분산(unconditional variance)은 다음과 같이 도출될 수 있다.

$$\begin{aligned}\sigma^2 &= \mathrm{Var}(\varepsilon_t) = E(\varepsilon_t^2) - [E(\varepsilon_t)]^2 \\ &= E(\varepsilon_t^2) && (\because E(\varepsilon_t)=0) \\ &= E(u_t^2)([\alpha_0 + \alpha_1 E(\varepsilon_{t-1}^2)]^{1/2})^2 && (\because \varepsilon_{t-1}=\text{확률변수}) \\ &= \alpha_0 + \alpha_1 E(\varepsilon_{t-1}^2) && (\because E(u_t^2)=1) \\ &= \alpha_0 + \alpha_1 \mathrm{Var}(\varepsilon_{t-1})\end{aligned}$$

따라서 시계열과정의 오차항이 2차 적률(분산) 안정적(variance stationary)이라면 무조건부 분산이 시간경과에 상관없이 다음과 같이 일정한 값을 갖는다($\because \mathrm{Var}(\varepsilon_t)=\mathrm{Var}(\varepsilon_{t-1})=\sigma^2$).

$$\mathrm{Var}(\varepsilon_t) = \frac{\alpha_0}{1-\alpha_1}$$

즉, 무조건부 오차는 동분산가정을 충족시킨다. 물론 이 때 안정적 시계열이 되려면 $|\alpha_1|<1$이어야 한다. 따라서 무조건부 분산보다는 조건부 분산으로 파악할 때 예측오차의 분산이 작아지게 된다.

1.3. ARCH(p)모형

조건부 이분산성(heteroskedasticity)을 좀더 구체화하여 자기회귀(AR)형태로 나타내면 다음과 같다.

$$\sigma_t^2 = c + \alpha_1 \varepsilon_{t-1}^2 + \cdots\cdots + \alpha_p \varepsilon_{t-p}^2$$

여기서 σ_t^2이 비음(nonnegativity)이어야 하므로, 계수값 c, α_1, ……, α_p들이 비음조건을 만족하여야 하며, 이러한 조건을 만족하는 시계열을 ARCH(p) 과정이라고 부른다. 그런데 이러한 ARCH(p)모형은 시차길이가 길어짐에 따라서 추정해야 할 모수의 수가 증가한다는 단점을 지니고 있다.

1.4. GARCH(p)모형

GARCH모형은 ARCH(p)모형을 추정할 경우 당면하게 되는 긴 시차 및 그에 따른 추정해야 할 모수의 수에 대한 문제를 극복하기 위해 개발된 모형이다(Bollerslev, 1986). ARCH모형을 좀더 일반화하였다는 의미에서 일반화된 ARCH(generalized ARCH), 또는 GARCH모형이라고 부르는데, GARCH 모형의 기본적인 아이디어는 통상적인 AR(p)모형이 가역조건을 만족하게 되면, MA모형으로 전환될 수 있는 것처럼, 그리고 긴 시차를 지니는 AR 모형이나 MA모형보다는 간결한 시차를 지니는 ARMA모형이 선호되는 것과 동일한 논리를 오차항이 지니는 AR 속성에 적용한 것이다.

ARCH(p)모형을 일반화하여 ARMA(p, q)모형과 유사하게 나타내면

$$\begin{aligned}\sigma_t^2 &= c+\sum_{i=1}^{p}\alpha_i\varepsilon_{t-i}^2+\sum_{i=1}^{q}\beta_i\sigma_{t-i}^2\\ &= c+\alpha_1\varepsilon_{t-1}^2+\cdots\cdots+\alpha_p\varepsilon_{t-p}^2+\beta_1\sigma_{t-1}^2+\cdots\cdots+\beta_q\sigma_{t-q}^2\\ &= c+\alpha_p(L)\varepsilon_t^2+\beta_q(L)\sigma_t^2\end{aligned}$$

여기서, L: 시차연산자

가 되는데, 이 때 ARCH과정과 마찬가지로 σ_t^2이 의미 있게 정의되기 위해서 모든 계수가 비음이어야 한다.

현실적으로 GARCH(1, 1)이 가장 많이 사용되는데, 기본 모형은 다음과 같이 표현된다.

$$\begin{aligned}&Y_t=\beta_0+\beta_1X_t+\varepsilon_t\\ &\varepsilon_t\sim N(0,\ \sigma_t^2)\\ &\sigma_t^2=\alpha_0+\alpha_1\varepsilon_{t-1}^2+\delta_1\sigma_{t-1}^2\end{aligned}\tag{9-4}$$

식 (9-4)의 분산방정식에서 오른쪽 항의 시차를 둔 오차항(lagged disturbance)을 연속적으로 대체하면

$$\sigma_t^2=\frac{\alpha_0}{1-\delta_1}+\alpha_1(\varepsilon_{t-1}^2+\delta_1\varepsilon_{t-2}^2+\delta_1^2\varepsilon_{t-3}^2+\delta_1^3\varepsilon_{t-4}^2+\cdots\cdots)$$

와 같아진다. 즉, 현재 t기의 분산은 모든 과거의 오차자승에 따라 달라지게 된다는 의미를 갖는다.

이처럼 GARCH(1, 1)모형은 ARCH(∞)모형으로 다시 쓸 수 있으므로 적은 수의 모수 또는 회귀계수(parameter)를 사용함에도 불구하고 긴 시차의 ARCH모형을 추정하는 것과 유사한 결과를 도출할 수 있다는 점에서 그 유용성을 찾을 수 있다.

1.5. ARCH(p)모형의 확장

ARCH모형을 이용하면 주가, 환율과 같은 금융변수의 경우 한 번 변동성이 커지면 계속 커지고, 상대적으로 안정되면 일정 기간 안정되는 특징을 설명할 수 있음을 이미 지적한 바 있다.

ARCH모형은 기존의 회귀분석에서는 큰 의미를 두지 않았던 분산을 명시적으로 모형화하여 분석대상 변수의 변동성을 측정하는 통계적 수단을 제공한 것에 의미가 있으며, 특히 외환·주식·채권시장에서의 가격변동성은 위험(risk)으로 해석될 수 있으므로 투자의 수익률과 위험을 동시에 고려하는 연구에서 많이 이용되고 있다.

한편, ARCH모형은 다양한 형태로 발전되었는데, 예컨대 GARCH모형의 가역조건 및 비음조건이 만족되지 않는 경우, 즉 $0 \leq \alpha(1)+\beta(1)<1$이 만족되지 않는 경우에 IGARCH를 사용한다. 한편, 조건부 분산은 단지 시차가 있는 잔차들의 크기만의 함수일 뿐 그 부호에는 무관하므로 레버리지효과(leverage effect)를 고려하기 위하여 EGARCH를 사용하기도 한다. 여기서 레버리지효과란, 예컨대 주식가격변동성의 변화가 주식가격의 변화와 음의 상관관계를 가지는 경향, 즉 주식가격이 하락할 때 주식가격변동성이 가격이 상승할 때보다 더 큰 현상을 말한다. 이 밖에도 ARCH-M 등 특정 여건을 보다 구체적으로 고려하는 많은 변종이 계속적으로 창출되고 있다.[2)]

2) 자세한 내용은 박준용 외 2인(2002), 제6장 참조.

1.6. ARCH효과의 검정

임의의 시계열이 ARCH유형의 확률과정인가를 진단하는 데에는 다양한 통계적 검정방법이 사용된다.

Jarque-Bera(1986) 정규성 검정과 Ljung-Box-Pierce검정

ARCH 확률과정이 정규분포에 비해 꼬리부분이 두텁고 때때로 비대칭적 특징을 보인다는 데 착안한 검정방법들이다.

1) Jarque−Bera(1986) 정규성 검정

이 검정법은 오차항의 분포가 정규분포인지를 확인하기 위해 분포와 왜도와 첨도를 구하여 정규분포(각각 0과 3)와 비교하는 접근방식을 쓰고 있다. $\hat{\varepsilon}_t$를 OLS잔차항이라 하면 라그랑지승수(LM) 통계량인 Jarque-Bera 검정통계량은 다음과 같아진다.

$$\text{JB}=n\left[\frac{1}{6}\left(\frac{1}{n}\sum_{i=1}^{n}\frac{\hat{\varepsilon}^3}{\hat{\sigma}^3}\right)^2+\frac{1}{24}\left(\frac{1}{n}\sum_{i=1}^{n}\frac{\hat{\varepsilon}_t^4}{\hat{\sigma}^4}-3\right)^2\right]$$

이 때 분포가 정규분포라는 귀무가설하에서 JB는 점근적으로 $\chi^2(2)$분포를 따르며, $\text{JB}<\chi^2(2)$이면 귀무가설을 수용하고 그렇지 않으면 기각하게 된다. 일단 정규성에 대한 귀무가설이 기각되면 오차항 및 그 제곱시계열의 계열상관 존재 여부를 검정하여야 하는데, 통상 Box-Pierce Q검정통계량 또는 Ljung-Box Q검정통계량을 이용한다. $\hat{\rho}_j$를 j차 표본자기상관계수라고 하면 두 검정통계량은 다음과 같아진다.

$$\text{Box-Pierce } Q\text{검정통계량}\equiv n\sum_{j=1}^{q}\hat{\rho}_j^2=\sum_{j=1}^{q}(n^{1/2}\hat{\rho}_j)^2\rightarrow_d \chi^2(q)$$

$$\text{Ljung-Box } Q^*\text{검정통계량}\equiv n(n+2)\sum_{j=1}^{q}\frac{\hat{\rho}_j^2}{n-j}$$

$$=\sum_{j=1}^{q}\frac{n+2}{n-j}(n^{1/2}\hat{\rho}_j)^2\rightarrow_d \chi^2(q)$$

이 두 검정통계량의 극한분포는 q차의 자기상관계수가 모두 0이고,

따라서 자기계열상관이 없다는 귀무가설하에서는 두 검정통계량 모두가 $\chi^2(q)$분포를 따르게 된다. 만약 어떤 시계열이 ARCH유형의 확률과정을 따른다면, 오차항에 대한 이들 검정은 자기계열상관이 없다는 귀무가설은 기각하지 않겠지만 그 제곱된 시계열의 경우에는 이러한 귀무가설을 기각하게 된다.[3)]

2) LM-ARCH검정 (Engle, 1982)

y_t를 X_t에 회귀분석하여 얻은 OLS잔차항의 제곱을 p개의 시차(lag)항(ε_{t-1}^2, ……, ε_{t-p}^2)에 대하여 두 번째 단계의 회귀분석을 실시하여 이들 회귀계수가 동시에 유의적인지를 검정하는 LM-ARCH검정법이 있다.

H_0: $\alpha_1 = \alpha_2 = \cdots\cdots = \alpha_p = 0$
H_1: 적어도 한 개의 $\alpha_i \neq 0$, $i = 1$, ……, p

두 번째 단계에서 T개의 OLS잔차항 제곱을 사용하면 ε_t가 i.i.d.~$N(0,\ \sigma^2)$라는 귀무가설하에서 LM-ARCH통계량은 $\chi^2(q)$분포에 수렴하게 될 것이다. 따라서 주어진 유의수준에서 검정통계량값이 $\chi^2(q)$보다 작으면 귀무가설을 수용하고, 그렇지 않으면 귀무가설을 기각하게 된다.[4)]

이 검정법은 간단하다는 장점이 있으나 회귀식에 중요한 설명변수가 누락되었거나 비선형성 등이 고려되지 못한 경우에는, 제곱된 오차항에 계열상관현상이 나타날 수 있어 시계열이 백색소음이라는 귀무가설이 기각되기 쉽다는 문제점이 있다. 따라서 귀무가설이 기각되었다 해도 성급하게 ARCH 확률과정이라고 판단하는 것은 다소 무리가 있음에 유의할 필요가 있다.

1.7. ARCH 및 GARCH모형의 추정

전술한 바 있듯이, ARCH모형을 실증분석에 사용하는 경우 모형의 적합도를 높이기 위해서 긴 시차를 필요로 하는 경우가 종종 발생한다.

3) 박준용(2002), 제6장 참조.
4) 검정통계량의 구체적 내용은 박준용(2002) 참조.

이런 경우 많은 모수의 추정이 요구되어, 최우추정과 같은 수치적 극대화 방법을 이용하면 때때로 추정값이 수렴하지 않는 문제가 발생한다. 이러한 문제를 극복하기 위해 Bollerslev(1986)는 ARCH모형을 일반화하였다는 의미에서(generalized) ARCH, 또는 GARCH과정이라는 모형을 제안하였음은 전술한 바 있다.

여하튼 일단 검정결과 ARCH효과가 있는 것으로 나타나면 ARCH유형의 모형은 최우추정법(maximum likelihood method)에 의해 주로 추정된다. 최우추정을 위해서는 먼저 다음과 같은 오차항의 분포에 대한 정보가 필요하다.

$$y_t = x_t'\beta + \varepsilon_t$$
$$\varepsilon_t = u_t\sigma_t, \ \sim \text{ARCH}(p)$$
$$(\text{즉, } \varepsilon_t | \Psi_{t-1} \sim N(0, \sigma_t^2) \text{ and } \sigma_t^2 = \alpha_0 + \alpha_1 \varepsilon_{t-1}^2)$$
$$u_t | \Psi_{t-1} \sim \text{i.i.d. } D(0, 1)$$
(즉, u_t는 평균 0, 분산 1인 미지의 동일 독립분포를 따른다)

오차항의 분포가 정규분포인 경우 Ψ_{t-1}에 대한 u_t의 조건부 분포 $D(0, 1)$은 표준정규분포가 되며, log우도함수는 다음과 같다.

$$\log L = -\frac{T}{2}\log(2\pi) - \frac{1}{2}\sum_{t=1}^{T}\left(\log \sigma_t^2 + \frac{\varepsilon_t^2}{\sigma_t^2}\right)$$

여기서 수치최적화 방법(BHHH, BFGS 등)을 이용하여 로그우도함수를 극대화하는 모수(α_0, α_1, ……, β)를 구한다. 이 때 오차항의 분포가 비정규분포인 경우에는 student-t분포(Bollerslev, 1987), 일반화된 오차분포(GED), 비대칭 student-t분포(Fernandez and Steel, 1998) 등을 고려할 수 있는데, 두꺼운 꼬리모양(fat-tail) 및 비대칭적 분포의 특징을 모두 고려하기 위해서는 비대칭 student-t분포를 사용하는 것이 바람직하다. 이 경우 평균이 0이고 분산이 1인 비대칭 student-t분포의 로그우도함수를 이용한다.[5)]

5) 박준용(2002), 제6장 참조.

1.8. ARCH모형의 한계

ARCH모형은 분산의 군집현상이라는 금융시계열만의 독특한 속성을 다루기 위하여 개발된 모형인데, 특히 시계열자료의 관측주기가 짧을 때(즉, 일별 자료, 시별 자료 등), 분산의 군집현상이 발생하는 경향이 높다는 점에서 금융시계열을 분석하는 데 특히 유용하다. 반면, 관측주기가 상대적으로 긴 여타의 경제시계열(예컨대, GDP(분기자료), 물가(월간자료) 등)에는 분산의 군집현상이 심하게 발생하지 않는 것으로 알려져 있는데, 결국 이들 자료에 대해서는 굳이 ARCH류의 기법을 활용할 여지가 없다고 할 수 있다. 다양한 논리의 사유를 바탕으로 다종의 ARCH모형(EGARCH, IGARCH, ARCH-*M* 등)들이 제시되고 있어서, 실제로 자료를 분석하고자 할 경우에 어떤 모형이 최적의 모형인지에 대해 혼란이 야기될 수 있다.

예제 9-1

ARCH모형을 이용한 한국의 종합주가지수 분석

본 예제에서는 가장 대표적인 투기적 가격 중의 하나인 주가지수(KOSPI)를 ARCH모형을 이용하여 추정해 보았다. 사용한 자료는 2005년 1일자료로 221개의 관측치를 활용하였다. 그런데 〈그림 9-1〉에서처럼 주가지수는 불안정성을 가지고 있어 이를 일단 1일주가수익률(DKOSPI = ($kospi_t - kospi_{t-1}$)/

그림 9-1 주가지수(KOSPI)의 변화추이(2005년 기간중)

(단위: %)

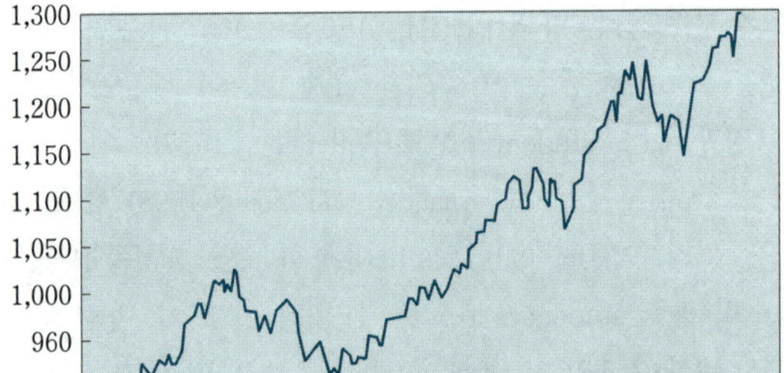

그림 9-2 1일주가수익률(DKOSPI)의 변화추이(2005년 기간중)

(단위: %)

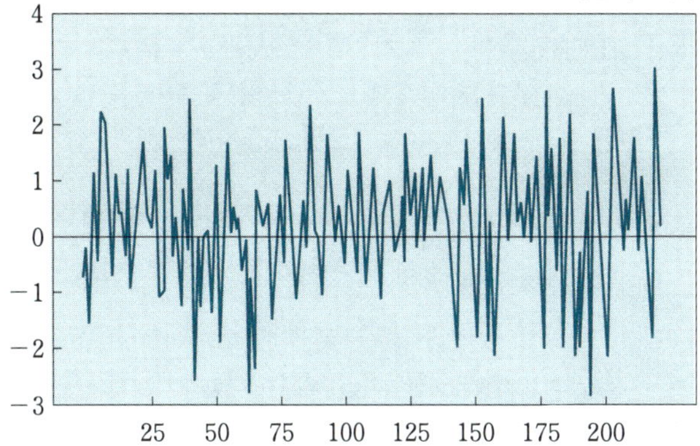

kospi$_{t-1}$)로 전환하였다.[6] 〈그림 9-2〉에서처럼 전환된 자료는 안정성을 회복한 것으로 보인다. 그러나 여전히 군집변동성이 존재가 의심되므로 ARCH모형에 의한 추정을 시도해 보았다.

우선, 1일주가수익률(DKOSPI=(kospi$_t$−kospi$_{t-1}$)/kospi$_{t-1}$)을 설명하기 위하여 상수항만을 포함하는 단순한 모형을 설정하되, 변동성을 감안하여 ARCH(p)모형을 도입하였다.

$$DKOSPI_t = \beta_0 + \varepsilon_t$$
$$\sigma_t^2 = \mathrm{Var}(\varepsilon_t) = \alpha_0 + \alpha_1 \varepsilon_{t-1}^2 + \cdots\cdots + \alpha_p \varepsilon_{t-p}^2$$

상수항만으로 이루어진 모형을 추정한 결과는 아래와 같다.

$$DKOSPI_t = \underset{(2.368)}{0.174} + \varepsilon_t$$

추정된 값은 0.17로 1일 평균수익률을 의미한다. 즉, 2005년 기간중 우리 나라 1일주가수익률은 0.17%의 수익률을 기록한 것으로 해석될 수 있다. 한편, 도출된 모형에서 잔차항을 도출하여 분산을 추정한 결과 Var(ε_t)=1.187로 '1'이 아닌 값을 지니는 것으로 나타났다.

이제 변동성 여부(즉, ARCH효과)를 확인하고자 추정된 잔차항을 제곱한 값을 종속변수로, 그리고 시차종속변수를 설명변수로 놓고 다양한 시차에 대해 회귀분석을 실시해 보았다. 이러한 과정에서 ARCH효과가 존재하는가를 검정하기 위한 방안으로는 Engle(1982)이 제안한 LM검정법을 활용해 보았다.

6) 물론 KOSPI를 AR(1)모형으로 설정하거나 ΔKOSPI로 전환한 모형을 활용할 수도 있으나, 이 곳에서는 추정결과의 편의를 위해 상기와 같은 모형을 설정하였다.

LM검정법은

$$\sigma_t^2 = \mathrm{Var}(\varepsilon_t) = \alpha_0 + \alpha_1 \varepsilon_{t-1}^2 + \cdots\cdots + \alpha_p \varepsilon_{t-p}^2$$

같은 모형에서 ARCH효과가 존재할 경우 H_0: $\alpha_0 = \alpha_1 = \cdots\cdots = \alpha_p = 0$와 같은 귀무가설을 기각할 수 있다는 사실에 근거한 검정법이다. 이 때 활용한 LM검정통계량은 추정된 모형에서 'n(잔차항의 수)$\times R^2$'$\cdot \chi^2$와 같아지며, p(ARCH 차수)의 자유도를 지니는 χ^2분포를 따르게 된다.

본 예제의 경우에는 다양한 p차에 대한 LM검정을 실시한 결과 $p=2$일 때, ARCH효과가 상대적으로 강하게 존재하는 것으로 나타났다. 이 때의 추정결과는

$$\sigma_t^2 = \mathrm{Var}(\varepsilon_t) = \underset{(5.94)}{0.974} - \underset{(-0.07)}{0.005}\varepsilon_{t-1}^2 + \underset{(2.75)}{0.184}\varepsilon_{t-2}^2$$

와 같고, 계산된 검정통계량은 7.42로서 임계치(유의수준 5% 경우) 5.99보다 크게 나타났다.

$$\chi_{cal}^2 = 7.42 > 5.99 = \chi_{\alpha=0.05}^2$$

따라서 귀무가설(H)을 기각하고, ARCH(2)가 존재하는 것으로 해석되었다.

그런데 이와 같이 ARCH효과가 존재할 경우에는 GLS 추정을 실시하여야 한다. 그리고 두 추정모형을 효율적으로 추정하기 위해서 는 개별 추정식이 수렴하는지 여부를 살펴가면서 반복추정을 실시해야 한다. 그러나 실질적으로는 개별 방정식을 비선형 MLE 추정법을 이용하여 동시에 추정을 실시한다. ARCH효과를 감안하여 재추정된 결과는 아래와 같다.

$$DKOSPI = 0.204 + \varepsilon_t$$
$$\sigma_T^2 = \mathrm{Var}(\varepsilon_t) = \underset{(6.52)}{0.955} - \underset{(0.398)}{0.029}\varepsilon_{t-1}^2 + \underset{(1.914)}{0.158}\varepsilon_{t-2}^2$$

ε_{t-1}^2을 제외하고는 전체적으로 유의성이 있는 것으로 나타났으며, 결과적으로 2005년 기간중 우리 나라의 평균 1일주가수익률은 0.204%의 고수익률을 기록한 것으로 분석될 수 있다.

2 추세변동과 불안정적 시계열, 그리고 오차수정모형에 의한 예측

시계열분석과 전통적인 회귀분석은 우선 출발부터 성격상 차이가 있었고, 따라서 이들 두 가지 분석방법론을 서로 다른 성격의 것으로 인식하는 경향은 1970년대 후반에 이르기까지 지속되었다. 그러나 회귀분석에서 사용되는 자료는 주로 시계열자료이며, 시계열자료 분석에서 야기되는 문제점을 해소하기 위해 노력하는 과정에서 두 가지 분석방법이 근원적으로 달리 전개되어야 한다는 이원론적 인식은 한계를 드러내게 되었다. 예컨대, 자기상관문제는 시계열자료 분석에서 가장 대표적이고 또 초보적인 문제로 간주되고 있으며, 이러한 자기상관문제는 동시에 시계열분석의 가장 기본적인 분석대상이 되고 있기 때문이다.

시계열분석과 회귀분석의 결합현상은 우선 동태모형(dynamic model) 설정에서 찾아볼 수 있다. 동태모형이란 종속변수를 과거의 종속변수값(Y_{t-j}, $j>0$)이나 현재 및 과거의 독립변수들(Y_{t-j}, $j\geq 0$)의 함수로 정의하는 회귀모형이라 할 수 있다. 이 때 과거변수가 현재의 종속변수 Y_t에 어떻게 영향을 미치는가에 대한 구조적 관계에 당연히 관심의 초점이 모아지게 되는데, 이러한 시차적 인과관계에 따라 동태모형이 설정된다. 예컨대, 시차분포모형(distributed-lag model)은 동태적 회귀모형의 대표적인 예로 볼 수 있으며, 일단 동태회귀모형이 설정되면 후술하는 바와 같은 동태적 승수분석이 가능하게 됨은 주지의 사실이다.

그런데 동태모형에서의 오차항은 마치 순수시계열분석의 ARMA모형처럼 파악할 수 있게 된다는 데 주목할 필요가 있다. 즉, 통상적인 회귀모형이 오차항을 AR(1), 즉 $\varepsilon_t=\rho\varepsilon_{t-1}+v_t$로만 파악하던 관행을 탈피하여 보다 일반화된 유형의 AR(p)오차, 즉 $\varepsilon_t=\rho\varepsilon_{t-1}+\cdots\cdots+\rho_p\varepsilon_{t+p}+v_t$로서 파악하는 것이다. 시계열분석의 관점에서 볼 때는 AR(1)오차는 특수한 경우에 지나지 않는다고 볼 수 있기 때문에, 이에 한정된 회귀분석의 자기상관문제 해소방안에는 한계가 있다고 볼 수 있다. 자기상관의 존재 유무를 판별하는 데 흔히 사용되는 d통계량은 AR(1)오차의 식별에만 유효하며, 종속시차변수가 설명변수로 등장하는 경우나 일반화된 AR(p)오차가 존재할 때에는 사용될 수 없다는 점은 기존 회귀분석의 한계를 지적하는데 좋은 예가 될 수 있을 것이다.

여하튼 시계열자료를 이용하는 일련의 분석과정에서 만일 시계열자료가 불안정적(non-stationary)일 경우 기존의 회귀분석이론에 입각한 추정 및 검정에 오류가 있을 수 있다는 점은 수 차례 지적된 바 있다. 이러한 사실은 정태모형이나 동태모형에 관계없이 적용되는 내용으로 1980년대 후반 이후에 학계에서 크게 주목받기 시작하였다. 이에 관한 논의는 실제로는 서로 상관이 없는 시계열자료가 불안정적인 특성을 가질 경우에는 회귀분석상 서로 상관이 있는 것으로 나타날 수도 있다는, 이른바 허구적 회귀(spurious regression)현상의 인식에서 출발되었다. 즉, 변수 간에 상관이 없음에도 불구하고 불안정적 변수 간의 회귀분석결과에서는 다중결정계수(R^2)값과 유의성 검정을 위한 검정통계량(t)값이 높게 나타날 수 있다는 것이다.[7)]

따라서 이러한 상황발생 가능성과 관련하여 우선 시계열자료가 불안정적인가의 판별이 주요한 관심사항이 되는데, 이를 판별하는 방법이 바로 단위근검정(unit root test)방법이다. 단위근검정은 앞 장에서 논의한 ARMA 모형의 안정성 문제와 그 맥락을 같이 하는 것으로서 일반적인 확률적 차분모형(stochastic difference model)에서 자기회귀항(autoregressive term)을 중심으로 정의되는 행태방정식의 근이 1이라는 값을 포함하느냐를 판별하는 방법론이다.

그러나 단위근검정에 의해 시계열자료가 불안정적인 것으로 판별되더라도 허구적 회귀현상이 발생하지 않을 수도 있다는 점에 유의를 해야 한다. 즉, 둘 또는 그 이상의 시계열과정이 개별적으로는 불안정적이라 할지라도 이들의 선형결합함수는 안정적일 수 있기 때문이다. 이러한 관계가 성립되는 경우 이들 변수는 서로 공적분관계(cointegration)에 있다고 하며, 이 경우에는 더 이상 허구적 회귀현상이 발생하지 않게 된다. 현재 공

7) 여기서 흔히 오류를 범하기 쉬운 주의할 사항이 있다. 허구적 회귀의 내용은 우리가 자주 사용하는 검정통계량, 즉 R^2, d통계량 및 t값들이 의미가 없을 수 있다는 것이지, 회귀분석 자체가 항상 무의미하다는 것을 말해 주는 것은 아니라는 것이다. 즉, 후술하는 바와 같이 불안정적인 시계열자료가 사용될 때에는 회귀계수의 분포가 정규분포 등 표준적 분포를 따르지 못하고 비표준적 분포(non-standard distribution)를 따르기 때문에 이들 통계량에 근거하는 검정결과가 오류가 있다는 것만을 의미할 뿐이다.

적분관계의 성립 여부를 판별하는 방법론이 여러 학자들에 의해 개발되고 있으며, 일단 공적분관계가 존재하는 것으로 판정될 경우에는 오차수정모형(error correction model: ECM)을 이용하여 추정하도록 권고되고 있다.

한편, 앞 장에서 살펴본 ARMA모형을 중심으로 한 단순시계열분석을 다중시계열분석(multiple or multivariate time series analysis)으로 확장시킨 벡터ARMA(vector ARMA: VARMA)모형을 고려할 수 있다. 그러나 이동평균(MA)부분은 비선형함수관계를 야기시켜서 추정상 어려움을 초래하므로 이 부분을 제외시킨 벡터AR(vector AR: VAR)모형을 주로 고려하게 된다. 이 AR(p)모형에서 시계열이 벡터형태를 갖는 모양으로 표현된 것이어서 통계적으로 볼 때는 단순한 일반화에 불과한 것으로 보여진다. 그러나 VAR모형에 입각한 예측의 정확도가 뛰어나다는 점, 그리고 통상 최소자승법에 의한 추정이 가능하다는 점 등의 유용성 때문에 특히 예측을 주목적으로 하는 분석에 자주 그리고 널리 사용되고 있다. 최근에는 공적분검정과 공적분이 존재하는 경우의 추정에 VAR모형을 결합시키는 새로운 방법론이 발표되고 있다.

2.1. 허구적 회귀

원래 경제이론이란 경제변수 간에 성립되는 인과관계적 함수관계로 표현되며, 이러한 논리의 현실성 여부는 계량분석을 통해 확인되는 것이다. 그런데 이러한 실증분석을 수행하는 데 활용되는 경제변수들의 시계열자료는 대부분 불안정성(non-stationary)을 갖고 있는 것으로 알려지고 있다. 그리고 이러한 상황에도 불구하고 전통적인 회귀분석을 실시할 경우에, 실제로는 변수 간에 아무런 상관관계가 없음에도 불구하고 외견상 의미 있는 연관관계가 있는 것처럼 보이는, 이른바 허구적 회귀현상이 발생된다는 사실이 최근 들어 학계에서 큰 주목을 받게 된 것이다. 예컨대, 불안정적 변수 간에 회귀분석을 실시할 경우 서로 관련이 없는 경우에도 R^2의 값이 1에 가깝게 나타나고, F통계량 및 회귀계수에 대한 t통계량이 유의적으로 나타나는 현상이 나타나서 이들에 의한 검정에는 오류가 발생될 수 있다는 것이다. 이 때 d통계량값은 매우 낮은 값으로 산출되는 경향이 있어서 계측된 상관현상이 변수 간의 연관관계에 의하기보다는 변수들의 불안정성(또는 오차항의 양의 자기상관현상)에 기인하는 것으로 볼 수 있다. 따라서 흔히 높은 R^2의 값을 동반하는 낮은 d통계량값이 허구적 회귀의 대표적 특정으로 인식되고 있다.

이러한 현상이 나타나는지 여부는 결국 시계열자료가 불안정성을 갖

그림 9-3 확정적 추세와 확률적 추세

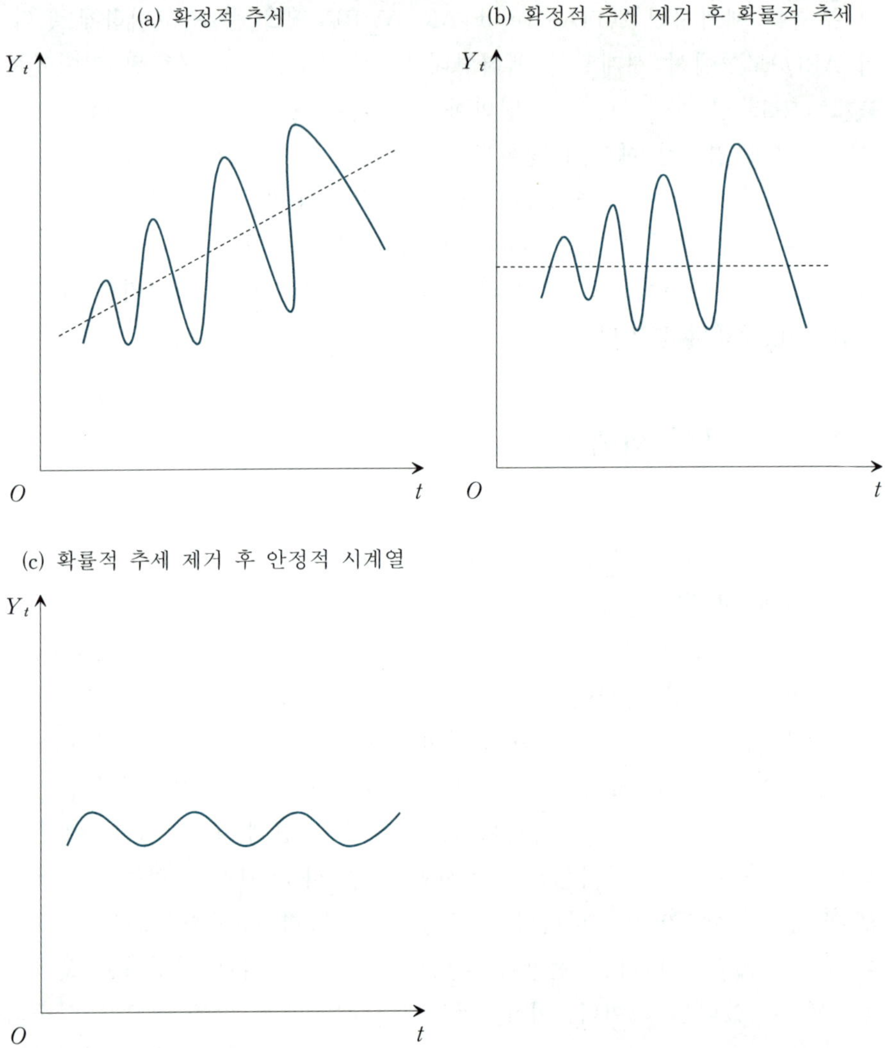

고 있는지의 여부에 달려 있는데, 확률적 추세(stochastic trend)를 갖는 불안정적 시계열은 오직 차분(differencing)에 의해서만 안정적으로 전환될 수 있는바, 시계열이 안정적인지 여부는 확률적 차분방정식(stochastic difference equations)의 자기회귀항으로 이루어지는 특성방정식이 '1'이라는 근을, 즉 단위근을 갖는가에 달려 있다.[8] 단위근검정은 다음 절에서 자세히 논의하게 될 것이다. 여기서 허구적 회귀의 해석과 대응방법상에 주의해야 할 사항이 있다. 일반적으로 단위근을 갖는 시계열을 회귀분석할 경우 (연속적인)차분과정을 거쳐 안정적 시계열을 도출한 다음 회귀분석을 수행하게 된다. 그런데 이러한 방법은 시계열의 고유한 잠재정보를 상실시키므로 동태적이고 안정적인 장기균형을 도출할 수 없게 된다는 문제가 있음을 유념할 필요가 있다.

2.2. 적분된 시계열과 공적분

원래 단위근이란 불안정적 시계열을 자기회귀모형($Y_t = \alpha + \beta Y_{t-1} + \varepsilon_t$)으로 표현하였을 때 그 특성근이 1, 즉 단위근을 갖는다(위 모형에서는 $\beta = 1$)는 사실에 근거하여 붙여진 이름이다.

시계열의 안정성이란 시계열의 평균이 시간의 흐름과 상관없이 일정 평균을 중심으로 하는 변동량, 즉 분산이 유한한 값을 갖는 특성을 지칭하는 것이다. 이러한 안정적 시계열은 평균과 분산값이 표본기간에 상관없이 일정한 성격을 가지며, 어떤 외부충격이 발생할 때 그로 인해 발생하는 효과 또한 평균을 중심으로 일정 한도(유한한 분산) 내에서의 변동으로 나타나되 항상 평균으로 복귀하려는 성향을 가지므로, 안정적 시계열의 자기상관함수(ACF)값들은 시차가 확대됨에 따라 급격히 0으로 감소하게 된다는 특징을 갖는다.

그런데 대다수의 경제변수들이 불안정적이라는 사실은 전술한 바와 같다. 따라서 무작위적 충격은 누적적으로 미래에 대해 영속적인 영향을 미치는 것으로 분석될 수 있다. 이러한 문제를 유발하는 불안정성은 일반

8) 여기서 주의할 점은 〈그림 9-3〉에서처럼 이른바 확정적 추세의 제거는 시간변수(time)에 대한 회귀분석만으로도 가능하지만((a)→(b)) 이것만으로는 확률적 추세를 제거할 수 없을 수 있으며, 결국은 차분에 의해서만 제거((b)→(c))됨으로써 비로소 안정적 시계열로 전환될 수 있다는 점이다.

적으로 차분을 통해 해소될 수 있는데, 안정성이 회복되기까지에 필요한 차분횟수가 d라 할 때 원시계열은 d차 적분된 시계열(integrated process)이라 부르며 $Y_t \sim I(d)$라 표기한다.[9)]

즉, 일반적으로 어느 시계열 Y_t가 확정적 추세(deterministic trend)를 제거한 후 d번의 차분에 의하여 안정적이며 가역적인 ARMA모형으로 나타날 때, 그 시계열은 d차수만큼 적분되었다고(integrated of order d) 말하며, 이 때 $Y_t \sim I(d)$라고 표시한다. 예를 들어, 만약 $Y_t \sim I(1)$라면 1차 차분으로 ΔY_t는 안정적이 되며, 또 만약 $Y_t \sim I(0)$라면 차분이 필요 없이 그 자체로서 안정적이라는 것이다. 따라서 어느 시계열이 $I(0)$가 아니라면, 단위근이 존재함을 의미한다. 학자들 간에 논란의 여지가 있지만, 많은 경제시계열자료는 $I(1)$이라고 알려져 있으며, 장기적으로 일정 수준을 유지하는 시계열자료만이 $I(0)$라고 알려져 있다. 또한 $I(0)$가 아닌 시계열은 확률적 추세(stochastic trend)를 갖는다고 표현하기도 한다. 한편, 확정적 추세만을 갖는 시계열의 경우에는 그의 평균이나 분산이 시간에 따라 변한다는 차원에서는 역시 불안정적이라고 할 수 있지만, 확률적 추세가 존재하지 않으므로 차분과정을 거치지 않고 $I(0)$변수로 전환이 가능하다는 점에서 적분된 시계열과 구분된다.

이제 공적분(cointegration)의 의의와 그 개념에 대해 살펴보자. 대부분의 경제적 시계열은 불안정한 것으로 이해되고 있으며, 이는 주로 일률적으로 상승 또는 하강하는 추세와 확률적 추세 등을 갖는 데 기인한다. 이와 같은 추세를 갖는 변수 간에 통상적인 회귀분석을 실시할 경우, 실제로는 상관관계가 전혀 없는 변수 간에서도 외견상으로는 의미 있는 인과관계가 있는 것처럼 보이는 허구적 회귀현상이 발생할 수 있음은 전술한 바와 같다. 그리고 이러한 사실은 대체적으로 표본수가 증가함에 따라 R^2값이나 t값이 증가하나 일반적으로 d값은 작아지는 현상으로 나타나는데, 낮은 d값은 오차항이 양의 자기상관현상을 갖고 있음을 의미하며, 이로 인한 오차항의 불안정성이 바로 허구적으로 높은 적합도(R^2, t)를 유발하는 것이라는 사실도 지적한 바 있다.

따라서 우리는 시계열 Y_t가 단위근을 가질 경우 Y_t에 대한 회귀분

9) 이러한 이유 때문에 불안정한 시계열을 적분된 시계열과정(integrated process)이라고도 한다.

석은 의미를 상실할 수 있으며, 따라서 1차 차분을 통해 안정적 과정, ΔY_t를 도출한 다음 이를 이용하여 분석하면 허구적 회귀를 피할 수 있게 된다. 이 때의 회귀계수는 통상적인 분포를 따른다고 볼 수 있다. 물론 Y_t가 증가추세를 갖되 단위근을 갖지는 않는 경우($|\rho|<1$)에는 단순히 추세제거법에 의해 안정적 과정으로 전환이 가능하며, 이 경우에는 Y_t에 대한 회귀방정식에 확정적 추세를 나타내는 항을 포함시킨 다음 전통적인 회귀분석을 수행함으로써 대응하게 된다.

그런데 정작 문제는 Y_t가 단위근을 갖고 있는 것으로 판정이 될 경우, 비록 차분을 통해 안정적 과정으로 전환된 ΔY_t를 가지고 분석할 수는 있다. 하지만 이 때에는 장기적인 변화내용에 관한 정보는 전부 유실되어 버린다는 문제가 있음은 전술한 바와 같다. 더구나 많은 연구결과 상당한 거시경제변수들이 단위근을 갖는다고 분석되고 있어 계량분석의 어려움을 증폭시켜 왔다. 바로 이러한 상황에 대응하여 문제를 회피할 수 있는 경우가 있는데, 바로 공적분관계가 존재할 때라 할 수 있다.

두 변수가 모두 확률보행을 따르더라도 이들 변수의 1차 (결합)함수(linear combination)는 안정적이 될 수 있는 경우가 있다. 즉, Y_t와 X_t가 모두 확률보행이라도 '$Z_t=Y_t-\beta X_t$'는 안정적이 될 수 있다. 예컨대, Y_t와 X_t가 모두 $I(1)$이면 두 변수의 선형결합함수인 $Z_t=Y_t-\beta X_t$도 $I(1)$이 될 것이다.

그러나 Z_t가 $I(0)$가 될 수 있는 β가 존재할 수도 있는데, 이 때 우리는 Y와 X가 공적분화되었다고 하고 β를 공적분모수(cointegrating parameter)라 부른다. 이 때 β에 대한 추정치는 X를 Y에 대하여 OLS를 실시하여 얻을 수 있다. X와 Y가 공적분화되지 못하는 확률보행의 경우와는 달리 여기에서는 OLS가 β에 대해 일단 의미 있는 추정치를 제공해 줄 수 있다. 그리고 이 때 얻어지는 회귀오차, 즉 잔차항을 이용하여 Y와 X가 실제로 공적분화되었는지의 여부도 판정할 수 있다.

그런데 공적분이론은 단지 선형회귀분석의 존재가치 여부를 검정하는 데 그치는 것이 아니다. 두 변수가 공적분화되는지를 검정하는 것은 결국 두 변수 간에 설정된 이론적 함수관계를 검정하는 효과를 갖는다. 예컨대, 소비와 소득이 확률보행과 같이 행동하더라도 두 변수의 선형결합이 안정적이 된다면 두 변수가 장기간에 걸쳐 일정한 관계를 유지하며 함께 변동할 것으로 기대할 수 있는 것이다.

일반적으로 이상과 같은 의의를 갖는 공적분모형을 보다 구체적으로 정리해 보면 다음과 같다. 두 변수 Y_t와 X_t가 각각 $I(1)$변수라고 할 때, 이의 선형결합인 $Y_t-\beta X_t$도 일반적으로 $I(1)$변수라고 기대할 수 있다. 만약 이것이 $I(1)$변수가 아니라 $I(0)$로 나타내진다면 우리는 두 변수 Y_t와 X_t가 서로 공적분관계에 있다고 말한다. 일반적으로 규정하자면, 변수들 Y_t와 X_t가 각각 $I(d)$와 $I(b)$일 때, 이의 선형결합 $Y_t-\beta X_t$가 $I(d-b)$, $d \geq b \geq 0$이라면 Y_t와 X_t는 (d, b)차수로 공적분관계에 있다고 하며, 이 때 $Y_t, X_t \sim CI(d, b)$라고 표기한다.[10] 이 때 벡터 $(1, -\beta)$를 공적분벡터(cointegrating vector)라 하며, 두 변수 간에는 장기적 균형관계가 성립된다고 설명된다. 이 경우 공적분벡터는 장기적 균형을 나타내는 모수이며, $Y_t-\beta X_t$는 단기간에 장기적 균형으로부터 벗어나는 불균형오차(disequilibrium error)라고 부른다. 또한 공적분벡터의 계수 β는 장기승수(total multiplier)와 같은 개념을 갖는 것으로 해석된다. 공적분관계는 다음에서 살펴보듯이 불안정적 시계열의 회귀분석방법을 강구하는 데 매우 중요한 위치를 차지한다.

여하튼 만약 $Z_t=Y_t-\beta X_t$가 $I(0)$이 되면 변화가 유발되더라도 일정한 평균치를 중심으로 움직일 것이고, 또 평균으로 복귀하는 특성이 있어 (장기적인) 균형관계로부터 멀어지지 않을 것이다. 결국 공적분이란 개별적으로는 불안정적인 변수들의 선형결합이 안정적인 상태라 할 수 있다. 이러한 공적분 개념은, 첫째 불안정적 변수를 차분하지 않고도 회귀분석을 적용할 수 있는 논리적 근거를 제공하였고(따라서 수준변수 간의 회귀분석이 꼭 필요한 경우에는 공적분관계검정이 필수적으로 요구되는데, 이는 공적분관계의 존재가 OLS 추정량에 일관성을 보장하기 때문이다), 둘째 변수들의 수준변수값들 간에 존재하는 안정적인 장기적 균형관계와 이를 중심으로 변동하는 단기적 변동(불균형오차)을 동시에 고려할 수 있는 동태적 분석체계를 발전시키는 데 큰 기여를 한 것이다.

10) R. F. Engle and C. W. J. Granger(1987), pp. 251～276.

2.3. 불안정적 시계열의 회귀분석

앞에서 잠시 논의한 바와 같이 확률적 추세를 갖는 불안정적 시계열의 회귀분석을 위하여, 그것이 허구적 회귀의 가능성을 내포한다고 하여 단순히 차분을 통하여 안정성을 회복시킨 변환된 시계열, 즉 $I(0)$변수로서만 회귀분석을 하는 방법은 하나의 방편은 될 수 있으나, 가장 바람직한 대안은 될 수 없다.

또 경우에 따라서는 $I(0)$변수, $I(1)$변수 또는 $I(2)$변수들이 혼재된 상태의 회귀분석이 있을 수 있는데, 이 경우에 $I(0)$변수를 제외한 모든 변수를 차분하여 $I(0)$변수를 만들어서 회귀분석을 해야 한다면 모형의 설정상에 상당한 제약이 따르고 추정결과의 해석에도 무리가 있을 수 있다. 실제로 어떤 경우에는 이렇게 다른 차수를 갖는 적분변수들의 회귀분석도 의미가 있다고 한다. 그렇다면 단위근을 갖는 회귀분석이 의미가 있는 경우가 있다면 그 의미란 무엇인가, 또 이 경우에 어떤 방법으로 회귀모형을 추정해야 할 것인가?[11] 여기에서는 이들에 대한 답을 찾기 위하여, 불안정적 시계열의 회귀분석에 대하여 1980년대 후반 이후 진행된 주요 연구 중 본서의 수준에서 벗어나지 않는 정도에서 개괄적인 내용을 살펴보기로 한다.

(1) $I(1)$변수의 회귀분석

우선 다음의 모형을 고려해 보자.

$$Y_t = \alpha + \beta X_t + \varepsilon_t \tag{9-5}$$

여기서 Y_t와 X_t가 각각 $I(1)$변수라면, 식 (9-5)에 대한 통상의 최소자승법에 의한 추정은 이들 변수가 공적분관계에 있지 않는 한 허구적 회귀현상의 문제점을 내포하고 있다. 이제 통상의 최소자승법에 의한 추정결

11) 단위근을 갖는 시계열에 대한 전통적인 회귀분석이론이 갖는 문제점은 앞서 논의한 바와 같다. 그런데 지금까지 제기된 문제 외에도 전통적 회귀이론에서 논의된 제 유형의 모형들과 그의 추정방법에 있어서도 많은 문제가 추가적으로 제기될 수 있을 것이다. 그러나 이러한 문제에 대한 해답은 아직도 연구단계에 있으며, 지금까지 연구된 내용도 학자들 간에 이견이 많은 상태이다.

과, 높은 R^2값과 유의성을 시현하는 t통계량을 얻더라도 이들 결과를 그대로 믿고자 하는 독자는 없을 것이다. 이와 같은 $I(1)$변수의 회귀분석이 의미하는 바를 약간 더 구체적으로 살펴보기로 하자.

첫째, 추정된 회귀계수의 분포는 통상 비표준적 분포(non-standard distributions)를 갖게 된다. 여기서 비표준적이라는 의미는 표본크기가 증가하더라도 정규분포에 접근하지 못한다는 것을 나타내며, 따라서 정규분포로부터 도출되는 t분포, F분포 또는 χ^2분포 등을 사용할 수 없음을 의미한다. 대신에 회귀계수의 분포는 위너계수(Wiener process) 또는 브라우니안 운동(Brownian motion: BM)으로 표현되는 연속성을 갖는 분포를 따르게 되는데, 이들 분포는 모의실험에 의하여 산출되어야 하는 문제점을 안고 있다. 비표준적 분포의 문제는 공적분상태에서도 없어지지 않는다.

둘째, 추정된 회귀계수는 불편추정량(unbiased estimator)의 성격을 갖지 못하며, 이 문제는 표본이 증가하더라도 없어지지 않는다. 편의(bias)는 소표본에서 더욱 심각하며, 이의 원인은 대체로 모형설정상의 문제로부터 연유한다고 믿어지고 있다.

(2) 혼재된 적분계열의 회귀분석

본 절의 서두에서 잠시 언급한 바와 같이, 때때로 $I(1)$변수와 $I(0)$변수가 혼재된 상태에서의 회귀분석이 가능한 경우가 있는데, 여기에서는 종속변수가 $I(0)$인 경우를 중심으로 살펴보고자 한다.

일반적으로 종속변수의 차수가 독립변수의 차수와 같아야 회귀모형이 성립된다. 이 조건을 만족시키지 않는 경우를 예를 들자면(〈표 9-1〉의 사례 3), 앞의 식 (9-5)에서 만약 $Y_t \sim I(0)$이고 $X_t \sim I(1)$이라면 이 모형은 넌센스가 된다. 왜냐하면, $I(1)$변수의 변동은 $I(0)$변수의 변동을 상쇄하기 마련인데, $I(0)$변수가 $I(1)$의 함수로 표현될 수 없기 때문이다. 한편, 만약 $Y_t \sim I(1)$이라면 X_t의 차수가 0 또는 1인 경우에는 회귀계수가 모두 비표준적 분포를 따르게 된다.[12] 이상의 논의는 X_t가 2개 이상의 설명변수로 정의될 때(단, 그들 간의 공적분이 존재하지 않을 때)도 성립한다.

---

12) 일반적으로 공적분이 성립되기 위한 선행조건으로 관련된 변수의 적분차수가 동일해야 한다는 것을 들 수 있다. 그런데 만약 $Y_t \sim I(1)$, $X_t \sim I(0)$라면 $Z_t = Y_t - \beta X_t$는 $I(1)$이 된다. $I(0) + I(1) = I(1)$이 되기 때문이다. 이 때 물론 $\beta = 0$이 되어야 한다.

표 9-1 혼재된 적분의 회귀분석

구 분	내 용	결 과
사례 1	$Y_t \sim I(1)\ X_t \sim I(1)$	비표준적 분포(허구적 회귀 또는 공적분)
사례 2	$Y_t \sim I(1)\ X_t \sim I(0)$	오차항 $\varepsilon_t \sim I(1)$이어야 함, 사례 1과 동일
사례 3	$Y_t \sim I(0)\ X_t \sim I(1)$	넌센스
사례 4	$Y_t \sim I(0)\ X_t \sim I(0)$	표준적 분포
사례 5	$Y_t \sim I(0)\ X_t \& Z_t \sim CI(1, I)$	표준적 분포

이제 두 개 이상의 독립변수를 고려하기 위해 다음의 식을 상정해 본다.

$$Y_t = \alpha + \beta X_t + \gamma Z_t + \varepsilon_t \qquad (9\text{-}6)$$

이 때는 〈표 9-1〉 사례 5에서 보듯이 $Y_t \sim I(0)$이고, 두 개 이상의 독립변수가 존재하며, 독립변수들 간에 서로 공적분관계가 성립할 경우(즉, X_t와 Z_t 각각은 $I(1)$변수이나 이들의 선형결합이 $I(0)$일 경우), 외견상 종속변수의 차수가 독립변수의 차수보다 낮아서 넌센스의 문제가 발생할 것으로 보일지 모르나 실제적으로는 독립변수의 선형결합과 종속변수가 모두 $I(0)$가 되므로 회귀계수는 표준적 분포를 따르게 된다는 것이다.[13] 만약 $Y_t \sim I(1)$이라면 차분한 변수 ΔY_t는 $I(0)$이므로 이를 종속변수로 사용하면 된다. 이 사실은 실제의 회귀분석에 유용한 수단을 제공해 줄 수 있다. 즉, 회귀계수가 비표준분포를 따르는 것을 막기 위한 하나의 방편으로서 여러 개의 과거시차변수를 독립변수에 추가시키면[14] 이들 간의 공적분이 성립하므로 종속변수를 $I(0)$로 전환시켜 사용하는 한, 회귀계수는 표준분포를 따르게 되기 때문이다.

한편, 독립변수 내에 $I(1)$과 $I(0)$ 시계열이 혼재되어 있을 때에도 종

13) P. C. B. Philips and B. E. Hallsen(1990), pp. 99～125; J. Y. Park(1992), pp. 119～143. 이 논문들도 이와 비슷한 방법을 취하는데, 이들은 $I(1)$변수를 적절한 변환에 의해 $I(0)$변수로 만들어서 회귀분석을 실시한다. 전자는 FM(fully modified)추정법, 후자의 논문은 CCR추정법으로 각각 불린다.

14) 만약 $X_t = I(1)$이라면 X_{t-i}와 X_{t-j}(단, $i \neq j$)는 서로 공적분관계에 있게 된다. 따라서 X_{t-1}과 X_{t-2}를 독립변수에 추가시킨다.

속변수가 $I(1)$ 시계열인 이상 문제가 되지 않는다. 다만 이 경우에는 〈표 9-1〉의 사례 1과 사례 2가 혼합되어 있는 것으로 해석되며, 회귀계수가 비표준적 분포를 갖는다는 점에는 다를 바가 없다.

(3) 공적분과 오차수정모형

일단 앞서 살펴본 판정방식에 따라 "특정 경제변수 사이에 공적분이 존재하면, 예컨대 $(X_t, Y_t) \sim CI(1, 1)$이라면, 이를 대변(represent)하는 이른바 오차수정모형이 존재한다는 대표정리(representation theorem)가 Engle과 Granger에 의해 개발되었는데, 오차수정모형(error correction model: ECM)의 일반형식은 다음과 같다.

$$\Delta Y_t = \alpha + \gamma\hat{\varepsilon}_{t-1} + \sum^{n}(\delta_i \Delta X_{t-i}) + \sum^{n}(\theta_i \Delta X_{t-i}) + v_t \qquad (9\text{-}7)$$

여기서, 시차의 길이는 v_t가 백색오차가 될 때까지 연장

위의 식에서 $\hat{\varepsilon}_{t-1}$은 공적분이 존재할 때 전기의 X_{t-1}과 Y_{t-1} 사이의 불균형오차를 반영한 오차수정항($\hat{\varepsilon}_{t-1} = Y_{t-i} - \beta X_{t-1}$)이다. 따라서 $\hat{\varepsilon}_{t-1} \sim I(0)$이다. 그러므로 식 (9-7)은 Y_t의 변화가 X_t의 변화뿐만 아니라 두 변수 간의 불균형 정도에 의해서도 영향을 받는 것으로 표현하고 있다. 이러한 ECM은 장기균형의 특징을 파악함과 동시에 단기적 조정과정을 동태적인 측면에서 파악할 수 있게 해 주고 있다. 결국 장기적 균형관계는 공적분회귀식에서 추정될 수 있는 반면에, 단기동태적 조정과정은 ECM에서 고려될 수 있는 것이라 할 수 있다.

그런데 이러한 ECM모형에는 차분변수와 수준변수가 동시에 포함되어 있어 설정오류(misspecification)의 발생가능성이 존재한다. 그러나 이러한 문제점은 공적분검정의 도입으로 해결해 줄 수 있다. 즉, 오차수정항으로 정의된 수준변수와 공적분관계가 성립되면 추정식상의 모든 항목은 동일한 적분의 차수를 갖게 되므로(즉, $\hat{\varepsilon}_t \sim I(0)$로서 공적분이 성립되면, ΔX_t, ΔY_t, 그리고 $\hat{\varepsilon}_t = Y_t - \beta X_t$ 변수가 모두 $I(0)$가 됨) 하등 문제가 될 것이 없다. 바로 이 오차수정항의 존재가 차분변수만으로 구성된 회귀모형에서 발생하는 정보유실문제를 아울러 해소시켜 주는 역할을 담당하고 있는 것이다. 그리고 이 오차수정항의 계수(r)는 장기균형에서 이탈한 불균형오차

($\hat{\varepsilon}_{t-1}$)가 Y_t에 얼마나 빨리 균형상태에 복귀하게 되는가를 나타내는 속도 조정계수(speed adjustment coefficient)의 의미를 아울러 함께 지니고 있다.

이상과 같은 공적분 개념과 ECM 개념에 근거하여 Engle과 Granger는 이른바 동태모형의 2단계 추정절차(two-step estimation procedure for dynamic modelling)를 제시하였다. 즉,

① Y_t와 X_t가 $I(1)$일 때의 공적분 회귀방정식

$$Y = \alpha + \beta X_t + \varepsilon_t$$

를 일단 OLS로 추정한 다음 공적분잔차 $\hat{\varepsilon}_t$가 $I(0)$가 되는지 확인한다. 물론 이러한 공적분검정은 변수 간의 장기적 관계의 존재를 확인하는 효과를 갖는 것이다.

② 공적분관계가 확인되면 공적분잔차 $\hat{\varepsilon}_t$를 포함하는 ECM방정식에 포함된 모든 변수들은 $I(0)$가 되므로 통상적인 추정방식을 적용할 수 있으며, 이러한 2단계 추정에 의해 동태적 관계를 확인할 수 있다.[15)]

이상과 같은 ECM모형은 대부분의 계량구조모형이 장기적 균형관계를 중시하는 정태모형의 성격을 갖고 있는 데 반해, 경제이론에 입각한 장기적 균형관계에 불균형상태를 나타내는 항목을 포함시켜 단기적 동태구조를 접목시켰다는 데에서 큰 의의를 찾을 수 있다. 즉, ECM모형은 지금까지 단기적 불균형동태모형으로 제시된 부분조정모형(partial adjustment model)이나 적응적 기대모형(adaptive expectations model)의 연장선상에서 이해할 수도 있으며, 단기동태적 관계를 명시적으로 고려하면서 변수의 장기적 균형으로의 점진적인 조정과정을 보여 줄 수 있다는 장점이 있다.

한편, ECM모형은 ARIMA모형과는 달리 수준변수(level variable)와 차분변수를 동시에 회귀방정식 내에 포함하여 분석한다는 데에서 특징을 발견할 수도 있다. 종속변수(통상적으로 안정적인 1차 차분변수)는 불안정한

15) 그런데 여기서 ECM 추정식에서 불균형오차항($\hat{\varepsilon}_{t-1}$)의 계수가 통계적으로 유의한지 여부를 검정함으로써 공적분관계의 존재 여부를 추가적으로 확인할 수 있다는 점을 지적해 두고 싶다. 물론 비단 이 항의 계수에 대한 유의성이 기각(즉, H_0: $\gamma=0$을 채택)되더라도 이는 공적분관계의 부재를 의미하는 것이 아니라, 공적분관계는 없다 하더라도 불균형오차가 단기적 동태조정에 미치는 영향이 미미하다는 것을 의미한다는 사실에 유념할 필요가 있다.

수준변수에 의해 장기균형관계가 설명되고, 차분변수들에 의해 단기적 조정과정이 설명되는 것이다.

물론 ECM에 포함된 수준변수들이 독자적으로는 불안정적이지만 이들의 선형결합은 안정적이라는 공적분관계가 유지된다는 것을 전제로 하고 있어 허구적 회귀문제는 발생하지 않는다. 결국 ECM모형은, 일반적으로 수준변수들이 공적분됨에도 불구하고 차분된 자료만을 이용하여 자기회귀모형을 추정하게 되면 설정오류(specification error)가 발생하며, 반면에 수준변수만을 사용하게 되면 자료상의 중요한 제약을 누락시키는 결과를 초래한다는 사실을 고려하여 작성된 것이며, 따라서 시차가 붙은 오차수정항에 의해 제약을 받는다.

지금까지 논의한 단위근과 공적분검정 및 오차수정모형에 관한 분석내용을 활용하는 구체적 절차는 다음과 같이 요약할 수 있다.

① 사용할 시계열자료를 변수별로 단위근검정을 실시하고 그 적분의 차수를 확인한다.

② 경제이론에 입각하여 설정한 분석모형의 공적분회귀방정식을 OLS로 추정한다. 단, 이 때 각 변수는 동일한 차수로 적분되어야 한다.

③ 공적분회귀방정식에 OLS를 적용하여 얻어진 공적분잔차를 이용하여 공적분의 존재 여부를 확인한다.

④ 일단 공적분이 존재하는 것으로 판정되면 공적분회귀식의 잔차항에 1기 시차를 둔 이른바 오차수정항을 이용하여 오차수정모형(ECM)을 구성하고 이를 추정한다.

(4) 공적분모형의 예

공적분모형에 대해 보다 자세히 알아보기 위하여 비내구재소비(non-durable consumption)와 소득(income) 간에 다음과 같은 균형관계가 성립되는 상황을 고려해 보자.

$$C_t = bY_t \tag{9-8}$$

만일 소비가 매 순간마다 항상 (장기)균형경로를 따라 이루어진다면 다음 관계식이 성립된다.

$$C_t - bY_t = 0 \quad (9\text{-}9)$$

그러나 현실적으로 항상 소비가 균형경로를 따라 발생할 수는 없으며, 단기적인 이탈현상이 발생할 것이다.

$$C_t - bY_t = \varepsilon_t \quad (9\text{-}10)$$

따라서 식 (9-9)의 현실적 표현은 불균형오차(disequilibrium errors)를 포함하는 식 (9-10)의 형태로 전환되어야 할 것이다. 그리고 이 때 C_t와 Y_t 간의 균형관계로부터의 이탈, 즉 불균형상태를 조직적으로 조정시키는 과정의 하나로서 이른바 오차수정 메커니즘(error correction mechanism)이었다. 이에 관해서는 본 장 후반에서 언급할 것이다.

여하튼 위의 모형에서 C와 Y 간에 균형관계가 성립된다는 것은 바로 두 시계열이 공적분되었다는 것을 의미한다. 물론 역의 논리도 성립된다. 즉, 두 시계열이 공적분되면 두 변수 사이에 균형관계가 존재한다. 한편, 공적분된 변수들 간의 관계는 오차수정모형에 의해 표현될 수 있으며, 이 경우 또한 역의 논리가 성립된다.[16)]

한편, 식 (9-9)와 같은 장기균형관계가 성립될 때 C와 Y가 공적분된다는 것은 구체적으로 다음 조건이 충족됨을 의미한다.

① C와 Y는 같은 차수(d)만큼 적분되어야 하고,

② 두 시계열의 선형결합이 존재하되 개별 시계열의 차수보다는 낮은 차수만큼 공적분되어야 한다.

이 두 조건이 시사하는 바는 자명하다. 우선 두 변수가 같은 차수로 적분되지 않는다면 식 (9-8)과 같은 관계식은 의미를 상실할 것이 당연하다. 그리고 현실적인 관계식 (9-10)에서 좌변은 두 변수 간의 선형결합으로서 ε_t에 의해 대변되고 있는데, $\varepsilon_t \sim I(0)$는 C나 Y보다 차수가 낮은, 즉 'O'의 차수를 갖고 있다. 따라서 두 번째 조건이 충족되는 상황임을 알 수 있다.[17)]

16) 이를 흔히 Granger Representation Theorem(C. W. J. Granger, 1983)이라 한다. 이는 후에 R. F. Engle and C. W. J. Granger(1987), pp. 251～276에 재정리되었다.

17) 여기서 두 변수 간에 균형관계가 성립된다는 것을 보다 이해하기 쉽게 설명해 본다면 다음과 같다. 만약 어느 남자 무용수가 확률보행을 하면서 춤을 춘다고 하자. 따

한편, 안정성에 관한 검정결과 C_t와 Y_t는 $I(1)$이고, (C_t-bY_t)는 $I(0)$인 것으로 확인되었다면, 다음과 같은 오차수정 표현방식은 다음과 같다.

$$\Delta C_t=\alpha\Delta Y_t+\lambda(C-bY)_{t-1}+v_t \tag{9-11}$$

모든 항이 $I(0)$이므로 단기적 조정내용(short-run adjustment)을 추정할 수 있는 중요한 방정식이 된다.[18] 따라서 식 (9-8)과 식 (9-11)을 동시에 활용할 경우 전자는 두 변수 간의 장기적 균형관계에 관한 계수를 추정 가능하게 해 줄 것이고, 후자는 동태적 조정계수(dynamic adjustment coefficient: Λ)의 크기를 추정할 수 있게 할 것이다.

오차수정모형이 갖는 핵심적 특성과 장점을 확인하기 위하여 식 (9-11)을 다소 변형시킨 다음 식을 고려해 보자.

$$\Delta Y_t=\alpha_0+\alpha_1\Delta X_t+\lambda(Y_{t-1}-\beta X_{t-1})+v_t$$
$$\Delta Y_t=\alpha_0+\alpha_1\Delta X_t+\lambda(Y_{t-1}-X_{t-1})+v_t \qquad (\because\ \beta=1) \tag{9-12}$$

편의상 공적분모수를 $\beta=1$로 가정한다. 식 (9-12)는 모든 항이 $I(0)$이므로 전통적 회귀분석을 적용하는 데 아무런 하자가 없다. 이 때 만일 $\Delta Y_t=\Delta X_t=0$이 되면,

$$Y_t-X_t=-\frac{\alpha_0}{\lambda} \tag{9-13}$$

와 같은 변화가 없는 정상상태("no change" steady state) 균형이 도출된다. 따라서 X_t와 Y_t가 시차로 측정된 변수라면 두 변수 간에는 장기적으로 일정 비율(long-run proportionality)이 성립되는 것으로 이해할 수 있는 상황

라서 $I(1)$과정을 따른다. 이 때 마른 여자 무용수가 나와서 같이 춤을 추기 시작하는데, 그 여자 무용수도 역시 확률보행을 하면서 춤을 춘다. 그러나 이들 간에는 서로 무언의 대화로서 하나의 작품을 만들어 가는 암묵적인 동의가 이루어져 있고, 따라서 이들 간의 춤추는 거리차이는 확률보행을 따르지 않게 된다면 $I(0)$과정을 밟는 것으로 볼 수 있다. 즉, 두 무용수 간에는 균형이 존재하는 셈이며, 바로 이것이 공적분이 의미하는 바이다.

18) 어떤 공적분된 시계열도 식 (9-12)에서와 같은 오차수정 표현식을 가진다는 것은 Engle and Granger(1987)에 의해 입증되었다.

이 발생한다.

한편, $\Delta Y_t = \Delta X_t = g$ 경우에는 다음과 같은 정상상태 성장경로(steady state growth path)가 도출된다.

$$Y_t - X_t = -\frac{[\alpha_0 - g(1-\alpha_1)]}{\lambda} \tag{9-14}$$

그리고 따름정리(corollery)로서 이상과 같은 논리의 역도 성립함이 입증되었는데, 이를 대표정리(representation theorem)라 함은 전술한 바와 같다. 즉, X와 Y가 모두 $I(1)$이고 오차수정 표현식을 갖는다면 이들 변수는 필연적으로 공적분된다고 할 수 있다.[19]

공적분모형의 추정방법으로서 E-G(Engle and Granger)의 2단계 추정법(two-step estimator)과 Johansen의 최우법(MLE)이 있다.[20] 여기에서는 앞서 언급한 바 있는 E-G의 2단계 추정법에 한하여 부연설명해 두고자 한다.

※ 1단계: 장기적 균형관계를 나타내는 공적분회귀방정식을 최소자승법으로 추정한다(이 때 절편을 나타내는 상수항을 포함시켜야 함). 추정결과 도출된 회귀오차(residuals)를 이용하여 공적분검정을 시행하는데, 만일 공적분이 확인된다면 OLS로 추정한 장기적 균형관계를 나타내는 공적분회귀방정식의 계수에 대한 추정치 $\hat{\beta}_{OLS}$는 일관적 추정량이 된다.

이 단계에서 적용한 OLS가 일관적 추정량을 보장할 수 있는 사유는 다음과 같다. 원래의 변수들이 $I(1)$이라면 이들은 $t \to \infty$에 따라 무한분산(infinite variance)을 갖는다. 반면, 이들 변수의 선형결합 중 공적분결합(cointegration combination)은 $I(0)$가 되면 점근적 유한분산(asymptotically finite variance)을 갖는다. OLS는 잔차항의 분산에 준하는 SSE를 최소화시키는 추정량을 찾아 내는 것이며, 이는 공적분결합의 경우에만 가능해짐을 알 수 있어 일관적 추정량이 창출되는 것이다.

※ 2단계: 공적분결합이 존재한다는 조건하에서 일단 1단계 과정에서 $\hat{b}_{OLS}$가 추정되면 이를 식 (9-11)의 오차수정항(error-correction term) $(C_t - bY_t)$ 속의 b에 대입한다. 그리고 나서 식 (9-11)을 OLS로 추정하면 a와 λ

19) 자세한 내용은 Engle and Granger(1987) 참조.

20) Engle and Granger(1987); S. Johansen(1988), pp. 231~254 참조.

에 관한 일관적 추정량을 구할 수 있다. 물론 OLS를 b에 대입하는 대신 1단계 OLS 추정에서 얻은 잔차항으로 오차수정항을 대체시킨 후 OLS를 적용해도 결과는 동일하다. '$C_t - \hat{b}Y_t = e_t$' 또는 '$C_t = \hat{b}Y_t + e_t$'이기 때문이다.

2.4. 단위근검정

시계열이 단위근을 갖는다는 의미는 앞에서 여러 번 설명한 바와 같이 시계열이 확률적 추세를 내포하여 차분에 의해서 시계열의 안정성을 회복시켜야 하는 것을 뜻한다. 예를 들어, $I(1)$시계열은 1차 차분으로써 안정성을 갖게 되므로 단위근을 포함하고 있다. 단위근(unit root)의 존재 여부는 단어 자체가 의미하는 대로 특성방정식(characteristic equation)의 근이 단위(unit), 즉 1이라는 값을 지니는가에 달려 있다. 여기서 특성방정식은 시계열을 ARMA모형으로 식별할 때 자기회귀(AR)부분을 확률적 차분방정식(stochastic difference equation)으로 표시하여 설정된다. 예를 들어, 확률보행과정 $Y_t = Y_{t-1} + \varepsilon_t$의 특성방정식은 $(1-L)Y_t = \varepsilon_t$(단, L은 후방전위연산자)로부터 $1-\lambda=0$으로 표시되며, 이 때 근은 $\lambda=1$이란 값을 가지므로 단위근을 갖는다고 이야기한다.

그러나 주어진 시계열에 있어서 특성방정식은 선험적으로 알 수 없으므로 일정한 검정방법이 요구되며, 이것이 바로 단위근검정(unit root tests) 방법이다.

(1) D-F검정법

단위근검정은 일반회귀분석에서의 검정과 다른 특성을 갖는다. 이는 검정할 회귀계수의 분포가 앞에서 살펴본 바와 같이 비표준적인 분포를 갖게 되기 때문이다.[21] 단위근검정의 특성을 좀더 구체적으로 설명하기 위하여 다음의 식을 고려해 본다.

$$Y_t = \rho Y_{t-1} + \varepsilon_t \qquad (9\text{-}15)$$

21) 여기서 ρ의 분포가 왜 비표준적인가는 앞에서 살펴본 대로 공적분관계에 있는 시계열의 회귀분석이기 때문이라고 설명할 수 있다. 즉, $\rho=1$일 때 $Y_t \sim I(1)$이며, 이 때 Y_t와 Y_{t-1}이 언제나 공적분관계에 있기 때문이라고 할 수 있다.

여기서의 ρ값은 아직 알려져 있지 않으나, ρ의 값에 따라 Y_t의 성격이 결정된다. 만약 $|\rho|<1$이면, 이는 통상의 AR(1)모형으로 간주되어 회귀계수 $\hat{\rho}$의 분포는 통상의 t-분포를 따르게 된다.[22)]

만약 $\rho=1$이면, 즉 단위근이 존재할 경우에는 $\Delta Y_t=\varepsilon_t$로 표시되어 시계열은 1차 차분하여야 비로소 안정적이 됨은 전술한 바와 같으며, 위너과정(Wiener process)으로 표현되는 비표준적 분포를 따른다. 이 비표준적 분포에 대한 임계치는 Fuller가 처음으로 모의시험과정(Monte Carlo simulation)을 통하여 통계표로 작성·제시하였다.[23)]

따라서 Dickey-Fuller(D-F)검정법은 일단 시계열 Y_t가 AR(1)의 과정으로 표현될 수 있다고 보고 Y_t와 Y_{t-1}의 회귀계수 ρ가 1과 같은지(단위근을 갖는지) 여부를 검정하는 방법이다.[24)] 그러나 절편과 선형추세의 가능성이 함께 존재하므로 Dicky-Fuller는 다음의 세 가지 모형을 상정하고, 상황에 따라 적절한 모형을 선정하여 검정할 것을 제안하였다.

$$\begin{cases} H_0: \rho=1 \\ |\rho|<1 \end{cases}$$

모형 I: $Y_t=\rho Y_{t-1}+\varepsilon_t$ (9-16)

모형 II: $Y_t=\alpha+\rho Y_{t-1}+\varepsilon_t$ (9-17)

모형 III: $Y_t=\alpha+\beta T+\rho Y_{t-1}+\varepsilon_t$ (9-18)

여기서, $\varepsilon_t \sim \text{i.i.d.}(0, \sigma_\varepsilon^2)$

T: 선형추세변동을 나타내는 시간변수

Dicky-Fuller는 위의 세 가지 식에 의거하여 다음의 검정통계량, τ비율(τ ratio)을 제시하였다.

---

22) 한편, 만약 $|\rho|>1$이라면, 1차 차분한 결과는 $Y_t-Y_{t-1}=\Delta Y_t=(\rho-1)Y_{t-1}+\varepsilon_t$로 표시되고, 우측의 첫째 항이 여전히 $I(1)$이므로 차분한 계열이 안정적이 될 수 없다. 이때는 $I(2)$ 또는 2 이상 차수의 가능성이 있다고 할 수 있으며, 이 때 회귀계수 $\hat{\rho}$의 분포는 코시(Cauchy)분포를 따른다고 알려져 있다.

23) 자세한 것은 D. A. Dickey and W. F. Fuller(1979), pp. 427∼431 참조. 단, DF통계표는 W. A. Fuller(1976), p. 373, Table 8.5.2에서 인용한 부록 G를 참조.

24) 한편, 단위근을 갖는 시계열은 차분에 의해 안정성이 회복된다고 하여 차분안정적(difference stationary)이라 말하는데, 이는 선형추세·계절변동 등 확정적 추세를 제거함으로써 안정성이 회복되는 경우, 즉 추세안정적(trend stationary)인 경우와 구분된다는 사실에 다시 한 번 유념하기 바란다.

$$\tau = \frac{\hat{\rho}}{s_{\hat{\rho}}} \qquad (9\text{-}19)$$

여기서, $s_{\hat{\rho}}$: $\hat{\rho}$의 표준오차

위의 검정통계량은 세 가지 모형에 대해 적용될 수 있으며, 귀무가설하에서 이 분포는 브라우니안운동함수 또는 위너과정의 함수로 불리는 비표준적 분포를 따른다는 것은 전술한 바와 같다. 즉, 회귀계수 $\hat{\rho}$의 분포는 1을 중심으로 한 정규분포를 따르지 않고, 그의 통계량 $\hat{\tau}$도 0을 중심으로 대칭이 아니라 음의 값으로 치우친 분포를 갖게 된다. Fuller(1976)와 Dickey-Fuller(1979)가 이들 분포를 이용하여 작성한 τ통계량의 임계치들은 부표 G에 정리되어 있다.

그런데 D-F검정은 일반적으로 검정상의 편의를 위해 위의 세 추정식 대신에 아래와 같은 식을 이용하여 수행된다.

모형 I: $\Delta Y_t = \gamma Y_{t-1} + \varepsilon_t$

모형 II: $\Delta Y_t = \alpha + \gamma Y_{t-1} + \varepsilon_t$

모형 III: $\Delta Y_t = \alpha + \beta T + \gamma Y_{t-1} + \varepsilon_t$

이 때 귀무가설은 H_0: $\gamma = 0$이 되며(H_0: $\gamma = 1$의 경우 성립되는 가설임), 검정통계량은 역시 t검정과 비슷한 유형이지만 비표준적 분포를 따르는 τ 비율이 될 것이다.

$$\tau = \frac{\hat{\gamma}}{s_{\hat{\gamma}}} \qquad (9\text{-}20)$$

여기서, $s_{\hat{\gamma}}$: $\hat{\gamma}$의 표준오차

여기서 한 가지 주의할 점은 위의 식들 중에서 어느 것이 적절한지는 일단 세 번째 식에서 H_0: $\beta = 0$에 대한 D-F검정을 거쳐 판정할 수 있다. 이 때 검정통계량은

$$\tau = \frac{\hat{\beta}}{s_{\hat{\beta}}}$$

가 된다. 만일 Y_t에 추세선이 있는데도 불구하고 이를 무시하면 Y_t와 Y_{t-1}이 모두 장기적으로는 추세선에 비해 압도될 것이므로 결국 추세선을 추세선에다 회귀시키는 결과를 초래하고, 나아가서는 H_0: $\rho=1$ 또는 H_0: $\gamma=0$을 기각할 가능성이 희박하게 될 것인바, 추세선의 존재 여부는 사전에 철저히 확인되어야 한다. 마찬가지 논리에 따라 상수항에 대한 유의성 검정(H_0: $\alpha=0$)을 통하여 모형 I과 모형 II 중 어떤 것으로 단위근검정을 수행하는 것이 적절한지를 사전에 검증할 수 있다. 이상과 같은 과정을 통해 선정될 세 가지 모형에서의 D-F검정과정을 보다 구체적으로 살펴보기로 하자.

모형 I은 추세치나 절편항을 포함하지 않는 가장 단순한 형태로서 귀무가설이 채택되면 표류가 없는 확률보행(random walk with no drift)이라고 판정한다. 모형 II는 절편항을 포함하고 있는데, 귀무가설이 채택되면 표류를 갖는 확률보행(random walk with drift)이라고 판정한다. 그런데 이 모형에서는 표류(절편)의 존재 여부와 단위근을 함께 검정할 수 있다.

$$\begin{cases} H_0: \ \rho=1, \ \alpha=0 \\ H_a: \ |\rho|<1, \ \alpha\neq 0 \end{cases} \text{ 또는 } \begin{cases} H_0: \ \alpha=\gamma=0 \\ H_a: \ \alpha\neq 0 \text{ 또는 } \gamma\neq 0 \end{cases}$$

이를 위해서는 Dickey-Fuller(1979)의 $\phi(1)$통계량을 사용한다.[25)]

모형 III은 절편항과 확정적 추세치를 갖는 일반적인 모형으로서 귀무가설이 채택되면 표류와 선형추세를 갖는 확률보행(random walk with drift and trend)이라고 판정한다. 이 경우에도 표류와 추세의 존재 여부와 단위근을 동시에 검정할 수 있는데,

25) $\phi(1)$ 또는 $\phi(2)$와 $\phi(3)$ 통계량의 기본적인 발상은 제5장에서 소개한 바 있는 F검정 통계량에 근거하여 창출된 것이다. 즉,

$$\phi(i)=\frac{(SSE_R-SSE_{UR})/q}{SSE_{UR}/(T-k)}=\frac{(R^2_{UR}-R^2_R)}{(1-R^2_{UR})/(T-k)}$$

여기서, q: 제약된 모수의 수
T: 관측치수
k: 설명변수의 수

자세한 것은 D. A. Dickey and W. A. Fuller(1981), pp. 1057～1072를 참조하고, 이들이 작성한 통계표는 부표 H를 참조.

$$\begin{cases} H_0: \ \rho=1, \ \alpha=\beta=0 \\ H_a: \ |\rho|<1, \ \alpha\neq 0, \ \beta\neq 0 \end{cases} \text{ 또는 } \begin{cases} H_0: \ \gamma=\beta=0 \\ H_a: \ \gamma\neq 0 \text{ 또는 } \beta\neq 0 \end{cases}$$

의 검정을 위해서는 Dickey-Fuller(1979)의 $\phi(2)$통계량을 사용하며 귀무가설이 채택될 때, 전자의 경우에는 표류와 추세가 없는 확률보행으로 판정하게 된다.

한편, 모형 Ⅲ에서 추세가 없이 표류하는 확률보행 여부를 검정할 수도 있는데, 이 때 설정될 귀무가설은

$$\begin{cases} H_0: \ \rho=1, \ \beta=0 \\ H_a: \ |\rho|<1, \ \beta\neq 0 \end{cases} \text{ 또는 } \begin{cases} H_0: \ \gamma=\alpha=\beta=0 \\ H_a: \ \gamma\neq 0 \text{ 또는 } \beta\neq 0 \end{cases}$$

가 되며, 이 때 적용될 통계량은 $\phi(3)$가 된다(부표 H 참조).

이상에서 살펴본 Dickey-Fuller검정방법은 처음으로 개발된 단위근검정방법이라는 점에 의의를 부여할 수 있으나, 오차항이 자기상관을 내포하지 않는다는 비현실적인 가정에 입각하고 있다는 문제점을 안고 있다. 일반적으로 이 가정은 만족되지 못하는 것으로 기대되기 때문에, 자기상관이 존재하는 일반적인 상황을 가정한 단위근검정방법이 필요하게 된다. 이러한 요구에 부응하여 개발된 검정방안 중 대표적인 것으로 ADF검정법과 Phillips-Perron검정법 등이 있다. 그러나 D-F검정법은 자기상관을 고려하는 이들 검정방법을 개발하는 데 기본이 되고 있다. 즉, 이 방법들은 기본적으로 자기상관의 영향을 추정해 낸 다음 이를 이용하여 검정통계량을 변화시키고 있는데, 결국 이들의 검정통계량 분포가 D-F검정통계량의 분포와 동일하게 되도록 조정을 가하고 있는 것이다. 여기에서는 ADF검정법과 PP검정법에 한정하여 살펴보기로 한다.

(2) ADF검정법

단순한 D-F검정의 치명적인 취약점은 시계열변수가 AR(1)이고, 오차항 ε_t는 상호 독립적이며 동일한 (공)분산을 갖는 분포를 갖는다는 가정(ε_t~i.i.d.)에 기초를 두고 있다는 점이다. 일반적으로 추정결과 도출되는 잔차항 $\hat{\varepsilon}_t$은 대부분의 경우 자기상관현상을 갖고 있으며, 따라서 일관성

있는 추정량의 도출을 불가능하게 하므로 D-F검정의 유효성에 심각한 회의를 갖게 된다.

ADF(augmented Dickey-Fuller test)검정방법은 이러한 자기상관의 영향을 제거하기 위하여, 위에서 살펴본 세 가지 모형의 식에 각각 차분추가항(augmented terms), $\Delta Y_{t-j}(j=1, \cdots\cdots, p)$를 추가시킨 다음 추정할 것을 제안하고 있다. Said-Dickey(1984, 1985)는 이와 같이 차분추가항을 충분히 추가시켜 주면, 이 때 산출되는 검정통계량은 자기상관의 효과가 제거된 상태에서 도출되는 효과를 가지므로 그의 분포가 D-F검정통계량과 점근적으로 동일하게 된다는 사실을 증명하였다.

모형 I: $$\Delta Y_t=\gamma Y_{t-1}+\sum_{i=1}^{p}\delta_i \Delta Y_{t-i}+\varepsilon_t \quad (9\text{-}21)$$

모형 II: $$\Delta Y_t=\alpha+\gamma Y_{t-1}+\sum_{i=1}^{p}\delta_i \Delta Y_{t-i}+\varepsilon_t \quad (9\text{-}22)$$

모형 III: $$\Delta Y_t=\alpha+\beta t+\gamma Y_{t-1}+\sum_{i=1}^{p}\delta_i \Delta Y_{t-i}+\varepsilon_t \quad (9\text{-}23)$$

ADF검정은 D-F검정과 동일한 방법으로 F통계량을 위의 세 모형에 적용하게 되며(이 때 ADF통계량은 D-F통계량과 점근적으로 동일한 분포를 가짐), 가설의 설정이나 검정요령 등도 D-F검정의 경우와 같다.

여기서 한 가지 유의할 사항은 D-F검정이나 ADF검정은 시계열이 순수한 AR과정에 의해서 생성되었다는 가정에 입각하여 전개되었다는 점이다. 그러나 Said와 Dickey는 현실적으로 시계열이 MA과정에 의해 생성될 수도 있다는 점을 감안하여 시계열이 보다 일반적인 ARIMA과정에 의해 생성되었다는 가정하에 단위근검정을 시행할 것을 제안하였다. 물론 ARIMA(p, d, q)모형은 AR(1)으로 전환이 가능하므로 결국 Said-Dickey검정은 형태상으로는 ADF검정과 같아지며 단지 AR의 차수만이 달라진다는 특성을 갖게 된다.

여하튼 ADF검정법은 적용상의 편리성으로 인해 가장 널리 사용되고 있는 방법이지만, 근래에 들어와서는 그의 검정능력(power of the test)이 취약하다는 비판이 일고 있다. 즉, ADF검정방법의 Type-II 오차의 확률이 비교적 크다는 것이 단점으로 지적되고 있다. 반면에 Type-I 오차의 확률

은 작은 것으로 알려져 있다.[26)]

(3) Phillips-Perron (PP) 검정법

$\varepsilon_t \sim$ i.i.d.$(0,\ \sigma_\varepsilon^2)$와 같은 오차항에 대한 가정이 충족되지 못하는 보다 포괄적인 상황, 즉 ε_t가 자기상관은 물론 이분산현상까지 갖게 되는 경우를 상정하여 단위근검정을 적용하고자 다시 한 번 D-F검정을 수정하게 되는데, 이를 제안자 이름의 첫자를 따서 PP검정이라 부른다. PP검정은 1차적으로 D-F검정통계량을 추산한 후, 2차 단계에서는 추정된 오차항의 분산값을 이용하여 D-F검정통계량을 변환시킴으로써 자기상관 등의 영향을 제거시킨 검정통계량(기존의 검정통계량들이 활용하는 값과 오차항의 분산을 합성하여 만듦)을 창출한 다음 검정을 실시하게 되는데, 구체적인 내용은 생략한다.[27)]

(4) 구조변동시 단위근검정

시계열분석의 시작은 기본적으로 AR모형이다. AR모형에는 일반적으로 시차종속변수가 설명변수로 도입된다(물론 시차를 둔 일반 설명변수도 포함 가능). 이 때 적절한 시차(lag)수를 선택하는 데에는 Min BIC기준이 사용된다. 이 경우 추정된 시차의 수는 일관적이라는 통계적 특성을 갖는다.

물론 시계열분석의 최우선적 관심사는 안정성 문제이다. 만일 시계열이 안정적이라면 추정결과에 대한 통계적 검정과정을 거쳐 예측을 수행한다. 그러나 불안정적 시계열의 경우에는, 그리고 불안정성이 확률적 추세(stochastic trend)에 기인할 경우 OLS 추정량과 t검정통계량은 대표본의 경우에도 비표준적(non-standard or non-normal) 분포를 따르게 되어 통계적 추론이나 예측이 어렵게 된다. 이런 경우에는 1차 차분 등을 통해 일단 안정성을 회복한 후 추론을 시도해야 한다. 이러한 유형의 불안정성은 ADF(augmented D-F)검정을 이용한 단위근검정을 통해 확인된다.

한편, 시계열자료에 구조변화가 발생한 경우에 이를 무시하거나 알아채지 못하면 의미 없는 결과만 초래된다. 일반적으로 구조변화가 발생하

26) 반면에 PP검정법은 역으로 자가상관이 심한 경우에 Type-I 오차의 확률이 크고 오히려 Type-II 오차의 확률이 작다고 알려져 있다. 자세한 것은 G. W. Schwert(1989), pp. 147～159 참조.

27) 자세한 것은 P. C. B. Phillips and P. Perron(1988), pp. 335～346 참조.

였는지는 예측력이 급격히 저하되는지 여부를 확인하여 짐작할 수 있다.

일반적으로 구조변화가 발생한 경우 단위근검정은 크게 두 가지로 구분할 수 있다. 우선 구조변동시점이 알려진 경우(아래와 같이 상호작용까지를 고려한 가변수를 활용할 경우)에는

$$Y_t = \beta_0 + \beta_1 Y_{t-1} + \delta_1 X_{t-1} + \gamma_0 D_t(\tau) + \gamma_1 [D_t(\tau) \times Y_{t-1}] + \gamma_2 [D_t(\tau) \times X_{t-1}] + \varepsilon_t$$

H_0: $\gamma_0 = \gamma_1 = \gamma_2 = 0$이란 귀무가설을 F검정(Chow검정)을 통해 수행하여 구조변화 여부를 확인할 수 있다.

한편, 구조변화 발생시기를 모르거나 단지 일정 기간 내로만 알려진 경우(예컨대, $\tau_0 \sim \tau_1$ 사이), 동 구간 내에 모든 가능한 소구간별로 Chow검정을 수행한 다음 그 중 Max F검정통계량값이 나온 구간을 구조변화시기로 볼 수 있다. 이렇게 조정된 Chow검정을 Quandt likelihood ratio(QLR 검정: Quandt, 1960), 또는 Sup-Wald검정이라 부른다.

물론 QLR검정은 한 차례의 급격한 변동발생 여부(a single discrete break)는 물론 여러 차례의 급격한 변동발생 여부(multiple discrete breaks), 또는 급격한 변동의 점진적 소멸 여부(slow evolution)까지를 확인시켜 줄 수도 있다.[28)]

한편, 구조변화가 발생할 수 있는 보편적인 상황을 구체적으로 고려하며 단위근검정을 수행하는 경우를 고려해 보자. 우선 구조변화가 발생할 경우 단위근검정은 왜곡(biased)된다는 사실에 주목할 필요가 있다. 예컨대, 구조변화 발생시 Dickey-Fuller검정은 단위근현상을 기각하지 못하는 방향으로 편의가 발생한다. 〈그림 9-2〉에서처럼 시계열이 본질적으로는 안정적이지만 어느 한 시점에서 평균이 변하는 구조변화가 발생할 경우 이는 마치 단위근현상이 있는 것처럼 잘못 평가될 가능성이 높다. 즉, 〈그림 9-2〉를 보면 Y_t는 0부터 50기까지는 평균 0을 중심으로 안정적이었으나, Y_{50} 전후로 한 차례 구조변화가 발생하여 Y_{51} 이후부터의 관측치를 평균(b−a)만큼 상향시켰지만 이후에는 역시 안정성을 유지하는 경우를 보여 주고 있다.

28) 자세한 것은 Stock and Watson(2003), pp. 467~478 참조.

그림 9-4 안정적 시계열상의 구조변화

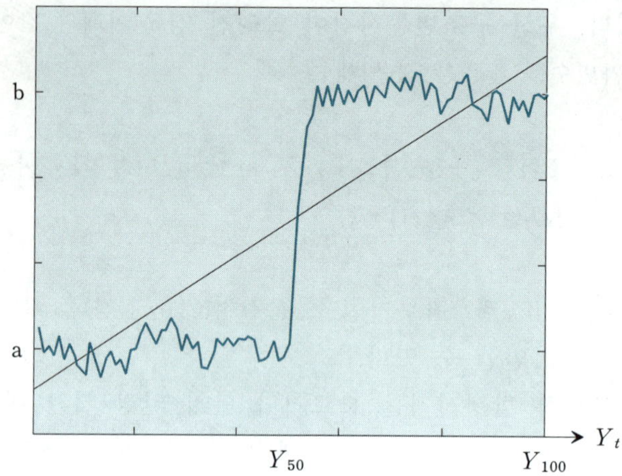

이를 무시하거나 모른 채 D-F검정을 할 경우 단위근이 존재한다는 귀무가설을 기각하기 어려워진다. 〈그림 9-4〉에서 우상향하는 직선이 OLS에 의해 도출된 표본회귀선($Y_t = a_0 + a_1 t + \varepsilon_t$)이라면, 이는 마치 시계열이 확정적 추세를 갖는다는 의미를 제공할 것이기 때문이다. 물론 이러한 상황은 가변수(dummy variable)를 도입함으로써 적절히 해소될 수 있다. 또는 표본을 두 그룹으로 나누어 그룹별로 D-F검정을 실시할 수 있다. 후자의 방식은 많은 자유도를 잃게 되므로 가능한 한 한꺼번에 단위근검정을 할 수 있는 방안을 강구하는 것이 바람직하다.

물론 단위근을 갖는 시계열에도 구조변화가 발생할 수 있다. 〈그림 9-5〉는 $t=51$에서 구조변화가 발생한 확률보행모형의 모양을 하고 있다.

한편, 단위근 시계열과정의 어느 한 시기에만 구조변화가 발생한 경우도 생각할 수 있다. 이 경우의 구조변화는 일종의 맥박(pulse)유형으로 일종의 충격이 어느 한 시점에서 발생한 후 즉시 소멸되는 상황에 해당된다. 이를 귀무가설로 설정하면 다음과 같이 표현할 수 있다.

$$H_0:\ Y_{t=}a_0 + Y_{t-1} + \beta_1 D_p + \varepsilon_t \qquad (9\text{-}24)$$

$$H_A:\ Y_t = a_0 + a_2 t + \beta_2 D_L + \varepsilon_t \qquad (9\text{-}25)$$

그림 9-5 불안정적 시계열상의 구조변화

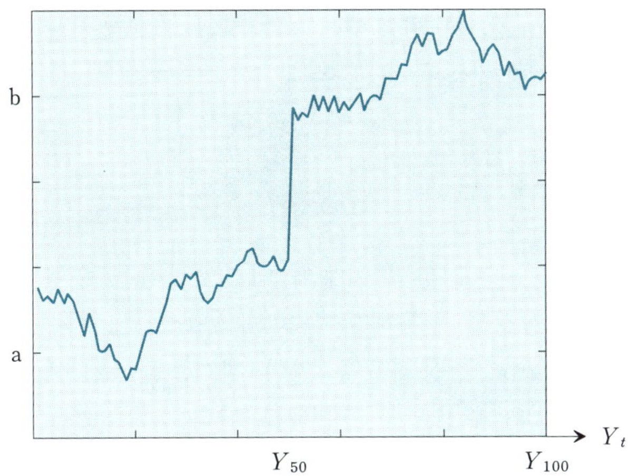

반면, 대립가설은 추세안정적 시계열과정(trend stationary process)에 그 효과가 소멸되지 않는 구조변화(이는 일종의 수준(level)변화유형으로 계단형이라고도 함)가 발생한 상황을 대변한다.[29)]

이제 이상과 같이 상반되는 두 가설에 Perron(1989)의 검정법을 적용해 보면 다음과 같다.

▪ 1단계: 대립가설(식 (9-25))모형을 추정하여 추세를 제거하고, 이때 회귀오차를 $\hat{e}_t$이라 하자. 즉,

$$Y_t = \hat{a}_0 + \hat{a}_2 t + \hat{\beta}_2 D_L + \hat{e}_t \tag{9-26}$$

▪ 2단계: 단위근을 가정한 귀무가설이 충족되었다고 보고 다음과 같이 회귀분석을 실시한다(단위근 존재시 이론적으로는 $a_1 = 1$이어야 함).

$$\hat{e}_t = a_1 \hat{e}_{t-1} \varepsilon_t \tag{9-27}$$

29) 계단형(step형)은 통상 급격한 변화(distinct changes)발생 후 같은 변화크기가 유지되는 경우를 지칭하는 것으로(지속적 변화(형)), 서서히 충격이 변화하는 소멸형(slow evolution)과 차별화되기도 한다.

이 때 a_1값은 구조변화 발생 이전 관측치의 비중(이를 λ라 하자)에 의존한다. 그러면 이 비중은 $\lambda=\tau/T$(단, T는 총관측치수)와 같이 표현된다.

⌘ 3단계: 식 (9-27)의 잔차항에 자기상관이 존재하는지 확인하여 존재시에는 다음 회귀방정식을 대신 쓴다.

$$\hat{e}_t=a_1\hat{e}_{t-1}+\sum_{i=1}^{k}\gamma_i\Delta\hat{e}_{t-i}+\varepsilon_t \tag{9-28}$$

⌘ 4단계: H_0: $a_1=1$ 성립 여부에 대한 t검정을 수행한다. 이 때 $\lambda=0$ 또는 1이면 D-F검정을 활용해도 무방하나 $0<\lambda<1$ 사이에서는(즉, 구조변화 발생 경우) Perron의 통계표를 써야 한다. 물론 1, 2, 3단계를 합쳐 처음부터 다음과 같은 추정식을 활용해도 된다.

$$Y_t=a_0+a_1Y_{t-1}+a_2t+\beta_2D_L+\sum_{i=1}^{k}\beta_i\Delta Y_{t-i}+\varepsilon_t$$

(5) 공적분검정

앞서 설명한 바와 같이 시계열 Y_t와 X_t가 각각 단위근을 가질 때(예를 들어, $Y_t\sim I(1)$, $X_t\sim I(1)$), 이들의 선형결합인 $Y_t-\beta X_t$가 단위근을 갖지 않는다면(즉, $Y_t-\beta X_t\sim I(0)$) 이들 시계열은 서로 공적분관계에 있다고 정의하였으며, 이러한 공적분이 존재할 때 회귀분석의 추정방법을 아울러 살펴보았다. 여기에서는 이러한 과정에서 필수적인 확인작업, 즉 공적분의 존재 여부를 판별하는 방법에 대하여 고찰해 보고자 한다.

공적분의 검정방법은 크게 두 가지로 나누어진다. 첫째, 전술한 공적분의 정의에서 시현된 바와 같이 회귀잔차 $\hat{\varepsilon}_t$에 대하여 이것이 안정적인가를 단위근검정에 의하여 판별하는 방법으로서 회귀잔차에 기초한 검정(residual based tests)이라고 일컫는다. 따라서 앞에서 설명한 단위근검정방법들, 즉 D-F와 ADF 그리고 PP검정방법이 그대로 사용되는데, 이 때 산출되는 검정통계량의 분포는 역시 비표준적 위너과정으로 표시된다. 그런데 공적분검정(cointegration test)의 경우에는 검정통계량의 분포가 사용된 불안정적 독립변수의 개수 등에 의존하게 되므로 단위근검정 통계량의 통계표가 그대로 사용되지는 못한다.

둘째, 일반적으로 3개 이상의 불안정적 시계열 간의 공적분관계를 규명함에 있어서 2개 이상의 공적분관계가 존재할 수 있는데, 위에서 소개한 회귀잔차에 의한 공적분검정방법은 오직 1개의 공적분관계만을 판별할 수 있는 단점이 있다는 점과, 종속변수와 독립변수의 선정이 애매할 수 있다는 단점이 있기 때문에 방정식체계(systems equation)에 의한 다변량시계열분석(예를 들어, VAR모형)을 통하여 검정방법을 수행하는 방법이 제시되고 있다.

전자의 회귀잔차에 의한 방법은 ADF공적분방법[30]과 PP단위근검정방법[31]을 확장시킨 Phillips-Ouliais검정방법이 가장 널리 사용된다. 이 밖에도 공적분회귀에서 나온 d통계량(cointegrating regression Durbin Watson: CRDW)검정법을 비롯한 다수의 검정방법을 Phillips-Ouliais의 논문에서 소개한 바 있다.

후자의 다변량시계열분석에 의한 공적분검정법으로서는 최근에 발표된 Johansen검정방법[32]이 지금까지 알려진 다른 어떤 공적분검정법보다 우월한 것으로 인정되어 널리 사용되고 있다. 특히, 이 방법은 단순히 공적분을 검정하는 데 지나지 않고 공적분이 존재할 때 공적분모수의 추정과 기타 모형의 설정에 관련한 여러 가지 가설검정까지도 수행하고 있다는 장점이 있다. 이와 유사한 검정방법으로는 Stock-Watson검정법[33]이 있다.

여기에서는 전자의 회귀잔차에 기초한 공적분검정방법에 한해서 설명하고자 한다. 공적분검정을 위해서 단위근검정과 마찬가지로 다음의 세 가지 모형을 설정한다.

모형 Ⅰ: $Y_t=\beta X_t+\varepsilon_t$ (9-29)

모형 Ⅱ: $Y_t=\alpha+\beta X_t+\varepsilon_t$ (9-30)

모형 Ⅲ: $Y_t=\alpha+\gamma t+\beta X_t+\varepsilon_t$ (9-31)

이들은 단위근검정에서와 마찬가지로 절편과 선형추세의 존재 유무

30) Engle and Granger(1984).
31) P. C. B. Phillips and S. Ouliaris(1990), pp. 165~193.
32) S. Johansen(1988), pp. 231~254.
33) J. H. Stock and M. W. Watson(1988), pp. 1097~1107 참조.

에 따라 달리 정의되었다. 단, 독립변수 X_t는 2개 이상의 시계열을 내포하는 벡터로 간주된다. 여기서 Y_t와 X_t는 모두 같은 차수를 갖는 시계열(예로서 $I(1)$)로 간주한다.[34] 그러나 회귀잔차에 의한 공적분검정은 위의 세 가지 모형의 회귀오차항이 안정적인가를 판별하는 방법이라는 점에서는 하등의 차이가 없다.

즉, 모형 I의 경우를 예로 들면, 오차항 $\varepsilon_t = Y_t - \beta X_t$는 $I(1)$시계열들의 선형결합형태로 표현될 수 있으며, 만약 이것이 단위근을 갖는다면 공적분은 존재하지 않는 것으로 판정된다. 그러나 이것이 단위근을 갖지 않는 안정적 선형결합이라면(즉, $I(0)$), $I(1)$ 시계열 간에 안정적 장기균형상태를 의미하는 공적분이 존재한다고 할 수 있다. 따라서 위의 세 가지 모형을 통상의 최소자승법으로 추정한 후 이들의 회귀잔차($\hat{\varepsilon}_t$)에 대하여 단위근검정을 수행한다. 즉, D-F 또는 ADF통계량을 이용한 공적분검정을 다음과 같은 회귀식에 근거하여 실시하게 된다.

D-F검정의 경우: $\hat{\varepsilon}_t = \rho\hat{\varepsilon}_{t-1} + u_t$ (9-32)

또는 $\Delta\hat{\varepsilon}_t = \gamma\hat{\varepsilon}_{t-1} + u_t$

ADF검정의 경우: $\hat{\varepsilon}_t = \rho\hat{\varepsilon}_{t-1} + \sum_{i=1}^{p}\delta_i\Delta\hat{\varepsilon}_{t-i} + u_t$

또는 $\Delta\hat{\varepsilon}_t = \gamma\hat{\varepsilon}_{t-1} + \sum_{i=1}^{p}\delta_i\Delta\hat{\varepsilon}_{t-i} + u_t$

단, 두 경우 모두에 있어 귀무가설은 동일하며 다음과 같이 표현될 수 있다.

$$\begin{cases} H_0: \rho=1 \text{ 또는 } \gamma=0 \text{ (공적분 부재)} \\ H_a: |\rho|<1 \text{ 또는 } \gamma\neq 0 \text{ (공적분 존재)} \end{cases}$$

공적분검정통계량은 단위근검정과 마찬가지로 정의되며, 이들에 대한 임계치는 Engle-Granger의 논문에 나타난 통계표에 의해 주어진다.[35](부표 I

34) 물론 X_t가 $I(0)$와 $I(1)$ 시계열을 혼합하여 포함하는 경우도 고려될 수 있는데, 이 경우에도 검정방법에는 차이가 없다.

35) 한편, Phillips-Ouliaris의 공적분검정법도 회귀잔차에 대하여 단위근검정을 시행하는데, 마찬가지로 앞의 세 가지 모형에 의하여 회귀추정을 수행한 후 회귀잔차에 대한 D-F통계량을 PP단위근검정과 동일한 방법으로 변환시킨 통계량에 의해 검정을 수행

참조).

예제 9-2

ECM모형을 통한 경기변동분석

본 항에서는 제8장에서 소개한 경기변동모형 중 화폐경기변동모형(MBC model)들만을 선정하여 모형에서 사용된 변수들에 대한 단위근검정을 실시하고 공적분검정을 거쳐 필요한 경우 오차수정모형을 설정하여 추정해 보고자 한다. 단, 본 항에서도 세 가지 MBC모형을 동시에 고찰하되 원자료 자체를 그대로 사용하거나 로그를 취한 값, 또는 1차 차분한 자료값을 번갈아가며 활용해 보았다. 그리고 통화량 개념에 대해서는 전항에서 사용한 총통화 개념($M2X$) 외에 $M1X$(현금통화+요구불예금)와 $M2AX$(조정된 총통화 개념)를 역시 동시에 고려하였다.

- **단위근검정**

모형에 도입된 변수는 YXV와 $CPIX$ 그리고 $M2X$($M1X$ 또는 $M2AX$로도 대체하여 검토함)이다. 이 세 변수들이 단위근을 갖는지 여부를 D-F 및 ADF검정방식에 따라 판별해 보았다. 단, 이 때 검정할 변수를 Y_t로 표현할 경우 검정에 필요한 기본 식은

D-F검정의 경우: $\Delta Y_t=\alpha+\beta T+\gamma Y_{t-1}+\varepsilon_t$
ADF검정의 경우: $\Delta Y_t=\alpha+\beta T+\gamma Y_{t-1}+\sum\delta_i \Delta Y_{y-i}+\varepsilon_t$

가 되며, 검정할 귀무가설은 다음과 같은 세 가지 유형으로 구분될 수 있음은 전술한 바와 같다. 단, 본 항에서는 이들 중 가장 일반적인 첫 번째 가설을 중심으로 검정을 수행하였다.

Test Ⅰ: H_0: $\gamma=0$
Test Ⅱ: H_0: $\gamma=\alpha=0$
Test Ⅲ: H_0: $\gamma=\alpha=\beta=0$

유의수준을 $a=2\%$로 보고 양측검정을 시행할 경우 τ_τ임계치는 약 -4.10과 -0.26으로 나타난다($T=72$이므로 $T=50$과 $T=100$ 경우의 중간값을 택함. 부표 I 참조). 따라서 〈표 9-2〉에서 볼 수 있듯이 D-F검정의 경우에는 $CPIX$와 $M2AX$, 그리고 ADF검정 경우에는 YXV와 $CPIX$, 그리고 $M2AX$가 귀무가설(H_0: $\gamma=0$)을 기각하지 못하여 단위근을 갖고 있는 것으로 판정되었다.

한다. 변환된 검정통계량의 형태는 PP단위근검정 통계량의 그것과 동일하다. 산출된 검정통계량은 독립변수의 개수에 따라 달리 주어지는 임계치와 비교하여 그들보다 큰 경우에(음의 값을 가지므로) 공적분이 존재하지 않는다는 귀무가설을 채택한다.

표 9-2 원자료에 대한 단위근검정 결과

변 수	D-F	ADF	τ_τ의 임계치(α=2% 경우)
YXV	0.284	−0.265	−4.10과 −0.26
$CPIX$	−1.473	−2.768	
$M2X$	2.321	0.888	
$M1X$	0.156	−0.134	
$M2AX$	−0.357	−0.846	

표 9-3 1차 차분된 자료의 단위근검정 결과

검정대상 변수	D-F
YXV	−8.930
$CPIX$	−3.361
$M2AX$	−4.361

그림 9-6 τ_τ분포(H_0: $\gamma=0$)($T=72$, $\alpha=2\%$일 때)

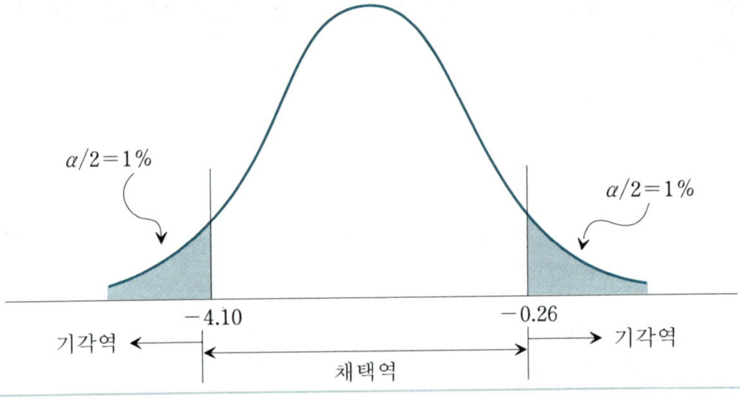

이상과 같은 결과에 근거하여 이후의 분석은 YXV와 $CPIX$, 그리고 $M2AX$를 중심으로 시도하였으며, $M2X$와 $M1X$는 분석대상에서 제외하였다.

한편, 1차 차분한 자료에 대하여 DF검정을 실시해 본 결과 YXV와 $M2AX$는 $\alpha=20\%$ 수준에서 귀무가설이 기각되어 단위근현상이 사라지는 것으로 나타났으며, 따라서 ADF검정은 생략하였다[36](〈표 9-3〉 참조).

36) ADF검정 결과는 p값의 선택에 따라 달라질 수 있기 때문에 일률적으로 고정된 값을 이용하는 대신, 예컨대 표본수 T의 네 제곱근비율로 증가시키도록 제안된 바 있다 (Diabold and Nerlove, 1988). 한편, Hall(1990)과 Campbell과 Perron(1991)은 사전적으

이상에서 나타난 결과들이 시사하는 바는 일단 원자료를 차분하는 경우에는 일반적으로 단위근의 존재가 사라지는 경향이 나타난다는 것이다.

· 공적분 식의 추정 및 검정

단위근을 갖는 것으로 판정된 변수들 간에 과연 공적분모형이 성립될 수 있는지 여부를 확인하고자 일단 YXV를 $CPIX$와 $M2X$($M2AX$와 $M1X$도 동시에 고려함)에 대하여 개별적으로 또는 한꺼번에 고려한 회귀분석을 실시한 다음, 이 때 형성되는 잔차항을 이용하여 D-F와 ADF검정, 그리고 CRDW 검정을 실시해 보았다. 단, D-F검정에는

$$\Delta\hat{\varepsilon}_t=\hat{\gamma}\hat{\varepsilon}_{t-1}+v_t$$

그리고 ADF검정에는

$$\Delta\hat{\varepsilon}_t=\hat{\gamma}\hat{\varepsilon}_{t-1}-\sum_{t=1}^{p}\delta_i\Delta\hat{\varepsilon}_{t-i}+v_t$$

와 같은 기본 식이 활용되었으며, 〈표 9-4〉와 같은 검정결과가 도출되었다. DF통계량을 이용하여 공적분검정을 실시한 결과(단, $\alpha=10\%$ 수준하의 단측검정을 가정함) 세 모형 전부에서 잔차항($\hat{\varepsilon}_t$)의 단위근현상(H_0: $\gamma=0$)이 기각되지 못하여 공적분관계가 성립되지 못하는 것으로 분석되었다. 한편, CRDW 통계량을 이용하여 검정한 경우에도 모든 추정식에서 공적분관계가 부정되었다. 그러나 ADF통계량을 이용한 경우에는 세 번째 모형에서 공적분관계가 성립되는 것으로 확인되었다. ADF가 D-F나 CRDW통계량에 비해 갖는 상대적

표 9-4 공적분모형의 추정결과

추 정 식		D-F	ADF	CRDW
$YXV_t=\alpha+\beta_1CPIX_t+\beta_2M2AX_t$		-1.650	-3.216	0.090
$YXV_t=\alpha+\beta_1CPIX_t$		0.533	-2.628	0.055
$YXV_t=\alpha+\beta_2M2AX_t$		-1.900	-3.052	0.083
임계치($\alpha=10\%$ 단측검정)	$N=2$	$-3.28\sim-3.03$	$-2.91\sim-2.90$	$0.32\sim0.69$
	$N=3$	$-3.73\sim-3.59$	$-3.36\sim3.32$	

로 충분히 긴 시차를 잡은 후 마지막 시차 차분항이 유의적인가를 검정함으로써 p값을 정하도록 하기도 하였다. 결국 분명한 것은 차분변수의 시차수를 너무 작게 하면 오차항의 변색오차가정이 만족되기 곤란할 것이고, 너무 크게 하면 과다추정으로 인한 자료소실의 문제가 발생한다는 사실에 유념하여 p값을 선정해야 할 것이다. 편의상 $p=4, 6, 8$ 정도를 대입하여 검정하면 무난할 것이다.

신뢰성을 감안할 때, 일단 ADF에 의한 공적분검정 결과를 채택하는 것이 합리적일 것이다. 결국 화폐적 경기변동현상은 한국의 경우 GNP(*YXV*)가 총통화(*M2AX*)에 의해 주로 설명될 수 있다는 세 번째 모형에 의해 가장 잘 대변되고 있는 것으로 판정할 수 있다.

▪ **ECM모형을 이용한 추정 및 예측**

일단 공적분관계가 확인되면 최종적인 예측을 수행하기에 앞서서 ECM모형을 구성하여 추정할 필요가 있다. 주지하는 바와 같이, ECM모형이란 변수간의 장기적 균형관계를 중심으로 단기적으로 이탈되는 단기적 동태분석을 결합시킬 수 있는 분석장치이며, Engel과 Granger가 제시한 2단계 추정법이 가장 보편적으로 적용되고 있다.

2단계 추정법이란 장기적 관계를 나타내는 공적분함수식을 바탕으로 하되 차분변수들의 시차구조와 오차항을 이용하여 동태적 관계를 파악해 냄으로써 단기적 이탈현상을 규명해 냄과 동시에 통계적 적합도를 아울러 제고시킨다는 의의를 갖고 있다.

표 9-5 ECM을 이용한 MBC모형의 추정결과

설명변수	모형 I	모형 II	모형 III
상 수	381.20(3.77)	375.36(4.44)	204.28(2.67)
$DYXV_{t-1}$	−0.15(−0.99)	−0.03(−0.25)	−0.02(−0.18)
$DCPIX_{t-1}$	−56.99(−0.99)	−65.98(−1.21)	
−2	−45.42(−0.97)	−42.56(−0.76)	
−3	−91.92(−1.57)	−81.09(−1.42)	
−4	93.71(1.67)	126.22(2.19)	
$DM2AX_{t-1}$	0.31(1.19)		0.28(1.06)
−2	0.18(0.60)		0.20(0.63)
−3	−0.07(−0.20)		−0.02(−0.06)
−4	−0.17(0.60)		−0.19(−0.66)
$ECM1$	−0.01(−0.33)		
$ECM2$		0.01(0.38)	
$ECM3$			−0.07(−1.61)
R^2	0.25	0.15	0.12
$\bar{R}^2$	0.10	0.07	0.02
d	2.03	2.03	2.01
RMSPE('82:1∼'85:4)	3.43	2.43	3.00

본 항에서 활용한 오차수정모형의 기본 식은 다음과 같다.

$$\Delta Y_t = \alpha + \gamma \hat{\varepsilon}_{t-1} + \sum \delta_i \Delta X_{t-i} + \sum \theta_i \Delta Y_{t-i} + v_i$$

(오차수정항) (시차설명변수) (시차종속변수)

여기서 $\hat{\varepsilon}_t$: 공적분 추정에서 도출된 잔차항

일단 공적분검정에 성공한 세 번째 모형을 중심으로 추정모형을 설정하여 비교목적상 다른 두 모형도 함께 추정해 보았다. 오차수정항의 계수는 대체로 0.01에서 0.70 사이로 추정되었다. 이는 측정시기에 균형상태로부터의 이탈, 즉 전기의 실제치와 균형치 간의 괴리 중 약 1~7% 정도가 금기의 GNP 변화에 수정반영됨을 의미하는 것으로 이해할 수 있다.

추정식들에 대한 적합성 검정과 동태적 안정성을 평가하기 위하여 1982년 1/4분기부터 1985년 4/4분기까지의 구간에 대하여 동태적 의태분석을 실시해 본 결과 RMSPE가 3.43% 이하로 산출되어 예측에 큰 무리가 없는 것으로 판정되었다.

YXV를 총통화만의 함수로 설정한 모형을 활용하여 1988년 1/4분기부터 4/4분기까지의 기간을 대상으로 예측을 시행한 결과를 정리한 것이 〈표 9-6〉과 같다. 한편, 세 모형의 예측내용을 도표로 정리한 것이 〈그림 9-7〉, 〈그림 9-8〉, 〈그림 9-9〉이다. 예측결과에서도 $M2AX$를 활용한 모형 Ⅲ의 경우가 예측력이 가장 우수한 것으로 나타났으며, RMSPE는 6.31%에 머무르고 있다.

표 9-6 ECM모형의 예측결과 대비표

모 형	기 간	실제 관측치	예 측 치	RMSPE
모형 Ⅰ	1988:1	27,634.1	25,433.5	6.91
	2	27,165.8	25,721.7	
	3	28,130.5	26,116.6	
	4	28,535.8	26,554.1	
모형 Ⅱ	1988:1	27,634.1	25,334.3	7.49
	2	27,165.8	25,677.6	
	3	28,130.5	25,931.9	
	4	28,535.8	26,254.8	
모형 Ⅲ	1988:1	27,634.1	25,638.9	6.31
	2	27,165.8	25,828.9	
	3	28,130.5	26,280.2	
	4	28,535.8	26,738.1	

그림 9-7 모형 I의 예측결과

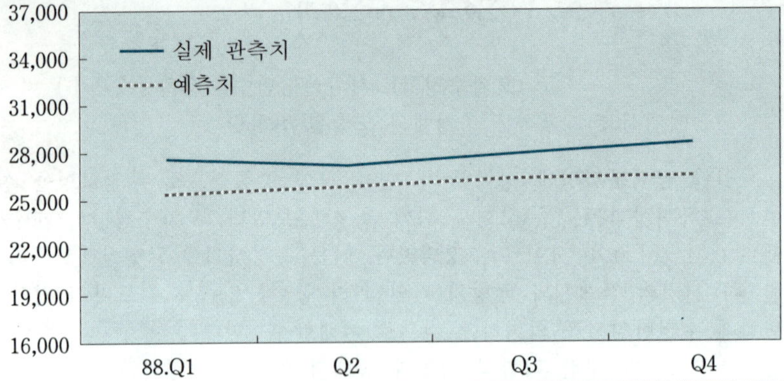

그림 9-8 모형 II의 예측결과

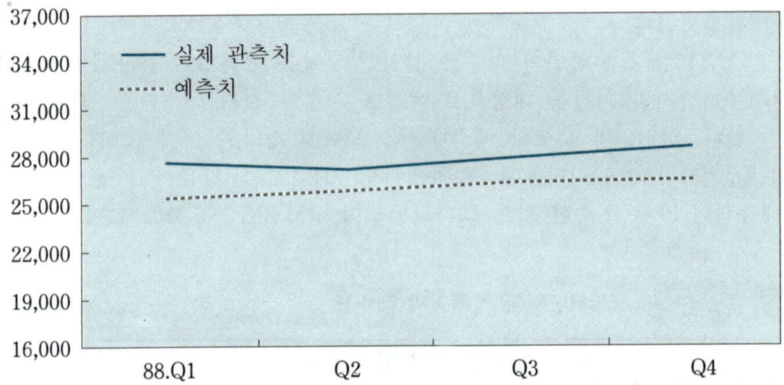

그림 9-9 모형 III의 예측결과

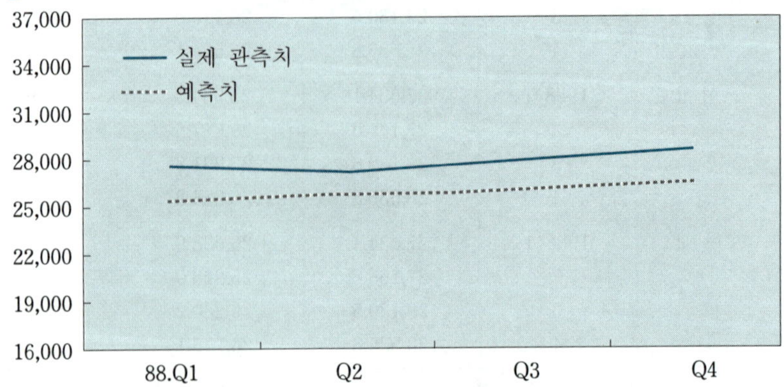

또한 전환점(turning point)검정 측면에서도 가장 분명한 변화유형을 보여 주고 있음을 확인할 수 있다.

10

기타 주요 예측모형

1. 경기변동지표를 이용한 예측
2. 결합예측방법
3. 상태공간모형을 이용한 예측
4. 인공신경망을 이용한 예측
5. 연산일반균형모형을 이용한 정책효과 분석 및 예측
6. 다부문모형을 이용한 경제예측

1 경기변동지표를 이용한 예측

경기변동(business cycles)에 대한 정의는 다양하나 많은 경제학자들이 번스(Burns)와 미첼(Mitchell)이 제시한 다음과 같은 개념에 대체적으로 의견을 같이하고 있다.

> "경기변동이란 주로 기업활동에 의하여 경제가 운용되고 있는 국가의 총체적 경제활동에서 나타나는 변동의 한 형태이다. 하나의 순환은 수많은 경제활동들에서 거의 동시에 발생하는 팽창(expansion)과 그 뒤를 이어 나타나는 일반적인 경기후퇴(recession)와 위축(contraction), 그리고 다음 순환의 팽창국면으로 연결되는 회복(revival)으로 구성되어 있다. 그러나 이러한 연속적 변동은 반복적이지만 반드시 주기적인 것은 아니고, 회복주기는 보통 1년 이상 또는 12년에 이른다."[1)]

번스와 미첼이 제시하고 있는 이러한 경기변동의 정의는 경기순환의 주기와 전환점을 파악하는 데 유용한 개념이라 할 수 있다. 따라서 경기지표(business indicators)에 의한 분석이 경기변동에 있어서 반복적 순환을 찾아 내고, 그것을 설명하며, 현재 및 미래의 국면을 판별하고 예측하는 것을 목적으로 하는 대표적인 방법으로 등장하게 되었다. 이러한 관점에서 볼 때, 결국 경기지표란 총체적인 경기의 상태를 측정하고 예측을 위해 작성되는 자료로 현재 경기의 상태를 나타내거나 미래의 경기상태에 대해 예고적인 정보를 제공하는 지표라 할 수 있다.

경기지표를 활용한 경기변동 분석은 20세기 초반에 주로 발전되었는데, 특히 번스와 미첼 및 무어(Moore) 등에 의해 이루어진 미국의 NBER을 중심으로 한 경기지표에 관한 대규모의 연구작업과 이들의 연구결과에서 기준순환의 개념이 1938년에 고안되었고, 선행지표, 동행지표, 후행지표들이 개발되었다. 이러한 연구는 상당히 성공적이었고, 그 결과 몇 년 뒤 미국의 상무부에서 공식적으로 경기종합지수(composite index)를 발표하게 되었다.

1) Burns and Mitchell(1946), p. 3 참조.

이상과 같은 경기지표는 경기순환의 과거와 현재상태를 분석·판단하고 장래의 경기동향을 예측함으로써 경기를 조절할 정책수립에 필요한 기초자료를 얻기 위한 목적으로 주로 사용되고 있다. 특히, 경기에 선행하도록 고안된 선행지표는 미래의 경기동향에 대한 정보를 가지고 있다고 볼 수 있으며, 일반적으로 경기활동에 앞서 선행하는 특성을 지니고 있으므로 선행지표는 경기국면의 예측에 주로 활용되고 있다. 그런데 이와 같이 선행지표가 현재의 경기상태에 선행하는 미래의 경기동향에 대한 정보를 가지고 있다면 경기국면의 예측뿐만 아니라 거시변수의 수준 예측에도 주요한 정보를 제공할 것이라고 판단할 수 있다.

하지만 기존 연구들은 대부분 선행지표를 경기국면의 판정이나 전환점 예측에 사용하는 데 관심을 두고 있어 일반적인 거시변수 예측에의 활용은 간과되어 왔다. 이에 대해 몇몇 연구(Vaccara and Zarnowitz, 1973; Diebold and Rudebusch, 1996)에서 선행지표가 거시변수의 예측에 활용될 수 있다는 가능성을 보여 주었고, 실제로 선행지표를 활용하여 예측을 시도해 봄으로써 선행지표가 거시변수의 예측력 향상에 도움을 주고 있음을 확인한 바 있다.

■ • 경기전환국면의 판정에 도입될 수 있는 방법[2)]

경기전환국면의 판정에 도입될 수 있는 방법은 실로 다양하다. 여기에서는 이들 중 대표적인 여섯 가지 정도를 소개하고자 한다.

1. 경기변동의 평균하강국면 길이 이용법

최근 30~40년간의 경기순환에 나타난 경기변동 사이클(cycle)의 하강국면 길이를 산출해 활용하는 방안으로, 최근의 경기정점에 평균 하강국면 길이를 더하여 경기변동의 저점을 예상해 보는 방법이다. 물론 이 방법은 이론적 배경이 별무한 기술적 판정법이어서 신뢰에 한계가 있다.

2) 이종원(1997).

2. 재고순환기준 활용법

재고는 경제성장에서 차지하는 비중이 미미하나 그 변동이 갖는 경제적 의미가 크므로 주목을 받고 있는 항목이다. 일반적으로 경기변동 순환기에 재고는 경기와 역행적으로 움직이며 경기에 선행하므로 경기예고지표로 활용될 수 있기 때문이다. 물론 이들 방법 또한 이론적 기반이 취약하다는 비판을 피할 수 없다.

3. 경기(선행)종합지수 활용법

경기종합지수는 원래 미국 NBER의 의뢰를 받아 1946년 번스와 미첼이 경기변동현상을 체계적으로 측정하기 위해 개발한 분석지표로서 주요 거시지표들을 전반적인 경제활동과 비교하여 선행, 동행, 후행으로 분류하여 제시되고 있다. 그러나 경기종합지수의 작성이 특정 통계이론이나 계량이론에 근거한 것이 아니어서 작성된 지수 자체만으로 경기변동국면에 대한 정확한 판단을 내리기는 어렵다. 여하튼 이 지수를 활용할 경우 과거 선행지수 순환변동치의 저점과 동행지수 순환변동치의 저점과의 평균시차를 계산하여 유추해 보게 되는데, 역시 경제구조 변화 등을 제대로 고려할 수도 없고, 또 선행지수의 저점도착 여부 자체가 사후에야 밝혀진다는 어려움 등이 있어 실용상에 한계가 크다. 이러한 한계성을 극복하고자 1980년대 들어 Zarnowitz와 Moore(1982)는 보다 체계적 통계이론에 근거방안을 제기하였는데, 선행 및 동행지수 변동에 따라 경기국면을 여섯 가지로 구분한 후 각 형태의 출현시점을 기준으로 경기상황을 파악하는 연속신호(sequential signals)추출법을 제시한 바 있다.

4. 경기전환점 예측모형 활용법

각종 경기선행지수의 구성지표들로 모형을 구성하여 경기선행지수가 경기저점에 도달 또는 통과하는 확률을 산출하여 예측하는 방법이 활용될 수 있는데, 프로빗모형을 통해 경기국면을 예측해 볼 수 있다.

5. Neftci방법

Neftci(1982)는 정교한 통계이론에 기초한 선행지표 활용법을 개발하였는데, 이는 매 시점별로 확장국면과 수축국면에 관한 확률분포를 선행지수를 이용하여 구한 후, 이를 바탕으로 각 시점에서 경기전환이 발생하는 확률을 계산하는 확률분포이용법이며, 경기순환 포착을 신호화할 때 거짓 신호를 비교적 정확하게 여과할 수 있는 장점을 갖고 있다.

6. 스톡과 윗슨의 다변량시계열 접근방법

스톡(Stock)과 윗슨(Watson)은 경기를 주요 관련변수들 간에 공통적으로 움직이는 일종의 비관측상태변수(unobserved state variable)로 정의하고, 주어진 자료하에서 동 변수의 실현치를 상태공간모형과 Kalman filtering방법에 의하여 추출하는 비관측인자모형(unobserved component model)을 개발하였다. 이 모형은 자연실업률, 잠재GNP, 기대인플레이션 등 관측이 불가능하나 일정 패턴을 따르는 요소를 시계열로부터 추출하여 추정에 활용하고 있는데, 이처럼 추정된 비관측변수의 실현치는 현재의 경기상황을 나타내는 실험적 동행지수(experimental coincident index)가 된다. 이렇게 창출되는 지수는 실제의 동행지수와 거의 일치할 정도로 주요 거시변수들의 공통적 움직임을 잘 반영하는 장점이 있으나 비관측경기변수의 움직임이 선형방정식 형태로 되어 있어 비대칭적 경기국변의 특성을 반영하지 못한다는 한계성이 있다.

한편, Hamilton(1989)은 경기변동을 별도의 확률분포를 가지는 확장국면과 수축국면의 비대칭적 변환과정으로 정의하고, 그에 따르는 계량모형의 모수를 추정할 수 있는 마코프변환모형(Markov switching model)을 개발하였다. 이 모형은 경제변수의 시계열이 다수의 개별적인 상태로 변환하는 과정을 명시적으로 추정하는 방법으로서, 시계열의 구조변화를 내생적으로 포착하기 때문에 경기, 환율, 금리 등 변동성이 높은 시계열의 추정에 유용하다. 그러나 이 모형은 본질적으로 1변량 시계열모형이어서 주요 거시변수들의 공통적 움직임으로 볼 수 있는 경기변동의 특징을 잘 반영하기에는 역시 한계가 있다.

결국 Diebold와 Rudebusch는 이상과 같은 두 가지 방법론을 적절히 결합한 경기국면 판별 예측방안을 제시하기에 이르렀다. 이 방법은 경기국면 판별지표에 포함되는 구성변수들의 가중치가 각 변수들의 경기에 대한 설명력을 반영할 수 있도록 결정함으로써 정밀도를 높였고, 계량모형의 추정결과로서 분석기간중 각 시점이 확장 또는 수축국면에 속하는지 여부의 확률을 구체적으로 산출할 수 있어 경기국면 판별의 자의성을 가능한 한 배제할 수 있는 장점을 보유하고 있다. ■

하지만 이러한 연구들 또한 선행지표와 거시변수의 연관성을 분석하거나 실험적 예측을 시도하는 수준에서 머무르고 있다. 더구나 국내에서는 이에 대한 연구가 전무한 실정이었다. 이러한 여건하에서 이들 선행연구에서의 방법론을 종합적으로 활용하여 선행지표와 거시변수의 연관성을 다각적으로 분석하여 예측에 활용될 수 있는 논리적·실증적 근거를 확인하며, 선행지표를 활용하여 실제 예측을 시도하여 선행지표의 예측력을 확인하는 노력이 이성규(1999)에 의해 시도된 바 있다.

이성규는 이러한 인식하에 선행지표가 전통적인 거시경제변수 예측에 활용될 수 있는 논리적 내지 실증적 근거를 마련해 보고, 실제 예측을 통해 선행지표가 거시경제변수의 예측력 향상에 도움을 줄 수 있는지를 확인해 봄으로써 선행지표가 일반적인 경기전환점 예측뿐만 아니라 거시변수의 수준 예측에도 유용하게 활용될 수 있다는 것을 확인한 바 있다.

우선 이성규는 통계청에서 발표하는 경기종합지수의 선행지수를 활용하여 대표적인 거시경제변수인 GDP의 예측을 시도해 보았다. 이어서 그는 선행지수와 GDP의 연관성을 분석하는 데 중점을 두고, 우선 교차상관분석과 회귀분석을 통하여 선행지수와 GDP의 시차구조를 파악하여 선행지수가 GDP에 대하여 안정적으로 선행하고 있음을 확인하였다. 그리고 그레인저(Granger) 인과관계검정을 통하여 GDP의 예측에 선행지수를 사용하는 것이 예측력을 향상시킬 것이라는 판단을 내렸다.

아울러 이성규는 이상과 같이 선행지수가 거시변수의 예측에 활용될 수 있다는 분석결과를 바탕으로 실제 예측을 통하여 선행지수의 예측력을 평가해 보았다. 우선 GDP만의 정보를 사용한 자기회귀모형과 GDP와 선행지수를 포함한 모형과의 예측오차를 비교한 결과 사전적 예측과 사후적 예측 모두에서 선행지수를 포함한 경우의 예측오차가 확연히 줄어들고 있음을 확인하였다. 다음으로 세 가지 VAR모형을 구성하여 GDP의 예측을 시도해 보았다. 분석결과 GDP 예측을 위해 선행지수를 포함한 경우의 예측오차가 세 모형 모두에서 줄어들어 선행지수의 도입이 GDP의 예측에 도움을 주고 있음을 확인할 수 있었다.

결국 이러한 분석결과는 선행지표가 장기국면의 판정이나 전환점의 예측에만 사용될 수 있는 것이 아니라 GDP 같은 거시변수의 예측에도 활용될 수 있음을 확인해 준 것으로 볼 수 있다.

2 결합예측방법

예측(forecasting)이란 미래에 발생할 현상을 미리 알고자 하는 인간의 욕망을 좀더 합리적이고 과학적으로 분석하는 방법의 표출로, 앞으로 도래할 상황에 관한 추정이라고 정의할 수 있다. 경제학에서도 미래의 경제상황을 미리 파악해, 이에 따른 적절한 대응방안을 찾고자 하는 의도에서 다양한 예측모형이 개발되어 왔다.

그런데 가장 빈번하게 활용되고 있는 경제예측모형들은 일반적으로 서로 다른 이론적 배경과 기본 가정을 토대로 설정되고 있고, 또 각 모형에서 사용되는 변수들도 다르다. 따라서 각 모형은 서로 다른 정보집합을 가지고 추정될 수밖에 없으며, 결국 모든 정보집합을 최대한으로 활용하지 못한다는 측면에서 볼 때 예측치들은 최적추정치라 할 수 없다. 이러한 사실을 달리 표현해 본다면 두 가지 이상의 상이한 모형에 의하여 미래예측이 이루어졌을 때, 각 모형에 의하여 예측된 값들이 서로 다른 정보를 근거로 추정된 이상 이들을 결합시킨 결합예측방식은 더 많은 정보를 활용하여 미래에 대한 불확실성을 감소시킬 수 있다는 것이다. 이러한 차원에서 볼 때 결합예측방법은 적어도 논리적인 차원에서는 개개의 예측방법보다 더 좋은 예측방법이 될 수 있으며, 따라서 결합예측치는 개별 예측치보다 좀더 정확한 것으로 산출될 수 있다.

경제예측에 사용되는 예측방법은 계량모형에 의한 예측방법과 전문가들의 주관적인 예측방법으로 양분할 수 있다. 이 중 계량모형에 의한 예측방법은 다시 전통적인 회귀분석을 통한 예측, 시계열분석을 통한 예측, 그리고 이 두 방법을 결합한 예측으로 구분할 수 있다.

먼저, 전통적인 회귀분석을 이용한 예측은 초기단계에서는 단순회귀모형에 대한 회귀분석을 실시하여 도출된 추정결과에 설명변수값만을 대입함으로써 종속변수의 값을 추론하는 방법으로 예측이 이루어졌다. 이후에 Tinbergen(1939)이 국민경제 전반을 설명할 수 있는 거시계량모형을 개발하여 제시한 바 있는데, 이는 각 경제변수 간의 연관성을 구체적으로 고려하는 연립방정식체계에 의해 주요 거시경제변수를 예측할 수 있는 보다 정교한 예측방법이라 할 수 있다. 이러한 거시계량모형을 이용한 예측방식은 다양화 또는 대형화되면서 지속적으로 발전되어 왔다.

그러나 최근에 이르러 케인스적 이론모형의 현실 설명능력상의 한계성이 노출되면서 거시계량모형을 통한 예측력에 대한 신뢰도는 점차 저하되기 시작하였다. 이러한 시기에 Box-Jenkins 등이 개발한 시계열모형이 거시계량모형보다 정확한 예측을 도출할 수 있다는 사실이 밝혀짐에 따라 시계열분석을 통한 예측이 각광을 받게 되었다.

그러나 자기회귀결합이동평균(autoregressive integrated moving average: ARIMA)모형으로 대표되는 시계열모형에 의한 예측은 거시계량모형에 근거한 예측보다 적어도 단기적으로는 우수한 예측치를 도출할 수 있으나, 이 방법은 변수들 상호간의 인과관계를 전혀 무시하는 1변량분석이라는 문제점을 지니고 있다. 뿐만 아니라 장기예측에 있어서는 그 정확도가 현저히 떨어진다는 한계를 지니고 있다.

이러한 문제점을 극복하기 위한 노력의 일환으로 두 분석이 지니는 장·단점을 보완하여 두 방법을 결합한 새로운 형태의 예측방법이 제시되었는데, 그 중 대표적인 것이 Sims(1980)가 제시한 VAR(vector auto regression)모형이다. VAR모형은 앞의 두 가지 방법이 지니고 있는 장·단점을 고려하여 결합된 모형으로서 예측면에 있어서 기존 모형들의 제약에 관한 경직성을 극복할 수 있는 방법이라 할 수 있는데, VAR모형에 의한 예측력이 대체적으로 양호한 것으로 알려져 있다.

그러나 VAR모형 또한 이론적 근거가 상대적으로 소홀해지는 성향을 갖고 있으며, 추정결과가 모형 내에 포함할 변수의 선택에 따라 민감하게 변화하는 등의 문제점을 지니고 있는 것으로 밝혀졌다.

이상에서 살펴본 것처럼 널리 사용되는 세 가지 예측방법은 나름대로의 장점을 지니고 있고, 따라서 독자적으로 광범위하게 활용되고 있으나, 각각 나름대로의 한계점을 내포하고 있음을 알 수 있다. 한편, 좀더 정확한 예측치를 도출하는 방안에 대한 연구가 다양하게 이루어져 왔으며, 현실적으로 최적예측치를 도출하기 위한 방안에 대한 연구가 지속되고 있다. 그런데 동일한 현상에 대해 여러 가지의 예측치가 존재하고, 각 예측치는 다른 예측치가 지니지 않는 각각의 고유한 정보를 지니고 있다고 가정할 경우, 그 중 하나를 선택하기보다는 가능한 모든 정보를 활용해서 예측하는 것이 최적예측치에 근접할 것이라는 논리가 성립된다. 즉, 일반적으로 각각의 개별 예측방법은 모든 정보집합을 최대한 활용하지 못하고 있어 최적예측치를 도출할 수 없지만, 각 예측방법에 의해 도출된 예측치를 결합시켜 결합예측치를 도출할 경우 이는 결과적으로 각 예측모형이 지니고 있는 서로 다른 정보를 모두 반영한 가운데 도출된 예측결과가 된다는 논리가 성립될 수 있다.

이러한 취지하에 예측치들을 결합하는 방법으로는 각각의 예측치에 대해 적절한 가중치를 부여하는 가중평균 결합방법이 널리 사용되고 있다. Barnard(1963)에 의해서 처음으로 제시된 결합예측방안은 초기에는 주로 이론적인 측면에서 접근되었으나, 1970년대 중반에 들어서면서부터, 개별 예측보다 우월한 결합예측의 성과를 입증하기 위한 실증분석이 Newbold and Granger(1974) 등에 의해서 시도되었다. 이후 결합예측에 대한 실증연구는 Makridakis *et al.*(1982, 1984), Makridakis and Winkler(1983), Winkler and Makridakis(1983) 등에 의해 다양하게 전개되었다.

지금까지 개발된 결합예측방식은 사용되는 가중치가 시간의 흐름에 따라 변화가 가능한지 여부에 따라 크게 정태적 방법과 동태적 방법으로 나뉜다. 정태적 분석에 의한 가중치 선정방법은 계산상의 이점 등으로 인하여 거의 대부분의 결합예측과정에서 사용되고 있다. 정태적 방법에는 ① Bates and Granger(1969)가 도입한 전통적인 결합예측오차의 분산최소화 방법(variance covariance method: VCM), ② VCM에 의해 도출된 결합예측의 오차가 편의성을 갖는 문제점을 개선시키기 위해 Granger and Ramanathan(1984)이 도입한 이른바 회귀분석방법에 의한 가중치 선정방법(regression based method: RBM), ③ RBM방법이 결합예측오차의 구조에 관심을 두지 않는 데서 발생하는 문제점을 계열상관을 고려하여 개선한 Diebold(1988)의 이른바 계열상관을 고려한 가중치 선정방법(serial correlation method: SCM), ④ 그리고 주어진 과거 예측치의 분산-공분산 정보에 사전적으로 구한 정보를 추가하여 가중치를 선정하는 베이지안방법(Bayesian) 등이 있다. 한편, 현실적으로 경제여건의 변화에 따라 결합예측에 사용되는 가중치 역시 변화하는 것이 적절하다는 논리적 근거에 의하여 동태적 분석방안이 아울러 제시되었는데, ARCH모형을 이용한 가변시차 결합방법(Engle *et al.*, 1984)과 가중치를 시간에 대한 다변량구조로 파악하는 가변시차 결합방법 등이 주목할 만하다.

앞서 소개한 각종 결합예측방식들은 이들이 갖는 이론적 이점이 실제에 있어서 항상 보장되는 것이라고 볼 수는 없으며, 또한 단순한 결합예측이 항상 복잡한 결합예측보다 우위에 있다고 볼 수도 없다. 지금까지 이들 결합예측방식들의 효율성을 비교·검토한 연구들에서 밝혀진 주요 결론은 다음과 같다.

① 개별 예측보다는 전반적으로 결합예측의 성과가 우수하다는 점을 들 수 있다. 그러나 지금까지 결합예측에 관한 다양한 실증분석 결과, 이론적으로는 결합예측의 우수성이 인정됨에도 불구하고, 최선의 결합방법에 의한 예측치가 개별 예측치 중 최선으로 선택된 예측치보다 항상 우수한 결과를 나타내는 것은 아니다. 최적결합 가중치 설정에 불확실성이 존재하기 때문이다. 하지만 결합예측은 구성하고 있는 개별 예측치 중 적어도 과반수 이상의 개별 예측치보다는 더 좋은 성과를 보이고 있는 것으로 나타나고 있는바, 전반적으로 결합예측의 성과가 개별 예측보다 우수한 것으로 평가하는 데 무리가 없을 것이다(Winkler and Makridakis, 1983; Makridakis and Winkler, 1983; Granger and Ramanathan, 1984; Winkler, 1984; Clemen and Winkler, 1986; Bohara *et al.*, 1987; Bischoff, 1989 참조).

② 결합예측의 경우 단순평균결합보다는 가중치를 고려한 결합예측이 상대적으로 정확한 예측치를 도출한다는 점이다. Makridakis *et al.*(1982, 1984)과 Clemen and Winkler(1986)는 결합예측에 있어서 복잡한 구조보다

는 단순한 구조의 결합방식이 더 좋은 예측성과를 지닌다는, 즉 개별 예측치에 동일한 가중치를 부여하는 단순평균결합방식이 바람직하다고 주장한 바 있다. 그러나 Makridakis *et al*.(1982, 1984)의 경우 6개의 시계열모형을, Clemen and Winkler(1986)의 경우에는 4개의 거시계량모형을 이용하여 결합예측을 실시하는 과정에서 도출된 결과를 근거로 주장하였다는 문제가 있다. 결합예측에 사용되는 개별 예측들은 서로 다른 성격을 지니는 예측방법들로부터 도출된 예측치들을 사용하는 것이 바람직한 것이며, 그러한 상황에서는 가중치를 고려한 결합예측이 단순평균결합예측보다 예측성과가 우수한 것으로 평가되고 있다. 예컨대, Bischoff(1989)는 성격이 다른 거시계량모형과 ARIMA모형을 이용해 결합예측을 실시한 결과 가중치를 고려한 결합예측이 단순평균결합예측보다 예측성과가 우수함을 보여 준 대표적 연구라 할 수 있다.

③ 계열상관을 고려한 회귀모형 이용방법이 결합예측오차의 성향을 고려하지 않은 회귀분석방법에 의한 가중치 선정방법보다 우수한 예측력을 갖는 것으로 분석되고 있다.[3)]

④ 베이지안방법을 이용한 결합예측치가 여타 방법을 이용한 결합예측치보다 대체적으로 정확도가 다소 우수한 것으로 나타났다는 주장이 제시되었으나 아직 이론적으로 입증이 안 되었을 뿐만 아니라 실증적인 검토 또한 미결상태에 있다.[4)]

이상과 같은 결합예측방법은 상호간의 비교·평가과정 등을 통해 지속적인 발전이 이루어지고 있으나, 아직까지도 다양한 측면에서 개선될 필요가 있다. 이종원과 이상돈(1999)은 이러한 논리에 근거하여 다양한 결합예측방법 중, 먼저 시간에 대해 고정된 정태적 결합가중치를 이용하는 방법으로는 결합예측오차의 분산최소화 방법(VCM), 회귀분석방법에 의한 가중치 선정방법(RBM) 및 계열상관을 고려한 가중치 선정방법(SCM) 등 세 가지 방법을, 동태적 방법으로는 이용상의 편의로 널리 사용되는 다변항구조를 이용한 가변시차방법 등 총 네 가지 결합예측방법을 이용하여 결합예측분석을 실시하였다.

실증분석 결과, 개별 예측의 경우에서는 ARIMA모형과 VAR모형이

---

3) Diebold(1988) 참조.
4) 자세한 것은 Winkler(1981), Clemen and Winkler(1986) 참조.

변수 및 horizon step(즉, 장·단기 예측)의 선택에 따라 각각 예측력이 달라지는 것으로 나타나 우열을 가리기가 어려웠다. 반면, AD-AS모형은 거시계량모형의 특성을 지녀 상대적으로 많은 추가적인 정보를 지녔음을 감안할 때 중장기적 예측에서는 예측력이 우수할 것이라는 이론적 배경과는 달리 모든 변수 및 horizon step에서 예측력이 떨어지는 것으로 나타났다.[5)]

결합예측의 경우에는 회귀분석방법(RBM)을 이용한 결합예측치의 경우가 전체 horizon step에 있어서 평균적으로 총 네 가지 결합예측방법 중 가장 예측력이 우수한 것으로 나타났으며, 계열상관을 고려한 결합방법(SCM)은 상대적으로 예측력이 가장 떨어지는 것으로 나타났다.

한편, 개별 예측과 결합예측을 비교해 보면, 이상의 결과로부터 부분적으로 개별 예측이 결합예측치보다 우수한 경우도 존재하나, 총체적으로 볼 때 각각의 변수와 horizon step에서 개별 예측보다는 결합예측이 더 예측력이 우수한 경우가 많은 것을 감안하여, 결과적으로 결합예측이 개별예측을 결합하여 각각의 개별 예측치들이 지니고 있는 정보집합을 활용하게 되었고, 더욱 개선된 예측치를 도출할 수 있었다는 논리적 근거가 입증되었다.

■

• 결합예측방법의 주요 유형

각각의 예측치에 대해 적절한 가중치를 부여하는 가중평균결합방법이 널리 사용되고 있으며, 주요 방법은 다음과 같다.

- 결합예측오차의 분산최소화 방법(variance covariance method: VCM)
  →Bates and Granger(1969)가 도입한 전통적인 결합예측방법
- 회귀분석방법에 의한 가중치 선정방법(regression based method: RBM)→Granger and Ramanathan(1984)이 도입
- 계열상관을 고려한 가중치 선정방법(serial correlation method: SCM)
  →Diebold(1988)에 의해 제시
- 베이지안방법(Bayesian)→과거 예측치의 분산-공분산 정보에 사전적으로 구한 정보를 추가하여 가중치 선정

5) 물론 이러한 결과는 특수상황(경제위기의 도래)이 발생한 1997년 4/4분기만을 예측대상으로 삼은 데 기인한 것으로 분석될 필요는 있다.

이들 중 가장 논리적 근거를 이해하는 데 편리한 분산최소화 방법에 대해 요약·정리해 보면 다음과 같다.

1. 결합예측오차의 분산최소화 방법의 논리적 근거

Bates and Granger(1969)는 두 개의 불편예측치들을 결합하되 만든 새로운 예측치가 개별 예측치보다 더욱 정밀도가 우수한 결합예측치를 어떻게 창출하는가를 보여 주고 있다. 그들은 정책결정자가 예측치의 분산이 극소화되기를 희망한다는 가정하에 다음과 같은 방식으로 논의를 전개해 나갔다.

이제 예측대상 변수를 y, 두 개의 불편예측치를 f_1, f_2라 하고, 각각의 예측치는 $t-1$시점에서 예측되었다고 가정하면,

$$
\begin{aligned}
y_t &= f_{1t} + \varepsilon_{1t} \\
y_t &= f_{2t} + \varepsilon_{2t}
\end{aligned}
\tag{10-1}
$$

여기서, ε_{1t}, ε_{2t}: 예측오차로 그 평균은 0이고 분산은 각각 σ_1^2, σ_2^2, 공분산은 σ_{12}

그리고 결합예측을 실시하기 위해서는 아래와 같은 최적의 결합예측치(c_t)를 도출해 주는 가중치 λ_1, λ_2를 도출하는 것이다. 즉,

$$c_t = \lambda_1 f_{1t} + \lambda_2 f_{2t} \tag{10-2}$$

따라서 결합예측치의 오차는

$$
\begin{aligned}
y_t - c_t &= y_t - \lambda_1(y_t - \varepsilon_{1t}) - \lambda_2(y_t - \varepsilon_{2t}) \\
&= (1-\lambda_1-\lambda_2)y_t + \lambda_1\varepsilon_{1t} + \lambda_2\varepsilon_{2t}
\end{aligned}
\tag{10-3}
$$

이 때 결합예측치가 불편이 되기 위해서는 위 식의 기대값이 '0'이 되어야 한다. 위 식에서 $E[\varepsilon_{1t}] = E[\varepsilon_{2t}] = 0$이므로, 결국 불편이 되기 위해서는 아래 조건이 달성되어야 한다.

$$1 = \lambda_1 + \lambda_2 \tag{10-4}$$

그러므로 결합예측오차의 분산은 식 (10-3)과 식 (10-4)로부터 구해

진다.

$$\begin{aligned}\sigma_c^2 &= E[y_t - c_t]^2 \\ &= E[(1-\lambda_1-\lambda_2)y_t + \lambda_1\varepsilon_{1t} + \lambda_2\varepsilon_{2t}]^2 \\ &= E[\lambda_1\varepsilon_{1t} + (1-\lambda_1)\varepsilon_{2t}]^2 \\ &= \lambda_1^2\sigma_1^2 + 2\lambda_1(1-\lambda_1)\sigma_{12} + (1-\lambda_1)^2\sigma_2^2 \\ &= \lambda_1^2(\sigma_1^2+\sigma_2^2-2\sigma_{12}) - 2\lambda_1(\sigma_2^2-\sigma_{12}) + \sigma_2^2 \qquad (10\text{-}5)\end{aligned}$$

여기서, $\sigma_1^2 = E[\varepsilon_{1t}^2]$

$\sigma_2^2 = E[\varepsilon_{2t}^2]$

$\sigma_{12} = E[\varepsilon_{1t}, \varepsilon_{2t}]$

이제 결합예측오차의 최소값을 구하게 하는 λ_1의 값을 구하면,

$$\lambda_1 = \frac{\sigma_2^2 - \sigma_{12}}{D} \qquad (10\text{-}6)$$

여기서, $D = \sigma_1^2 + \sigma_2^2 - 2\sigma_{12}$

그러므로

$$\lambda_2 = 1 - \lambda_1 = \frac{\sigma_1^2 - \sigma_{12}}{D}$$

따라서 최적의 선형결합에 사용되는 가중치가 위 식에서 알 수 있듯이 예측오차의 분산과 공분산에 의해 결정됨을 볼 수 있다.

Newbold and Granger(1974)는 이 방법을 발전시켜 m개의 예측치를 결합할 수 있는 일반적인 방법을 제시하였다. 즉, y_n변수의 예측치들이 f_n(단, $j=1, \cdots\cdots, m$)이라 할 때, $f_n^T = (f_{n_1}, f_{n_2}, \cdots\cdots, f_{n_m})$이고, 각각의 예측오차는 $\varepsilon_n = y_n l - f_n$이며, $l^T = (1, 1, \cdots\cdots, 1)$이면 결합예측치($c_n$)와 가중치의 합($\lambda_n^T l$)은 아래와 같이 표현된다.

$$c_n = \lambda_n^T f_n, \ \lambda_n^T l = 1 \qquad (10\text{-}7)$$

여기서, $\lambda_n^T = (\lambda_{n_1}, \lambda_{n_2}, \cdots\cdots, \lambda_{n_m})$

이로부터 결합예측오차의 최소분산을 이끄는 결합가중치는

$$\lambda_0 = \frac{\Sigma^{-1}}{l^T \Sigma^{-1} l}$$

여기서, $E[\varepsilon_n \varepsilon_n^T] = \Sigma$: 예측오차의 분산-공분산행렬

가 된다.

2. 결합예측방법의 비교·평가

그런데 이상과 같은 결합예측의 양상은 이론적 이점이 실제에 있어서 항상 보장되는 것이 아닐뿐더러 단순한 결합예측이 모든 상황에서 다른 결합예측(좀더 복잡한 결합예측)보다 우위에 있는 것도 아니라는 것이다. 그러나 지금까지의 분석결과 전반적으로 다음과 같은 결론을 도출된 바 있다.

① 개별 예측보다는 전반적으로 결합예측의 성과가 우수하다.

② 결합예측에서도 단순평균결합보다는 가중치를 고려한 결합예측이 상대적으로 정확한 예측치를 도출한다.

③ 계열상관을 고려한 회귀모형 이용방법이 결합예측오차의 성향을 고려하지 않은 회귀분석방법에 의한 가중치 선정방법보다 우수한 예측력을 보여 주었다.

④ 베이지안방법을 이용한 결합예측치가 대체적으로 다른 방법을 이용한 결합예측치보다 정확도가 다소 우수한 것으로 나타났다는 주장이 제시되었으나, 이는 이론적으로 입증이 안 되었을 뿐만 아니라 실증적인 검토 또한 미결상태에 있다. ■

3 상태공간모형을 이용한 예측

3.1. 상태공간모형의 의의와 유용성

원래 상태변수(state variable)라는 개념은 제어공학분야에서 도입된 개념으로, 이른바 상태공간모형이란 최종적으로 달성하고자 하는 목표를 상

태변수로 설정한 다음 이를 달성하기 위한 수단(이를 제어변수, control variable)을 어떻게 조절할 것인가 분석하는 분석체계라 할 수 있다. 예컨대, 적군이 발사한 미사일을 요격하기 위해 아군 미사일을 발사할 경우 적군 미사일의 진행방향과 속도 등을 추적하는 것은 상태변수로, 그리고 아군 미사일의 추진력과 탄도 등은 제어변수로 정의할 수 있다.

그런데 정작 이러한 방법론에 계량경제학계가 주목하게 된 것은 경제학에서 이론적으로는 중요한 개념이지만 실제로는 관측이 불가능한 변수들을 추정해야 하는 상황을 타개하는 데 바로 상태공간모형이 유용하게 활용될 수 있기 때문이다. 다시 말해, 관측이 불가능한 변수(unobservable variables)들을 추적해야 할 하나의 목표변수, 즉 상태변수로 보고 이를 추정하기 위한 상태공간모형을 설정하여 활용할 수 있을 것이다. 항상소득, 잠재GNP, core inflation 등의 경우가 바로 이에 해당한다.

한편, 이 모형의 강점은 회귀분석모형이나 ARIMA모형은 물론 오차수정모형(error correction model: ECM) 등에 이르는 전통적인 분석모형 등을 바로 이 상태공간모형으로 전환하여 예측을 수행할 수 있다는 사실에 있다.

뿐만 아니라 불안정적 시계열을 분석할 경우에도 쉽게 적용이 가능하며(예컨대, 오차수정모형의 활용 경우), 보다 중요한 것은 심지어 가변계수모형(time varying coefficient model)도 상태공간모형을 통해 용이하게 분석해 낼 수 있다는 점이다. 지속적 구조변화로 인해 매 시점이나 단계마다 회귀계수 자체가 변화하는 경우 가변적 회귀계수를 상태변수로 간주하면 간단히 처리될 수 있기 때문이다.

또 한편 이 모형은 장기적 추세나 계절변동 등을 상태변수로 인식하여 접근할 수 있게 해 줄 뿐만 아니라 동태적 회귀모형에서처럼 ARIMA 오차항의 계수가 지속적으로 변화하는 상황, 그리고 모수값이 계속 변화하는 것으로 설정한 일반화된 단순지수 평활법(generalized simple exponential smoothing)의 경우에도 유용하게 활용될 수 있다.

마지막으로 한 가지 더 추가한다면 일부 자료가 망실된 시계열자료를 다루는 데에도 상태공간모형은 매우 유용하다는 점을 지적해 두고자 한다.

물론 상태공간모형은 논리적으로 쉽게 설명하기 어렵다. 그러나 이

방법론을 이용하여 예측을 효율적으로 수행하기 위해 반드시 그 이론적 근거를 정확히 이해할 필요는 없다. 지금까지 이 모형에 의한 예측은 여타 전통적 방법에 의한 예측에 비해 뒤지지 않는 것으로 분석되고 있다.

3.2. 상태공간모형의 핵심 내용과 간단한 예

예측할 대상변수를 Y_t라 하되 이를 관측 불가능할 수 있는 상태변수들(X_1, X_2, ……, X_d)의 1차 함수로 정의한다. 즉,

$$Y_t = h_1 X_{1,t} + h_2 X_{2,t} + \cdots\cdots + h_d X_{d,t} + z_t \tag{10-8}$$

이를 행렬로 표현하면 다음과 같다.

$$Y_i = HX_t + z_t \tag{10-9}$$

여기서, X_t: 상태변수로 구성된 다변량 시계열행렬
H: 한 행이 h_1, ……, h_d로 구성된 계수행렬

이 때 식 (10-9)를 관측방정식(observation equation) 또는 추정방정식(measurement equation)이라 한다. 그리고 상황에 따라서는 산출방정식(output equation)이라고도 한다.[6)]

한편, 상태변수 X_t는 전기의 상태변수 X_{t-1}에 의존한다고 가정하면 (자기회귀모형의 응용을 위한 편의상의 가정임) 상태방정식(state equation)은 다음과 같아진다.

$$X_t = FX_{t-1} + Ge_t \tag{10-10}$$

여기서, e_t: 백색소음 요소로 구성된 행렬

위 식은 상태변수로 정의된 식이지만 외형상으로는 다변량 AR(1)모형과 같은 모양을 갖고 있다. 상기 식 (10-9)와 식 (10-10)을 총괄하여 상태공간모형(state space model)이라 일컫는다.

6) 상황에 따라서는 시스템방정식(system equation) 또는 전이방정식(transition equation)이라고도 한다.

이제 AR(2)모형을 상태공간모형으로 전환하여 예측하는 상황을 살펴보자.

$$Y_t = \phi_1 Y_{t-1} + \phi_2 Y_{t-2} + a_t \tag{10-11}$$

식 (10-11)은 전형적인 AR(2)모형이며, a는 백색소음이다. 이를 상태공간모형으로 전환하기 위해

$$X_t = \begin{bmatrix} X_{1t} \\ X_{2t} \end{bmatrix} = \begin{bmatrix} Y_t \\ Y_{t-1} \end{bmatrix}$$

이라 설정하되 $Y_t = [1 \quad 0]X_t$로 가정한다. 그러면 상태(변수)는 Y_t의 지속적인 관측치로 구성될 것이며, 다음과 같은 상태방정식을 정립할 수 있다.

$$X_t = FX_{t-1} + Ge_t \tag{10-12}$$

$$\text{또는 } \begin{bmatrix} X_{1t} \\ X_{2t} \end{bmatrix} = \begin{bmatrix} \phi_1 & \phi_2 \\ 1 & 0 \end{bmatrix} X_{t-1} + \begin{bmatrix} 1 & 0 \\ 0 & 1 \end{bmatrix} \begin{bmatrix} a_t \\ 0 \end{bmatrix}$$

$$\text{또는 } \begin{bmatrix} X_{1t} \\ X_{2t} \end{bmatrix} = \begin{bmatrix} \phi_1 & \phi_2 \\ 1 & 0 \end{bmatrix} \begin{bmatrix} X_{1,t-1} \\ X_{2,t-1} \end{bmatrix} + \begin{bmatrix} a_t \\ 0 \end{bmatrix}$$

$$\text{또는 } \begin{bmatrix} Y_t \\ Y_{t-1} \end{bmatrix} = \begin{bmatrix} \phi_1 & \phi_2 \\ 1 & 0 \end{bmatrix} \begin{bmatrix} Y_{t-1} \\ Y_{t-2} \end{bmatrix} + \begin{bmatrix} a_t \\ 0 \end{bmatrix}$$

한편, 관측방정식은 다음과 같이 표현할 수 있다.

$$\begin{aligned} Y_t &= HX_t + z_t \\ &= [1 \quad 0]X_t \\ &= [1 \quad 0] \begin{bmatrix} Y_t \\ Y_{t-1} \end{bmatrix} \end{aligned}$$

여기서, $z_t = 0$

이번에는 설명변수 하나와 AR(1) 오차항을 가진 회귀분석모형을 고려해 보자.

$$Y_t = a + bW_t + N_t \qquad (10\text{-}13)$$

여기서, W_t: 설명변수

$N_t = \phi N_{t-1} + a_t$

a_t: 백색소음

이 때 상태변수행렬 X_t는 측정 불가능한 a, b, 그리고 $(N_t - z_t)$로 구성된다. 그러면 측정방정식은 다음과 같아진다.

$$Y_t = HX_t + z_t$$

$$Y_t = [1 \quad W_t \quad 1]X_t + z_t$$

여기서, $H = [1 \quad W_t \quad 1]$

$X'_t = [a \quad b \quad N_{t-1} - z_{t-1}]$

한편, 상태방정식은 다음과 같이 정의될 수 있다.

$$X_t = \begin{bmatrix} 1 & 0 & 0 \\ 0 & 1 & 0 \\ 0 & 0 & \phi \end{bmatrix} X_{t-1} + \begin{bmatrix} 0 \\ 0 \\ \phi z_{t-1} \end{bmatrix}$$

여기서, $F = \begin{bmatrix} 1 & 0 & 0 \\ 0 & 1 & 0 \\ 0 & 0 & \phi \end{bmatrix}$

3.3. 칼만 필터링기법을 이용한 상태공간모형의 추정과 예측

상태공간모형의 추정 및 예측은 칼만필터(Kalman filtering)에 의해 용이하게 시행될 수 있는데, 주요 산출과정은 다음과 같다.[7)]

7) ARIMA모형을 상태공간모형으로 전환하여 예측하는 기법은 Akaike(1974)에 의해 제시된 바 있고, 대다수 통계패키지에서 자동적으로 예측치를 산출해 주도록 장치되어 있다.

① 우선 다변량 AR모형을 0부터 10까지 시차를 두며 추정한다. 각 경우에 AIC를 산출하여 그 중 최소AIC값을 갖는 모형을 선정한다.

② 선정된 AR모형에 MA항을 추가하거나 일부 AR항을 제거해 가며 적합도를 높인다.

③ 개정된 모형 중 최상의 것을 상태공간모형으로 전환한다.

④ 상태공간모형의 모수(계수)들을 추정한다.

⑤ 최종 추정식을 이용하여 예측을 수행한다.

단, 이상과 같은 과정은 안정적 시계열을 가정한 예측절차이므로 불안정 시계열의 경우는 상기 과정을 밟기에 앞서 원자료를 차분화 등을 통해 안정적 과정으로 전환시켜야 한다.

예제 10-1

구조변화와 가변계수모형, 그리고 상태공간모형을 이용한 추정 및 예측

본 예제에서는 지난 1998년의 외환위기로 인하여 우리 나라의 소비함수에 구조적 변화가 발생하였을 가능성이 크다는 가정하에 구조변화를 감안하여 소비함수를 다양한 방법으로 추정하고, 추정된 각 모형의 예측치를 비교하여 보았다.

편의상 소득과 이자율만으로 소비를 설명하도록 하는 간단한 모형 즉,

$$\Delta C_t = \alpha + \beta_1 Y_t + \beta_2 \Delta R_t + \varepsilon_t$$

와 같은 소비함수를 추정한 후, 추정된 모형을 이용하여 예측력을 비교하였다.

이때 사용된 자료는 1987년 1/4분기에서 2005년 3/4분기까지의 자료로서, 소비변수로는 민간소비지출을, 소득변수로는 국민총소득(GNI)을 각각 이용하였고, 이자율변수로는 3년 만기 회사채수익률을 사용하였다. 각 변수는 분기자료이며 실질변수이고, 계절조정된 자료이다.

모형의 추정을 위해서는 1987년 1/4분기에서 2003년 3/4분기까지의 67개 분기자료를, 모형의 사후예측력 비교를 위해서는 2003년 4/4분기에서 2005년 3/4분기까지 8개의 분기자료를 각각 이용하였다. 그런데 소비와 소득 등의 거시변수가 불안정성을 지니는 $I(1)$변수로 나타나 종속변수 및 설명변수를 대수전환해 준 후 차분하여 각 변수를 안정적인 $I(0)$변수로 전환하였다.[8)]

8) 참고로 소비와 소득 등의 변수가 불안정성을 지니는 $I(1)$변수인 경우에는 $I(1)$변수 간의 공적분관계를 추정할 수 있는 정준공적분회귀(canonical cointegrating regression: CCR)기법이나 완전수정 OLS(fully modified OLS: FMOLS) 등의 기법을 이용하여야 하

추정에 이용된 모형은 먼저 전체 기간 동안 구조변화가 전혀 발생하지 않아 한계소비성향(기울기)이 일정하다고 보는 모형(모형 1), 외환위기를 기점으로 하여 한계소비성향이 변하였다고 보는 모형(모형 2), 끝으로 외환위기 발생시기뿐만 아니라 전체 기간에 걸쳐 매 시점의 한계소비성향이 변한다고 보는 가변계수모형(모형 3) 등으로 구분하여 추정하였다.

추정 및 예측결과를 살펴보기에 앞서 가변계수모형의 추정작업에 대해 간략하게 살펴보도록 하자. 다음과 같은 선형추정모형을 생각하자.

$$y_t=\beta_1 x_{1t}+\beta_2 x_{2t}+\cdots\cdots+\beta_p x_{pt}+e_t$$

일반적으로 위와 같은 모형을 추정하고자 하는 경우에는 모수인 β_1, β_2, ……, β_p가 시간이 변해도 항상 일정하게 고정되어 있다는 암묵적 가정하에 OLS를 이용하여 모수값을 추정하게 된다. 하지만 모수값은 경제에 커다란 충격이 발생하여 경제구조가 변하게 됨에 따라서 변할 수 있다. 과거에는 이러한 상황을 분석하기 위해 알려진 특정 시점에서 경제구조가 변하였다고 보고, 해당 시점을 기준으로 서로 다른 모수값을 추정하는 방식을 사용하였다.

그런데 이러한 분석은 경제구조가 어떤 시점에서 변화하였는지 사전에 가정한 이후에나 가능한 분석이라 할 수 있다. 최근에는 특정 시점에 국한하여 발생하는 구조변화를 분석하기보다는 매 시점마다 경제의 움직임이 변화할 수 있다는 가정하에 모수값이 매 시점 변할 수 있다고 보는 가변계수모형(time varying coefficient model)이 많이 사용되고 있다.

즉, 가변계수모형에서는 모수가 고정되어 있다고 보는 대신 경제상황에 따라 모수가 변할 가능성이 높다고 본다. 이렇게 모수가 변하는 상황에서 추정모형은 다음과 같이 나타낼 수 있다.

$$y_t=\beta_1 x_{1t}+\beta_2 x_{2t}+\cdots\cdots+\beta_p x_{pt}+e_t$$

시간에 따라서 변화하는 모수를 추정하는 방법 중 가장 널리 사용되는 방법론으로는 칼만필터를 이용하는 가변계수모형을 들 수 있다.

시변계수모형은 주어진 모형을 상태공간모형으로 전환한 후 칼만필터링(Kalman filtering)기법을 이용하여 시간에 따라 변하는 모수를 추정하게 된다. 이러한 상태공간모형에서 특이한 사항은 계수값 자체가 상태변수(state rariable)로 나타내진다는 점이다.

앞서 상태공간모형은 전이방정식과 관측방정식으로 표현되는데, 이를 위

며, 특히 공적분관계가 시간에 따라서 변하는 경우를 고려해 주기 위해서는 시변계수공적분회귀(cointegration regressions with time varying coefficients)를 이용하여 추정하는 것이 바람직하다. 그러나 본서의 수준을 넘어서는 분석방안이어서 본서에서는 상기와 같이 대수전환 및 차분과정을 통한 불안정성 제거방안을 대신 활용하였다.

해서는 상태벡터를 적절하게 설정하고, 이렇게 설정된 상태벡터에 대해 적절한 전이방정식을 구성하여야 하며, 설정된 상태벡터에 의해 실제로 관측된 변수가 적절하게 설명되도록 구성되어야 한다고 언급한 바 있다는 점을 상기하기 바란다.

앞서 간략하게 언급한 바처럼 가변계수모형에서는 상태벡터, 즉 추정해야 할 모수가 상태벡터로 설정되므로, 시간에 따라 변하는 모수가 어떠한 방식으로 움직일 것인가를 먼저 규정해 주어야 한다. 즉, 상태벡터에 대한 전이방정식을 구성하여야 한다. 이 때 상태벡터인 모수가 움직이는 방식은 다양하게 설정될 수 있는데, 예컨대

$$\begin{aligned}(\beta_{1t}-\gamma_1)&=\delta_1(\beta_{1,t-1}-\gamma_1)+\eta_{1t}\\ &\vdots\\ (\beta_{pt}-\gamma_p)&=\delta_p(\beta_{p,t-1}-\gamma_p)+\eta_{pt}\end{aligned}$$

와 같이 모수가 AR(1)모형과 유사한 과정을 따르는 것으로 가정할 수도 있다. 본 예제에서는 가장 간단한 경우를 살펴보도록 한다. 즉,

$$\begin{aligned}\beta_{1t}&=\beta_{1,t-1}+\eta_{1t}\\ &\vdots\\ \beta_{pt}&=\beta_{p,t-1}+\eta_{pt}\end{aligned}$$

와 같이 상태벡터인 모수가 시간이 지남에 따라서 확률보행(random walk)과정을 따른다고 가정하도록 한다. 본 예제에서는 모수가 β_{1t}, β_{2t} 둘 뿐이므로 다음과 같이 전이방정식을 나타낼 수 있다.

$$\begin{pmatrix}\beta_{1t}\\ \beta_{2t}\end{pmatrix}=\begin{pmatrix}1 & 0\\ 0 & 1\end{pmatrix}\begin{pmatrix}\beta_{1,t-1}\\ \beta_{2,t-1}\end{pmatrix}+\begin{pmatrix}\eta_{1t}\\ \eta_{2t}\end{pmatrix}$$

그러면 이와 같이 설정된 상태변수, 즉 관측되지 않은 상태변수에 맞추어서, 관측된 변수를 설명하는 방정식이라 할 수 있는 관측방정식은 다음과 같이 나타낼 수 있다.

$$C_t=\alpha+(Y_t \quad R_t)\begin{pmatrix}\beta_{1t}\\ \beta_{2t}\end{pmatrix}+e_t$$

이와 같이 전이방정식과 관측방정식을 통해 상태공간모형을 구성한 후에는, 칼만필터링기법을 이용하여 상태변수인 $(\beta_{1t}, \beta_{2t})'$를 추정할 수 있는데, 이 때 추정된 상태벡터 $(\beta_{1t}, \beta_{2t})'$가 바로 시간에 따라 변하는 모수이다.

먼저 해당 기간 동안 구조변화가 없었다고 보는 모형 1, 즉

$$\Delta C_t = \alpha + \beta_1 Y_t + \beta_2 \Delta R_t + \varepsilon_t$$

와 같은 모형을 추정한 결과, 한계소비성향(β_1)은 0.96으로 나타났다. 모형의 전반적인 설명능력을 나타내는 중심 R^2값은 0.62로서 종속변수가 차분되어 사용되었다는 점을 감안할 때 높다고 할 수 있다.

다음으로 한계소비성향 등 설명변수들의 기울기가 외환위기 전후로 하여 변하였다고 보는 모형 2,

$$\Delta C_t = \begin{cases} \alpha + \beta_1^1 \Delta Y_t + \beta_2^1 R_t + \varepsilon_t & if \ \ t \geq t_0 \\ \alpha + \beta_1^0 \Delta Y_t + \beta_2^0 R_t + \varepsilon_t & if \ \ t < t_0 \end{cases}$$

를 추정하였다. 여기서 t_0는 위기발생 시점을 나타내며 상첨자의 1은 위기발생 이후를, 0은 위기발생 이전을 각각 의미한다. 추정결과 한계소비성향(β_1)은 위기 이전의 0.93에서 위기 이후 하락하여 0.89로 나타났고, 모형의 전반적인 설명능력을 나타내는 중심 R^2값은 0.63으로 구조변화가 없다고 보았을 경우와 비슷하였다.

끝으로 다음과 같은 가변계수모형(모형 3),

$$\Delta C_t = \alpha + \beta_{1t} Y_t + \beta_{2t} \Delta R_t + \varepsilon_t$$

를 추정하여 보았는데, 중심 R^2값은 0.46으로 앞의 두 모형에 비하여 다소 작게 나타났다. 이 때 전체 기간에 대한 한계소비성향의 평균값은 0.83이었다.

〈그림 10-1〉은 전체 기간에 대한 모형 1~3의 추정결과를 보여 주고 있는데, 소득이나 이자율 등 두 변수만 가지고는 전반적으로 변화가 상당한 민간소비의 움직임을 충분하게 포착하기 어려웠음을 보여 주고 있다.

그림 10-1 민간소비지출 실제치와 추정치: 모형 1~3

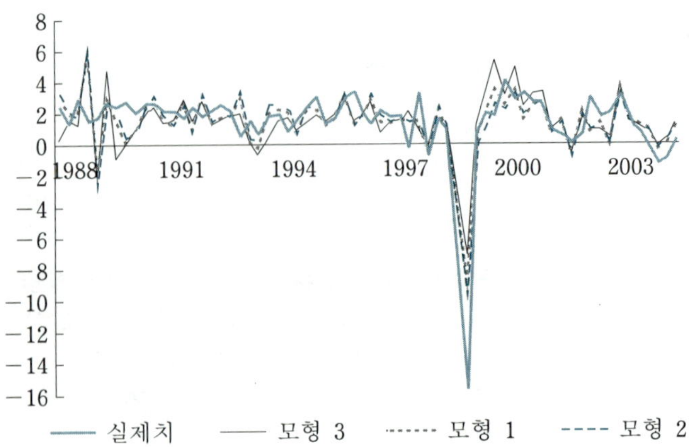

그림 10-2 민간소비지출 실제치와 사후적 예측치 비교

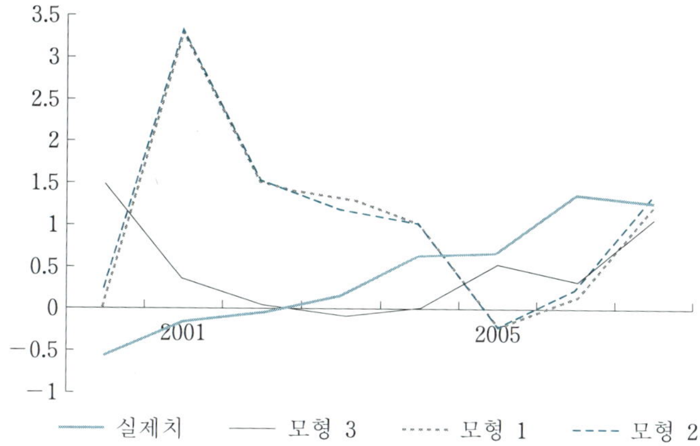

이제 이와 같이 추정된 모형을 이용하여 2003년 4/4분기에서 2005년 3/4분기까지의 8개 분기에 대한 민간소비를 예측하여 보았다. 예측력을 비교하기 위해 각 모형의 RMSPE값을 계산하여 보았는데, 각 모형의 RMSPE는 모형 1의 경우 4.30, 모형 2의 경우 4.21, 모형 3의 경우에는 2.47로 나타났다. 이러한 결과로부터 구조변화가 전혀 발생하지 않은 경우와 기울기에서 구조변화가 발생하였다고 보는 경우 간에는 예측력의 차이가 거의 나타나지 않았으나, 가변계수모형을 적용한 경우에는 예측력이 상당히 개선되었음을 알 수 있다. 〈그림 10-2〉는 각 모형으로부터 2003년 4/4분기부터 2005년 3/4분기까지의 8개 분기에 대한 사후적 예측치와 실제치를 보여 주고 있다. 〈그림 10-2〉에 의하면 여타 모형에 비해 가변계수모형(모형 3)의 사후적 예측력이 월등하게 우수함을 확인할 수 있다.

이와 같이 소비의 최근 움직임을 시변계수모형이 보다 잘 예측하는 것으로 나타나는 것은 최근 들어 소비의 변동성이 과거보다 크게 나타나는 등 외환위기를 지난 이후에 소비의 움직임이 불안정해진 요인에 기인하는 것으로 짐작된다. 즉, 외환위기 이후 소비의 불안정성을 단 한번의 구조변화만으로 설명하고자 하는 모형 2나 소비구조의 변화가 발생하지 않았다고 보는 모형 1은 소비의 움직임을 포착하는 데 근본적으로 한계를 지니고 있다고 할 수 있다.

4 인공신경망을 이용한 예측

인공신경망을 이용하는 예측기법은 인간의 뇌가 작동하는 학습기능을 모방하여 고안된 분석방안이다. 즉, 신경단위(neuron)라 불리는 일종의 정보처리단위들을 유기적으로 연결하여 인공신경망을 구성하되 학습과정을 통해 정보를 축적하게 한 다음 다양한 상황에 대응하여 활용하게 된다.

이 방식을 이용하여 시계열자료를 예측할 경우 일반적으로 비선형예측방식을 수행하게 된다. 또한 여타 예측방법에 비해 훨씬 더 많은 관측치와 정보를 필요로 하게 되는 반면, 매우 신축적이고 복잡한 모형을 활용할 수 있다.

일반적으로 이 방법은 어떤 이론적 함수관계에 대한 가정은 하지 않는다. 단지 신경망 내에 신경단위에 부여된 가중치를 조정하는 등의 학습과정을 통해 문제해결을 도모한다.

이 접근법에서는 여타 예측기법과는 달리 모형(model)이란 용어 대신에 '망(network)'이란 용어를 쓰며, 모수의 추정(estimating parameters) 대신 신경망의 학습과정(training the network)을 통해 분석에 대하는바 모수(parameters)라는 용어 대신 가중치(weights)란 용어를 쓰게 된다.

인공신경망은 여러 개의 층으로 조직되어 있는 일종의 신경단위 연계망으로 이해할 수 있다. 가장 저층에는 투입단위(input units)들이, 그리고 가장 상층부에는 산출단위(output units)로 구성되어 있으며, 각 층별 단위들은 상위 층별 단위들과 연결되어 있다.

신경망의 구조(network architecture)는 여러 개의 층과 신경단위가 어떤 방식으로 연결되어 있는지에 따라 구분되며, 각 단위가 투입층과 산출층을 연계시키는 구체적 과정은 이른바 활성화 함수(activation functions)를 통해 묘사한다. 그리고 평균평방오차(MSE)와 같은 예측의 비용함수(cost function)값을 최소화할 수 있는 학습연산법(traning algorithm)을 활용하여 최적의 예측을 도모하게 된다. 즉, 인공신경망 기법은 임의함수의 최소점을 찾는 해석학방법을 원용한 것으로 복잡한 형태의 오차함수를 최소화

그림 10-3 AR(p)모형에 대응한 인공신경망 체계

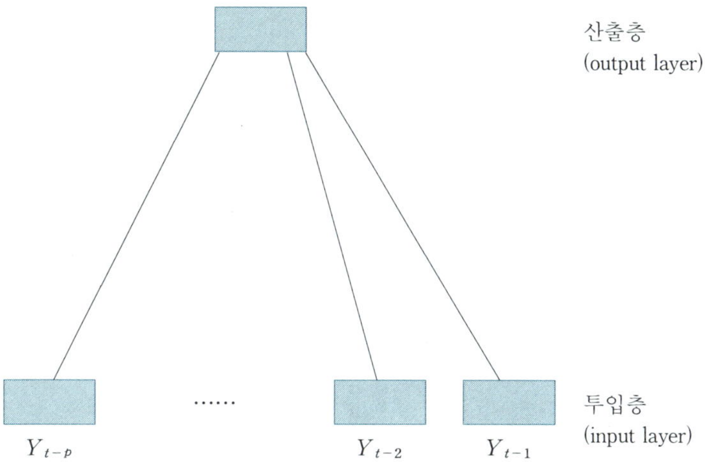

시키는 해를 찾는 과정에 의존하고 있다.[9)]

〈그림 10-3〉은 간단한 AR(p)모형 분석을 위한 인공신경망체계를 묘사하고 있다. 산출층(output layer)은 예측치(forecast)를 대변하며 투입층(input layers)의 1차 함수형태로 산출된다. 각 투입단위에는 ϕ_1, ϕ_2, ……, ϕ_p와 같은 가중치(weightes)가 부여되는데, MSE와 같은 비용함수를 최소화시키는 학습연산법에 의해 결정된다. 그런데 인공신경망의 접근방식의 요체는 투입층과 산출층을 연결하는 숨겨진 또 하나의 중간층을 분석체계 속에 포함시키는 데 있으며, 통상적으로 대다수 인공신경망들은 한 개의 중간층만을 갖는다. 한편, 투입층에는 AR(p)모형에서와 같은 시차변수 외에 가능한 한 많은 그리고 합리적으로 예상할 수 있는 모든 설명변수들을 포함시키는 것이 관행이다. 반면에 산출층의 단위수는 예측해야 할 변수의 숫자와 같아진다.

이상과 같은 인공신경망 접근방식은 자료에 대한 어떤 논리적 설명체계(explicit model)도 허용하지 않고 있어 암흑상자(black box) 예측방식이란 비판을 받기도 한다. 상황에 따라 또는 분석자에 따라 이 방법이 전통

9) 그런데 인공신경망 접근법은 종종 총체적 극소점이 아니라 지역적 극소점을 도출한다는 문제점이 있는 것으로 비판받고 있다.

그림 10-4 숨겨진 중간층을 가진 인공신경망 체계

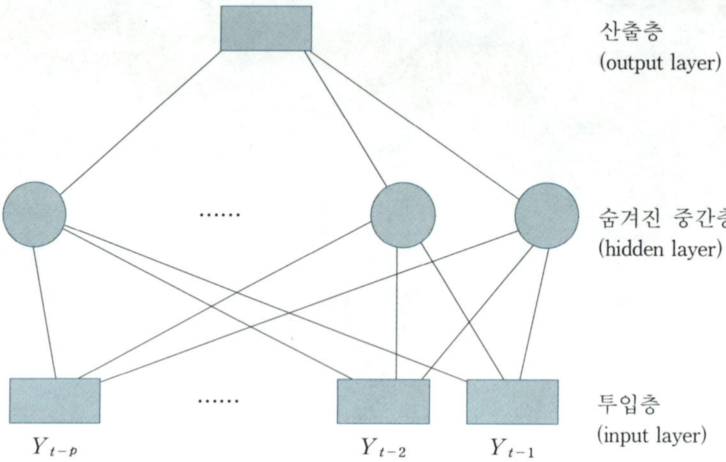

적 방법보다 더 정확한 예측을 할 수 있다는 주장이 제기되고 있으나 단정적으로 수긍하기는 어렵다.

따라서 이 방법은 전통적인 방법이 잘 기능할 수 있는 상황보다는 그렇지 않은 경우에 대안적 방법으로 주로 활용되고 있다. 예컨대, 특정 사건의 발생시기(timing)나 여파(output or impact)와 관련한 분석에 자주 이용되어 왔다. 예컨대, 외환위기(또는 경제위기)의 발생 여부를 사전에 판정하고자 할 경우 전통적인 회귀분석방법은 효율적이지 못하다. 따라서 이른바 신호모형접근법(signal approach)이나 조기경보지표(early warning indicators) 활용법이 대신 사용되기도 한다. 그러나 이들 예측기법은 상대적으로 통계적 적합도나 예측의 정확도 측면에서 신뢰도가 그다지 높지 못하다. 바로 이러한 상황에서 인공신경망 예측은 주목을 받고 있다.

예제 10-2

인공신경망을 이용한 주가수익률 예측

한국의 주가수익률을 인공신경망을 이용하여 다음과 같이 사후적 예측을 실시하여 보았다. 기간은 2000년 1월부터 2005년 10월까지의 월별 종합주가지수(KOSPI) 자료를 이용하여 2000년 1월부터 2004년 12월까지의 자료는 인

표 10-1 인공신경망을 이용한 예측치와 실제치 비교

PERIOD	실제치(DKOSPI)	예측치(F_DKOSPI)
2005:01:00	0.034694	0.004626
2005:02:00	0.06767	0.009668
2005:03:00	0.024625	0.016113
2005:04:00	−0.03321	0.00628
2005:05:00	−0.0172	−0.0062
2005:06:00	0.055763	−0.00093
2005:07:00	0.067959	0.015163
2005:08:00	0.040738	0.016186
2005:09:00	0.062786	0.009426
2005:10:00	0.016942	0.014302

공신경망을 이용한 추정을 실시하고, 2005년 1월부터 2005년 10월 기간에 대해 사후적 예측을 실시하였다. 이 때 주가수익률은 아래와 같이 전기 대비 수익률을 구하여 사용하였다.

$$DKOSPI_t = \frac{KOSPI_t - KOSPI_{t-1}}{KOSPI_{t-1}}$$

여기서, $DKOSPI$: 전기 대비 주가수익률

$KOSPI$: 종합주가지수

본 예제에서의 인공신경망모형은 현재의 주가수익률이 $(t-1)\sim(t-3)$기간의 주가수익률에 의해 영향을 받는다는 가정하에 모형을 설정하여 추정을 실시하였다. 그리고 이러한 추정결과를 이용하여 2005년 1월~2005년 10월 기간에 대해 사후적 예측을 실시한 후 실제치와 비교해 본 결과 〈표 10-1〉과 같은 예측치가 산출되었다.

그리고 예측력을 평가하기 위해 비교분석한 결과는 아래와 같다.

Mean Error	0.02361350, 즉 2.36%
Mean Absolute Error	0.03371037, 즉 3.37%
Root Mean Square Error	0.03934378, 즉 3.93%

한편, 실제치와 예측치를 그래프로 도출한 결과는 〈그림 10-5〉와 같다.

이상과 같은 인공신경망 접근법은 ARIMA에 비해 예측력이 높다고 할 수는 없으나 예상하지 못했던 불확실한 사건의 발생 등을 예고하는 데 보다 높은 정확성을 갖고 있는 것으로 평가되고 있다. 이러한 이유로 최근 금융공

그림 10-5 인공신경망을 이용한 예측치와 실제치

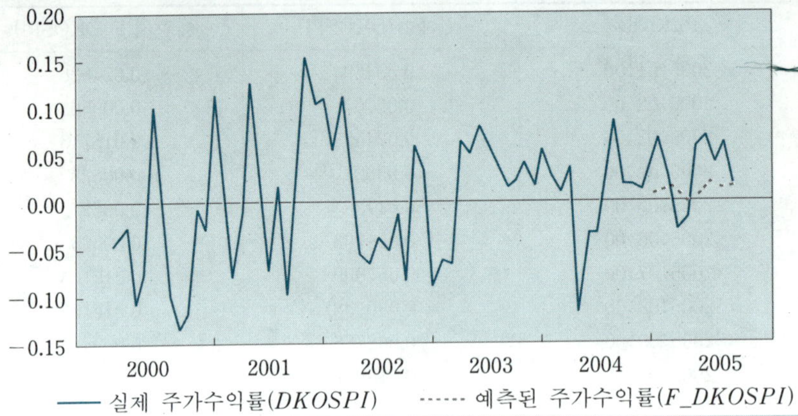

학자들에 의해 인공신경망 접근법과 ARIMA접근법을 결합활용하는 방안이 제기되기도 하였다.

5 연산일반균형모형을 이용한 정책효과 분석 및 예측

산업연관분석에 거시계량모형 분석기법을 결합하여 예측에 활용하는 다부문모형기법(multisectoral model analysis)과는 별도로 주로 효율적인 경제정책의 효과분석방안의 하나로 대두된 것이 바로 연산일반균형모형(computable general equilibrium model: CGE model)이다.

주지하는 바와 같이, 거시적 계량분석은 총체적 인과관계 및 효과분석에 머무르고 있어 부문별 특성을 고려할 수 없으며, 이른바 부분분석(partial analysis)은 세부적 분석은 가능하나 타부문과의 상호연관성을 감안하지 못한다는 한계성을 갖고 있다. 이러한 문제점들은 동시에 완화 내지 해소시킬 수 있는 기법이 바로 CGE모형을 이용한 경제분석이라 할 수 있다. 또한 CGE모형은 GNP나 소비 그리고 투자와 같은 거시경제변수 외에 경제구조의 변화는 물론 투자배분 및 소득분배 등에 이르는 미시적 현상까지를 분석가능하게 하고 있다.

이러한 CGE모형의 기원은 물론 산업연관모형(input-output model)이라 할 수 있다. 1950년에 개발된 초기 산업연관모형은 비록 생산기술과 수요에 관한 무리한 가정에 근거하고 있다는 비판에도 불구하고 부문 간 상호연관관계를 체계적으로 파악할 수 있다는 점에서 주목을 받았다. 1960년대에는 최적화 기법을 도입한 선형계획분석(linear programming)과 가격체계분석이 도입됨으로써 산업연관분석은 주요 경제분석방안의 하나로 발전하게 되었다.

그러나 여전히 I-O모형은 경제통제가 가능한 사회주의 국가나 적극적 경제개발계획을 정부주도로 추진하는 초기 개도국에서는 유용하게 활용될 수 있으나 민간경제주체들이 시장의 가격기능에 따라 자원배분 결정에 능동적으로 참여하는 대다수 자본주의 시장경제에 그대로 활용되기는 여러 가지 측면에서 한계가 있다.

1970년 초에 이르러 이러한 한계성을 극복하기 위하여 시장가격이 중요한 역할을 담당하고 생산과정에서의 요소 간 대체가능성이 생존하는 현실적 시장경제체제를 적절히 분석할 수 있는 CGE모형이 출현하였다. 이 모형에서는 가격이 모형 내에서 내생적으로 결정되며, 모든 시장의 수요와 공급이 명시적으로 포괄되고 있다.

이 모형에서는 세분화된 가계, 정부, 기업, 외국 등 경제주체들을 상정하고 있으며, 경제주체별로 합리적인 동인을 반영하고 있다. 즉, 각종 가격변화에 대응하여 생산자는 이윤극대화 그리고 소비자는 효용극대화에 근거하여 행동한다고 가정하고 있다. 단, 이러한 개별 경제주체들의 상호작용을 동시에 총괄적으로 수렴하여 고려하되 그러한 상호작용은 완전경쟁 또는 독과점체제라는 시장구조 형태에 따라 일정한 틀로 묶어 분석을 수행하게 된다.

이러한 CGE모형은 초기에는 경제발전 및 성장과정이 소득분배에 미치는 효과분석 등에 주로 초점을 맞추어 왔다. 그러나 최근 들어서는 각종 경제정책의 파급효과 분석을 통한 예측을 수행하는 등 보다 폭넓은 활용방안이 마련되고 있다.

6 다부문모형을 이용한 경제예측

경제예측은 전통적인 회귀분석방법을 이용하든 ARIMA 시계열분석방법을 이용하든 기본적으로는 시계열자료에 관한 분석이라 할 수 있다. 또한 이러한 시계열예측은 주로 GNP, 민간소비지출, 기업투자, 수출 등 거시경제적 총량지표를 중심으로 이루어진다. 특히, 연립방정식체계에 근거하는 거시계량예측모형은 거시경제이론의 발전과 더불어 경제예측에 많은 기여를 하여 왔다. 그러나 총량지표 중심의 경제예측모형만으로는 급변하는 국내외 경제여건과 각종 경제정책제도의 변화에 따라 발생하는 경제구조의 변화를 제대로 고려할 수 없으며, 따라서 만족스러운 예측결과를 도출하기 어렵다는 문제가 제기되어 왔다.

더구나 기술진보속도 및 생산기술구조가 다양한 산업부분을 세부적으로 접근하지 않고 총체적 생산함수만으로 분석할 경우 정밀도 높은 예측은 기대하기 어려워진다. 이러한 문제점을 인식하여 거시경제적 총량지표와의 일관성을 유지하는 가운데 산업별 분석을 수행하는 이른바 다부문예측모형(multisectoral forecasting model)이 개발되어 활용되고 있다.

주된 모형으로는 독일경제연구소(DIW)의 FIND모형(The Forecasting Interindustrial Development Model, 1983~), 영국 케임브리지대학의 MDM모형(Multisectoral Dynamic Model, 1976), 미국 메릴랜드대학의 INFORUM(Inforum Interindustry Model), 호주의 ORANI모형 등이 있으며, 국내에서도 한국은행(오정근, 1990)과 KDI(박준겸·김정호·이진면·김동석, 1992, 1995, 2001, 2004)모형이 개발된 바 있다.

다부문모형은 산출, 고용 등 공급 측면과 소비, 투자, 수출 등 수요 측면, 그리고 수요와 공급이 상호작용하여 형성되는 가격을 부문별로 세분하여 예측하되 이러한 예측결과가 국민계정체계 속에서 거시경제적 총량지표와 일관성이 유지될 수 있도록 고안된 예측방안이다.

이러한 다부문예측모형은, 첫째 상이한 산업별 생산기술구조로 인해 동일한 수요나 가격에 대해서도 산출량과 고용 등에 서로 다른 효과가 파급되는 상황을 구체적으로 고려할 수 있고, 둘째 산업연관분석기법

(input-output analysis)에 근거함으로써 산업 간 연관관계를 동시에 고려할 수 있을 뿐만 아니라 궁극적으로는 모든 부문의 수요·공급 그리고 가격이 동시에 이루어지는 일반균형분석(general equilibrium analysis)을 수행하는 결과를 초래한다는 데 그 장점이 있다.

결국 다부문모형은 산업연관분석과 거시계량분석이 결합된 예측모형의 특징을 갖는다고 볼 수 있다. 따라서 산업연관분석이 갖는 정태적 분석의 한계성을 벗어나 동태적 분석 및 시계열예측까지를 수행할 수 있을 뿐만 아니라 그것도 부문별로 세분하여 다양한 예측결과를 제공할 수 있다는 현실적 유용성이 매우 높은 예측방안이라 평가할 수 있다.

또한 이 모형은 이자율, 환율, 그리고 임금 등 주요 외생변수에 변화가 발생할 경우 생산주체인 기업과 소비주체인 가계가 합리적인 미시적 의사결정을 통해 대응하는 과정을 생산기술구조가 상이한 산업부문별로 고려하여 예측할 수 있는 효율적 분석방안이라 할 수 있다.

결국 다부문모형은 거시계량모형과 CGE모형을 연계한 모형의 성격을 갖는다고 볼 수 있다. 즉, 거시계량모형이 경제의 순환적·동태적 측면에 초점을 맞추어 주요 거시정책변수의 변화가 국민소득, 일반물가수준, 실업률, 국제수지 등에 미치는 영향을 주로 분석 또는 예측하는 것인 반면, CGE모형은 경제주체의 최적화 행위에 기초하여 산업별 성장률·고용률(또는 산업률), 가격, 요소가격 그리고 후생수준 및 소득분배 등에 관한 영향을 분석하는 것이라 할 수 있다. 다부문모형은 이러한 두 분석모형이 갖는 특성을 동시에 활용하는 분석방안으로서 정책변수나 외부충격이 경기순환(거시경제 측면)은 물론 경제구조(미시경제적 측면)에 미치는 영향을 동시에 분석하게 된다.

다부문모형에 의한 분석과정은, 첫째 기준연도의 불변산업연관표를 분석대상 기간에 대하여 연도별로 추계한 다음, 둘째 단계에서는 각종 수급방정식을 추정하고, 마지막 단계에서는 각종 정책변수 및 주요 외생변수들의 영향력을 예측할 수 있는 의태분석을 수행하게 된다.

따라서 이 모형은 중장기 경제개발계획(각종 사회간접자본 투자계획 등), 대단위 건설사업 등이 국민경제에 미치는 영향을 분석하고, 나아가서는 중장기 산업구조 변화에 따른 인력수급 전망을 제시할 수 있다는 강점이 있다. 뿐만 아니라 국민경제의 성장요인을 자본노동 등 생산요소 투입 측면과 생산기술의 변화 등 공급 측면을 분석함으로써 잠재성장률을 계측하여 중장기 성장추세를 예측하는 데에도 매우 유용한 방법론이라 할 수 있다.

거시계량경제모형에 의한 예측: SUM95모형을 중심으로

1. 국내외 연구동향
2. SUM95모형
3. SUM95모형의 추정결과
4. SUM95모형에 의한 예측
5. 축소조정된 SUM95모형과 VAR모형에 의한 예측: 분기자료
6. 기타 모형에 의한 예측: 월간자료
7. 종합 및 결론

일국의 거시경제모형의 유용성은 모형에 기초한 주요 경제변수들의 예측을 통하여 정부는 경제정책의 입안, 기업가는 사업계획 수립, 소비자는 보다 합리적인 가계운용을 할 수 있도록 함으로써 경제 전체의 효율성을 제고하는 데 있다. 더욱이 최근에 한국 경제의 분권화, 자율화가 가속화되고, WTO 출범에 따라 개방화가 빠르게 진행되면서 경제여건의 불확실성이 커지고 있어 올바른 경제예측의 중요성이 더욱 커지고 있다.

주요 경제변수에 대한 예측방법은 실로 다양하다. 단순한 일변량 자귀회귀이동평균(ARMA)모형으로부터, 주요 관련변수로 구성된 벡터자기회귀(VAR)모형, 축약방정식모형, 구조방정식모형에 이르기까지 여러 유형의 모형을 통하여 예측이 가능하다. 문제는 과연 어떠한 모형이 예측모형으로서 최적이며, 또 어떤 기준이 과연 최적모형의 선택에 가장 적절한 기준이 될 수 있는가 하는 점이다.

본 장의 목적은 한국경제의 예측모형으로서 다수의 대안을 비교·분석하여 그 중 최적모형을 선정하고, 이를 이용하여 예측을 시행하는 데에 있다. 따라서 일차적으로는 최적모형을 선택하기 위한 규준을 설정하고, 또 그에 따른 최적모형의 선택과정에 중점을 두었다. 모형선택의 규준으로서는 모형의 구조적 안정성, 예측능력, 절약성, 자료와의 일관성, 경제이론과의 부합성 등을 활용하였다. 아울러 이러한 규준에 근거하여 채택된 한국 경제의 최적예측모형으로서의 축소형 SUM95모형을 제시하였다.

SUM95모형은 이종원·김준영(1991)에 의해 발표된 SUM91모형을 모태로 하여 구축하되, 종합주가지수의 예측을 위하여 거시계량모형에 주식시장을 채권시장과 분리하여 포함시킨 것이다. 물론 SUM95모형은 구조방정식체계에 근거한 예측모형이다. 따라서 구조방정식모형이 갖는 일반적인 장점을 모두 지니고 있다. 즉, 주요 거시경제변수에 대한 단순한 예측뿐만 아니라, 외생적인 변화가 경제 전반에 걸치는 파급효과를 정확히 추적하여 파악할 수 있으며, 사전적 정보에 근거한 각종 사전적 제약(a prior restriction)을 활용함으로써 효율적인 예측을 제공할 수 있는 논리적 강점을 지니고 있다.

* 본 장의 내용은 저자와 김성태(청주대)·김인무(성균관대) 교수가 1995년 공동연구하여 발표한 「SUM95모형에 의한 경제예측: GNP와 종합주가지수를 중심으로」라는 연구과제물로, 한국경제학회와 내외경제신문사가 공동으로 주관한 'GNP 및 종합주가지수예측 경연대회'에서 대상을 수상한 업적물에 근거하여 작성된 것임.

물론 사전적 정보가 부정확한 경우에는 오히려 일변량 ARIMA모형이 더 나은 예측을 수행할 수도 있으므로, 이에 대해서는 실증적 검증이 필요하게 될 것이다. 한편, 경우에 따라서는 외생변수에 대한 미래 예측치가 없어도 내생변수에 대한 예측이 가능한 VAR모형이 예측에 이용될 수 있을 것이다. 그런데 VAR모형은 일종의 다변량 시계열모형(multivariate time series model)으로, 어떤 변수를 모형에 포함하느냐가 중요하면서도 어려운 문제가 된다. 또한 추정계수가 다수이므로 자유도의 문제가 대두될 수 있어 변수의 수가 제약받게 되는 약점이 있다.

이와 같은 점들을 고려하여 본 연구는 한국 경제의 주요 변수 예측을 위해 SUM95 구조방정식모형과 이를 축소조정한 AD-AS모형을 최종적으로 선정하였다. 그러나 여타의 예측모형에 근거한 예측치도 함께 제공하여 독자들이 비교·검토할 수 있는 기회를 부여하였다.

본 장의 구성은 다음과 같다. 제1절에서는 경제예측에 관한 국내외 주요 연구성과에 관하여 검토하였다. 특히, 한국 경제 예측에 관해서는 국내 주요 모형의 특징 및 문제점을 중심으로 비교·분석하였다. 제2절에서는 SUM95모형의 구조와 특성, 그리고 구성체계도 및 경제부문별 구조방정식을 살펴보았다. 제3절에서는 SUM95모형의 추정결과를 분석하고 제4절에서는 종합주가지수 및 주요 거시경제변수에 대한 예측치를 제시하였다. 제5절과 제6절에서는 여타 예측모형에 의한 추정결과와 주요 경제변수의 예측치를 비교·검토한 후, 제7절에서 각 모형 간의 비교·검토 내용을 바탕으로 최종적인 결론을 내렸다.

1 국내외 연구동향

거시계량경제모형에 의한 국민경제 분석은 최초 Tinbergen(1939)에 의하여 시작되었으며, 그 이후 Klein(1950)의 Inter-War Model, Klein-Goldberger(1955) 모형, Duesenberry, Eckstein과 Fromm(1960) 모형 등이 뒤를 이었다. 최근까지 이러한 모형분석작업은 지속되어 Brookings모형, FRB-MIT모형, Warton모형, DRI모형, Michigan모형, OBE모형, St. Louis모형

및 Chase Econometrics모형 등이 나왔다.

한국의 경우 일찍이 1970년대 초 한국은행의 거시계량모형을 효시로 30여 개의 모형이 개발되었다. 그러나 아직 이들 모형 중 어느 것도 이론적 틀이나 현실적인 활용에 있어 크게 성공하여 대외적으로 인정받아 지속적으로 계승·발전되어 온 것은 거의 없다. 그나마도 한국은행이나 KDI, KIET, 전경련과 같이 정부의 국책연구소나 유관단체 연구소의 주관으로 모형이 개발되었으며, 각종 경제정책의 효과 및 예측에 있어 여론을 의식하지 않을 수 없었다는 한계성 때문에 이론에 충실한 경제형태나 구조분석보다는 예측의 정확도를 제고시키려는 경향이 강하게 되었다. 국내 주요 모형들에 관하여 개략적으로 살펴보면 다음과 같다.

한국은행의 경우 이정수·정명창(1979), 신현철·김대식(1981), 정문건·김양우(1983), 조성종·김명기(1984), 최장봉(1987), 함정호·최운규(1989), 김양우·최성환·김대수·이긍희(1992) 등의 모형이 개발되었다. 그 중 이정수·정명창(1979) 모형은 한국은행 모형을 본 궤도에 올려놓은 우수작이나 통화공급과 국제수지나 재정적자와의 연관성이 소홀히 취급되고 있다. 정문건·김양우(1983) 모형은 일반균형분석의 틀을 최대한 살렸으나 금융 및 국제부문이 미약하다. 이러한 약점은 조성종·김명기(1984) 모형에서 부분적으로 보완되었으며, 함정호·최운규(1989)에 의해 한국은행 모형은 대폭 확대개편되었다.

한편, 한국개발연구원의 경우에는 이천표(1979), 장오현·남상우(1984), 박원암(1986), 노성태·박우규(1988), 백웅기·오상훈(1993) 등에 의해 꾸준히 모형이 개발된 바 있다.

그 밖에도 통계청(1992)과 노동연구원(1993)에서도 거시경제모형이 개발된 바 있는데, 통계청 모형은 경기예측에 중점을 두었으며, 노동연구원 모형은 노동부문을 강조한 16개의 방정식으로 구성된 매우 절약적인 모형의 특징을 갖고 있다.

민간부문에서는 삼성경제연구소(1988)의 모형이 있는데, 생산·노동부문을 제외시킨 약점을 갖고 있으며, 한국경제연구원(1994) 모형은 소규모 개방경제체제에서의 실용성을 강조하는 특징을 갖고 있다. 또한 한국증권경제연구원(1994)은 모형에 주식부문을 도입하고 있으며, 현대경제사회연구원(1994, 1995)은 산업모형을 거시경제모형과 연계시켜 공급부문을 도입하고 오차수정모형(error correction model)에 입각한 추정방식을 활용하였다.

학계에서도 다수의 거시계량모형이 개발되었는데, 표학길(1988) 모형은 자본의 축적과 노동시장에 대한 고려가 특기할 만하나 단기예측이나 동태분석에는 부적절한 연간모형이었고, 이종원·김준영(1991) 모형은 기능적인 경제예측보다는 한국 경제의 구조·행태적 특징을 파악하는 데 초점을 맞춤으로써 경제정책이나 경제환경 변화의 파급효과를 보다 구체적으로 파악할 수 있는 모형의 특성을 지니고 있다.

그런데 이상에서 살펴본 대부분의 한국 경제의 주요 거시계량모형들은 단일추정방정식의 적합도나 예측력을 제고하는 데에 주안점을 둔 나머지, 모형 전체의 동태적 안정성이나 적합도의 제고에는 소홀하여 구조 및 여건변화 그리고 정책효과를 반영하여 예측을 수행하기에는 한계가 있다는 문제점을 지니고 있는 것으로 평가된다.

2 SUM95모형

2.1. 모형의 기본 구성

SUM95모형은 총공급부문과 총수요부문, 화폐금융부문과 해외부문, 그리고 임금·물가·이자율·환율부문 및 주식시장부문의 총 6개 블록으로 구성되었고, SUM91에서 내생화시켰던 정부부문이나 채권시장은 자료의 한계성으로 인해 금번에는 외생처리되었고, 부동산시장 또한 자료부족으로 외생처리되었다. 6개 블록은 행태방정식 22개, 정의식 15개 및 균형조건식 1개로서, 총 38개의 방정식으로 구성되었으며, 28개의 내생변수와 52개의 외생변수로 정의되고 있다.

모형을 구성하고 있는 6개 블록을 개괄적으로 살펴보면 다음과 같다.

① 총공급부문은 총생산함수와 노동시장으로 구성되어 있다. 총생산함수는 노동투입량과 자본저량의 함수로 구성된다. 노동시장은 실업이 존재하는 과소고용 균형시장으로 파악하되 노동공급은 내생 및 외생화를 동시에 시도하였다.

그림 11-1 거시경제와 주가지수의 관계

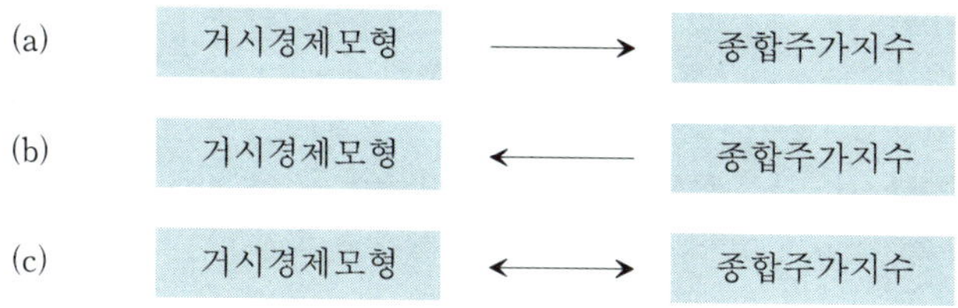

② 총수요부문은 소비 및 투자, 그리고 정부지출 및 해외순수요 등으로 구성되었다.

③ 화폐금융부문은 화폐시장과 채권시장으로 구성되었으며, 화폐시장의 경우에는 화폐공급을 외생 및 내생변수로 처리하는 경우를 동시에 고려해 보았다.

④ 해외부문에서는 수출함수와 수입함수를 상품과 요소용역으로 나누어 추정한 다음, 무역수지와 경상수지를 추계하고 순자본유입함수 추정을 통해 국제수지와 연결시켰다.

⑤ 노동 및 상품시장 그리고 화폐 및 해외시장의 대표적 물가지수기능을 담당하고 있는 임금, 물가, 이자율 및 환율변수의 추정방정식으로 다섯 번째 블록이 구성되었다.

⑥ 주식시장과 관련하여서는 종합주가지수를 세 가지 경우로 구분하여 모형을 구성해 보았다. 첫 번째 경우는, 종합주가지수변수를 거시모형체계 내에서 제외하는 경우이다. 이는 〈그림 11-1〉의 (a)에 나타나 있는 바와 같이 거시경제의 주요 변수가 종합주가지수변수에 대해 일방적인 영향을 미친다는 가정을 전제로 하는 것이다. 두 번째 경우는, 종합주가지수변수를 거시모형체계 내에 외생변수로 취급하는 것인데 〈그림 11-1〉의 (b)와 같이 표현될 수 있다. 그리고 세 번째 경우는, 종합주가지수변수를 내생변수로 취급하는 것인데, 〈그림 11-1〉의 (c)에서와 같이 거시경제의 주요 변수와 종합주가지수변수가 상호 영향을 미친다는 것이다. 따라서 화폐공급변수의 처리방식(두 가지)과 종합주가지수변수의 처리방식(세 가지)에 따라 총 2×3=6가지의 모형설정이 가능하다.

SUM95모형의 완결된 방정식체계는 다음과 같다.

SUM95모형의 방정식체계

1. 총공급부문

▪ 총생산

$$\log YX_t = f(\log LEXMWDX_t,\ \log KEX_t)$$

▪ 노동수요

$$LEX_t = f(WAGEXMA_t,\ KX_{t-1},\ DYXMA_t,\ MWHX_t,\ LEX_{t-1},\ \cdots\cdots,\ LEX_{t-4})$$

▪ 노동공급[1)]

$$LFX_t = f(WAGEXRCPIX_t,\ POP15GEX_t,\ DYXMA_{t-1},\ LPR_t,\ LFX_{t-1})$$

▪ 실업률

$$URX_t = \frac{LFX_t - LEX_t}{LFX_t} \times 100$$

단, 의태분석 및 예측시에는 LFX 변수를 외생화시키고 대신 URX를 다음과 같이 추정된 내생변수로 전환시켰다.

$$URX_t = f(DLEX_t,\ DLFX_t,\ URXD_{t-1},\ \cdots\cdots,\ URXD_{t-4})$$

여기서, $URXD_t = \dfrac{LFX_t - LEX_t}{LFX_t} \times 100$

2. 총수요부문

▪ 민간소비

$$CPX_t = f(YDX_t,\ M2AVEX_{t-1},\ CPX_{t-1})$$

▪ 총투자

$$ITX_t = f(YXMA_t,\ RRMA_{t-1},\ DM2AVEX_t,\ ITX_{t-1})$$

1) 단, 의태분석 및 예측시에는 외생처리됨.

- 정부재정흑자

$$GBSX_t = GRX_t - GEX_t$$

- 상품수출 전환방정식

$$EXGX_t = f(EXG\$XER_t)$$

- 상품수입 전환방정식

$$IMGX_t = f(IMG\$XER_t)$$

- 용역수출 전환방정식

$$EXSX_t = f(EXS\$XER_t)$$

- 용역수입 전환방정식

$$IMSX_t = f(IMS\$XER_t)$$

- 총수요 항등식

$$YXD_t = CPX_t + ITX_t + GEX_t + (EXGX_t - IMGX_t) + (EXSX_t - IMSX_t) + NFIX_t + SDX_t$$

- 총생산물시장 균형식

$$YXD_t = YX_t$$

3. 화폐금융부문

- 화폐수요

$$M2AVEDXRCPIX_t = f(R_t,\ YX_t,\ ER_t,\ M2AVEDXRCPIX_{t-1})$$

- 화폐공급

$$M2AVEXRCPIX_t = f(RRMA_{t-1},\ MBAVEX_t,\ YX_{t-1},\ CPIX_t,\ GBSX_{t-1},\ M2AVEXRCPIX_{t-1})$$

단, 화폐공급이 외생처리되는 경우에는 화폐공급함수 대신 이자율방정식을 추정하여 활용함.

4. 해외부문

▪ 상품수출

$$EXG\$X_t = f(WIM\$XMA_t,\ PIXXRWCPIX_t,\ ER_t,\ EXG\$X_{t-1})$$

▪ 상품수요

$$IMG\$X_t = f(YX_t,\ PIMX_t,\ ER_t,\ IMG\$X_{t-1})$$

▪ 용역수출

$$EXS\$X_t = f(WIM\$XMA_t,\ ERMA_t,\ PIXXRWCPIX_t,\ EXS\$X_{t-1})$$

▪ 용역수입

$$IMS\$X_t = f(YX_t,\ ERMA_t,\ IMS\$X_{t-1})$$

▪ 순자본유입함수

$$NCI\$XMA_t = f(RRLIBOR_t,\ BOC\$XMA_t,\ ER_t,\ NCI\$XMA_{t-1})$$

▪ 무역수지

$$BOT\$X_t = EXG\$X_t - IMG\$X_t$$

▪ 경상수지

$$BOC\$X_t = BOT\$X_t + EXS\$X_t - IMS\$X_t + BOTRI\$X_t$$

▪ 국제수지

$$BOP\$X_t = BOC\$X_t + NCI\$X_t + SDBOP\$X_t$$

5. 임금 · 물가 · 환율부문

▪ 임　　금

$$\log WAGEX_t = f(URX_t,\ \log CPIX_t,\ \log WAGEX_{t-1})$$

▪ 소비자물가지수

$$CPIX_t = f(M2AVEX_{t-1},\ WAGEX_t,\ ER_{t-1},\ GEX_{t-1},\ IFX_{t-1},\ YX_{t-1})$$

▪ 회사채수익률

$$R_t = f(M2AVEXRCPIMA_t,\ RB_t,\ DCPIXMA_t,\ ERMA_t,\ DYXMA_t,\ R_{t-1},\ DKOSPIX_t)$$

▪ 공채수익률

$$RBMA_t = f(DYXMA_t,\ RMA_t,\ DKOSPIXMA_t,\ RBMA_{t-1})$$

▪ 환　　율

환율방정식은 다음의 두 가지를 동시에 활용해 보았다.

$$ER_t = f(BOC\$X_{t-1},\ NCI\$X_{t-1},\ ER_{t-1})$$

$$ER_t = f(YX_{t-1},\ WIM\$X_t,\ DPIXX_t,\ PIMX_t,\ LIBOR_t,\ ER_{t-1})$$

6. 주식시장부문

▪ 종합주가지수[2)]

$$KOSPIX_t = f(R_t,\ YX_t,\ PIL_t,\ CPX_t,\ ER_t,\ DKOSPIX_t,\ DKOSPIX_{t-1},\ \cdots\cdots,\ DKOSPIX_{t-4})$$

---

2) 실제로는 주가수익률의 시차변수로 3기와 4기까지를 포함하는 경우를 각각 추정하였는데, 여기서는 4기 시차변수까지를 포함한 경우만 보여 주고 있다.

2.2. SUM95모형의 구성체계도

SUM95모형의 구성부문 및 변수 간 상호관계를 나타낸 것이 구성체계도(flow-chart)인데, 〈그림 11-2〉에 나타나 있는 바와 같다. SUM95모형의 구성체계도의 특징을 살펴보면 다음과 같다.

① 총공급과 총수요는 균형물가(소비자물가지수)와 균형GNP를 결정한다. 총공급은 자본저량과 노동투입량에 의존하며 총생산함수를 통하여 결정된다. 노동투입량이 결정되는 노동시장에서의 불균형이론에 근거하여 노동의 수요가 궁극적으로 노동고용량이 되는 것을 가정하였다. 노동수요와 노동공급에 의해 실업률이 결정되고, 실업률이 임금을 결정한다.

총수요는 소비수요, 투자수요, 정부지출수요 및 상품과 요소의 순수출 및 순요소수입의 합계로 정의된다. 소비는 화폐잔고에 의해 영향을 받는 것을 가정함으로써 피구(Pigou)효과를 소비함수에 반영시켰다. 총투자는 GNP의 변화에 영향을 받는 것을 가정하여 일종의 가속도원리를 투자함수에 반영시켰다.

② 화폐금융부문은 화폐시장과 유가증권시장으로 구성되고, 유가증권시장은 다시 주식시장과 공채시장으로 구성된다. SUM95모형이 SUM91모형과 대별되는 점은 주식시장이 모형에 포함된다는 점이다. 종합주가지수는 모형에서의 처리방법이 앞서 설명하였듯이 세 가지가 있는데, 구성체계도에서는 종합주가지수가 내생적으로 결정되는 경우가 나타나 있다. 종합주가지수는 거의 모든 경제변수에 의해 영향을 받는데, 특히 해외부문의 영향을 반영하는 환율과 현재까지 주요 장기저축수단으로 이용되어 온 부동산투자가 주식투자의 대체수단인 것을 반영하는 지가지수에 의해 영향을 받는 것으로 구성하였다. 물론 주식투자의 기회비용인 이자율과 실물경기가 주가지수에 반영되도록 하였다. 그리고 SUM91모형의 특징인 실물부문과 화폐부문 간의 상호연관성은 그대로 유지되어 반영되었다.

③ 해외부문에서는 환율이 물가에 영향을 미치는 것이 반영되어 있으며, 화폐수요와 화폐공급에도 영향을 미치는 것을 허용함으로써 해외요인이 국내경제에 미치는 영향이 충분히 반영되도록 하였다.

④ SUM95모형을 SUM91모형과 비교하여 기타 특징을 살펴보면 다음과 같다.

그림 11-2 SUM95모형의 구성체계도

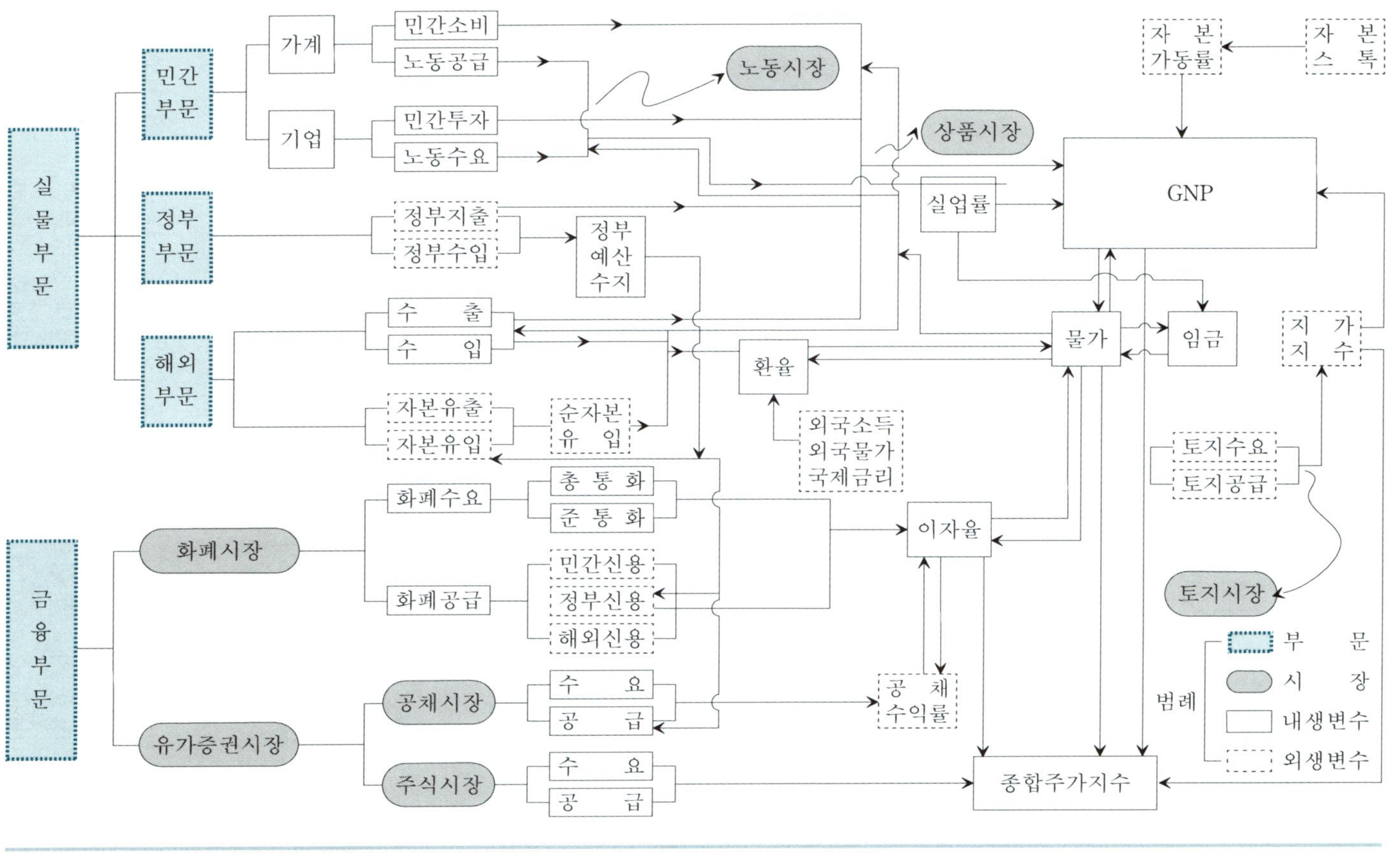

첫째, SUM95모형은 SUM91모형을 예측모형으로서 보다 적절한 크기로 축소시킨 것으로 볼 수 있다. 왜냐하면, 자료가 측정오차가 많거나, 추정방정식의 통계적 유의성이 떨어지는 경우 구조방정식체계에 의한 예측은 일반적으로 장기적 안정성이나 예측력이 떨어질 가능성이 커지기 때문이다. 그 결과 SUM91모형에 비해 정부부문이 크게 축소되었고, 자본저량은 외생적으로 주어진 것으로 하였으며, 투자도 재고투자와 고정투자로 구분하던 것을 총투자로 통합하여 추정하였다. 같은 맥락에서 화폐금융부문에서도 화폐수요를 현금, 요구불예금, 정기예금 등으로 구분하지 않고 총화폐수요로 통합하여 추정하였다.

그러므로 SUM95모형은 우선 SUM91모형에 비해 모형의 절약성(parsimoniousness)을 제고시킨 것으로 평가될 수 있다. 즉, 거시경제의 구조적 변화가 주요 경제변수(특히, GNP와 종합주가지수)에 미치는 영향이 모형에 최대한 반영되도록 하되, 효율적인 예측을 위해 모형을 단순화시킨 것이다.

또한 예측모형으로서의 유용성을 높이기 위하여 모든 변수는 공식적으로 출판된 자료가 존재하는 경우에 한하여 SUM95모형 내에 포함시켰다는 것을 지적해 두고자 한다.

3 SUM95모형의 추정결과

3.1. 개 요

본 모형의 추정된 통계자료의 표본기간은 1982년 1/4분기부터 1994년 4/4분기까지의 52개 분기이다. 사용된 통계자료는 경상자료를 이용하였는데, 그 이유는 종합주가지수의 예측이 본 모형 추정의 주요 목표 중 하나이고 종합주가지수 자체가 경상자료이기 때문이다. 단, 계절성(seasonality)이 존재한다고 판단되는 모든 변수는 X11-ARIMA기법에 의하여 계절조정된(deseasonalized) 값으로 전환시켜 사용하였다. 종합주가지수도 계절조정된 자료를 창출하여 동시에 추정해 보았는데, 이는 연말효과나 1월효과(january effect)가 우리 나라의 경우에도 존재하는 것으로 판단되기 때문이다. 추정결과는 원자료를 사용한 경우보다 계절조정된 자료를 이용하는 경우가 통계적 유의성이 높은 것으로 드러났다.

모든 형태방정식은 기본적으로 통상 최소자승법(OLS)에 의하여 추정되었으나, 축소조정된 구조방정식의 성격을 갖는 AD-AS모형을 추정하는 경우에는 블록축차방정식체계(block recursive system)에 대응하는 2단계 최소자승법(2SLS)을 활용하였다.

3.2. 부문별 추정결과

(1) 총 공 급

1) 총 생 산

콥-더글러스(Cobb-Douglas)형으로 정의된 총생산함수는 실제로 가동된 자본저량과 고용된 노동자의 취업시간($LEX * MWH$)의 함수로서 각각 자연대수를 취한 뒤 추정되었다.

$$\log YX_t = -10.171 + 0.755 \log KEX_t + 0.589 \log LEXMWDX_t$$
$$(-5.922) \qquad (27.771) \qquad (3.535)$$
$$\bar{R}^2 = 0.995,\ d = 0.570$$

여기서 추정계수 밑에 있는 괄호 안의 숫자는 t값을 나타내며, $\bar{R}^2$는 조정된 결정계수를 나타내는데, 이후 모든 추정결과는 같은 식으로 표현하였다.

추정결과 총생산함수는 0.755+0.589=1.344차 동차함수로서 규모에 대한 수확체증을 보여 주고 있다. 이는 SUM91모형에서 총생산함수가 1차 동차함수에 가까웠던 것에 비하면 자본과 노동의 한계생산성이 모두 증가하고 있어 한국 경제가 기술집약화되는 것을 보여 주고 있는 것으로 해석할 수 있다.

2) 노동수요

노동수요는 노동의 한계생산력과 실질임금의 함수이고, 노동의 한계생산력은 생산물의 산출량수준과 자본저량의 함수가 된다. 추정방정식의 독립변수로서 임금의 4분기 이동평균($WAGEXMA$), 전기의 자본저량(KX_{t-1}), 노동수요량의 1기부터 4기까지의 시차변수(LEX_{t-1}, ……, LEX_{t-4}), 월평균근로시간($MWHX$), GNP 성장률의 이동평균($DYXMA$)이 포함되었는데, 추정결과는 다음과 같다.

$$
\begin{aligned}
LEX_t = & \underset{(2.061)}{9{,}380.424} - \underset{(-2.749)}{0.006WAGEXMA_t} + \underset{(2.660)}{0.006KX_{t-1}} \\
& + \underset{(1.521)}{9{,}344.675DYXMA_t} - \underset{(-2.360)}{33.308MWHX_t} + \underset{(1.718)}{0.206LEX_{t-1}} \\
& + \underset{(1.354)}{0.165LEX_{t-2}} + \underset{(1.107)}{0.149LEX_{t-3}} + \underset{(2.911)}{0.381LEX_{t-4}} \\
& \bar{R}^2 = 0.978,\ d = 2.003
\end{aligned}
$$

예상대로 노동수요는 임금의 역함수로 드러났으며, 경제성장률의 추정계수가 양(+)으로 유의적인 것으로 나타나 지속적인 경제성장이 노동수요가 높은 수준을 유지할 수 있는 견인차 역할을 한 것으로 드러났다. 자본저량변수의 추정계수가 통계적으로 유의성이 있는 양의 값을 보여주고 있어 노동과 자본이 보완관계에 있는 것을 보여 주고 있다. 즉, 노동 1단위당 자본장비율이 커질수록 노동생산성이 향상되고, 이것이 노동수요를 증가시키는 것으로 해석할 수 있다.

3) 노동공급

노동공급량은 경제활동인구 중 자발적 실업을 제외한 노동력을 의미한다. 그러나 자발적 실업에 대한 자료가 없으므로 경제활동인구(LFX)를 노동공급량의 대변수로 이용하였다. 노동공급함수의 설명변수로는 실질임금($WAGEXRCPIX$), 15세 이상 인구($POP15GEX$), 전기 경제성장률의 이동평균($DYXMA_{t-1}$), 경제활동참가율(LPR) 및 전기의 노동수요가 선택되었다.

$$
LFX_t = \underset{(-1.256)}{-2{,}342.474} + \underset{(2.400)}{0.295WAGEXRCPIX_t} + \underset{(4.205)}{0.340POP15GEX_t}
$$

$$+6{,}857.677DYXMA_{t-1}+57.098LPR_t+0.267LFX_{t-1}$$
$$(1.753) \qquad (14.858) \qquad (2.237)$$
$$\bar{R}^2=0.982,\ d=2.228$$

추정계수는 모두 통계적으로 유의하며, 부호도 이론과 부합되고 있다. 우선 실질임금의 증가는 노동공급을 증가시키는 것으로 나타났으며, 15세 이상의 경제활동참가율의 증가 역시 노동공급을 증가시키는 것으로 드러났다. 또한 경제성장률이 경제활동인구를 증가시키는 것으로 입증되었다.

(2) 총 수 요

1) 민간소비

소비에 영향을 미치는 변수는 소득과 실질부(real wealth), 이자율 및 전기의 소비인데, 추정에 포함된 설명변수로서 설정된 것은 소득변수로서 YDX, 실질부를 나타내는 변수로서 화폐잔고($M2AVEX$)이다. 이자율은 통계적 유의성이 낮아 최종 추정식에서 제외되었다.

$$CPX_t=381.397+0.126YDX_t+0.796CPX_{t-1}+0.015M2AVEX_{t-1}$$
$$(2.236) \qquad (4.354) \qquad (11.841) \qquad (1.098)$$
$$\bar{R}^2=0.999,\ d=1.296$$

2) 총 투 자

총투자에 영향을 미치는 변수로는 이자율, 경제성장률, 과거의 투자 및 실질잔고가 선택되었다. 추정방정식에서는 전기 실질이자율의 이동평균($RRMA_{t-1}$)이 이자율변수로, 국민소득의 이동평균($YXMA$)이 경제성장률변수로, M2 통화량 평잔의 증가율($DM2AVEX$)이 실질잔고변수로 채택되었다.

$$ITX_t=-8.049+0.080YXMA-56.352RRMA_{t-1}$$
$$(-0.008) \qquad (1.543) \qquad (-0.943)$$

$$+15{,}630.111DM2AVEX_t+0.820ITX_{t-1}$$
$$(2.517) \qquad\qquad (5.425)$$
$$\bar{R}^2=0.991,\ d=2.120$$

추정결과 모든 추정계수의 부호는 이론과 부합되는 것으로 나타났다. 실질이자율의 투자에 음(−)의 영향을 미치고, 경제성장률은 양(+)의 영향을 미치는 것으로 드러났다. 또한 화폐실질잔고가 투자에 양(+)의 영향을 미치는 것으로 나타나 SUM91모형에서와는 상반된 결과를 보이고 있는데, 이는 최근 통화량의 증가가 생산적인 투자의 흐름으로 연결되는 것을 보여 주고 있음을 시사하고 있다.

3) 정부부문

정부부문은 대폭 생략되어 정부수입의 순잉여($GBSX$)를 정부수입(GRX)과 정부지출(GEX)의 차로 정의되는 정의식만이 모형에 포함된다.

4) 상품 및 용역의 수출·수입 전환방정식

상품수출 전환방정식은 실질상품수출($EXG\$XER$)을 원화표시 상품수출($EXGX$)로 전환하는 기능을 하는데, 추정결과는 다음과 같다.

$$EXGX_t=-57.132+1.005EXG\$XER_t$$
$$(-3.060) \qquad\qquad (594.291)$$
$$\bar{R}^2=0.999,\ d=1.140$$

여기서, $EXG\$XER=\dfrac{(EXG\$X * ER)}{1{,}000}$

$EXG\$X$: 달러표시 상품수출액

ER: 환율

상품수입 전환방정식은 실질상품수입($IMG\$XER$)을 원화표시 상품수입($IMGX$)으로 전환하는 기능을 하는데, 추정결과는 다음과 같다.

$$IMGX_t = 130.421 + 1.036 IMG\$XER$$
$$(6.191) \qquad (540.891)$$
$$\bar{R}^2 = 0.999, \ d = 0.838$$

여기서, $IMG\$XER = \dfrac{(IXG\$X * ER)}{1{,}000}$

$IMG\$X$: 달러표시 상품수입액

용역수출 전환방정식은 실질용역수출($ESX\$XER$)을 원화표시 용역수출($EXSX$)로 전환하는데, 추정결과는 다음과 같다.

$$EXSX_t = -171.702 + 0.947 EXS\$XER_t$$
$$(-4.625) \qquad (63.999)$$
$$\bar{R}^2 = 0.987, \ d = 0.542$$

여기서, $EXS\$XER = \dfrac{(EXS\$X * ER)}{1{,}000}$

$EXS\$X$: 달러표시 용역수출액

용역수입 전환방정식은 실질용역수입($IMS\$XER$)과 원화표시 용역수입($IMSX$)으로 전환하는데, 추정결과는 다음과 같다.

$$IMSX_t = -707.527 + 0.821 IMS\$XER_t$$
$$(-18.010) \qquad (56.673)$$
$$\bar{R}^2 = 0.984, \ d = 0.690$$

여기서, $IMS\$XER = \dfrac{(IXS\$X * ER)}{1{,}000}$

$IMS\$X$: 달러표시 용역수입액

5) 국민총생산

국민총생산은 총수요(YXD)와 일치하는데, 총수요는 민간소비(CPX), 정부지출(GEX), 총투자(ITX), 상품순수출($EXGX-IMGX$), 용역순수출($EXSX-IMSX$), 해외순수취요소소득($NFIX$) 및 통계상 불일치(SDX_t)의 합으로 정의된다.

$$YXD_t = CPX_t + ITX_t + GEX_t + (EXGX_t - IMGX_t) + (EXSX_t - IMSX_t) + NFIX_t + SDX_t$$

끝으로 최종생산물시장은 총수요(YXD)와 총공급(YX)이 일치하여야 된다는 균형조건으로 완결된다.

$$YXD = YX$$

(3) 화폐금융부문

화폐금융부문은 화폐시장과 공채시장 및 주식시장으로 구성된다. 앞서 설명하였듯이, 화폐통화량을 외생변수로 간주하는 경우와 내생변수로 간주하는 경우를 여기서 모두 고려한다. 먼저 화폐수요로는 M2 평잔을 소비자물가로 나눈 변수($M2AVEDXRCPIX$)를 선택하였으며, 설명변수로는 회사채수익률(R), 국민소득(YX), 환율(ER) 및 종속변수의 1계 시차변수를 포함시켰다.

$$\begin{aligned} M2AVEDXRCPIX_t = {} & \underset{(1.578)}{53.363} - \underset{(-1.334)}{0.987R_t} + \underset{(1.851)}{0.001YX_t} \\ & - \underset{(-1.032)}{0.023ER_t} + \underset{(12.504)}{0.890M2AVEDXRCPIX_{t-1}} \end{aligned}$$

$\bar{R}^2 = 0.778,\ d = 1.815$

추정결과 예상대로 화폐수요는 이자율에는 반비례하고 소득에는 정비례하는 것이 입증되었다. 환율의 상승이 화폐수요를 감소시키는 것은 원화의 평가절하에 의한 해외부문의 원화수요에 대한 감소로 해석된다.

화폐공급함수의 설명변수로는 실질화폐공급량의 시차변수($M2AVEXRCPIX_{t-1}$), 실질이자율 이동평균의 시차변수($RRMA_{t-1}$), 본원통화의 평잔($MBAVEX_t$), 소득의 시차변수(YX_{t-1}), 물가의 시차변수($CPIX_{t-1}$), 정부의 재정흑자($GBSX_t$)가 포함되었다.

$$M2AVEXRCPIX_t = 205.579 + 0.574 RRMA_{t-1} + 0.002 MBAVEX_t$$
$$(2.705) \qquad (0.876) \qquad (1.426)$$
$$+ 0.003 YX_{t-1} + 0.925 M2AVEXRCPIX_{t-1}$$
$$(2.658) \qquad (13.027)$$
$$- 3.392 CPIX_t - 0.001 GBSX_t$$
$$(-2.729) \qquad (-1.450)$$
$$\bar{R}^2 = 0.999, \ d = 1.806$$

추정결과 화폐공급은 본원통화와 비례하며, 전기의 소득과 화폐공급에도 비례하는 것으로 드러났다. 또한 통화공급이 실질통화잔고로 측정되었기 때문에 물가와는 반대되는 것으로 나타난 것은 당연하다고 하겠다. 끝으로 정부의 재정흑자와 화폐공급이 반비례하는 것으로 나타나 화폐재정과 기타 조세재정수단과는 대체관계가 있는 것이 입증되었다.

물론, 화폐시장균형은 화폐공급과 화폐수요가 일치함으로써 실현된다.

$$M2AVEDX = M2AVEX$$

(4) 해외부문

1) 상품수출

상품수출($EXG\$X$)을 설명하여 주는 변수로는 세계경기를 나타내는 세계수입변수의 이동평균($WIM\$XMA$), 수출물가지수($PIXX$)를 세계수출물가지수($WCPIX$)로 나눈 변수($PIXXRWCPIX$), 환율($ER$) 및 종속변수의 1기 시차변수($EXG\$X_{t-1}$)가 포함되었다.

$$EXG\$X_t = -2{,}558.506 + 1.455 WIM\$XMA_t$$
$$(-0.800) \qquad (1.201)$$
$$- 343.571 PIXXRWCPIX_t + 3.845 ER_t$$
$$(-0.456) \qquad (1.880)$$
$$+ 0.999 EXG\$X_{t-1}$$
$$(11.471)$$
$$\bar{R}^2 = 0.988, \ d = 2.392$$

추정결과 세계경기가 호전되면 우리 나라의 수출이 증가되고, 환율상승(달러화의 평가절상) 역시 수출을 증가시키는 것이 확인되었다. 우리 나라의 상대수출물가지수의 상승은 수출상품의 단가를 상승시키므로 수출에 음(−)의 영향을 미치는 것이 실증적으로 입증되었다.

2) 상품수입

상품수입($IMG\$X$)에 영향을 미치는 변수는 소득($YX$), 수입물가지수($PIMX$), 환율($ER$) 및 전기의 상품수입이 있다.

$$\begin{aligned} IMG\$X_t = & -3{,}750.947 + 0.058YX_t + 72.365IIMX_t \\ & (-1.502) \qquad (1.839) \qquad (3.950) \\ & -3.013ER_t + 0.775IMG\$X_{t-1} \\ & (-1.595) \qquad (7.150) \\ \bar{R}^2 = & \ 0.993, \ d = 1.073 \end{aligned}$$

추정결과 소득의 증가는 수입을 증대시키고, 수입단가 및 환율의 인상은 수입을 감소시키는 것으로 나타나 모두 이론과 부합되는 것으로 드러났다.

3) 요소수출

요소수출($EXS\$X_t$)에 영향을 미치는 변수로는 세계수입의 이동평균($WIM\$XMA$), 환율의 이동평균($ERMA$), 수출물가지수($PIXX$)를 세계수출물가지수($WCPIX$)로 나눈 변수($PIXXRWCPIX$) 및 종속변수의 1기 시차변수($EXS\$X_{t-1}$)가 포함되었다.

$$\begin{aligned} EXS\$X_t = & -384.848 + 0.300WIM\$XMA_t + 0.582ERMA_t \\ & (-0.866) \qquad (1.386) \qquad (1.610) \\ & -80.479PIXXRWCPIX_t + 1.009EXS\$X_{t-1} \\ & (-0.984) \qquad (21.496) \\ \bar{R}^2 = & \ 0.987, \ d = 2.160 \end{aligned}$$

추정결과 세계수입의 증가와 환율의 인상이 모두 요소수출을 증대시키는 것이 입증되었다. 또한 수출의 상대물가의 상승은 요소수출을 감소시키는 것도 이론에 부합되는 것으로서 입증되었다.

4) 요소수입

요소수입($IMS\$X$)에 영향을 미치는 변수 중 소득($YX$)과 환율의 이동평균값($ERMA$)이 설명변수로 선택되었다.

$$
\begin{aligned}
IMS\$X_t = &\ 365.785 + 0.016YX_t - 0.314ERMA_t \\
&\ (1.386) \qquad (3.304) \qquad (-1.003) \\
&\ + 0.789IMS\$X_{t-1} \\
&\ \qquad (10.144) \\
\bar{R}^2 = &\ 0.990, \ d = 2.675
\end{aligned}
$$

추정결과 소득의 증대는 요소수입을 증대시키는 반면, 환율의 인상은 요소수입을 감소시키는 것이 입증되었다.

5) 순자본유입

순자본유입($NCI\$X$)은 단기자본수지와 장기자본수지의 합이다. 순자본유입에 영향을 미치는 변수 중 설명변수로 포함된 변수는 국내회사채의 LIBO 금리($LIBOR$)에 대한 상대적 수익률($RRLIBOR$), 경상수지의 이동평균($BOC\$XMA$)과 환율의 이동평균($ERMA$)의 시차변수이다.

$$
\begin{aligned}
NCI\$XMA_t = &\ 749.031 + 92.337RRLIBORMA_{t-1} \\
&\ (1.440) \qquad (1.727) \\
&\ - 0.082BOC\$XMA_{t-1} - 1.104ER_t \\
&\ \qquad (-2.178) \qquad (-1.733) \\
&\ + 0.857NCI\$XMA_{t-1} \\
&\ \qquad (12.227) \\
\bar{R}^2 = &\ 0.932, \ d = 1.829
\end{aligned}
$$

추정결과 환율이 인하되고(원화가치가 상승하고) 국내이자율이 국제수준에 비하여 상대적으로 오르면 자본이 유입된다는 것이 확인되었으며, 경상수지의 흑자폭이 커지면 순자본유입이 감소되는 것 역시 이론과 부합되는 것이다.

6) 무역수지, 경상수지, 국제수지

무역수지($BOT\$X$)는 상품수출($EXG\$X$)에서 상품수입($IMG\$X$)을 뺀 것으로 정의된다.

$$BOT\$X = EXG\$X - IMG\$X$$

경상수지($BOC\$X$)는 무역수지에 순요소수출($EXS\$X - IMS\$X$) 및 이전수지($BOTRI\$X$)를 합한 것으로 정의된다.

$$BOC\$X = BOT\$X + (EXS\$X - IMS\$X) + BOTRI\$X$$

국제수지($BOP\$X$)는 경상수지($BOC\$X$), 순자본유입($NCI\$X$) 및 통계상 불일치($SDBOP\$X$)의 합으로 정의된다.

$$BOP\$X = BOC\$X + NCI\$X + SDBOP\$X$$

(5) 임금 · 물가 · 환율부문

1) 실 업 률

실업률은 노동수요와 노동공급에 의하여 결정된다. 실업률방정식의 설명변수로는 노동수요의 증가율($DLEX$), 노동공급의 증가율($DLFX$) 및 실업률의 시차변수를 포함하여 실업률방정식을 추정하였다.

$$\begin{aligned} URX_t = &\ 0.026 - 73.803DLEX_t + 75.252DLFX_t \\ &\ (0.394) \quad (-12.237) \qquad (11.679) \\ &+ 0.883URXD_{t-1} + 0.164URXD_{t-2} + 0.096URXD_{t-3} \\ &\ (15.851) \qquad (2.543) \qquad (1.471) \end{aligned}$$

$$-0.150URXD_{t-4}$$
$$(-2.754)$$
$$\bar{R}^2=0.978,\ d=1.586$$

추정계수는 모두 통계적으로 유의하며, 부호도 이론과 부합되고 있다. 우선 노동수요의 증가와 노동공급의 감소는 실업률을 낮추는 것으로 나타났으며, 시차변수의 추정계수는 4기 시차변수를 제외하고는 양(+)으로 드러났다.

2) 임 금

임금방정식의 설명변수로 실업률(URX)과 민간소비의 log값($LCPIX$), 전기 임금의 log값($LWAGEX_{t-1}$)이 포함되었다.

$$\log WAGEX_t = 1.003 - 0.038URX_t + 0.697\log CPIX_t$$
$$(2.806)\quad(-2.908)\qquad(2.599)$$
$$+0.691\log WAGEX_{t-1}$$
$$(6.049)$$
$$\bar{R}^2=0.996,\ d=2.337$$

추정결과는 전통적인 단기필립스곡선을 뒷받침하는 것으로 나타났다. 즉, 명목임금은 실업률과는 반비례하고, 소비자물가와는 정비례하는 것이 실증적으로 입증되었다.

3) 소비자물가지수

소비자물가지수($CPIX$)에 영향을 미치는 요인을 부문별로 구분하면, 수요유인적(demand-full) 측면, 비용유인적(cost-push) 측면 및 해외요인 측면의 세 가지를 들 수 있다. 총수요의 한 요소가 증대되어 총수요가 증대되면 이는 곧 물가의 상승압력으로 작용한다. 추정방정식의 설명변수 중 정부지출(GEX), 총고정투자(IFX), 소득(YX) 및 금융자산($M2AVEX$)의 시차변수는 모두 총수요부문의 변수이다. 반면에 임금($WAGEX$)은 비용유인적 측면의 설명변수이고, 환율(ER)은 해외부문의 설명변수로 채택되었다.

$$CPIX_t = 60.825 + 0.00005M2AVEX_{t-1} + 0.00001WAGEX_{t-1}$$
$$(37.997) \quad (1.256) \quad (2.365)$$
$$-0.002ER_{t-1} + 0.0003GEX_{t-1} + 0.0006IFX_{t-1}$$
$$(-1.416) \quad (2.189) \quad (3.904)$$
$$+0.0003YX_{t-1}$$
$$(4.944)$$
$$\bar{R}^2 = 0.998,\ d = 1.249$$

추정결과 총수요요소의 증대로 인한 총수요의 증가는 모두 물가를 상승시키는 것으로 밝혀졌으며, 임금상승에 의한 생산비용의 증가가 곧 물가를 상승시키는 연결고리도 확인되었다. 또한 환율의 인상은 자본유입의 감소를 의미하고, 국내 총통화량의 감소를 초래하여 물가의 하락요인으로 작용하는 것도 밝혀졌다.

4) 회사채수익률(이자율)

한편, 화폐공급이 내생화되는 경우 화폐공급방정식은 이자율을 종속변수로 하여 추정되었다. 이 경우 설명변수로는 실질화폐공급의 이동평균(*M2AVEXRCPIXMA*), 공채이자율(*RB*), 물가상승률의 이동평균(*DCPIXMA*), 환율의 이동평균(*ERMA*), 경제성장률의 이동평균(*DYXMA*), 종합주가지수의 변화율(*DKOSPIX*) 및 종속변수의 시차변수가 포함되었다.

$$R_t = 3.585 - 0.0005M2AVEXRCPIXMA_t + 0.492RB_t$$
$$(1.373) \quad (0.682) \quad (5.147)$$
$$+58.858DCPIXMA_t - 0.002ERMA_t + 12.785DYXMA_t$$
$$(1.363) \quad (-0.909) \quad (0.763)$$
$$-1.028DKOSPIX_t + 0.303R_{t-1}$$
$$(-0.997) \quad (3.586)$$
$$\bar{R}^2 = 0.884,\ d = 1.034$$

추정결과 실질화폐공급량은 이자율에 음(−)의 영향을 미치는 것으로 드러났으며, 공채이자율의 추정계수가 양(+)인 것으로 드러나 공채와 회사채가 대체재인 것이 밝혀졌으며, GNP의 증가는 이자율을 상승시켜 결국 화폐공급은 GNP에 비례하여 증가하는 것으로 밝혀졌다. 한편, 환율의 추정계수가 음(−)인 것으로 나타나 환율의 인상은 외국자본의 이탈로 화폐공급을 감소시키는 것으로 드러났으며, 종합주가지수의 추정계수는 예상대로 음인 것이 실증적으로 입증되었다.

5) 공채이자율

공채시장은 공채이자율의 이동평균($RBMA_t$)을 종속변수로 하고, 설명변수로는 경제성장률의 이동평균($DYXMA$), 이자율의 이동평균(RMA), 주가상승률의 이동평균($DKOSPIXMA$) 및 종속변수의 1계 시차변수($RBMA_{t-1}$)가 포함되었다.

$$
\begin{aligned}
RBMA_t = & \ 0.877 + 13.733 DYXMA_t + 0.341 RMA_t \\
& \ (1.592) \quad\quad (1.857) \quad\quad\quad\quad (5.038) \\
& + 1.413 DKOSPIXMA_t + 0.540 RBMA_{t-1} \\
& \quad\quad\quad (1.327) \quad\quad\quad\quad\quad (8.550) \\
\bar{R}^2 = & \ 0.954, \ d = 0.710
\end{aligned}
$$

추정결과 RMA_t와 $DKOSPIXMA_t$의 추정계수가 모두 양(+)인 것으로 드러나 회사채와 주식은 모두 공채와는 대체재의 관계가 있는 것으로 나타났다.

6) 환 율

SUM95모형에서 환율(ER)은 해외부문의 영향을 국내부문에 반영시켜 주는 매개변수로서, 수출입, 화폐수요, 물가지수 등의 함수에 설명변수로 포함되어 있다. 환율추정방정식의 설명변수로는 경상수지($BOC\$X$), 순자본유입($NCI\$X$)의 시차변수와 종속변수의 시차변수($ER_{t-1}$)가 포함되어 있다.

$$ER_t = 30.573 - 0.007BOC\$X_{t-1} - 0.003NCI\$X_{t-1} \quad (11\text{-}1a)$$
$$(1.845) \quad (-7.128) \quad (-2.275)$$
$$+0.966ER_{t-1}$$
$$(45.299)$$
$$\bar{R}^2 = 0.976, \ d = 1.105$$

추정결과 경상수지의 흑자증가와 순자본유입의 증가가 모두 환율을 하락시키는 것으로 드러나 외환시장이 제 기능을 발휘하여 왔다는 것이 실증적으로 입증되고 있다.

환율방정식은 다음과 같은 대안의 방정식도 추정되었다.

$$ER_t = 162.078 + 0.0005YX_t - 0.051WIM\$X_t \quad (11\text{-}1b)$$
$$(3.537) \quad (3.013) \quad (-3.236)$$
$$+254.841DPIXX_t - 1.584PIMX_t + 2.005LIBOR_t$$
$$(1.524) \quad (-3.897) \quad (1.770)$$
$$+0.967ER_{t-1}$$
$$(30.400)$$
$$\bar{R}^2 = 0.974, \ d = 1.157$$

대안이 되는 추정방정식의 추정결과도 모든 추정계수가 이론과 부합되는 것으로 드러났다. 즉, 소득(YX)의 상승은 수입을 증대시켜 외환에 대한 수요를 증가시켜 환율을 상승시키는 것으로 나타났으며, 세계수입의 증가는 곧 우리 나라의 수출을 증대시키고, 수입단가의 상승은 우리 나라의 수입을 감소시켜 결국 환율을 인하시키는 것이 입증되었다. 또한 외국금리의 상승은 달러의 해외유출을 의미하므로 환율을 인상시키는 것도 밝혀졌다.

(6) 주식시장부문

1) 종합주가지수

여기서는 종합주가지수($KOSPIX$)가 내생변수로서 취급되는 경우를 전제로 주요 거시경제변수 중에서 이론적으로 종합주가지수에 영향을 미치는 변수를 모두 포함하여 회귀분석한 후 통계적으로 유의성이 있는 변수들만 최종적으로 설명변수에 포함시켰다.

우선 이자율(R)은 종합주가지수에 음(−)의 영향을 미칠 것으로 예상하였다. 왜냐하면, 주식과 채권은 대체재이기 때문이다. 같은 논리로 지가(PIL) 역시 종합주가지수에 음(−)의 영향을 미칠 것으로 예상하였다. 소득(YX)의 증가는 주식수요를 증가시키고, 그 결과 주가를 상승시킨다. 반면에 소비(CPX)의 증가, 즉 저축의 감소는 금융투자 전반의 감소와 함께 자산구성(portfolio)의 한 요소인 주식수요를 감소시키므로 궁극적으로 주가를 하락시킨다. 해외부문을 반영하는 변수로서 환율(ER)이 설명변수에 포함되었다. 또한 종합주가지수의 움직임을 더 정교하게 설명하기 위해 종합주가지수 변화율의 시차변수가 3분기까지 포함된 모형과 4분기까지 포함된 두 가지 모형에 대해 각각 추정하였다. 단, 여기서 한 가지 지적해 둘 사항은 종합주가지수의 변화율을 설명변수로 활용하되 통상적인 추정식과는 달리 현기(現期)의 변화율을 포함시키고 있다는 점이다. 이는 $KOSPIX$가 기간 말 현재의 지수값으로 정의된 데 기인하는 것이다.

$$\begin{aligned} KOSPIX_t = {} & 2{,}395.998 - 23.284R_t + 0.043YX_t \qquad (11\text{-}2a) \\ & (8.626) \quad (-2.753) \quad (2.239) \\ & + 0.027PIL_t - 0.062CPX_t - 2.518ER_t \\ & (0.292) \quad (-1.802) \quad (-8.671) \\ & + 250.397DKOSPIX_t + 202.045DKOSPIX_{t-1} \\ & (1.848) \quad (1.448) \\ & + 262.715DKOSPIX_{t-2} + 281.322DKOSPIX_{t-3} \\ & (1.816) \quad (2.256) \end{aligned}$$

$R^2 = 0.924, \ d = 0.440$

$$\begin{aligned} KOSPIX_t = {} & 2{,}333.137 - 23.431R_t + 0.032YX_t \qquad (11\text{-}2b) \\ & (8.348) \quad (-2.794) \quad (1.555) \\ & + 0.075PIL_t - 0.043CPX_t - 2.496ER_t \\ & (0.746) \quad (-1.170) \quad (-8.659) \\ & + 292.148DKOSPIX_t + 171.648DKOSPIX_{t-1} \\ & (2.116) \quad (1.224) \end{aligned}$$

$$+247.813DKOSPIX_{t-2}+322.130DKOSPIX_{t-3}$$
$$(1.722) \qquad\qquad (2.528)$$
$$+166.717DKOSPIX_{t-4}$$
$$(1.317)$$
$$\bar{R}^2=0.926, \ d=0.402$$

추정결과 모든 변수의 추정계수의 부호가 이론과 완전히 합치되는 것으로 드러났으며, 통계적으로도 유의성이 매우 높다. 주식시장이 현실경제의 거울이라는 언급을 실증적으로 뒷받침하고 있다. 특히, 환율의 역할이 주식시장에 미치는 영향이 큰 것은 한국 경제가 분석기간중 경제의 개방화를 끊임없이 추구하여 온 것이 반영된 것으로 볼 수 있다. 그런데 지가의 상승이 주가를 하락시키는 요인으로 작용할 것이란 예상은 확인되지 않았다. 물론 통계적 유의수준이 낮기는 하지만 지가와 주가는 추정대상 기간에는 같은 방향으로 변동한 것으로 추정되었는데, 이는 토지환금성의 한계성 등으로 철저한 대체재역할을 수행하지 못한 것으로 이해된다.

3.3. SUM95모형의 추정결과

SUM95모형의 추정결과를 종합하여 보면, 개별 방정식의 추정계수 부호가 이론과 거의 대부분 합치되고 통계적 유의성도 높아 모형 전체의 적합성이 SUM91모형보다 제고된 것으로 결론내릴 수 있다. 그 이유는 모든 변수 중 계절성을 가지는 변수를 모두 계절조정을 하였으며, 관측자료의 신뢰성이 떨어지는 변수는 제거함으로써 SUM91모형에 비하여 보다 절약적인 모형으로서 SUM95모형이 완성되었기 때문이다.

4 SUM95모형에 의한 예측

4.1. 기본 전략

SUM95모형에 의한 GNP, 종합주가지수 및 기타 주요 거시경제변수의 예측은 구조방정식체계에 근거한다. 제3절에서 SUM95모형의 추정으로부터 모형의 회귀계수가 구해지고, 미리 주어진 외생변수와 내생시차변수의 값이 주어지면, 추정기간의 내생변수값을 구할 수 있다. 이와 같이 도출된 내생변수의 값들이 실제 관측치와 어느 정도 잘 대변해 주는가를 평가하는 역사적 의태분석을 수행함으로써 모형의 적합성을 판정한다.

만약 모형의 대안이 다수이면 모든 대안에 대해 역사적 의태분석을 수행함으로써 최적모형을 선택하게 된다. 최적모형 선택의 규준은 다수 있으나, 여기서는 RMS 백분율의 의태오차(root mean square simulation error) 또는 Theil-U 값에 의하여 최적모형을 선택한다.

단, 본 연구에서는 분석의 편의상 1995년도 1분기에 대한 사후적 예측(ex-post forecast)에 대한 RMSPE를 비교하는 것을 중심으로 모형의 선택과정을 대신하였다. 일단 최적모형이 선택되면 사전적 예측(ex-ante forecasting)을 위하여 외생변수들의 미래값을 개별 변수에 대한 ARIMA[3]모형으로부터 구한 다음 내생변수의 미래값을 구할 수 있다.

여기서 대안으로 제시된 모형은 총 6가지인데, 분류기준은 다음과 같다. 화폐시장에서 화폐공급변수를 내생적으로 처리하는가 또는 외생변수로 취급하느냐에 따라 두 가지 유형의 모형으로 구분되고, 종합주가지수를 거시경제모형에서 외생변수로 취급하는가, 내생변수로 취급하는가, 또는 주식시장을 거시경제모형과 분리하여 취급하는가에 따라 세 가지 유형의 무형으로 구분된다. 따라서 의태분석모형은 화폐공급변수와 주가지수의 취급방법에 따라 2×3=6가지 유형의 모형이 되는데, 〈표 11-1〉에

3) ARIMA는 자기회귀 누적이동평균(autoregressive integrated moving average)모형으로서, $Y_t = A(L)Y_t + B(L)E_t$의 형태를 취하므로, 자신의 미래값에 대한 사전예측에 기타 (외생)변수의 미래값이 필요 없다.

표 11-1 시뮬레이션 모형

		종합주가지수		
		거시경제모형과 분리	외생변수	내생변수
화폐공급	내생변수	모형 I	모형 III	모형 V
	외생변수	모형 II	모형 IV	모형 VI

나타나 있는 바와 같다.

특히, 모형 I과 모형 II는 거시경제의 모든 변수값이 결정되면 축차적으로 종합주가지수가 결정되므로 일종의 위성모형(satellite model)으로 불릴 수 있다.

4.2. 역사적 의태분석

SUM95모형은 기본적으로 구조방정식체계(structural equation system)의 연립방정식모형이다. 그러므로 모형의 적합성을 판정하는 데 있어 개별 추정방식이 적합성을 평가하는 방법($\bar{R}^2$ 또는 F값)을 이용하는 것은 다음과 같은 문제점과 한계를 가진다. 즉 개별 방정식이 적합한 경우에도 모형 전체의 적합성은 떨어질 수 있다. 이는 연립방정식 특유의 변수 상호간의 동태적 연관성에 기인한다.

통상적으로 연립방정식체계에서 특정 내생변수의 미래값을 예측할 때 외생변수의 미래값을 구한 다음 그대로 추정방정식에 대입하는 경우가 많은데, 그러한 예측방법의 문제점은 예측값이 동태적 안정성을 갖지 못하는 데에 있다. 그러므로 연립방정식체계에서는 동태적 안정성을 확보하기 위하여 역사적 의태분석을 통하여 모형을 추정하여야 된다.

역사적 의태분석(historical simulation)이란 자료가 이용가능한 기간의 일부 또는 전부에 대해, 추정된 모형의 추정계수값과 선결변수값에 근거하여 같은 기간에 대한 내생변수값을 산출하는 것으로서 사후적 의태분석(ex-post simulation)이라고 한다.[4]

4) 단, 여기서 의태분석이란 외생시차변수값을 초기값만 대입하여 내생변수값을 도출한 다음 실제로 관측된 내생변수값과 비교하는 방식을 따르게 되므로 동태적인 안정성

4.3. 모형의 선택(Theil U: l-step)

모든 대안모형에 대한 역사적 의태분석이 마쳐지면 그 중 어느 모형이 최적모형인가를 선택하는 과정에 들어간다. 모형선택과정에서 초점은 어떠한 규준에 의하여 모형을 선택할 것인가 하는 문제이다. 선택규준이 갖추어야 할 바람직한 속성은 의태분석에 구해진 내생변수의 값들이 실제 관측치를 얼마나 근사하게 추적하고 있는가를 판정할 수 있어야 하며, 예측값의 동태적 안정성을 반영하여야 된다는 것이다.

여기서는 RMS 백분율 의태오차(RMSPE: RMS percent simulation error) 또는 Theil-U 값에 의하여 모형을 선택하기로 한다.

RMSPE는 RMS 의태오차(root mean square simulation error)와 기본적인 발상은 같으나, RMS 오차가 측정단위에 따라 그 값이 달라지는 문제점을 갖고 있으므로 이를 시정하기 위하여 상호 비교가 가능한 백분율단위로 전환한 것이 RMS 백분율 의태오차인데 그 공식은 다음과 같다.

$$\text{RMSPE}=\sqrt{\frac{1}{T}\sum_{t=1}^{T}\left(\frac{Y_t^s-Y_t^a}{Y_t^a}\right)^2}$$

여기서, Y_t^s: 의태(분석된)값(simulated value)

Y_t^a: 실제값(actual value)

T: 의태분석 대상기간

RMS%E는 해당 변수의 의태값과 실제값 간의 근접도를 추정해 주는 통계량이다. 따라서 여타 조건이 일정하면 모든 변수의 RMSPE가 전반적으로 작은 모형이 최적모형이 된다.

한편, Theil-U 통계량은 다음과 같은 공식에 의해 구해진다.

$$U=\frac{\sqrt{\frac{1}{T}\sum_{t=1}^{T}(Y_t^s-Y_t^a)^2}}{\sqrt{\frac{1}{T}\sum_{t=1}^{T}(Y_t^s)^2}+\sqrt{\frac{1}{T}\sum_{t=1}^{T}(Y_t^a)^2}}$$

위주의 적합도를 평가할 수 있는 검증방안이라 할 수 있다.

Theil-U 통계량은 사후적 예측(ex-post forecasting)은 물론 사후적 의태분석에도 동시에 사용할 수 있으며, 각 변수의 측정단위에 구애받지 않고 모든 변수에 대한 예측력을 한 가지 기준을 통하여 평가할 수 있는 장점을 갖고 있다.

Theil-U 통계량은 기준시점으로부터 예측시점까지의 기간을 조정해 가며 산출할 수 있어 장기 및 단기의 예측력을 동시에 판정할 수 있다는 장점이 있는데, 본 연구에서는 최장예측기간으로 $l=8$분기까지 시도하였다. 한편, U_l의 평균값 $\bar{U}=\frac{1}{T}\sum_{t=1}^{T}U_i$을 구하여 전 기간에 걸친 예측력을 단 하나의 지표로 평가할 수 있음을 부기해 둔다.

여섯 가지 모형에 대해 RMSPE를 구하여 비교한 결과 화폐공급을 외생변수로 하고, 주가지수를 내생변수로 취급한 모형이 최적모형으로 결정되었다.

다음으로 화폐공급을 외생변수로 하고, 주가를 내생변수로 하는 모형에 대해 환율방정식의 추정에 따라 두 가지(식 (11-1a)와 식 (11-1b))로 구분하고, 주가지수의 추정방정식에 따라 다시 두 가지(식 (11-2a)와 식 (11-2b))로 구분하여 총 2×2=4가지 모형에 대한 RMSPE를 구하였다. 산출결과, 주가지수($KOSPIX$)의 RMSPE는 환율방정식은 식 (11-1b), 주가지수는 식 (11-2b)인 경우에 22.06%로서 나타나 두 번째로 낮은 값을 기록하였으나 여타 주요 거시변수들의 RMSPE를 동시에 고려할 때 최상의 결과로 판단되었다. 따라서 구조방정식에 의한 GNP와 주가지수에 대한 예측은 CASE 4 경우에 대해서만 실시하기로 한다.

4.4. 외생변수의 창출 및 예측

역사적 의태분석에 의해 모형이 추정되면, 사전적 예측기간에 해당하는 외생변수의 값을 예측하는 외생변수의 창출과정이 필요하다. 외생변수의 창출은 기본적으로 단일변량에 대한 ARIMA모형에 근거한다.[5)] ARIMA모형은 자기회귀부분의 차수인 p와, 누적차수인 d 및 이동평균의 차수인 q로서 규정된다.

창출된 주요 외생변수에 대한 ARIMA모형의 차수는 〈표 11-2〉에 나

5) ARIMA모형에 대해서는 추후 제7절에서 자세히 다루므로 참조하기 바람.

표 11-2 외생변수의 ARIMA 차수 (p, d, q): 분기자료

LKEX	*MWDX*	*KX*	*MWHX*	*DLFX*
(0, 1, 0)	(1, 0, 0)	(0, 2, 0)	(1, 1, 0)	(0, 0, 1)
URXD	*YDX*	*GEX*	*SDX*	*MBAVEX*
(1, 0, 0)	(0, 1, 0)	(0, 1, 1)	(1, 0, 0)	(2, 1, 0)
WIM$X	*PIXXRWCPIX*	*PIMX*	*BOTRI$X*	*SDBOP$X*
(1, 0, 0)	(1, 1, 0)	(1, 0, 0)	(1, 0, 0)	(1, 0, 0)
IFX	*LIBOR*	*DPIXX*	*PIL*	*GBSX*
(1, 1, 0)	(2, 0, 1)	(0, 0, 1)	(1, 1, 2)	(1, 1, 0)

주: 괄호 안은 계절조정된 경우의 예측값을 나타냄.

표 11-3 SUM95모형에 의한 GNP · 물가예측: 분기자료

(단위: 10억 원)

	'95 1/4분기	'95 2/4분기	'95 3/4분기	'95 4/4분기
국민소득(Y) (*YX*)	78,262 (87,325)	86,999 (90,115)	93,847 (93,216)	108,942 (96,447)
종합주가지수(KOSPI) (*KOSPIX*)	1,183.06 (1,145.55)	1,048.45 (1,077.76)	996.55 (1,056.84)	1,125.67 (1,066.60)
소비자물가지수(CPI) (*CPIX*)	136.34 (136.41)	142.71 (141.98)	144.86 (144.86)	148.03 (147.79)

주: 괄호 안은 계절조정된 경우의 예측값을 나타냄.

타나 있는 바와 같다. 그리고 선정된 외생변수의 ARIMA모형 차수를 활용하여 GNP, 물가지수 및 주가지수에 대한 예측값을 도출한 결과 〈표 11-3〉과 같은 예측값을 얻었다.

단, 여기서 주지할 것은 구조방정식모형의 모든 변수는 계절조정을 하였으므로 예측의 첫 단계에서 얻은 변수 YX의 예측값 FYX는 다시 계절조정되지 않은 원래 변수의 예측값, FY로 환원하여야 된다는 점이다. 계절조정된 변수와 원래 변수 사이의 관계는 다음과 같이 계절지수(seasonal index)에 의하여 결정된다.

$$SI = \frac{Y}{YX} = \frac{FY}{FYX}$$

여기서, SI: 계절지수

Y: 원래의 변수값

YX: 계절조정된 변수값

〈표 11-3〉에는 이와 같은 과정을 거쳐 GNP, 물가 및 종합주가지수에 대한 최종 예측값이 나타나 있다.

5 축소조정된 SUM95모형과 VAR모형에 의한 예측: 분기자료

5.1. AD-AS모형: 축소조정된 SUM95모형 I

총수요함수와 총공급함수 및 균형조건(AD=AS)으로 구성된 AD-AS 모형은 SUM95모형을 최대한 축소시키면서 구조방정식의 이념을 최대한 살린 GNP 예측을 위한 축소형 구조방정식체계이다. 따라서 이 경우 설정된 총수요 및 총공급함수는 수십 개의 구조방정식을 대변하며 최대한 총체화된(aggregate) 형태의 구조식의 성격을 갖는다. 그러므로 단 한 개의 구조식으로 표현되는 종합주가지수 함수식은 일단 연립방정식체계로 인식된 AD-AS구조식 부문(block)과 일종의 부문 간 축차관계(block recursive)에 있는 것으로 파악하는 것이 정당할 것이다. 그러므로 AD와 AS함수는 자체 내의 외생변수만을 일종의 수단변수(instrumental variables)로 활용하는 2SLS(two stage least square) 추정을 실시하게 되며, 이 과정에서 창출된 수단변수가 종합주가지수 함수에 일방적인 방향으로 영향을 준다는 일종의 위성모형을 구성하여 추정함으로써 블록축차방정식 체계모형의 특성을 살렸다.

(1) AD-AS모형의 추정

1) 총수요함수(AD)

총수요함수는 소비수요, 투자수요, 정부지출수요, 상품과 용역의 순수출 등의 요소로 구성되는데, 최종 추정방정식의 설명변수로는 물가($CPIX$), 화폐공급량의 증가율($DM2AVEX$), 정부지출의 증가율($DGEX$) 및 종속변수의 시차변수(YX_{t-1})가 선택되었다.

추정방법은 도구변수(instrumental variable) 추정법이 이용되었는데, 추정방정식은 다음과 같다.

$$YX_t = 4{,}042.435 - 73.502CPIX_t + 8{,}282.050DM2AVEX_t$$
$$\quad (0.704) \qquad (-0.736) \qquad (1.274)$$
$$+593.225DGEX_t + 1.103YX_{t-1}$$
$$\quad (0.692) \qquad (11.109)$$
$$\bar{R}^2 = 0.998,\ d = 2.041$$

추정결과 추정계수의 부호는 모두 이론과 부합되어, 물가는 음(−), 통화량증가율, 정부지출증가율은 모두 양(+)으로 드러났으나, 통계적 유의성은 높지 않다.

2) 총공급함수(AS)

총공급에 영향을 미치는 것은 기업생산활동의 비용구조이다. 비용으로는 노동비용 및 자본비용이 있는데, 각각은 임금과 이자율에 의하여 가장 큰 영향을 받는다. 최종생산물가격의 상승은 물론 총공급을 증대시킨다. 이러한 점들을 반영하여 관련변수들을 선택한 후 통계적 유의성이나 이론적인 중요성으로 비추어 최종적으로 선택한 설명변수는 물가($CPIX$), 임금의 4분기 이동평균($WAGEXMA$)의 시차변수, 실질이자율의 4분기 이동평균($RRMA$)의 시차변수, 자본저량(KEX)의 시차변수와 종합주가지수($KOSPIX$)이다.

$$YX_t = -59{,}406.093 + 1{,}095.977CPIX_t - 0.003WAGEXMA_{t-1}$$
$$(-8.685) \qquad (9.047) \qquad (-2.846)$$
$$+0.0002KEX_{t-1} - 98.241RRMA_{t-1} + 2.112KOSPIX_{t-1}$$
$$(4.098) \qquad (-1.453) \qquad (3.035)$$
$$\bar{R}^2 = 0.998,\ d = 0.914$$

종합주가지수가 설명변수로 포함된 이유는, 기업가들이 투자결정을 내릴 때 가장 중요하게 고려하는 것이 미래경기에 대한 것인데, 종합주가지수의 추이를 관찰함으로써 미래경기에 대해 판단하기 때문이다.

추정결과 임금과 이자율은 모두 총공급에 음(−)의 영향을 미치는 것이 실증적으로 입증되었으며, 물가는 양(+)의 영향을 미치는 것이 확인되었다. 또한 주가의 추정계수도 예상과 같이 양(+)으로 밝혀졌다.

3) 종합주가지수

종합주가지수 추정방정식의 설명변수로는 전 단계에서 수단변수의 형태로 창출된 GNP를 나타내는 PYX, 이자율(R), 환율(ER), 총소비(CPX) 및 주가지수의 변화율($DKOSPIX$)의 현기서부터 3기까지 또는 4기까지의 시차변수를 포함하였다. 따라서 여기에서도 추정방정식은 다음의 두 가지 형태가 된다.

$$KOSPIX_t = 2{,}295.038 - 0.049PYX_t - 24.243RR_t \qquad (11\text{-}3a)$$
$$(9.553) \qquad (3.143) \qquad (-3.320)$$
$$-2.363ER_t - 0.073CPX_t + 224.875DKOSPIX_t$$
$$(-8.501) \qquad (-2.427) \qquad (1.750)$$
$$+156.285DKOSPIX_{t-1} + 220.370DKOSPIX_{t-2}$$
$$(1.214) \qquad (1.747)$$
$$+276.095DKOSPIX_{t-3}$$
$$(2.483)$$
$$\bar{R}^2 = 0.932,\ d = 0.403$$

$$KOSPIX_t = 2{,}246.577 + 0.046 PYX_t - 23.508 RR_t \quad (11\text{-}3b)$$
$$\quad (9.340) \quad (2.947) \quad (-3.243)$$
$$-2.336 ER_t - 0.067 CPX_t + 257.731 DKOSPIX_t$$
$$(-8.465) \quad (-2.220) \quad (1.990)$$
$$+108.637 DKOSPIX_{t-1} + 175.604 DKOSPIX_{t-2}$$
$$(0.822) \quad (1.360)$$
$$+290.292 DKOSPIX_{t-3} + 150.060 DKOSPIX_{t-4}$$
$$(2.625) \quad (1.362)$$
$$\bar{R}^2 = 0.934,\ d = 0.339$$

추정결과는 기본적으로 구조방정식에서의 추정결과와 유사하다. 단, 여기서 PYX는 AD와 AS의 2SLS 추정과정에서 창출된 YX의 1단계 추정값으로, 위성모형의 특징을 반영시키기 위해 도입된 변수의 역할을 담당하고 있다.

(2) AD-AS모형에 의한 예측

AD-AS모형에 의한 예측 역시 ARIMA모형에 의해 외생변수값을 창출해 낸 다음 추정방정식에 대입하여 도출할 수 있다. 외생변수에 대한 ARIMA 최적차수는 〈표 11-4〉에 나타나 있는 바와 같다.

종합주가지수에 대해서는 식 (11-3a)와 식 (11-3b)의 두 모형에 대해 모두 예측값을 구하여, 1995년 1/4분기에 대한 사후적 예측치의 RMSPE를 비교한 결과 〈표 11-5〉에 나타나 있는 바와 같다. 표에 의하면 식 (11-3a)의 RMSPE가 6.54%로 식 (11-3b)의 7.91%보다 작아 예측력이 뛰어난 것으로 밝혀졌다. 따라서 예측값은 식 (11-3a)에 근거한 값만 예시하기로 한다.[6)]

표 11-4 외생변수의 ARIMA 차수 (p, d, q)

외생변수	*DM2AVEX*	*DGEX*	*WAGEX*	*KEX*	*KOSPIX*	*RR*
(p, d, q)	(0, 1, 0)	(0, 0, 1)	(0, 1, 2)	(0, 2, 1)	(0, 1, 2)	(0, 1, 0)

주: 괄호 안은 계절조정된 경우의 예측값을 나타냄.

표 11-5　AD-AS모형의 RMSPE값

변 수 명	실 제 치	예 측 치	RMSPE
*KOSPIX*1	938.56	999.93	6.54
*KOSPIX*2	938.56	1,012.83	7.91
YX	78,973.45	82,245.82	4.14
CPIX	132.70	135.34	1.99

표 11-6　AD-AS모형에 의한 GNP·물가·종합주가지수 예측

(단위: 10억 원)

	'95 1/4분기	'95 2/4분기	'95 3/4분기	'95 4/4분기
국민소득(Y) (*YX*)	73,710 (82,245)	82,125 (85,066)	88,578 (87,983)	102,801 (91,010)
종합주가지수(KOSPI) (*KOSPIX*)	1,032.67 (999.92)	973.43 (1,000.64)	918.09 (973.62)	1,085.09 (1,028.15)
소비자물가지수(CPI) (*CPIX*)	135.27 (135.33)	138.19 (137.48)	140.46 (140.23)	141.98 (142.87)

주: 괄호 안은 계절조정된 경우의 예측값을 나타냄.

또한 GNP(*YX*)와 물가(*CPIX*)에 대한 RMSPE도 다른 모형과 비교하여 비교적 작은 것을 알 수 있다.

선정된 ARIMA(p, d, q)모형에 의해 창출된 외생변수값을 근거로 GNP, 물가 및 종합주가지수에 대한 예측값을 구한 결과는 〈표 11-6〉에 나타나 있는 바와 같다. 물론 모든 예측값은 계절조정된 예측값에 다시 계절지수를 곱하여 계절조정되지 않은 변수의 예측값으로 환원된 것이다.

AD-AS모형에 의한 예측에 의하면 종합주가지수는 1995년도 3/4분기에 바닥을 친 후 다시 반등하여 연말에 고점을 형성하는 것으로 나타나고 있다.

한편, 경상GNP성장률은 14.44%로 예측되며, 소비자물가상승률은 8.56%로 예측되어 실질경제성장률은 5.88%로 예측되고 있다.

6) 식 (11-3a)에 상응하는 *KOSPIX*1이며, 식 (11-3b)에 상응하는 것이 *KOSPIX*2이다. 단, 여기서 본래의 구조방정식 체계에서는 현기서 4기까지의 시차변수를 사용한 경우가 상대적으로 좋은 결과를 제공하였던 점과는 대조적임에 유의하기 바란다.

5.2. 축약방정식모형: 축소조정된 SUM95모형 Ⅱ

구조방정식 체계에 근거하여 내생변수를 외생변수들의 함수형태로 표현한 것이 축약방정식이다. 그러나 이 경우 도출되는 것은 YX와 $CPIX$의 함수밖에 없다. 따라서 여기서는 AD-AS모형체계에서 종합주가지수($KOSPIX$) 함수식을 축약방정식과는 아무런 연계성을 부여하지 않고 독립적으로 추정하여 제시한다.[7)]

(1) 축약방정식모형의 추정

1) GNP

GNP 축약방정식의 외생변수로는 화폐공급의 증가율($DM2AVEX$), 임금상승률($DWAGEX$), 정부지출의 증가율($DGEX$), 자본저량의 성장률($DKEX$), 실질이자율의 이동평균($RRMA$)의 시차변수 및 종속변수의 시차변수가 포함되었다.

$$
\begin{aligned}
YX_t =\ & \underset{(0.794)}{472.996} + \underset{(2.027)}{13{,}221.197}DM2AVEX_t - \underset{(-1.052)}{2{,}747.113}DWAGEX_t \\
& + \underset{(0.796)}{598.991}DGEX_t + \underset{(2.697)}{8{,}878.541}DKEX_t - \underset{(-2.037)}{80.477}RRMA_t \\
& + \underset{(239.228)}{1.029}YX_{t-1}
\end{aligned}
$$

$$\bar{R}^2=0.999,\ d=2.244,\ \text{S.E.}=574.823$$

추정결과 화폐공급의 증가는 GNP를 증대시키며, 정부지출의 증가 역시 GNP를 증대시키는 것으로 드러나 실증분석 결과가 통화주의 이론과 케인스의 이론에 모두 부합되는 것으로 나타났다. 이자율과 임금상승률은 생산비용의 증가에 의한 총공급의 감소를 초래하여 GNP를 감소시키는 영향을 주는 것이 실증적으로 입증되었다.

7) 이는 구조방정식에서 종합주가지수가 내생변수로서 여타 변화와 연계되는 것과는 대조를 이룬다.

2) 소비자물가지수

소비자물가지수($CPIX$)에 대한 축약방정식의 추정결과는 다음과 같다.

$$CPIX_t = 56.068 + 0.00009M2AVEX_t + 0.0006GEX_t$$
$$(46.973) \quad (1.366) \quad (2.92)$$
$$+ 0.00005WAGEXMA_{t-1} + 0.052R_t + 86.879DCPIX_{t-1}$$
$$(5.941) \quad (0.556) \quad (3.393)$$
$$\bar{R}^2 = 0.997,\ d = 1.397,\ \text{S.E.} = 1.021$$

물가방정식의 추정결과, 임금과 이자율의 상승이 비용유인적 측면에서 소비자물가를 상승시키는 것이 실증적으로 입증되었으며, 화폐공급의 증가는 궁극적으로 총수요를 증가시키고 물가를 상승시킨다는 것도 드러났다. 또한 정부지출의 증가 역시 총수요를 증가시켜 물가를 상승시키는 것으로 나타났다.

3) 종합주가지수[8)]

여기에서도 역시 종합주가지수($KOSPIX$)에 대한 추정방정식은 주가수익률의 수익률의 시차변수를 3기 시차까지 포함한 식 (11-4a)와 4기 시차까지 포함한 식 (11-4b)에 대해 각각 추정하여 보았다. 그 추정결과는 다음과 같다.

$$KOSPIX_t = 2{,}290.030 - 25.763RR_t \qquad (11\text{-}4a)$$
$$(10.256) \quad (-3.263)$$
$$-2.645ER_t - 0.035CPX_t + 0.030YX_{t-1}$$
$$(-9.666) \quad (-1.130) \quad (1.821)$$
$$+257.264DKOSPIX_t + 220.151DKOSPIX_{t-1}$$
$$(1.858) \quad (1.617)$$

8) 여기에서의 축약방정식은 총공급(AS)함수와 총수요(AD)함수 및 총생산물시장 균형조건(AD=AS)으로부터 도출되므로 GNP 및 물가에 대한 축약방정식만 도출된다. 그러므로 종합주가지수에 대한 축약방정식은 또 주가지수를 내생변수로 하는 구조방정식 체계로부터 독립적으로 도출된 것으로 해석할 수 있다.

표 11-7 축약방정식모형에 의한 GNP, 종합주가지수 예측

(단위: 10억 원)

	'95 1/4분기	'95 2/4분기	'95 3/4분기	'95 4/4분기
국민소득(Y) (*YX*)	73,763 (82,306)	82,301 (85,250)	88,755 (88,160)	102,998 (91,185)
종합주가지수(KOSPI) (*KOSPIX*)	1,051.87 (1,018.52)	980.53 (1,007.95)	931.67 (988.03)	1,102.39 (1,044.54)
소비자물가지수(CPI) (*CPIX*)	136.30 (136.38)	139.69 (138.98)	141.24 (141.02)	142.29 (143.19)

주: 괄호 안은 계절조정된 경우의 예측값을 나타냄.

$$+301.080DKOSPIX_{t-2}+307.913DKOSPIX_{t-3}$$
$$(2.276) \qquad (2.599)$$

$\bar{R}^2=0.923,\ d=0.324$

$$KOSPIX_t=2{,}428.580-24.715RR_t \tag{11-4b}$$
$$(9.952) \qquad (-3.152)$$
$$-2.612ER_t-0.027CPX_t$$
$$(-9.614) \qquad (-0.886)$$
$$+295.557DKOSPIX_t+168.149DKOSPIX_{t-1}$$
$$(2.118) \qquad (1.204)$$
$$+252.305DKOSPIX_{t-2}+324.009DKOSPIX_{t-3}$$
$$(1.864) \qquad (2.753)$$
$$+165.682DKOSPIX_{t-4}$$
$$(1.404)$$

$\bar{R}^2=0.924,\ d=0.262$

우선 단기적으로 주식시장에 가장 큰 영향을 미치는 이자율(RR)은 이론대로 주가에 음(−)의 영향을 미치는 것으로 드러났다. 실물경제를 나타내는 변수 중에서 GNP(YX)의 증가는 곧 경기의 활성화와 미래경기에 대한 호황기대로 주가에 양(+)의 영향을 미치는 데 실증적으로 입증되었다. 또한 민간소비(CPX)의 증가는 저축의 감소를 의미하고, 곧 자산구성의 전체 몫을 감소시켜 주식에 대한 수요를 감소시키므로 주가에는 음(−)의 영향을 미치는 것도 실증적으로 입증되었다. 다음으로 환율(ER)의 상승은 예상대로 주가를 하락시키는 요인으로 작용하는 것이 밝혀졌다.

한편, 두 추정식에 의한 1995년도 1/4분기 종합주가지수의 사후적 예측치의 RMS%E를 구한 결과 식 (11-4a)는 8.52%, 식 (11-4b)는 10.04%가 나와 첫째 모형이 예측력이 뛰어난 것으로 드러났다. 따라서 예측치는 식 (11-4a)에 해당하는 것만 제시하기로 한다.

(2) 축약방정식모형에 의한 예측

축약방정식모형에 근거한 예측은 우선 모든 외생변수에 대한 미래 예측값을 ARIMA모형에 의해 구한 다음 추정방정식에 대입함으로써 구할 수 있다. 외생변수에 대한 ARIMA의 차수와 예측값은 〈표 11-4〉에 나타나 있는 바와 같다.

이상과 같이 구한 외생변수의 값을 추정방정식에 대입한 결과 GNP, 물가 및 종합주가지수에 대한 예측결과는 다음과 같다.

축약방정식의 예측결과, 종합주가지수의 경우 AD-AS모형과 비슷한 예측을 보여 주어 3/4분기까지 지속적으로 하락하다가 연말에 다시 상승하는 추이를 보여 주고 있다.

5.3. VAR모형

(1) 기본 모형

벡터자기회귀(vector autoregression: VAR)의 기본 모형은 식 (11-5)와 같은 형태를 취한다.

$$X_t = A(L)X_t + E_t \qquad (11\text{-}5)$$

$$= A_k X_{t-k} + E_t$$

여기서, $X_t = (n1)$ 변수벡터

L=시차연산자

$A(L) = A_1L + A_2L^2 + A_3L^3 + \cdots\cdots$

A_k=계수행렬, $k = 1, 2, \cdots\cdots$

$$E_t = X_t - E(X_t | X_{t-k} X_{t-2}, \cdots\cdots)$$
$$E(\varepsilon_t)=0,\ E(\varepsilon_t \varepsilon_t^T)=\Omega,\ E(\varepsilon_t \varepsilon_s^T)=0,\ t \neq s$$

VAR는 n개의 선형회귀방정식으로 구성되며, 각 회귀방정식은 모형 내 특정 변수의 현재값을 종속변수로 하고 자신의 시차변수(own lagged variables)와 모형 내의 여타 모든 변수의 시차변수들을 설명변수로 한다. VAR모형에서는 모든 변수는 내생변수이다. 따라서 모든 변수의 현재값은 내생변수로 취급되는 반면 모든 시차변수들은 선결변수(predetermined variables)로 취급된다. 그러므로 VAR모형은 동태선형직립방정식모형의 축약형의 성격을 지니게 된다.

원래 VAR모형에서의 시차의 수는 무한대이지만 실제 추정이 가능하도록 시차를 l로 축소하여 추정하게 되는데, 회귀오차가 백색오차에 가까워질 수 있는 선에서 결정된다.

$$X_t = \sum_{k=1}^{l} A_k X_{t-k} + \varepsilon_t \qquad (11\text{-}6)$$

식 (11-6)은 일종의 유도형 방정식이므로 OLS로 추정하는 경우 추정량은 일관성과 효율성을 갖는다.

(2) 베이지안 선험적 가정을 이용한 추정

식 (11-6)과 같은 형태의 VAR모형을 근거로 한 예측은 다음과 같은 문제점을 갖는다. 일반적으로 이용가능한 시계열의 길이(관측치수)에 비해 추정계수의 수가 지나치게 커져서 자유도를 급격하게 떨어뜨리고 과도적합(overfitting) 또는 과다계수(overparameterization)의 문제를 야기시킬 뿐만 아니라 추정상 다중공선성(multicolinearity) 문제가 심각하게 제기된다.

이러한 문제를 해소하기 위한 방안의 하나로 Todd(1984), Litterman (1979, 1984, 1985) 등이 제시한 베이지안방법을 이용할 수 있다.

각 추정방정식에서 종속변수 자신의 시차변수에 대하여 그 계수의 표준편차의 크기가 기하학적 감소의 형태로 감소하도록 하여 시차의 길이가 길어질수록 계수의 표준편차가 감소하도록 한다. 즉, l번째 시차변수의 계수는 (첫 번째 시차변수의 표준편차)×l^{-1}을 표준편차로 갖도록 한다. 이 경우 가장 기초적인 prior인 종속변수의 1차 시차변수의 계수의 표준편차, λ를 총괄적 압박파라미터(overall tightness parameter)라고 한다.

이를 좀더 자세히 살펴보면, $S(i, j, l)$를 변수 i를 종속변수로 하는 방정식에서 변수 j의 l번째 시차변수의 계수에 대한 표준편차라고 하면

$$S(i, j, l)=\lambda l^{-1} f(i, j)\frac{S_j}{S_i}$$

로 나타낼 수 있다. 여기서 λ는 종속변수의 첫 번째 시차변수의 계수에 대한 표준편차이며, $f(i, j)$는 변수 i를 종속변수로 하는 방정식에서 설명변수 j의 계수에 대한 표준편차와 설명변수 i의 계수에 대한 표준편차의 비율이다. 또한 S_i는 변수 i를 종속변수로 하는 회귀방정식의 표준편차를 나타낸다.

한편, 베이지안 선험적 가정(Bayesian prior)은 그 형태에 따라 크게 두 가지로 분류할 수 있는데, symmetric prior와 circle-star prior가 그것이다. 여기서는 전자의 symmetric prior를 가정하였다. 따라서

$$f(i, j)=f(j, i)$$
$$f(i, j)=1.0, \ i=j \text{(대각원소에 대해)}$$
$$\omega \text{ 다른 모든 경우(비대각원소에 대해)}$$

여기서 ω가 클수록 계수 간의 표준편차가 커지므로 변수 상호간에 관련성이 제고되고, 작아질수록 변수 상호간의 표준편차가 작아진다. 극단적으로 ω가 0이 되면 모든 변수 상호간에 상관관계가 없어지므로 VAR은 각 변수에 대한 단일변수 ARIMA모형으로 전환하게 된다. 여기서 한 가지 지적해 둘 것은 이상과 같은 베이지안 선험적 가정의 사용은 결국 이른바 능형회귀분석(ridge regression)을 실시하는 것과 같은 효과를 가져 VAR모형의 고질적인 추정상의 문제점인 다중공선성을 해소하는 효과를 갖게 된다는 점이다.

궁극적으로 VAR모형은 (λ, ω)의 값에 따라서 규정된다. 여기에서는 $\lambda=(0.1, 0.2)$와 $\omega=(0.01, 0.05, 0.3, 0.5)$의 조합에 따라 총 2×4=8가지

모형에 대해 Theil-U값을 추정하여 최적모형을 설정하는 과정을 따랐다.

(3) 모형의 선택

VAR모형은 시차변수의 시차 l과 파라미터 (λ, ω)의 값에 따라 결정된다. 어떠한 변수를 VAR모형에 포함시키느냐는 중요하고도 어려운 문제이다. 변수선택의 첫 번째 규준은 경제이론에 따른다. 즉, 경제이론에 의거 일련의 변수집합을 선택한다. 다음으로 선택변수들의 분산에 대한 주성분분석으로 최종 변수를 선택한다. 본 연구에서 시차는 $l=4$로 결정하였으며, 1차로 선택한 변수는 우선 GNP(변수명 YX), 종합주가지수($KOSPIX$), 화폐부문을 대표하는 화폐공급 M2의 평잔($M2AVEX$), 정부부문을 대표하는 변수인 정부의 순재정잉여($GBSX$), 해외부문을 반영하는 환율(ER), 기타 물가($CPIX$), 임금($WAGEX$)이다. 다음으로 8개 변수 중 일부에 대한 여러 조합을 통하여 분석을 실시하였으나 결과에 큰 차이가 없었으므로 최종적으로 8개 변수를 그대로 이용하였다.

또한 회귀방정식의 예측오차에 대한 분산분해(variance decomposition)분석을 수행하여 각 변수의 중요도를 검증한 결과 역시 8개 변수를 그대로 변수로 채택하는 것이 최적선택인 것으로 드러났다.[9)]

예측을 위한 최적모형의 선택은 우선 몇 개의 대안으로서 (λ, ω)값을 주고, 각 (λ, ω)값에 대해 예측단계별로 예측치를 구한다. 여기서는 1단계 예측치부터, 8단계 예측치까지 구한 다음 각 경우에 대해 Theil-U통계량을 구하였다.

최적모형은 ($\lambda=0.2$, $\omega=0.5$)인 경우가 채택되었다. 즉, 모든 변수에 대한 Theil-U값을 비교하면 각 변수에 대해 ($\lambda=0.2$, $\omega=0.5$)인 경우가 최소가 되는 것을 알 수 있다.

---

9) 원래 VAR모형에서의 분산분해분석은 인과관계의 유무 내지 방향을 평가하는 데 주로 활용되고 있다. 또한 이러한 분석과정은 어느 변수를 포함하는지 여부에 따라, 그리고 어느 변수를 우선적으로 배열하는가에 따라 상이한 결과가 나온다는 문제점을 지니고 있는 것으로 알려져 있다. 그러나 본 연구에서 이러한 문제점이 크게 드러나지 않았고 당초 고려된 8개 변수 모두를 활용한 경우가 Theil의 U값이 최소로 나타나 원래 추정식을 그대로 수용하게 되었다.

(4) VAR모형의 추정결과와 예측

VAR모형의 추정결과는 8개 종속변수에 대해 각각 4×8=32개의 시차변수 및 상수항에 대한 총 33개의 계수에 대한 추정값을 예시하여야 하는데, 지면제약상 생략하기로 한다. 단지 화폐공급과 이자율이 밀접한 관계를 보여 주고 있으며, 종합주가지수의 경우 환율만에 의해 큰 영향을 받는 것으로 드러나 주목을 끈다.

VAR모형에서의 예측은 추정계수의 행렬 $\hat{A}_k(k=1, \cdots\cdots, l)$을 이용하여 다음 식에 의하여 구할 수 있다.

$$P_tX_{t-1}=\sum_{k=1}^{l}\hat{A}_kX_{t+1-k} \qquad (11\text{-}7)$$

$$P_tX_{t+2}=\sum_{k=1}^{l}\hat{A}_kX_{t+2-k}+\sum\hat{A}_1P_tX_{t+1}$$

$$\vdots$$

$$P_tX_{t+k}=\sum_{k=h}^{l}\hat{A}_kX_{t+h-k}+\sum_{k=1}^{h-1}\hat{A}_kP_tX_{t+h-k}$$

여기서 $P_tX_{t+i}(i=1, 2, \cdots\cdots, h)$는 i-단계 예측치를 나타내며, t기까지의 이용가능한 자료를 바탕으로 i기 이후를 예측한 것이다. 위에서 1-단계 예측치부터 h-단계 예측치의 예측을 예시하고 있다.

이와 같은 방법으로 GNP와 종합주가지수에 대해 예측하여 〈표 11-8〉과 같은 결과를 얻었다. VAR모형에서는 모든 변수가 내생변수이므로 미래값을 예측하는 데 있어 외생변수에 대한 예측값을 미리 구하여야 하는 번거로움이 없는 장점은 있으나 다음과 같은 단점도 있다.

일반적으로 자료의 수에 제약이 있는 경우에는 변수의 시차를 결정하는 데 제약이 따르고 우리가 이용한 선험적 베이지안방법을 따를 수밖에 없는데, 이 경우 선험적으로 파라미터의 값을 결정하여야 하며 사실상 가능한 파라미터값의 모든 조합을 다 시도해 보아야 하는 어려움이 있다. 또한 변수 상호간의 상관관계를 제고시키는 파라미터 ω의 값이 커지면 변수 상호간의 영향력이 배증되어 모형의 동태적 안정성을 보장하지 못하는 경우가 발생할 수도 있다.

표 11-8 VAR모형에 의한 GNP, 종합주가지수 예측

(단위: 10억 원)

	'95 1/4분기	'95 2/4분기	'95 3/4분기	'95 4/4분기
국민소득(Y) (YX)	73,795 (82,341)	82,524 (85,481)	89,736 (88,777)	103,923 (92,004)
종합주가지수(KOSPI) ($KOSPIX$)	1,103.09 (1,068.12)	1,093.17 (1,123.73)	1,099.82 (1,166.35)	1,340.25 (1,269.92)
소비자물가지수(CPI) ($CPIX$)	133.72 (133.79)	137.17 (136.47)	139.24 (139.02)	140.88 (141.77)

주: 괄호 안은 계절조정된 경우의 예측값을 나타냄.

결국 VAR모형이 예측모형으로서 얼마나 유용성이 있는가는 추후 계속 실증적으로 검증하여야 할 과제이다.

6 기타 모형에 의한 예측: 월간자료

6.1. ARIMA모형

(1) 모형의 선택 및 추정

시계열 Y_t의 ARIMA(p, q)모형은 다음과 같은 식으로 표현된다.

$$
\begin{aligned}
Y_t = & \alpha_1 Y_{t-1} + \alpha_2 Y_{t-2} + \cdots\cdots \\
& + \alpha_p Y + E_t + \beta_1 E_{t-1} + \cdots\cdots + \beta_q E_{t-q}
\end{aligned}
\qquad (11\text{-}8)
$$

식 (11-8) 우변의 전반 부분은 자기회귀(autoregressive)부분이고, 후반 부분은 이동평균(moving average)부분을 나타낸다. 그리고 Y_t 대신 Y_t를 d번 차분한 $\Delta^d Y_t$로 대체하면 자기회귀 누적이동평균(autoregressive integrated moving average: ARIMA)모형이 되며, ARIMA(p, d, q)는 Y_t를 d번 차분한 변수 $\Delta^d Y_t$가 ARIMA(p, q)를 따른다는 것을 의미한다.

ARIMA모형에 근거한 추정은 첫 단계에서 Y_t를 안정적(stationary)으로 만드는 데 원래 변수를 1차 또는 2차 차분함으로써 가능해진다. 일단 안정적 시계열자료를 얻으면 최적차수(p, q)를 탐색하게 된다. ARIMA모형의 추정방법은 최우추정법(maximum likelihood estimation method)에 근거한다. MLE의 장점은 추정치가 대표본에서 통계적으로 효율적이라는 데에 있다. 반면, MLE는 비선형 최적화 문제를 풀어야 하기 때문에 계산상 상당히 복잡한 과정을 거쳐야 하는 어려움이 있다.[10)]

ARIMA모형의 최적차수 (p, d, q)를 결정하는 경우 고려해야 되는 규준은 모형의 설명능력과 모형의 절약성이다. 모형의 설명능력은 우도(likelihood)로서 측정될 수 있으며, 모형의 절약성은 복잡한 모형보다는 간결한 모형이 선호되어야 한다는 것으로 추정계수의 수가 많은 것에 대해 벌칙을 가함으로써 고려될 수 있다. 그러나 모형의 설명력과 절약성은 상충되는(trade-off) 기준으로서, 왕왕 복잡한 모형이 설명력이 큰 것을 발견할 수 있다. 따라서 두 판단기준을 함께 고려한 선택규준이 필요하게 되는데, 그것이 바로 Akaike(1974)에 의하여 개발된 Akaike information criterion(AIC)이다. AIC 통계량은 식 (11-9)와 같이 나타낼 수 있다.

$$\text{AIC} = -2\log L + 2n \qquad (11\text{-}9)$$

여기서 n: 파라미터수

$\log L$: 대수우도

Akaike에 의하면, AIC 통계량의 값이 최소인 모형을 채택하여야 된다.

본 연구에서는 ARIMA모형의 최적시차를 선택하는 경우 AIC 통계량과 더불어, 추정계수의 통계적 유의성을 고려하였다. 그 이유는 ARIMA모형에 근거하여 미래예측을 하는 경우 예측의 효율성을 높이기 위해서이다. 또한 MLE에 의해 ARIMA모형을 추정하는 경우 계산의 반복절차가 수렴되지 않는 경우는 고려대상에서 제외하였다.

(2) 추정 및 예측

위에서 설명한 바와 같은 절차를 거쳐 종합주가지수의 월간자료에 대

10) 선형회귀에서는 MLE 추정량은 최소분산불편추정량(minimum variance unbiased estimatior)이 된다(Harvey, 1981b).

표 11-9 ARIMA모형에 의한 종합주가지수 예측: 월간자료

계절조정	1995. 6	1995. 7	1995. 8	1995. 9	1995. 10	1995. 11	1995. 12
환원된 KOSPI ($KOSPIX$)	836.59 (869.43)	811.94 (848.05)	789.27 (834.14)	789.29 (819.56)	815.13 (803.04)	814.70 (787.74)	806.72 (772.09)
KOSPI	874.05	856.45	843.28	829.22	814.49	800.23	785.64

해 1982년 1월부터 1995년 5월까지의 기간 동안 ARIMA모형의 최적시차를 구한 결과 $p^*=2$, $d^*=2$, $q^*=0$를 구하였다. 추정결과는 다음과 같다.

$$\Delta^2 KOSPIX_t = -0.088 - 0.617\Delta^2 KOSPIX_{t-1} \quad (11\text{-}10a)$$

$$(-0.048) \qquad (-8.100)$$

$$-0.291\Delta^2 KOSPIX_{t-2}$$

$$(-3.782)$$

$$\bar{R}^2=0.980,\ d=2.205,\ \text{S.E.}=44.139$$

$$\Delta^2 KOSPIX_t = -0.095 - 0.664\Delta^2 KOSPI_{t-1} \quad (11\text{-}10b)$$

$$(-0.047) \qquad (-8.607)$$

$$-0.243\Delta^2 KOSPI_{t-2}$$

$$(-3.319)$$

$$\bar{R}^2=0.975,\ d=2.152,\ \text{S.E.}=49.190$$

추정식 (11-10a)는 종합주가지수를 계절조정한 $KOSPIX$에 대한 추정결과이며, 추정식 (11-10b)는 계절조정하지 않은 $KOSPI$에 대한 추정결과이다. 두 추정결과가 모두 비슷하나 계절조정한 경우의 추정결과가 R^2나 추정치의 예측오차에 있어 우월한 것을 알 수 있어, 종합주가지수가 계절성이 있는 것을 알 수 있다. 즉, 연말효과나 1월효과가 우리 나라의 주식시장에도 존재하는 것이 실증적으로 입증되었다.

ARIMA모형에 의한 종합주가지수의 예측결과는 〈표 11-9〉에 나타나 있는 바와 같다. 〈표 11-9〉에서 계절조정을 한 경우 예측값은 계절지수를 다시 곱한 것이 예시되어 있다. 괄호 안에는 계절조정을 한 상태에서의 예측값이 예시되어 있다.

ARIMA모형은 단일변수에 의한 예측치를 제공하므로 종합주가지수가 계속 하락하는 추세를 보여 주고 있다. 즉, 현재 주가가 하락하는 추세를 그대로 반영하고 있다고 볼 수 있다. 그런데 ARIMA모형에 의한 종합주가지수의 예측은 추세전환점(turning point)을 잡아 내지 못하는 치명적인 약점을 갖고 있다. 따라서 *KOSPI*나 *KOSPIX* 모두의 예측치는 예측구간(1995. 6~1995. 12) 전체에 걸쳐 일방적으로 하강하는 추세만을 나타내 주고 있다. 이는 ARIMA모형의 차수 (p, d, q) 중 MA의 최대차수(q)를 넘어서면서부터 MA부분의 영향력이 갑자기 0이 되어버리는 현상과 관련이 크다. 그러나 일단 계절조정된 자료를 이용하여 예측치를 도출한 다음 계절조정이 안 된 자료로 환원시키는 경우에는 〈표 11-9〉에서처럼 일정 시기 후(본 예제에서는 4기 이후)부터 추세전환현상이 나타나는 특징이 창출될 수도 있다. 문제는 과연 두 차례에 걸쳐 자료를 쌍방으로 전환시키는 작업에 의한 예측치의 신뢰도가 이러한 가정을 거치지 않은 경우보다 높다고 단정할 수 있는가 하는 것이다.

6.2. 다중요인모형

(1) 개　요

일반적으로 다중요인모형(multi-factor model)은 재정이론(arbitrage pricing theory)에 근거한 것으로서[11] 다음과 같은 추정방정식으로 설정될 수 있다.

$$KOSPI_t = \alpha_0 + \beta_1 FACTOR_1 + \beta_2 FACTOR_2 + \cdots\cdots + \beta_k FACTOR_k + \varepsilon_t$$

여기서 $FACTOR_k$는 k번째 요인을 나타내는데, 주로 거시경제의 주요 변수들이 사용되며, 특히 주가에 가장 큰 영향을 미치는 순서로 채택된다. 본 연구에서 채택된 거시경제변수는 산업생산지수, 이자율, 소비자물가지수, 환율 및 신용장내도액이다.

이론적으로 주가는 각 기업의 미래이윤을 현재가치화한 것이므로 경기관련 지표가 미래경기의 호(好)·불호(不好)를 나타내면, 그에 따라 주가

11) 재정이론에 근거하여 주가지수의 추정방정식을 도출하는 자세한 과정에 대해서는 권영준·김성태 외(1989)를 참조할 것.

지수에 양(+) 또는 음(−)의 영향을 미칠 것이다. 따라서 경기관련 지표로서 산업생산지수(MPI)가 채택되었다.

다음으로 국내화폐시장의 동향을 나타내는 변수로서 회사채이자율(R)이 선택되었다. 이론적으로 이자율의 상승은 주가지수에 음(−)의 영향을 미친다. 그 이유는 첫째로 이자율의 상승은 기업의 미래이윤을 현재가치로 계산할 때 할인율을 상승시킴으로써 미래이윤의 현재가치를 하락시키기 때문이며, 둘째로 이자율의 상승은 바로 기업의 자금조달에 있어 금융비용을 증가시켜 기업의 이윤을 하락시켜 주가를 하락시키기 때문이다.

물가의 상승이 주가지수에 미치는 영향은 이론적으로 확실한 결론을 내릴 수 없다. 일반적으로 물가가 상승하면, 기업의 명목이윤이 상승하면서 주가도 상승한다. 또한 미시적으로 보면 물가상승으로 기업의 자산가치도 상승하여 기업의 자산재평가로 인한 무상증자가 가능하게 되므로 주가는 상승할 수 있다.[12] 거시적으로 보면 동일한 물가상승이라도 원인에 따라 주가에 미치는 영향은 모호해진다. 노사분규나 생산비 상승으로 유발되는 비용유인 인플레(cost-push inflation)는 기업의 이윤을 악화시켜 주가에 음(−)의 영향을 미치는 반면, 수요의 증대에 의한 수요유인 인플레(demand-pull inflation)에 따라 일반물가상승률 이상으로 기업의 수지가 개선될 수 있는 경우에는 물가상승은 주가에 양(+)의 영향을 미친다. 이상의 모든 점을 고려할 때, 이론적으로 물가상승이 주가지수에 미치는 영향은 알 수 없으며 단지 실증적으로만 알 수 있다.

우리 나라의 경제성장은 수출주도형의 경제성장이 있으므로, 해외부문이 주가지수에 미치는 영향 또한 무시할 수 없다. 여기서는 환율과 수출신용장 내도액을 해외부문을 나타내는 변수로 포함하였다. 환율이 주가지수에 미치는 영향은 양(+)이 될 수 있는 요인과 음(−)이 될 수 있는 요인이 모두 존재한다. 환율인하에 의한 원화의 평가절상은 수출채산성을 악화시켜 기업의 이윤을 낮추어 주가를 하락시킨다. 반면에 원화의 평가절상은 우리 나라의 경상수지가 흑자가 되어 나타나는 현상이기 때문에 흑자로 인한 풍부한 유동성과 환차익을 노린 해외의 단기성 자금(hot money)의 유입으로 주가상승이 가능하다. 결국 환율이 주가에 미치는 영향은 이론적으로는 확실하지 않으나 실증적으로 결정된다.

12) 이를 주식투자의 인플레헤지(inflation hedge)기능이라고 한다.

수출신용장 내도액의 증가는 미래경기가 호전되리라는 것을 나타내므로 주가지수에 양(+)의 영향을 미친다.

(2) 추정결과 및 예측

추정결과는 변수를 계절조정한 경우(식 (11-11a))와 계절조정하지 않은 경우(식 (11-11b))가 모두 예시되어 있다.

$$KOSPIX_t = 1{,}823.959 - 24.735R_t + 4.262MPIMX_t \quad (11\text{-}11a)$$
$$(11.821) \quad (-7.000) \qquad (2.542)$$
$$-5.703CPIMX_t - 1.695ER_t + 0.169LC\$MX_t$$
$$(-4.855) \quad (-10.452) \qquad (4.816)$$
$$\bar{R}^2 = 0.942,\ d = 0.550,\ \text{S.E.} = 74.942$$

$$KOSPIM_t = 2{,}080.972 - 29.138R_t + 7.663MPIM_t \quad (11\text{-}11b)$$
$$(12.552) \quad (-7.307) \qquad (5.543)$$
$$-3{,}490CPIM_t - 2.110ER_t + 0.054LC\$M_t$$
$$(-2.817) \quad (-12.707) \qquad (2.032)$$
$$\bar{R}^2 = 0.924,\ d = 0.628,\ \text{S.E.} = 85.641$$

추정결과를 요약하면 다음과 같다. 첫째, 다중요인모형의 경우에도 계절성이 있는 변수에 대해 계절조정을 한 것이 계절조정을 하지 않은 경우보다 모형의 적합성이 조금이나마 더 나은 것이 발견된다. 둘째, 모든 추정계수의 부호는 이론과 부합되는 것으로 드러났다. 단, 물가지수와 환율의 경우 이론적으로는 모호하였으나, 물가는 주가지수에 음(−)의 영향을 미치는 것으로 드러났으며, 환율의 경우 역시 환율인상이 주가에 음

표 11-10 다중요인모형에 의한 종합주가지수 예측: 월간자료

계절조정	1995. 6	1995. 7	1995. 8	1995. 9	1995. 10	1995. 11	1995. 12
환원된 KOSPI (*KOSPIX*)	1,050.15 (1,091.37)	1,052.93 (1,099.76)	1,046.73 (1,106.24)	1,070.47 (1,111.52)	1,132.84 (1,116.04)	1,158.42 (1,120.07)	1,174.18 (1,123.78)
KOSPI	1,056.40	1,065.37	1,071.96	1,077.07	1,081.22	1,084.75	1,087.90

주: 괄호 안의 값은 원래 변수로 다시 조정되지 않은 예측값을 나타냄.

(−)의 영향을 미치는 것이 실증적으로 입증되었다. 따라서 환율이 주가지수에 미치는 영향은 단기적으로 자본시장에 미치는 요인이 장기적으로 수출입에 미치는 영향보다 더 큰 것으로 밝혀졌다.

다중요인모형에 의한 주가지수의 예측은 설명변수로 포함된 외생변수에 대해 ARIMA모형으로 예측값을 구한 후 추정방정식에 대입하여 이루어진다. 외생변수의 최적차수를 구할 때 최근 6년간의 자료를 이용하였다.[13] 이번에도 환원된 KOSPI자료를 활용한 예측의 경우에만 미세하나마 추세전환점이 확인되었으나 역시 채택 여부에는 신중을 기할 필요가 있다.

6.3. 동태다중요인모형

동태다중요인모형(dynamic multi-factor model)은 시계열 접근방법과 다중요인의 장점을 결합하여 예측력을 제고시키는 시도에 의하여 생겨났다. 따라서 종속변수인 종합주가지수의 AR(1)부분 및 독립변수인 거시경제변수에 동태부분을 결합하여 현재변수와 시차변수를 포함하는 모형이다. 아래의 추정결과는 이와 같은 과정을 거쳐 최적모형으로 선정된 것이다.

$$\begin{aligned} KOSPIMX_t = & \underset{(3.566)}{334.964} - \underset{(-3.704)}{6.692}R_t + \underset{(1.021)}{0.673}MPIMX_{t-1} \qquad (11\text{-}12a) \\ & - \underset{(-2.512)}{1.495}CPIMX_t - \underset{(-2.499)}{0.235}ER_t + \underset{(2.527)}{0.035}LC\$MX_t \\ & + \underset{(22.886)}{0.843}KOSPIM_{t-1} \end{aligned}$$

$\bar{R}^2 = 0.987,\ d = 1.931,\ \text{S.E.} = 34.864$

$$\begin{aligned} KOSPIM_t = & \underset{(3.964)}{392.669} - \underset{(-3.641)}{7.352}R_t + \underset{(4.034)}{1.961}MPIM_t \qquad (11\text{-}12b) \\ & - \underset{(-2.263)}{1.294}CPIM_t - \underset{(3.131)}{0.323}ER_t + \underset{(24.559)}{0.854}KOSPIM_{t-1} \end{aligned}$$

$\bar{R}^2 = 0.984,\ d = 2.022,\ \text{S.E.} = 39.039$

13) 그 이유는 모형의 예측력을 보다 높이기 위해서는 보다 예측오차가 작은 외생변수의 미래값이 필요한데, 이는 특히 변동의 폭이 심한 변수의 경우에는 최근의 자료만을 이용하는 것이 오히려 바람직하기 때문이다.

표 11-11 동태다중요인모형에 의한 종합주가지수 예측: 월간자료

계절조정	1995. 6	1995. 7	1995. 8	1995. 9	1995. 10	1995. 11	1995. 12
환원된 KOSPI (*KOSPIX*)	970.69 (1,008.80)	985.57 (1,029.40)	991.22 (1,047.57)	1,024.24 (1,063.52)	1,093.71 (1,077.49)	1,127.04 (1,089.74)	1,149.86 (1,100.50)
KOSPI	973.43	985.55	998.48	1,009.18	1,018.68	1,027.06	1,034.44

추정결과 단순다중요인모형보다 모형의 설명력이나 예측력이 제고된 것을 예측치의 추정오차를 비교하여 보면 쉽게 알 수 있다. 계절조정된 경우, 단순다중요인모형의 예측오차는 74.942인 데 반하여 동태다중요인모형의 예측오차는 39.039로서 크게 적어진 것을 볼 수 있다. 추정계수의 부호 역시 이론과 부합되는 것으로 드러났다.

동태다중요인모형에 의한 주가지수의 예측은 설명변수로 포함된 외생변수에 대해 ARIMA모형으로 예측값을 구한 후 추정방정식에 대입하여 이루어진다. 외생변수의 최적차수를 구할 때 역시 최근 6년간의 자료를 이용하였다. 그런데 이번에는 환원된 KOSPI를 사용하여 예측을 수행한 경우에도 추세전환점은 관측되지 않았다. 결국 1변량 ARIMA모형의 경우가 다중요인모형이나 동태적 다중모형의 경우보다는 전환자료를 이용하는 예측치의 추세전환현상이 두드러지게 나타난 것으로 확인되었다. 그러나 이러한 현상이 일반적 특성인지에 관한 확증은 없다. 결국 본 연구에서는 이상과 같은 정황을 보다 예측시기가 비교적 긴 월별자료를 활용하는 경우에는 계절조정이 안 된 자료상태로 추정 및 예측한 결과를 활용하는 것이 바람직하다는 결론을 얻었다.

일단 이러한 관점에서 동적 다중요인모형에 의한 종합주가지수의 예측치를 보면, 현재 주가지수가 바닥권이라는 것을 묵시적으로 가리키고 있다.

7 종합 및 결론

본고에서는 우리 나라의 GNP 및 종합주가지수에 대한 예측을 위한 갖가지 모형을 소개하고, 각 모형에 근거하여 1995년도 하반기의 GNP 및 종합주가지수에 대한 예측치를 산출해 보았다. 이를 요약한 것이 〈표 11-12〉와 〈표 11-13〉이다. 〈표 11-12〉에는 분기를 단위기간으로 하는 예측모형에 의한 연말 예측치와 함께 월을 단위구간으로 하는 예측모형의 예측치를 계절조정되지 않은 경우에 한정하여 제시하였고, 계절조정된 자료형태의 예측치는 〈표 11-13〉에 제시되어 있다.

특정 경제변수에 대한 여러 유형의 예측모형을 비교하는 것은 쉽지 않은 일이다. 우선 가장 바람직한 비교방법은 각 모형의 예측값을 사후적으로 일정 기간 동안 관찰한 뒤 실현값과 비교하는 것이다. 이 경우 유의해야 할 점은 각 모형에 의한 예측값과 실현값을 장기간 동안 비교하여야 된다는 점이다. 왜냐하면, 단기간 동안 비교하는 경우 특정 모형이 기타 모형보다 더 예측능력이 뛰어날 수 있으나, 장기적으로 안정적인 모형

표 11-12 1995년도 말 GNP, 종합주가지수 예측치: 계절조정되지 않은 자료형태의 경우

(단위: 10억 원)

모 형	GNP 예측치 (Y)	종합주가지수 예측치($KOSPI$)	자 료
구조방정식모형(SUM95모형)	108,942	1,125.67	분기(quarterly data)
AD-AS모형	102,801	1,085.09	분기
축약방정식모형	102,998	1,102.39	분기
VAR모형	103,923	1,340.25	분기
ARIMA모형	–	785.64	월간(monthly data)
다중요인모형	–	1,087.90	월간
동태다중요인모형	–	1,034.44	월간

주: 단, 이 곳에 제시된 KOSPI 예측치 중 월간예측의 경우에는 계절조정이 되지 않은 자료형태로 추정 및 예측을 수행하여 얻은 결과임.

표 11-13 1995년도 말 GNP, 종합주가지수 예측치: 계절조정한 자료형태의 경우

(단위: 10억 원)

모　형	GNP 예측치 (Y)	종합주가지수 예측치($KOSPI$)	자　료
구조방정식모형(SUM95모형)	96,447	1,066.60	분기
AD-AS모형	91,010	1,028.15	분기
축약방정식모형	91,185	1,044.54	분기
VAR모형	92,004	1,269.92	분기
ARIMA모형		772.09	월간
다중요인모형		1,123.78	월간
동태다중요인모형		1,100.50	월간

이 아닌 경우 예측능력이 기타 모형보다 더 떨어질 수 있기 때문이다. 물론 이러한 비교방법은 그 소요기간이 장시간이 되므로 현실적으로 지속적인 비교가 쉽지 않은 약점을 갖고 있다.

여하튼 피예측변수가 종속변수가 되는 단일추정방정식의 적합도나 사전적 예측오차를 단순비교하는 우를 범하기 쉽다는 점에 유의하여 역사적 의태분석이나, 사후적 의태분석에 의한 예측치를 비교하는 것이 바람직하다고 볼 수 있는데, 이는 의태분석을 통해서만 이 모형 전체의 동태적 안정성 내지 적합도를 비교할 수 있기 때문이다.

본 연구에서는 이상과 같은 논리에 근거하여 GNP와 종합주가지수에 대한 예측과 관련하여 동원가능한 주요 분석방법론 및 분석모형을 고려하여 포괄적인 비교를 시도하였다. 그 결과 1변량 ARIMA모형은 특수한 경우를 제외하고는 GNP나 종합주가지수의 예측모형으로는 적절치 못한 것으로 평가되었다. ARIMA모형의 경우는 예측변수의 시계열자료에만 의존하여 예측함으로써 기타 주요 변수와의 연관성을 완전히 무시하게 되어 가용한 정보를 제대로 활용하지 못한다는 본질적인 취약점을 갖고 있기 때문이다. 그 결과 ARIMA모형은 일반적으로 대세전환점을 전혀 예측하지 못하는 결과를 초래한다.

VAR모형의 경우, 최근 거시경제의 단기예측모형으로서 많이 이용되고는 있으나 모형 내의 모든 변수가 내생변수로 취급되기 때문에 미래의

표 11-14 모형별 GNP 예측력 비교

(단위: %)

	구조방정식모형	AD-AS모형	축약방정식모형	VAR모형
RMS%E	10.58	4.14	8.52	4.26

주: RMS%E는 평균평방근 백분율 오차(root mean square % error)를 나타냄.

사전적인 예측을 하는 경우에도 외생변수에 대한 예측치 창출이 필요하지 않는 장점을 갖고 있으나, 추정시 모든 변수의 시차변수에 대한 계수를 추정하여야 되므로 자료의 수가 충분하지 못한 경우 자유도가 낮아져 모형 전체가 과도한 적합성을 나타내는 문제가 발생한다. 이러한 문제는 분기자료의 경우 더욱 심각하게 나타난다. 따라서 사전적인 정보를 추정에 충분히 반영할 수 있도록 베이지언류의 사전적인 제약을 추정계수에 대해 가하게 되는데, 문제는 파라미터의 선택가능한 조합이 너무 많아 최적모형을 선정하는 데 어려움이 많다는 점이다. 본 연구의 추정과정에서도 변수 간에 상호작용에 관한 사전적 제약을 크게 설정한 경우 GNP와 종합주가지수가 너무 급신장하는 형태를 보이는 등, 안정성과 현실성이 떨어지는 것으로 평가된 바 있다.

〈표 11-14〉는 GNP에 대해 1994년도까지의 추정결과를 토대로 도출한 1995년도 1/4분기에 대한 사후적 예측치의 RMSPE를 모형별로 대비시켜 놓은 것이다. 비교결과 AD-AS모형과 VAR모형이 구조방정식모형이나 축약방정식모형에 비해 예측력이 뛰어난 것으로 드러났다.[14] 결국 거시경제의 예측모형으로서 가장 적절한 것은 구조방정식을 축소조정하여 적절한 규모로 전환시킨 축소형 구조방정식(AD-AS)모형이 된다. 예측모형으로서 너무 모형의 크기가 방대한 경우 개별 방정식의 추정계수들의 민감도 수준에 따라 모형의 전체적인 동태적 안정성이 무너지기 쉬울 뿐 아니라, 예측치 자체가 편의를 갖는 경우가 발생할 수 있는 가능성이 높아지기 때문이다. 결국 본 연구에서는 추정방정식의 수를 최대한 절약적으로 구성하되, 가용한 정보나 자료는 최대한 이용할 수 있는 모형을 최적의 예측모형으로 선정하고자 하며, 이러한 관점에서 볼 때 본 연구의

14) 물론 전술한 사유에 근거하여 본 연구는 산출된 RMSPE수준과 상관없이 VAR모형에 대한 예측결과에는 큰 신뢰를 두지 않았다.

표 11-15 1995년도 말 GNP, 종합주가지수 예측치: 계절조정한 자료형태의 경우

(단위: %)

모 형	RMS%E	자료유형
구조방정식 모형	22.06	분기자료
AD-AS모형	6.54	분기자료
축약방정식 모형	8.52	분기자료
VAR모형	13.81	분기자료
다중요인모형	14.00	월별 자료
동태다중요인모형	7.23	월별 자료

경우에서처럼 극소수 거시경제변수의 예측에 주안점을 둘 경우 앞서 소개한 AD-AS모형이 최적의 모형 중 하나가 될 수 있는 것으로 결론을 짓고자 한다. 이러한 차원에서 AD-AS모형을 SUM95 예측모형으로 명명하고자 한다.

종합주가지수에 대해서 예측력을 비교한 것은 〈표 11-15〉에 예시되어 있다. 〈표 11-15〉에서는 거시계량모형 외에도 1변량 ARIMA모형 및 투자이론에 근거한 다중요인모형과 다중요인모형과 시계열모형의 장점을 취합한 동태다중요인모형을 이용한 예측의 경우도 함께 비교해 보았다.

분석결과 분기별 자료를 활용한 경우에는 역시 AD-AS모형이 가장 예측력이 뛰어난 것으로 밝혀졌으며, 월별 자료를 활용한 경우에는 동태다중요인모형이 가장 적절한 것으로 밝혀졌다. 물론 월별 자료에 근거한 모형과 분기별 자료에 근거한 모형을 직접 비교하는 것은 큰 의미가 없다.

이상에서 살펴본 각종 모형의 측정 및 예측에 대한 비교·검토결과를 바탕으로 1995년도 4/4분기 GNP와 1995년도 12월 말 종합주가지수에 대한 최종적인 예측치를 다음과 같이 선정하고자 한다. 물론 이 결과는 AD-AS모형을 이용한 예측결과에 근거한 것이다.

명목GNP(Y): 102,801(10억 원)
종합주가지수(KOSPI): 1,085.09

따라서 명목GNP는 전년 4/4분기 대비 14.9128% 성장을 기록할 것으로 예상되며, 명목종합주가지수는 전년 말 대비 5.61514% 정도 증가한 수준에서 마감될 것으로 전망된다. 단, 국민소득은 매 분기별 성장률이 다소 상이하기는 하나 지속적 성장추세를 보일 것으로 분석된 반면, 종합주가지수는 3/4분기까지 하향세를 유지하다가 4/4분기에서 상향세로 전환될 것으로 예측되었다. 이상과 같은 점예측치를 중심으로 95% 신뢰도를 갖는 구간예측치를 산출한 결과는 다음과 같다(단, 여기서 사용된 표준예측오차값은 편의상 계절조정된 자료를 이용하여 추정된 결과식에서 산출된 값으로 대체된 것임).

$$\hat{Y}_{if}=\hat{Y}_{pf}\pm t_{\alpha/2}\cdot s_f$$
$$=102{,}801\pm 1.96(729.9471)$$
$$=(101{,}370.30368\sim 104{,}231.69632)$$
$$\widehat{KOSPI}_{if}=\widehat{KOSPI}_{pf}\pm t_{\alpha/2}\cdot s_f$$
$$=1{,}085.09\pm 1.96(94.44496)$$
$$=(899.97788\sim 1{,}270.20212)$$

여기서, $\hat{Y}_{if}$: Y의 구간추정치

$\hat{Y}_{pf}$: Y의 점추정치

$\widehat{KOSPI}_{if}$: $KOSPI$의 구간추정치

$\widehat{KOSPI}_{pf}$: $KOSPI$의 점추정치

$$s_f=s_e\sqrt{1+\frac{1}{n}+\sum_{i=1}^{k}\frac{(X_{pfi}-\bar{X}_i)^2}{\sum x_i^2}}$$

표 11-16 동태다중요인모형에 의한 종합주가지수 예측: 월간자료

변 수	의 미	단 위	자료출처	비 고
$BOC\$X$	경상수지	백만$	한은, 『조사통계월보』	–
$BOC\$XMA$	경상수지 이동평균	백만$	〃	$\left(\sum_{i=0}^{3} BOC\$X_i\right)/4$
$BOT\$X$	무역수지	백만$	〃	–
$BOTRI\$X$	이전수지	백만$	〃	–
$CPIX$	소비자물가지수	1990＝100	〃	–
CPX	민간소비	10억 원	한은, 『국민계정』	$CHX+CPNPX$
$DCPIX$	소비자물가 변화율	%	한은, 『조사통계월보』	$\frac{CPIX_t}{CPIX_{t-1}}-1$
$DCPIXMA$	소비자물가 변화율의 이동평균	–	〃	$\left(\sum_{i=0}^{3} DCPIX_i\right)/4$
$DKOSPIX$	종합주가지수 변화율	%	증감원, 『증권조사월보』	$\frac{KOSPIX_t}{KOSPIX_{t-1}}-1$
$DKOSPIXMA$	종합주가지수 변화율의 이동평균	–	〃	$\left(\sum_{i=0}^{3} DKOSPIX_i\right)/4$
$DLEX$	노동수요 변화율	%	한은, 『조사통계월보』	$\frac{LEX_t}{LEX_{t-1}}-1$
$DLEX$	노동공급 변화율	%	〃	$\frac{LFX_t}{LFX_{t-1}}-1$
$LM2AVEX$	M2 평잔의 변화율	%	〃	$\frac{M2AVEX_t}{M2AVEX_{t-1}}-1$

표 11-16 계 속

변 수	의 미	단 위	자료출처	비 고
$DPIXX$	수출물가지수의 변화율	%	〃	$\frac{PIXX_t}{PIXX_{t-1}}-1$
DPR	고정자본 소모율	%	한은, 『국민계정』	–
DPX	고정자본 소모액	10억 원	〃	$DPR \times YX$
ER	대미환율	원/$	한은, 『조사통계월보』	–
$EXG\$X$	상품수출(경상수지기준)	백만$	〃	–
$EXG\$XER$	원화표시 상품수출	10억 원	〃	$(EXG\$X \times ER)/1,000$
$EXGX$	상품수출(국민계정기준)	10억 원	한은, 『국민계정』	–
$EXS\$X$	용역수출(경상수지기준)	백만$	한은, 『조사통계월보』	–
$EXS\$XER$	원화표시 용역수출	10억 원	〃	$(EXS\$X \times ER)/1,000$
$EXSX$	용역수출(국민계정기준)	10억 원	한은, 『국민계정』	–
$GBSX$	중앙정부 재정흑자	10억 원	한은, 『조사통계월보』	–
$GDPX$	국내총생산(국민계정기준)	10억 원	한은, 『국민계정』	–
GEX	정부소비지출(국민계정)	10억 원	〃	–
$GRTX$	중앙정부 조세수입	10억 원	한은, 『조사통계월보』	–
GRX	정부수입	10억 원	〃	–
IFX	총고정투자(국민계정기준)	10억 원	한은, 『국민계정』	–

표 11-16 계 속

변 수	의 미	단 위	자료출처	비 고
$IMG\$X$	상품수입(경상수지기준)	백만$	한은, 『조사통계월보』	–
$IMG\$XER$	원화표시 상품수입	10억 원	〃	$(IMG\$X \times ER)/1{,}000$
$IMGX$	상품수입(국민계정기준)	10억 원	한은, 『국민계정』	–
$IMS\$ER$	원화표시 용역수입	10억 원	한은, 『조사통계월보』	$(IMS\$X \times ER)/1{,}000$
$IMSX$	용역수입(국민계정)	10억 원	한은, 『국민계정』	–
ITX	총투자(국민계정)	10억 원	〃	$IFX+IIX$
KER	제조업 평균가동률	%	통계청	–
KEX	실제가동된 자본스톡	10억 원	–	$KX \times KER$
KX	자본스톡	10억 원	재정경제원, 『국부조사』	$KX_{t-1}+ITX_t+DPX_t$
$LCPIX$	log표시 소비자물가지수	–	–	$\log(cpix)$
LEX	노동수요	천 명	한은, 『조사통계월보』	–
$LEXMWDX$	고용된 노동자의 근로일수	일/월	〃	$LEX \times MWDX$
LFX	노동공급	천 명	한은, 『조사통계월보』	–
$LIBOR$	libo 금리	%	IMF, IFS	–
$LKEX$	log표시 실제가동된 자본스톡	–	–	$\log(KEX)$
$LLEXMWDX$	log표시 고용된 노동자의 근로일수	–	–	$\log(LEXMWDX)$
$LWAGEX$	log표시 전 산업 임금	–	–	$\log(WAGEX)$

표 11-16 계속

변 수	의 미	단 위	자료출처	비 고
$M2AVEDXRCPIX$	실질M2 수요(평잔)	10억 원	–	$M2AVEDX/CPIX$
$M2AVEDX$	M2 수요(평잔)	〃	한은, 『조사통계월보』	–
$M2AVEX$	M2 공급(평잔)	〃	–	–
$M2AVERCPIX$	실질M2 공급(평잔)	〃	–	$M2AVEX/CPIX$
$M2AVERCPIXMA$	M2AVEXRCPIX의 이동평균	–	–	$\left(\sum_{i=0}^{3} M2AVERCPIX\right)$
$MBAVEX$	본원통화(평잔)	10억 원	한은, 『조사통계월보』	–
$MWDX$	월평균 근로일수(전 산업)	일/월	〃	–
$MWHX$	월평균 노동시간(전 산업)	시간/월	〃	–
$NCI\$X$	순자본유입	백만$	〃	–
$NCI\$XMA$	$NCI\$X$의 이동평균	–	–	$\left(\sum_{i=0}^{3} NCI\$X_i\right)/4$
$NFIX$	해외순수취요소소득	10억 원	한은, 『국민계정』	–
PIL	지가지수	1990=100	한은	–
$PIMX$	수입물가지수	〃	한은, 『조사통계월보』	–
$PIXX$	수출물가지수	〃	〃	–
$PIXXRWCPIX$	수출물가지수대	–	–	$PIXX/WCPIX$
R	세계소비자물가지수의 상대비율 회사채수익률	%	한은, 『조사통계월보』	–

표 11-16 계 속

변 수	의 미	단 위	자료출처	비 고
RB	국채수익률	%	〃	–
RBMA	*RB*의 이동평균	–	–	$\left(\sum_{i=0}^{3} RB_i\right)/4$
RMA	*R*의 이동평균	–	–	$\left(\sum_{i=0}^{3} R_i\right)/4$
RR	실질회사채수익률	%	–	$R-(DCPIX\times 100)$
RRLIBOR	상대이자율	%	–	$R/LIBOR$
RRMA	*RR*의 이동평균	–	–	$\left(\sum_{i=0}^{3} RR_i\right)/4$
SDBOP$X	통계상 불일치(경상수지기준)	백만$	한은, 『조사통계월보』	–
SDX	통계상 불일치(국민계정)	10억 원	한은, 『국민계정』	–
URX	실업률	%	한은, 『조사통계월보』	–
URXD	파생된 실업률	%	〃	$\frac{(LFX-LEX)}{LFX}\times 1$
WAGEX	전 산업 임금	원	〃	–
WAGEXMA	*WAGEX*의 이동평균	–	–	$\left(\sum_{i=0}^{3} WAGEX_i\right)/4$
WCPIX	세계소비자물가지수	1990=100	IMF, IFS	–
WIM$X	세계수입	10억$	〃	–
WIM$XMA	*WIM$X*의 이동평균	–	–	$\left(\sum_{i=0}^{3} WIM\$X_i\right)/4$

표 11-16 계 속

변 수	의 미	단 위	자료출처	비 고
YDX	가처분소득	10억 원	한은, 『국민계정』	$YX-GRTX-DPX$
YX	총공급 측면의 경상GNP	10억 원	〃	–
YXD	총수요 측면의 경상GNP	10억 원	〃	–
$YXMA$	GNP의 이동평균	–	–	$\left(\sum_{i=0}^{3} YX_i\right)\Big/4$

그림 11-3 주요 변수 단일방정식의 의태분석 결과

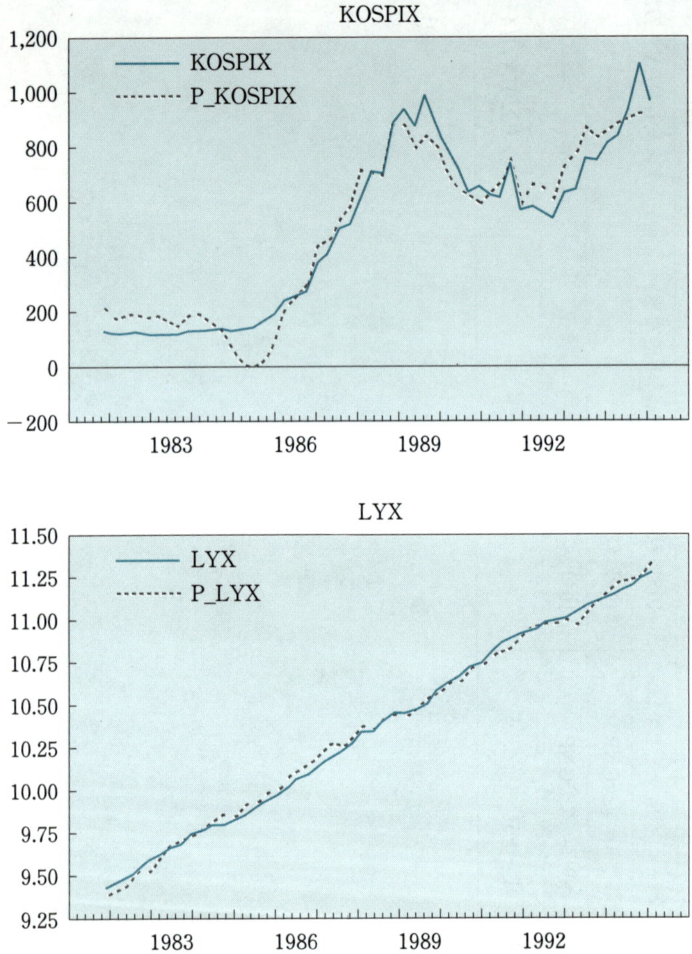

그림 11-4 구조방정식에 의한 주요 변수의 예측

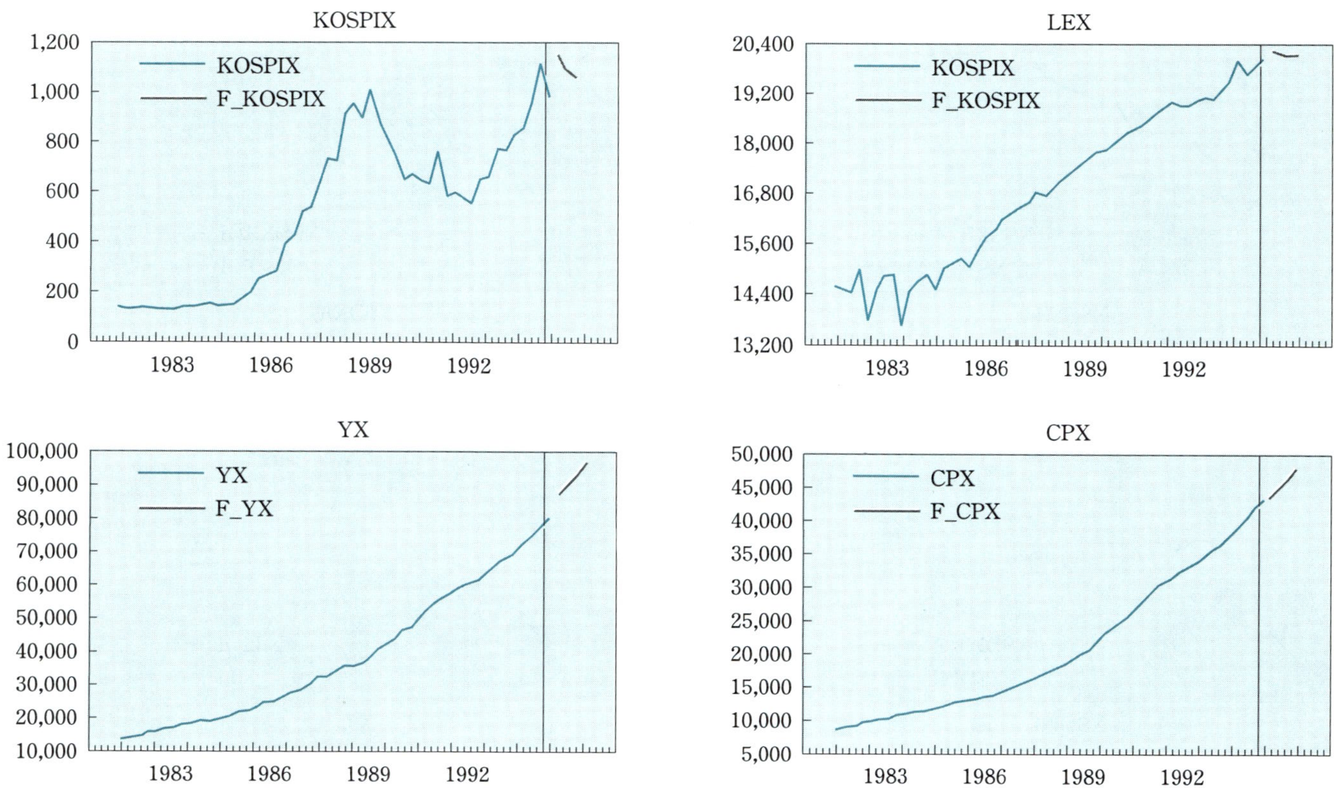

그림 11-4 계 속

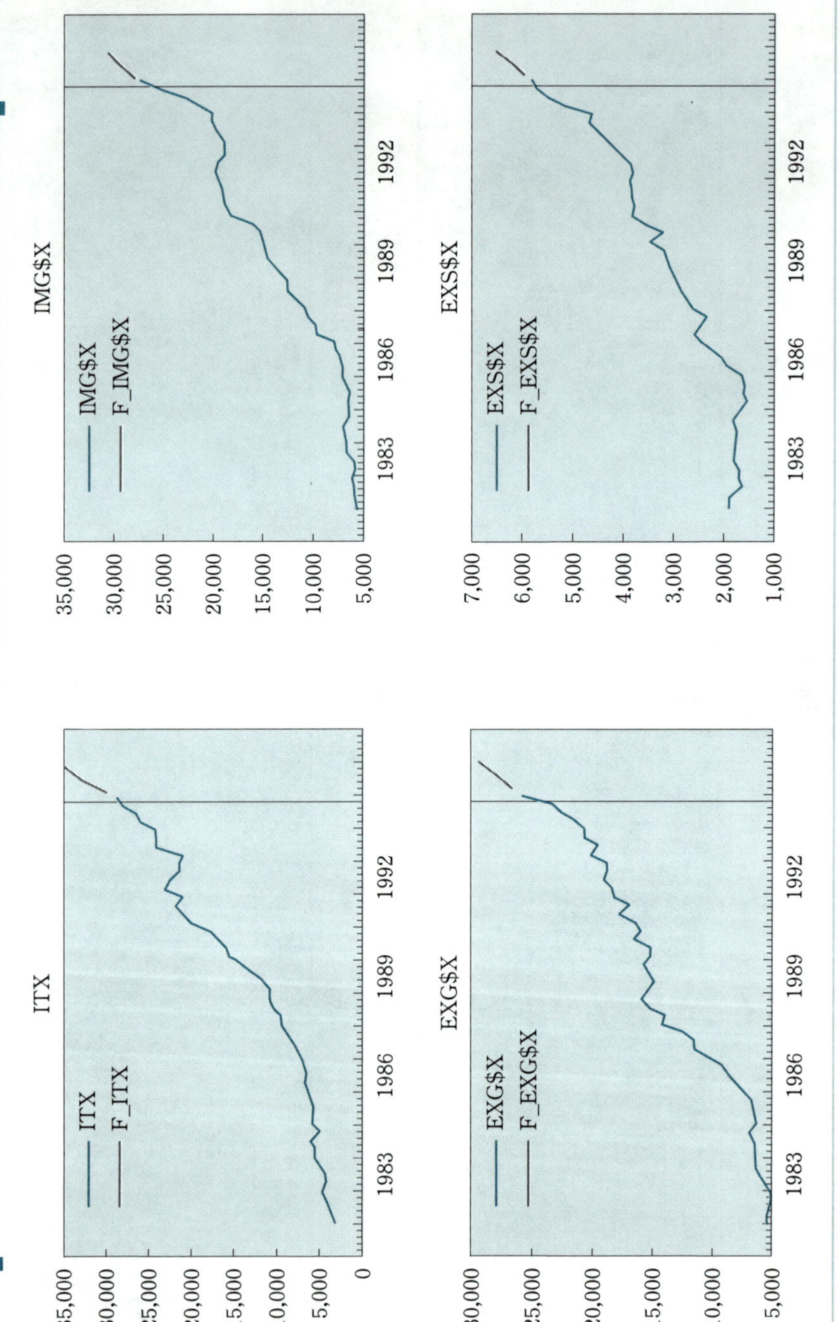
ITX
ITX
F_ITX
IMG$X
IMG$X
F_IMG$X
EXG$X
EXG$X
F_EXG$X
EXS$X
EXS$X
F_EXS$X
1983
1986
1989
1992
35,000
30,000
25,000
20,000
15,000
10,000
5,000
0
7,000
6,000
5,000
4,000
3,000
2,000
1,000

그림 11-4 계 속

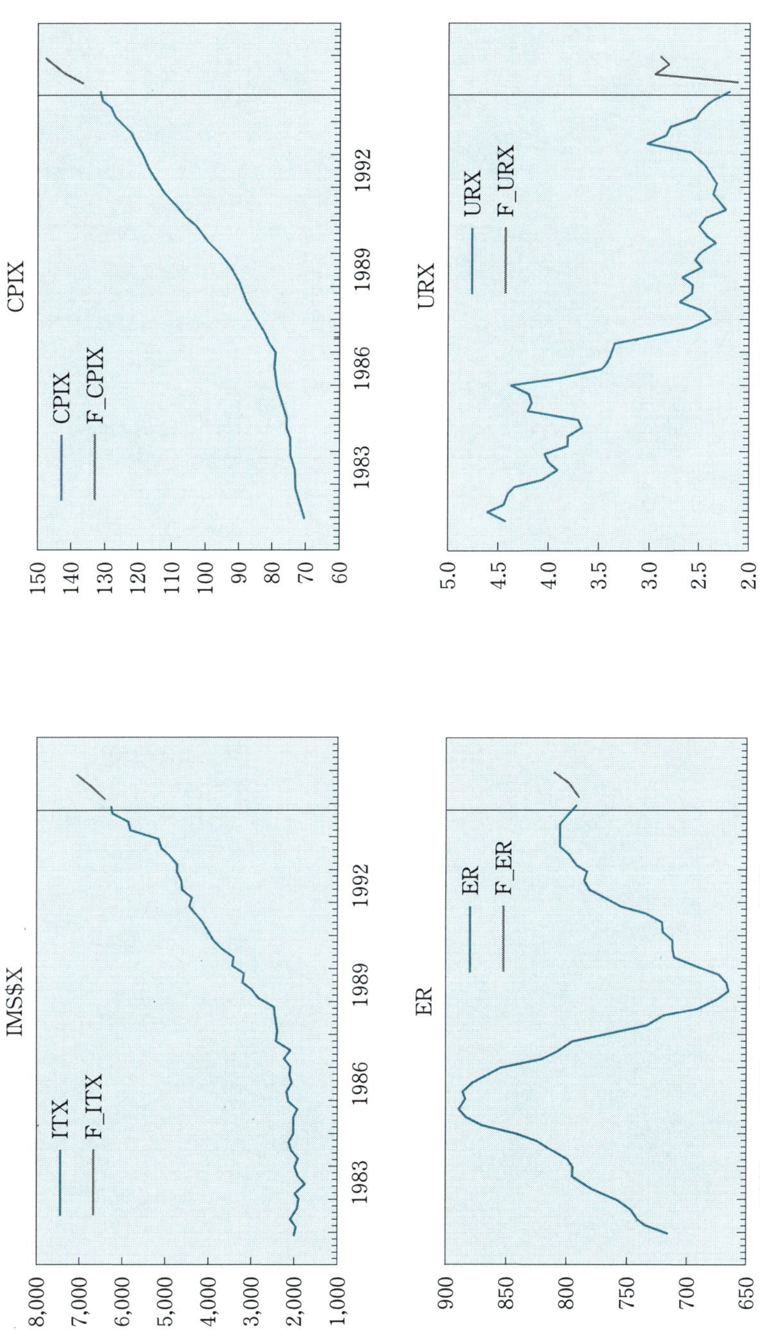
IMS$X
ITX
F_ITX
8,000
7,000
6,000
5,000
4,000
3,000
2,000
1,000
1983
1986
1989
1992
CPIX
CPIX
F_CPIX
150
140
130
120
110
100
90
80
70
60
1983
1986
1989
1992
ER
ER
F_ER
900
850
800
750
700
650
1983
1986
1989
1992
URX
URX
F_URX
5.0
4.5
4.0
3.5
3.0
2.5
2.0
1983
1986
1989
1992

그림 11-4 계　　속

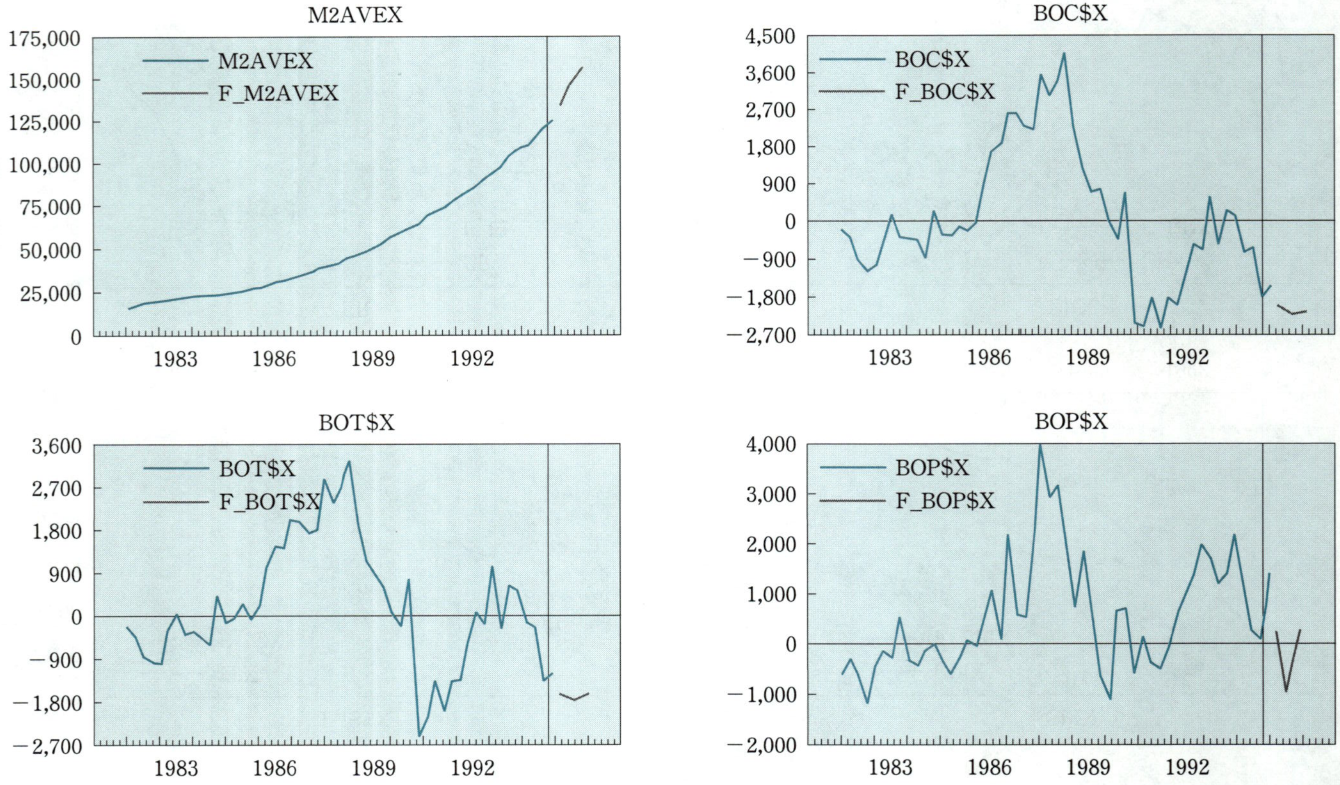
M2AVEX
M2AVEX
F_M2AVEX
175,000
150,000
125,000
100,000
75,000
50,000
25,000
0
1983
1986
1989
1992
BOC$X
BOC$X
F_BOC$X
4,500
3,600
2,700
1,800
900
0
−900
−1,800
−2,700
1983
1986
1989
1992
BOT$X
BOT$X
F_BOT$X
3,600
2,700
1,800
900
0
−900
−1,800
−2,700
1983
1986
1989
1992
BOP$X
BOP$X
F_BOP$X
4,000
3,000
2,000
1,000
0
−1,000
−2,000
1983
1986
1989
1992

그림 11-4 계 속

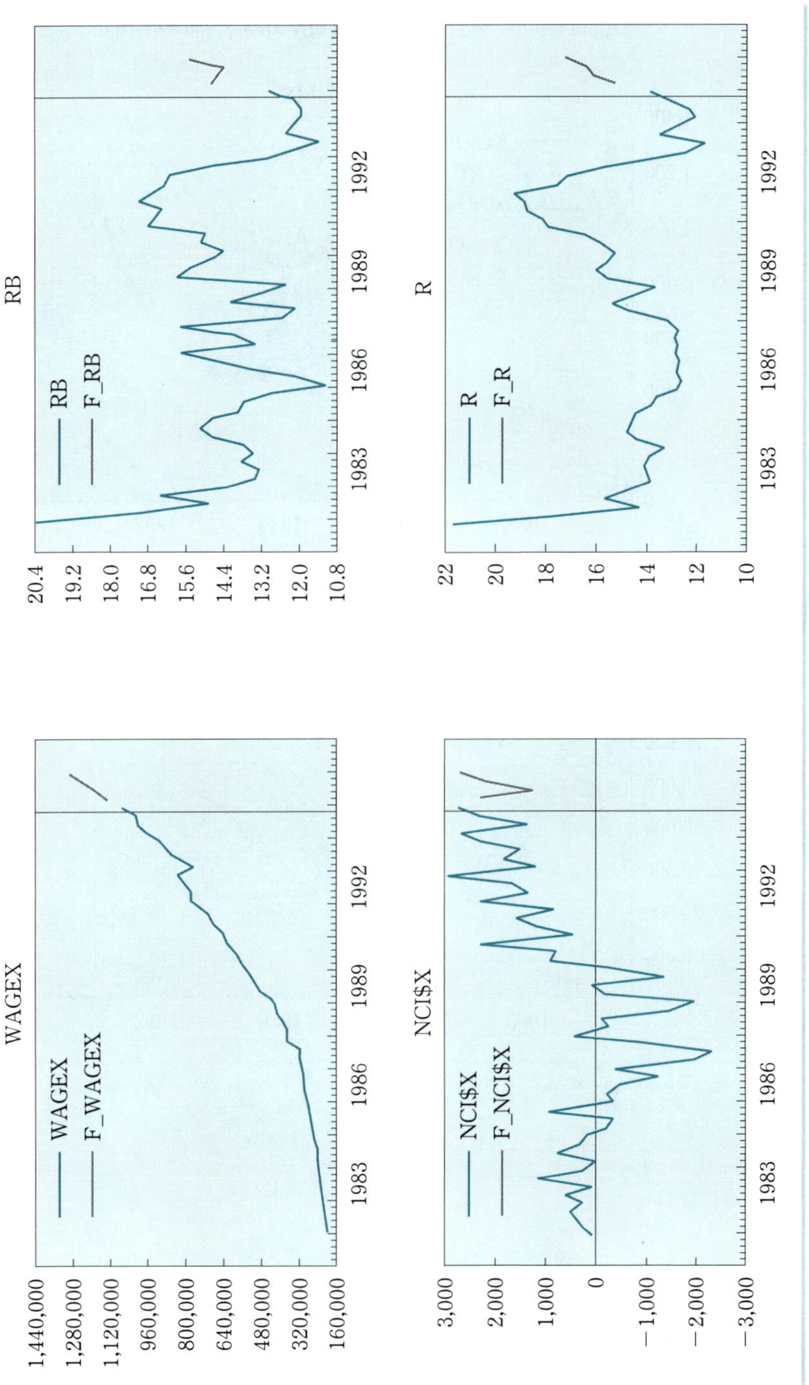

그림 11-5 모형별 GNP 및 종합주가지수 예측치 비교

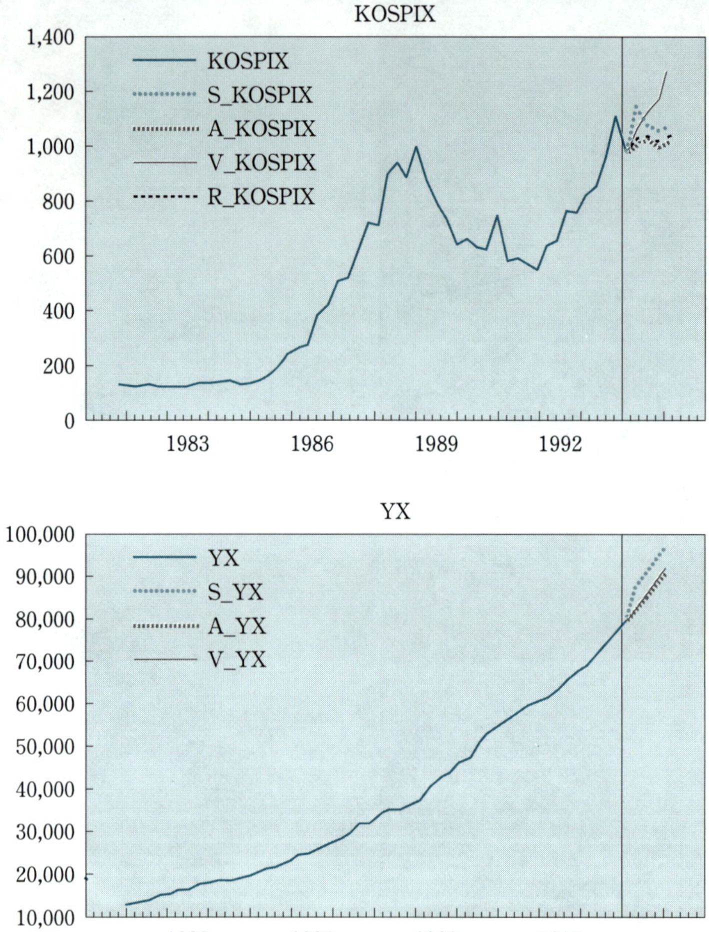

RATS 사용안내

1. RATS 사용방법 기초
2. RATS 작업구조
3. 주요 경제예측방안

RATS(regression analysis of time series)는 계량경제분석을 위해 작성된 컴퓨터 프로그램으로서 경제예측에서도 강력한 기능을 발휘하고 있어, 전 세계적으로 경제학자를 비롯하여 계량모형 개발 및 추정, 예측, 시계열 및 횡단면자료 분석 등에 종사하는 사람들에 의해 널리 사용되고 있다. 특히, 2004년에 발표된 6.0버전(version)에서는 계량경제분석을 위한 메뉴 방식의 마법사(wizards)기능을 추가하여 초보자라도 쉽게 사용할 수 있게 되었다.

RATS는 대형컴퓨터와 PC(IBM 호환기종이나 매킨토시) 모두에서 사용이 가능하며, 본서에서는 국내에서 가장 널리 보급된 IBM 호환용 PC를 염두에 두고 활용방안을 작성하였다.

RATS는 기타 주요 통계분석 프로그램(SPSS, SAS, MINITAB)들과는 달리 계량경제학과 관련된 분야를 주 대상으로 하고 있으며, 시계열자료는 물론 횡단면자료의 분석 및 예측에도 널리 적용되고 있다. 특히, 최근 각광을 받고 있는 ARCH 등의 금융시계열모형, 상태공간모형 및 패널(panel)자료를 이용한 추정 및 예측에서도 매우 강력한 기능을 발휘하고 있다.

본서는 이러한 RATS를 이용하여 경제예측을 수행하는 데 필요한 기본 지식과 활용방안에 관한 안내를 위해 작성된 것으로 다음과 같은 분류체계에 따라 주요 내용을 소개하고자 한다. 본서에서 제시된 분석범위를 넘는 부분에 관해서는 RATS 매뉴얼을 참고하기 바란다.[1]

그림 1 RATS 사용안내

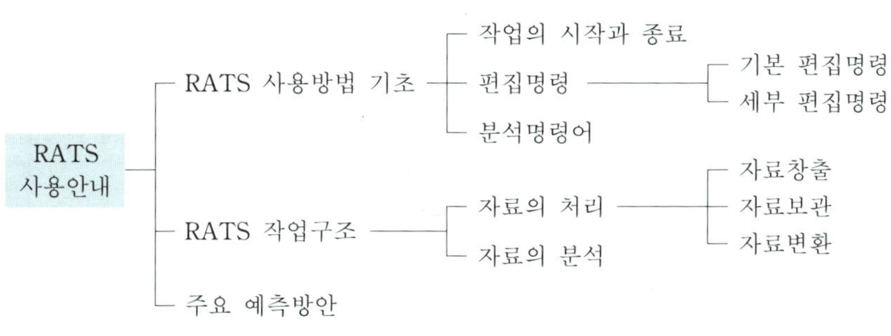

1) Thomas A. Doan(2004).

1 RATS 사용방법 기초

1.1. 작업의 시작과 종료

(1) 작업의 시작

RATS 프로그램이 이미 설치되어 있고 실행을 위한 단축아이콘이 바탕화면 위에 설정되어 있다면, 아래와 같은 RATS 아이콘(icon)을 연속 두 번 누르면(double-click) 잠시 후에 〈그림 2〉와 같은 초기화면이 나타나며 작업과정 준비가 완료된다.

RATS 초기화면은 〈그림 2〉에서 볼 수 있듯이 메뉴상자(㉮), 도구상

그림 2 RATS의 초기화면

자(㉯), NONAME00.TXT라는 제목을 지닌 작업창(㉰), 그리고 커서위치 표시(㉱)로 구성되어 있다.

(2) 작업의 종료

분석을 마친 후 작업을 종료하기 위해서는 작업종료 명령어인 'END'를 사용하거나 편집명령어 중 File 메뉴의 'EXIT'을 선택하면, RATS 프로그램이 종료된다.

1.2. 편집명령

RATS 프로그램의 명령어는 크게 '편집명령어'와 '분석명령어'로 양대분된다. '편집명령어'란 RATS 프로그램을 운영하는 과정과 관련된 일종의 기능어이고, '분석명령어'는 RATS 프로그램을 이용하여 각종 통계분석을 수행하는 과정과 관련된 명령어이다.

(1) 기본 편집명령

RATS 프로그램 사용상의 가장 기본적인 편집명령어에 대해서 앞서 소개한 〈그림 2〉 RATS 프로그램의 초기화면을 이용하여 설명하고자 한다.

대부분의 윈도우(Windows)용 프로그램들이 그러하듯이 RATS 프로그램도 자주 사용하는 명령어들은 단 한번의 마우스 클릭으로 실행이 가능한 그림형식의 버튼(button)으로 만들어서 〈그림 2〉 RATS 초기화면의 ㉯처럼 화면 상단에 위치시키는데, 이처럼 실행버튼들을 모아놓은 것을 도구모음 또는 도구상자(toolbar)라 한다.

초기화면에 나타난 각각의 버튼과 그 내용은 다음 〈표 1〉과 같다.

표 1 RATS 도구모음을 구성하는 버튼과 그 기능

버 튼	명령어	기 능
(Open)	File-Open	작업하고자 하는 파일을 불러옴.
(Save)	File-Save 또는 File-Save As	화면상에 작성된 프로그램을 파일로 저장함.
(Print)	File-Print	화면상의 내용을 프린터로 인쇄함.
(Functions)	Wizards-Function	RATS에서 사용되는 모든 함수유형을 불러옴(이후 함수유형과 해당 변수를 선택하여 함수전환을 실시함).
(Input)	Window-Use for Input	현재 작업창(active window)[2]을 입력창(input window)으로 지정함(이후 입력창을 통해서만 명령이 실행됨).
(Output)	Window-Use for Output	현재 작업창을 출력창(output window)으로 지정함(이후 출력창을 통해서만 입력창을 통해서 실행된 결과가 화면에 제시됨).
(I/O Horizon)	Window-Tile Horizontal	입력창과 출력창을 한 화면에서 볼 수 있도록 수평하게 배열함(이 때 상단이 입력창이고, 하단이 출력창으로 구성됨).
(I/O Vertical)	Window-Tile Vertical	입력창과 출력창을 한 화면에서 볼 수 있도록 수직으로 배열함(이 때 좌측이 입력창이고, 우측이 출력창으로 구성됨).
(Select All)	Edit-Select All	화면상의 전체 내용을 블록으로 설정함(이후 실행명령을 이용하여 블록화된 내용 전체를 일괄처리함).
(Run)	–	현재 커서가 위치하고 있는 행 또는 블록으로 설정된 화면내용을 실행함.
(Ready/Local)	–	현재 화면상태가 실행상태(R)인지 편집상태(L)인지를 표시해 줌.
(Clear Mem.)	File-Clear Program	메모리상의 내용을 일괄 삭제하여, 새로운 작업을 수행할 여건을 만들어 줌.

2) Windows RATS 프로그램은 여타 윈도우용 프로그램과 마찬가지로 여러 개의 창을 화면상에 동시에 띄어 놓은 상태에서 계량분석을 실시한다. 이 중 커서가 위치하여 현재 작업이 진행중인 창을 작업창이라 한다. 작업창은 화면의 전면에 위치하므로 전면창(front window)으로도 불린다.

1) 화면상태의 전환: 작업유형의 선정

RATS의 화면상태는 프로그램의 작성을 위한 입력 및 복사와 이동 등을 수행할 수 있는 '편집상태(edit mode)'와 프로그램을 직접 실행하여 분석을 실시할 수 있는 '분석상태(analysis mode)'로 양대분된다. 또한 분석상태는 실행에 앞서 간단한 프로그램의 입력 및 간단한 수정을 실시할 수 있는 '임시상태(local mode)'와 프로그램을 실제로 실행하는 '실행상태(ready mode)'로 구분할 수 있다.

RATS 프로그램을 시작할 때, 자동으로 발생하는 초기화면상의 작업창은 자동적으로 분석상태를 유지하며, 기존의 외부 프로그램파일을 RATS 안으로 불러들일 때 해당 창은 편집상태를 유지한다.

만일 현재의 화면상태를 편집상태에서 분석상태로 전환하기 위해서는 도구모음의 [I](Use for Input)와 [O](Use for Output)을 각각 선택하면, 현재의 화면상태를 분석상태로 전환할 수 있다. 현재의 화면상태가 분석상태라는 것은 편집상태에서 선택할 수 없었던 'Run'과 'Ready/Local'버튼이 선택할 수 있는 형태로 전환된 것으로 확인할 수 있다.

한편, 분석상태에서 임시상태와 실행상태 간의 전환은 도구모음의 'Ready/Local' 버튼을 마우스로 한 번 누름으로써 실행된다. 즉, 현 상황이 'Ready'상황이면 버튼을 눌러 'Local'상황으로 전환할 수 있고, 버튼을 다시 한 번 누르면, 다시 'Ready'상황으로 재전환된다. 이 두 상태 간의 전환은 키보드의 [Ctrl]과 [L]을 동시에 누름으로써도 전환이 가능하다. 즉, 현 상황이 'Ready'상황이면 [Ctrl]+[L]을 눌러 'Local'상황으로 전환할 수 있고, [Ctrl]+[L]키를 다시 한 번 눌러, 다시 'Ready'상황으로 돌아갈 수 있다.

2) 명령어 실행법

RATS에서 분석을 실시하기 위해서는 [Enter]키를 일일히 눌러 주어야 한다. 이것이 번거롭다면 키보드상의 [Enter]를 누르는 대신 마우스로 도구모음 중 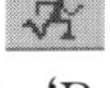, 즉 'Run' 버튼을 눌러 동일한 효과를 얻을 수 있다.

즉, 'Run' 버튼을 누르면 현재 커서가 위치한 행에 지시된 작업이 실행된다. 만일 프로그램의 길이가 짧을 때는 문제가 없으나, 프로그램의 길이가 매우 긴 경우에는 'Run' 버튼을 연속 눌러야 하는 번거로움이 발생한다. 이런 경우에는 마우스로 선택하고자 하는 영역의 처음 부분부터 끝 부분까지 마우스의 왼쪽 버튼을 누른 채로 이동시킨 후 왼쪽 버튼을 떼면 선택영역이 블록으로 설정된다. 그런 다음 마우스로 'Run' 버튼을 한 번 누르면 블록으로 선택된 영역의 분석명령어들이 일괄적으로 실행된다. 만일 프로그램 전체를 선택하여 분석하고자 할 경우에는 일단 도구모음 중 [ALL], 즉 'Select All' 버튼을 눌러 프로그램 전체를 선택한 후에 분석을 실시하면 된다.

(2) 세부편집명령

RATS는 앞서 설명한 기본 편집명령어 이외에 파일관리 등을 위한 기능을 지닌 편집명령어를 지니고 있다. 즉, 〈그림 2〉의 ㉮에서 볼 수 있듯이 'File', 'Edit', 'Wizards', 'Window', 'Help'의 다섯 가지 메뉴로 구성된 편집명령어가 있다.

이 다섯 가지 메뉴는 일명 주메뉴(main menu)라 불리며, 각각의 주메뉴들은 그 안에 여러 종류의 하부메뉴(sub menu)들을 포함하고 있다. 이들 메뉴를 사용하기 위해서는 해당 메뉴를 마우스의 왼쪽 버튼을 눌러 메뉴를 개방(open)하게 된다. 또는 키보드상의 [Alt]키와 다섯 가지 주메뉴를 나타내는 영문 명칭 중 밑줄처리된 문자를 동시에 누름으로써 해당 메뉴를 개방할 수 있다. 즉, File 메뉴를 개방하기 위해서는 [Alt]키와 [F]키를 동시에 누르고, Wizards 메뉴를 개방하기 위해서는 [Alt]키와 [Z]키를 동시에 누르면 된다. 이 때 해당 메뉴에서 원래의 작업화면으로 돌아오기 위해서는 [Esc]키를 누른다.

세부 편집명령에 관한 자세한 내용은 별도 책자(『RATS를 이용한 경제예측분석』, 해남, 근간)를 참고하기 바란다.

1.3. 분석명령

기본 명령어가 RATS 프로그램을 효율적으로 수행하기 위한 일종의 보조적인 역할을 수행하는 반면, 분석명령어야말로 실질적인 각종 경제예측을 실시하는 데 사용되는 명령어이다. 이러한 분석명령어는 방대한 내용 및 중요성을 감안하여 항목을 달리하여 살펴보고자 한다.

2 RATS 작업구조

2.1. 자료의 처리

(1) 자료특성 지정: CALLENDAR, ALLOCATE

자료처리과정 초기에 입력 또는 분석할 자료의 시간대 또는 크기 그리고 성격 등을 구체적으로 규명하는 작업을 실시하게 되는데, 이는 'CALENDER'와 'ALLOCATE' 명령어를 통해 아래와 같은 형식으로 이루어진다.

```
ⓐ  CALENDAR option1 option2 option3
               ㉮       ㉯       ㉰
ⓑ  ALLOCATE option1
               ㉱
```

ⓐ 'CALENDAR': 자료형태를 구분하고, 분석기간의 시작을 지정하는 데 사용되는 명령어.[3)]
  ㉮ 'option1': 분석시작연도
  ㉯ 'option2': 시작시기(分期, 月, etc.)
  ㉰ 'option3': 연간 횟수. 즉, 월별 자료의 경우는 1년이 12개월이므로 '12'를, 분기별 자료의 경우는 1년이 4개 분기이므로 '4'를, 연간 자료의 경우는 1년에 한 번뿐이므로 '1'을 사용한다.

ⓑ 'ALLOCATE': 분석기간의 종료를 지정하는 데 사용되는 명령어
  ㉱ 'option1': 분석기간 종료시기. 단, 횡단면자료의 경우에는 ⓐ는 생략되고 ⓑ만이 사용됨에 유의할 것

(2) 분석자료의 입력: DATA

RATS는 분석에 사용되는 자료들을 입력시킬 때, RATS 프로그램에

3) RATS에서는 명령어의 첫 번째부터 세 번째까지의 문자로 해당 명령어를 인식한다. 따라서 'CALLENDAR'의 경우에는 'CAL'만을 써 주어도 같은 의미로 받아들인다.

서 직접 입력하는 방법(free format)과 외부 프로그램을 이용하여 이미 작성된 자료를 입력하는 방법 등 두 가지 접근방법이 있다. 이 중 외부 프로그램을 이용하는 방법은 다시 메모장(notepad)과 워드프로세서 등의 편집기를 이용하여 입력하는 방법(ASCII format), RATS 프로그램과 함께 제공되는 자료관리 전용프로그램인 RATSDATA를 이용하는 방법(rats data format) 그리고 일반PC 사용자들이 자료관리를 위해 널리 사용하고 있는 스프레드시트(spread sheet) 프로그램인 Excel 및 Lotus 등을 이용하는 방법 등 크게 세 가지 방법이 사용된다.

이하에서는 이해의 편의상 RATS 프로그램에서 직접 입력하는 방법에 한하여 설명을 전개하고자 한다. 자료의 입력은 'DATA'라는 명령어를 통해 수행된다.

1) 변수별 입력방법

> DATA(*unit=input,org=var*) *option1 list of variables*
> 　　　　㉮　　　　㉯　　㉰　　　㉱

㉮ *unit=input*: data를 화면상에서 직접 입력하는 것을 의미함(data를 외부에 위치한 파일로부터 끌어올 때는 *unit=data*을 이용함).
㉯ *org=var*: data를 변수별로 입력함을 나타냄.
㉰ *option1*: data 입력기간을 나타냄.
㉱ *list of variables*: 입력자료의 변수이름을 나열

2) 관측치별 입력방법

> DATA(*unit=input*(또는 *data*),*org=obs*) *option1 list of variables*
> 　　　　㉮　　　　㉯　　　　㉰　　　㉱　　　㉲

㉮ *unit=input*: DATA를 화면상에서 직접 입력하는 것을 의미함.
㉯ *unit=data*: DATA를 외부에 위치한 파일로부터 끌어옴을 나타냄.
㉰ *org=obs*: DATA를 관측치별로 입력함을 나타냄.
㉱ *option1*: data 입력기간을 나타냄.
㉲ *list of variables*: 입력자료의 변수이름을 나열

(3) 자료변환 및 창출: SET

일단 원자료가 입력되면, 이러한 자료들을 가공 또는 함수전환시켜 사용할 수 있는데, 이는 'SET'라는 명령어를 통해 이루어진다.

```
SET new variable = function(variable)
         ㉮                ㉯
```

㉮ new variable: 새롭게 창출하고자 하는 data를 저장하는 변수이름
㉯ function: 기존에 존재하는 변수들을 이용하여 새로운 변수를 창출하기 위한 일련의 함수식을 정의함.

이러한 자료변환을 가능하게 하는 RATS 함수는 매우 많으며, 이들 중 자주 이용되는 것들은 아래와 같다.

1) 기초함수

ABS: 절대값의 산출
EXP: e(2.71828)에 근거한 지수함수값을 계산
SQRT: 평방근의 값을 계산
LOG: 자연대수값을 계산

2) 삼각함수

COS: 코사인의 값을 계산
SIN: 사인의 값을 계산
TAN: 탄젠트의 값을 계산

3) 기　　타

이 밖에 자료전환에 필요한 주요 RATS 연산자로는 〈표 2〉와 같은 것들이 있다.

표 2 자료전환에 필요한 주요 RATS 연산자

종 류	기 능	종 류	기 능
+	덧 셈	>= or .GE.	크거나 같다
−	뺄 셈	> or .GT.	크 다
*	곱 셈	<= or .LE.	작거나 같다
/	나 눗 셈	< or .LT.	작 다
**	제 곱	== or .EQ.	같 다

(4) 자료의 보관

RATS는 입력된 자료와 분석과정에서 변환 및 창출된 자료를 차후의 분석에서 재사용하기 위하여 하나의 파일로 보관할 수 있다. 이 때 자료 입력시 다양한 방법을 활용할 수 있듯이 보관시에도 편집기 등에서 사용할 수 있는 'ASCII'형식뿐만 아니라 'Excel', 'LOTUS' 및 'RATS FORMAT DATA' 등의 파일형식으로도 저장할 수 있다. 그러나 이해의 편의상 여기서는 'ASCII'형식으로 보관하는 경우에 한해서 설명을 전개하고자 한다. 자료의 보관을 위해서는 다음과 같이 3단계를 거쳐야 한다. 먼저 'OPEN COPY' 명령어를 이용하여 보관하고자 하는 파일을 창출한 뒤, 둘째로 'COPY'라는 명령어를 통해 보관하고자 하는 자료를 지정한 후, 끝으로 'CLOSE COPY' 명령어를 이용하여 보관과정을 마친다.

ⓐ OPEN COPY *filename*
　㉮　　　　㉯

ⓑ COPY(*org*=*var*,dates) *option1 list of variables*
　　　㉰　　㉱　　㉲　　　㉳

ⓒ CLOSE COPY

ⓐ 자료를 보관하고자 하는 파일을 창출

㉮ OPEN COPY: 자료를 보관할 파일을 창출하고자 할 때 사용되는 명령어

㉯ *filename*: 창출되는 파일이 존재할 드라이브 및 디렉토리와 이름을 나타냄.

ⓑ 입력·가공 및 변환된 자료의 일부나 전부를 보관하라는 명령

㉰ *org=var*: DATA를 변수별로 보관하겠다는 의미(단, DATA를 관측치별로 보관할 경우에는 org=obs라 표기함)

㉱ dates: 자료를 보관시 관측시기를 알 수 있도록 해당 관측시기를 동시에 저장시키기 위해 사용됨.

㉲ *option1*: 자료를 보관하려는 시기를 정의함.

㉳ *list of variables*: 보관할 자료의 변수이름을 나열

ⓒ 자료보관과정이 끝남을 알리는 명령

2.2. 자료의 분석

일단 자료가 창출되면 비로소 계획하였던 통계분석을 수행하게 된다. 일단, 본격적인 자료분석(통계분석)은 항목을 달리하여 살펴보기로 하고, 여기서는 기초적인 자료분석명령 몇 가지만을 소개한다.

(1) (화면상에서의)자료의 인쇄: PRINT

변수별 또는 관측치별로 입력된 자료들이 제대로 입력되었는지 여부를 확인하기 위해서 'PRINT' 명령어를 이용하여 자료를 화면상에 재현할 수 있다. 단, 이 명령어는 화면상에서 자료를 보여 주는 것일 뿐, 'DOS'의 'Print' 명령어처럼 프린터를 통해 인쇄를 하라는 의미는 아님을 명심하기 바란다.[4)]

```
PRINT option1 list of variables
        ⓐ          ⓑ
```

ⓐ *option1*: 인쇄하고자 하는 자료의 기간을 지정

ⓑ *list of variables*: 인쇄하고자 하는 변수들의 이름을 지정. 만일 생략시에는 모든 변수들을 인쇄하라는 의미가 됨.

(2) 그래프 작성: GRAPH, SCATTER

각 자료들의 추세 등을 그림의 형태로 표현하고자 할 때 'GRAPH', 'SCATTER' 명령어를 이용하여 그림을 도출할 수 있다.

4) 화면상의 내용을 프린터를 이용해 인쇄하기 위해서는 File 메뉴의 'Print' 명령을 사용한다.

1) GRAPH

변수들이 시간경과에 따라 변화해 간 내용을 그림 형태로 표현하고자 할 때 'GRAPH'란 명령어를 사용한다.

```
ⓐ GRAPH number
ⓑ # series
```

ⓐ 지정한 변수가 시간경과에 따라 변화하는 내용의 도표를 작성. 이 때 'number'는 그래프로 표현하고자 하는 변수의 수를 나타냄.
ⓑ 변수를 지정하는 명령. 이 때 '#'은 'graph' 명령어를 보조해 주는 명령어로서 그래프화하고자 하는 변수를 지정할 때 사용. 한 행에 한 변수만을 쓸 수 있으므로, 두 개 이상의 변수를 지정하는 경우에는 두 개 이상의 행에 '#'이 사용됨.

2) SCATTER

X, Y축을 이용하여 두 변수 간의 연관성을 살펴보는 일종의 상관도표를 창출하고자 할 때, 'SCATTER'란 명령어를 사용한다.

```
ⓐ SCATTER pairs
ⓑ # x-series y-series
```

ⓐ X, Y축을 이용하여 두 변수 간의 연관성을 살펴보는 산포도를 작성하라는 명령. 따라서 'GRAPH' 명령어와 달리 X축의 변수와 Y축의 변수를 나타내는 한 쌍의 변수를 동시에 지정함. 이 때 'pairs'는 그래프로 표현하고자 하는 변수쌍의 수를 나타냄.
ⓑ 변수쌍을 지정하는 명령. 'x-series'는 X축에, 'y-series'는 Y축에 설정할 변수를 지정함. 'GRAPH' 명령어와 달리 한 행에 한 쌍을 이루는 두 개의 변수를 지정함에 유의할 것

3 주요 경제예측방안

3.1. 예측을 위한 기초통계분석

(1) 특성치 산출

1) 1변량분석

```
ⓐ  CALENDAR 87 1 4
ⓑ  ALLOCATE 88:4
ⓒ  OPEN DATA A:\econdata.rat
                ㉮
                ↑
ⓓ  DATA(FORMAT=RATS) / yxv cpix

ⓔ  CLOSE DATA
                     ㉯
                     ↑
ⓕ  STATISTICS(FRACTILES) yxv
```

ⓐ～ⓑ 분석기간 설정과 분석자료의 유형정의

ⓐ 분석기간이 87년 1/4분기부터이며, 자료의 유형은 분기별 자료임을 알려 줌.

ⓑ 분석종료기간이 88년 4/4분기임을 알려 줌.

ⓒ～ⓔ 분석자료를 외부 파일로부터 불러오는 과정

ⓒ 불러들일 자료가 들어있는 drive명(여기서는 A drive)과 자료파일 이름을 지정

ⓓ 자료파일 안에 있는 변수 yxv와 cpix의 자료를 불러 내옴. 단, ㉮는 외부파일의 형태가 'RATS' DATA FORMAT의 형태를 지니고 있을 때 사용되는 옵션임.

ⓔ 앞서 ⓒ에서 지정한 외부파일로부터의 자료를 불러오는 과정이 종료됨을 나타냄.

ⓕ 변수 yxv의 특성치를 구하라는 명령. 이 때 ㉯는 널리 사용되는 평균, 표준편차, 왜도, 첨도 이외의 추가적인 특성치(예컨대, 최대값, 최소값, 중앙

치 등)를 구할 때 사용되는 옵션임.

2) 다변량분석

```
        ㉮
        ↑
ⓐ  DISPLAY %COV(yxv,cpix)
        ㉯
        ↑
ⓑ  DISPLAY %CORR(yxv,cpix)
```

ⓐ 두 변수 yxv와 cpix의 공분산을 구해 화면상에 나타내라는 명령. 'display'는 RATS 명령어를 이용한 계산결과를 화면상에 나타낼 때 사용하는 명령어

㉮ 공분산을 구할 때 사용하는 RATS 함수(function). RATS에서 함수는 독자적인 실행능력을 가지고 있는 명령어와는 달리 프로그램 작성을 돕는 한 부분으로 사용되며, '%'는 함수를 나타낼 때 사용하는 부호

ⓑ 두 변수 yxv와 cpix의 상관계수를 구해 화면상에 나타내라는 명령

㉯ 상관계수를 구할 때 사용하는 RATS 함수

3) 시계열분석

```
ⓐ  CORRELATE yxv
                  ㉮
                  ↑
ⓑ  CORRELATE(COVARIANCES) yxv
```

ⓐ 변수 yxv의 자기상관함수(ACF)를 도출

ⓑ 변수 yxv의 자기공분산함수를 도출

㉮ 자기공분산함수를 도출할 때 사용하는 보조명령어

(2) 특성치 산출과 관련한 부차적인 작업명령

1) 입력된 자료를 재배열하는 방법

```
ⓐ  ORDER v1
ⓑ  ORDER(RANK=v2) v1
```

ⓐ 변수 v1의 값들을 올림차순(increasing order)으로 재배열해 줌. 만일 내림차순으로 재배열하고자 할 때는 'DECREASING'이라는 보조명령어를 사용함. 즉, "ORDER(DECREASING) v1"

ⓑ 변수를 크기순으로 배열하되 각 관측치가 갖는 순위값을 v2변수라 정의하고자 할 때에는 rank라는 보조명령어를 사용함. 이러한 명령은 순위상관계수 도출시 활용됨.

2) 변수값의 합계

```
             ㉮
             ↑
ⓐ  ACCUMULATE v1 / v2
```

ⓐ 변수 v1의 누적값 산출하여 v2라는 변수를 창출함.

㉮ RATS에서는 분석명령어 이용시 분석기간을 일일이 지정해 주어야 한다. 그러나 만약 앞서 CALENDAR, ALLOCATE 명령을 이용해 설정한 분석기간을 그대로 사용할 경우에는 일일이 분석기간을 다시 설정하는 대신에 '/' 기호로 대체해 표기할 수 있다. 이경우 '/'의 의미는 '87:1-88:4'와 동일한 의미를 가진다.

3.2. 주요 경제예측방안

(1) 지수평활화

1) 단일지수 평활화

```
ⓐ  CALENDAR 2000 1 12
ⓑ  ALLOCATE 2004:12
ⓒ  OPEN DATA A:\econdata.rat
ⓓ  DATA(FORMAT=RATS) / kospi
ⓔ  CLOSE DATA
                  ㉮            ㉯
                  ↑            ↑
ⓕ  ESMOOTH(ALPHA=0.1,SMOOTHED=s_kospi) kospi
```

ⓐ~ⓑ 분석기간 설정과 분석자료의 유형정의

ⓐ 분석기간이 2000년 1월부터이며 자료의 유형은 월별 자료임을 알려줌.

ⓑ 분석종료기간이 2004년 12월임을 알려줌.

ⓒ~ⓔ 분석자료를 외부 파일로부터 불러오는 과정

ⓒ 불러들일 자료가 들어 있는 drive명(여기서는 A drive)과 자료파일 이름을 지정

ⓓ 자료파일 안에 있는 변수 kospi 자료를 불러내옴.

ⓔ 앞서 ⓒ에서 지정한 외부파일로부터의 자료를 불러오는 과정이 종료됨을 나타냄.

ⓕ 변수 kospi의 지수평활화 값을 구하라는 명령

㉮ 조정계수 α를 지정할 때 사용하는 보조명령어로 여기서는 0.1을 지정

㉯ 평활화를 통해 도출된 값을 차후의 분석에 사용하고자 저장할 때 사용하는 보조명령어, 여기에서는 s_kospi라는 변수에 저장함.

2) Holt의 선형방법

```
           ㉮                   ㉯
ⓐ  ESMOOTH(TREND=linear,ESTIMATED,SMOOTHED=s_kospi,
          RESIDS=r_kospi) kospi
           ㉰
```

ⓐ Holt의 선형방법을 이용하여 변수 kospi의 지수평활화 값을 구하라는 명령

㉮ 다양한 지수평활화 방안 중 Holt의 선형방법을 선택하는 보조명령어

㉯ 표본 내 예측오차의 자승합을 극소화시키는 조정계수 α, β값을 자동으로 찾아서 Holt의 선형방법을 수행하라는 보조명령어. 이 명령어를 사용하면 앞서 단일지수 평활화 분석에서처럼 α, β값을 분석자가 제시해 주지 않아도 됨.

㉰ 실제치와 추정값과의 차이를 보여 주는 잔차값을 저장할 때 사용하는 보조명령어로 여기서는 r_kospi에 저장

3) Holt-Winters방법

```
                              ㉮               ㉯
ⓐ  ESMOOTH(TREND=linear,SEASONAL=additive,ESTIMATED,
          SMOOTHED=s_kospi,RESIDS=r_kospi) kospi
```

```
                         ㉰
                         ↑
ⓑ ESMOOTH(TREND=linear,SEASONAL=multiplicative,ESTIMATED,
         SMOOTHED=s_kospi,RESIDS=r_kospi) kospi
```

ⓐ Holt-Winters의 가법계절변동모형을 이용하여 변수 kospi의 지수평활화 값을 구하라는 명령
  ㉮ 다양한 지수평활화 방안 중 Holt-Winters의 가법계절변동모형을 선택하는 보조명령어
  ㉯ Holt의 선형방법 분석에서와 마찬가지로 예측오차의 자승합을 극소화시키는 조정계수 α, β, γ 값을 자동으로 찾아서 Holt-Winters의 가법계절변동모형을 수행하라는 보조명령어

ⓑ Holt-Winters의 승법계절변동모형을 이용하여 변수 kospi의 지수평활화 값을 구하라는 명령
  ㉰ Holt의 선형방법 분석에서와 마찬가지로 예측오차의 자승합을 극소화시키는 조정계수 α, β, γ 값을 자동으로 찾아서 Holt-Winters의 승법계절변동모형을 수행하라는 보조명령어

(2) 회귀분석

1) 기본적인 회귀분석 절차

```
ⓐ LINREG depvar start end resids coeffs
          ㉮     ㉯    ㉰    ㉱     ㉲
ⓑ # explanatory variables
          ㉳
ⓒ PRJ variable
   ㉴    ㉵
```

ⓐ 회귀분석의 실시명령과 옵션내용
  ㉮ LINREG: 선형회귀분석을 실시하라는 명령어
  ㉯ *depvar*: 종속변수를 지정함.
  ㉰ *start end*: 분석기간을 설정
  ㉱ *resids*: 잔차항의 값을 저장해 두고자 할 때 지정하는 변수명

㉮ coeffs: 해당 추정계수의 값을 저장하고자 할 때 지정하는 변수명

여기서 ㉱는 추후 GRAPH 명령을 통해 잔차항의 분포형태를 살펴봄으로써 이분산이나 시계열상관현상 등의 심각성 여부를 확인하기 위하여, 그리고 ㉮는 시차분포모형을 추정할 경우 추정계수들의 분포도를 확인하기 위하여 설정하는 일종의 옵션명령임(단, 잔차항은 필요없고 계수의 값만을 필요로 할 때에는 ㉱는 변수명 대신 '0'을 쓴 후 계수의 값을 저장하고자 하는 변수명을 정의하면 됨. 이 때 '0'은 잔차항을 저장하지 않겠다는 의미를 지님. 한편, 계수값은 필요 없이 잔차항만을 필요로 할 경우에는 잔차항을 저장할 변수만을 정의해 주면 됨).

ⓑ 설명(독립)변수들을 지정해 주는 과정. '#'은 회귀분석을 돕는 일종의 보조명령어로서 RATS로 하여금 뒤따르는 변수들이 설명변수임을 인식하도록 함.

㉯ 설명변수들을 지정함. 단, 상수항은 'constant'라는 설명변수로 지칭됨.

ⓒ 종속변수의 추정치(fitted value)를 구하는 명령임.

㉰ 앞서 분석한 회귀분석에서 산출된 종속변수의 추정치를 산출하라는 명령

㉱ 산출한 추정치를 저장할 경우 지정하는 변수명

2) 최 우 법

```
ⓐ  CALENDAR start
ⓑ  ALLOCATE end
ⓒ  OPEN DATA a:\econdata.rat
ⓓ  DATA(FORMAT=RATS) / y x
ⓔ  CLOSE DATA

ⓕ  NONLIN alpha beta sigma
ⓖ  FRML resi = y-alpha-beta*x
                                                  ㉮          ㉯
                                                  ↑          ↑
ⓗ  FRML llh = -1*n*0.5*log(sigma)-0.5*%QFORM(INV(sigma),resi)
ⓘ  COMPUTE alpha=0.15, beta=0.32, sigma=2.15

ⓙ  MAXMIZE(ITERATION=1000,METHOD=bhhh) llh
```

ⓐ~ⓔ 분석기간 설정과 자료를 불러 오는 과정

ⓕ~ⓙ 최우법을 이용하여 계수를 추정하는 과정

ⓕ 추정할 모수 중 회귀계수는 'alpha', 'beta'로, 오차자승의 합은 'sigma'로 정의함.

ⓖ 오차항(resi)을 수식과 같이 정의함.

ⓗ 우도함수를 'llh'라 정의함. 오차항이 iid분포를 갖는 경우에 우도함수는 다음과 같이 나타내지므로 'llh'는 이를 위에서 정의한 모수를 가지고 정의한 것임.

$$\log L = -\frac{n}{2}\log 2\pi - \frac{n}{2}\log \sigma^2 - \frac{1}{2\sigma^2}\sum_i^n (gpa_i - alpha - beta * noa_i)^2$$

㉮ 해당 행렬의 역행렬을 구할 때 사용하는 명령어. 즉, $INV(A) = A^{-1}$

㉯ 해당 행렬의 계산에 사용되는 명령어. 즉, %QFORM(A,B)=B′AB. 따라서

$$\%QFORM(INV(sigma), resi) = resi' sigma^{-1} resi = \frac{\sum resi^2}{sigma}$$

ⓘ 비선형추정을 위해 추정될 모수의 초기값(initial value)을 정의하는 과정. 이러한 초기값 설정은 사용자의 직감에 의해 자의적으로 설정할 수 있으나, 계산상의 간편화를 위하여 사전에 회귀분석을 통해 구한 값과 유사한 값을 설정하는 것이 일반적임.

ⓙ 'BHHH'라는 수리최적법을 사용하여 최우추정법을 시행하라는 명령. 반복횟수는 'ITERATION'에 의해 사전에 정의하지 않으면 20번 반복하고 그때의 추정값을 산출해 줌. 경우에 따라 최적해를 구하기 위해 수많은 반복추정이 필요할 가능성도 있으므로, 반복횟수는 가능한 한 크게 잡는 것이 적절함.

3) 이 분 산

① 이분산의 탐색

▪ **그래프활용법**

```
ⓐ CALENDAR start
ⓑ ALLOCATE end
ⓒ DATA(UNIT=INPUT) / v1 v2 v3
ⓓ       rats data set
ⓔ LINREG v1 / resi
ⓕ # constant v2 v3
ⓖ GRAPH 1
ⓗ # resi
```

ⓐ~ⓓ 분석기간 설정과 자료입력과정

ⓔ~ⓕ 회귀분석과정. 'resi'는 회귀분석 결과 생성된 잔차항을 차후의 분석에 이용하기 위해서 resi라는 변수에 저장하라는 명령

ⓖ~ⓗ 그래프 명령어를 사용하여 앞서 구한 잔차항 변수 'resi'의 분포형태를 살펴봄으로써 이분산현상 여부를 확인함.

- Glejser검정법

```
ⓐ CALENDAR start
ⓑ ALLOCATE end
ⓒ DATA(UNIT=INPUT) / y x1
ⓓ      rats data set
ⓔ LINREG y / resi
  # CONSTANT x1
ⓕ SET abresi=ABS(resi)
ⓖ SET x1sqr=SQRT(x1)
ⓗ SET x1rc=1 / x1
ⓘ SET x1sqrrc=1 / SQRT(x1)
ⓙ LINREG abresi
  # constant x1
ⓚ LINREG abresi
  # constant x1sqr
ⓛ LINREG abresi
  # constant x1rc
ⓜ LINREG abresi
  # constant x1sqrrc
```

ⓐ~ⓓ 분석기간 설정과 자료입력과정

ⓔ 회귀분석을 실시한 후 잔차항을 'resi'에 저장

ⓕ~ⓘ Glejser검정을 위해 잔차항의 절대값과 설명변수를 여러 형태의 함수관계를 이용하여 전환시킨 값을 도출하는 과정

ⓙ~ⓜ 앞서 ⓕ~ⓘ에서 도출된 변수를 이용하여 회귀분석을 실시하는 과정. 분석결과 각 설명변수 'x1, x1sqr, x1rc, x1sqrrc'의 회귀계수에 대한 유의성 검

정을 실시하여 귀무가설(H_0: $\beta=0$)이 기각되면 이분산이 유의할 만한 수준이라고 판정함.

▪ Goldfeld-Quandt검정법

```
ⓐ  CALENDAR start
ⓑ  ALLOCATE end
ⓒ  DATA(UNIT=INPUT) / y x1 x2
ⓓ        rats data set
ⓔ  ORDER x1 / y x2
                ㉮      ㉯
                ↑       ↑
ⓕ  LINREG y start 3*end/8
ⓖ  # constant x1 x2
ⓗ  COMPUTE rss1=%RSS, ndf1=%NDF
                  ㉰     ㉱
                  ↑      ↑
ⓘ  LINREG y 5*end/8 end
ⓙ  # constant x1 x2
ⓚ  COMPUTE rss2=%RSS, ndf2=%NDF
ⓛ  COMPUTE fstat=(rss2/ndf2) / (rss1/ndf1)
ⓜ  CDF ftest fstat ndf2 ndf1
```

ⓐ~ⓓ 분석기간 설정과 자료입력과정

ⓔ 관측치들을 대표적인 설명변수 x1을 중심으로 나머지 변수인 y와 x2를 크기순으로 재배열하는 과정

ⓕ~ⓖ 전체 분석기간중 가운데 기간(일반적으로 n/4)을 제외하고 2등분하여 전반부의 분석기간에 대하여 회귀분석을 실시

㉮ 분석시작기간을 지정하는 것으로써 ⓐ에서 정의한 시작기간과 동일함.

㉯ 분석종료기간을 지정하는 것으로써 ⓑ에서 정의한 분석기간의 $3n/8(=\{n-(n/4)\}/2)$기간을 종료기간으로 정의

ⓗ 앞서 ⓕ~ⓖ의 추정결과 생성된 오차자승합을 '%RSS' 명령을 이용하여 'rss1'에 자유도를 '%NDF' 명령을 이용하여 'ndf1'에 저장함.

ⓘ~ⓙ 전체 분석기간 중 가운데 기간(일반적으로 n/4)을 제외하고 2등분하여 후반부의 분석기간에 대하여 회귀분석을 실시

㉰ 분석시작기간을 지정하는 것으로써 $5n/8$기간부터 분석을 시작함.

㉱ 분석종료기간을 지정하는 것으로써 ⓑ에서 정의한 분석종료기간과 동일함.

ⓚ 앞서 ⓘ~ⓙ의 추정결과 생성된 오차자승합을 '%RSS' 명령을 이용하여 'rss2'에 자유도를 '%NDF' 명령을 이용하여 'ndf2'에 저장함.

ⓛ 앞서 전반부와 후반부 각각의 오차자승합과 자유도를 이용하여 F검정통계량의 값을 산출하여 'fstat'에 저장

ⓜ ⓛ에서 구한 fstat를 임계치로 보고 분자의 자유도 'ndf2'와 분모의 자유도 'ndf1'에 대응하는 유의수준을 구함. 여기서 'CDF'는 주어진 임계치에 대한 유의수준을 계산해 주는 명령이며, 'ftest'는 F분포의 유의수준을 구하라는 명령

- Breusch-Pagan검정

```
ⓐ CALENDAR start
ⓑ ALLOCATE end
ⓒ DATA(UNIT=INPUT) / y x1
ⓓ rats data set
ⓔ LINREG y / resi
   # constant x1 x2
ⓕ COMPUTE n=%NOBS
ⓖ SET resisq=resi**2
ⓗ COMPUTE sigmasq=%SUM(resisq) / n
ⓘ SET g=resisq / sigmasq
ⓙ LINREG g
   # constant x1 x2
ⓚ COMPUTE rsq=%RSQUARED, sse=%RSS
ⓛ COMPUTE ssr=sse*(rsq/(1-rsq)), df=%NREG-1
ⓜ COMPUTE ssrd=ssr / 2
ⓝ CDF CHISQUARED ssrd df
```

ⓐ~ⓓ 분석기간 설정과 자료입력과정

ⓔ 회귀분석을 실시한 후 잔차항을 'resi'에 저장

ⓕ 관측치의 수를 구해 'n'이라 정의

ⓖ 잔차(resi)의 자승값을 지니는 resisq변수 창출

ⓗ 최우추정량 공식($\sum e_i^2/n$)을 이용하여 $\hat{\sigma}^2$값을 구해 'sigmasq'라 설정. 이 때 '%sum'은 해당 변수의 합계를 구하는 명령

ⓘ 오차항의 자승과 오차자승의 평균, 즉 분산값과의 비율($e_i^2/\hat{\sigma}^2$)을 'g'라 설정

ⓙ g를 본래 회귀식의 설명변수에 대하여 회귀분석을 실시

ⓚ~ⓛ Breusch-Pagan검정을 실시하기 위해서는 앞서 ⓙ의 결과로부터 회귀변동(ssr)값을 구하여야 하는바, RATS에서는 이 값을 자동적으로 구할 수 없기 때문에 잔차변동(SSE)과 결정계수(R2)값을 이용하여 SSR값을 구하는 과정. '%RSQUARED'와 '%RSS'를 이용하여 결정계수와 잔차변동을 각각 'RSQ'와 'SSE'라 설정한 후 '$SSR=SSE(R^2/(1-R^2))$' 식을 이용하여 'SSR'를 구함(단, 이 때 자유도는 ⓙ의 추정계수의 수에서 1을 뺀 값임을 고려하여 '%NREG'를 이용하여 추정계수를 구한 후 1을 빼 주어 자유도(df)를 구함).

ⓜ 'ssr'를 2로 나눈 값을 'ssrd'라 설정

ⓝ 앞서 ⓜ에서 구한 'ssrd'가 χ^2분포를 따른다는 사실을 이용하여 산출된 ssrd를 임계치로 하는 확률의 계산을 명령함. 계산된 우단면적이 유의수준(a/2)보다 클 때 귀무가설(동분산 가정)은 채택됨.

② 이분산의 대응책: 가중최소자승법

```
ⓐ  CALENDAR start
ⓑ  ALLOCATE end
ⓒ  DATA(UNIT=INPUT) / y x1 x2
ⓓ       rats data set
ⓔ  LINREG(SPREAD=x2) y
   # CONSTANT x1 x2

ⓕ  *WLS의 확인 검색

ⓖ  SET w=1 / SQRT(x2)
ⓗ  SET vy=y*w
ⓘ  SET vx1=x1*w
ⓙ  SET vx2=x2*w
```

```
ⓚ LINREG vy
  # w vx1 vx2
```

ⓐ~ⓓ 분석기간 설정과 자료입력과정

ⓔ 이분산이 존재시 이를 해결해 주는 가중최소자승법(WLS)을 실시하라는 명령. 추정명령어는 '회귀분석(LINREG)'과 동일하나 옵션으로 'SPREAD'를 이용하여 가중치로 사용할 변수명을 지정하면, 해당 회귀식은 여기서 지정된 변수를 가중치로 삼아 가중최소자승법을 실시함(단, RATS에서는 가중치로 선정된 변수의 제곱근의 역수로 각각의 변수를 곱해 줌으로써 변수를 전환시켜 이분산문제를 해소하는 방법을 사용함에 유의할 것).

ⓕ 이후의 분석과정은 WLS의 검색과정에 관한 것이라는 것을 알려 주는 일종의 주석문. '*'로 시작되는 행은 RATS에서는 명령을 실행하지 않고 다음 행으로 넘어가는 기능을 발휘함.

ⓖ~ⓚ ⓔ에서의 WLS 결과가 각 변수를 가중처리한 후 회귀분석한 결과와 일치하는가를 살펴보는 과정

ⓖ~ⓙ ⓔ에서 가중치로 정의된 변수의 제곱근의 역수를 w라 정의한 후 이를 각 변수에 직접 곱해 줌으로써 해당 변수를 가중변수로 전환시키는 과정

ⓚ ⓖ~ⓙ에서의 전환변수를 이용하여 회귀분석을 실시. 이 때 분석결과는 ⓔ의 결과와 동일하게 나타남. 즉, ⓔ의 'SPREAD' 옵션을 이용한 회귀분석은 변수를 ⓖ~ⓙ과정에서처럼 가중처리한 후 회귀분석을 실시한 경우와 동일한 결과를 가져다 줄 것임.

4) 자기상관

① 자기상관의 탐색

▪ 그래프활용법

```
ⓐ CALENDAR start
ⓑ ALLOCATE end
ⓒ DATA(UNIT=INPUT) / y x1 x2
ⓓ       rats data set
ⓔ LINREG y / resi
ⓕ # constant x1 x2
ⓖ GRAPH 1
ⓗ # resi
```

ⓐ~ⓓ 분석기간 설정과 자료입력과정

ⓔ~ⓕ 회귀분석과정. 회귀분석 결과 생성된 잔차항을 차후의 분석에 이용하기 위해서 'resi'라는 변수에 저장함.

ⓖ~ⓗ 그래프 명령어를 사용하여 앞서 도출된 잔차항 변수 'resi'의 분포형태를 살펴봄으로써 자기상관현상의 심각성 여부를 1차적으로 판정함.

· *d* 검정법

```
ⓐ CALENDAR start
ⓑ ALLOCATE end
ⓒ DATA(UNIT=INPUT) / y x1 x2
ⓓ     rats data set
ⓔ LINREG y
ⓕ # constant x1 x2
```

ⓐ~ⓓ 분석기간 설정과 자료입력과정

ⓔ~ⓕ *d* 검정법을 실시하는 과정. 회귀분석 결과에는 *d* 검정통계량의 값이 자동적으로 산출·제시되므로 이를 이용하여 자기상관의 존재 여부를 탐색함.

② 자기상관의 대응책

```
ⓐ AR1(options) depvar start end resids coeff
ⓑ # list of variables
```

ⓐ~ⓑ 코크란-오컷(Cochrane-Orcutt) 추정법을 이용하여 자기상관문제를 해결하는 과정. 'AR1'은 코크란-오컷 분석을 실시하는 명령어로 회귀분석 명령어인 'LINREG'와 같은 형식으로 활용됨. 즉, ⓐ는 분석하고자 하는 회귀식의 종속변수와 분석범위 등을 나타내고, ⓑ는 설명변수들을 나타내고 있음. 다만, 차이점은 ⓐ에서의 'options'이라 할 수 있음. 즉, 옵션으로「METHOD=CORC」는 'Cochrane-Orcutt'방법을, 「METHOD=MAXL」은 최우법을, 「METHOD=HILU」는 'Hildruth-Lu'방법을 이용하여 자기상관문제를 처리하도록 지시함.

5) 다중공선성

① 다중공선성의 탐색: Klein이 제시한 실용적인 판정기준

```
ⓐ  CALENDAR start
ⓑ  ALLOCATE end
ⓒ  DATA(UNIT=INPUT) / x1 x2 x3
ⓓ              rats data set
ⓔ  LINREG x1
ⓕ  # constant x2 x3
ⓖ  COMPUTE rs=%RSQUARED
ⓗ  CMOMENT(PRINT, CORR)
ⓘ  # x1 x2 x3
ⓙ  COMPUTE rx=%CMOM
ⓚ  COMPUTE r12=rx(1,2), r13=rx(1,3), r23=rx(2,3)
ⓛ  COMPUTE r12_3=(r12-r13*r23) / SQRT((1-r13**2)*(1-r23**2))
ⓜ  COMPUTE r13_2=(r13-r12*r23) / SQRT((1-r12**2)*(1-r23**2))
ⓝ  COMPUTE r23_1=(r23-r12*r13) / SQRT((1-r12**2)*(1-r13**2))
ⓞ  DISPLAY rs r12_3**2 r13_2**2 r23_1**2
```

ⓐ~ⓓ 분석기간 설정과 자료입력과정

ⓔ~ⓕ 각 설명변수에 대한 유의성 검정통계량 t의 값이 'H_0: $\beta_1=0$'을 기각할 수 있는가를 회귀분석을 통해 확인하는 과정

ⓖ '%RSQUARED' 명령을 통해 다중결정계수를 'rs'로 정의하여 저장함.

ⓗ~ⓙ 'CMOMENT' 명령을 이용하여 설명변수 x1, x2, x3의 단순상관계수행렬을 구하여 '%CMOMENT'문을 이용하여 'rx'에 저장

ⓚ 단순상관계수행렬 'rx'로부터 필요한 단순상관계수값들을 뽑아 정의함.

ⓛ~ⓝ 단순상관계수를 이용하여 편상관계수를 구하는 과정

ⓞ 앞서 구한 다중결정계수(rs)와 각 편상관계수의 제곱값을 화면상에 인쇄하라는 명령. 이 때 각 편상관계수의 제곱값이 다중결정계수값보다 크면 다중공선성이 심각한 상황으로 판정함.

② 다중공선성의 대응책: 능형회귀분석

```
ⓐ  CAL 1970 1 4
ⓑ  ALL 1988:4
ⓒ  OPEN DATA a:\econdata.rat
ⓓ  DATA(format=rats) / cpix m2x
ⓔ  CLOSE DATA

ⓕ  LINREG cpix
ⓖ  # constant m2x{0 to 1}

ⓗ  DO row=1,3
                                         ㉮
                                         ↑
ⓘ  COMPUTE %CMOM(row,row) = %CMOM(row,row)+k
ⓙ  END DO row
                  ㉯
                  ↑
ⓚ  LINREG(CMOMENT) cpix
ⓛ  # constant m2x{0 to 1}
```

ⓐ~ⓔ 분석기간 설정과 자료입력과정

ⓕ~ⓖ 회귀분석과정

ⓗ~ⓙ 능형회귀분석을 실시하기 앞서서 X′X행렬을 변화하기 위해 DO 명령을 이용하여 반복과정을 단순화함.

ⓗ 이하의 DO 반복명령에 사용할 row값을 1에서 3까지로 설정. 시작값과 끝나는 값을 ','로 구분하면, 단계적으로 '1'씩 증가함.

ⓘ ⓕ~ⓖ에서 실시한 회귀분석 결과로부터 X′X행렬을 구하여 주대각선상의 원소에 상수(k)를 더해 줌.

ⓙ DO 반복명령의 종료를 나타냄.

㉮ ⓕ~ⓖ에서 실시한 회귀분석 결과로부터 X′X행렬을 구하는 RATS 함수

ⓚ~ⓛ 변화된 X′X행렬을 이용하여 능형회귀분석을 실시

㉯ 변화된 X′X행렬을 이용하여 회귀분석을 실시하라는 보조명령어

6) 설정오류

① 설정오류의 탐색: 부적절한 설명변수들의 포함 여부 검정

```
ⓐ  CALENDAR start
ⓑ  ALLOCATE end
ⓒ  DATA(UNIT=INPUT) / y1 x1 x2 x3
ⓓ              rats data set

ⓔ  LINREG y1
   # constant x1 x2 x3
ⓕ  EXCLUDE
ⓖ  # x2 x3
```

ⓐ~ⓓ 분석기간 설정과 자료입력과정

ⓔ~ⓖ 부적절한 다수의 설명변수 포함과 관련된 설정오류 검정

ⓔ 본래의 회귀식에 대해 회귀분석 실시

ⓕ~ⓖ 부적절한 다수의 설명변수 포함과 관련된 설정오류를 검정하기 위해 F통계량을 구하는 과정

'EXCLUDE'는 'LINREG' 명령을 시행한 후에 뒤따르는 명령어로서 앞서 'LINREG' 명령에서 실행한 회귀방정식에 포함된 설명변수의 일부를 제외(즉, 일부 변수의 회귀계수를 '0'이라 가정)시키는 가설의 타당성을 확인하기 위해 F검정을 실시할 때 사용되는 명령어. 이 때 계산되는 F검정통계량은

$$F=\frac{(SSR_{INC}-SSR_{EXC})/(\text{포함시 추정할 계수숫자}-\text{제외시 추정할 계수숫자})}{SSE_{INC}/(n-\text{포함시 추정할 계수숫자})}$$

이 때 제외되는 설명변수는 보조명령어 '#' 다음에 나열함.

만일 산출된 F검정통계량이 F임계치보다 크면, 특정 설명변수들을 제외시키는 것이 타당하다는 귀무가설을 기각하게 됨. 즉, 가상적으로 제외시켜 본 설명변수들을 모형에 포함시키는 것이 적절한 것으로 판정함.

② 설정오류의 대응책

▪ **축소제외법**

```
ⓐ  CALENDAR start
ⓑ  ALLOCATE end
ⓒ  DATA(UNIT=INPUT,ORG=VAR) / y x1 x2 x3
ⓓ      rats data set

ⓔ  STWISE(METHOD=BACKWARD,FORCE=1,SLSTAY=0.05) y
   # constant x1 x2 x3
```

ⓐ~ⓓ 분석기간 설정과 자료입력과정

ⓔ 유의수준(a=0.05)하에서의 'STWISE' 명령어를 이용한 축소제외법 추정

'STWISE': 축소제외법, 확대도입법 및 단계적 회귀분석을 실시하는 데 사용되는 RATS 명령어

'METHOD=BACKWARD': 축소제외법으로 추정하라는 옵션명령

'FORCE=1': 추정시 설명변수 중 첫 번째 설명변수는 유의수준에 상관없이 반드시 모형 안에 포함하라는 옵션.

'SLSTAY': 축소제외법이나 단계적 추정방법을 사용해 변수제거시에 기준이 되는 유의수준을 지정하는 데 이용하는 옵션명령. 여기에서처럼 'SLSTAY=0.05'는 유의수준이 0.05임을 의미함. 단, 이 옵션이 생략될 경우 유의수준은 0.2로 정의됨.

▪ **확대도입법**

```
ⓐ  CALENDAR start
ⓑ  ALLOCATE end
ⓒ  DATA(UNIT=INPUT,ORG=VAR) / y x1 x2 x3
ⓓ      rats data set

ⓔ  STWISE(METHOD=FORWARD,FORCE=1,SLENTER=0.05) y
   # constant x1 x2 x3
```

ⓐ~ⓓ 분석기간 설정과 자료입력과정

ⓔ 유의수준(a=0.05)하에서의 'STWISE' 명령어를 이용한 확대도입법 추정
'STWISE': 축소제외법, 확대도입법 및 단계적 회귀분석을 실시하는 데 사용되는 RATS 명령어
'METHOD=FORWARD': 확대도입법으로 추정하라는 옵션명령
'FORCE=1': 추정시 설명변수 중 첫 번째 설명변수는 유의수준에 상관없이 반드시 모형 안에 포함하라는 옵션.
'SLENTER': 확대도입법이나 단계적 추정방법을 사용해 추가변수 포함시에 기준이 되는 유의수준을 지정하는 데 이용하는 옵션명령. 여기에서처럼 'SLENTER=0.05'는 유의수준이 0.05임을 의미함. 단, 이 옵션이 생략될 경우 유의수준은 0.2로 정의됨.

- **단계적 회귀분석법**

단계적 회귀분석은 확대도입법과 축소제외법을 혼합한 방법으로 확대도입법과 같이 변수를 하나씩 추가해 나가되 단계마다 축소제외법을 병행하여 이전 단계에서 포함된 변수라도 다음 단계에서 제외될 수 있는 것이 차이점이다.

```
ⓐ  CALENDAR start
ⓑ  ALLOCATE end
ⓒ  DATA(UNIT=INPUT,ORG=VAR) / y x1 x2 x3
ⓓ       rats data set

ⓔ  STWISE(METHOD=STEPWISE,FORCE=1,SLSTAY=0.05,SLENTER=0.05) y
   # constant x1 x2 x3
```

ⓐ~ⓓ 분석기간 설정과 자료입력과정

ⓔ 유의수준(a=0.05)하에서의 'STWISE' 명령어를 이용한 다단적 회귀분석법
'STWISE': 축소제외법, 확대도입법 및 단계적 회귀분석을 실시하는 데 사용되는 RATS 명령어
'METHOD=STEPWISE': 단계적 회귀분석으로 추정하라는 옵션
'FORCE=1': 추정시 설명변수 중 첫 번째 설명변수는 유의수준에 상관없이 반드시 모형 안에 포함하라는 옵션

7) 특수모형

① LPM모형

```
ⓐ CALENDAR start
ⓑ ALLOCATE end
ⓒ DATA(UNIT=INPUT) / y x
ⓓ              rats data set

ⓔ LINREG y
ⓕ # constant x
ⓖ PRJ yhat

   * CASE 1: EXCLUDE yhat>1 and yhat<0

ⓗ SET yhat1=%IF(yhat<0,%NA,yhat)
ⓘ SET yhat1=%IF(yhat>1,%NA,yhat)
ⓙ SET w1=yhat1 * (1-yhat1)
ⓚ SET sw1=SQRT(W1)

ⓛ SET vc1=1/sw1
ⓜ SET vx1=x/sw1
ⓝ SET vy1=y/sw1

   * WLS METHOD

ⓞ LINREG vy1
ⓟ # vc1 vx1

   * CASE 2: IF yhat〉1 THEN yhat=0.99
   *         IF yhat〈0 THEN yhat=0.01
```

```
ⓠ  SET yhat2=%IF(yhat<0,0.01,yhat)
ⓡ  SET yhat2=%IF(yhat>1,0.99,yhat)
ⓢ  SET w2=yhat2 * (1-yhat2)
ⓣ  SET sw2=SQRT(w2)

ⓤ  SET vc2=1/sw2
ⓥ  SET vx2=x/sw2
ⓦ  SET vy2=y/sw2

    * WLS METHOD

ⓧ  LINREG vy2
ⓨ  # vc2 vx2
```

ⓐ~ⓓ 분석기간 설정과 자료입력과정

ⓔ~ⓕ 가중치를 구하기 위한 전단계로 y를 x에 대해 회귀분석 실시

ⓖ 앞서 추정한 회귀식의 종속변수 추정치를 구하여, 이분산해소를 위한 가중최소자승법에 사용하기 위한 가중치를 구하는 데 사용하기 위하여 yhat 변수로 저장

ⓗ~ⓟ 추정된 yhat값이 음수이거나 1을 초과하는 문제가 발생시 해결하는 데 사용되는 두 가지 방법 중 하나로 관련 관측치들을 분석에서 제외시키는 방법이 사용되는 과정

ⓗ~ⓘ 추정된 yhat값이 음수일 경우와 1을 초과할 경우에는 관축치에서 제외하는 과정

ⓗ 음수값을 지니는 yhat의 관측치를 관측치에서 제외하는 과정
%IF(x,y,z): %IF는 일종의 조건문으로서 만일 x가 옳다면, y값을 취하며, 틀리다면 z값을 취하는 명령

ⓘ 1을 초과하는 yhat값을 관측치에서 제외하는 과정

ⓙ 가중최소자승법에 사용하기 위한 가중치를 창출함.

ⓚ 앞서 창출한 가중치의 제곱근을 구함. 이 때 yhat값이 음수이거나 1보다 큰 경우에는 가중치의 제곱근은 missing value가 되어 분석에서 빠짐을 고려해야 함. 'SQRT'는 제곱근을 구하라는 명령어

ⓛ~ⓝ 가중치의 제곱근으로 나눔으로써 가중최소자승법에 사용할 새로운 변수 창출

ⓞ~ⓟ 가중최소자승법을 실시. 이 경우 앞서 ⓗ에서 missing value로 처리된 관측치는 분석에서 제외되고, 나머지 관측치만이 분석에 사용됨.

ⓠ~ⓡ 앞서 방법은 자유도를 상실하는 문제점이 있어, 이를 해결하기 위해 추정된 yhat값이 음수일 경우에는 0.01로, 1을 초과할 경우에는 0.99로 대체하여 추정하는 과정임.

ⓠ 음수값을 지니는 yhat의 관측치를 0.01로 대체하는 명령. 즉, yhat값이 0보다 작은 관측치는 0.01로 대체하고, 그 밖의 경우에는 본래의 yhat값을 지님. %IF(x,y,z); %IF는 일종의 조건문으로서 만일 x가 옳다면, y값을 취하며, 틀리다면 z값을 취하는 명령

ⓡ 1을 초과하는 yhat값을 0.99로 대체하라는 명령

ⓢ~ⓣ 새롭게 정리된 yhat값을 이용하여 새로운 가중치와 가중치의 제곱근을 창출하는 과정

ⓤ~ⓦ 가중치의 제곱근으로 나눔으로써 가중최소자승법에 사용할 새로운 변수 창출

ⓧ~ⓨ 가중최소자승법을 실시

② LOGIT모형

```
ⓐ  CALENDAR start
ⓑ  ALLOCATE end
ⓒ  DATA(UNIT=INPUT) / x ln sn
ⓓ          rats data set
    *
ⓔ  SET p=sn/ln
ⓕ  SET l=LOG(p/(1-p))
    *

ⓖ  LINREG l
ⓗ  # constant x
    *
    * WLS
    *
ⓘ  SET w=ln*p*(1-p)
```

```
ⓙ SET sw=SQRT(w)
ⓚ SET vl=l*sw
ⓛ SET vx=x*sw

ⓜ LINREG vl
ⓝ # sw vx
```

ⓐ~ⓓ 분석기간 설정과 자료입력과정

ⓔ 표본비율을 구하여 변수 p로 명명함.

ⓕ LOGIT 모델의 종속변수로 사용하기 위하여 표본비율에 LOG를 취하여 변수명 l이라 명명

ⓖ~ⓗ 본래의 모형을 그대로 회귀분석함.

ⓘ~ⓙ 가중최소자승법을 실시하기 위해 가중치를 구하여 변수명 w로 명명하고, 이의 제곱근을 sw로 명명

ⓚ~ⓛ 가중치의 제곱근을 각각 곱하여 WLS에 사용하기 위해 변수변환하는 과정

ⓜ~ⓝ 변환된 자료를 이용하여 WLS를 실시함.

③ PROBIT모형

```
ⓐ CALENDAR start
ⓑ ALLOCATE end
ⓒ DATA(UNIT=INPUT) / p s ln x
ⓓ                rats data set

ⓔ SET pbit=s+5

ⓕ LINREG s
  # constant x
ⓖ LINREG pbit
  # constant x

  * WLS
```

```
ⓗ  SET fi=EXP(-0.5 * s**2) / SQRT(2 * %PI)
ⓘ  SET w=(ln*fi**2) / p*(1-p)
ⓙ  SET sw=SQRT(w)
ⓚ  SET vs=s*sw
ⓛ  SET vx=x*sw

ⓜ  LINREG vs
   # sw vx
```

ⓐ~ⓓ 분석기간 설정과 자료입력과정. 단, 입력자료는 p(표본비율), s(n.e.d.), x(설명변수), ln(표본수)임.
RATS에서는 주어진 표본비율과 대칭되는 INDEX(즉, 표준 CDF의 역함수값, N.E.D or NORMIT)를 구하는 명령어가 RATA 프로그램에 존재하지 않기 때문에 분석에 앞서 미리 SAS 등 여타 프로그램을 이용하여 사전에 산출하여야 하는 문제점을 지니고 있음.

ⓔ $p<0.5$일 때, s는 음수이기 때문에 양수를 만들기 위해 5를 더하여 pbit변수를 창출

ⓕ s에 대해 회귀분석을 실시

ⓖ pbit에 대해 회귀분석을 실시

ⓗ~ⓛ 가중최소자승법을 실시하기 위해 가중치를 창출하고 이를 이용해 변수를 전환하는 과정

ⓗ 가중치를 구할 때 사용되는 f_i를 창출
$\left(\text{단, } f_i=\frac{1}{\sqrt{2\pi}}\exp\left(-\frac{1}{2}s^2\right)\right)$

ⓘ 가중치$\left(w_i=\sqrt{\frac{\ln_i f_i^2}{p_i(1-p_i)}}\right)$를 창출하는 과정

ⓙ 가중치의 제곱근을 창출

ⓚ~ⓛ ⓕ에 사용된 설명변수(s)와 종속변수(x)에 ⓙ에서 구한 가중치 제곱근(sw)을 각각 곱하여 WLS에 사용하기 위해 변수변환하는 과정

ⓜ 변환된 자료를 이용하여 WLS를 실시함.

(3) 연립방정식

1) 연립방정식 추정법

① 단일방정식 추정법: 2단계 최소자승법

```
ⓐ  CALENDAR start
ⓑ  ALLOCATE end
ⓒ  DATA(UNIT=INPUT) / y1 y2 y3 x1 x2 x3 x4
ⓓ        rats data set
ⓔ  INSTRUMENT x1 x2 x3 x4

            ㉮
            ↑
ⓕ  LINREG(INST) y1
   # constant x1 x2 y2 y3
ⓖ  LINREG(INST) y2
   # constant x3 x4 y1 y3
```

ⓐ~ⓓ 분석기간 설정과 자료입력과정

ⓔ 내생설명변수의 추정치를 구할 때 사용되는 연립방정식 내의 모든 선결변수들을 정의함. 'INSTRUMENTS' 명령어는 연립방정식체계 내에 존재하는 모든 선결변수들(즉, 외생변수와 시차내생변수들)을 일종의 수단변수로 지정하여 내생설명변수들의 추정치들을 구하는 데 사용함.

ⓕ 개별 방정식 내의 내생설명변수를 ⓔ에서 정의된 선결변수들의 함수로 표현되는 유도방정식을 이용하여 추정한 다음 이를 개별 구조방정식 내의 내생설명변수와 대체시킨 다음 회귀분석을 실시하는 과정. 즉, ⓕ의 y2, y3의 관측치는 원래의 값이 아닌 ⓔ에서 정의된 선결변수들을 이용해 유도방정식상에서 도출된 추정치임.

㉮ 'INST': 해당 방정식에 내재된 내생설명변수를 'INSTRUMENTS' 명령에서 정의된 선결변수들의 함수로 표현되는 유도방정식을 이용한 추정치로 대체시킨 다음 회귀분석을 실시하라는 옵션 명령. 만일 이 옵션이 사용 안 되면 해당 방정식의 결과는 단순히 구조방정식에 OLS를 적용하는 과정이 되어버림(RATS에서는 유도방정식을 통해 내생설명변수의 추정치를 구하는 제1단계 추정과정은 출력되지 않고 제2단계 추정결과만이 나타남).

ⓖ 또다른 구조방정식($y_2=f(y_1,\ y_3,\ x_3,\ x_4)$)의 2SLS 추정과정

② 전체 방정식 추정법

```
ⓐ CALENDAR start
ⓑ ALLOCATE end
ⓒ DATA(UNIT=INPUT) / y1 y2 x1 x2 x3
ⓓ       rats data set
ⓔ INSTRUMENT x1 x2 x3
ⓕ LINREG(INST, DEFINE=eq1) y1
ⓖ # constant x1 x2 y2
ⓗ LINREG(INST, DEFINE=eq2) y2
ⓘ # constant x3 y1
ⓙ SUR(INST) 2
ⓚ # eq1
ⓛ # eq2
```

ⓐ~ⓓ 분석기간 설정과 자료입력과정

ⓔ 'INSTRUMENTS' 명령어는 방정식 안에 존재하는 외생변수들(즉, 외생변수와 내생시차변수들)을 설정하여 내생변수들의 추정치들을 구하기 위하여 사용됨.

ⓕ~ⓖ 앞서 ⓔ에서 구한 내생변수의 추정치들을 원래의 내생변수들 값 대신 사용하여 회귀분석을 실시하는 과정. 이 추정방정식을 차후에 사용하기 위해 'DEFINE' 옵션을 이용하여 'eq1'이라 설정

ⓗ~ⓘ 앞서 ⓔ에서 구한 내생변수의 추정치들을 원래의 내생변수들 값 대신 사용하여 회귀분석을 실시하는 과정. 이 추정방정식을 차후에 사용하기 위해 'DEFINE' 옵션을 이용하여 'eq2'라 설정

ⓙ~ⓛ 3단계 최소자승법을 실시하라는 명령
ⓘ에서 '2'는 추정방정식이 두 개라는 것을 의미
ⓚ와 ⓛ은 각각 추정방정식이 앞서 정의한 'eq1'과 'eq2'임을 나타냄.

2) 연립방정식모형의 적합도 및 안정성 검정: 의태분석

① 개별 방정식 및 정의식의 이름 명명

▪ **방정식의 경우**

'FRML'이라는 보조명령을 이용하여 아래와 같은 방식으로 이름을 명명한다.

```
ⓐ LINREG(FRML=eqname1) y1
  # constant x1 x2 x3
ⓑ LINREG(FRML=eqname2) y2
  # constant x4 x5
```

ⓐ 회귀방정식 $y_1=f(x_1,\ x_2,\ x_3)$을 추정하면서 차후 연립방정식모형의 안정성 검정에 사용하기 위해 방정식의 이름을 'eqname1'이라 명명함.

ⓑ 회귀방정식 $y_2=f(x_4,\ x_5)$을 추정하면서 차후 연립방정식모형의 안정성 검정에 사용하기 위해 방정식의 이름을 'eqname2'라 명명함(단, 각 방정식의 이름은 같아서는 안 됨).

▪ **정의식의 경우**

방정식과는 달리 'FRML'이라는 명령어를 직접 이용하여 정의식의 이름을 명명한다.

```
ⓐ FRML(IDENTITY) idname1 expression1
      ↓              ↓          ↓
      ㉮             ㉯         ㉰

ⓑ FRML(IDENTITY) idname2 expression2
```

ⓐ 정의식을 차후 연립방정식모형의 안정성 검정에 사용하기 위하여 이름을 'idname1'이라 명명

㉮ 'FRML': 원래는 비선형모형을 추정하기에 앞서 모형을 설정할 때 사용되는 명령어로서 'DENTITY'란 보조명령과 함께 사용할 경우에는 뒤따르는 정의식의 이름을 명명하는 기능을 함.

㉯ 'idname1': 지정된 정의식의 이름

㉰ 'expression1': 정의식의 내용을 표현함. 이 표현은 'SET' 명령어의 표현과

동일함.

ⓑ 정의식의 이름을 'idname2'라 명명(단, 각 정의식의 이름은 같아서는 안 됨)

② 분석모형의 설정

```
             ㉮          ㉯               ㉰                    ㉱       ㉲
             ↑          ↑               ↑                    ↑       ↑
ⓐ  GROUP gname eqname1>>feq1 eqname2>>feq2 eqname3>>feq3 $
ⓑ                  idname1>>fid1 idname2>>fid2
                          ↓             ↓
                          ㉳            ㉴
```

ⓐ~ⓑ 3개의 방정식과 2개의 정의식으로 구성된 연립방정식체계를 작성하고 그 이름을 'gname'이라 명명함.

㉮ 'gname': 명명된 연립방정식체계의 이름

㉯~㉱ 분석모형에 포함될 방정식을 사전에 명명된 방정식 이름을 이용하여 구성하는 명령. '>>'는 시뮬레이션 실시로 발생된 각 방정식의 종속변수의 시뮬레이션값을 차후 RMSE값 등을 산출하는 데 사용하기 위해 저장하고자 하는 변수명을 지정하는 데 사용됨.

㉯ 'eqname1'이라 명명된 방정식을 시뮬레이션을 실시한 후 산출된 종속변수의 시뮬레이션값을 'feq1'에 저장하라는 의미

㉲ '$': RATS 명령은 각 행단위로 명령이 실행되나, 'GROUP' 명령을 이용해 분석모형을 설정하는 등 몇몇 경우에는 한 행에 모든 과정을 표현할 수 없는 문제점이 발생한다. 이 때 '$'라는 보조명령어를 이용하여 여러 행에 걸쳐 있는 명령들 하나의 명령어라고 RATS에게 인식시켜 줄 수 있다.

㉳~㉴ 분석모형에 포함될 방정식을 사전에 명명된 정의식 이름을 이용하여 구성하는 명령. '>>'는 시뮬레이션 실시로 발생된 각 정의식의 파생변수의 시뮬레이션값을 차후 RMSPE값 등을 산출하는 데 사용하기 위해 저장하고자 하는 변수명을 지정하는 데 사용됨.

㉳ 'idname1'이라 명명된 방정식을 시뮬레이션을 실시한 후 산출된 파생변수의 시뮬레이션값을 'fid1'에 저장하라는 의미.

③ 시뮬레이션 실행과 RMSPE를 통한 평가

ⓐ SMPL *start end*

```
ⓑ  FORECAST(MODEL=gname,PRINT)
                         ↓          ↓
                         ㉮         ㉯
ⓒ  SET spe=((svalue−avalue) / avalue)**2
              ↓         ↓
              ㉰         ㉱
ⓓ  ACC spe / sspe
ⓔ  COMPUTE rmspe=100*SQRT(sspe(end) / 관측치수)
                                ↓
                                ㉲
ⓕ  DISPLAY rmspe
```

ⓐ 시뮬레이션을 실시하려는 분석기간 설정

ⓑ 사전에 설정된 분석모형에 대해 시뮬레이션을 실행하고 그 결과를 화면상에 보이라는 명령

㉮ 'MODEL=gname': 시뮬레이션을 실시하려는 분석모형을 'MODEL' 보조명령을 통해 지정(단, gname은 분석모형의 이름)

㉯ 'PRINT': 산출된 시뮬레이션값을 화면상에 보이라는 보조명령

ⓒ~ⓔ rmspe를 산출하는 과정

ⓒ $\{(\text{예측치}_t - \text{실제치}_t)/\text{실제치}_t\}^2$ 를 'spe'이라 정의

㉰ 'svalue': 예측치, 즉 시뮬레이션을 통해 산출된 값

㉱ 'avalue': 실제치

ⓓ 'spe'의 누적값을 ⓐ에서의 지정한 분석기간 동안에 대해 산출하여 'sspe'라 정의

ⓔ 'spe'의 누적값을 분석기간의 관측치의 수로 나눈 값의 제곱근값을 구한 후 100을 곱함으로써 'rmspe'를 산출해 냄.

㉲ 'sspe(end)': 분석기간에 대한 'spe'의 누적값을 의미. 'ACCUMULATE' 명령을 이용해 누적값을 구할 때 총누적값은 파생된 변수의 마지막 시기의 자료이므로 'end'를 사용함('ACCUMULATE' 명령어 설명 참고).

ⓕ 산출된 rmspe값을 화면상에 보이라는 명령

참고: $\text{rmspe} = 100\sqrt{\frac{1}{n}\sum_{t=1}^{n}\left(\frac{\hat{x}_t^s - x_t^a}{x_t}\right)^2}$

여기서, $\hat{x}_t^s$: 예측치

x_t^s: 실제치

n: 표본수

3.3. 시계열분석

(1) ARIMA모형

1) 모형의 식별

① 안정적인 시계열의 경우

```
ⓐ  CALENDAR start
ⓑ  ALLOCATE end
ⓒ  OPEN DATA a:\econdata.rat
ⓓ  DATA(FORMAT=RATS) / x
ⓔ  CLOSE DATA
                            ㉮                   ㉯
                            ↑                   ↑
ⓕ  CORRELATE(CORRELATIONS=a_x,PARTIAL=p_x) x
              ㉰        ㉱
              ↑        ↑
ⓖ  GRAPH(MAX=1.0,MIN=-1.0) 1
ⓗ  # a_x
ⓘ  GRAPH(MAX=1.0,MIN=-1.0) 1
ⓙ  # p_x
```

ⓐ~ⓔ 분석기간 설정과 자료를 불러 오는 과정

ⓕ 분석대상 시계열의 식별을 위해 'CORRELATE' 명령어를 시계열 x의 acf와 pacf를 구하는 과정

㉮ 분석대상 시계열의 acf를 구해 a_x에 저장하라는 보조명령어

㉯ 분석대상 시계열의 pacf를 구해 p_x에 저장하라는 보조명령어

ⓖ~ⓗ 분석대상 시계열의 식별을 위해 ⓕ에서 도출한 시계열 'x'의 자기상관함수(a_x)를 그래프를 통해 살펴보는 과정

㉰ 그래프 Y축의 최대크기를 '1'로 규정하는 보조명령어

㉱ 그래프 Y축의 최소크기를 '−1'로 규정하는 보조명령어

ⓘ~ⓙ 분석대상 시계열의 식별을 위해 ⓕ에서 도출한 시계열 'x'의 편자기상관함수(p_x)를 그래프를 통해 살펴보는 과정

② 불안정적인 시계열의 경우

▪ **비계절적 시계열 경우**

```
ⓐ  CALENDAR start
ⓑ  ALLOCATE end
ⓒ  OPEN DATA a:\econdata.rat
ⓓ  DATA(FORMAT=RATS) / x
ⓔ  CLOSE DATA
                         ㉮          ㉯
                         ↑          ↑
ⓕ  DIFFERENCE(DIFFERENCES=p) x / dx
ⓖ  CORRELATE(CORRELATIONS=a_dx,PARTIAL=p_dx) dx
ⓗ  GRAPH(MAX=1.0,MIN=-1.0) 1
ⓘ  # a_dx
ⓙ  GRAPH(MAX=1.0,MIN=-1.0) 1
ⓚ  # p_dx
```

ⓐ~ⓔ 분석기간 설정과 자료를 불러 오는 과정

ⓕ 불안정한 시계열 'x'를 p차 차분을 통해 안정된 시계열 'dx'를 도출하는 과정

㉮ p차 차분을 실시하라는 보조명령어

㉯ 분석기간, 즉 '/'은 앞서 ⓐ~ⓑ에서 설정한 기간과 동일하다는 옵션명령어

ⓖ 분석대상 시계열의 식별을 위해 'CORRELATE' 명령어를 시계열 dx의 acf와 pacf를 구하는 과정

ⓗ~ⓘ 분석대상 시계열의 식별을 위해 ⓖ에서 도출한 시계열 'dx'의 자기상관함수(a_dx)를 그래프를 통해 살펴보는 과정

ⓙ~ⓚ 분석대상 시계열의 식별을 위해 ⓖ에서 도출한 시계열 'dx'의 편자기상관함수(p_dx)를 그래프를 통해 살펴보는 과정

▪ **계절적 시계열 경우**

```
ⓐ  CALENDAR start
ⓑ  ALLOCATE end
```

```
ⓒ OPEN DATA a:\econdata.rat
ⓓ DATA(FORMAT=RATS) / x
ⓔ CLOSE DATA

                                    ㉮
                                    ↑
ⓕ DIFFERENCE(DIFFERENCES=p,SDIFFERENCES=q) x / sdx
ⓖ CORRELATE(CORRELATIONS=a_sdx,PARTIAL=p_sdx) sdx
ⓗ GRAPH(MAX=1.0,MIN=-1.0) 1
ⓘ # a_sdx
ⓙ GRAPH(MAX=1.0,MIN=-1.0) 1
ⓚ # p_sdx
```

ⓐ~ⓔ 분석기간 설정과 자료를 불러 오는 과정

ⓕ 계절요인을 지니는 불안정한 시계열 'x'를 q차의 계절차분과 p차 차분을 통해 안정된 시계열 'sdx'를 도출하는 과정

㉮ q차 계절차분을 실시하라는 보조명령어

ⓖ 분석대상 시계열의 식별을 위해 'CORRELATE' 명령어를 시계열 sdx의 acf와 pacf를 구하는 과정

ⓗ~ⓘ 분석대상 시계열의 식별을 위해 ⓖ에서 도출한 시계열 'sdx'의 자기상관함수(a_sdx)를 그래프를 통해 살펴보는 과정

ⓙ~ⓚ 분석대상 시계열의 식별을 위해 ⓖ에서 도출한 시계열 'sdx'의 편자기상관함수(p_sdx)를 그래프를 통해 살펴보는 과정

- **함수전환이 필요한 시계열 경우**

```
ⓐ CALENDAR start
ⓑ ALLOCATE end
ⓒ OPEN DATA a:\econdata.rat
ⓓ DATA(FORMAT=RATS) / x
ⓔ CLOSE DATA

ⓕ SET lx=LOG(x)
```

```
ⓖ  DIFFERENCE(DIFFERENCES=p,SDIFFERENCES=q) lx / sdlx
ⓗ  CORRELATE(CORRELATIONS=a_sdlx,PARTIAL=p_sdlx) sdlx
ⓘ  GRAPH(MAX=1.0,MIN=-1.0) 1
ⓙ  # a_sdlx
ⓚ  GRAPH(MAX=1.0,MIN=-1.0) 1
ⓛ  # p_sdlx
```

ⓐ~ⓔ 분석기간 설정과 자료를 불러 오는 과정

ⓕ 안정성 확보를 위해 시계열 'x'를 log함수전환을 통해 'lx' 창출

ⓖ 계절요인을 지니는 불안정한 시계열 'lx'를 q차의 계절차분과 p차 차분을 통해 안정된 시계열 'sdlx'를 도출하는 과정

ⓗ 분석대상 시계열의 식별을 위해 'CORRELATE' 명령어를 시계열 sdlx의 acf와 pacf를 구하는 과정

ⓘ~ⓙ 분석대상 시계열의 식별을 위해 ⓗ에서 도출한 시계열 'sdlx'의 자기상관함수(a_sdlx)를 그래프를 통해 살펴보는 과정

ⓚ~ⓛ 분석대상 시계열의 식별을 위해 ⓗ에서 도출한 시계열 'sdlx'의 편자기상관함수(p_sdlx)를 그래프를 통해 살펴보는 과정

2) 선정된 모형의 추정 및 진단

```
ⓐ  CALENDAR start
ⓑ  ALLOCATE end
ⓒ  OPEN DATA a:\econdata.rat
ⓓ  DATA(FORMAT=RATS) / x
ⓔ  CLOSE DATA
    ****************
    *  Estimation  *
    ****************
ⓕ  BOXJENK(CONSTANT,AR=p,DIFFS=d,MA=q,SDIFFS=sd) x / resi
                         ㉮      ㉯        ㉰
                         ↑      ↑        ↑
ⓖ  COMPUTE aic=log(%RSS/%NOBS)+%NREG*2.0/%NOBS
ⓗ  SET fitt=x-resi
```

```
ⓘ  SET are=ABS(resi/x)
ⓙ  ACC are / sare
ⓚ  COMP n=%NOBS, mape=(100/n)*sare(end), nreg=%NREG-1
ⓛ  DISPLAY aic mape
   *************************
   *   Diagnostic Checking   *
   *************************
   *ACF test
ⓜ  CORR x / xacf
ⓝ  CORR fitt / facf
ⓞ  GRAPH 2
ⓟ  # xacf
ⓠ  # facf

   *Bartlett Test & Chi Square Test
ⓡ  COR(NUMBER=n/4,STDERRS=se,QSTATS,DFC=nreg) resi / racf
ⓢ  SET racfsq=racf**2
ⓣ  ACC racfsq / sracf
ⓤ  COMPUTE q=n*sracf(n/4)
ⓥ  DISPLAY q
ⓦ  SET tstat=racf / se
ⓧ  PRINT / tstat
```

ⓐ~ⓔ 분석기간 설정과 자료를 불러 오는 과정

ⓕ~ⓛ 모형의 추정과 적합도 검정과정

ⓕ 'BOXJENK' 명령어를 이용해 ARIMA모형을 추정

'CONSTANT': 모형추정시 상수항을 포함하라는 명령. 만일 상수항이 필요없을 경우에는 제외함.

'AR=p': AR의 차수를 p로 지정

'MA=q': MA의 차수를 q로 지정

'DIFFS=d': 차분의 차수를 d로 지정

'SDIFFS=sd': 계절차분의 차수를 sd로 지정

ⓖ 추정모형을 재식별하기 위해 AIC(Akaike's information criterion)값을 구하는 과정

㉮ ⓕ에서 실시한 추정결과의 잔차자승합을 계산에 이용하는 함수

㉯ ⓕ에서 사용한 관측치의 수를 계산에 이용하는 함수

㉰ ⓕ에서 사용한 추정식의 설명변수(상수항 포함)의 수를 계산에 이용하는 함수

ⓗ~ⓚ MAPE를 구하는 과정: RATS에서는 RMSE는 자동적으로 구해 주나 MAPE는 아래와 같은 과정을 통해 산출해야 한다.

ⓖ 원자료에서 잔차를 빼서 추정치를 구함. 이는 BOXJENK는 비선형 추정방법이라서 'LINREG'에서처럼 'PRJ' 명령어를 사용할 수 없기 때문임.

ⓘ MAPE$=\frac{100}{N}\cdot\sum\left|\frac{\hat{\varepsilon}_t}{Y_t}\right|$에서 $\left|\frac{\hat{\varepsilon}_t}{Y_t}\right|$를 구해 상대 오차의 절대치(absolute value of relative errors)란 의미에서 'are'라 정의

ⓙ ⓘ에서 구한 값의 누적값을 구해 'sare'라 정의

ⓚ 관측치의 수를 n으로 지정한 후 이를 이용해 MAPE를 구함. 차후 모형의 검정을 위해 상수항을 제외한 회귀계수의 수(즉, p+q: p는 AR의 차수, q는 ma의 차수를 의미함)를 'nreg'라 지정 'sare(end)': ⓘ에서 구한 누적값을 의미함. 이 때 'end'는 sare 자료의 마지막 관측시기를 의미함(자세한 것은 'ACCMULATE' 명령어에 대한 설명 참조).

ⓛ MAPE값을 출력하라는 명령

ⓜ~ⓧ 모형의 검정과정

ⓜ~ⓠ acf 대비법

ⓜ~ⓝ 원자료와 추정치의 자기상관함수를 구해 각각 xacf, facf라 정의

ⓞ~ⓠ xacf, facf를 그래프를 통해 비교

ⓡ~ⓧ Box-Pierce 검정과정: RATS는 Ljung-Box의 Q통계량은 자동적으로 계산해 주나 Box-Pierce 통계량과 Barttlet검정을 위한 t통계량의 값은 아래와 같은 과정을 거쳐 구해야 함.

ⓡ 잔차항의 자기상관함수를 구해 racf라 정의
'NUMBER=n/4': 자기상관값을 전체 관측치의 1/4만큼 계산하라는 옵션
'STDERRS=se': 자기상관값의 표준편차를 'se'라 정의
'QSTATS': Ljung-Box의 Q통계량을 구하라는 옵션명령
'DFC=nreg': Ljung-Box의 Q통계량을 구할 때 필요한 자유도를 조정하는 옵션(이 때 조정되는 자유도는 모형추정에 사용된 상수항을 제외한 회귀계수의 수만큼을 본래 자유도에서 빼 줌으로써 자유도를 조정함. 즉, ⓙ에서 구한 nreg를 사용함)

ⓢ Box-Pierce의 $Q=N\cdot\sum_{k=1}^{k}\hat{\gamma}_k^2$에서 $\hat{\gamma}_k^2$를 구하는 과정

ⓣ $\hat{\gamma}_k^2$의 누적값을 구하는 과정
ⓤ~ⓥ Box-Pierce 값을 구해 출력하는 명령
ⓦ Barttlet의 $t=\gamma_k/s_{\hat{\gamma}_k}$를 구하는 과정
ⓧ ⓦ에서 구한 t통계량을 출력하는 명령

3) 모형의 예측

```
ⓐ CALENDAR 2000 1 12
ⓑ ALLOCATE 2006:12

ⓒ SMPL 2000:1 2005:12
ⓓ OPEN DATA a:\econdata.rat
ⓔ DATA(FORMAT=RATS) / x
ⓕ CLOSE DATA
                                                           ㉮
                                                           ↑
ⓖ BOXJENK(CONSTANT,AR=p,DIFFS=d,MA=q,SDIFFS=sd,DEFINE=xeq) x / resi
                                                    ㉯
                                                    ↑
ⓗ UFORECAST(EQUATION=xeq,PRINT) x 2006:1 2006:12
```

ⓐ~ⓑ 분석기간 설정. 예측기간을 염두에 두고 설정해야 함.
ⓒ 자료가 실제 가용한 기간에 대해 분석기간을 재설정
ⓓ~ⓕ 자료를 불러 오는 과정
ⓖ 최선의 모형으로 선정된 ARIMA모형을 추정하는 과정
㉮ 예측을 위해 추정결과를 'xeq'에 저장한다는 의미
ⓗ ⓖ에서 저장한 추정결과를 이용하여 시계열 'x'의 예측을 실시
'UFORECAST': 단일시계열을 예측하는 명령어
'EQUATION=xeq':예측시 사용할 추정결과를 지정하는 보조명령어
'PRINT': 예측치를 화면상에 출력하라는 보조명령어
㉯ 예측하고자 하는 기간을 지정

(2) ARIMA 오차항을 갖는 회귀분석모형

```
ⓐ CALENDAR 1975 1 1
```

```
ⓑ  ALLOCATE 2004:1
ⓒ  OPEN DATA a:\econdata.rat
ⓓ  DATA(FORMAT=RATS) / y
ⓔ  CLOSE DATA

ⓕ  SET trend=t+100

ⓖ  LINREG y / resi1
   # constant trend

ⓗ  CORRELATE(CORRELATIONS=a_resi1,PARTIAL=p_resi1) resi1
                                  ㉮
                                  ↑
ⓘ  GRAPH(MAX=1.0,MIN=-1.0,STYLE=bar) 1
   # a_resi1
ⓙ  GRAPH(MAX=1.0,MIN=-1.0,STYLE=bar) 1
   # p_resi1

ⓚ  BOXJENK(CONSTANT,AR=p,DIFFS=d,MA=q) resi1
                ㉯
                ↑
ⓛ  BOXJENK(REGRESSORS,CONSTANT,AR=p,DIFFS=d,MA=q) y / resi2
   # constant trend

ⓜ  CORRELATE(CORRELATIONS=a_resi2,PARTIAL=p_resi2) resi2
ⓝ  GRAPH(MAX=1.0,MIN=-1.0,STYLE=bar) 1
   # a_resi2
ⓞ  GRAPH(MAX=1.0,MIN=-1.0,STYLE=bar) 1
   # p_resi2
```

ⓐ~ⓔ 분석기간 설정 및 자료를 불러 오는 과정

ⓕ RATS 내장함수 't'를 이용하여 추세변수(trend) 창출

ⓖ 일반적인 회귀분석과정. 분석결과 도출된 잔차항을 'resi1'에 저장

ⓗ~ⓙ 잔차항(resi1)의 분포를 살펴보기 위하여 acf와 pacf를 도출하여 그래프를 창출

㉮ 그래프 형태를 막대그래프 형태로 도출하라는 보조명령어

ⓚ ⓗ~ⓙ에서 식별된 잔차항의 ARIMA모형에 따라 추정을 실시

ⓛ ⓚ에서 도출한 잔차항의 ARIMA모형을 원래의 회귀모형 ⓖ에 포함하여 ARIMA 잔차항을 갖는 회귀분석모형을 추정하는 과정. 잔차항은 'resi2'에 저장

㉯ 일반적인 회귀분석상의 설명변수들을 ARIMA모형 추정에 사용되는 명령어인 BOXJENK에 포함하여 ARIMA 잔차항을 갖는 회귀분석모형을 추정하도록 하는 보조명령어

ⓜ~ⓞ 잔차항(resi2)이 백색소음을 지니는지 여부를 살펴보기 위하여 acf와 pacf를 도출하여 그래프를 창출

(3) ARIMA 오차항을 갖는 동태적 회귀분석모형

```
ⓐ  CALENDAR 1975 1 1
ⓑ  ALLOCATE 2004:1
ⓒ  OPEN DATA a:\econdata.rat
ⓓ  DATA(FORMAT=RATS) / x y
ⓔ  CLOSE DATA

ⓕ  LINREG y / resi1
ⓖ  # constant x y{1}

ⓗ  CORRELATE(CORRELATIONS=a_resi1,PARTIAL=p_resi1) resi1

ⓘ  BOXJENK(CONSTANT,AR=p,DIFFS=d,MA=q) resi1

ⓙ  BOXJENK(REGRESSORS,CONSTANT,AR=p,DIFFS=d,MA=q) y / resi2
ⓚ  # constant x y{1}

ⓛ  CORRELATE(CORRELATIONS=a_resi2,PARTIAL=p_resi2) resi2
```

ⓐ~ⓔ 분석기간 설정 및 자료를 불러 오는 과정
ⓕ~ⓖ 시차분포모형을 Koyck함수전환모형으로 추정
'y{1}': 시차종속변수(즉, Y_{t-1})를 설명변수로 사용한다는 의미
'resi1': 분석결과 도출된 잔차항을 'resi1'에 저장
ⓗ 잔차항(resi1)의 분포를 살펴보기 위하여 acf와 pacf를 도출
ⓘ ⓗ에서 식별된 잔차항의 ARIMA모형에 따라 추정을 실시
ⓙ~ⓚ ⓘ에서 도출한 잔차항의 ARIMA모형을 원래의 회귀모형 ⓕ~ⓖ에 포함하여 ARIMA 잔차항을 갖는 동태적 회귀분석모형을 추정하는 과정. 잔차항은 'resi2'에 저장
ⓛ 잔차항(resi2)이 백색소음을 지니는지 여부를 살펴보기 위하여 acf와 pacf를 도출

(4) ARIMA 오차항을 갖는 충격모형 분석

```
ⓐ CALENDAR 1975 1 1
ⓑ ALLOCATE 2004:1
ⓒ OPEN DATA a:\econdata.rat
ⓓ DATA(FORMAT=RATS) / y
ⓔ CLOSE DATA

ⓕ SET d1 = T>=1998:1
ⓖ SET d2 = T==1998:1

ⓗ BOXJENK(REGRESSORS,CONSTANT,AR=p,DIFFS=d,MA=q) y
ⓘ # constant D1

ⓙ BOXJENK(REGRESSORS,CONSTANT,AR=p,DIFFS=d,MA=q) y
ⓚ # constant D2
```

ⓐ~ⓔ 분석기간 설정 및 자료를 불러 오는 과정
ⓕ~ⓖ 충격을 주기 위한 더미변수 창출과정
ⓕ 지속적 충격을 나타내는 더미변수를 창출해 'd1'이라 정의
'T>=1998:1': T는 현재시점을 반영하는 RATS 내장함수로 1998년 이후는 '1'의 값을, 1998년 이전은 '0'의 값을 취함. 이 때 '>='는 논리연산자

로 주어진 설명식이 맞으면 '1'을, 틀리면 '0'의 값을 취함.

ⓖ 일시적 충격을 나타내는 더미변수 창출해 'd2'라 정의
'T==1998:1': 1998년 당해 연도는 '1'의 값을, 나머지 연도는 '0'의 값을 취함. 이 때 '=='는 논리연산자로 주어진 설명식이 맞으면 '1'을, 틀리면 '0'의 값을 취함.

ⓗ~ⓘ 계단형 충격모형을 분석하기 위한 모형 추정과정

ⓙ~ⓚ 맥박형 충격모형을 분석하기 위한 모형 추정과정

(5) VAR모형

1) VAR모형의 추정과 예측

```
ⓐ CALENDAR start
ⓑ ALLOCATE end
ⓒ OPEN DATA A:\econdata.rat
ⓓ DATA(FORMAT=RATS) / x1 x2 x3 x4 x5
ⓔ CLOSE DATA
ⓕ SYSTEM 1 to 5
ⓖ VARIABLES x1 x2 x3 x4 x5
ⓗ LAGS 1 to 4
ⓘ DET CONSTANT
ⓙ END(SYSTEM)
ⓚ ESTIMATE
ⓛ FORECAST(PRINT) 5 step start
ⓜ # 1 f_x1
ⓝ # 2 f_x2
ⓞ # 3 f_x3
ⓟ # 4 f_x4
ⓠ # 5 f_x5
```

ⓐ~ⓔ 분석기간 설정과 자료를 불러 오는 과정

ⓕ~ⓙ VAR모형 설정과정

ⓕ VAR모형 설정 시작을 알림과 동시에 추정방정식의 수를 지정함.

'1 to 5': 방정식의 수가 1에서부터 5까지, 즉 5개임을 나타냄.

ⓖ 추정에 사용되는 변수 지정

ⓗ 각 설명변수의 시차수 설정

'1 to 4': 시차를 4로 정함을 의미함.

ⓘ 모형 안에 상수항을 포함시키도록 명령함.

상수항이 필요없을시에는 생략함.

ⓙ VAR모형 설정이 끝났음을 알리는 명령어

ⓚ 설정된 VAR모형을 추정하라는 명령

ⓛ~ⓠ 추정된 모형을 이용하여 VAR모형을 구성하고 있는 5개 방정식의 종속변수에 대한 예측을 실시하는 과정

ⓛ 'PRINT': 예측결과를 화면상에 나타내라는 보조명령어

'5': 예측할 방정식의 수가 5개임을 나타내는 옵션명령어

'step': 예측 시작시기에서부터 시작해서 예측횟수를 나타내는 옵션명령어

'start': 예측을 시작하는 시기를 설정하는 옵션명령어

ⓜ 첫 번째 방정식을 예측해서 예측결과를 f_x1에 저장하라는 의미

ⓠ 다섯 번째 방정식을 예측해서 예측결과를 f_x5에 저장하라는 의미

2) VAR모형의 분산분해와 충격반응함수

```
ⓐ  CALENDAR 1970 1 4
ⓑ  ALLOCATE 1988:4
ⓒ  OPEN DATA a:\econdata.rat
ⓓ  DATA(FORMAT=RATS) / yxv m2x cpix
ⓔ  CLOSE DATA

ⓕ  SYSTEM(MODEL=decom)
ⓖ  VARIABLES yxv m2x cpix
ⓗ  LAGS 1 TO 4
ⓘ  DETERMINISTIC constant
ⓙ  END(SYSTEM)

ⓚ  ESTIMATE(NOPRINT,OUTSIGMA=vcv)
```

```
ⓛ ERRORS(MODEL=decom) 3 20 vcv

ⓜ IMPULSE(MODEL=decom,RESULT=out) 3 20*vcv

ⓝ SET i_yxv=out(1, 1) / SQRT(vcv(1, 1))
ⓞ SET i_m2x=out(2, 1) / SQRT(vcv(2, 2))
ⓟ SET i_cpix=out(3, 1) / SQRT(vcv(3, 3))

ⓠ GRAPH(key=below,number=0) 3
ⓡ # i_yxv
ⓢ # i_m2x
ⓣ # i_cpix
```

ⓐ~ⓔ 분석기간 설정과 자료를 불러 오는 과정

ⓕ~ⓙ VAR모형 설정과정

'MODEL=decom': VAR모형을 이용한 다양한 분석에서 쉽게 활용하기 위해 설정된 VAR모형을 decom이라 정의함.

ⓚ 설정된 VAR모형을 추정하는 명령. 동시에 분산분해와 충격반응함수를 도출하기 위해 필요한 잔차항의 공분산행렬을 도출함.

'NOPRINT': 본 프로그램의 목적이 VAR모형의 추정이 아닌 분산분해와 충격반응함수의 도출이므로 추정결과를 화면상에 보이는 과정을 생략하라는 보조명령어

'OUTSIGMA=vcv': 잔차항의 공분산행렬을 도출하여 vcv에 저장

ⓛ ⓕ~ⓙ에서 정의한 VAR모형(즉, decom)을 이용하여 분산분해를 실시하라는 명령

'3': 방정식의 수가 3을 의미

'20': 분산분해를 실시되는 횟수가 20임을 의미(일반적으로 5개년에 해당하는 결과를 살펴봄)

'vcv': 분산분해시 ⓚ에서 도출한 공분산행렬을 이용

ⓜ ⓕ~ⓙ에서 정의한 VAR모형(즉, decom)을 이용하여 충격반응함수를 도출하라는 명령

'RESULT=out': 계산된 충격반응함수를 out에 저장하라는 보조명령어로, 저장형태는 out(i, j)로 j는 충격을 받은 변수이고, i는 영향을 받은 변수를 의미함.

'3': 방정식의 수가 3을 의미
'20': 충격반응값을 도출하는 횟수가 20임을 의미
'*': VAR모형을 구성하고 있는 모든 변수에 대해 충격을 가한다는 의미
'vcv': 분산분해시 ⓚ에서 도출한 공분산행렬을 이용

ⓝ~ⓟ 계산된 충격반응값을 예측오차로 나누어 정규화된 충격반응값을 도출
'out(2, 1)': 첫 번째 변수인 yxv에 충격을 줄 때, 이에 따라 두 번째 변수인 m2x가 영향을 받은 값을 의미함.
'SQRT(vcv(2, 2))': 두 번째 변수인 m2x의 예측오차. 즉,
i_yxv는 yxv에 충격을 가할 때 yxv에 자체에 미치는 영향을 나타냄.
i_m2x는 yxv에 충격을 가할 때 m2x에 미치는 영향을 나타냄.
i_cpix는 yxv에 충격을 가할 때 cpix에 미치는 영향을 나타냄.

ⓠ~ⓣ yxv에 충격을 주었을 때, 다른 변수에 미치는 충격반응효과를 살펴보기 위하여 그래프를 창출

※ 본 프로그램은 VAR모형을 구성하고 있는 3변수 중 지면상 yxv에 대한 충격반응함수의 그래프를 도출하고 있음. 나머지 두 변수인 m2x와 cpix에 대한 충격반응함수도 동일한 방법으로 도출됨.

(6) SVAR모형

```
ⓐ  CALENDAR 1970 1 4
ⓑ  ALLOCATE 1988:4
ⓒ  OPEN DATA a:\econdata.rat
ⓓ  DATA(FORMAT=RATS) / yxv m2x cpix
ⓔ  CLOSE DATA

ⓕ  SYSTEM(MODEL=svar)
ⓖ  VARIABLES yxv m2x cpix
ⓗ  LAGS 1 TO 4
ⓘ  DETERMINISTIC constant
ⓙ  END(SYSTEM)

ⓚ  ESTIMAE(NOPRINT,OUTSIGMA=sigma)
```

```
ⓛ  NONLIN alpha beta
ⓜ  DEC FRML[RECT] cov
ⓝ  FRML COV=||1.0, 0.0, 0.0|alpha, 1.0, 0.0|beta, 0.0, 1.0||
ⓞ  COMPUTE alpha=0.0, beta=0.0
ⓟ  CVMODEL(FACTOR=scov) sigma cov

ⓠ  IMPULSE(MODEL=svar,RESULT=out) 3 20 * scov

ⓡ  SET i_yxv=out(1, 1) / SQRT(scov(1, 1))
ⓢ  SET i_m2x=out(2, 1) / SQRT(scov(2, 2))
ⓣ  SET i_cpix=out(3, 1) / SQRT(scov(3, 3))

ⓤ  GRAPH(key=below,number=0) 3
ⓥ  # i_yxv
ⓦ  # i_m2x
ⓧ  # i_cpix
```

ⓐ~ⓔ 분석기간 설정과 자료를 불러 오는 과정

ⓕ~ⓙ 축약형 VAR모형 설정과정(SVAR모형 제약 부과 전의 VAR모형)
'MODEL=svar': VAR모형을 이용한 다양한 분석에서 쉽게 활용하기 위해 설정된 VAR모형을 svar라 정의함.

ⓚ 설정된 축약형 VAR모형을 추정하는 명령. SVAR모형을 이용한 충격반응함수를 도출하기 위해서 필요한 잔차항의 공분산을 도출하기 위한 과정
'OUTSIGMA=sigma': 잔차항의 공분산행렬을 도출하여 sigma에 저장

ⓛ~ⓟ ⓚ에서 도출한 축약형 VAR모형의 잔차항 분산을 이용하여 경제이론에 입각한 제약을 부과하여 SVAR모형으로 전환하기 위한 새로운 공분산행렬을 도출하는 과정

ⓛ SVAR모형을 구성하는 새로운 공분산행렬의 원소를 추정하기 위해, 잔차항 간의 관계를 나타내 주는 추정할 계수를 정의하는 명령어
'NONLIN': 비선형모형 추정시 추정할 계수를 설정하는 명령

ⓜ SVAR모형의 잔차항 간의 관계를 나타내 주는 계수행렬을 'cov'라 정의
'DEC': 새롭게 창출하는 자료형태를 정의하는 명령어
'FRML[RECT]': 새롭게 창출되는 자료의 형태가 공식(FRML) 형태의 2차

원 행렬(RECT)임을 의미하는 옵션명령어

ⓝ ⓜ에서 정의된 계수행렬(cov)의 구성요소들을 정의
'FRML': 공식을 창출하는 명령어(본문의 식 (8-35)에 의하여, SVAR모형을 구성하고 있는 잔차항 간의 관계는 아래와 같다는 가정하에 도출)

$$\varepsilon_{1t}=e_{1t}$$
$$\alpha\varepsilon_{1t}+\varepsilon_{2t}=e_{2t}$$
$$\beta\varepsilon_{1t}+\varepsilon_{3t}=e_{3t}$$

ⓞ ⓝ에서 정의한 미지수 alpha(α)와 beta(β)의 값을 비선형으로 추정하기에 앞서 초기값으로 각각 '0'을 지정

ⓟ SAVR모형에서 필요로 하는 공분산을 도출하여 'scov'라 정의
'CVMODEL': 공분산모형을 추정할 때 사용하는 명령어로 주로 SVAR모형 추정에 사용됨.
'FACTOR=': 도출된 공분산을 저장할 때 사용하는 보조명령어
'sigma': ⓚ에서 저장한 축약형 VAR모형의 잔차항의 공분산을 새로운 공분산 도출에 활용
'cov': ⓝ에서 정의한 잔차항 간의 관계를 나타내 주는 계수행렬

ⓠ~ⓧ 새롭게 도출된 잔차항의 공분산을 이용하여 SVAR모형의 충격반응함수를 도출하여 그래프로 도출하는 과정(VAR모형의 분산분해와 충격반응함수의 ⓜ~ⓣ와 동일)

(7) ARCH모형

```
ⓐ  CALENDAR start
ⓑ  ALLOCATE end
ⓒ  OPEN DATA a:\econdata.rat
ⓓ  DATA(FORMAT=RATS) / yxv m2x cpix
ⓔ  CLOSE DATA

ⓕ  LINREG yxv / resi
ⓖ  # constant m2x cpix
ⓗ  SET resisq=resi**2

ⓘ  LINREG resisq
ⓙ  # constant resisq{1 to p}
```

```
ⓚ  COMPUTE lmarch=%trsquared
ⓛ  CDF CHISQ lmarch p

ⓜ  GARCH(Q=p,REGRESSOR) / yxv
ⓝ  # constant m2x cpix
```

ⓐ~ⓔ 분석기간 설정과 자료를 불러 오는 과정

ⓕ~ⓖ 기본 모형에 대한 회귀분석 실시. 잔차항은 resi에 저장

ⓗ 잔차항의 제곱값을 구해 resisq라 정의

ⓘ~ⓛ ARCH효과를 검정하기 위한 과정

ⓘ~ⓛ 잔차항의 제곱을 p개의 시차항에 대해 회귀분석 실시

ⓚ LM-ARCH통계량을 구해 'lmarch'라 정의

'%trsquared': N(잔차항의 수)$\times R^2$을 구하는 RATS 함수

ⓛ LM-ARCH검정통계량이 χ^2분포를 따르므로, 자유도(p)하에서의 유의수준을 도출하여 H_0(ARCH효과가 없다)를 검정하는 과정

'CDF': 주어진 분포하에서 검정통계량의 유의수준을 구하는 명령어

'CHISQ': χ^2분포에 대해 유의수준을 구하라는 명령어

'p': 해당 분포의 자유도, 여기서는 ARCH효과가 존재하는 오차항 분산의 시차를 나타냄.

ⓜ~ⓝ ARCH효과를 ⓕ~ⓖ에서 추정한 본래의 회귀모형에 포함하여 재추정하는 과정

'GARCH': ARCH모형을 추정하는 명령어

'Q=p': ARCH효과가 존재하는 시차(p)를 지정하는 보조명령어

'REGRESSOR': 일반적인 회귀분석상의 설명변수들을 ARCH모형 추정에 사용되는 명령어인 GARCH에 포함하여 ARCH효과를 지니는 잔차항을 포함한 회귀분석모형을 추정하도록 하는 보조명령어

(8) 오차수정(ECM)모형

1) 단위근검정

```
ⓐ  CALENDAR start
ⓑ  ALLOCATE end
ⓒ  OPEN DATA a:\econdata.rat
```

```
ⓓ  DATA(FORMAT=RATS) / x
ⓔ  CLOSE DATA
ⓕ  SOURCE c:\rats\dfunit.src
ⓖ  @DFUNIT(TREND) x
ⓗ  @DFUNIT(TREND,LAGS=p) x
ⓘ  SOURCE c:\rats\ppunit.src
ⓙ  @DFUNIT(TREND,LAGS=p) x
```

ⓐ~ⓔ 분석기간 설정과 자료를 불러 오는 과정

ⓕ 'SOURCE' 명령어를 이용해 'dfunit.src'를 작동시키는 과정. RATS는 통상적인 명령어를 이용해 분석할 경우 복잡한 과정을 거치게 되는 분석절차를 사전에 별도 프로그램으로 작성하여 내장시켜 두었다가 필요할 때마다 사용자가 이를 불러 내어 손쉽게 활용할 수 있는 편의를 제공하고 있다. 예컨대, DFUNIT Source란 프로그램은 DF 및 ADF 단위근검정을 위해 사전에 작성된 프로그램의 예라 할 수 있다. 이 프로그램을 사용하기 위해서는 일단 'source' 명령어를 이용하여 작동시켜 두어야 함.

ⓖ 시계열 'x'의 DF 단위근검정을 실시하는 명령
'@': 특정 목적을 위하여 작성된 프로그램을 실행할 때 사용하는 부호로, ⓕ에서 작동시킨 'dfunit' 명령어를 실행하라는 명령임.
'TREND': 추세항을 포함한 모형에 대해 DF단위근을 검정하라는 보조명령어. 단, 추세항을 제거한 모형에 대해 DF단위근을 검정할 경우에는 제외함.

ⓗ 시계열 'x'의 ADF 단위근검정을 실시하는 명령
'LAGS=p': ADF 단위근검정시 사용되는 시차종속변수의 시차(p)를 정할 때 사용하는 보조명령어. 단, 이 명령어가 사용되지 않으면 DF 단위근검정을 실시함.

ⓘ 'SOURCE' 명령어를 이용해 'ppunit.src'를 작동시키는 과정. PPUNIT Source란 프로그램은 PP 단위근검정을 위해 사전에 작성된 프로그램임.

ⓙ 시계열 'x'의 PP 단위근검정을 실시하는 명령
'LAGS=p': PP 단위근검정시, 가중공분산 추정치의 계산에 사용되는 시차(p)를 정할 때 사용하는 보조명령어

2) 공적분검정

```
ⓐ CALENDAR start
ⓑ ALLOCATE end
ⓒ OPEN DATA a:\econdata.rat
ⓓ DATA(FORMAT=RATS) / y x1 x2
ⓔ CLOSE DATA
ⓕ LINREG y / resi
ⓖ # constant x1 x2
ⓗ DIF resi / dresi
ⓘ LINREG dresi
ⓙ # resi{1}
ⓚ LINREG dresi
ⓛ # resi{1} dresi{1 to 4}
```

ⓐ~ⓔ 분석기간 설정과 자료를 불러 오는 과정
ⓕ~ⓛ 공적분 검정과정
ⓕ~ⓖ y, x1, x2 간의 공적분 존재 여부를 검정하기 위해 사용되는 잔차항을 구하여 'resi'라 정의
ⓗ 'resi'를 1차 차분한 자료를 'dresi'라 정의
ⓘ~ⓙ 'y=f(x1, x2)' 방정식이 공적분을 지니는가를 살펴보기 위해 잔차항에 대해 DF검정을 실시
ⓚ~ⓛ 'y=f(x1, x2)' 방정식이 공적분을 지니는가를 살펴보기 위해 잔차항에 대해 ADF검정을 실시

3) ECM 추정

```
ⓐ CALENDAR start
ⓑ ALLOCATE end
ⓒ OPEN DATA a:\econdata.rat
ⓓ DATA(FORMAT=RATS) / y x1 x2
ⓔ CLOSE DATA
```

```
ⓕ  LINREG y / resi
ⓖ  # constant x1 x2
ⓗ  DIF y / dy
ⓘ  DIF x1 / dx1
ⓙ  DIF x2 / dx2
ⓚ  LINREG dy
ⓛ  # constant dy{1} dx1{1 to 4} dx2{1 to 4} resi{1}
```

ⓐ~ⓔ 분석기간 설정과 자료를 불러 오는 과정
ⓕ~ⓖ 오차수정모형에 사용할 잔차를 구하는 과정
ⓗ~ⓙ 오차수정모형에 추정에 사용될 각 변수의 1차 차분을 구하는 과정
ⓚ~ⓛ 오차수정모형을 추정하는 과정

(9) 상태공간모형

```
ⓐ  CALENDAR start
ⓑ  ALLOCATE end
ⓒ  OPEN DATA a:\econdata.rat
ⓓ  DATA(FORMAT=RATS) / y
ⓔ  CLOSE DATA

ⓕ  NONLIN phi1 phi2
ⓖ  DEC RECT f
ⓗ  DEC SYMM v_e
ⓘ  DEC SYMM v_x
ⓙ  DEC FRML[RECT] dv
ⓚ  DEC FRML[RECT] h
ⓛ  COMPUTE f=||phi1, phi2|1.0, 0.0||
ⓜ  COMPUTE v_e=||1.0|0.0, 0.0||
ⓝ  COMPUTE v_x=||1.0|0.0, 1.0||
ⓞ  FRML dv=||y||
```

```
ⓟ  FRML h=||1.0|0.0||

ⓠ  COMPUTE phi1=0.0
ⓡ  COMPUTE phi2=0.0

ⓢ  DLM(A=f, C=h, Y=dv, SX0=v_x, SW=v_e)
```

ⓐ~ⓔ 분석기간 설정과 자료를 불러 오는 과정

ⓕ~ⓡ 상태공간모형을 설정하는 과정. 즉, 관측방정식과 상태방정식을 구성하고 있는 계수행렬, 변수 벡터, 잔차항 벡터 등을 정의(본문 식 (10-11), 식 (10-11)에 제시된 AR(2) 상태공간모형을 대상으로 모형을 설정함)

ⓕ 상태공간모형에서 추정할 계수(ϕ_1, ϕ_2)를 설정하는 명령

ⓖ 상태방정식의 계수행렬(F)을 'f'라 정의

ⓗ 상태방정식의 잔차항의 분산행렬을 'v_e'라 정의
'SYMM': 창출되는 자료의 형태가 대칭행렬 형태임을 지정해 주는 옵션명령어

ⓘ 상태방정식 상태변수의 분산행렬을 'v_x'라 정의

ⓙ 관측방정식에서 관측된 변수(Y)를 'dv'라 정의

ⓚ 관측방정식의 계수행렬(H)을 'h'라 정의

ⓛ~ⓟ ⓖ~ⓚ에서 새롭게 정의한 상태공간모형의 구성요소들을 정의

ⓠ~ⓡ ⓕ에서 정의한 추정계수(ϕ_1, ϕ_2)의 값을 비선형으로 추정하기에 앞서 초기값으로 각각 '0'을 지정

ⓣ 상태공간모형을 추정하여 설정된 추정계수를 도출
'DLM': 상태공간모형을 추정하는 명령어
'A=f': 상태공간모형을 추정하기 위해 요구되는 상태방정식의 계수행렬(F)이 'f'임을 제시
'C=h': 상태공간모형을 추정하기 위해 요구되는 관측방정식의 계수행렬(H)이 'h'임을 제시
'Y=dv': 상태공간모형을 추정하기 위해 요구되는 관측방정식의 관측된 변수(Y)가 'dv'임을 제시
'SX0=v_x': 상태공간모형을 추정하기 위해 요구되는 상태방정식 상태변수의 분산행렬이 'v_x'임을 제시
'SW=v_e': 상태공간모형을 추정하기 위해 요구되는 상태방정식 잔차항의 분산행렬이 'v_e'임을 제시

※ 본 프로그램은 SVAR모형을 구성하고 있는 상태방정식과 관측방정식의 계수행

렬(F, H)이 시간에 대해 고정(time invariant)된 것을 가정하여 도출하였음. 만일 계수행렬이 시간에 대해 변하는 가변시차행렬의 성격을 지닌다면, 칼만 필터링 기법을 이용한 추정방법을 이용해야 함. 이에 대한 자세한 설명은 별도의 책자(『RATS를 이용한 경제예측분석』, 해남, 근간)'를 참고하기 바람.

(10) 인공신경망모형

```
ⓐ  CALENDAR start
ⓑ  ALLOCATE end
ⓒ  OPEN DATA a:\econdata.rat
ⓓ  DATA(FORMAT=RATS) / x1 x2 y
ⓔ  CLOSE DATA

ⓕ  NNLEARN(SAVE=stock)
ⓖ  # x1 x2
ⓗ  # y

ⓘ  NNTEST / stock
ⓙ  # x1 x2
ⓚ  # f_y

ⓛ  GRAPH 2
ⓜ  # y
ⓝ  # f_y
```

ⓐ~ⓔ 분석기간 설정과 자료를 불러 오는 과정

ⓕ~ⓗ 인공신경망 학습과정을 구축하는 과정

'NNLEARN': 인공신경망 학습과정을 구축하라는 명령어

'SAVE=stock': 구축된 학습과정을 차후의 분석에 대비해 'stock'에 저장

ⓖ 투입변수들(input series)을 설정

ⓗ 산출변수(output series)를 설정

ⓘ~ⓚ ⓕ~ⓗ에서 구축된 학습과정을 이용하여 산출변수를 예측하는 과정

'NNTEST': 사전에 구축된 인공신경망 학습과정을 이용하여 예측을 실시

하라는 명령어

'stock': ⓕ에서 저장한 학습과정의 결과인 'stock'을 의미함.

ⓙ 투입변수들(input series)을 설정. ⓖ에서 정의한 투입변수와 일치

ⓚ 도출된 예측치를 저장할 변수를 정의. ⓗ에서 정의한 산출변수의 예측치를 도출

ⓛ～ⓝ 그래프를 이용하여 실제치와 예측치를 비교하는 과정

ⓜ 실제치

ⓝ 예측치

부표

A. 누적표준정규분포표

B. t 분포의 임계치

C. χ^2분포의 임계치

D. F 분포의 임계치

E. Durbin-Watson 통계량

F. 스피어만의 순위상관계수 r_s의 임계치

G. Dickey-Fuller 검정통계량의 분포

H. Dickey-Fuller의 ϕ검정통계량의 분포

I. 공적분검정통계량(τ)의 임계치

부표 A 누적표준정규분포표

$$\Phi(Z)=\frac{1}{\sqrt{2\pi}}e^{-Z/2}dZ$$

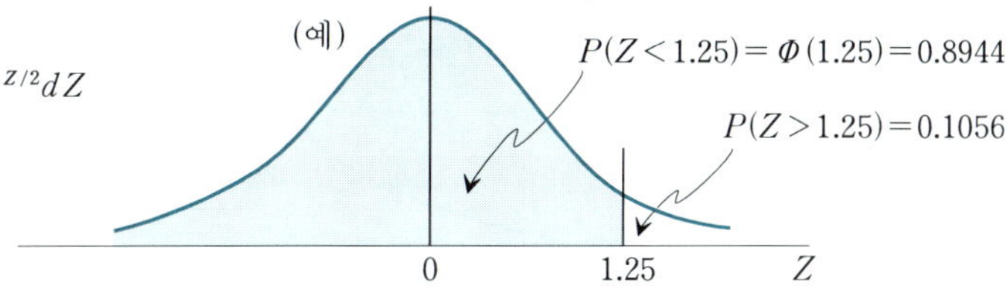

z	.00	.01	.02	.03	.04	.05	.06	.07	.08	.09
.0	.5000	.5040	.5080	.5120	.5160	.5199	.5239	.5279	.5319	.5359
.1	.5398	.5438	.5478	.5517	.5557	.5596	.5636	.5675	.5714	.5753
.2	.5793	.5832	.5871	.5910	.5948	.5987	.6026	.6064	.6103	.6141
.3	.6179	.6217	.6255	.6293	.6331	.6368	.6406	.6443	.6480	.6517
.4	.6554	.6591	.6628	.6664	.6700	.6736	.6772	.6808	.6844	.6879
.5	.6915	.6950	.6985	.7019	.7054	.7088	.7123	.7157	.7190	.7224
.6	.7257	.7291	.7324	.7357	.7389	.7422	.7454	.7486	.7517	.7549
.7	.7580	.7611	.7642	.7673	.7704	.7734	.7764	.7794	.7823	.7852
.8	.7881	.7910	.7939	.7967	.7995	.8023	.8051	.8078	.8106	.8133
.9	.8159	.8186	.8212	.8238	.8264	.8289	.8315	.8340	.8365	.8389
1.0	.8413	.8438	.8461	.8485	.8508	.8531	.8554	.8577	.8599	.8621
1.1	.8643	.8665	.8686	.8708	.8729	.8749	.8770	.8790	.8810	.8830
1.2	.8849	.8869	.8888	.8907	.8925	.8944	.8962	.8980	.8997	.9015
1.3	.9032	.9049	.9066	.9082	.9099	.9115	.9131	.9147	.9162	.9177
1.4	.9192	.9207	.9222	.9236	.9251	.9265	.9279	.9292	.9306	.9319
1.5	.9332	.9345	.9357	.9370	.9382	.9394	.9406	.9418	.9429	.9441
1.6	.9452	.9436	.9474	.9484	.9495	.9505	.9515	.9525	.9535	.9545
1.7	.9554	.9564	.9573	.9582	.9591	.9599	.9608	.9616	.9625	.9633
1.8	.9641	.9649	.9656	.9664	.9671	.9678	.9686	.9693	.9699	.9706
1.9	.9713	.9719	.9726	.9732	.9738	.9744	.9750	.9756	.9761	.9767
2.0	.9772	.9778	.9783	.9788	.9793	.9798	.9803	.9808	.9812	.9817
2.1	.9821	.9826	.9830	.9834	.9838	.9842	.9846	.9850	.9854	.9857
2.2	.9861	.9864	.9868	.9871	.9875	.9878	.9881	.9884	.9887	.9890
2.3	.9893	.9896	.9898	.9901	.9904	.9906	.9909	.9911	.9913	.9916
2.4	.9918	.9920	.9922	.9925	.9927	.9929	.9931	.9932	.9934	.9936
2.5	.9938	.9940	.9941	.9943	.9945	.9946	.9948	.9949	.9951	.9952
2.6	.9953	.9955	.9956	.9957	.9959	.9960	.9961	.9962	.9963	.9964
2.7	.9965	.9966	.9967	.9968	.9969	.9970	.9971	.9972	.9973	.9974
2.8	.9974	.9975	.9976	.9977	.9977	.9978	.9979	.9979	.9980	.9981
2.9	.9981	.9982	.9982	.9983	.9984	.9984	.9985	.9985	.9986	.9986
3.0	.9987	.9987	.9987	.9988	.9988	.9989	.9989	.9989	.9990	.9990
3.1	.9990	.9991	.9991	.9991	.9992	.9992	.9992	.9992	.9993	.9993
3.2	.9993	.9993	.9994	.9994	.9994	.9994	.9994	.9995	.9995	.9995
3.3	.9995	.9995	.9995	.9996	.9996	.9996	.9996	.9996	.9996	.9997
3.4	9997	.9997	.9997	.9997	.9997	.9997	.9997	.9997	.9997	.9998
3.5	.9998	.9998	.9998	.9998	.9998	.9998	.9998	.9998	.9998	.9998
3.6	.9998	.9998	.9999	.9999	.9999	.9999	.9999	.9999	.9999	.9999
3.7	.9999	.9999	.9999	.9999	.9999	.9999	.9999	.9999	.9999	.9999
3.8	.9999	.9999	.9999	.9999	.9999	.9999	.9999	.9999	.9999	.9999
3.9	1.000	1.000	1.000	1.000	1.000	1.000	1.000	1.000	1.000	1.000
4.0	1.000	1.000	1.000	1.000	1.000	1.000	1.000	1.000	1.000	1.000

부표 B t분포의 임계치(t_α)

$P(t \le t_\alpha) = 1-\alpha$ 또는 $P(t \ge t_\alpha) = \alpha$
(단, α는 우단면적)

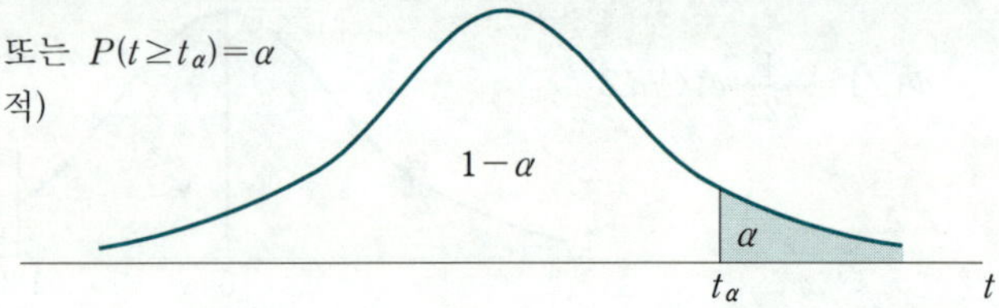

자유도(ν) \ α	0.10	0.05	0.025	0.02	0.01	0.005	0.0005
1	3.078	6.314	12.706	15.895	31.821	63.657	636.619
2	1.886	2.920	4.303	4.849	6.965	9.925	31.599
3	1.638	2.353	3.182	3.482	4.541	5.841	12.924
4	1.533	2.132	2.776	2.999	3.747	4.604	8.610
5	1.476	2.015	2.571	2.757	3.365	4.032	6.869
6	1.440	1.943	2.447	2.612	3.143	3.707	5.959
7	1.415	1.895	2.365	2.517	2.998	3.499	5.408
8	1.397	1.860	2.306	2.449	2.896	3.355	5.041
9	1.383	1.833	2.262	2.398	2.821	3.250	4.781
10	1.372	1.812	2.228	2.359	2.764	3.169	4.587
11	1.363	1.796	2.201	2.328	2.718	3.106	4.437
12	1.356	1.782	2.179	2.303	2.681	3.055	4.318
13	1.350	1.771	2.160	2.282	2.650	3.012	4.221
14	1.345	1.761	2.145	2.264	2.624	2.977	4.140
15	1.341	1.753	2.131	2.249	2.602	2.947	4.073
16	1.337	1.746	2.120	2.235	2.583	2.921	4.015
17	1.333	1.740	2.110	2.224	2.567	2.898	3.965
18	1.330	1.734	2.101	2.214	2.552	2.878	3.922
19	1.328	1.729	2.093	2.205	2.539	2.861	3.883
20	1.325	1.725	2.086	2.197	2.528	2.845	3.850
21	1.323	1.721	2.080	2.189	2.518	2.831	3.819
22	1.321	1.717	2.074	2.183	2.508	2.819	3.792
23	1.319	1.714	2.069	2.177	2.500	2.807	3.768
24	1.318	1.711	2.064	2.172	2.492	2.797	3.745
25	1.316	1.708	2.060	2.167	2.485	2.787	3.725
26	1.315	1.706	2.056	2.162	2.479	2.779	3.707
27	1.314	1.703	2.052	2.158	2.473	2.771	3.690
28	1.313	1.701	2.048	2.154	2.467	2.763	3.674
29	1.311	1.699	2.045	2.150	2.462	2.756	3.659
30	1.310	1.697	2.042	2.147	2.457	2.750	3.646
40	1.303	1.684	2.021	2.123	2.423	2.704	3.551
60	1.296	1.671	2.000	2.099	2.390	2.660	3.460
120	1.289	1.658	1.980	2.076	2.358	2.617	3.373

부표 C χ^2분포의 임계치(χ^2_α)

$P(\chi^2 \leq \chi^2_\alpha) = 1-\alpha$, 또는 $P(\chi^2 > \chi^2_\alpha) = \alpha$

(단, α는 우단면적)

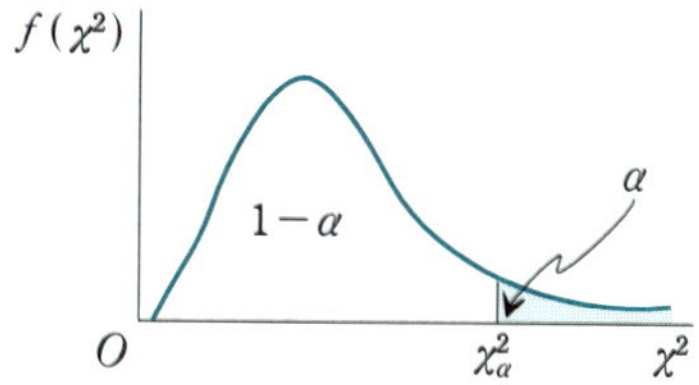

자유도(γ) \ α	0.995	0.990	0.975	0.950	0.900	0.100	0.050	0.025	0.010	0.005
1	0.00	0.00	0.00	0.00	0.02	2.71	3.84	5.02	6.63	7.88
2	0.01	0.02	0.05	0.10	0.21	4.61	5.99	7.38	9.21	10.60
3	0.07	0.11	0.22	0.35	0.58	6.25	7.81	9.35	11.34	12.84
4	0.21	0.30	0.48	0.71	1.06	7.78	9.49	11.14	13.28	14.86
5	0.41	0.55	0.83	1.15	1.61	9.24	11.07	12.83	15.09	16.75
6	0.68	0.87	1.24	1.64	2.20	10.64	12.59	14.45	16.81	18.55
7	0.99	1.24	1.69	2.17	2.83	12.02	14.07	16.01	18.48	20.28
8	1.34	1.65	2.18	2.73	3.49	13.36	15.51	17.53	20.09	21.95
9	1.73	2.09	2.70	3.33	4.17	14.68	16.92	19.02	21.67	23.59
10	2.16	2.56	3.25	3.94	4.87	15.99	18.31	20.48	23.21	25.19
11	2.60	3.05	3.82	4.57	5.58	17.28	19.68	21.92	24.72	26.76
12	3.07	3.57	4.40	5.23	6.30	18.55	21.0	23.34	26.22	28.30
13	3.57	4.11	5.01	5.89	7.04	19.81	22.36	24.74	27.69	29.82
14	4.07	4.66	5.63	6.57	7.79	21.06	23.68	26.12	29.14	31.32
15	4.60	5.23	6.26	7.26	8.55	22.31	25.00	27.49	30.58	32.80
16	5.14	5.81	6.91	7.96	9.31	23.54	26.30	28.85	32.00	34.27
17	5.70	6.41	7.56	8.67	10.09	24.77	27.59	30.19	33.41	35.72
18	6.26	7.01	8.23	9.39	10.86	25.99	28.87	31.53	34.81	37.16
19	6.84	7.63	8.91	10.12	11.65	27.20	30.14	32.85	36.19	38.58
20	7.43	8.26	9.59	10.85	12.44	28.41	31.41	34.17	37.57	40.00
21	8.03	8.90	10.28	11.59	13.24	29.62	32.67	35.48	38.93	41.40
22	8.64	9.54	10.98	12.34	14.04	30.81	33.92	36.78	40.29	42.80
23	9.26	10.20	11.69	13.09	14.85	32.01	35.17	38.08	41.64	44.18
24	9.89	10.86	12.40	13.85	15.66	33.20	36.42	39.36	42.98	45.56
25	10.52	11.52	13.12	14.61	16.47	34.38	37.65	40.65	44.31	46.93
26	11.16	12.20	13.84	15.38	17.29	35.56	38.89	41.92	45.64	48.29
27	11.81	12.88	14.57	16.15	18.11	36.74	40.11	43.19	46.96	49.64
28	12.46	13.56	15.31	16.93	18.94	37.92	41.34	44.46	48.28	50.99
29	13.12	14.26	16.05	17.71	19.77	39.09	42.56	45.72	49.59	52.34
30	13.79	14.95	16.79	18.49	20.60	40.26	43.77	46.98	50.89	53.67
40	20.71	22.16	24.43	26.51	29.05	51.81	55.76	59.34	63.69	66.77
50	27.99	29.71	32.36	34.76	37.69	63.17	67.50	71.42	76.15	79.49
60	35.53	37.48	40.48	43.19	46.46	74.40	79.08	83.30	88.38	91.95
70	43.28	45.44	48.76	51.74	55.33	85.53	90.53	95.02	100.43	104.21
80	51.17	53.54	57.15	60.39	64.28	96.58	101.88	106.63	112.33	116.32
90	59.20	61.75	65.65	69.13	73.29	107.57	113.15	118.14	124.12	128.30
100	67.33	70.06	74.22	77.93	82.36	118.50	124.34	129.56	135.81	140.17
Z_α	−2.576	−2.326	−1.96	−1.646	−1.28	+1.28	+1.646	+1.96	+2.326	+2.576

단, 자유도(ν)가 100 이상인 경우에는 표 하단에 제시한 Z_α값을 다음 식에 대입하여 χ^2_α값의 근사치를 구할 수 있다.

$$\chi^2 = \nu\left[1 - \frac{2}{9\nu} + Z_\alpha \cdot \sqrt{\frac{2}{9\nu}}\right]^2 \text{ 또는 } \chi^2 = \frac{1}{2}[Z_\alpha + [\sqrt{(2\nu-1)}\,]^2$$

부표 D F분포의 임계치

D-a F 분포의 임계치(F_α) ($\alpha=0.05$ 경우)

$P(F \leq F_\alpha)=1-\alpha=0.95$, 또는 $P(F \geq F_\alpha)=\alpha=0.05$(단, α는 우단면적)

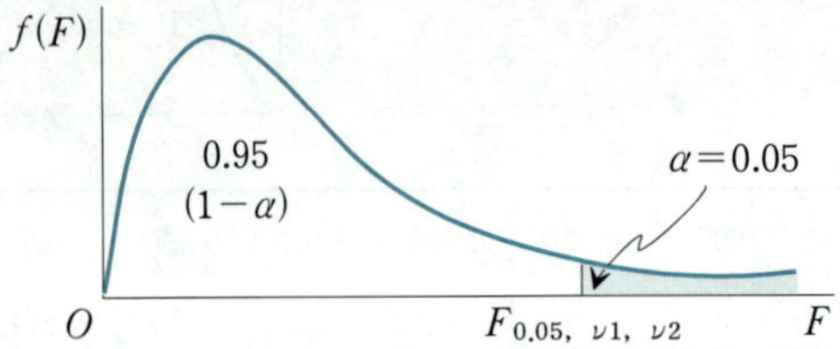

ν_1=분자의 자유도
ν_2=분모의 자유도

ν_2 \ ν_1	1	2	3	4	5	6	7	8	9	10	11	12	13	14	15	16
1	161.45	199.50	215.71	224.58	230.16	233.99	236.77	238.88	240.54	241.88	242.98	243.91	244.69	245.36	245.95	246.46
2	18.51	19.00	19.16	19.25	19.30	19.33	19.35	19.37	19.38	19.40	19.40	19.41	19.42	19.42	19.43	19.43
3	10.13	9.55	9.28	9.12	9.01	8.94	8.89	8.85	8.81	8.79	8.76	8.74	8.73	8.71	8.70	8.69
4	7.71	6.94	6.59	6.39	6.26	6.16	6.09	6.04	6.00	5.96	5.94	5.91	5.89	5.87	5.86	5.84
5	6.61	5.79	5.41	5.19	5.05	4.95	4.88	4.82	4.77	4.74	4.70	4.68	4.66	4.64	4.62	4.60
6	5.99	5.14	4.76	4.53	4.39	4.28	4.21	4.15	4.10	4.06	4.03	4.00	3.98	3.96	3.94	3.92
7	5.59	4.74	4.35	4.12	3.97	3.87	3.79	3.73	3.68	3.64	3.60	3.57	3.55	3.53	3.51	3.49
8	5.32	4.46	4.07	3.84	3.69	3.58	3.50	3.44	3.39	3.35	3.31	3.28	3.26	3.24	3.22	3.20
9	5.12	4.26	3.86	3.63	3.48	3.37	3.29	3.23	3.18	3.14	3.10	3.07	3.05	3.03	3.01	2.99
10	4.96	4.10	3.71	3.48	3.33	3.22	3.14	3.07	3.02	2.98	2.94	2.91	2.89	2.86	2.85	2.83
11	4.84	3.98	3.59	3.36	3.20	3.09	3.01	2.95	2.90	2.85	2.82	2.79	2.76	2.74	2.72	2.70
12	4.75	3.89	3.49	3.26	3.11	3.00	2.91	2.85	2.80	2.75	2.72	2.69	2.66	2.64	2.62	2.60
13	4.67	3.81	3.41	3.18	3.03	2.92	2.83	2.77	2.71	2.67	2.63	2.60	2.58	2.55	2.53	2.51
14	4.60	3.74	3.34	3.11	2.96	2.85	2.76	2.70	2.65	2.60	2.57	2.53	2.51	2.48	2.46	2.44
15	4.54	3.68	3.29	3.06	2.90	2.79	2.71	2.64	2.59	2.54	2.51	2.48	2.45	2.42	2.40	2.38
16	4.49	3.63	3.24	3.01	2.85	2.74	2.66	2.59	2.54	2.49	2.46	2.42	2.40	2.37	2.35	2.33
17	4.45	3.59	3.20	2.96	2.81	2.70	2.61	2.55	2.49	2.45	2.41	2.38	2.35	2.33	2.31	2.29
18	4.41	3.55	3.16	2.93	2.77	2.66	2.58	2.51	2.46	2.41	2.37	2.34	2.31	2.29	2.27	2.25
19	4.38	3.52	3.13	2.90	2.74	2.63	2.54	2.48	2.42	2.38	2.34	2.31	2.28	2.26	2.23	2.21
20	4.35	3.49	3.10	2.87	2.71	2.60	2.51	2.45	2.39	2.35	2.31	2.28	2.25	2.22	2.20	2.18
21	4.32	3.47	3.07	2.84	2.68	2.57	2.49	2.42	2.37	2.32	2.28	2.25	2.22	2.20	2.18	2.16
22	4.30	3.44	3.05	2.82	2.66	2.55	2.46	2.40	2.34	2.30	2.26	2.23	2.20	2.17	2.15	2.13
23	4.28	3.42	3.03	2.80	2.64	2.53	2.44	2.37	2.32	2.27	2.24	2.20	2.18	2.15	2.13	2.11
24	4.26	3.40	3.01	2.78	2.62	2.51	2.42	2.36	2.30	2.25	2.22	2.18	2.15	2.13	2.11	2.09
25	4.24	3.39	2.99	2.76	2.60	2.49	2.40	2.34	2.28	2.24	2.20	2.16	2.14	2.11	2.09	2.07
26	4.23	3.37	2.98	2.74	2.59	2.47	2.39	2.32	2.27	2.22	2.18	2.15	2.12	2.09	2.07	2.05
27	4.21	3.35	2.96	2.73	2.57	2.46	2.37	2.31	2.25	2.20	2.17	2.13	2.10	2.08	2.06	2.04
28	4.20	3.34	2.95	2.71	2.56	2.45	2.36	2.29	2.24	2.19	2.15	2.12	2.09	2.06	2.04	2.02
29	4.18	3.33	2.93	2.70	2.55	2.43	2.35	2.28	2.22	2.18	2.14	2.10	2.08	2.05	2.03	2.01
30	4.17	3.32	2.92	2.69	2.53	2.42	2.33	2.27	2.21	2.16	2.13	2.09	2.06	2.04	2.01	1.99
40	4.08	3.23	2.84	2.61	2.45	2.34	2.25	2.18	2.12	2.08	2.04	2.00	1.97	1.95	1.92	1.90
60	4.00	3.15	2.76	2.53	2.37	2.25	2.17	2.10	2.04	1.99	1.95	1.92	1.89	1.86	1.84	1.82
120	3.92	3.07	2.68	2.45	2.29	2.18	2.09	2.02	1.96	1.91	1.87	1.83	1.80	1.78	1.75	1.73

D-a 계속

17	18	19	20	21	22	23	24	25	26	27	28	29	30	40	60	120
246.92	247.32	247.69	248.01	248.31	248.58	248.83	249.05	249.26	249.45	249.63	249.80	249.95	250.10	251.14	252.20	253.25
19.44	19.44	19.44	19.45	19.45	19.45	19.45	19.45	19.46	19.46	19.46	19.46	19.46	19.46	19.47	19.48	19.49
8.68	8.67	8.67	8.66	8.65	8.65	8.64	8.64	8.63	8.63	8.63	8.62	8.62	8.62	8.59	8.57	8.55
5.83	5.82	5.81	5.80	5.79	5.79	5.78	5.77	5.77	5.76	5.76	5.75	5.75	5.75	5.72	5.69	5.66
4.59	4.58	4.57	4.56	4.55	4.54	4.53	4.53	4.52	4.52	4.51	4.50	4.50	4.50	4.46	4.43	4.40
3.91	3.90	3.88	3.87	3.86	3.86	3.85	3.84	3.83	3.83	3.82	3.82	3.81	3.81	3.77	3.74	3.70
3.48	3.47	3.46	3.44	3.43	3.43	3.42	3.41	3.40	3.40	3.39	3.39	3.38	3.38	3.34	3.30	3.27
3.19	3.17	3.16	3.15	3.14	3.13	3.12	3.12	3.11	3.10	3.10	3.09	3.08	3.08	3.04	3.01	2.97
2.97	2.96	2.95	2.94	2.93	2.92	2.91	2.90	2.89	2.89	2.88	2.87	2.87	2.86	2.83	2.79	2.75
2.81	2.80	2.79	2.77	2.76	2.75	2.75	2.74	2.73	2.72	2.72	2.71	2.70	2.70	2.66	2.62	2.58
2.69	2.67	2.66	2.65	2.64	2.63	2.62	2.61	2.60	2.59	2.59	2.58	2.58	2.57	2.53	2.49	2.45
2.58	2.57	2.56	2.54	2.53	2.52	2.51	2.51	2.50	2.49	2.48	2.48	2.47	2.47	2.43	2.38	2.34
2.50	2.48	2.47	2.46	2.45	2.44	2.43	2.42	2.41	2.41	2.40	2.39	2.39	2.38	2.34	2.30	2.25
2.43	2.41	2.40	2.39	2.38	2.37	2.36	2.35	2.34	2.33	2.33	2.32	2.31	2.31	2.27	2.22	2.18
2.37	2.35	2.34	2.33	2.32	2.31	2.30	2.29	2.28	2.27	2.27	2.26	2.25	2.25	2.20	2.16	2.11
2.32	2.30	2.29	2.28	2.26	2.25	2.24	2.24	2.23	2.22	2.21	2.21	2.20	2.19	2.15	2.11	2.06
2.27	2.26	2.24	2.23	2.22	2.21	2.20	2.19	2.18	2.17	2.17	2.16	2.15	2.15	2.10	2.06	2.01
2.23	2.22	2.20	2.19	2.18	2.17	2.16	2.15	2.14	2.13	2.13	2.12	2.11	2.11	2.06	2.02	1.97
2.20	2.18	2.17	2.16	2.14	2.13	2.12	2.11	2.11	2.10	2.09	2.08	2.08	2.07	2.03	1.98	1.93
2.17	2.15	2.14	2.12	2.11	2.10	2.09	2.08	2.07	2.07	2.06	2.05	2.05	2.04	1.99	1.95	1.90
2.14	2.12	2.11	2.10	2.08	2.07	2.06	2.05	2.05	2.04	2.03	2.02	2.02	2.01	1.96	1.92	1.87
2.11	2.10	2.08	2.07	2.06	2.05	2.04	2.03	2.02	2.01	2.00	2.00	1.99	1.98	1.94	1.89	1.84
2.09	2.08	2.06	2.05	2.04	2.02	2.01	2.01	2.00	1.99	1.98	1.97	1.97	1.96	1.91	1.86	1.81
2.07	2.05	2.04	2.03	2.01	2.00	1.99	1.98	1.97	1.97	1.96	1.95	1.95	1.94	1.89	1.84	1.79
2.05	2.04	2.02	2.01	2.00	1.98	1.97	1.96	1.96	1.95	1.94	1.93	1.93	1.92	1.87	1.82	1.77
2.03	2.02	2.00	1.99	1.98	1.97	1.96	1.95	1.94	1.93	1.92	1.91	1.91	1.90	1.85	1.80	1.75
2.02	2.00	1.99	1.97	1.96	1.95	1.94	1.93	1.92	1.91	1.90	1.90	1.89	1.88	1.84	1.79	1.73
2.00	1.99	1.97	1.96	1.95	1.93	1.92	1.91	1.91	1.90	1.89	1.88	1.88	1.87	1.82	1.77	1.71
1.99	1.97	1.96	1.94	1.93	1.92	1.91	1.90	1.89	1.88	1.88	1.87	1.86	1.85	1.81	1.75	1.70
1.98	1.96	1.95	1.93	1.92	1.91	1.90	1.89	1.88	1.87	1.86	1.85	1.85	1.84	1.79	1.74	1.68
1.89	1.87	1.85	1.84	1.83	1.81	1.80	1.79	1.78	1.77	1.77	1.76	1.75	1.74	1.69	1.64	1.58
1.80	1.78	1.76	1.75	1.73	1.72	1.71	1.70	1.69	1.68	1.67	1.66	1.66	1.65	1.59	1.53	1.47
1.71	1.69	1.67	1.66	1.64	1.63	1.62	1.61	1.60	1.59	1.58	1.57	1.56	1.55	1.50	1.43	1.35

D-b F 분포의 임계치(F_α) ($\alpha=0.025$ 경우)

$P(F \le F_\alpha)=1-\alpha=0.975$, 또는 $P(F \ge F_\alpha)=\alpha=0.025$(단, α는 우단면적)

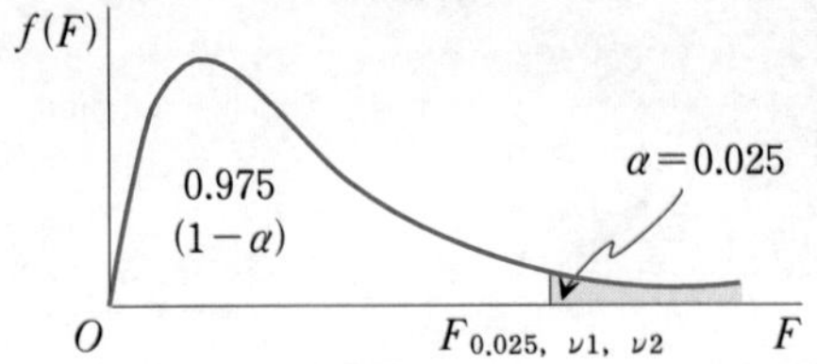

ν_1=분자의 자유도
ν_2=분모의 자유도

ν_2 \ ν_1	1	2	3	4	5	6	7	8	9	10	11	12	13	14	15	16
1	647.79	799.50	864.16	899.58	921.85	937.11	948.22	956.66	963.28	968.63	973.03	976.71	979.84	982.53	984.87	986.92
2	38.51	39.00	39.17	39.25	39.30	39.33	39.36	39.37	39.39	39.40	39.41	39.41	39.42	39.43	39.43	39.44
3	17.44	16.04	15.44	15.10	14.88	14.73	14.62	14.54	14.47	14.42	14.37	14.34	14.30	14.28	14.25	14.23
4	12.22	10.65	9.98	9.60	9.36	9.20	9.07	8.98	8.90	8.84	8.79	8.75	8.71	8.68	8.66	8.63
5	10.01	8.43	7.76	7.39	7.15	6.98	6.85	6.76	6.68	6.62	6.57	6.52	6.49	6.46	6.43	6.40
6	8.81	7.26	6.60	6.23	5.99	5.82	5.70	5.60	5.52	5.46	5.41	5.37	5.33	5.30	5.27	5.24
7	8.07	6.54	5.89	5.52	5.29	5.12	4.99	4.90	4.82	4.76	4.71	4.67	4.63	4.60	4.57	4.54
8	7.57	6.06	5.42	5.05	4.82	4.65	4.53	4.43	4.36	4.30	4.24	4.20	4.16	4.13	4.10	4.08
9	7.21	5.71	5.08	4.72	4.48	4.32	4.20	4.10	4.03	3.96	3.91	3.87	3.83	3.80	3.77	3.74
10	6.94	5.46	4.83	4.47	4.24	4.07	3.95	3.85	3.78	3.72	3.66	3.62	3.58	3.55	3.52	3.50
11	6.72	5.26	4.63	4.28	4.04	3.88	3.76	3.66	3.59	3.53	3.47	3.43	3.39	3.36	3.33	3.30
12	6.55	5.10	4.47	4.12	3.89	3.73	3.61	3.51	3.44	3.37	3.32	3.28	3.24	3.21	3.18	3.15
13	6.41	4.97	4.35	4.00	3.77	3.60	3.48	3.39	3.31	3.25	3.20	3.15	3.12	3.08	3.05	3.03
14	6.30	4.86	4.24	3.89	3.66	3.50	3.38	3.29	3.21	3.15	3.09	3.05	3.01	2.98	2.95	2.92
15	6.20	4.77	4.15	3.80	3.58	3.41	3.29	3.20	3.12	3.06	3.01	2.96	2.92	2.89	2.86	2.84
16	6.12	4.69	4.08	3.73	3.50	3.34	3.22	3.12	3.05	2.99	2.93	2.89	2.85	2.82	2.79	2.76
17	6.04	4.62	4.01	3.66	3.44	3.28	3.16	3.06	2.98	2.92	2.87	2.82	2.79	2.75	2.72	2.70
18	5.98	4.56	3.95	3.61	3.38	3.22	3.10	3.01	2.93	2.87	2.81	2.77	2.73	2.70	2.67	2.64
19	5.92	4.51	3.90	3.56	3.33	3.17	3.05	2.96	2.88	2.82	2.76	2.72	2.68	2.65	2.62	2.59
20	5.87	4.46	3.86	3.51	3.29	3.13	3.01	2.91	2.84	2.77	2.72	2.68	2.64	2.60	2.57	2.55
21	5.83	4.42	3.82	3.48	3.25	3.09	2.97	2.87	2.80	2.73	2.68	2.64	2.60	2.56	2.53	2.51
22	5.79	4.38	3.78	3.44	3.22	3.05	2.93	2.84	2.76	2.70	2.65	2.60	2.56	2.53	2.50	2.47
23	5.75	4.35	3.75	3.41	3.18	3.02	2.90	2.81	2.73	2.67	2.62	2.57	2.53	2.50	2.47	2.44
24	5.72	4.32	3.72	3.38	3.15	2.99	2.87	2.78	2.70	2.64	2.59	2.54	2.50	2.47	2.44	2.41
25	5.69	4.29	3.69	3.35	3.13	2.97	2.85	2.75	2.68	2.61	2.56	2.51	2.48	2.44	2.41	2.38
26	5.66	4.27	3.67	3.33	3.10	2.94	2.82	2.73	2.65	2.59	2.54	2.49	2.45	2.42	2.39	2.36
27	5.63	4.24	3.65	3.31	3.08	2.92	2.80	2.71	2.63	2.57	2.51	2.47	2.43	2.39	2.36	2.34
28	5.61	4.22	3.63	3.29	3.06	2.90	2.78	2.69	2.61	2.55	2.49	2.45	2.41	2.37	2.34	2.32
29	5.59	4.20	3.61	3.27	3.04	2.88	2.76	2.67	2.59	2.53	2.48	2.43	2.39	2.36	2.32	2.30
30	5.57	4.18	3.59	3.25	3.03	2.87	2.75	2.65	2.57	2.51	2.46	2.41	2.37	2.34	2.31	2.28
40	5.42	4.05	3.46	3.13	2.90	2.74	2.62	2.53	2.45	2.39	2.33	2.29	2.25	2.21	2.18	2.15
60	5.29	3.93	3.34	3.01	2.79	2.63	2.51	2.41	2.33	2.27	2.22	2.17	2.13	2.09	2.06	2.03
120	5.15	3.80	3.23	2.89	2.67	2.52	2.39	2.30	2.22	2.16	2.10	2.05	2.01	1.98	1.94	1.92

D-b 계속

17	18	19	20	21	22	23	24	25	26	27	28	29	30	40	60	120
988.73	990.35	991.80	993.10	994.29	995.36	996.35	997.25	998.08	998.85	999.56	1000.2	1000.8	1001.4	1005.6	1009.8	1014.0
39.44	39.44	39.45	39.45	39.45	39.45	39.45	39.46	39.46	39.46	39.46	39.46	39.46	39.46	39.47	39.48	39.49
14.21	14.20	14.18	14.17	14.16	14.14	14.13	14.12	14.12	14.11	14.10	14.09	14.09	14.08	14.04	13.99	13.95
8.61	8.59	8.58	8.56	8.55	8.53	8.52	8.51	8.50	8.49	8.48	8.48	8.47	8.46	8.41	8.36	8.31
6.38	6.36	6.34	6.33	6.31	6.30	6.29	6.28	6.27	6.26	6.25	6.24	6.23	6.23	6.18	6.12	6.07
5.22	5.20	5.18	5.17	5.15	5.14	5.13	5.12	5.11	5.10	5.09	5.08	5.07	5.07	5.01	4.96	4.90
4.52	4.50	4.48	4.47	4.45	4.44	4.43	4.41	4.40	4.39	4.39	4.38	4.37	4.36	4.31	4.25	4.20
4.05	4.03	4.02	4.00	3.98	3.97	3.96	3.95	3.94	3.93	3.92	3.91	3.90	3.89	3.84	3.78	3.73
3.72	3.70	3.68	3.67	3.65	3.64	3.63	3.61	3.60	3.59	3.58	3.58	3.57	3.56	3.51	3.45	3.39
3.47	3.45	3.44	3.42	3.40	3.39	3.38	3.37	3.35	3.34	3.34	3.33	3.32	3.31	3.26	3.20	3.14
3.28	3.26	3.24	3.23	3.21	3.20	3.18	3.17	3.16	3.15	3.14	3.13	3.13	3.12	3.06	3.00	2.94
3.13	3.11	3.09	3.07	3.06	3.04	3.03	3.02	3.01	3.00	2.99	2.98	2.97	2.96	2.91	2.85	2.79
3.00	2.98	2.96	2.95	2.93	2.92	2.91	2.89	2.88	2.87	2.86	2.85	2.85	2.84	2.78	2.72	2.66
2.90	2.88	2.86	2.84	2.83	2.81	2.80	2.79	2.78	2.77	2.76	2.75	2.74	2.73	2.67	2.61	2.55
2.81	2.79	2.77	2.76	2.74	2.73	2.71	2.70	2.69	2.68	2.67	2.66	2.65	2.64	2.59	2.52	2.46
2.74	2.72	2.70	2.68	2.67	2.65	2.64	2.63	2.61	2.60	2.59	2.58	2.58	2.57	2.51	2.45	2.38
2.67	2.65	2.63	2.62	2.60	2.59	2.57	2.56	2.55	2.54	2.53	2.52	2.51	2.50	2.44	2.38	2.32
2.62	2.60	2.58	2.56	2.54	2.53	2.52	2.50	2.49	2.48	2.47	2.46	2.45	2.44	2.38	2.32	2.26
2.57	2.55	2.53	2.51	2.49	2.48	2.46	2.45	2.44	2.43	2.42	2.41	2.40	2.39	2.33	2.27	2.20
2.52	2.50	2.48	2.46	2.45	2.43	2.42	2.41	2.40	2.39	2.38	2.37	2.36	2.35	2.29	2.22	2.16
2.48	2.46	2.44	2.42	2.41	2.39	2.38	2.37	2.36	2.34	2.33	2.33	2.32	2.31	2.25	2.18	2.11
2.45	2.43	2.41	2.39	2.37	2.36	2.34	2.33	2.32	2.31	2.30	2.29	2.28	2.27	2.21	2.14	2.08
2.42	2.39	2.37	2.36	2.34	2.33	2.31	2.30	2.29	2.28	2.27	2.26	2.25	2.24	2.18	2.11	2.04
2.39	2.36	2.35	2.33	2.31	2.30	2.28	2.27	2.26	2.25	2.24	2.23	2.22	2.21	2.15	2.08	2.01
2.36	2.34	2.32	2.30	2.28	2.27	2.26	2.24	2.23	2.22	2.21	2.20	2.19	2.18	2.12	2.05	1.98
2.34	2.31	2.29	2.28	2.26	2.24	2.23	2.22	2.21	2.19	2.18	2.17	2.17	2.16	2.09	2.03	1.95
2.31	2.29	2.27	2.25	2.24	2.22	2.21	2.19	2.18	2.17	2.16	2.15	2.14	2.13	2.07	2.00	1.93
2.29	2.27	2.25	2.23	2.22	2.20	2.19	2.17	2.16	2.15	2.14	2.13	2.12	2.11	2.05	1.98	1.91
2.27	2.25	2.23	2.21	2.20	2.18	2.17	2.15	2.14	2.13	2.12	2.11	2.10	2.09	2.03	1.96	1.89
2.26	2.23	2.21	2.20	2.18	2.16	2.15	2.14	2.12	2.11	2.10	2.09	2.08	2.07	2.01	1.94	1.87
2.13	2.11	2.09	2.07	2.05	2.03	2.02	2.01	1.99	1.98	1.97	1.96	1.95	1.94	1.88	1.80	1.72
2.01	1.98	1.96	1.94	1.93	1.91	1.90	1.88	1.87	1.86	1.85	1.83	1.82	1.82	1.74	1.67	1.58
1.89	1.87	1.84	1.82	1.81	1.79	1.77	1.76	1.75	1.73	1.72	1.71	1.70	1.69	1.61	1.53	1.43

D-c F분포의 임계치(F_α) ($\alpha=0.01$ 경우)

$P(F \leq F_\alpha)=1-\alpha=0.99$, 또는 $P(F \geq F_\alpha)=\alpha=0.01$(단, α는 우단면적)

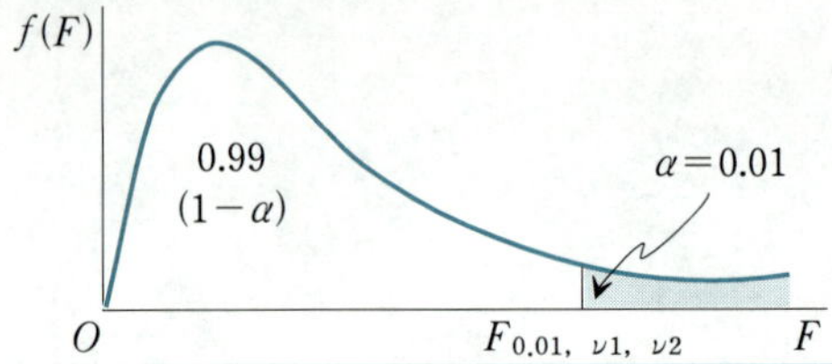

ν_1=분자의 자유도
ν_2=분모의 자유도

ν_2 \ ν_1	1	2	3	4	5	6	7	8	9	10	11	12	13	14	15	16
1	4052.2	4999.5	5403.4	5624.6	5763.6	5859.0	5928.4	5981.1	6022.5	6055.8	6083.3	6106.3	6125.9	6142.7	6157.3	6170.1
2	98.50	99.00	99.17	99.25	99.30	99.33	99.36	99.37	99.39	99.40	99.41	99.42	99.42	99.43	99.43	99.44
3	34.12	30.82	29.46	28.71	28.24	27.91	27.67	27.49	27.35	27.23	27.13	27.05	26.98	26.92	26.87	26.83
4	21.20	18.00	16.69	15.98	15.52	15.21	14.98	14.80	14.66	14.55	14.45	14.37	14.31	14.25	14.20	14.15
5	16.26	13.27	12.06	11.39	10.97	10.67	10.46	10.29	10.16	10.05	9.96	9.89	9.82	9.77	9.72	9.68
6	13.75	10.92	9.78	9.15	8.75	8.47	8.26	8.10	7.98	7.87	7.79	7.72	7.66	7.60	7.56	7.52
7	12.25	9.55	8.45	7.85	7.46	7.19	6.99	6.84	6.72	6.62	6.54	6.47	6.41	6.36	6.31	6.28
8	11.26	8.65	7.59	7.01	6.63	6.37	6.18	6.03	5.91	5.81	5.73	5.67	5.61	5.56	5.52	5.48
9	10.56	8.02	6.99	6.42	6.06	5.80	5.61	5.47	5.35	5.26	5.18	5.11	5.05	5.01	4.96	4.92
10	10.04	7.56	6.55	5.99	5.64	5.39	5.20	5.06	4.94	4.85	4.77	4.71	4.65	4.60	4.56	4.52
11	9.65	7.21	6.22	5.67	5.32	5.07	4.89	4.74	4.63	4.54	4.46	4.40	4.34	4.29	4.25	4.21
12	9.33	6.93	5.95	5.41	5.06	4.82	4.64	4.50	4.39	4.30	4.22	4.16	4.10	4.05	4.01	4.37
13	9.07	6.70	5.74	5.21	4.86	4.62	4.44	4.30	4.19	4.10	4.02	3.96	3.91	3.86	3.82	3.78
14	8.86	6.51	5.56	5.04	4.69	4.46	4.28	4.14	4.03	3.94	3.86	3.80	3.75	3.70	3.66	3.62
15	8.68	6.36	5.42	4.89	4.56	4.32	4.14	4.00	3.89	3.80	3.73	3.67	3.61	3.56	3.52	3.49
16	8.53	6.23	5.29	4.77	4.44	4.20	4.03	3.89	3.78	3.69	3.62	3.55	3.50	3.45	3.41	3.37
17	8.40	6.11	5.18	4.67	4.34	4.10	3.93	3.79	3.68	3.59	3.52	3.46	3.40	3.35	3.31	3.27
18	8.29	6.01	5.09	4.58	4.25	4.01	3.84	3.71	3.60	3.51	3.43	3.37	3.32	3.27	3.23	3.19
19	8.18	5.93	5.01	4.50	4.17	3.94	3.77	3.63	3.52	3.43	3.36	3.30	3.24	3.19	3.15	3.12
20	8.10	5.85	4.94	4.43	4.10	3.87	3.70	3.56	3.46	3.37	3.29	3.23	3.18	3.13	3.09	3.05
21	8.02	5.78	4.87	4.37	4.04	3.81	3.64	3.51	3.40	3.31	3.24	3.17	3.12	3.07	3.03	2.99
22	7.95	5.72	4.82	4.31	3.99	3.76	3.59	3.45	3.35	3.26	3.18	3.12	3.07	3.02	2.98	2.94
23	7.88	5.66	4.76	4.26	3.94	3.71	3.54	3.41	3.30	3.21	3.14	3.07	3.02	2.97	2.93	2.89
24	7.82	5.61	4.72	4.22	3.90	3.67	3.50	3.36	3.26	3.17	3.09	3.03	2.98	2.93	2.89	2.85
25	7.77	5.57	4.68	4.18	3.85	3.63	3.46	3.32	3.22	3.13	3.06	2.99	2.94	2.89	2.85	2.81
26	7.72	5.53	4.64	4.14	3.82	3.59	3.42	3.29	3.18	3.09	3.02	2.96	2.90	2.86	2.81	2.78
27	7.68	5.49	4.60	4.11	3.78	3.56	3.39	3.26	3.15	3.06	2.99	2.93	2.87	2.82	2.78	2.75
28	7.64	5.45	4.57	4.07	3.75	3.53	3.36	3.23	3.12	3.03	2.96	2.90	2.84	2.79	2.75	2.72
29	7.60	5.42	4.54	4.04	3.73	3.50	3.33	3.20	3.09	3.00	2.93	2.87	2.81	2.77	2.73	2.69
30	7.56	5.39	4.51	4.02	3.70	3.47	3.30	3.17	3.07	2.98	2.91	2.84	2.79	2.74	2.70	2.66
40	7.31	5.18	4.31	3.83	3.51	3.29	3.12	2.99	2.89	2.80	2.73	2.66	2.61	2.56	2.52	2.48
60	7.08	4.98	4.13	3.65	3.34	3.12	2.95	2.82	2.72	2.63	2.56	2.50	2.44	2.39	2.35	2.31
120	6.85	4.79	3.95	3.48	3.17	2.96	2.79	2.66	2.56	2.47	2.40	2.34	2.28	2.23	2.19	2.15

D-c 계속

17	18	19	20	21	22	23	24	25	26	27	28	29	30	40	60	120
6181.4	6191.5	6200.6	6208.7	6216.1	6222.8	6229.0	6234.6	6239.8	6244.6	6249.1	6253.2	6257.1	6260.6	6286.8	6313.0	6339.4
99.44	99.44	99.45	99.45	99.45	99.45	99.46	99.46	99.46	99.46	99.46	99.46	99.46	99.47	99.47	99.48	99.49
26.79	26.75	26.72	26.69	26.66	26.64	26.62	26.60	26.58	26.56	26.55	26.53	26.52	26.50	26.41	26.32	26.22
14.11	14.08	14.05	14.02	13.99	13.97	13.95	13.93	13.91	13.89	13.88	13.86	13.85	13.84	13.75	13.65	13.56
9.64	9.61	9.58	9.55	9.53	9.51	9.49	9.47	9.45	9.43	9.42	9.40	9.39	9.38	9.29	9.20	9.11
7.48	7.45	7.42	7.40	7.37	7.35	7.33	7.31	7.30	7.28	7.27	7.25	7.24	7.23	7.14	7.06	6.97
6.24	6.21	6.18	6.16	6.13	6.11	6.09	6.07	6.06	6.04	6.03	6.02	6.00	5.99	5.91	5.82	5.74
5.44	5.41	5.38	5.36	5.34	5.32	5.30	5.28	5.26	5.25	5.23	5.22	5.21	5.20	5.12	5.03	4.95
4.89	4.86	4.83	4.81	4.79	4.77	4.75	4.73	4.71	4.70	4.68	4.67	4.66	4.65	4.57	4.48	4.40
4.49	4.46	4.43	4.41	4.38	4.36	4.34	4.33	4.31	4.30	4.28	4.27	4.26	4.25	4.17	4.08	4.00
4.18	4.15	4.12	4.10	4.08	4.06	4.04	4.02	4.01	3.99	3.98	3.96	3.95	3.94	3.86	3.78	3.69
3.94	3.91	3.88	3.86	3.84	3.82	3.80	3.78	3.76	3.75	3.74	3.72	3.71	3.70	3.62	3.54	3.45
3.75	3.72	3.69	3.66	3.64	3.62	3.60	3.59	3.57	3.56	3.54	3.53	3.52	3.51	3.43	3.34	3.25
3.59	3.56	3.53	3.51	3.48	3.46	3.44	3.43	3.41	3.40	3.38	3.37	3.36	3.35	3.27	3.18	3.09
3.45	3.42	3.40	3.37	3.35	3.33	3.31	3.29	3.28	3.26	3.25	3.24	3.23	3.21	3.13	3.05	2.96
3.34	3.31	3.28	3.26	3.24	3.22	3.20	3.18	3.16	3.15	3.14	3.12	3.11	3.10	3.02	2.93	2.84
3.24	3.21	3.19	3.16	3.14	3.12	3.10	3.08	3.07	3.05	3.04	3.03	3.01	3.00	2.92	2.83	2.75
3.16	3.13	3.10	3.08	3.05	3.03	3.02	3.00	2.98	2.97	2.95	2.94	2.93	2.92	2.84	2.75	2.66
3.08	3.05	3.03	3.00	2.98	2.96	2.94	2.92	2.91	2.89	2.88	2.87	2.86	2.84	2.76	2.67	2.58
3.02	2.99	2.96	2.94	2.92	2.90	2.88	2.86	2.84	2.83	2.81	2.80	2.79	2.78	2.69	2.61	2.52
2.96	2.93	2.90	2.88	2.86	2.84	2.82	2.80	2.79	2.77	2.76	2.74	2.73	2.72	2.64	2.55	2.46
2.91	2.88	2.85	2.83	2.81	2.78	2.77	2.75	2.73	2.72	2.70	2.69	2.68	2.67	2.58	2.50	2.40
2.86	2.83	2.80	2.78	2.76	2.74	2.72	2.70	2.69	2.67	2.66	2.64	2.63	2.62	2.54	2.45	2.35
2.82	2.79	2.76	2.74	2.72	2.70	2.68	2.66	2.64	2.63	2.61	2.60	2.59	2.58	2.49	2.40	2.31
2.78	2.75	2.72	2.70	2.68	2.66	2.64	2.62	2.60	2.59	2.58	2.56	2.55	2.54	2.45	2.36	2.27
2.75	2.72	2.69	2.66	2.64	2.62	2.60	2.58	2.57	2.55	2.54	2.53	2.51	2.50	2.42	2.33	2.23
2.71	2.68	2.66	2.63	2.61	2.59	2.57	2.55	2.54	2.52	2.51	2.49	2.48	2.47	2.38	2.29	2.20
2.68	2.65	2.63	2.60	2.58	2.56	2.54	2.52	2.51	2.49	2.48	2.46	2.45	2.44	2.35	2.26	2.17
2.66	2.63	2.60	2.57	2.55	2.53	2.51	2.49	2.48	2.46	2.45	2.44	2.42	2.41	2.33	2.23	2.14
2.63	2.60	2.57	2.55	2.53	2.51	2.49	2.47	2.45	2.44	2.42	2.41	2.40	2.39	2.30	2.21	2.11
2.45	2.42	2.39	2.37	2.35	2.33	2.31	2.29	2.27	2.26	2.24	2.23	2.22	2.20	2.11	2.02	1.92
2.28	2.25	2.22	2.20	2.17	2.15	2.13	2.12	2.10	2.08	2.07	2.05	2.04	2.03	1.94	1.84	1.73
2.12	2.09	2.06	2.03	2.01	1.99	1.97	1.95	1.93	1.92	1.90	1.89	1.87	1.86	1.76	1.66	1.53

D-d F 분포의 임계치(F_α) (α=0.005 경우)

$P(F \leq F_\alpha) = 1 - \alpha = 0.995$, 또는 $P(F \geq F_\alpha) = \alpha = 0.005$(단, α는 우단면적)

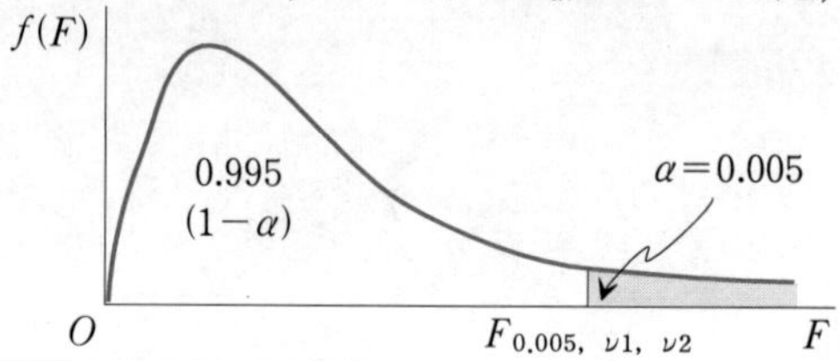

ν_1=분자의 자유도
ν_2=분모의 자유도

ν_2 \ ν_1	1	2	3	4	5	6	7	8	9	10	11	12	13	14	15	16
1	16211	19999	21615	22500	23056	23437	23715	23925	24091	24224	24334	24426	24505	24572	24630	24681
2	198.50	199.00	199.17	199.25	199.30	199.33	199.36	199.37	199.39	199.40	199.41	199.42	199.42	199.43	199.43	199.44
3	55.55	49.80	47.47	46.19	45.39	44.84	44.43	44.13	43.88	43.69	43.52	43.39	43.27	43.17	43.08	43.01
4	31.33	26.28	24.26	23.15	22.46	21.97	21.62	21.35	21.14	20.97	20.82	20.70	20.60	20.51	20.44	20.37
5	22.78	18.31	16.53	15.56	14.94	14.51	14.20	13.96	13.77	13.62	13.49	13.38	13.29	13.21	13.15	13.09
6	18.63	14.54	12.92	12.03	11.46	11.07	10.79	10.57	10.39	10.25	10.13	10.03	9.95	9.88	9.81	9.76
7	16.24	12.40	10.88	10.05	9.52	9.16	8.89	8.68	8.51	8.38	8.27	8.18	8.10	8.03	7.97	7.91
8	14.69	11.04	9.60	8.81	8.30	7.95	7.69	7.50	7.34	7.21	7.10	7.01	6.94	6.87	6.81	6.76
9	13.61	10.11	8.72	7.96	7.47	7.13	6.88	6.69	6.54	6.42	6.31	6.23	6.15	6.09	6.03	5.98
10	12.83	9.43	8.08	7.34	6.87	6.54	6.30	6.12	5.97	5.85	5.75	5.66	5.59	5.53	5.47	5.42
11	12.23	8.91	7.60	6.88	6.42	6.10	5.86	5.68	5.54	5.42	5.32	5.24	5.16	5.10	5.05	5.00
12	11.75	8.51	7.23	6.52	6.07	5.76	5.52	5.35	5.20	5.09	4.99	4.91	4.84	4.77	4.72	4.67
13	11.37	8.19	6.93	6.23	5.79	5.48	5.25	5.08	4.94	4.82	4.72	4.64	4.57	4.51	4.46	4.41
14	11.06	7.92	6.68	6.00	5.56	5.26	5.03	4.86	4.72	4.60	4.51	4.43	4.36	4.30	4.25	4.20
15	10.80	7.70	6.48	5.80	5.37	5.07	4.85	4.67	4.54	4.42	4.33	4.25	4.18	4.12	4.07	4.02
16	10.58	7.51	6.30	5.64	5.21	4.91	4.69	4.52	4.38	4.27	4.18	4.10	4.03	3.97	3.92	3.87
17	10.38	7.35	6.16	5.50	5.07	4.78	4.56	4.39	4.25	4.14	4.05	3.97	3.90	3.84	3.79	3.75
18	10.22	7.21	6.03	5.37	4.96	4.66	4.44	4.28	4.14	4.03	3.94	3.86	3.79	3.73	3.68	3.64
19	10.07	7.09	5.92	5.27	4.85	4.56	4.34	4.18	4.04	3.93	3.84	3.76	3.70	3.64	3.59	3.54
20	9.94	6.99	5.82	5.17	4.76	4.47	4.26	4.09	3.96	3.85	3.76	3.68	3.61	3.55	3.50	3.46
21	9.83	6.89	5.73	5.09	4.68	4.39	4.18	4.01	3.88	3.77	3.68	3.60	3.54	3.48	3.43	3.38
22	9.73	6.81	5.65	5.02	4.61	4.32	4.11	3.94	3.81	3.70	3.61	3.54	3.47	3.41	3.36	3.31
23	9.63	6.73	5.58	4.95	4.54	4.26	4.05	3.88	3.75	3.64	3.55	3.47	3.41	3.35	3.30	3.25
24	9.55	6.66	5.52	4.89	4.49	4.20	3.99	3.83	3.69	3.59	3.50	3.42	3.35	3.30	3.25	3.20
25	9.48	6.60	5.46	4.84	4.43	4.15	3.94	3.78	3.64	3.54	3.45	3.37	3.30	3.25	3.20	3.15
26	9.41	6.54	5.41	4.79	4.38	4.10	3.89	3.73	3.60	3.49	3.40	3.33	3.26	3.20	3.15	3.11
27	9.34	6.49	5.36	4.74	4.34	4.06	3.85	3.69	3.56	3.45	3.36	3.28	3.22	3.16	3.11	3.07
28	9.28	6.44	5.32	4.70	4.30	4.02	3.81	3.65	3.52	3.41	3.32	3.25	3.18	3.12	3.07	3.03
29	9.23	6.40	5.28	4.66	4.26	3.98	3.77	3.61	3.48	3.38	3.29	3.21	3.15	3.09	3.04	2.99
30	9.18	6.35	5.24	4.62	4.23	3.95	3.74	3.58	3.45	3.34	3.25	3.18	3.11	3.06	3.01	2.96
40	8.83	6.07	4.98	4.37	3.99	3.71	3.51	3.35	3.22	3.12	3.03	2.95	2.89	2.83	2.78	2.74
60	8.49	5.79	4.73	4.14	3.76	3.49	3.29	3.13	3.01	2.90	2.82	2.74	2.68	2.62	2.57	2.53
120	8.18	5.54	4.50	3.92	3.55	3.28	3.09	2.93	2.81	2.71	2.62	2.54	2.48	2.42	2.37	2.33

D-d 계속

17	18	19	20	21	22	23	24	25	26	27	28	29	30	40	60	120
24727	24767	24803	24836	24866	24892	24917	24940	24960	24980	24997	25014	25029	25044	25148	25253	25359
199.44	199.44	199.45	199.45	199.45	199.45	199.46	199.46	199.46	199.46	199.46	199.46	199.47	199.47	199.47	199.48	199.49
42.94	42.88	42.83	42.78	42.73	42.69	42.66	42.62	42.59	42.56	42.54	42.51	42.49	42.47	42.31	42.15	41.99
20.31	20.26	20.21	20.17	20.13	20.09	20.06	20.03	20.00	19.98	19.95	19.93	19.91	19.89	19.75	19.61	19.47
13.03	12.98	12.94	12.90	12.87	12.84	12.81	12.78	12.76	12.73	12.71	12.69	12.67	12.66	12.53	12.40	12.27
9.71	9.66	9.62	9.59	9.56	9.53	9.50	9.47	9.45	9.43	9.41	9.39	9.37	9.36	9.24	9.12	9.00
7.87	7.83	7.79	7.75	7.72	7.69	7.67	7.64	7.62	7.60	7.58	7.57	7.55	7.53	7.42	7.31	7.19
6.72	6.68	6.64	6.61	6.58	6.55	6.53	6.50	6.48	6.46	6.44	6.43	6.41	6.40	6.29	6.18	6.06
5.94	5.90	5.86	5.83	5.80	5.78	5.75	5.73	5.71	5.69	5.67	5.65	5.64	5.62	5.52	5.41	5.30
5.38	5.34	5.31	5.27	5.25	5.22	5.20	5.17	5.15	5.13	5.12	5.10	5.08	5.07	4.97	4.86	4.75
4.96	4.92	4.89	4.86	4.83	4.80	4.78	4.76	4.74	4.72	4.70	4.68	4.67	4.65	4.55	4.45	4.34
4.63	4.59	4.56	4.53	4.50	4.48	4.45	4.43	4.41	4.39	4.38	4.36	4.34	4.33	4.23	4.12	4.01
4.37	4.33	4.30	4.27	4.24	4.22	4.19	4.17	4.15	4.13	4.12	4.10	4.09	4.07	3.97	3.87	3.76
4.16	4.12	4.09	4.06	4.03	4.01	3.98	3.96	3.94	3.92	3.91	3.89	3.88	3.86	3.76	3.66	3.55
3.98	3.95	3.91	3.88	3.86	3.83	3.81	3.79	3.77	3.75	3.73	3.72	3.70	3.69	3.58	3.48	3.37
3.83	3.80	3.76	3.73	3.71	3.68	3.66	3.64	3.62	3.60	3.58	3.57	3.55	3.54	3.44	3.33	3.22
3.71	3.67	3.64	3.61	3.58	3.56	3.53	3.51	3.49	3.47	3.46	3.44	3.43	3.41	3.31	3.21	3.10
3.60	3.56	3.53	3.50	3.47	3.45	3.42	3.40	3.38	3.36	3.35	3.33	3.32	3.30	3.20	3.10	2.99
3.50	3.46	3.43	3.40	3.37	3.35	3.33	3.31	3.29	3.27	3.25	3.24	3.22	3.21	3.11	3.00	2.89
3.42	3.38	3.35	3.32	3.29	3.27	3.24	3.22	3.20	3.18	3.17	3.15	3.14	3.12	3.02	2.92	2.81
3.34	3.31	3.27	3.24	3.22	3.19	3.17	3.15	3.13	3.11	3.09	3.08	3.06	3.05	2.95	2.84	2.73
3.27	3.24	3.21	3.18	3.15	3.12	3.10	3.08	3.06	3.04	3.03	3.01	3.00	2.98	2.88	2.77	2.66
3.21	3.18	3.15	3.12	3.09	3.06	3.04	3.02	3.00	2.98	2.97	2.95	2.94	2.92	2.82	2.71	2.60
3.16	3.12	3.09	3.06	3.04	3.01	2.99	2.97	2.95	2.93	2.91	2.90	2.88	2.87	2.77	2.66	2.55
3.11	3.08	3.04	3.01	2.99	2.96	2.94	2.92	2.90	2.88	2.86	2.85	2.83	2.82	2.72	2.61	2.50
3.07	3.03	3.00	2.97	2.94	2.92	2.89	2.87	2.85	2.84	2.82	2.80	2.79	2.77	2.67	2.56	2.45
3.03	2.99	2.96	2.93	2.90	2.88	2.85	2.83	2.81	2.79	2.78	2.76	2.75	2.73	2.63	2.52	2.41
2.99	2.95	2.92	2.89	2.86	2.84	2.82	2.79	2.77	2.76	2.74	2.72	2.71	2.69	2.59	2.48	2.37
2.95	2.92	2.88	2.86	2.83	2.80	2.78	2.76	2.74	2.72	2.70	2.69	2.67	2.66	2.56	2.45	2.33
2.92	2.89	2.85	2.82	2.80	2.77	2.75	2.73	2.71	2.69	2.67	2.66	2.64	2.63	2.52	2.42	2.30
2.70	2.66	2.63	2.60	2.57	2.55	2.52	2.50	2.48	2.46	2.45	2.43	2.42	2.40	2.30	2.18	2.06
2.49	2.45	2.42	2.39	2.36	2.33	2.31	2.29	2.27	2.25	2.23	2.22	2.20	2.19	2.08	1.96	1.83
2.29	2.25	2.22	2.19	2.16	2.13	2.11	2.09	2.07	2.05	2.03	2.01	2.00	1.98	1.87	1.75	1.61

부표 E Durbin-Watson 통계량

E-a $\alpha=1\%$ 경우의 d_L과 d_U의 임계치

n	$k'=1$		$k'=2$		$k'=3$		$k'=4$		$k'=5$	
	d_L	d_U	d_L	d_U	d_L	d_U	d_L	d_U	d_L	d_U
6	0.390	1.142	–	–	–	–	–	–	–	–
7	0.435	1.036	0.294	1.676	–	–	–	–	–	–
8	0.497	1.003	0.345	1.489	0.229	2.102	–	–	–	–
9	0.554	0.998	0.408	1.389	0.279	1.875	0.183	2.433	–	–
10	0.604	1.001	0.466	1.333	0.340	1.733	0.230	2.193	0.150	2.690
11	0.653	1.010	0.519	1.297	0.396	1.640	0.286	2.030	0.193	2.453
12	0.697	1.023	0.569	1.274	0.449	1.575	0.339	1.913	0.244	2.280
13	0.738	1.038	0.616	1.261	0.499	1.526	0.391	1.826	0.294	2.150
14	0.776	1.054	0.660	1.254	0.547	1.490	0.441	1.757	0.343	2.049
15	0.811	1.070	0.700	1.252	0.591	1.464	0.488	1.704	0.391	1.967
16	0.844	1.086	0.737	1.252	0.633	1.446	0.532	1.663	0.437	1.900
17	0.874	1.102	0.772	1.255	0.672	1.432	0.574	1.630	0.480	1.847
18	0.902	1.118	0.805	1.259	0.708	1.422	0.613	1.604	0.522	1.803
19	0.928	1.132	0.835	1.265	0.742	1.415	0.650	1.584	0.561	1.767
20	0.952	1.147	0.863	1.271	0.773	1.411	0.685	1.567	0.598	1.737
21	0.975	1.161	0.890	1.277	0.803	1.408	0.718	1.554	0.633	1.712
22	0.997	1.174	0.914	1.284	0.831	1.407	0.748	1.543	0.667	1.691
23	1.018	1.187	0.938	1.291	0.858	1.407	0.777	1.534	0.698	1.673
24	1.037	1.199	0.960	1.298	0.882	1.407	0.805	1.528	0.728	1.658
25	1.055	1.211	0.981	1.305	0.906	1.409	0.831	1.523	0.756	1.645
26	1.072	1.222	1.001	1.312	0.928	1.411	0.855	1.518	0.783	1.635
27	1.089	1.233	1.019	1.319	0.949	1.413	0.878	1.515	0.808	1.626
28	1.104	1.244	1.037	1.325	0.969	1.415	0.900	1.513	0.832	1.618
29	1.119	1.254	1.054	1.332	0.988	1.418	0.921	1.512	0.855	1.611
30	1.133	1.263	1.070	1.339	1.006	1.421	0.941	1.511	0.877	1.606
31	1.147	1.273	1.085	1.345	1.023	1.425	0.960	1.510	0.897	1.601
32	1.160	1.282	1.100	1.352	1.040	1.428	0.979	1.510	0.917	1.597
33	1.172	1.291	1.114	1.358	1.055	1.432	0.996	1.510	0.936	1.594
34	1.184	1.299	1.128	1.364	1.070	1.435	1.012	1.511	0.954	1.591
35	1.195	1.307	1.140	1.370	1.085	1.439	1.028	1.512	0.971	1.589
36	1.206	1.315	1.153	1.376	1.098	1.442	1.043	1.513	0.988	1.588
37	1.217	1.323	1.165	1.382	1.112	1.446	1.058	1.514	1.004	1.586
38	1.227	1.330	1.176	1.388	1.124	1.449	1.072	1.515	1.019	1.585
39	1.237	1.337	1.187	1.393	1.137	1.453	1.085	1.517	1.034	1.584
40	1.246	1.344	1.198	1.398	1.148	1.457	1.098	1.518	1.048	1.584
45	1.288	1.376	1.245	1.423	1.201	1.474	1.156	1.528	1.111	1.584
50	1.324	1.403	1.285	1.446	1.245	1.491	1.205	1.538	1.164	1.587
55	1.356	1.427	1.320	1.466	1.284	1.506	1.247	1.548	1.209	1.592
60	1.383	1.449	1.350	1.484	1.317	1.520	1.283	1.558	1.249	1.598
65	1.407	1.468	1.377	1.500	1.346	1.534	1.315	1.568	1.283	1.604
70	1.429	1.485	1.400	1.515	1.372	1.546	1.343	1.578	1.313	1.611
75	1.448	1.501	1.422	1.529	1.395	1.557	1.368	1.587	1.340	1.617
80	1.466	1.515	1.441	1.541	1.416	1.568	1.390	1.595	1.364	1.624
85	1.482	1.528	1.458	1.553	1.435	1.578	1.411	1.603	1.386	1.630
90	1.496	1.540	1.474	1.563	1.452	1.587	1.429	1.611	1.406	1.636
95	1.510	1.552	1.489	1.573	1.468	1.596	1.446	1.618	1.425	1.642
100	1.522	1.562	1.503	1.583	1.482	1.604	1.462	1.625	1.441	1.647
150	1.611	1.637	1.598	1.651	1.584	1.665	1.571	1.679	1.557	1.693
200	1.664	1.684	1.653	1.693	1.643	1.704	1.633	1.715	1.623	1.725

E-a 계속

$k'=6$		$k'=7$		$k'=8$		$k'=9$		$k'=10$	
d_L	d_U	d_L	d_U	d_L	d_U	d_L	d_U	d_L	d_U
—	—	—	—	—	—	—	—	—	—
—	—	—	—	—	—	—	—	—	—
—	—	—	—	—	—	—	—	—	—
—	—	—	—	—	—	—	—	—	—
—	—	—	—	—	—	—	—	—	—
0.124	2.892	—	—	—	—	—	—	—	—
0.164	2.665	0.105	3.053	—	—	—	—	—	—
0.211	2.490	0.140	2.838	0.090	3.182	—	—	—	—
0.257	2.354	0.183	2.667	0.122	2.981	0.078	3.287	—	—
0.303	2.244	0.226	2.530	0.161	2.817	0.107	3.101	0.068	3.374
0.349	2.153	0.269	2.416	0.200	2.681	0.142	2.944	0.094	3.201
0.393	2.078	0.313	2.319	0.241	2.566	0.179	2.811	0.127	3.053
0.435	2.015	0.355	2.238	0.282	2.467	0.216	2.697	0.160	2.925
0.476	1.963	0.396	2.169	0.322	2.381	0.255	2.597	0.196	2.813
0.515	1.918	0.436	2.110	0.362	2.308	0.294	2.510	0.232	2.714
0.552	1.881	0.474	2.059	0.400	2.244	0.331	2.434	0.268	2.625
0.587	1.849	0.510	2.015	0.437	2.188	0.368	2.367	0.304	2.548
0.620	1.821	0.545	1.977	0.473	2.140	0.404	2.308	0.340	2.479
0.652	1.797	0.578	1.944	0.507	2.097	0.439	2.255	0.375	2.417
0.682	1.766	0.610	1.915	0.540	2.059	0.473	2.209	0.409	2.362
0.711	1.759	0.640	1.889	0.572	2.026	0.505	2.168	0.441	2.313
0.738	1.743	0.669	1.867	0.602	1.997	0.536	2.131	0.473	2.269
0.764	1.729	0.696	1.847	0.630	1.970	0.566	2.098	0.504	2.229
0.788	1.718	0.723	1.830	0.658	1.947	0.595	2.068	0.533	2.193
0.812	1.707	0.748	1.814	0.684	1.925	0.622	2.041	0.562	2.160
0.834	1.698	0.772	1.800	0.710	1.906	0.649	2.017	0.589	2.131
0.856	1.690	0.794	1.788	0.734	1.889	0.674	1.995	0.615	2.104
0.876	1.683	0.816	1.776	0.757	1.874	0.698	1.975	0.641	2.080
0.896	1.677	0.837	1.766	0.779	1.860	0.722	1.957	0.665	2.057
0.914	1.671	0.857	1.757	0.800	1.847	0.744	1.940	0.689	2.037
0.932	1.666	0.877	1.749	0.821	1.836	0.766	1.925	0.711	2.018
0.950	1.662	0.895	1.742	0.841	1.825	0.787	1.911	0.733	2.001
0.966	1.658	0.913	1.735	0.860	1.816	0.807	1.899	0.754	1.985
0.982	1.655	0.930	1.729	0.878	1.807	0.826	1.887	0.774	1.970
0.997	1.652	0.946	1.724	0.895	1.799	0.844	1.876	0.789	1.956
1.065	1.643	1.019	1.704	0.974	1.768	0.927	1.834	0.881	1.902
1.123	1.639	1.081	1.692	1.039	1.748	0.997	1.805	0.955	1.864
1.172	1.638	1.134	1.685	1.095	1.734	1.057	1.785	1.018	1.837
1.214	1.639	1.179	1.682	1.144	1.726	1.108	1.771	1.072	1.817
1.251	1.642	1.218	1.680	1.186	1.720	1.153	1.761	1.120	1.802
1.283	1.645	1.253	1.680	1.223	1.716	1.192	1.754	1.162	1.792
1.313	1.646	1.284	1.682	1.256	1.716	1.227	1.746	1.199	1.785
1.338	1.653	1.312	1.683	1.285	1.714	1.259	1.745	1.232	1.777
1.362	1.657	1.337	1.685	1.312	1.714	1.287	1.743	1.262	1.773
1.383	1.661	1.360	1.687	1.336	1.714	1.312	1.741	1.288	1.769
1.403	1.666	1.381	1.690	1.358	1.715	1.336	1.741	1.313	1.767
1.421	1.670	1.400	1.693	1.378	1.717	1.357	1.741	1.335	1.765
1.543	1.708	1.530	1.722	1.515	1.737	1.501	1.752	1.486	1.767
1.613	1.735	1.603	1.746	1.592	1.757	1.582	1.768	1.571	1.779

E-a 계속

n	$k'=11$		$k'=12$		$k'=13$		$k'=14$		$k'=15$	
	d_L	d_U	d_L	d_U	d_L	d_U	d_L	d_U	d_L	d_U
16	0.060	3.446	–	–	–	–	–	–	–	–
17	0.084	3.286	0.053	3.506	–	–	–	–	–	–
18	0.113	3.146	0.075	3.358	0.047	3.557	–	–	–	–
19	0.145	3.023	0.102	3.227	0.067	3.420	0.043	3.601	–	–
20	0.178	2.914	0.131	3.109	0.092	3.297	0.061	3.474	0.038	3.639
21	0.212	2.817	0.162	3.004	0.119	3.185	0.084	3.358	0.055	3.521
22	0.246	2.729	0.194	2.909	0.148	3.084	0.109	3.252	0.077	3.412
23	0.281	2.651	0.227	2.822	0.178	2.991	0.136	3.155	0.100	3.311
24	0.315	2.580	0.260	2.744	0.209	2.906	0.165	3.065	0.125	3.218
25	0.348	2.517	0.292	2.674	0.240	2.829	0.194	2.982	0.152	3.131
26	0.381	2.460	0.324	2.610	0.272	2.758	0.224	2.906	0.180	3.050
27	0.413	2.409	0.356	2.552	0.303	2.694	0.253	2.836	0.208	2.976
28	0.444	2.363	0.387	2.499	0.333	2.635	0.283	2.772	0.237	2.907
29	0.474	2.321	0.417	2.451	0.363	2.582	0.313	2.713	0.266	2.843
30	0.503	2.283	0.447	2.407	0.393	2.533	0.342	2.659	0.294	2.785
31	0.531	2.248	0.475	2.367	0.422	2.487	0.371	2.609	0.322	2.730
32	0.558	2.216	0.503	2.330	0.450	2.446	0.399	2.563	0.350	2.680
33	0.585	2.187	0.530	2.296	0.477	2.408	0.426	2.520	0.377	2.633
34	0.610	2.160	0.556	2.266	0.503	2.373	0.452	2.481	0.404	2.590
35	0.634	2.136	0.581	2.237	0.529	2.340	0.478	2.444	0.430	2.550
36	0.658	2.113	0.605	2.210	0.554	2.310	0.504	2.410	0.455	2.512
37	0.680	2.092	0.628	2.186	0.578	2.282	0.528	2.379	0.480	2.477
38	0.702	2.073	0.651	2.164	0.601	2.256	0.552	2.350	0.504	2.445
39	0.723	2.055	0.673	2.143	0.623	2.232	0.575	2.323	0.528	2.414
40	0.744	2.039	0.694	2.123	0.645	2.210	0.597	2.297	0.551	2.386
45	0.835	1.972	0.790	2.044	0.744	2.118	0.700	2.193	0.655	2.269
50	0.913	1.925	0.871	1.987	0.829	2.051	0.787	2.116	0.746	2.182
55	0.979	1.891	0.940	1.945	0.902	2.002	0.863	2.059	0.825	2.117
60	1.037	1.865	1.001	1.914	0.965	1.964	0.929	2.015	0.893	2.067
65	1.087	1.845	1.053	1.889	1.020	1.934	0.986	1.980	0.953	2.027
70	1.131	1.831	1.099	1.870	1.068	1.911	1.037	1.953	1.005	1.995
75	1.170	1.819	1.141	1.856	1.111	1.893	1.082	1.931	1.052	1.970
80	1.205	1.810	1.777	1.844	1.150	1.878	1.122	1.913	1.094	1.949
85	1.236	1.803	1.210	1.834	1.184	1.866	1.158	1.898	1.132	1.931
90	1.264	1.798	1.240	1.827	1.215	1.856	1.191	1.886	1.166	1.917
95	1.290	1.793	1.267	1.821	1.244	1.848	1.221	1.876	1.197	1.905
100	1.314	1.790	1.292	1.816	1.270	1.841	1.248	1.868	1.225	1.895
150	1.473	1.783	1.458	1.799	1.444	1.814	1.429	1.830	1.414	1.847
200	1.561	1.791	1.550	1.801	1.539	1.813	1.528	1.824	1.518	1.836

E-a 계속

$k'=16$		$k'=17$		$k'=18$		$k'=19$		$k'=20$	
d_L	d_U	d_L	d_U	d_L	d_U	d_L	d_U	d_L	d_U
—	—	—	—	—	—	—	—	—	—
—	—	—	—	—	—	—	—	—	—
—	—	—	—	—	—	—	—	—	—
—	—	—	—	—	—	—	—	—	—
—	—	—	—	—	—	—	—	—	—
0.035	3.671	—	—	—	—	—	—	—	—
0.050	3.562	0.032	3.700	—	—	—	—	—	—
0.070	3.459	0.046	3.597	0.029	3.725	—	—	—	—
0.092	3.363	0.065	3.501	0.043	3.629	0.027	3.747	—	—
0.116	3.274	0.085	3.410	0.060	3.538	0.039	3.657	0.025	3.766
0.141	3.191	0.107	3.325	0.079	3.452	0.055	3.572	0.036	3.682
0.167	3.113	0.131	3.245	0.100	3.371	0.073	3.490	0.051	3.602
0.194	3.040	0.156	3.169	0.122	3.294	0.093	3.412	0.068	3.524
0.222	2.972	0.182	3.098	0.146	3.220	0.114	3.338	0.087	3.450
0.249	2.909	0.208	3.032	0.171	3.152	0.137	3.267	0.107	3.379
0.277	2.851	0.234	2.970	0.196	3.087	0.160	3.201	0.128	3.311
0.304	2.797	0.261	2.912	0.221	3.026	0.184	3.137	0.151	3.246
0.331	2.746	0.287	2.858	0.246	2.969	0.209	3.078	0.174	3.184
0.357	2.699	0.313	2.808	0.272	2.915	0.233	3.022	0.197	3.126
0.383	2.655	0.339	2.761	0.297	2.865	2.257	2.969	0.221	3.071
0.409	2.614	0.364	2.717	0.322	2.818	0.282	2.919	0.244	3.019
0.434	2.576	0.389	2.675	0.347	2.774	0.306	2.872	0.268	2.969
0.458	2.540	0.414	2.637	0.371	2.733	0.330	2.828	0.291	2.923
0.482	1.507	0.438	2.600	0.395	2.694	0.354	2.787	0.315	2.879
0.505	2.476	0.461	2.566	0.418	2.657	0.377	2.748	0.338	2.838
0.612	2.346	0.570	2.424	0.528	2.503	0.488	2.582	0.448	2.661
0.705	2.250	0.665	2.318	0.625	2.387	0.586	2.456	0.548	2.526
0.786	2.176	0.748	2.237	0.711	2.298	0.674	2.359	0.637	2.421
0.857	2.120	0.822	2.173	0.786	2.227	0.751	2.283	0.716	2.338
0.919	2.075	0.886	2.123	0.852	2.172	0.819	2.221	0.786	2.272
0.974	2.038	0.943	2.082	0.911	2.127	0.880	2.172	0.849	2.217
1.023	2.009	0.993	2.049	0.964	2.090	0.934	2.131	0.905	2.172
1.066	1.984	1.039	2.002	1.011	2.057	0.983	2.097	0.955	2.135
1.106	1.965	1.080	1.999	1.053	2.033	1.027	2.068	1.000	2.104
1.141	1.948	1.116	1.979	1.091	2.012	1.066	2.044	1.041	2.077
1.174	1.934	1.150	1.963	1.126	1.993	1.102	2.023	1.079	2.054
1.203	1.922	1.181	1.949	1.158	1.977	1.136	2.006	1.113	2.034
1.400	1.863	1.385	1.880	1.370	1.897	1.355	1.913	1.340	1.931
1.507	1.847	1.495	1.860	1.484	1.871	1.474	1.883	1.462	1.896

주: k'는 설명변수의 수를 나타냄(상수항 제외).

자료: N. E. Savin and K. J. White(1977), pp. 1989～1996.

E-b α=5% 경우의 d_L과 d_U의 임계치

n	$k'=1$		$k'=2$		$k'=3$		$k'=4$		$k'=5$	
	d_L	d_U	d_L	d_U	d_L	d_U	d_L	d_U	d_L	d_U
6	0.610	1.400	—	—	—	—	—	—	—	—
7	0.700	1.356	0.467	1.896	—	—	—	—	—	—
8	0.763	1.332	0.559	1.777	0.368	2.287	—	—	—	—
9	0.824	1.320	0.629	1.699	0.455	2.128	0.296	2.588	—	—
10	0.879	1.320	0.697	1.641	0.525	2.016	0.376	2.414	0.243	2.822
11	0.927	1.324	0.758	1.604	0.595	1.928	0.444	2.283	0.316	2.645
12	0.971	1.331	0.812	1.579	0.658	1.864	0.512	2.177	0.379	2.506
13	1.010	1.340	0.861	1.562	0.715	1.816	0.574	2.094	0.445	2.390
14	1.045	1.350	0.905	1.551	0.767	1.779	0.632	2.030	0.505	2.296
15	1.077	1.361	0.946	1.543	0.814	1.750	0.685	1.977	0.562	2.220
16	1.106	1.371	0.982	1.539	0.857	1.728	0.734	1.935	0.615	2.157
17	1.133	1.381	1.015	1.536	0.897	1.710	0.779	1.900	0.664	2.104
18	1.150	1.391	1.046	1.535	0.933	1.696	0.820	1.872	0.710	2.060
19	1.180	1.401	1.074	1.536	0.967	1.685	0.859	1.848	0.752	2.023
20	1.201	1.411	1.100	1.537	0.998	1.676	0.894	1.828	0.792	1.991
21	1.221	1.420	1.125	1.538	1.026	1.669	0.927	1.812	0.829	1.964
22	1.239	1.429	1.147	1.541	1.053	1.664	0.958	1.797	0.863	1.940
23	1.257	1.437	1.168	1.543	1.078	1.660	0.986	1.785	0.895	1.920
24	1.273	1.446	1.188	1.546	1.101	1.656	1.013	1.775	0.925	1.902
25	1.288	1.454	1.206	1.550	1.123	1.654	1.038	1.767	0.953	1.886
26	1.302	1.461	1.224	1.553	1.143	1.652	1.062	1.759	0.979	1.873
27	1.316	1.469	1.240	1.556	1.162	1.651	1.084	1.753	1.004	1.861
28	1.328	1.476	1.255	1.560	1.181	1.650	1.104	1.747	1.028	1.850
29	1.341	1.483	1.270	1.563	1.198	1.650	1.124	1.743	1.050	1.841
30	1.352	1.489	1.284	1.567	1.214	1.650	1.143	1.739	1.071	1.833
31	1.363	1.496	1.297	1.570	1.229	1.650	1.160	1.735	1.090	1.825
32	1.373	1.502	1.309	1.574	1.244	1.650	1.177	1.732	1.109	1.819
33	1.383	1.508	1.321	1.577	1.258	1.651	1.193	1.730	1.127	1.813
34	1.393	1.514	1.333	1.580	1.271	1.652	1.208	1.728	1.144	1.808
35	1.402	1.519	1.343	1.584	1.283	1.653	1.222	1.726	1.160	1.803
36	1.411	1.525	1.354	1.587	1.295	1.654	1.236	1.724	1.175	1.799
37	1.419	1.530	1.364	1.590	1.307	1.655	1.249	1.723	1.190	1.795
38	1.427	1.535	1.373	1.594	1.318	1.656	1.261	1.722	1.204	1.792
39	1.435	1.540	1.382	1.597	1.328	1.658	1.273	1.722	1.218	1.789
40	1.442	1.544	1.391	1.600	1.338	1.659	1.285	1.721	1.230	1.786
45	1.475	1.566	1.430	1.615	1.383	1.666	1.336	1.720	1.287	1.776
50	1.503	1.585	1.462	1.628	1.421	1.674	1.378	1.721	1.335	1.771
55	1.528	1.601	1.490	1.641	1.452	1.681	1.414	1.724	1.374	1.768
60	1.549	1.616	1.514	1.652	1.480	1.689	1.444	1.727	1.408	1.767
65	1.567	1.629	1.536	1.662	1.503	1.696	1.471	1.731	1.438	1.767
70	1.583	1.641	1.554	1.672	1.525	1.703	1.494	1.735	1.464	1.768
75	1.598	1.652	1.571	1.680	1.543	1.709	1.515	1.739	1.487	1.770
80	1.611	1.662	1.586	1.688	1.560	1.715	1.534	1.743	1.507	1.772
85	1.624	1.671	1.600	1.696	1.575	1.721	1.550	1.747	1.525	1.774
90	1.635	1.679	1.612	1.703	1.589	1.726	1.566	1.751	1.542	1.776
95	1.645	1.687	1.623	1.709	1.602	1.732	1.579	1.755	1.557	1.778
100	1.654	1.694	1.634	1.715	1.613	1.736	1.592	1.758	1.571	1.780
150	1.720	1.746	1.706	1.760	1.693	1.774	1.679	1.788	1.665	1.802
200	1.758	1.778	1.748	1.789	1.738	1.799	1.728	1.810	1.718	1.820

E-b 계속

$k'=6$		$k'=7$		$k'=8$		$k'=9$		$k'=10$	
d_L	d_U	d_L	d_U	d_L	d_U	d_L	d_U	d_L	d_U
—	—	—	—	—	—	—	—	—	—
—	—	—	—	—	—	—	—	—	—
—	—	—	—	—	—	—	—	—	—
—	—	—	—	—	—	—	—	—	—
—	—	—	—	—	—	—	—	—	—
0.203	3.005	—	—	—	—	—	—	—	—
0.268	2.832	0.171	3.149	—	—	—	—	—	—
0.328	2.692	0.230	2.985	0.147	3.266	—	—	—	—
0.389	2.572	0.286	2.848	0.200	3.111	0.127	3.360	—	—
0.447	2.472	0.343	2.727	0.251	2.979	0.175	3.216	0.111	3.438
0.502	2.388	0.398	2.624	0.304	2.860	0.222	3.090	0.155	3.304
0.554	2.318	0.451	2.537	0.356	2.757	0.272	2.975	0.198	3.184
0.603	2.257	0.502	2.461	0.407	2.667	0.321	2.873	0.244	3.073
0.649	2.206	0.459	2.396	0.456	2.589	0.369	2.783	0.290	2.974
0.692	2.162	0.595	2.339	0.502	2.521	0.416	2.704	0.336	2.885
0.732	2.124	0.637	2.290	0.547	2.460	0.461	2.633	0.380	2.806
0.769	2.090	0.677	2.246	0.588	2.407	0.504	2.571	0.424	2.734
0.804	2.061	0.175	2.208	0.628	2.360	0.545	2.514	0.465	2.670
0.837	2.035	0.751	2.174	0.666	2.318	0.584	2.464	0.506	2.613
0.868	2.012	0.784	2.144	0.702	2.280	0.621	2.419	0.544	2.560
0.897	1.992	0.816	2.117	0.735	2.246	0.657	2.379	0.581	2.513
0.925	1.974	0.845	2.093	0.767	2.216	0.691	2.342	0.616	2.470
0.951	1.958	0.874	2.071	0.798	2.188	0.723	2.309	0.650	2.431
0.975	1.944	0.900	2.052	0.826	2.164	0.753	2.278	0.682	2.396
0.998	1.931	0.926	2.034	0.854	2.141	0.782	2.251	0.712	2.363
1.020	1.920	0.950	2.018	0.879	2.120	0.810	2.226	0.741	2.333
1.041	1.909	0.972	2.004	0.904	2.102	0.836	2.203	0.769	2.306
1.061	1.900	0.994	1.991	0.927	2.085	0.861	2.181	0.795	2.281
1.080	1.891	1.015	1.979	0.950	2.069	0.885	2.162	0.821	2.257
1.097	1.884	1.034	1.967	0.971	2.054	0.908	2.144	0.845	2.236
1.114	1.877	1.053	1.957	0.991	2.041	0.930	2.127	0.868	2.216
1.131	1.870	1.071	1.948	1.011	2.029	0.951	2.112	0.891	2.198
1.146	1.864	1.088	1.939	1.029	2.017	0.970	2.098	0.912	2.180
1.161	1.859	1.104	1.932	1.047	2.007	0.990	2.085	0.932	2.164
1.175	1.854	1.120	1.924	1.064	1.997	1.008	2.072	0.945	2.149
1.238	1.835	1.189	1.895	1.139	1.958	1.089	2.002	1.038	2.088
1.291	1.822	1.246	1.875	1.201	1.930	1.156	1.986	1.110	2.044
1.334	1.814	1.294	1.861	1.253	1.909	1.212	1.959	1.170	2.010
1.372	1.808	1.335	1.850	1.298	1.894	1.260	1.939	1.222	1.984
1.404	1.805	1.370	1.843	1.336	1.882	1.301	1.923	1.266	1.964
1.433	1.802	1.401	1.837	1.369	1.873	1.337	1.910	1.305	1.948
1.458	1.801	1.428	1.834	1.399	1.867	1.369	1.901	1.339	1.935
1.480	1.801	1.453	1.831	1.425	1.861	1.397	1.893	1.369	1.925
1.500	1.301	1.474	1.829	1.448	1.857	1.422	1.886	1.396	1.916
1.518	1.801	1.494	1.827	1.469	1.854	1.445	1.881	1.420	1.909
1.535	1.802	1.512	1.827	1.489	1.852	1.465	1.877	1.442	1.903
1.550	1.803	1.528	1.826	1.506	1.850	1.484	1.874	1.462	1.898
1.651	1.817	1.637	1.832	1.622	1.847	1.608	1.862	1.594	1.877
1.707	1.831	1.697	1.841	1.686	1.852	1.675	1.863	1.665	1.874

E-b 계속

n	$k'=11$		$k'=12$		$k'=13$		$k'=14$		$k'=15$	
	d_L	d_U	d_L	d_U	d_L	d_U	d_L	d_U	d_L	d_U
16	0.098	3.503	—	—	—	—	—	—	—	—
17	0.138	3.378	0.087	3.557	—	—	—	—	—	—
18	0.177	3.265	0.123	3.441	0.078	3.603	—	—	—	—
19	0.220	3.159	0.160	3.335	0.111	3.496	0.070	3.642	—	—
20	0.263	3.063	0.200	3.234	0.145	3.395	0.100	3.542	0.063	3.676
21	0.307	2.976	0.240	3.141	0.182	3.300	0.132	3.448	0.091	3.583
22	0.349	2.897	0.281	3.057	0.220	3.211	0.166	3.358	0.120	3.495
23	0.391	2.826	0.322	2.979	0.259	3.128	0.202	3.272	0.153	3.409
24	0.431	2.761	0.362	2.908	0.297	3.053	0.239	3.193	0.186	3.327
25	0.470	2.702	0.400	2.844	0.335	2.983	0.275	3.119	0.221	3.251
26	0.508	2.649	0.438	2.784	0.373	2.919	0.312	3.051	0.256	3.179
27	0.544	2.600	0.475	2.730	0.409	2.859	0.348	2.987	0.291	3.112
28	0.578	2.555	0.510	2.680	0.445	2.805	0.383	2.928	0.325	3.050
29	0.612	2.515	0.544	2.634	0.479	2.755	0.418	2.874	0.359	2.992
30	0.643	2.477	0.577	2.592	0.512	2.708	0.451	2.823	0.392	2.937
31	0.674	2.443	0.608	2.553	0.545	2.665	0.484	2.776	0.425	2.987
32	0.703	2.411	0.638	2.517	0.576	2.625	0.515	2.733	0.457	2.840
33	0.731	2.382	0.668	2.484	0.606	2.588	0.546	2.692	0.488	2.796
34	0.758	2.355	0.695	2.454	0.634	2.554	0.575	2.654	0.518	2.754
35	0.783	2.330	0.722	2.425	0.662	2.521	0.604	2.619	0.547	2.716
36	0.808	2.306	0.748	2.398	0.689	2.492	0.631	2.586	0.575	2.680
37	0.831	2.285	0.772	2.374	0.714	2.464	0.657	2.555	0.602	2.646
38	0.854	2.265	0.796	2.351	0.739	2.438	0.683	2.526	0.628	2.614
39	0.875	2.246	0.819	2.329	0.763	2.413	0.707	2.499	0.653	2.585
40	0.896	2.228	0.840	2.309	0.785	2.391	0.731	2.473	0.678	2.557
45	0.988	2.156	0.938	2.225	0.887	2.296	0.838	2.367	0.788	2.439
50	1.064	2.103	1.019	2.163	0.973	2.225	0.927	2.287	0.882	2.350
55	1.129	2.062	1.087	2.116	1.045	2.170	1.003	2.225	0.961	2.281
60	1.184	2.031	1.145	2.079	1.106	2.127	1.068	2.177	1.029	2.227
65	1.231	2.006	1.195	2.049	1.160	2.093	1.124	2.138	1.088	2.183
70	1.272	1.986	1.239	2.026	1.206	2.066	1.172	2.106	1.139	2.148
75	1.308	1.970	1.277	2.006	1.247	2.043	1.215	2.080	1.184	2.118
80	1.340	1.957	1.311	1.991	1.283	2.024	1.253	2.059	1.224	2.093
85	1.369	1.946	1.342	1.977	1.315	2.009	1.287	2.040	1.260	2.073
90	1.395	1.937	1.369	1.966	1.344	1.995	1.318	2.025	1.292	2.055
95	1.418	1.929	1.394	1.956	1.370	1.948	1.345	2.012	1.321	2.040
100	1.434	1.923	1.416	1.948	1.393	1.974	1.371	2.000	1.347	2.026
150	1.579	1.892	1.564	1.908	1.550	1.924	1.535	1.940	1.519	1.956
200	1.654	1.885	1.643	1.896	1.632	1.908	1.621	1.919	1.610	1.931

E-b 계속

$k'=16$		$k'=17$		$k'=18$		$k'=19$		$k'=20$	
d_L	d_U	d_L	d_U	d_L	d_U	d_L	d_U	d_L	d_U
–	–	–	–	–	–	–	–	–	–
–	–	–	–	–	–	–	–	–	–
–	–	–	–	–	–	–	–	–	–
–	–	–	–	–	–	–	–	–	–
–	–	–	–	–	–	–	–	–	–
0.058	3.705	–	–	–	–	–	–	–	–
0.083	3.619	0.052	3.731	–	–	–	–	–	–
0.110	3.535	0.076	3.650	0.048	3.753	–	–	–	–
0.141	3.454	0.101	3.572	0.070	3.678	0.044	3.773	–	–
0.172	3.376	0.130	3.494	0.094	3.604	0.065	3.702	0.041	3.790
0.205	3.303	0.160	3.420	0.120	3.531	0.087	3.632	0.060	3.724
0.238	3.233	0.191	3.349	0.149	3.460	0.112	3.563	0.081	3.658
0.271	3.168	0.222	3.283	0.178	3.392	0.138	3.495	0.104	3.592
0.305	3.107	0.254	3.219	0.208	3.327	0.166	3.431	0.129	3.528
0.337	3.050	0.286	3.160	0.238	3.266	0.195	3.368	0.156	3.465
0.370	2.996	0.317	3.103	0.269	3.208	0.224	3.309	0.183	3.406
0.401	2.946	0.349	3.050	0.299	3.153	0.253	3.252	0.211	3.348
0.432	2.899	0.379	3.000	0.329	3.100	0.283	3.198	0.239	3.293
0.462	2.854	0.409	2.954	0.359	3.051	0.312	3.147	0.267	3.240
0.492	2.813	0.439	2.910	0.388	3.005	0.340	3.099	0.295	3.190
0.520	2.774	0.467	2.868	0.417	2.961	0.369	3.053	0.323	3.142
0.548	2.738	0.495	2.829	0.445	2.920	0.397	3.009	0.351	3.097
0.575	2.703	0.522	2.792	0.472	2.880	0.424	2.968	0.378	3.054
0.600	2.671	0.549	2.757	0.499	2.843	0.451	2.929	0.404	3.013
0.626	2.641	0.575	2.724	0.525	2.808	0.477	2.892	0.430	2.974
0.740	2.512	0.692	2.586	0.644	2.659	0.598	2.733	0.553	2.807
0.836	2.414	0.792	2.479	0.747	2.544	0.703	2.610	0.660	2.675
0.919	2.338	0.877	2.396	0.836	2.454	0.795	2.512	0.754	2.571
0.990	2.278	0.951	2.330	0.913	2.382	0.874	2.434	0.836	2.487
1.052	2.229	1.016	2.276	0.980	2.323	0.944	2.371	0.908	2.419
1.105	2.189	1.072	2.232	1.038	2.275	1.005	2.318	0.971	2.362
1.153	2.156	1.121	2.195	1.090	2.235	1.058	2.275	1.027	2.315
1.195	2.129	1.165	2.165	1.136	2.201	1.106	2.238	1.076	2.275
1.232	2.105	1.205	2.139	1.177	2.172	1.149	2.206	1.121	2.241
1.266	2.085	1.240	2.166	1.213	2.148	1.187	2.179	1.160	2.211
1.296	2.068	1.271	2.097	1.247	2.126	1.222	2.156	1.197	2.186
1.324	2.053	1.301	2.080	1.277	2.108	1.253	2.135	1.229	2.164
1.504	1.972	1.489	1.989	1.474	2.006	1.458	2.023	1.443	2.040
1.599	1.943	1.588	1.955	1.576	1.967	1.565	1.979	1.554	1.991

주: k'는 설명변수의 수를 나타냄(상수항 제외).

자료: N. E. Savin and K. J. White(1977), pp. 1989～1996.

부표 F 스피어만의 순위상관계수 r_s의 임계치

n	유의수준(단측검정)	
	.05	.01
4	1.000	
5	.900	1.000
6	.829	.943
7	.714	.893
8	.643	.833
9	.600	.783
10	.564	.746
12	.506	.712
14	.456	.645
16	.425	.601
18	.399	.564
20	.377	.534
22	.359	.508
24	.343	.485
26	.329	.465
28	.317	.448
30	.306	.432

부표 G Dickey-Fuller 검정통계량의 분포(H_0: $\rho=1$ 또는 H_0: $\gamma=0$)

표본크기	누적확률							
	0.01	0.025	0.05	0.10	0.90	0.95	0.975	0.99
	(I. 상수항이 없는 경우: $\hat{\tau}$)							
25	−2.66	−2.66	−1.95	−1.60	0.92	1.33	1.70	2.61
50	−2.62	−2.25	−1.95	−1.61	0.91	1.31	1.66	2.08
100	−2.60	−2.24	−1.95	−1.61	0.90	1.29	1.64	2.03
250	−2.58	−2.23	−1.95	−1.62	0.89	1.28	1.62	2.01
500	−2.58	−2.23	−1.95	−1.62	0.89	1.28	1.62	2.00
∞	−2.58	−2.23	−1.95	−1.62	0.89	1.28	1.62	2.00
	(II. 상수항은 있으나 추세선이 없는 경우: $\hat{\tau}$)							
25	−3.75	−3.33	−3.00	−2.63	−0.37	0.00	0.34	0.72
50	−3.58	−3.22	−2.93	−2.60	−0.40	−0.03	0.29	0.66
100	−3.51	−3.17	−2.89	−2.58	−0.42	−0.05	0.26	0.63
250	−3.46	−3.14	−2.88	−2.57	−0.42	−0.06	0.24	0.62
500	−3.44	−3.13	−2.87	−2.57	−0.43	−0.07	0.24	0.61
∞	−3.43	−3.12	−2.86	−2.57	−0.43	−0.07	0.23	0.60
	(III. 상수항과 추세선이 포함된 경우: $\hat{\tau}$)							
25	−4.38	−3.95	−3.60	−3.24	−1.14	−0.80	−0.50	−0.15
50	−4.15	−3.80	−3.50	−3.18	−1.19	−0.87	−0.58	−0.24
100	−4.04	−3.73	−3.45	−3.15	−1.22	−0.90	−0.62	−0.28
250	−3.99	−3.69	−3.43	−3.13	−1.23	−0.92	−0.64	−0.31
500	−3.98	−3.68	−3.42	−3.13	−1.24	−0.93	−0.65	−0.32
∞	−3.96	−3.66	−3.41	−3.12	−1.25	−0.94	−0.66	−0.33

자료: Fuller(1976), p. 373, table 8.5.2.

부표 H Dickey-Fuller의 ϕ검정통계량의 분포

(a) $\phi(1)(H_0: \gamma=\alpha=0)$
($\Delta Y_t=\alpha+\gamma Y_{t-1}+\varepsilon_t$ 경우)

표본크기	누적확률							
	0.01	0.025	0.05	0.10	0.90	0.95	0.975	0.99
25	0.29	0.38	0.49	0.65	4.12	5.18	6.30	7.88
50	0.29	0.39	0.50	0.66	3.94	4.86	5.80	7.06
100	0.29	0.39	0.50	0.67	3.86	4.71	5.57	6.70
250	0.30	0.39	0.51	0.67	3.81	4.63	5.45	6.52
500	0.30	0.39	0.51	0.67	3.79	4.61	5.41	6.47
∞	0.30	0.40	0.51	0.67	3.78	4.59	5.38	6.43
S.E.	0.002	0.002	0.002	0.002	0.01	0.02	0.03	0.05

(b) $\phi(2)(H_0: \gamma=\alpha=\beta=0)$
($\Delta Y_t=\alpha+\beta T+\gamma Y_{t-1}+\varepsilon_t$ 경우)

표본크기	누적확률							
	0.01	0.025	0.05	0.10	0.90	0.95	0.975	0.99
25	0.91	0.75	0.89	1.10	4.67	5.68	6.75	8.21
50	0.62	0.77	0.91	1.12	4.31	5.13	5.94	7.92
100	0.63	0.77	0.92	1.12	4.16	4.88	5.59	6.50
250	0.63	0.77	0.92	1.13	4.07	4.75	5.40	6.22
500	0.63	0.77	0.92	1.13	4.05	4.71	5.35	6.15
∞	0.63	0.77	0.92	1.13	4.03	4.68	5.31	6.09
S.E.	0.003	0.003	0.003	0.003	0.01	0.02	0.03	0.05

(c) $\phi(3)(H_0: \gamma=\beta=0)$
($\Delta Y_t=\alpha+\beta T+\gamma Y_{t-1}+\varepsilon_t$ 경우)

표본크기	누적확률							
	0.01	0.025	0.05	0.10	0.90	0.95	0.975	0.99
25	0.74	0.90	1.08	1.33	5.91	7.24	8.65	10.61
50	0.76	0.93	1.11	1.37	5.61	6.73	7.81	9.31
100	0.76	0.94	1.12	1.38	5.47	6.49	7.44	8.73
250	0.76	0.94	1.13	1.39	5.39	6.34	7.25	8.43
500	0.76	0.94	1.13	1.39	5.36	6.30	7.20	8.34
∞	0.77	0.94	1.13	1.39	5.34	6.25	7.16	8.27
S.E.	0.004	0.004	0.004	0.004	0.015	0.020	0.032	0.058

자료: Dickey and Fuller(1981), p. 1063, table Ⅳ, Ⅴ, Ⅵ.

부표 I 공적분검정통계량(τ)의 임계치(α=1%, α=5% 경우)

(a) D-F 검정통계량 이용 경우
(H_0: $\gamma=0$ in $\hat{\varepsilon}_t=\gamma\hat{\varepsilon}_{t-1}+u_t$ 경우)

변수의 수(N)	표본크기(T)	유의수준(α)		
		1%	5%	10%
2	50	4.32	3.67	3.28
	100	4.07	3.37	3.03
	200	4.00	3.37	3.02
3	50	4.84	4.11	3.73
	100	4.45	3.93	3.59
	200	4.35	3.78	3.47
4	50	4.94	4.35	4.02
	100	4.75	4.22	3.89
	200	4.70	4.18	3.89
5	50	5.41	4.76	4.42
	100	5.18	4.58	4.26
	200	5.02	4.48	4.18

(b) ADF 검정통계량 이용 경우
(H_0: $\gamma=0$ in $\Delta\hat{\varepsilon}_t=\gamma\hat{\varepsilon}_{t-1}+\sum_{i=1}^{p}\delta_i\Delta\hat{\varepsilon}_{t-i}+u_t$ 경우)

변수의 수(N)	표본크기(T)	유의수준(α)		
		1%	5%	10%
2	50	4.12	3.29	2.90
	100	3.73	3.17	2.91
	200	3.78	3.25	2.98
3	50	4.45	3.75	3.36
	100	4.22	3.62	3.32
	200	4.34	3.78	3.51
4	50	4.61	3.98	3.67
	100	4.61	4.02	3.71
	200	4.72	4.13	3.83
5	50	4.80	4.15	3.85
	100	4.98	4.36	4.06
	200	4.97	4.43	4.14

주: (−)부호는 편의상 생략했음.
자료: R. F. Engle and B. S. Yoo(1987), pp. 143～159.

참고문헌

고유선, 「경기변동에서 재고의 역할 및 선행성 분석」, 『월간경제』, 대우경제연구소, 1996. 1, pp. 35～45.

김기형, 「누적확산지수로 본 경기양극화—경기양극화는 구조적 변화인가?」, 『월간경제』, 대우경제연구소, 1996. 1, pp. 17～34.

김기호, 「根源 인플레이션 指標(Core Inflation Indicator)의 推定 및 有用性 分析」, 성균관대학교 박사학위논문, 2003.

김기화, 「한국의 경기순환(I): 특성」, 『한국경제연구』 제3권 제2호, 한국경제연구원, 1989. 12, pp. 101～137.

______, 「한국의 경기순환(II): 원인」, 『한국경제연구』 제4권 제1호, 한국경제연구원, 1990, pp. 128～165.

김명직 · 김적교 · 유지성, 「우리나라 경제지표의 경기예측력에 관한 연구: 실험적 경기동행지수 및 불황지표작성을 중심으로」, 『경제학연구』 제43집 제4호, 1996. 2, pp. 33～55.

김병화, 「演算一般을 利用한 인도네시아 構造調整策의 分析」, 『금융경제연구』 제19호, 1990. 12.

김용선 · 차진섭, 「株價와 巨視經濟變數間의 關係 分析」, 한국은행 조사국 연구자료 99-22, 1999. 6.

김치호, 「소규모 개방경제의 거시경제적 충격과 경기변동」, 『경제학연구』 제42집 제2호, 1994, pp. 25～62.

김태윤 · 황창하 · 이종규, 「신경망을 이용한 경제상황 판단지표 개발」, 『금융경제연구』 제124호, 2002. 2.

민병호, 「경기변동요인분석(1969～1973)」, 『한국경제연구』 제3권 제2호, 1989. 12, pp. 138～162.

박동순, 「경기전환점의 새로운 예측기법」, 『금융경제연구』 제8호, 한국은행, 1990. 4.

박준용 · 장유순 · 한상범, 『경제시계열분석』, 경문사, 2002.

박형근 · 부기원, 「景氣轉換點의 豫測理論과 實證分析」, 『產銀調査月報』 제8권, 제477호, 1995, pp. 1～28.

백웅기, 「경기논쟁 소고」, 『KDI 분기별 경제전망』, 1992. 2/4, pp. 71～85.

______, 「한국경기순환의 특징과 양태: 역사적 고찰」, 『한국개발연구』 제15권 제3호, 1993 가을, pp. 53～93.

부기원, 「構造VAR模型에 관한 理論的槪觀 및 實證事例」, 『KDB 產業經濟』 제8호, 1994, pp. 1～32.

사공은덕, 「SVAR모형을 이용한 잠재생산의 추정방법에 관한 연구」, 『월간제일경제연구』 8월호, 1995, pp. 35～59.

송태정, 「경기저점 멀지 않았다.」 『LG 주간경제』, No. 397, 1997. 1. 16, pp. 4～8.

오정근, 「韓國經濟의 多部門豫測模型 I. 方法論」, 『금융경제연구』 제1호, 1990. 1.

______, 「韓國經濟의 多部門豫測模型 II. 生產模型」, 『금융경제연구』 제10호, 1990. 6.

______, 「韓國經濟의 多部門豫測模型 III. 消費模型」, 『금융경제연구』 제16호, 1990. 10.

유병삼, 「소규모 개방경제로서의 한국경제의 경기변동」, 『경제분석』, 한국은행, 1995. 5, pp. 96～126.

유진방, 「실물적 경기이론으로 본 우리나라의 경기순환」, 『금융경제연구』 제14호, 한국은행, 1990. 8.

이상돈, 「結合方式에 의한 豫測模型의 開發」, 성균관대학교 박사학위논문, 1995.

이성규, 「景氣先行指標의 GDP豫測상의 效用性 分析」, 성균관대학교 석사학위논문, 2000.

이종원, 『계량경제학』, 박영사, 1994.

______, 『경제경영통계학』 제3판, 박영사, 2004.

이종원 · 이상돈, 「結合方式을 利用한 豫測模型의 效率性 分析」, 『응용경제』 제1권 제1호, 1999, pp. 3～32.

______, 『RATS를 이용한 계량경제분석』, 제3판, 박영사, 2005.

______, "A Practical Approach to the Estimation of North Korea's GNP," *Journal of the Korean Economy*, Vol. 2, No. 2, Fall 2001, pp. 333～347.

이종원 · 이상돈 · 김기호, "New Approach to Estimation of the Core Inflation," *Journal of the Korean Economy*, Vol. 4, No. 2, 2003, pp. 315～343.

이종원 · 김성태 · 김인무, 「SUM95模型에 의한 經濟豫測: GNP와 綜合株價指數를 中心으로」, 한국산업연구소 No. 109, 1995. 9.

이종원 · 한기성, 「統一費用 極小化를 위한 政策提案」, 『동북아경제연구』 제10권 제2호, 1999, pp. 95～137.

이중식, 「경기국면의 판별과 예측에 관한 새로운 방법」, 『경제분석』, 한국은행, 1997. 2, pp. 1～25.

______, 「경기변동요인분석」, 『경제분석』 제2권 제3호, 한국은행, 1996. 8, pp. 1～29.

이태열 · 민주홍, 「경기저점은 언제인가?」, 『기업경제』, 1997. 3, pp. 66～72.

정웅진, 「우리나라 경기변동의 기준순환일에 관한 연구」, 『금융경제연구』 제7호, 한국은행, 1990. 4.

조하현, 「우리나라 경기변동현상의 특성과 연구과제: Modrick-Prescott 필터에 의한 분석」, 『경제학연구』 제39집 제2호, 1991, pp. 285～313.

조홍래, 「HRI 경제진단: 경기침체, 년간까지 지속」, VIP Report 제169호, 현대경제사회연구원, 1997. 8. 14.

최성환, 「구조전환기의 우리 경제와 향후전망」, 『금융경제연구』 제63호, 한국은행, 1993. 11.

하태근 · 신창식 · 유복근, 「1993년 산업연관표로 본 우리나라 경제구조 및 산업연관효과」, 『조사통계월보』, 한국은행, 1996. 2, pp. 36～64.

Akaike, H., "A new look at the statistical model identification," *IEEE Transactions on Automatic Control*, 1974, pp. 716～723.

Bates, J. M. and C. W. Granger, "The combination of forecast," *Operational Research Quarterly*, 1969, pp. 451～468.

Baxter, M. A., *A Guide to Seasonal Adjustment of Monthly Data with X-11*, 3rd ed., Central Statistical Office, U. K., 1994.

Bischoff, C. W., "The combining of macroeconomic forecasts," *Journal of Forecasting*, 1989, pp. 293～314.

Bobara, A., R. McNown, and J. T. Batts, "A re-evaluation of the combination and adjustment of forecasts," *Applied Economics*, 1987, pp. 437～445.

Bomhoff, Edward J., *Financial Forecasting for Business and Economics*, The Dryden Press, 1994.

Bressler, D. A. and J. A. Brandt, "Forecasting livestock prices with individual and composite methods," *Applied Economics*, 1981, pp. 513～522.

Brocklebank, John C. and David A. Dickey, *SAS for Forecasting Time Series*, 2nd ed., SAS, 2003.

Brockwell, P. J. and R. A. Davis, *An Introduction to Time Series and Forecasting*, Springer-Verlag, 1996.

Buehrer, Timothy and Filippo di Mauro, "A Computable General Equilibrium Model of Nepal," *EDRC Report Series*, No. 60, 1993. 10.

Bunn, D. W., "A Bayesian approach to the linear combination of forecasts," *Operational Research Quarterly*, 1975, pp. 324～329.

Chatfield, C. and M. Yar, "Prediction intervals for Multiplicative Holt-Winters," *International Journal of Forecasting*, Vol. 7, 1991, pp. 31～37.

Clemen, R. T., "Combining forecasts; A review and annotated bibliography," *International Journal of Forecasting*, 1989, pp. 559～583.

Clements, Michael P. and David F. Hendry, *Forecasting Economic Time Series*, Cambridge University Press, 1998.

Clemen, R. T. and R. L. Winkler, "Combining economic forecasts," *Journal of Business and Economic Statistics*, 1986, pp. 39～46.

Cleveland, W. S. and S. Devlin, "Locally Weighted Regression: An Approach to Regression Analysis by Local Fitting," *Journal of the American Statistical Association*, Vol. 74, 1988, pp. 596～610.

Cleveland, W. S., S. Devlin, and E. Grosse, "Regression by Local Fitting: Methods, Properties and Computational Algorithm," *Journal of Econo-*

metrics, Vol. 37, 1988, pp. 87～114.

Cleveland, W. S. and I. J. Terpenning, "Graphical Methods for Seasonal Adjustment," *Journal of the American Statistical Association*, Vol. 77, 1992, pp. 52～62.

Cooper, J. P. and C. R. Nelson, "The exante prediction performance of the S. T. Louis and FRB-MIT-PENN econometric models and some results on composite predictors," *Journal of Money, Credit, Banking*, 1975, pp. 1～32.

Coulson, R. E. and R. P. Robins, "Forecast combination in a dynamic setting," *Journal of Forecasting*, 1993, pp. 63～67.

Dickinson, J. P., "Some statistical results on the combination of forecasts," *Operational Research Quarterly*, 1973, pp. 253～260.

______, "Some comments on the combination of forecasts," *Operational Research Quarterly*, 1975, pp. 205～210.

Dickey, D. A. and W. F. Fuller, "Distribution of the Estimators for AR Time Series with a Unit Root," *Journal of American Statistical Association*, Vol. 74, 1979, pp. 427～431.

______, "Likelihood Ration Statistics for Autoregressive Time Series with a Unit Root," *Econometrica*, Vol. 49, 1981, pp. 1057～1072.

Diebold, Francis X., *Elements of Forecasting*, 3rd ed., Thomson, 2004.

______, "Serial correlation and the combining of forecasts," *Journal of Business and Economic Statistics*, 1988, pp. 39～46.

Diebold, F. and G. Rudebusch, "Measuring Business Cycle: A Modern Perspective," *Review of Economics & Statistics*, Vol. 78, 1996, pp. 67～77.

Diebold, F. X. and Z. A. Lopex, "Forecasts evaluation and combination," *NBER, Technical Working Paper*, 1996. 3.

Diebold, F. X. and P. Pauly, "Structural change and the combination of forecasts," *Journal of Forecasting*, 1987, pp. 21～40.

Draper, N. R. and H. Smith, *Applied Regression Analysis*, 2nd ed., John Wiley & Sons, 1981.

Enders, Walter, *Applied Econometric Time Series*, 2nd ed., Wiley, 2004.

______, *RATS Handbook for Econometric Time Series*, John Wiley & Sons, Inc., 1996.

Engle, R. F. and C. W. J. Granger, "Cointegration and Error Correction: Representation, Estimation and Testing," *Econometrica*, Vol. 55, 1987, pp. 251~276.

Engle, R. F. and B. S. Yoo, "Forecasting in Cointegrated Systems," *Journal of Econometrics*, 35, 1987, pp. 143~159.

Engle, R. F., C. W. J. Granger, and D. Kraft, "Combining competing forecasts of inflation using a bivariate ARCH model," *Journal of Economy Dynamics Control*, 1984, pp. 151~165.

Franses, Philip Hans, *Time Series Models for Business and Economic Forecasting*, Cambridge University Press, 1998.

Fuller, W. A., *Introduction to Statistical Time Series*, N. Y.: John Wiley & Sons, Inc., 1976.

Gali, Jordi, "Technology, Employment, and the Business Cycle: Do technology shocks explain aggregate fluctuations?," *American Economic Review*, Vol. 89, 1999, pp. 249~271.

Granger, C. W. J., *Forecasting in Business and Economics*, Academic Press, 1980.

Granger, C. W. J. and R. Ramanathan, "Improved methods of combining forecasts," *Journal of Forecasting*, 1984, pp. 197~201.

Greene, William H., *Econometric Analysis*, 5th ed., Prentice Hall, 2003.

Hamilton, J., "A New Approach to the Economic Analysis of Nonstationary Time Series and the Business Cycle," *Econometrica*, Vol. 57, 1989, pp. 357~384.

Hanke, John E. and Arthur G. Reitsch, *Business Forecasting*, 2nd ed., Allyn and Bacon, Inc., 1986.

Harris, Richard and Robert Sollis, *Applied Time Series Modelling and Forecasting*, Wiley, 2003.

Holden, K. and D. A. Peel, "An empirical investigation of combination of economic forecasts," *Journal of Forecasting*, 1986, pp. 229～242.

Hood, W. C. and T. C. Kopsas, "The Estimation of Simultaneous Linear Economic Relation," in Hood and Kopmans, eds., *Studies in Econometric Method*, Yale University Press, 1953.

Johansen, S., "Statistical Analysis of Cointegration Vectors," *Journal of Economic Dynamics and Control*, Vol. 12, 1988, pp. 231～254.

Judge, G. G. *et al.*, *Introduction to the Theory and Practice of Econometrics*, 2nd ed., John Willey & Sons, 1988.

Kim, Chang-Jin, "Dynamic Linear Models with Markov-Switching," *Journal of Econometrics*, Vol. 60, 1994, pp. 1～22.

______, "Predicting Business Cycle Phase with indexes of Leading and Coincident Economic Indicators: A Maltinariate 'Regime-Shift' Approach," *Journal of Economic Theory and Econometrics*, Vol. 2, No. 2, Winter 1996, pp. 1～28.

Kmenta, J., *Elements of Econometrics*, Macmillan, 1971

Koutsoyannis, A., *Theory of Econometrics*, 2nd ed., Harper & Row, 1977.

Kubo, Yuji, Jeffrey D. Lewis, Jaime de Melo, and Sherman Robinson, "Multisector Models and the Analysis of Alternative Development Strategies: An Application to Korea," *World Bank Staff Working Papers*, No. 563, 1984.

Litterman, R., "Moeny, Real Interest Rates, and Output: A reinterpretation of Postwar U.S. data," *Econometrica*, Vol. 53, No. 1, 1985, pp. 129～156.

______, "Forecasting with Bayesian Vector Autoregressions," *Journal of Business and Economic Statistics*, Vol. 4, 1986, pp. 25～38.

Maddala, G. S., *Introduction to Econometrics*, 3rd ed., Wiley, 2001.

Markridakis, Spyros, Steven C. Wheelwright, and Rob J. Hyndman, *Forecasting Methods and Applications*, 3rd ed., Wiley, 1998.

McKenzie, E., "General exponential smoothing and the equivalent ARIMA process," *Journal of Forecasting*, Vol. 3, 1984, pp. 333～344.

______, "Error analysis for Winters' additive seasonal forecasting system,"

International Journal of Forecasting, Vol. 2, 1986, pp. 373～382.

Mills, Terence C., *The Econometric Modelling of Financial Time Series*, Cambridge University Press, 1997.

______, ed., *Economic Forecasting*, Edward Elgar, 1999.

Neftci, S. N., "Optimal Predictions of Cyclical Downturns," *Journal of Economic Dynamics and Control*, Vol. 4, 1982, pp. 225～241.

Nelson, C. R. and C. I. Plosser, "Trends and Random Walks in Macroeconomic Time Series," *Journal of Monetary Economics*, Vol. 10, 1982, pp. 139～162.

Pankratz, Alan, *Forecasting with Univariate Box-Jenkins Models: Concepts and Cases*, John Wiley & Sons, 1983.

Park, J. Y., "Canonical Cointegrating Regression," *Econometrica*, Vol. 60, 1992, pp. 119～143.

Phillips, P. C. B. and B. E. Hallsen, "Statistical Inference Instrumental Variables Regression with $I(1)$ Process," *Review of Economic Studies*, Vol. 57, 1990, pp. 99～125.

Phillips, P. and P. Perron, "Testing for a Unit Root in Time Series Regression," *Biometrika*, Vol. 75, 1988, pp. 335～346.

Phillips, P. and S. Ouliaris, "Asymptotic Properties of Residual Based Tests for Cointegration," *Econometrica*, Vol. 58, 1990, pp. 165～193.

Pyndyck, Robert S. and Daniel L. Rubinfeld, *Econometric Models and Economic Forecasts*, 4th ed., McGraw-Hill, 1998.

Sargent, T. J., "A Classical Macroeconomic Model for the United States," *Journal of Political Economy*, Vol. 84, No. 2, 1976, pp. 207～237.

Savin, N. E. and K. J. White, "The Durbin-Watson Test for Serial Correlation with Extreme Small Samples or Many Regressors," *Econometrica*, Vol. 45, November 1977, pp. 1989～1996.

Schwert, G. W., "Tests for Unit Roots: A Monte Carlo Investigation," *Journal of Business & Economic Statistics*, Vol. 7, 1989, pp. 147～159.

Sherman, Howard J. and David X. Kolk, *Business Cycle and Forecasting*, Harper Collins, 1996.

Sims, C., "Macroeconomics and Reality," *Econometrica*, Vol. 48, No. 1, 1980, pp. 1～48.

Stock, James H. and Mark W. Watson, *Introduction to Econometrics*, Addison Wesley, 2003.

Stock, J. H. and M. W. Watson, "Testing for Common Trends," *Journal of the American Statistical Association*, Vol. 83, 1988, pp. 1097～1107.

______, "A Procedure for Predicting Recessions with Leading Indicators: Econometric Issues and Recent Experience," J. H. Stock and M. W. Watson, eds., *Business Cycles, Indicators and Forecasting*, The University of Chicago Press, 1993, pp. 95～153.

Theil, H., *Economic Forecast and Policy*, North-Holland, 1961.

Todd, R. M., "Improving Economic Forecasting with Bayesian Autoregression," *Federal Reserve Bank of Minnesota Quarterly Review*, 1984, pp. 18～29.

Wang, Yen-Kyun, "An Econometric Analysis of the Korean Economy: Annual Econometric Model, Effects of Economic Policies and Forecast(1981～1986)," *KIEI Working Paper*, No. 14, 1980. 12.

Wooldridge, Jeffrey M., *Econometric Analysis of Cross Section and Panel Data*, MIT, 2002.

______, *Introductory Econometrics: A Modern Approach*, 3rd ed., Thomson, 2005.

Yar, M. and C. Chatfield, "Prediction interval for the Holt-Winters' Forecasting procedure," *International Journal of Forecasting*, Vol. 6, 1990, pp. 127～137.

Zarnowitz, Victor, "Recent Work on Business Cycles in Historical Perspective: A Review of Theories and Evidence," *Journal of Economic Literature*, Vol. 23, June 1995, pp. 523～580.

Zarnowitz, V. and G. H. Moore, "Sequential Signals of Recession and Recovery," *Journal of Business*, Vol. 55, 1982, pp. 57～85.

Zellener, A. and M. Theil, "Three Stage Least Squares: Simultaneous Estimation of Simultaneous Equations," *Econometrica*, Vol. 30, 1962.

찾아보기

[ㅈ]

저자약력

성균관대학교 경제학학사
미국 Kent State University 경제학석사
미국 Indiana University 경제학박사
미국 George Washington University 객원교수(Fulbright Researcher)
미국 Stanford Universtiy 객원교수
미국 Yale Universtiy 초빙교수(Fulbright Senior Lecturer)
현재 성균관대학교 경제학과 교수

■ 저　　서

한국경제의 거시계량분석(공저), 성대출판부, 1991
국제경제와 한국경제(공편저), 박영사, 1992
경제경영통계학, 박영사, 1986(1994, 2004)
계량경제학, 박영사, 1994
SAS를 이용한 통계분석(공저), 박영사, 1995(1996, 1999, 2003)
RATS를 이용한 계량경제분석(공저), 박영사, 1995(1999, 2004)
통일경제론(공편저), 해남, 1997
한국경제의 발전과정과 미래(공저), 해남, 1998
부패의 경제(공저), 해남, 2000
한국제조업의 고용조정 분석(공저), 집문당, 2001
한국경제론: 한국자본주의 발전의 명암과 미래전망, 율곡, 2002
한국경제의 산업조직(공저), 해남, 2003
통일실현시 경제안정화를 위한 주요정책과제, 한국노동연구원, 2003
북한인력에 관한 법제·실태와 활용방안(공저), 한국노동연구원, 2004
THE KOREAN ECONOMY AND ITS PROSPECTS, East West Research Institute, 2004

■ 경제예측론

2006년 1월 23일 초판 인쇄
2006년 1월 31일 초판 발행
지은이 이 종 원
발행인 노 현 철
발행처 도서출판 해남
서울특별시 종로구 교남동 45-1(202호)
전화 739-4822 팩스 720-4823
e-mail haenam30@dreamwiz.com
homepage www.hpub.co.kr
등록 1995. 5. 10 제1-1885호

저자와 협의하에 인지생략

정 가 35,000원 ISBN 89-86703-74-2